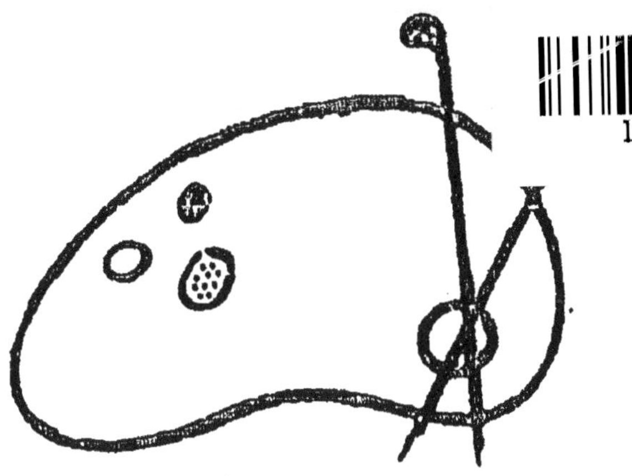

CH. DICKENS

LA PETITE DORRIT

ROMAN ANGLAIS

TRADUIT AVEC L'AUTORISATION DE L'AUTEUR

SOUS LA DIRECTION DE P. LORAIN

TOME SECOND

PARIS

LIBRAIRIE HACHETTE ET Cie

79, BOULEVARD SAINT-GERMAIN, 79

[illegible]

Coulommiers. — Imp. P. Brodard et Gallois.

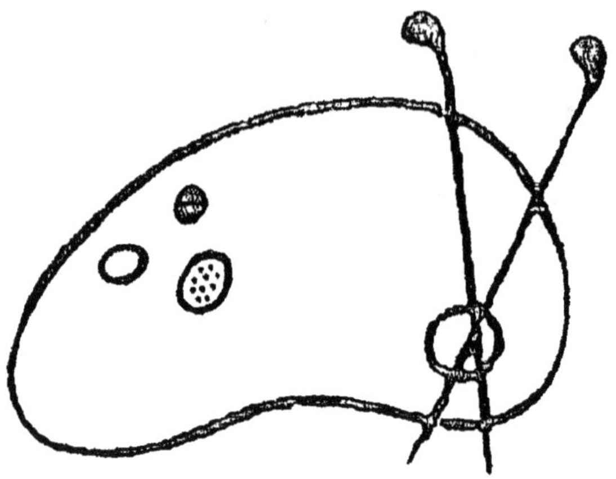

Fin d'une série de documents
en couleur

LA

PETITE DORRIT

OUVRAGES DU MÊME AUTEUR

PUBLIÉS DANS LA BIBLIOTHÈQUE DES ROMANS ÉTRANGERS

PAR LA LIBRAIRIE HACHETTE ET Cie

Œuvres de Charles Dickens, traduites de l'anglais sous la direction de P. Lorain. 28 vol.

Aventures de M. Pickwick. 2 vol.
Barnabé Rudge. 2 vol.
Bleak-House. 2 vol.
Contes de Noël. 1 vol.
David Copperfield. 2 vol.
La petite Dorrit. 2 vol.
Dombey et fils. 3 vol.
Le Magasin d'antiquités. 2 vol.
Les temps difficiles. 1 vol.
Nicolas Nickleby. 2 vol.
Olivier Twist. 1 vol.
Paris et Londres en 1793. 1 vol.
Vie et aventures de Martin Chuzzlewit. 2 vol.
Les grandes Espérances. 2 vol.
L'ami commun. 2 vol.
Le Mystère d'Edwin Drood. 1 vol.

Dickens et Collins : L'Abîme, traduit de l'anglais, par Mme Judith. 1 vol.

Coulommiers. — Imp. Paul BRODARD.

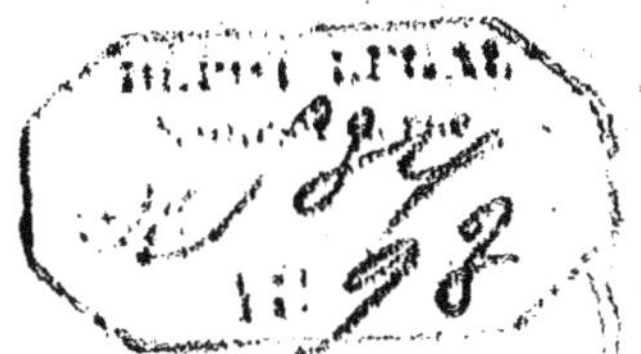

CH. DICKENS

LA
PETITE DORRIT

ROMAN ANGLAIS

TRADUIT AVEC L'AUTORISATION DE L'AUTEUR

SOUS LA DIRECTION DE P. LORAIN

TOME SECOND

PARIS
LIBRAIRIE HACHETTE ET Cie
79, BOULEVARD SAINT-GERMAIN, 79

1894

LA
PETITE DORRIT.

LIVRE II.

RICHESSE.

CHAPITRE PREMIER.

Les compagnons de voyage.

Par une soirée d'automne, les ténèbres et la nuit montaient lentement le long des pics les plus élevés des Alpes.

C'était l'époque des vendanges dans les vallées du passage du grand Saint-Bernard, du côté de la Suisse, et sur les bords du lac de Genève. L'atmosphère était chargée de l'odeur du raisin cueilli. Des paniers, des auges et des baquets pleins de raisin traînaient devant les portes du village obscurci, encombrant les rues étroites et montueuses. Toute la journée on n'avait fait qu'apporter du raisin le long de chaque route et de chaque sentier. Partout on voyait à terre du raisin renversé et écrasé sous les pieds du passant. L'enfant, suspendu sur l'épaule de la paysanne rentrant chez elle d'un pas fatigué, était calmé au moyen d'un raisin ramassé sur la route. L'idiot, assis sous l'auvent d'un chalet, réchauffant au soleil son énorme goître, mordait à même la grappe; l'haleine des vaches et des chèvres sentait les feuilles et les bourgeons de vigne; les gens attablés dans tous les petits cabarets mangeaient, buvaient, parlaient raisin. Quel dommage que cette généreuse abondance ne suffise pas pour rendre le vin du pays moins maigre, moins âpre, moins rocailleux, car, après tout, c'est de ce raisin pourtant qu'il est fait.

Pendant cette belle journée, le ciel était resté pur et transparent. Des clochers de métal et des toits d'église trop éloignés pour qu'on les aperçût souvent, avaient brillé au loin ce jour-là; les sommets neigeux des montagnes s'étaient dessinés si clairement à l'horizon que des yeux peu habitués à de pareils spectacles, supprimant le paysage intermédiaire et faisant tort à ces montagnes d'une hauteur incroyable, se figuraient qu'elles ne se trouvaient qu'à quelques heures de marche. Des pics qui jouissaient d'une grande réputation dans la vallée, d'où on ne pouvait les voir pendant des mois entiers, s'étaient montrés à nu, comme à deux pas, dans le ciel bleu. Et maintenant qu'il faisait déjà nuit à leur base, bien qu'ils parussent s'éloigner solennellement comme des spectres qui vont disparaître, à mesure que la lueur rougeâtre du soleil couchant les abandonnait en les teignant d'un blanc mat, on les apercevait encore distinctement dans leur isolement bien tranché au-dessus du brouillard et des ombres.

Vue du milieu de ces solitudes dont le passage du grand Saint-Bernard faisait partie, la nuit semblait s'élever comme une mer qui monte. Lorsque l'obscurité gagna enfin les murs du couvent du grand Saint-Bernard, on eût dit que ce vieil édifice était une seconde arche voguant sur des flots ténébreux.

L'obscurité, montant plus vite que certains touristes voyageant à dos de mulet, avait donc déjà atteint les murs raboteux du couvent, tandis que ces voyageurs suivaient encore les sentiers de la montagne. De même que la chaleur de ce beau jour, durant lequel ils s'étaient plus d'une fois arrêtés pour boire à des ruisseaux de glace et de neige fondues, avait fait place au froid pénétrant de l'air raréfié des montagnes, de même la beauté verdoyante de la plaine avait fait place à un paysage aride et désolé. Les voyageurs suivaient maintenant un sentier rocheux entouré de précipices, le long duquel les mulets grimpaient à la file, d'un bloc à l'autre, comme s'ils montaient les marches dégradées de quelque escalier gigantesque. On n'aperçoit plus un seul arbre, pas la moindre végétation, sauf quelques misérables brins de mousse brune grelottant dans les crevasses des rochers. Çà et là des poteaux noircis, pareils à des bras de squelettes qui se lèvent pour indiquer la direction du couvent, comme si les spectres de voyageurs ensevelis sous la neige hantaient encore le théâtre de leur mort. Des caves tapissées de glaçons, creusées pour servir de refuges contre un soudain orage, sortent autant de murmures qui semblent vous avertir des périls de la route; des spirales et des nuages de brouillard, sans cesse en mouvement, errent de tous côtés, chassés par le vent qui gémit; la neige, le plus redoutable péril des montagnes, tombe en rapides flocons.

La file des mulets, fatigués par leur longue et pénible ascension, poursuit lentement sa route tortueuse le long de l'abrupte sentier; à la tête marche un guide en chapeau à larges bords et en veste ronde, portant sur l'épaule un ou deux bâtons ferrés, tenant la bride de la première mule et causant avec un de ses camarades. Les voyageurs eux-mêmes gardent le silence. Le froid glacial, les fatigues de la route et une sensation toute nouvelle de difficultés dans la respiration, comme s'ils sortaient d'un bain d'eau glacé, ou qu'ils vinssent de sangloter de froid, leur ôtent l'envie de parler.

Enfin, du sommet de ce rude escalier, une soudaine clarté illumine la neige et perce le brouillard. Les guides encouragent les mules qui dressent les oreilles, les voyageurs retrouvent l'usage de la parole, et à force de glisser, de sauter, au milieu du tintement des clochettes et du bruit des voix, on arrive aux portes du couvent.

D'autres mules qui venaient d'arriver auparavant, montées par des paysans chargés de provisions, avaient transformé en une mare de boue la neige amoncelée devant la porte. Selles et brides, bâts et harnais à clochettes, mules et conducteurs, lanternes, torches, sacs, fourrage, barils, fromages, pots de miel ou pots de beurre, bottes de paille et paquets de toutes les formes se pressaient pêle-mêle sur les marches du couvent, dans ce marécage de neige fondue. Là même, tout en haut, au sein des nuages, on ne voyait rien qu'à travers un nuage. Tout semblait se dissoudre pour se transformer en nuage. L'haleine des hommes formait des nuages, celle des mules formait des nuages plus grands encore ; un nuage entourait la lueur des torches, un nuage venait s'interposer entre vous et celui qui vous parlait, bien que sa voix vous arrivât avec une sonorité merveilleuse, comme tous les autres bruits. De temps à autre, dans la ligne nuageuse des mules attachées à des anneaux scellés au mur, un quadrupède se mettait à mordre son voisin ou à lui envoyer une ruade, et alors le nuage entier se déplaçait, les guides s'y élançaient et il en sortait des cris, sans que les spectateurs pussent distinguer ce qui s'y passait. Au milieu de tout cela, la vaste écurie du couvent occupant le rez-de-chaussée de l'édifice, où l'on pénètre par l'entrée principale et devant laquelle existai tout ce désordre, envoyait aussi son contingent aux nuages, comme si le triste édifice ne contenait pas outre chose et se proposait de s'affaisser comme une autre dès qu'il se serait vidé, pour laisser la neige maîtresse du faîte de la montagne.

Tandis que tout ce bruit et tout ce remue-ménage allaient toujours augmentant parmi les voyageurs vivants, on aurait pu voir, à six pas de là, silencieusement rassemblés dans une maison grillée, enveloppés dans le même nuage, exposés aux mêmes flocons de neige, les voyageurs trouvés morts dans la montagne. La mère, surprise par l'orage plusieurs hivers auparavant, debout dans un coin, serrant contre son sein un enfant à la mamelle ; l'homme qui avait gelé au moment où il portait la main à sa bouche par un geste de faim ou d'effroi, et pressant encore ses lèvres desséchées qui ne s'étaient pas ouvertes depuis bien des années. Société horrible à voir, étrange et mystérieuse compagnie ! Quelle affreuse destinée pour cette pauvre mère, si elle a pu prévoir son sort et se dire : « Entourées de tels et tels compagnons que je n'ai jamais vus et que je ne verrai jamais, ma petite fille et moi nous demeurerons désormais inséparables au sommet du grand Saint-Bernard, survivant à des générations entières qui viendront nous voir et qui ne sauront jamais notre nom, qui ne connaîtront de notre histoire que sa fin lugubre. »

En ce moment, les voyageurs vivants ne pensaient guère aux morts. Ils songeaient bien plutôt à mettre pied à terre à la porte du couvent pour aller se réchauffer. Échappant à la confusion extérieure qui se calma peu à peu à mesure que l'on installait dans l'écurie les nombreuses mules, ils s'empressèrent de monter les marches en grelottant et de pénétrer dans l'asile hospitalier. A l'intérieur les animaux attachés dans l'écurie exhalaient comme une odeur de ménagerie de bêtes sauvages. Il y avait de solides galeries en arcades, d'énormes piliers de maçonnerie, de larges escaliers et des murs épais percés de fenêtres qui ressemblaient à des meurtrières, à des fortifications élevées contre les terribles ouragans de la montagne, comme si c'étaient des assiégeants dont il fallait repousser l'assaut. Il y avait des chambres sombres voûtées, glaciales, mais propres et prêtes à recevoir des voyageurs inattendus. Enfin, il y avait une salle de réception où ces voyageurs devaient s'asseoir et souper; la table était déjà mise et un grand feu flambait et pétillait dans l'âtre.

C'est là que les nouveaux venus se rassemblèrent autour de la cheminée, lorsque deux jeunes moines leur eurent indiqué leurs chambres. Il y avait trois sociétés distinctes : la première, la plus nombreuse et la plus importante des trois, s'était avancée moins vite que les autres et avait été rejointe en route par la seconde. Elle se composait d'une dame d'un certain âge, de deux gentlemen en cheveux gris, de deux demoiselles et de leur frère. Ces voyageurs de distinction étaient suivis (pour ne pas parler des quatre guides) d'un courrier, de deux valets de pied et de deux femmes de chambre, nouveau surcroît d'embarras, qui s'étaient casés dans quelque autre partie du couvent. La société qui les avait rejoints et fait route avec eux ne se composait que de trois personnes : une dame et deux messieurs. La troisième société qui était montée de la vallée par le côté opposé, c'est-à-dire par le côté italien du passage du grand Saint-Bernard, et dont l'arrivée avait précédé celle des autres touristes, se composait de trois membres : un professeur allemand en lunettes, pléthorique, affamé, silencieux, faisant un voyage d'agrément avec trois jeunes gens, ses élèves, tous trois pléthoriques, affamés, silencieux et en lunettes.

Ces trois groupes étaient assis auprès du feu et se regardaient d'un air assez froid en attendant le souper. Parmi les voyageurs, un seul (il appartenait à la moins nombreuse des trois sociétés) parut disposé à entamer la conversation. Lançant une amorce à l'adresse du chef de la tribu importante, tout en ayant l'air de ne parler qu'à ses deux compagnons, il remarqua d'un ton qui permettait aux autres de lui répondre, si bon leur semblait, que la journée avait été rude et qu'il plaignait les dames. Il craignait que l'une des demoiselles ne fût pas une voyageuse rompue aux difficultés de la marche, et qu'elle ne fût accablée de fatigue depuis au moins deux ou trois heures. Il avait remarqué, de sa place à l'arrière-garde, qu'elle avait l'air harassée sur sa mule. Plus tard, il avait eu l'honneur de demander deux ou trois fois à l'un des guides resté en arrière, des nouvelles de la jeune miss. Il avait été charmé d'apprendre qu'elle avait retrouvé toute sa gaieté et que ce n'avait été qu'une fatigue passagère. Il osait donc (il avait fini par attirer l'attention du père et s'adressait maintenant plus directement à lui) ajouter qu'il espérait que mademoiselle était tout à fait remise, et n'en était pas à regretter d'avoir entrepris ce voyage.

« Je vous suis bien obligé, monsieur, répondit le père ; ma fille est complètement remise et elle a pris un vif intérêt aux beautés de la nature.

— Elle n'est pas encore habituée aux montagnes, peut-être? demanda le voyageur insinuant.

— Non, elle n'est pas.... hem!... habituée aux montagnes, répondit le père.

— Mais pour vous, monsieur, ces scènes n'ont rien de nouveau? reprit le voyageur insinuant.

— Rien de.... hem! de bien nouveau, quoique je n'aie pas beaucoup voyagé ces dernières années, » répliqua le père avec un geste majestueux de la main droite.

Le touriste insinuant, répondant à ce geste par un salut, passa à l'aînée des jeunes demoiselles à laquelle il n'avait pas encore fait allusion, sauf lorsqu'il avait parlé du vif intérêt que lui inspiraient les voyageuses en général.

Il exprima alors l'espoir qu'elle n'avait pas été incommodée par la longueur de la route.

« Incommodée, c'est vrai, répondit la demoiselle; mais non pas fatiguée. »

Le touriste insinuant lui adressa un compliment sur la justesse de cette distinction. C'était là ce qu'il avait voulu dire. Il n'est pas de dame qui ne soit incommodée, lorsqu'elle a affaire à un animal aussi proverbialement incommode qu'une mule.

« Il a naturellement fallu laisser les voitures et le fourgon à Martigny, continua la demoiselle, un peu hautaine et réservée. L'impossibilité où l'on est de transporter jusqu'à cet endroit inaccessible une foule d'objets dont on a besoin, et l'obligation de laisser derrière soi une foule de choses auxquelles on est habitué, est fort désagréable.

— En effet, c'est un endroit bien sauvage. »

La dame d'un certain âge, d'une mise irréprochable, et dont les manières, envisagées au point de vue mécanique, ne laissaient rien à désirer, intervint alors dans la conversation pour y placer son mot d'une petite voix douce.

« Mais c'est comme tant d'autres endroits incommodes qu'on est bien obligé de voir. Celui-ci est assez fameux pour qu'on ne puisse pas s'en dispenser.

— Oh! je ne m'y oppose pas le moins du monde, madame Général, je vous assure, répondit la demoiselle d'un ton d'insouciance.

— Vous, madame, reprit le touriste insinuant, vous aviez déjà visité ces lieux?

— Oui, répliqua Mme Général; ce n'est pas la première fois que je les visite.... Permettez-moi de vous conseiller, ma chère (à l'aînée de ses deux compagnes), de protéger votre visage contre la chaleur de ce grand feu après l'avoir exposé toute la journée à l'air vif de la montagne et à la neige. Vous aussi, ma chère, » ajouta la dame en s'adressant à la plus jeune.

Celle-ci s'empressa de suivre ce sage conseil, tandis que l'autre se contenta de répondre :

« Merci, madame Général; mais je me sens parfaitement à mon aise et je préfère rester comme je suis. »

Le frère, qui avait quitté son siége pour aller ouvrir un piano qui se trouvait là et avait sifflé dedans avant de le refermer, se rapprocha du feu d'un pas indolent, le lorgnon à l'œil. Il portait un costume de voyage des plus complets. On aurait cru que l'univers entier ne devait pas être assez grand pour fournir, à un voyageur si admirablement équipé, assez d'espace à parcourir.

« Ces individus-là sont diablement longs à donner le souper, dit-il en traînant ses paroles. Je voudrais bien savoir ce qu'ils vont nous servir. Quelqu'un en a-t-il la moindre idée?

— Ce ne sera toujours pas un homme rôti, je suppose, observa le compagnon du touriste insinuant.

— C'est assez probable. Que voulez-vous dire par là? demanda l'autre.

— Je veux dire que, comme vous n'êtes pas destiné à figurer dans le menu du souper qu'on va servir à la société, vous nous ferez peut-être bien le plaisir de ne pas vous rôtir devant le feu de la société, » répliqua son interlocuteur.

Cette réponse fit perdre contenance au jeune homme ainsi interpellé, qui venait de s'installer au beau milieu de l'âtre, dans une pose pleine d'aisance, le lorgnon à l'œil, le dos au feu et les pans de sa redingote relevés sous ses bras, comme une volaille qu'on retrousse pour la mettre en broche. Il semblait sur le point de demander encore une explication, lorsqu'on s'aperçut (car tous les yeux s'étaient tournés vers l'agresseur) que la jeune et jolie dame assise à son côté n'avait pas entendu cette conversation, attendu qu'elle était évanouie, la tête sur l'épaule du monsieur.

« Je crois, dit celui-ci d'un ton radouci, que ce que j'ai de mieux à faire, c'est de la porter tout droit à sa chambre. Voulez-vous demander une lumière, continua-t-il s'adressant à son ami, et appeler quelqu'un pour me montrer le chemin? Au milieu de toutes ces galeries qui s'entre-croisent et que je ne connais pas, je ne sais pas si je retrouverais ma chambre.

— Permettez-moi d'appeler ma femme de chambre, dit la plus grande des deux demoiselles.

— Permettez-moi d'approcher ce verre d'eau de ses lèvres, » dit a plus petite, qui n'avait pas encore ouvert la bouche.

Chacune d'elles exécutant aussitôt ce qu'elle proposait, les secours ne manquèrent pas à la malade. Et même, lorsque les deux femmes de chambre anglaises arrivèrent, escortées par le courrier qui, sans doute, avait peur que quelqu'un ne les embrassât en route en leur adressant la parole dans une langue étrangère, on put croire un moment qu'il allait y avoir plus de monde qu'il n'en fallait. Ce que voyant, le gentleman en dit un mot à la plus délicate et la plus jeune des deux demoiselles, puis il passa le bras de sa femme autour de son col, la souleva et l'emporta.

Son ami, resté seul avec les autres visiteurs, se mit à se promener de long en large sans se rapprocher du feu, caressant d'un air rêveur sa moustache noire, comme prêt à prendre à son compte le sarcasme récent décoché contre le monsieur bien mis. Tandis que celui-ci boudait dans un coin, le père dit d'un air hautain au compagnon du coupable :

« Votre ami, monsieur, est un peu vif; et sa vivacité lui a peut-être fait oublier ce qu'il doit à.... hem!... Mais passons là-dessus, passons là-dessus. Votre ami est un peu vif, monsieur.

— C'est possible, monsieur, répliqua l'autre. Mais comme j'ai eu l'honneur de rencontrer ce gentleman à Genève, dans un hôtel où nous sommes descendus tous deux en compagnie d'une société d'élite, et comme j'ai eu l'honneur de lier connaissance avec ce gentleman dans le cours de plusieurs excursions subséquentes, je ne saurais rien entendre.... même de la bouche d'une personne de votre tournure et de votre rang, monsieur.... qui soit de nature à porter atteinte à la considération de ce gentleman.

— Je n'ai pas la moindre envie, monsieur, de porter atteinte à sa considération. En disant que votre ami s'est montré un peu vif, je n'y ai seulement pas songé. J'ai tout simplement fait cette remarque parce qu'il est clair que mon fils, auquel sa naissance et.... hem!... son éducation donnent droit.... hem! au titre de gentleman, aurait volontiers consenti (si on lui eût exprimé ce désir d'une façon convenable) à ce que le feu demeurât également accessible à tous les membres de la société ici présente; désir qui, en principe.... hem!... (car nous sommes tous.... hem!... égaux dans une occasion comme celle-ci) me semble assez raisonnable.

— Bon! répliqua l'ami. Cela suffit, monsieur! Je suis le très-humble serviteur de votre fils. Je prie votre fils d'agréer l'assurance de ma considération la plus profonde. Et maintenant, monsieur, je puis avouer franchement que mon ami a quelquefois l'esprit sarcastique.

— Cette dame est la femme de votre ami, monsieur ?

— Oui, monsieur, cette dame est la femme de mon ami.

— Elle est fort jolie.

— Monsieur, elle est d'une beauté sans pareille. Il n'y a pas encore un an qu'ils sont mariés. Ce voyage est à la fois un voyage de lune de miel et un voyage artistique.

— Votre ami est artiste, monsieur? »

L'interlocuteur répondit en baisant le bout des doigts de sa main droite et en envoyant le baiser au ciel à bras tendu, comme pour vouer son ami aux puissances célestes en sa qualité d'artiste immortel.

« Ce qui ne l'empêche pas d'être un homme de bonne famille, ajouta-t-il. Ses relations sont des plus distinguées. Ce n'est pas un simple artiste, c'est aussi un homme de haute lignée. Il se peut qu'il ait repoussé ses parents par orgueil, par vivacité, par esprit sarcastique, je veux bien aller jusque-là; mais ce n'en sont pas moins ses parents. C'est ce que j'ai entrevu clairement à la lueur de quelques étincelles qui ont jailli naturellement de notre intimité.

— Dans tous les cas, dit le gentleman à l'air superbe, comme pour couper court à ce sujet de conversation, j'espère que l'indisposition de cette dame ne sera rien.

— Monsieur, je l'espère comme vous.

— Un peu de fatigue, sans doute.

— Il y a quelque chose de plus, monsieur; car ce matin la mule de la dame ayant fait un faux pas, elle est tombée de sa selle; tombée fort légèrement, puisqu'elle a pu se relever toute seule et nous devancer en riant; mais plus tard elle s'est plainte d'une douleur au côté, et elle en a parlé plus d'une fois, tandis que nous vous suivions dans la montagne. »

Le voyageur à la suite nombreuse, dont l'affabilité ne dégénérait pas en familiarité, pensa qu'il avait montré assez de condescendance comme cela. Il ne parla plus et le silence régna dans la salle jusqu'au moment où le souper fut servi.

Avec le souper arriva un des jeunes moines (il ne paraissait pas y avoir de vieux moines dans le couvent) qui présida au repas. Le souper ressemblait à celui de la plupart des hôtels de la Suisse, et un bon vin rouge, récolté par le couvent dans un climat moins ingrat, ne fit pas défaut. L'artiste vint tout tranquillement prendre sa place à table au moment où les autres convives s'asseyaient, sans avoir l'air de se rappeler le moins du monde sa récente escarmouche avec le voyageur si admirablement équipé.

« Mon père, demanda-t-il à l'hôte pendant qu'on servait la soupe, votre couvent possède-t-il encore un grand nombre de ses fameux chiens?

— Monsieur, il nous en reste trois.

— Je viens d'en voir trois dans la galerie d'en bas. Ce sont sans doute les trois dont vous parlez? »

L'hôte, jeune homme élancé, aux yeux brillants et aux manières polies, vêtu d'un froc noir traversé par des bandes blanches qui avaient l'air de bretelles, et qui ne ressemblait pas plus à la race des moines de convention du grand Saint-Bernard, qu'il ne ressemblait aux quadrupèdes de convention du même établissement, répondit que c'étaient en effet les trois chiens en question.

« Et il me semble, continua l'artiste, qu'il y en a un que j'ai déjà vu quelque part.

— C'était bien possible. C'était là un chien très-connu; monsieur avait bien pu le rencontrer dans la vallée ou dans le lac, accompagnant un des frères en tournée de quête pour le couvent.

— Ce qui se fait régulièrement à certaines époques de l'année, je crois?

— Oui, monsieur avait raison.

— Et jamais sans le chien? Le chien joue là dedans un rôle important.

— Monsieur a encore raison. La présence du chien importe beaucoup. On s'intéressera naturellement au chien. Mademoiselle remarquera que ce chien appartient à une race justement célèbre. »

Mademoiselle mit quelque temps à faire cette remarque, comme si elle n'était pas encore bien habituée à la langue française. Cependant Mme Général voulut bien le remarquer pour elle.

« Demandez-lui s'il a sauvé beaucoup de monde, » dit en anglais le jeune homme auquel l'artiste avait fait perdre contenance.

L'hôte comprit la question sans qu'il fût besoin d'interprète. Il répondit de suite en français :

« Non, pas celui-là.

— Pourquoi pas? demanda le jeune homme.

— Pardon, répondit l'hôte avec sang-froid, vous n'avez qu'à lui fournir une occasion de sauver la vie à quelqu'un et il n'y manquera pas. Je suis parfaitement convaincu, par exemple (souriant avec calme tandis qu'il découpait le veau, avant de faire circuler le plat), que, si vous, monsieur, vous étiez assez bon pour lui fournir cette occasion, il s'empresserait avec ardeur de remplir son devoir. »

L'artiste se mit à rire. Le touriste insinuant (qui paraissait pressé d'avoir sa bonne part du souper) essuya avec un morceau de pain quelques gouttes de vin qui brillaient sur sa moustache, avant de prendre part à la conversation.

« Il commence à se faire un peu tard pour voyager en amateur dans cette saison, n'est-il pas vrai, mon père? demanda-t-il.

— En effet, dans deux ou trois semaines au plus, nous resterons seuls avec les neiges d'hiver.

— Et alors, continua son interlocuteur, en avant les chiens qui grattent la neige et les enfants ensevelis, comme dans les gravures!

— Pardon, dit l'hôte qui ne comprenait pas tout à fait cette allusion. Qu'entendez-vous par *en avant les chiens qui grattent la neige et les enfants ensevelis, comme dans les gravures?* »

L'artiste intervint de nouveau avant que l'autre eût eu le temps de répondre.

« Ignorez-vous donc, demanda-t-il froidement à son compagnon, assis de l'autre côté de la table, qu'il n'y a que des contrebandiers qui s'aventurent de ce côté pendant l'hiver, et qui puissent avoir affaire par ici?

— Je n'en savais parbleu rien !

— Je me suis pourtant laissé dire qu'il n'y a rien de plus vrai. Et comme ces messieurs-là devinent assez bien le temps qu'il va faire, ils ne donnent pas beaucoup de peine aux chiens (dont il n'y a pas d'inconvénient, par conséquent, à laisser éteindre la race), bien que cet édifice hospitalier se trouve assez commodément situé pour de pareils visiteurs. Et, quant à leurs enfants, ils ne sont pas dans l'usage de les emmener avec eux : ils les laissent à la maison. Mais, malgré ça, c'est une grande idée! s'écria l'artiste avec un enthousiasme inattendu. Une idée sublime! La plus belle idée du monde! Par Jupiter! il y a de quoi faire venir les larmes aux yeux! » Et il se mit à manger son veau avec le plus grand sang-froid.

Il y avait au fond de ce discours assez de légèreté railleuse pour ne point flatter agréablement les oreilles de l'hôte, bien que les manières de l'orateur fussent élégantes, sa mine distinguée, et que la raillerie fût d'ailleurs trop habilement voilée pour qu'une personne qui n'aurait pas été familiarisée avec la langue anglaise pût la saisir, ou du moins s'en offenser, tant le ton de l'artiste était simple et calme. Après avoir fini de manger son veau en silence, il adressa de nouveau la parole à son ami :

« Regardez-moi, dit-il avec la même intonation qu'auparavant, notre digne hôte, qui n'a pas encore atteint la maturité de son âge, et qui préside à ce repas d'une façon si gracieuse, avec une urbanité si distinguée et une modestie si exemplaire! Une tenue qui ferait honneur à un roi! Vous n'avez qu'à aller dîner chez le lord-maire de Londres (si vous pouvez vous y faire inviter), et vous verrez quel contraste! Ce cher père, avec la tête la mieux sculptée que j'aie jamais vue, des traits d'un dessin irréprochable, plante là dans cette saison quelque occupation laborieuse dans la vallée, et monte à je ne sais combien de pieds au-dessus du niveau de la mer sans autre but (si ce n'est, comme je l'espère, celui de vivoter à l'aise dans un excellent réfectoire), que de tenir un hôtel pour de pauvres diables d'oisifs comme vous et moi, et de laisser à notre conscience le soin de faire elle-même l'addition! Eh bien! n'est-ce pas un admirable sacrifice? Que faut-il de plus pour attendrir tous les cœurs? Parce que, pendant huit ou neuf mois de l'année, on n'y rencontre pas une foule de malheureux d'un aspect intéressant, accrochés au col des chiens les plus sagaces du monde avec des bouteilles de bois suspendues à leur collier, est-ce une raison pour discréditer la localité? Non, certainement. Dieu bénisse la localité! C'est une grande et glorieuse localité! »

La poitrine du gentleman à cheveux gris, le chef de la grande tribu, s'était gonflée comme pour protester contre l'idée d'être compté parmi les pauvres diables dont l'artiste venait de parler. Celui-ci eut à peine terminé son discours que le vieillard prit la parole d'un air de dignité extrême; on eût dit qu'il se croyait tenu de prendre partout le haut du pavé, et qu'il se reprochait d'avoir négligé son devoir depuis le commencement du repas.

Il témoigna à leur hôte, en phrases plates et lourdes, la crainte que la vie qu'il menait au sommet de la montagne ne fût assez triste en hiver.

L'hôte concéda à monsieur que son existence était en effet un peu monotone durant cette époque. L'air du dehors était difficile à respirer longtemps de suite. Le froid devenait intense. Il fallait être jeune et vigoureux pour y résister; mais avec de la jeunesse, de la vigueur, et la bénédiction du ciel....

« Oui, très-bien; mais ce long emprisonnement? interrompit le gentleman aux cheveux gris.

— Il y a bien des jours, même durant la plus mauvaise saison, où l'on peut se promener au dehors. Nous avons l'habitude de tracer un petit sentier où nous prenons de l'exercice.

— Mais l'espace? objecta le gentleman aux cheveux gris. L'espace est si étroit, si.... hem!... si limité!

— Monsieur voudra bien se rappeler qu'il y a les refuges à visiter, et qu'il faut aussi tracer des sentiers jusque-là. »

Monsieur objecta encore, d'un autre côté, que l'espace était si.... hem!... si extrêmement restreint. Et, puis, c'était toujours la même chose, toujours la même chose.

L'hôte, avec un sourire qui semblait réclamer l'indulgence de son interlocuteur, leva et baissa doucement les épaules.

« Ce que dit monsieur est très-vrai, remarqua-t-il; mais tout dépend du point de vue où l'on se met pour envisager les choses. Monsieur et moi, nous ne pouvons envisager cette pauvre existence du même point de vue. Monsieur n'est pas habitué à la réclusion.

— Je.... hem!... Oui, c'est très-juste, répondit le gentleman aux cheveux gris, qui parut frappé de ce dernier argument.

— Monsieur, en sa qualité de touriste anglais, possédant les moyens de voyager agréablement, ayant sans doute une grande fortune, des voitures, des domestiques....

— Certainement, certainement, sans doute, répliqua le gentleman.

— .... Monsieur aurait de la peine à se mettre à la place d'une personne qui n'a pas le droit de dire: « Demain j'irai à tel endroit, après-demain à tel autre; je franchirai telle barrière, je reculerai telle limite. » Monsieur ne peut guère se figurer que l'esprit se résigne à un pareil esclavage sous la dure loi de la nécessité.

— Vous avez raison, dit monsieur. Nous laisserons là.... hem!... ce sujet de conversation. Ce que vous venez de dire est.... hem!... parfaitement exact; me voilà convaincu. N'en parlons plus. »

Le souper était terminé, il repoussa sa chaise et reprit sa place auprès du feu. Comme il faisait très-froid à une certaine distance de la cheminée, les autres convives ne tardèrent pas à se rapprocher de l'âtre dans l'intention de se rôtir un peu avant d'aller se coucher. L'hôte, lorsqu'ils se levèrent de table, leur adressa un salut général, leur souhaita le bonsoir et se retira. Mais le touriste insinuant lui avait déjà demandé si on ne pouvait pas leur servir du vin chaud; et, comme l'hôte, après lui avoir répondu que cela se pouvait, leur avait fait apporter ce rafraîchissement, le touriste satisfait, assis au centre du groupe de façon à profiter de toute la chaleur du feu, fut bientôt occupé à remplir les verres et à les passer à ses compagnons.

A ce moment, la plus jeune des deux demoiselles qui, de son coin obscur (la flamme du foyer formait le principal éclairage de la sombre salle, car la lampe fumeuse ne jetait pas grand éclat), avait écouté en silence ce qu'on avait dit de la dame absente, sortit sans bruit du réfectoire. Lorsqu'elle eut refermé la porte tout doucement, elle ne sut pas trop de quel côté diriger ses pas; mais, après avoir erré un moment à travers les nombreuses et sonores galeries, elle arriva à une salle au coin de la galerie principale, où les domestiques étaient en train de souper. Elle se fit donner une lampe et indiquer la chambre de la dame.

Cette chambre se trouvant un étage plus haut, il fallut monter le grand escalier. Çà et là les murs nus et blancs étaient percés d'une grille, et, tout en montant, elle pensait que le couvent avait presque l'air d'une prison. La porte en ogive de la cellule de la dame était entre-bâillée. Après y avoir frappé deux ou trois fois sans recevoir de réponse, la jeune fille la poussa doucement, et jeta un coup d'œil dans la chambre.

La dame reposait sur le lit les yeux fermés et tout habillée, protégée contre le froid par les couvertures et les châles qu'on avait jetés sur elle lorsqu'elle était revenue de son évanouissement. Une veilleuse placée dans la profonde embrasure de la croisée éclairait à peine cette salle voûtée. La visiteuse s'approcha timidement du lit et demanda tout bas :

« Allez-vous un peu mieux? »

La dame sommeillait et la douce voix qui lui adressait cette question ne suffit pas pour la réveiller. La visiteuse se tint immobile à son chevet, la regardant avec attention.

« Elle est très-jolie, se dit-elle. Je n'ai jamais vu un plus charmant visage. Ah! ce n'est pas comme moi! »

C'était une réflexion assez étrange, mais il fallait qu'elle eût quelque sens caché, car les yeux de la jeune fille se remplirent de larmes.

« Je sais que je ne me trompe pas. Je sais que c'est d'elle qu'il m'a parlé le soir où, sans le vouloir, il m'a fait tant de mal. Je pourrais très-facilement me méprendre sur tout autre sujet, mais pas sur celui-ci, oh non! pas sur celui-ci! »

D'une main tranquille et tendre, elle écarta du front de la dormeuse une boucle de cheveux égarés, puis elle toucha la main étendue en dehors des couvertures.

« J'aime à la regarder, se dit-elle encore tout bas. J'aime à voir ce qui a tant ému mon pauvre ami. »

Elle n'avait pas retiré sa main, lorsque la dormeuse ouvrit les yeux et tressaillit.

« N'ayez pas peur, madame. Je ne suis qu'une des voyageuses d'en bas. J'étais venue vous demander si vous allez mieux, et si je puis faire quelque chose pour vous.

— Je crois que vous avez déjà eu la bonté d'envoyer vos domestiques à mon secours?

— Ce n'est pas moi, c'est ma sœur. Allez-vous mieux?

— Beaucoup mieux. Cette contusion est fort peu de chose; on m'a bien soignée, et je n'en souffre presque plus. Elle m'a donné seulement un étourdissement qui m'a fait perdre connaissance subitement. Elle m'avait bien causé déjà quelque douleur, mais cette fois-là elle m'a accablée du coup.

— Voulez-vous que je reste ici jusqu'à ce qu'il vienne quelqu'un? Cela vous fera-t-il plaisir?

— Vous me ferez grand plaisir, car c'est bien isolé ici; mais je crains que vous ne souffriez trop du froid.

— Le froid ne m'a jamais effrayée. Je suis plus forte que je ne le parais. »

Elle se dépêcha d'approcher du lit l'une des deux chaises grossières qui meublaient la cellule et s'assit. L'autre, de son côté, s'empressa de tirer à elle la moitié d'un manteau de voyage et d'en couvrir sa compagne, de façon que son bras, en le retenant autour d'elle, reposait sur l'épaule de la visiteuse.

« Vous avez tellement l'air d'une bonne petite garde-malade, dit la dame en souriant à la jeune fille, qu'il me semble qu'on vous a envoyée de chez moi pour me soigner.

— J'en suis bien aise.

— C'est moi plutôt! J'étais justement en train d'en rêver avant de me réveiller tout à l'heure. Je veux parler du *chez moi* de mon enfance, de ma jeunesse.... avant que je fusse mariée.

— Et avant que vous l'eussiez laissée si loin derrière vous.

— Je m'en étais déjà éloignée une fois bien plus que je ne le suis aujourd'hui; mais alors j'emportais avec moi ce qu'il y avait de meilleur au logis, et je ne m'apercevais pas qu'il me manquât quelque chose. Mais, tout à l'heure, avant de m'endormir, je me suis sentie un peu abandonnée, j'ai regretté ce que j'ai laissé dans la maison paternelle, et j'en ai rêvé. »

Elle prononça ces paroles avec une intonation tristement affectueuse et pleine de regrets, qui empêcha la visiteuse de la regarder pour le moment.

« C'est un étrange hasard qui nous rassemble enfin toutes les deux sous ce manteau dont vous m'avez enveloppée, dit-elle après un moment de silence; car savez-vous, je crois qu'il y a déjà quelque temps que je vous cherche.

— Que vous me cherchez, moi?

— J'ai idée que j'ai là un petit billet que je devais vous remettre dès que je vous rencontrerais. Le voici. A moins que je ne me trompe beaucoup, il vous est adressé.... n'est-ce pas? »

La dame prit le billet, répondit *oui*, et le lut. La visiteuse fixa les yeux sur elle tandis qu'elle le lisait. La lettre était très-courte. La malade rougit un peu, approcha ses lèvres de la joue de la jeune fille et lui serra la main.

« Il me dit que la chère petite amie à laquelle il me présente sera une consolation pour moi un jour ou l'autre. Et il a bien raison, car vous me consolez dès notre première rencontre.

— Peut-être, dit la visiteuse avec un peu d'hésitation, peut-être ignorez-vous mon histoire? Peut-être ne vous l'a-t-il jamais racontée?

— Non.

— C'est juste. Pourquoi donc vous l'aurait-il racontée?... Aujourd'hui, je n'ai guère le droit de la raconter moi-même, car on m'a priée de la taire. Elle n'a d'ailleurs rien de bien intéressant, mais elle vous expliquerait pourquoi je vous prie de ne pas parler ici de cette lettre. Vous avez vu ma famille, je crois? Quelques-uns d'entre eux.... je ne dirais pas cela à tout le monde.... sont un peu fiers et ont quelques préjugés.

— Je vais vous rendre la lettre, répondit l'autre, comme cela mon mari ne la verra pas. Autrement il pourrait la trouver par hasard et en parler. Voulez-vous la remettre dans votre corsage, afin d'être bien sûre qu'elle ne s'égare pas? »

La visiteuse la serra avec beaucoup de soin. Sa main mignonne tenait encore la lettre, lorsqu'elles entendirent quelqu'un marcher dans la galerie.

« Je lui ai promis, dit la visiteuse en se levant, de lui écrire dès que je vous aurais vue (je ne pouvais pas manquer de vous rencontrer tôt ou tard), et de lui dire si vous étiez heureuse et bien portante. Ne faut-il pas que je lui dise qu'en effet vous êtes heureuse et bien portante?

— Oui, oui, oui! Dites que vous m'avez trouvée très-heureuse et bien portante. Dites aussi que je le remercie bien affectueusement, et que je ne l'oublierai jamais.

— Je vous verrai demain matin, et plus tard, car nous ne saurions manquer de nous rencontrer encore. Bonsoir!

— Bonsoir. Merci, merci. Bonsoir, ma chère! »

Toutes deux étaient pressées et un peu agitées, tandis qu'elles échangeaient ces adieux et que la visiteuse quittait la cellule. Elle s'attendait à voir approcher le mari de la malade; mais ce n'était pas lui qui traversait en ce moment la galerie : c'était le touriste qui avait essuyé ses moustaches avec un morceau de pain. Lorsqu'il entendit marcher derrière lui, il se retourna, car il s'éloignait dans l'obscurité.

Sa politesse, qui était extrême, ne lui permit pas de souffrir que la jeune demoiselle fût obligée de s'éclairer elle-même ou de descendre seule. Il lui prit la lampe des mains, la tint de façon à jeter le plus de clarté possible sur les marches de pierre, et l'accompagna jusqu'au réfectoire. Elle descendit, dissimulant avec beaucoup de peine le sentiment de crainte qui lui donnait envie de reculer et de trembler devant son compagnon; car ce voyageur produisait sur elle une impression singulièrement désagréable. Avant le souper, tandis qu'elle se tenait dans son coin obscur, elle s'était si souvent demandé si cet homme ne s'était pas rencontré déjà dans certaines scènes et dans certains endroits qu'elle connaissait, qu'il avait presque fini par lui inspirer de l'aversion, ou plutôt une véritable terreur.

Il la suivit avec sa politesse souriante, entra avec elle, et reprit la meilleure place au coin de la cheminée. Là, aux clartés vacillantes du feu qui commençait à baisser, il allongeait les jambes afin de les mieux chauffer, buvant le reste du vin chaud jusqu'à la lie, tandis qu'une ombre monstrueuse imitait ses mouvements sur le mur et le plafond.

Les voyageurs fatigués s'étaient dispersés et retirés dans leurs chambres, à l'exception du père de la jeune fille qui sommeillait dans sa chaise auprès du feu. Le touriste insinuant avait pris la peine de monter assez haut pour chercher sa gourde d'eau-de-vie dans sa chambre à coucher. Du moins, il leur fit cette confidence, tout en versant le contenu dans le peu de vin qui restait, et en buvant ce mélange avec un nouveau plaisir.

« Oserais-je vous demander, monsieur, si vous vous rendez en Italie? »

Le gentleman aux cheveux gris s'était réveillé et se disposait à se retirer. Il répondit affirmativement.

« Moi aussi! reprit le buveur. J'espère donc que j'aurai l'honneur de vous présenter mes respects devant un plus beau paysage et sous un climat plus propice que celui de ces sombres montagnes. »

Le gentleman salua avec assez de roideur, et répondit qu'il lui était bien obligé.

« Nous autres gentilshommes pauvres, monsieur, continua ce dernier en essuyant sa moustache avec ses doigts (car il l'avait trempée dans son mélange de vin et d'eau-de-vie), nous autres gentilshommes pauvres, nous ne pouvons pas voyager en princes, mais les courtoisies et les politesses sociales ne nous en sont pas moins chères pour cela. A votre santé, monsieur!

— Monsieur, je vous remercie.

— A la santé de votre aimable famille.... des charmantes demoiselles, vos filles!

— Monsieur, je vous remercie encore une fois. Je vous souhaite le bonsoir.... Ma chère, nos.... hem!... nos gens sont-ils là?

— Ils sont à deux pas, père.

— Permettez-moi ! s'écria le touriste poli, se levant et ouvrant la porte, tandis que le gentleman aux cheveux gris s'en approchait donnant le bras à sa fille. Bonne nuit! Au plaisir de vous revoir! A demain! »

Comme il leur envoyait du bout des doigts un baiser des plus gracieux et leur adressait son sourire le plus charmant, la jeune fille se rapprocha un peu de son père pour passer auprès de l'étranger, comme si elle eût eu peur de le toucher.

« Allons! dit le touriste insinuant, dont l'allure devint moins dégagée, et qui baissa la voix dès qu'il se trouva seul. Puisque tout le monde va se coucher, il faut que j'en fasse autant. Ils sont diablement pressés. Il me semble que la nuit serait bien assez longue déjà, au milieu de ce silence glacé et de cette solitude, si on n'allait se coucher que dans deux heures d'ici. »

Rejetant la tête en arrière afin de vider son verre, il aperçut le livre des voyageurs resté tout ouvert sur le piano, avec des plumes et un encrier à côté, comme si les touristes s'y fussent inscrits déjà pendant son absence. S'approchant du registre, il y lut ces noms :

William Dorrit, esquire,
Frédéric Dorrit, esquire,
Édouard Dorrit, esquire,
Miss Dorrit,
Miss Amy Dorrit,
Mme Général,
} Et leur suite. Se rendant de France en Italie.

M. et Mme Henry Gowan, se rendant de France en Italie.

Il ajouta à ces noms, en une petite écriture compliquée qui se terminait par un long et maigre paraphe, assez semblable à un lasso jeté autour des autres noms :

Blandois, de Paris, se rendant de France en Italie.

Puis, avec son nez qui s'abaissait sur sa moustache et sa moustache qui se relevait sous son nez, il gagna la cellule qui lui était destinée.

CHAPITRE II.

Madame Général.

Il devient indispensable de présenter au lecteur la dame accomplie qui occupait, dans la suite de la famille Dorrit, une position assez importante pour qu'on crût devoir inscrire son nom dans le livre des voyageurs.

Mme Général était la fille d'un dignitaire clérical d'une ville de cathédrale, où elle avait donné le ton jusqu'à l'époque où elle fut aussi près de sa quarante-cinquième année qu'il est possible à une demoiselle de l'être. Un intendant militaire de soixante ans, bien roide, et d'une sévérité proverbiale dans l'armée, s'étant amouraché de la gravité avec laquelle cette demoiselle conduisait, à grandes guides, les convenances, à travers le dédale de la société provinciale, avait brigué, un peu tard, l'honneur de prendre place à côté d'elle sur le siége du froid équipage de cérémonie dont elle menait si bien l'attelage compliqué. Sa demande en mariage ayant été acceptée, l'intendant militaire s'était installé derrière les convenances avec beaucoup de décorum, et Mme Général avait continué à conduire ses quatre coursiers jusqu'à la mort de l'intendant. Durant ce voyage conjugal, le vieux couple avait écrasé plusieurs maladroits qui leur avaient barré le chemin sur la route des convenances; mais ils l'avaient toujours fait sans violer les règles de l'étiquette, et avec un sang-froid imperturbable.

L'intendant ayant été enseveli avec tous les honneurs dus à son rang, l'attelage tout entier des convenances.... cela va sans dire.... fut chargé de traîner à quatre le corbillard, dont chaque cheval portait des plumes noires et des housses de velours noir. Mme Général eut ensuite la curiosité de demander combien de métal et de poudre d'or le défunt avait laissé entre les mains de son banquier. On découvrit alors que feu l'intendant militaire avait abusé de l'innocence de sa future en lui cachant qu'il avait placé ses fonds en viager quelques années avant de se marier, se contentant d'accuser un revenu qui, disait-il vaguement, représentait l'intérêt de son argent. Mme Général trouva, par conséquent, sa fortune tellement diminuée que, si son esprit n'eût pas été aussi parfaitement dressé par une bonne éducation, elle aurait pu se sentir disposée à contester la vérité de cette partie de la liturgie funèbre, qui affirmait que feu l'intendant militaire n'avait rien pu emporter avec lui.

Dans cet état de choses, l'idée vint à Mme Général qu'elle pourrait occuper ses loisirs à former l'esprit et les manières de quelque jeune fille de qualité; ou bien, qu'il ne serait pas au-dessous d'elle d'atteler les convenances au char de quelque riche héritière ou de quelque veuve, pour devenir à la fois le cocher et le conducteur de ce véhicule dans ses pérégrinations à travers le dédale de la société. Lorsque Mme Général fit part de ce projet à ses amis cléricaux et militaires, ceux-ci y applaudirent tellement que, sans le mérite incontestable de la dame, on aurait pu se figurer qu'ils n'avaient rien de plus pressé que de se voir débarrassés d'elle. Des certificats, qui donnaient Mme Général pour un prodige de piété, de savoir, de vertu et de bon ton, arrivèrent de tous les côtés, signés des noms les plus influents; un vénérable archidiacre, entre autres, allait jusqu'à répandre des larmes, dans son certificat, en parlant des perfections de la veuve (à lui garanties par des personnes dignes de foi), bien qu'il n'eût jamais eu l'honneur ni la satisfaction morale de jeter de sa vie les yeux sur Mme Général.

Ainsi déléguée, pour ainsi dire, par l'Église et par l'État, Mme Général, toujours montée sur ses grands chevaux, se crut en mesure d'accepter cette mission sans trop déroger, et elle commença à demander un prix très-élevé de ses services. Il s'écoula un assez long intervalle sans que personne se présentât pour profiter de la bonne volonté de Mme Général. Enfin, un homme veuf, habitant la province, et ayant une fille de quatorze ans, entama des négociations avec la dame; et, comme il entrait dans la dignité native de Mme Général, ou dans sa politique artificielle (elle avait certainement beaucoup de l'une et de l'autre), de s'arranger pour faire croire qu'on courait après elle, plus qu'elle ne courait après un emploi, le veuf poursuivit Mme Général jusqu'à ce qu'elle eût consenti à former l'esprit et les manières de sa fille.

Cette mission occupa Mme Général pendant sept années environ, durant lesquelles elle fit le tour de l'Europe et visita la plupart de ces merveilles étrangères que les gens bien élevés doivent voir par les yeux d'autrui bien plus que par les leurs. Lorsque son élève fut enfin façonnée aux bonnes manières, non-seulement le mariage de la demoiselle, mais aussi celui du père furent décidés. Le veuf, trouvant alors Mme Général aussi coûteuse qu'incommode, devint tout à coup aussi touché de ses excellentes qualités que l'avait été l'archidiacre, et fit un tel éloge de son mérite transcendant partout où il entrevoyait l'occasion de passer ce trésor à un autre, que la réputation de Mme Général ne fit que croître et embellir.

Ce phénix si haut perché était donc à louer, lorsque M. Dorrit, qui venait de toucher son héritage, informa ses banquiers qu'il désirait trouver une dame de bonne famille, bien élevée, accomplie, habituée à la bonne société, qui pût à la fois terminer l'éducation de ses filles et leur servir de chaperon. Les banquiers de M. Dorrit, en leur qualité de banquiers du veuf, s'écrièrent tout de suite : « Mme Général. »

Profitant du renseignement que lui fournissait cet heureux hasard, et trouvant que tous les amis de Mme Général lui rendaient ce témoignage pathétique dont nous avons vu le concert touchant, M. Dorrit prit la peine de visiter le comté où demeurait le veuf en question, afin d'avoir une entrevue avec Mme Général, en qui il trouva une dame d'une qualité même supérieure à tout ce qu'il avait espéré.

« Oserais-je demander, dit M. Dorrit, quelle.... hem!... quelle rémuné....

— A vous parler franchement, interrompit Mme Général, c'est à une question dont je préfère ne pas m'occuper. Je n'en ai jamais parlé moi-même aux amis chez lesquels vous me trouvez, et je ne saurais, monsieur Dorrit, vaincre la répugnance qu'elle m'a toujours inspirée. Je ne suis pas, comme vous le savez sans doute, une gouvernante.

— Oh non! s'écria M. Dorrit. Je vous prie, madame, de ne pas vous figurer un seul instant que j'aie pu le croire. »

M. Dorrit rougit de ce qu'on aurait pu le soupçonner d'avoir entretenu une pareille idée. Mme Général salua avec sa gravité habituelle.

« Je ne saurais donc, reprit-elle, mettre un prix à des services que ce sera un plaisir pour moi de rendre, si je puis les rendre spontanément, mais qu'il me serait impossible de rendre en échange d'une simple considération pécuniaire. J'ignore, d'ailleurs, où et comment trouver une position analogue à la mienne. Elle est exceptionnelle.

— Sans doute. Mais alors (insinua, non sans raison, M. Dorrit), comment savoir à quoi s'en tenir sur ce sujet?

— Je ne m'oppose pas, répondit Mme Général.... bien que cela me soit encore assez désagréable.... à ce que M. Dorrit demande à mes amis, en confidence, quelle somme ils ont l'habitude de déposer, chaque trimestre, chez mon banquier. »

M. Dorrit s'inclina, pour toute réponse.

« Permettez-moi d'ajouter, continua Mme Général, que dorénavant je n'ouvrirai plus la bouche là-dessus. Je dois aussi vous prévenir que je n'accepterai aucune position inférieure ou secondaire. Si je dois avoir l'honneur d'être présentée à la famille de monsieur Dorrit.... je crois que vous avez parlé de deux demoiselles?...

— Deux demoiselles.

—.... Ce ne sera que sur un pied d'égalité parfaite, en qualité de compagne, de protectrice, de mentor et d'amie. »

Nonobstant le sentiment qu'il avait de sa propre importance, M. Dorrit sentit que Mme Général serait bien bonne d'entrer chez lui, même aux conditions énoncées. Il en parla presque dans ces termes à la dame.

« Je crois, répéta celle-ci, que vous avez parlé de deux demoiselles?

— Deux demoiselles, répéta M. Dorrit à son tour.

— Dans ce cas, poursuivit la veuve de l'intendant militaire, il serait nécessaire d'ajouter un tiers en sus de la somme que mes amis ont coutume de déposer chez mon banquier. »

M. Dorrit s'empressa d'adresser cette délicate question au veuf; et, ayant découvert qu'il plaçait trois cents livres sterling par an au crédit de Mme Général, il en conclut, sans être obligé de se livrer à des calculs bien compliqués, qu'il lui faudrait payer quatre cents livres les services de cette dame. Mais, comme la veuve était un de ces articles extra-brillants qu'on ne saurait payer trop cher, M. Dorrit lui demanda formellement l'honneur et le plaisir de la compter désormais au nombre des membres de sa famille. Mme Général lui avait accordé ce précieux privilége et voilà pourquoi nous la rencontrons au couvent du grand Saint-Bernard.

Extérieurement, Mme Général, y compris ses jupes, qui entraient pour beaucoup dans la configuration de sa personne, était d'un aspect digne et imposant; ample et gravement volumineuse, elle était toujours à cheval sur les convenances. On aurait pu la mener.... (et on avait même fait cette expérience).... au sommet des Alpes ou au fond des ruines d'Herculanum sans déranger un seul des plis de sa robe, ni déplacer une des épingles de sa toilette. Son visage et ses cheveux avaient bien une apparence un peu farineuse, comme si elle sortait de quelque moulin premier numéro, mais c'était plutôt parce qu'il entrait beaucoup de craie dans l'argile terrestre de sa construction que parce qu'elle corrigeait son teint avec de la poudre d'iris, ou parce que ses cheveux grisonnaient. Ses yeux n'avaient aucune expression, c'est vrai, mais cela tenait sans doute à ce qu'ils n'avaient rien à exprimer. Si elle avait peu de rides, cela tenait à ce que son esprit n'avait jamais tracé son nom ni aucune autre inscription sur cette physionomie distinguée. C'était une femme froide, boursouflée, une cire éteinte, qui, peut-être même, n'avait jamais été allumée.

Mme Général n'avait pas d'opinion. Sa méthode pour former l'esprit d'une élève consistait à empêcher cette élève de se former des opinions. Elle avait un tas de petits rails intellectuels sur lesquels elle lançait ses petits trains chargés des opinions d'autrui, lesquels ne se rattrapaient jamais et n'arrivaient jamais à une station quelconque. Malgré son sentiment excessif des convenances, Mme Général elle-même ne pouvait nier qu'il existe dans ce bas monde des choses et des idées inconvenantes; mais Mme Général trouvait moyen de s'en débarrasser en les mettant de côté et ayant l'air de n'y pas croire. Un autre des procédés qu'elle avait inventés pour former l'esprit, consistait à serrer toutes les difficultés au fond d'une armoire, afin de pouvoir mieux se faire l'illusion qu'elles n'existaient pas. C'était certainement la manière la plus commode de se tirer d'affaire, et, dans tous les cas, la plus convenable.

Il ne fallait pas parler à Mme Général de choses désagréables. Les accidents, la misère, les crimes étaient des sujets de conversation qu'on ne devait pas aborder en sa présence. Toute passion n'avait rien de mieux à faire que d'aller se coucher à l'approche de Mme Général, et le sang à se transformer en eau sucrée. Ces déductions faites, Mme Général se chargeait d'étendre sur le reste une couche de vernis. Fidèle à son système, elle trempait le plus petit pinceau qu'on ait jamais vu dans le plus grand pot possible pour vernir à grand lavage la surface de tout ce qu'elle montrait à ses élèves. Plus l'objet était fêlé, plus Mme Général mettait d'épaisseur dans les couches de vernis qu'elle y étendait.

Il y avait du vernis dans la voix de Mme Général; il y avait du vernis dans son geste; une atmosphère de vernis enveloppait toute sa personne. Les rêves de Mme Général.... si toutefois elle en faisait.... étaient sans doute vernis de même, tandis qu'elle dormait dans les bras du bon Saint-Bernard, dont la neige légère couvrait le toit hospitalier.

CHAPITRE III.

La route.

Le lendemain matin un soleil resplendissant éblouissait tous les yeux ; il ne neigeait plus, le brouillard s'était dissipé ; l'air de la montagne était si pur et si léger, qu'en le respirant, il semblait qu'on entrât dans une vie nouvelle. Pour augmenter l'illusion, la terre elle-même avait comme disparu, car la montagne, désert brillant où s'élevaient d'immenses masses blanches, ressemblait à une région de nuages flottant entre le ciel d'azur et la terre lointaine.

Quelques points noirs qui, se détachant sur la neige comme des nœuds sur un petit fil, commençaient à la porte du couvent et descendaient le penchant de la montagne en zigzags rompus qu'on n'avait pas encore reliés entre eux, indiquaient les divers endroits où les frères étaient en train de tracer des sentiers. Déjà la neige avait commencé à se fondre autour de la porte sous les pieds des passants. On s'empressait de faire sortir les mules de l'écurie, afin de les attacher aux anneaux scellés au mur pour les charger ; on bouclait les harnais ornés de clochettes ; on ajustait les bâts ; les voix des guides et des cavaliers résonnaient comme une mélodie. Quelques-uns des voyageurs les plus matineux étaient déjà en route sur le plateau uni, non loin du lac sombre qu'on aperçoit près du couvent ; et, le long du versant que nos touristes avaient escaladé la veille, on voyait descendre des petites figures d'hommes et de bêtes, dont l'immensité du paysage faisait des miniatures, et qui s'éloignaient au milieu d'un concert de clochettes retentissantes et de voix harmonieuses.

Dans le réfectoire des voyageurs, un nouveau feu, empilé sur les cendres blanches du feu de la veille, jetait l'éclat de ses flammes sur un simple déjeuner de pain, de beurre et de lait. Il brillait aussi sur le courrier de la famille Dorrit, qui faisait le thé de ses maîtres en mettant à contribution les provisions qu'il avait apportées, destinées surtout à augmenter le bien-être de la nombreuse et incommode suite de William Dorrit, esquire. M. Henry Gowan et Blandois, de Paris, avaient déjà déjeuné, et se promenaient au bord du lac, fumant leur cigare.

« Gowan? Ah! il s'appelle Gowan, murmura Tip, autrement dit Édouard Dorrit, esquire, tournant les feuillets du livre des voyageurs, lorsque le courrier les eut laissés à leur déjeuner. Alors Gowan est le nom d'un paltoquet.... voilà tout ce que j'ai à dire sur son compte! S'il en valait la peine, je lui tirerais les oreilles ;

mais il n'en vaut pas la peine.... heureusement pour lui. Comment va sa femme, Amy? tu sais cela, sans doute? Tu t'arranges toujours de manière à savoir ces choses-là, toi.

— Elle va mieux, Édouard. Mais ils ne repartent pas aujourd'hui.

— Oh, ils ne repartent pas aujourd'hui? Voilà qui est encore bien heureux pour cet animal, dit Tip; car, autrement, j'aurais pu lui demander une explication.

— On a pensé qu'il valait mieux qu'elle se tînt tranquille aujourd'hui, et ne s'exposât que demain aux fatigues et aux cahots du voyage.

— De tout mon cœur. Mais tu en sais aussi long que si tu venais de lui servir de garde-malade. Tu ne retombes pas.... (Mme Général n'est pas là pour m'entendre); tu ne retombes pas dans tes vieilles habitudes, hein, Amy? »

Tip, en faisant cette question, lançait à Fanny et à son père un regard malin et observateur.

« Je suis seulement allé lui demander si je pouvais lui être bonne à quelque chose, mon cher Tip, répliqua la petite Dorrit.

— Je te prie encore une fois de ne pas m'appeler Tip, petite étourdie que tu es, répliqua ce jeune gentleman en fronçant les sourcils; c'est encore une de ces vieilles habitudes dont tu feras bien de te débarrasser.

— Je l'ai dit sans y penser, cher Édouard. J'oubliais. Autrefois ce nom me venait si naturellement qu'il ma semblé tout à l'heure que c'était ton vrai nom.

— Oh oui! s'écria Mlle Fanny. *Cela me venait si naturellement! C'était ton vrai nom!* et le reste. Veux-tu bien te taire, petite évaporée! Je sais parfaitement bien pourquoi tu t'intéresses à cette Mme Gowan. Tu ne m'empêcheras pas d'y voir clair, va!

— Je ne veux pas du tout t'en empêcher, je t'assure. Ne te fâche pas.

— Que je ne me fâche pas! c'est facile à dire! s'écria Mlle Fanny avec un geste irrité. Il me faudrait une patience que je n'ai pas! (Hélas! ce n'était que trop vrai.)

— Fanny, demanda M. Dorrit en relevant les sourcils. Que voulez-vous dire? Expliquez-vous, je vous prie.

— Oh! ne faites pas attention, papa, répliqua Mlle Fanny. C'est peu de chose. Amy me comprend bien. Elle connaissait cette Mme Gowan, ou du moins elle en avait entendu parler avant notre rencontre d'hier. Elle fera tout aussi bien de ne pas le nier.

— Ma fille, dit M. Dorrit en se tournant vers la coupable, votre sœur est-elle.... hem!... autorisée à faire cette étrange assertion?

— Quelque bonne et douce que nous soyons, poursuivit Mlle Fanny sans laisser à sa sœur le temps de répondre, nous ne nous amusons pas à nous glisser dans la chambre des gens, au risque de périr de froid, à moins de connaître les gens. Je devine sans peine quel est l'ami de Mme Gowan.

— Qui cela ? demanda le père.

— Papa, je suis fâchée de le dire, continua Mlle Fanny qui avait réussi à se persuader qu'on avait des torts très-graves envers elle, quoique cela fût parfois difficile ; mais je crois que cette dame est l'amie d'un individu peu recommandable et encore moins agréable, qui, avec un manque de délicatesse auquel nous devions bien, du reste, nous attendre de sa part, nous a froissés et insultés ouvertement et volontairement dans une certaine occasion à laquelle il a été convenu que nous ne ferons dorénavant aucune allusion directe.

— Amy, ma fille, dit M. Dorrit avec une douce sévérité que tempérait une dignité affectueuse, est-il bien vrai ?... »

La petite Dorrit répondit doucement que c'était vrai.

« Vous voyez ! s'écria Mlle Fanny. Vous voyez ! Je l'avais bien dit ! Et maintenant, papa, je déclare une fois pour toutes.... (l'ex-danseuse avait coutume de faire cette même déclaration une fois pour toutes, plusieurs fois par jour....) que c'est vraiment honteux ! Je déclare une fois pour toutes qu'il faut que cela finisse. Ne suffit-il donc pas que nous ayons souffert tout ce que nous savons, sans que le reproche nous en soit jeté à la figure, avec une persévérance systématique, par celle qui devrait surtout éviter de réveiller un si douloureux souvenir ? Serons-nous donc sans cesse exposés à une conduite aussi dénaturée ? Ne nous sera-t-il jamais permis d'oublier ? Je le répète, c'est vraiment infâme !

— Ma fois, Amy, remarqua le frère, hochant la tête, tu sais qu'en toute occasion je prends ton parti quand la chose est possible. Mais j'avoue, parole d'honneur ! que je trouve que tu as choisi une drôle de manière de me prouver ton affection ! Comment, tu vas t'intéresser à un homme qui m'a traité de la façon la plus indigne dont on puisse traiter un gentleman ? Et qui, ajouta-t-il d'un ton convaincu, ne saurait être autre chose qu'un misérable filou, sans quoi il ne se serait jamais conduit comme il a fait.

— Et voyez, reprit Mlle Fanny, voyez à quoi cela pourrait nous mener. Comment voulez-vous qu'après cela nos gens nous respectent encore ? c'est impossible ! Malgré nos deux femmes de chambre, et le valet de chambre de papa, et le valet de pied, et le courrier, et les autres, il faut que l'une de nous se précipite avec des verres d'eau comme une simple bonne !... Mais un policeman, s'il voyait un mendiant se trouver mal au milieu de la rue, ne pourrait pas faire plus que de s'élancer avec des verres d'eau, comme cette petite Amy l'a fait hier soir, dans cette propre salle, devant nos propres yeux !

— Ce n'est pas tant à cela que je trouve à redire ; ça peut se tolérer, une fois par hasard, remarqua M. Édouard ; mais votre Clennam, ainsi qu'il juge à propos de se nommer, c'est autre chose.

— C'est toujours la même histoire, répliqua Mlle Fanny : il ne vaut pas mieux que le reste. D'abord, il a commencé par faire connaissance avec nous, bon gré mal gré. Nous n'avions pas besoin de lui. Je lui ai toujours montré, pour ma part, que je me serais très-volontiers passé de sa société. Puis il nous a fait cette grossière insulte dont il ne se serait jamais avisé, s'il n'avait pas été enchanté de nous tourner en ridicule; et, enfin, il faut que nous nous abaissions jusqu'à rendre service à ses amis ! Je ne m'étonne pas du tout, après cela, de la conduite que ce M. Gowan a tenue envers toi, Édouard. Devions-nous nous attendre à autre chose de la part d'un homme qui se réjouissait au souvenir de nos malheurs passés.... qui s'y délectait....

— Père.... Édouard.... il n'en est rien ! dit la petite Dorrit pour s'excuser. M. et Mme Gowan ne connaissent seulement pas notre nom. Ils n'ont jamais su, ils ne savent pas encore notre histoire.

— Tant pis ! riposta Fanny, bien décidée à n'admettre aucune circonstance atténuante; car alors tu n'avais aucun prétexte pour te conduire comme tu l'as fait. S'ils avaient su à quoi s'en tenir, tu aurais pu te croire appelée à nous concilier leurs bonnes grâces. C'eût été là une faiblesse et une erreur ridicules; mais je sais respecter une erreur, tandis que je ne puis respecter un abaissement gratuit de ceux que nous devrions chérir. Non, je ne puis respecter une pareille conduite. Je ne puis que la dénoncer au blâme de la famille.

— Je ne te chagrine pourtant jamais volontairement, Fanny, répliqua la petite Dorrit, et cela ne t'empêche pas d'être bien dure avec moi.

— Alors tu devrais faire plus d'attention, Amy, répondit la sœur. Si tu commets ces erreurs par hasard, tu devrais faire plus d'attention. Si j'avais eu le malheur de naître dans un certain endroit et dans certaines circonstances de nature à émousser en moi le sentiment des convenances, je m'imagine que je me croirais obligée davantage de me demander à chaque pas : « Vais-je, sans le savoir, compromettre des parents qui me sont chers ? » Je m'imagine que c'est là ce que je ferais, moi, dans ce cas-là. »

M. Dorrit intervint alors, pour mettre un terme à cette discussion pénible, au nom de son autorité, et pour en enseigner la morale au nom de sa sagesse.

« Ma chère, dit-il à la plus jeune de ses filles, je vous prie de.... hem !... de laisser là ce sujet. Votre sœur Fanny s'exprime peut-être avec un peu trop d'énergie, mais au fond elle n'a que trop raison. Vous occupez maintenant.... hem !... une haute position. Cette position vous ne l'occupez pas seule, mais conjointement avec.... hem !... avec moi, et.... ha ! hem !... avec nous. Nous. Or, tous ceux qui occupent une position élevée (surtout notre famille, et cela pour des motifs sur lesquels je.... hem !... je n'appuierai pas en ce moment), sont tenus de se faire respecter. Si l'on veut être respecté par ses inférieurs, il faut.... hem !... les tenir à distance et.... hem!... les tenir au-dessous de soi; au-dessous de soi. Donc, il est.... hem!... très-important de ne pas vous exposer aux remarques de nos gens en ayant l'air de vous être, à une époque quelconque, passée de leurs services et de vous être servie vous-même.... c'est.... ha!... de la plus haute importance.

— C'est clair comme le jour! s'écria Mlle Fanny.

— Fanny, interrompit le père d'un ton pompeux, permettez-moi, ma chère.... Nous arrivons maintenant à.... hem!... monsieur Clennam. Je ne crains pas de dire, Amy, que je ne partage pas.... du moins pas complétement.... les sentiments de votre sœur, au sujet de.... cet industriel. Je consens à le regarder comme une personne qui.... hem!... se conduit assez bien en général.... Hem!... Assez bien. Je ne demanderai pas non plus si monsieur Clennam, à une époque quelconque, a recherché bon gré mal gré.... à se lier avec moi. Il savait que l'on.... hem!... recherchait ma société, et il pouvait prétexter qu'il me regardait comme un personnage public. Mais certaines circonstances ont marqué mes relations.... hem!... très-peu suivies avec monsieur Clennam (je ne l'ai connu que fort superficiellement) qui.... (à ces mots M. Dorrit prit un air grave et imposant).... qui rendraient très-inconvenante de la part de cet industriel une tentative pour renouer connaissance avec moi ou aucun membre de ma famille, dans les circonstances actuelles. Si monsieur Clennam a assez de délicatesse pour reconnaître l'inconvenance d'une tentative de ce genre, je dois, en ma qualité de gentleman respectable,... hem!... m'en rapporter à ce sentiment honorable. Si, d'un autre côté, monsieur Clennam ne possède pas la délicatesse requise, je ne saurais.... hem!... avoir aucun rapport avec un personnage.... hem!... aussi grossier. Dans l'un et l'autre cas, il est évident que ce monsieur Clennam doit être mis de côté et que nous n'avons plus rien à faire avec lui, ni lui avec nous. Hem!... madame Général. »

L'arrivée de la dame que M. Dorrit venait d'annoncer et qui prit place à la table où les autres étaient en train de déjeuner, mit fin à la discussion. Peu de temps après, le courrier vint prévenir que le valet de chambre, les valets de pied, les deux femmes de chambre, les quatre guides et les quatorze mules étaient prêts à partir. Les convives quittèrent donc le réfectoire pour rejoindre la cavalcade à la porte du couvent.

M. Gowan se tenait à l'écart avec son cigare et son crayon; mais M. Blandois attendait sur le seuil pour présenter ses respects aux dames. Lorsqu'il ôta galamment son chapeau de feutre mou, à larges bords, pour saluer la petite Dorrit, la jeune fille trouva à ce voyageur basané l'air encore plus sinistre, au milieu de la neige, qu'aux lueurs vacillantes du feu de la veille. Mais, comme son père et sa sœur recevaient les hommages du touriste avec assez de faveur, elle s'abstint de parler de l'aversion que lui inspirait Blandois, de crainte qu'on ne lui reprochât ce sentiment comme une nouvelle tache de ce péché originel, contracté dans la prison natale.

Néanmoins, tandis qu'ils descendaient le chemin tortueux et inégal, avant d'avoir perdu de vue le couvent, elle se retourna plus d'une fois et aperçut M. Blandois dont la personne se dessinait sur un fond de fumée qui s'élevait des cheminées du monastère, montant très-haut en ligne droite et formant une sorte de vapeur dorée, toujours juché sur un rocher en saillie, pour mieux les voir s'éloigner. Lorsque, grâce à la distance, il ne ressemblait plus qu'à un pieu noir planté dans la neige, la petite Dorrit se figura qu'elle voyait encore le traître sourire de ce voyageur, son grand nez recourbé et ses yeux trop rapprochés. Plus tard même, lorsque le couvent avait déjà disparu, et que de légers nuages voilaient le sentier au-dessous de l'édifice, chacun de ces lugubres poteaux, semblables à des bras de squelettes, qu'elle rencontrait le long de la route, semblait toujours la renvoyer à cet épouvantail.

Plus traîtreux que la neige, plus froid peut-être au cœur, moins capable de s'attendrir, Blandois de Paris s'effaça peu à peu du souvenir de la jeune fille, à mesure qu'elle descendait dans des régions moins arides. Le soleil envoya encore ses chauds rayons; les sources jaillissant des glaciers et des cavernes neigeuses fournirent encore à la soif leurs eaux rafraîchissantes; on salua de nouveau les pins, les ruisseaux aux lits rocailleux, les hauteurs et les vallées verdoyantes, les chalets et les rudes barrières en zigzags de la Suisse. Parfois la route devenait assez large pour que la petite Dorrit et son père pussent s'avancer côte à côte. Alors elle était heureuse de le voir vêtu de drap fin et de fourrures, riche, libre, suivi et servi par de nombreux domestiques, contemplant les magnificences du paysage lointain, sans être gêné par de misérables obstacles qui pussent, comme autrefois, lui gâter la vue de la nature et jeter sur lui leur ombre funeste.

L'oncle Frédéric lui-même avait échappé à cette ombre néfaste au point de porter comme un autre les vêtements qu'on lui donnait, de faire quelques ablutions en l'honneur de la famille, et d'aller partout où on le conduisait avec un certain air de contentement animal qui semblait indiquer que l'air et le changement lui faisaient du bien. Sous tous les autres rapports, un seul excepté, il ne brillait d'aucun reflet qui ne fût emprunté à son frère. La grandeur, la richesse, la liberté, la magnificence de son frère lui causaient une joie où il n'entrait aucun sentiment personnel. Silencieux et timide, il n'ouvrait point la bouche lorsqu'il pouvait écouter parler son frère; il ne tenait pas à ce que les domestiques s'occupassent de lui pourvu que son frère fût bien servi. La seule transformation dont il se fût avisé de lui-même, était un changement dans ses manières envers la plus jeune de ses nièces. Chaque jour sa politesse envers elle témoignait de plus en plus d'un respect marqué, que la vieillesse accorde rarement aux jeunes gens et qui ne semble guère compatible avec la convenance délicate que l'ex-musicien savait y mettre. C'est surtout lorsque Mlle Fanny venait de faire quelque déclaration une fois pour toutes, qu'il saisissait la première occasion pour découvrir sa tête grise devant la petite Dorrit, pour l'aider à descendre de cheval ou à monter en voiture ou pour lui montrer toute autre attention de ce genre, toujours avec la plus grande déférence. Ces attentions pourtant ne paraissaient jamais ni déplacées ni forcées; car elles étaient, avant tout, spontanées, naturelles, empreintes d'une simplicité cordiale. Frédéric ne voulut jamais consentir, même à la prière de son frère, à entrer quelque part ni à s'asseoir quelque part avant que sa petite nièce fût entrée et assise la première. Il était si jaloux du respect qu'on devait à sa favorite que, pendant ce voyage même, au retour du grand Saint-Bernard, il se prit d'une soudaine et violente colère contre un valet qui avait oublié de tenir l'étrier de la petite Dorrit, bien qu'il se trouvât près d'elle lorsqu'elle mettait pied à terre ; et il étonna au dernier point la nombreuse suite de son frère en lançant sa mule têtue contre le coupable, qu'il accula dans un coin, menaçant de l'écraser sans pitié sous les pieds de sa monture.

Nos voyageurs formaient une noble compagnie, et il s'en fallait de bien peu que les aubergistes ne se missent à genoux devant eux. Partout où ils allaient, leur importance les précédait dans la personne du courrier qui galopait en avant afin de s'assurer qu'on avait préparé les appartements. Le courrier était le héraut du cortége formé par la famille Dorrit. Venait ensuite la grande berline de voyage, renfermant, à l'intérieur, M. Dorrit, Mlle Dorrit, Mlle Amy Dorrit et Mme Général ; à l'extérieur, quelques-uns des serviteurs, et (lorsqu'il faisait beau) Édouard Dorrit, esquire, auquel le siége était réservé. Puis venait le coupé de M. Frédéric Dorrit, esquire, où il y avait une place vide destinée à Édouard Dorrit pour les temps de pluie. Puis venait le fourgon avec le reste des serviteurs, le gros bagage et tout ce qu'il pouvait ramasser sur la route de la boue et de la poussière que les autres voitures n'avaient pas emportées.

Ces équipages ornaient la cour de l'hôtel de Martigny, lorsque la famille Dorrit revint de son excursion dans la montagne. D'autres véhicules s'y trouvaient aussi (car il passait beaucoup de voyageurs sur cette route), depuis le vetturino italien tout rapiécé (semblable au siége d'une balançoire empruntée à la foire de quelque village anglais et placé entre deux plateaux de bois, dont celui de dessous a des roues, tandis que l'autre n'en a pas) jusqu'à la solide et légère voiture fabriquée à Londres. Mais il y avait dans ce même hôtel un autre ornement sur lequel M. Dorrit n'avait nullement compté. Deux voyageurs étrangers embellissaient de leur présence une des chambres qu'il avait retenues.

L'aubergiste, qui se tenait chapeau bas dans la cour, s'adressait au courrier et jurait ses grands dieux qu'il était perdu, désolé, profondément affligé, qu'il se regardait comme la bête la plus misérable et la plus infortunée, qu'il ne faisait pas plus de cas de sa caboche que d'une tête de cochon. Il savait bien, disait-il, qu'il n'aurait jamais dû faire une pareille concession; mais la dame avait l'air si distingué, elle l'avait tellement supplié de lui laisser cette chambre rien qu'une petite demi-heure, qu'il n'avait pas eu le courage de résister. La petite demi-heure était écoulée, la dame et le monsieur qui l'accompagnait finissaient leur petit dessert et leur demi-tasse, la note était acquittée, on avait donné ordre d'atteler, ils allaient partir ; mais, grâce à la malheureuse étoile de l'hôte et par une malédiction du ciel, ils n'étaient pas encore partis.

Il faut renoncer à décrire l'indignation de M. Dorrit, qui s'était retourné au pied du grand escalier pour écouter ces excuses. Il sentit comme si la main d'un assassin venait de porter un coup à l'honneur de la famille. Le sentiment de sa propre dignité était tellement développé chez lui, qu'il apercevait une insulte préméditée dont personne que lui ne se serait douté. Sa vie n'était qu'une longue agonie à la vue de tous les scalpels qu'il découvrait sans cesse occupés à disséquer sa dignité.

« Est-il possible, monsieur, dit M. Dorrit, rougissant jusqu'aux oreilles, que vous avez... hem!... eu l'audace de permettre à des étrangers de s'installer dans mon appartement? »

Mille pardons! l'hôtelier avait eu le malheur extrême de ne pouvoir résister à cette dame trop distinguée. Il suppliait monseigneur de ne pas se mettre en colère. Il implorait la clémence de monseigneur. Si monseigneur voulait avoir l'extrême obligeance d'occuper l'autre salon qui lui avait été spécialement réservé pendant cinq minutes au plus, tout irait bien.

« Non, monsieur, répondit M. Dorrit. Je n'occuperai aucun salon. Je quitterai votre maison sans y manger un morceau, sans y mettre les pieds. Comment avez-vous osé vous permettre une pareille conduite? Pour qui me prenez-vous donc pour me.... hem!... pour me traiter autrement que les autres gentilshommes? »

Hélas! l'aubergiste prit l'univers entier à témoin que monseigneur était le représentant le plus aimable de toute la noblesse, le plus important, le plus estimé, le plus honorable. S'il mettait une différence entre monseigneur et les autres gentilshommes, c'était seulement pour reconnaître que monseigneur était le plus distingué, le mieux aimé, le plus généreux, le plus illustre d'entre eux.

« Sornettes que tout cela, monsieur! s'écria monseigneur très-échauffé, vous m'avez manqué de respect. Vous m'avez accablé d'insultes. Comment vous êtes-vous permis?... Expliquez-vous! »

Ah! juste ciel! comment l'aubergiste pouvait-il s'expliquer lorsqu'il n'avait plus rien à dire; lorsqu'il n'avait plus qu'à offrir ses excuses et à s'en rapporter à la magnanimité bien connue de monseigneur!

« Je vous répète, monsieur, continua M. Dorrit haletant de colère, que vous ne me traitez pas.... hem!... comme les autres gentilshommes, que vous établissez des distinctions entre moi et les autres gentilshommes de mon rang et de ma fortune. Je voudrais bien savoir pourquoi. Je voudrais bien savoir.... hem!... sur quelle autorité vous vous fondez. Pourquoi, monsieur? répondez, expliquez-vous. Je veux savoir pourquoi. »

L'aubergiste demanda la permission d'expliquer à monsieur le courrier que monseigneur, si aimable d'ordinaire, s'irritait sans motif. Il n'y avait pas de pourquoi. Monsieur le courrier voudrait bien représenter à monseigneur qu'il se trompait en soupçonnant qu'il y avait un autre *pourquoi* que celui que son très-dévoué serviteur avait déjà eu l'honneur de lui expliquer. La dame si distinguée....

« Silence! s'écria M. Dorrit. Taisez-vous! Je ne veux plus entendre parler de cette dame si distinguée; je ne veux plus vous écouter. Voyez cette famille.... ma famille.... elle est plus distinguée que toutes les dames du monde. Vous avez manqué de respect à cette famille. Vous avez fait une insolence à cette famille. Je vous ruinerai.... Hem!.... Envoyez chercher les chevaux, préparez les voitures, je ne mettrai plus les pieds dans la maison de cet homme! »

Personne ne s'était mêlé de cette dispute, à laquelle les connaissances linguistiques d'Édouard Dorrit, esquire, ne lui permettaient pas de prendre part et dans laquelle les dames ne pouvaient guère intervenir. Cependant Mlle Fanny appuya son père avec beaucoup d'amertume, déclarant dans sa langue maternelle, qu'il était clair qu'il y avait quelque chose de particulier dans l'impertinence de cet homme; qu'il importait beaucoup, selon elle, de l'obliger, d'une façon ou d'une autre, à dénoncer la personne qui l'avait autorisé à établir des distinctions entre leur famille et les autres familles opulentes. Elle avait peine à s'imaginer les motifs qu'il pouvait avoir de montrer pareille insolence; mais on ne pouvait douter qu'il eût des motifs, et il fallait lui en arracher l'aveu.

Les guides, les conducteurs de mules et tous les flâneurs présents dans la cour qui avaient assisté à cette explosion de colère, furent vivement impressionnés en voyant le courrier se démener pour faire sortir les voitures des remises. Avec l'aide de deux douzaines de bras environ pour chaque roue, on y parvint non sans beaucoup de vacarme; puis on commença à charger les voitures en attendant les chevaux qu'on avait envoyé chercher à la poste.

Mais le coupé de voyage de la dame très-distinguée étant déjà attelé à la porte de l'hôtel, l'aubergiste s'était esquivé afin de lui faire part de sa triste position. Les spectateurs rassemblés dans la cour apprirent cette démarche en voyant l'hôtelier descendre l'escalier à la suite du monsieur et de la dame en question, auxquels il indiquait d'un geste très-animé la majesté offensée de M. Dorrit.

« Mille pardons, dit le monsieur quittant la dame et s'avançant tout seul; je ne sais pas ce que c'est que de parler longuement, et je n'entends pas grand'chose aux explications.... mais la dame que j'accompagne tient beaucoup à ce qu'il n'y ait pas de tapage. Cette dame.... ma mère pour tout dire.... me charge de vous exprimer le désir qu'il n'y ait pas de tapage. »

M. Dorrit, toujours haletant sous le poids de son injure, adressa au monsieur, puis à la dame un salut roide, définitif et peu conciliant.

« Non, mais réellement.... tenez, mon vieux, vous! (c'est ainsi que le jeune étranger s'adressait à Édouard Dorrit, esquire, sur lequel il se précipita comme sur un secours providentiel et inespéré). Tâchons un peu d'arranger l'affaire à nous deux. Cette dame tient énormément à ce qu'il n'y ait pas de tapage. »

Édouard Dorrit, esquire, que l'autre avait tiré à l'écart par un de ses boutons, chercha à se donner un air diplomatique pour répondre :

« Vous avouerez que, lorsqu'on retient un tas de chambres d'avance et qu'elles vous appartiennent, ce n'est pas amusant d'y trouver logées des personnes qu'on ne connaît pas.

— Non, répondit l'autre. Je sais bien ça. Je le reconnais. C'est égal. Tâchons un peu, vous et moi, d'arranger l'affaire et d'éviter du tapage. Ce n'est pas du tout la faute de cet individu; c'est celle de ma mère. Comme c'est une belle femme pas bégueule du tout... très-bien élevée par-dessus le marché.... elle a eu beau jeu avec cet individu. Elle l'a complétement blousé.

— S'il en est ainsi.... commença Édouard Dorrit, esquire.

— Rien de plus exact, parole d'honneur. Par conséquent, reprit le jeune gentleman, se retranchant derrière sa proposition principale, à quoi bon faire du tapage?

— Edmond, dit la dame du seuil de l'hôtel, j'espère que vous avez expliqué ou que vous êtes en train d'expliquer, à la satisfaction de monsieur et de sa famille, que cet obligeant aubergiste ne mérite aucun blâme?

— Parole, madame, répliqua Edmond, je me mets en quatre pour y réussir. »

Sur ce, il regarda fixement Édouard Dorrit, esquire, pendant l'espace de quelques secondes, puis s'écria dans un élan de subite confiance :

« Eh bien, mon vieux, est-ce arrangé?

— Je ne sais, après tout, ajouta la dame faisant deux ou trois pas gracieux vers M. Dorrit, si je ne ferais pas mieux de vous dire moi-même que j'ai promis à ce brave homme de prendre sur moi toutes les conséquences de mon imprudence, lorsque j'ai pris la liberté d'occuper une chambre de l'appartement d'un voyageur absent, seulement le temps de dîner. Je n'avais pas la moindre idée que le propriétaire légitime dût revenir sitôt; bien moins encore me doutais-je qu'il fût déjà de retour; autrement je me serais hâtée de rendre mon salon mal acquis et d'offrir, avec mes excuses, cette explication. J'espère qu'en disant ceci.... »

Un instant, la dame qui avait son lorgnon à l'œil, demeura muette et immobile à la vue des deux demoiselles Dorrit. Au même instant Mlle Fanny, placée au premier plan d'un superbe tableau formé par la famille Dorrit, leurs équipages et leurs gens, serra le bras de sa sœur pour l'empêcher de changer de place, tandis que de l'autre bras elle s'éventait d'une façon tout à fait distinguée, regardant la dame des pieds à la tête.

La dame n'ayant pas tardé à se remettre (car c'était Mme Merdle, qui ne perdait pas facilement la tramontane), ajouta qu'elle espérait en avoir dit assez pour faire excuser la liberté qu'elle avait prise et rendre à cet honnête aubergiste une faveur qui lui était si précieuse. M. Dorrit, qui reçut toutes ces phrases comme autant d'encens balancé devant l'autel de sa dignité, fit une réponse gracieuse, et annonça que ses gens.... hem!... allaient remener les chevaux à l'écurie et qu'il..., hem!... oublierait une circonstance qu'il avait d'abord considérée comme un affront, mais que maintenant il regardait comme un honneur. Sur ce, la Poitrine s'inclina devant lui; et la propriétaire de cette superbe devanture, douée d'un merveilleux empire sur sa physionomie, adressa un aimable sourire d'adieu aux deux sœurs, comme à deux demoiselles de qualité qu'elle trouvait charmantes et qu'elle n'avait jamais eu le plaisir de rencontrer avant ce jour.

Il n'en fut pas de même de M. Sparkler. Ce jeune homme, frappé de mutisme et d'immobilité en même temps que sa mère, n'eut pas la force de secouer cette léthargie; il resta les yeux écarquillés, regardant sans bouger le tableau dont Mlle Fanny occupait le premier plan. Lorsque sa mère lui dit : « Edmond, nous sommes prêts; voulez-vous me donner le bras? » on devina au mouvement de ses lèvres qu'il répondait par un des mots limités de son vocabulaire habituel, qui n'était pas riche; mais pas un de ses muscles ne se détendit. *Son corps était devenu si roide qu'il lui eût été difficile* de le plier suffisamment pour entrer dans la voiture, si sa mère ne fût venue à son aide en temps utile pour le tirer à elle. Il n'eut pas plutôt pénétré dans le coupé, que le coussinet qui cachait le petit carreau pratiqué derrière la voiture disparut et que l'œil de M. Sparkler vint en usurper la place. Il y resta jusqu'à ce qu'il fût devenu invisible, et probablement plus longtemps encore, ressemblant comme deux gouttes d'eau à l'œil d'un merlan étonné, ou à un œil mal fait encadré dans un grand médaillon.

Cette rencontre fit tant de plaisir à Mlle Fanny et lui fournit des sujets de réflexion si triomphants qu'elle devint beaucoup moins susceptible que d'habitude. Lorsque le *cortége se remit en* marche le lendemain, elle monta en voiture avec une gaieté et une bonne humeur qui étonnèrent beaucoup Mme Général.

La petite Dorrit fut heureuse de voir qu'on ne trouvait rien pour le moment à lui reprocher et que Fanny parraissait contente; mais le rôle qu'elle jouait dans le cortége était un rôle rêveur et tranquille. Assise en face de son père dans cette belle voiture, elle se rappelait la vieille chambre de la prison pour dettes, et sa nouvelle existence lui faisait l'effet d'un rêve. Tout ce qu'elle voyait lui semblait nouveau et merveilleux, mais n'avait rien de réel; elle se demandait si ces visions de montagnes et de paysages pittoresques n'allaient pas se dissiper comme un nuage, pendant que l'équipage, au détour de quelque coin, allait verser dans un cahot devant la vieille grille de la prison.

Elle était tout étonnée de n'avoir pas d'ouvrage en train, mais bien plus étonnée encore d'avoir pu se glisser dans un petit coin où elle n'avait plus à songer à personne; nuls plans, nuls projets à former pour donner un peu de bien-être aux siens; nuls soucis, nulles inquiétudes dont elle eût à les soulager. N'était-ce pas bien étrange? Mais ce qui l'était bien davantage, c'était de trouver entre son père et elle un vide occupé par d'autres qui lui donnaient leurs soins, et où on ne s'attendait pas à la voir recommencer les siens. Ce changement lui sembla d'abord quelque chose d'aussi nouveau que les montagnes; elle n'avait pu s'y résigner et elle avait cherché à reprendre son ancienne place auprès de son père. Mais le vieillard lui avait parlé en particulier et lui avait dit que des personnes.... hem!... occupant une position élevée, ma chère, se doivent à elles-mêmes d'exiger de leurs gens un respect scrupuleux, et que si l'on savait que Mlle Amy Dorrit, issue de l'unique branche survivante des Dorrit du Dorsetshire s'occupait.... hem!... à remplir les fonctions.... ha! hem!... les fonctions d'un valet de chambre, ce serait là une chose incompatible avec ce respect nécessaire. Par conséquent, ma chère, il devait user de son autorité paternelle pour enjoindre à Mlle Amy Dorrit de se rappeler qu'elle était désormais une dame et, comme telle, tenue de se comporter.... hem!... avec une dignité convenable et de garder son rang; il la priait donc de s'abstenir de tout ce qui pourrait occasionner.... ha!... des *réflexions désagréables et dérogatoires*. Elle avait obéi sans murmurer. C'est ainsi qu'elle était arrivée à se tenir dans cette élégante berline, ses mains patientes croisées devant elle, repoussée même de ce dernier point d'appui où ses pieds auraient retrouvé leur ancienne assiette.

C'était justement là la position qui lui faisait regarder tout comme un songe; plus les scènes qu'elle visitait étaient surprenantes, plus elles répondaient à ces rêves de son existence intime, dont elle ne faisait que traverser les espaces vides tout le long du jour. Les gorges du Simplon, ses profonds abîmes, ses rapides cataractes aussi bruyantes que le tonnerre, ses détours dangereux où la chute d'une roue, le faux pas d'un cheval aurait suffi pour leur perte; la descente vers l'Italie, l'entrée de ce beau pays à travers une fente de la montagne, sentier rugueux qui, en s'élargissant, semblait leur ouvrir la porte d'une triste et sombre prison; —tout cela était un rêve.... il n'y avait que la vieille geôle de la Maréchaussée qui fût une réalité. Même les fondations de cet antique édifice se trouvaient ébranlées lorsqu'elle parvenait à se figurer la prison sans son père. Elle pouvait à peine croire que les prisonniers flânaient toujours dans la cour étroite, que chacune des misérables chambres avait un locataire, et que le guichetier se tenait toujours dans la loge, laissant entrer et sortir les visiteurs, tout comme de son temps.

Avec ce souvenir de l'existence passée du doyen des détenus qui bourdonnait autour d'elle comme le refrain de quelque triste chanson, la petite Dorrit sortait d'un songe où elle se revoyait au lieu de sa naissance, pour entrer dans un rêve éveillé qui durait toute la journée. Ce second rêve commençait dans la salle à fresques où elle ouvrait les yeux le matin, souvent l'ancienne salle du trône de quelque palais délabré, avec ses feuilles de vignes rougies par l'automne encadrant le haut des croisées, ses orangers ornant la terrasse de marbre blanc tout fendillé qui s'étendait devant la fenêtre; au-dessous, un groupe de moines et de paysans dans la rue; la misère et la magnificence luttant ensemble à chaque point de vue du paysage, quelque varié qu'il pût être, lutte obstinée dans laquelle la misère finissait pourtant toujours par terrasser la magnificence avec le bras puissant de la fatalité. A ce premier décor succédait un labyrinthe de couloirs abandonnés et de colonnades, d'où l'on voyait le cortége de la famille, se préparant en bas pour le voyage du jour dans la cour, au milieu des voitures, et des bagages que les domestiques s'occupaient à réunir. Puis le déjeuner dans une autre salle à fresques moisies, si grande qu'elle avait l'air d'un désert entouré de murs; puis le départ, dont sa timidité naturelle et la crainte de ne pas étaler assez de dignité durant cette importante cérémonie, lui faisaient toujours un sujet d'inquiétude. Car, alors, le courrier (qui, dans la prison de la Maréchaussée, eût passé pour un étranger de distinction) se présentait pour annoncer que tout était prêt; puis le valet de chambre passait à son père, d'un air pompeux, son manteau de voyage. La femme de chambre de Fanny et sa propre femme de chambre (quel embarras pour la petite Dorrit.... d'avoir une femme de chambre! Elle en avait pleuré les premiers jours, ne sachant qu'en faire) se présentaient chacune de leur côté; le domestique de son frère complétait l'équipement d'Édouard Dorrit, esquire; son père offrait le bras à Mme Général; l'oncle Frédéric donnait le sien à sa petite nièce; et toute la famille, escortée par le maître et par les domestiques de l'hôtel, descendait en grande cérémonie. En bas, on trouvait une foule rassemblée pour les voir monter en voiture, ce qu'ils faisaient au milieu des saluts, des cris des mendiants, du piétinement des chevaux, des claquements de fouet et du bruit des pas; et alors ils partaient, traversant au galop les rues étroites et infectes, et s'élançaient hors de la ville.

Parmi les autres rêves du jour se trouvaient les routes où, pendant des lieues entières, on voyait la vigne d'un rouge vif entourer les arbres et former des guirlandes; des villes et des villages blancs perchés sur le versant d'une colline, ravissants à voir de loin, mais d'une saleté et d'une misère horribles à l'intérieur; des croix tout le long de la route; de profonds lacs bleus avec leurs îles féeriques et leurs groupes de canots ornés de tentes aux brillantes couleurs et de voiles aux formes gracieuses; de vastes édifices tombant en poussière; des jardins suspendus, où les herbes parasites avaient poussé avec tant de vigueur que leurs tiges, semblables à des coins enfoncés à coups de marteau, avaient fini par fondre les arcades et les murs; des allées entre des terrasses de pierre, où les lézards sortaient et entraient par toutes les fissures; à chaque pas, des mendiants de toute espèce : pitoyables, pittoresques, affamés, joyeux; des mendiants en bas âge et de vieux mendiants. Bien souvent ces êtres misérables, rassemblés autour du bureau de poste, étaient pour la petite Dorrit les seules réalités du jour; bien souvent, après leur avoir distribué tout l'argent dont elle s'était munie à leur intention, elle restait les mains croisées à contempler d'un œil rêveur quelque toute petite fille conduisant un vieillard à cheveux gris, comme si ce spectacle lui eût rappelé son propre passé.

Puis, à certains endroits, la famille s'arrêtait toute une semaine, logée dans de magnifiques appartements, commandant tous les jours un banquet, visitant en équipage une foule de merveilles, faisant des lieues entières dans des palais célèbres et pénétrant dans les coins sombres de grandes églises, où l'on voyait des lampes d'or et d'argent se cacher en clignotant au milieu des colonnes et des nefs; des fidèles agenouillés çà et là sur les dalles ou devant un confessionnal; les nuages parfumés de l'encens; des portraits, des tableaux de fantaisie, des autels resplendissants; de grandes montagnes ou de vastes horizons éclairés par le jour adouci qui arrivait à travers les vitraux coloriés et les rideaux massifs des portails. Au bout de huit jours environ, la famille quittait ces villes secondaires pour continuer son voyage le long des routes bordées de vignes et d'oliviers, à travers de misérables villages où il n'y avait pas une hutte dont les ignobles murs ne fussent crevassés, pas une croisée qui eût un pouce de verre ou de papier intact; où il semblait enfin que les habitants ne trouvaient pas de quoi vivre, rien à manger, rien à travailler, rien à cultiver, rien à espérer, rien à faire que de mourir.

Puis les Dorrit traversaient de nouveau une ville composée de palais, dont on avait proscrit les vrais propriétaires, et qu'on avait transformés en caserne; où des bataillons de soldats, perchés aux plus beaux balcons, faisant sécher au soleil leurs buffleteries accrochées aux corniches de marbre, ont l'air d'une armée de rats occupée (fort heureusement) à ronger la base de l'édifice qui les soutient, et ne tardera pas à crouler sur eux, écrasant du même coup les essaims de soldats, les essaims de moines, les essaims d'espions, qui forment aujourd'hui l'unique et odieuse population qui ne soit pas encore en ruines dans les rues d'en bas.

Ce fut à travers des scènes de ce genre que la famille Dorrit s'avança jusqu'à Venise, où elle se dispersa pour quelque temps (car elle comptait passer quelques mois dans cette ville) dans un immense palais donnant sur le *Canal Grande*, et dans lequel on aurait fait entrer six prisons comme celle de la Maréchaussée.

Dans ce rêve plus incroyable que tous les autres, où toutes les rues étaient pavées d'eau, où le morne silence des jours et des nuits n'était interrompu que par le tintement adouci des cloches d'église, le murmure de l'eau et les cris des gondoliers tournant le coin des rues liquides, la petite Dorrit, désolée de n'avoir plus de tâche à remplir, s'asseyait à l'écart pour songer au passé. La famille Dorrit menait une existence très-animée, allant à droite, à gauche, faisant de la nuit le jour; mais la timide petite Dorrit ne prenait point part à ces gaietés et ne demandait qu'à rester seule.

Quelquefois (lorsqu'elle parvenait à se débarrasser des services tyranniques de sa femme de chambre trop assidue, qui était devenue sa maîtresse, et une maîtresse très-exigeante) elle montait dans une des gondoles amarrées devant la porte à des poteaux peints, et qui se tenaient toujours à la disposition de la famille pour visiter tous les coins de cette étrange cité. Des promeneurs sociables, assis dans d'autres gondoles, commencèrent à se demander les uns aux autres quelle était cette jeune fille si mignonne qu'ils venaient de rencontrer seule dans son canot, les mains croisées, regardant autour d'elle d'un air rêveur et surpris. La petite Dorrit, ne se figurant guère qu'on prenait la peine de la remarquer ou de s'occuper de ses faits et gestes, n'en continuait pas moins à se promener à travers l'humide cité.

Mais sa place favorite était le balcon de sa chambre, qui s'avançait sur le canal, avec d'autres balcons au-dessous. C'était un balcon de pierres de taille, noircies par les années, construit dans un goût bizarre qui était venu de l'Orient avec une foule d'autres goûts non moins bizarres; et la petite Dorrit paraissait vraiment bien petite, penchée sur le balcon garni d'un large coussin, et regardant couler l'eau. Comme le soir elle préférait cet endroit à tout autre, les promeneurs ne tardèrent pas à l'y chercher des yeux, et, lorsqu'une gondole passait, plus d'un regard se levait vers le balcon, plus d'une voix disait: « Voilà cette petite Anglaise si mignonne, qui est toujours seule. »

Ces passants n'étaient pas des réalités aux yeux de la petite Anglaise; ces passants, elle ne les connaissait pas. Elle regardait le coucher du soleil, avec ses longues banderoles rouges et violettes, et son reflet resplendissant au haut du ciel, éclairant si bien les édifices et leur donnant un aspect si léger, qu'il semblait que leurs épaisses murailles fussent devenues transparentes et que toute la clarté vînt de l'intérieur. Elle regardait s'éteindre ces glorieux paysages; puis, après avoir contemplé les noires gondoles qui passaient au-dessous d'elle, conduisant les invités au concert ou au bal, elle levait les yeux vers les étoiles. Ces mêmes étoiles n'avaient-elles pas brillé sur elle un certain soir, où elle était allée à un bal imaginaire? Quelle idée d'aller penser maintenant à cette vieille grille de la prison!

Elle y pensait pourtant; elle pensait à cette grille; elle s'y voyait assise au milieu de la nuit, servant d'oreiller à la pauvre Maggy; elle songeait toujours à d'autres endroits et à d'autres scènes qui appartenaient à une époque bien différente. Alors elle se penchait à son balcon et contemplait l'eau, comme si c'était là dedans que vivaient tous ses rêves; puis, elle la regardait couler d'un air rêveur, comme si, au dernier tableau, le courant allait se dessécher et laisser voir en se retirant la prison, l'enfant de la prison, la chambre, les habitants et les visiteurs d'autrefois, les vraies réalités durables qui n'avaient jamais changé.

CHAPITRE IV.

Une lettre de la petite Dorrit.

« Cher monsieur Clennam,

« Je vous écris de ma chambre à Venise, pensant que vous serez content d'avoir de mes nouvelles. Mais, dans tous les cas, je sais que vous ne pourrez pas avoir autant de plaisir à recevoir cette lettre de moi que j'en ai à vous l'écrire ; car rien n'est changé dans ce qui vous entoure, et vous ne vous apercevez pas qu'il vous manque quelque chose.... à moins que vous ne vous aperceviez de mon absence, ce qui ne peut vous arriver qu'à de longs intervalles et seulement pour quelques minutes.... tandis que moi, ma nouvelle existence est si étrange et il me manque tant de choses !

« Lorsque nous étions en Suisse (il me semble qu'il y a déjà des années de cela, quoiqu'il n'y ait que quelques semaines), j'ai rencontré la jeune Mme Gowan qui faisait, comme nous, une excursion dans les montagnes. Elle m'a chargée de vous écrire qu'elle vous remerciait affectueusement et ne vous oublierait jamais. Elle a été confiante avec moi et je l'ai aimée dès les premiers mots que nous avons échangés ensemble. Mais cela n'a rien d'extraordinaire. Qui donc pourrait s'empêcher d'aimer une si belle et si aimable personne ! Je ne suis pas du tout surprise de l'aimer, je vous assure.

« Je ne voudrais pas vous inquiéter sur le compte de Mme Gowan (je me souviens que vous m'avez dit que vous aviez pour elle une amitié sincère), et pourtant il faut que je vous avoue que j'aurais désiré pour elle un mari mieux assorti. M. Gowan paraît aimer sa femme, et, naturellement, sa femme l'aime beaucoup ; mais il ne m'a pas semblé assez sérieux.... je ne veux pas dire dans son affection pour elle, mais en général. Je n'ai pu m'empêcher de penser que si j'étais Mme Gowan (quelle métamorphose, si elle était possible ! et comme il me faudrait changer pour lui ressembler !), je me sentirais un peu seule et abandonnée, faute d'un compagnon d'un caractère plus ferme et plus solide. J'ai même cru voir qu'elle sentait cette lacune, presque à son insu. Mais n'oubliez pas que cela ne doit pas vous inquiéter, car elle est très-heureuse et se porte à merveille. Et elle était si jolie !

« J'espère la rencontrer avant peu, et même je m'attends tous les jours à la voir arriver. Je serai pour elle, à cause de vous, une amie aussi dévouée qu'il me sera possible de l'être. Cher monsieur Clennam, je suis sûre que vous ne vous faites pas un grand mérite d'avoir été un ami pour moi lorsque je n'en avais pas d'autre (je n'en ai pas davantage aujourd'hui, car je n'en ai pas fait depuis), mais moi, je vous en suis reconnaissante et je ne l'oublierai jamais.

« Je voudrais bien savoir (mais il vaut mieux que personne ne m'écrive) comment M. et Mme Plornish réussissent dans le commerce où mon cher père les a établis ; si le vieux M. Naudy n'est pas bien content de demeurer avec eux et ses deux petits-fils et s'il passe sa vie à leur répéter toujours ses chansons. Je ne puis empêcher les larmes de me monter aux yeux, lorsque je pense à ma pauvre Maggy et au vide qu'elle a dû ressentir d'abord (malgré les bontés qu'on peut avoir pour *elle*) en ne revoyant plus sa petite mère. Voulez-vous bien vous charger de lui dire en confidence, de ma part, que je l'aime toujours et qu'elle n'a jamais pu regretter notre séparation autant que je l'ai regrettée moi-même ? Et voulez-vous leur dire à tous que je pense chaque jour à eux, et que mon cœur leur reste fidèle dans quelque pays que je sois ? Oh ! si vous pouviez savoir combien je leur suis fidèle, vous me plaindriez de me trouver si loin d'eux par la distance comme par la fortune.

« Vous serez heureux, j'en suis sûre, d'apprendre que mon cher père se porte à ravir, que tous ces déplacements lui ont fait beaucoup de bien, et qu'il est tout différent de ce qu'il était quand vous l'avez connu. Mon oncle y a aussi gagné, je crois ; mais, de même qu'autrefois il ne se plaignait jamais, il ne témoigne aujourd'hui aucune joie. Fanny est gracieuse, vive et intelligente. Elle peut faire maintenant la dame au naturel ; elle s'est accommodée à notre nouvelle fortune avec une aisance merveilleuse.

« Ceci me rappelle que je ne suis pas encore parvenue à l'imiter sous ce rapport et que je désespère quelquefois de jamais y réussir. J'ai peur d'être incorrigible et de ne pouvoir rien apprendre. Mme Général est toujours avec nous : nous parlons français et italien, et elle se donne beaucoup de peine à nous former. Quand je dis que *nous* parlons français et italien, je veux dire Fanny et les autres. Quant à moi, je fais si peu de progrès que je m'en tire très-mal. Dès que je commence à faire des projets et des châteaux en Espagne, mes projets, mes pensées et mes châteaux prennent le même chemin qu'autrefois, et je commence à m'inquiéter de la dépense du jour, de mon cher père, de mon ouvrage ; puis je me rappelle en sursaut que ces soucis-là n'existent plus pour nous.... ce qui est encore une chose si nouvelle et si improbable que je retombe dans mes rêveries. Je n'aurais jamais eu le courage de faire cet aveu à un autre qu'à vous.

« Il en est de même des pays nouveaux et des merveilleux spectacles que l'on me fait voir. Tout cela est très-beau et m'étonne, mais je ne suis pas assez calme.... pas assez familiarisée avec moi-même (je ne sais si vous comprendrez parfaitement ce que je veux dire) pour y trouver tout le plaisir que je devrais. Et puis, ce que je savais avant de les voir, se mêle d'une façon bizarre à ces scènes nouvelles. Par exemple, dans les Alpes, il m'a souvent semblé (j'hésite à raconter un pareil enfantillage, même à vous, cher monsieur Clennam) que la prison de la Maréchaussée devait se trouver derrière tel grand rocher, ou que la chambre de Mme Clennam, où j'ai si souvent travaillé, et où je vous ai vu pour la première fois, allait m'apparaître derrière tel amas de neige. Vous souvenez-vous du soir où je vous ai fait une visite avec Maggy dans votre logement de Covent-Garden? Bien des fois je me suis figuré que cette chambre voyageait pendant des lieues entières à côté de notre voiture, lorsque je regardais par la portière vers l'heure du crépuscule. Nous n'avions pas pu rentrer ce soir-là, et nous nous étions assises auprès de la grille où nous avons erré dans les rues jusqu'au matin. Je regarde souvent les étoiles, du balcon même de la chambre où je vous écris, et je rêve que je suis encore à errer dans les rues avec Maggy. Il en est de même des personnes que j'ai laissées en Angleterre. Lorsque je sors en gondole, je me surprends à regarder dans d'autres gondoles comme si je comptais les y voir. Je serais accablée de joie en les revoyant, mais je ne pense pas que leur présence m'étonnât beaucoup, au premier abord. Dans mes moments de rêverie, je m'imagine que je puis les rencontrer partout; je m'attends presque à voir ces chers visages apparaître sur les ponts ou sur les quais.

« Il y a une autre difficulté que j'éprouve, et qui vous semblera sans doute étrange. Elle doit sembler étrange à tout autre qu'à moi; elle m'étonne parfois moi-même; je ressens ma triste pitié d'autrefois pour.... je n'ai pas besoin de le nommer.... *pour lui*. Quelque changé qu'il soit, et quelque joyeuse et reconnaissante que je sois de le savoir, ce sentiment de compassion s'empare de moi avec tant de force que je voudrais jeter mes bras autour de son cou, lui dire combien je l'aime et pleurer un peu sur son sein. Je serais tranquille après cela, fière et heureuse. Mais je sais que je ne dois pas céder à cette tentation; cela, *lui* déplairait; Fanny se mettrait en colère; Mme Général serait abasourdie. Je tâche donc de me calmer. Et pourtant je lutte contre la conviction que je n'ai jamais été si éloignée de lui, et que même, au milieu de cet entourage de domestiques, il est délaissé et qu'il aurait besoin de moi.

« Cher monsieur Clennam, je vous ai parlé bien longuement de moi, mais j'ai encore quelque chose à vous dire, ou ce serait justement ce que je tiens le plus à vous dire qui ne s'y trouverait pas. Parmi toutes ces pensées étourdies, que j'ai pris la liberté de vous confier, parce que je sais que si quelqu'un peut les comprendre c'est vous qui les comprendrez.... parmi toutes ces pensées, il en est une qui ne me quitte presque jamais.... qui ne me quitte jamais: c'est l'espoir que, dans vos tranquilles moments de loisir, vous pensez quelquefois à moi. Je dois vous avouer que, depuis mon départ, j'éprouve à ce sujet une inquiétude que je désire beaucoup, beaucoup, voir dissiper. Je crains qu'en songeant à moi vous ne me voyiez sous un nouveau jour, remplissant un nouveau rôle. N'en faites rien, car je ne puis me résigner à cette idée.... vous ne sauriez vous imaginer combien cela me rendrait malheureuse. Cela me briserait le cœur de penser qu'en songeant à moi, vous pussiez me croire plus étrangère à vous que je ne l'étais du temps où vous aviez tant de bontés pour moi. Ce que j'ai à vous demander en grâce, c'est de ne jamais penser à moi comme à la fille d'un homme riche; de ne pas penser à moi comme à quelqu'un qui s'habille mieux ou qui vit mieux qu'à l'époque où vous l'avez connue. Ne vous souvenez que de la petite fille pauvrement vêtue que vous avez protégée si tendrement, dont vous n'avez pas craint de toucher la robe usée pour en exprimer la pluie, et dont les pieds mouillés se sont séchés à votre feu. Songez à moi (quand vous aurez le temps d'y songer), à mon affection sincère, à ma reconnaissance dévouée, comme vous songiez autrefois à

« Votre pauvre enfant,

« LA PETITE DORRIT. »

« *P. S.* Surtout n'oubliez pas que vous ne devez pas être inquiet à propos de Mme Gowan. *Elle est très-heureuse et se porte à merveille*, ce sont ses propres paroles. Et elle était si jolie! »

CHAPITRE V.

Il y a quelque chose qui cloche quelque part.

Il y avait un ou deux mois que la famille Dorrit habitait Venise, lorsque William Dorrit, qui fréquentait tant de comtes et de marquis qu'il n'avait presque plus de temps à lui, réserva pourtant une certaine heure d'un certain jour pour tenir conférence avec Mme Général.

Au jour et à l'heure fixés par lui, il expédia M. Tinkler, son valet de chambre, vers l'appartement de Mme Général (lequel aurait absorbé, pour la place, un tiers environ de la prison de la Maréchaussée), avec ordre de présenter ses compliments à cette dame et de lui donner à entendre que M. Dorrit la priait de lui accorder la faveur d'un moment d'entretien. Comme, à cette heure de la matinée, les divers membres de la famille prenaient le café dans leurs chambres respectives, une heure ou deux avant de se réunir pour déjeuner dans une grande salle qui jadis avait été somptueuse, mais qui aujourd'hui était devenue la proie des vapeurs marécageuses et d'une tristesse chronique, Mme Général fut visible pour le valet. Cet envoyé la trouva installée sur un petit carré de tapis qui semblait si exigu en comparaison du vaste parquet de pierre et de marbre, qu'on eût dit qu'elle l'avait fait poser là pour essayer des chaussures neuves; à moins encore qu'elle n'eût hérité du fameux tapis acheté pour une somme de quarante bourses d'or par un des trois princes des *Mille et une Nuits*, et que, grâce à ce talisman, elle ne vînt de se faire transporter dessus, par un simple souhait, dans le salon d'un palais où ce méchant bout de tapis n'avait plus que faire.

Mme Général ayant répondu à l'envoyé, en posant sur la table sa tasse vide, qu'elle était prête à se rendre de ce pas chez M. Dorrit, afin de lui épargner la peine de venir chez elle, comme il avait eu la galanterie d'en faire la proposition, l'envoyé ouvrit la porte et escorta la dame jusqu'au salon de son auguste maître. Ce fut tout un voyage, à travers des escaliers et des corridors mystérieux, pour arriver de l'appartement de Mme Général (assombri par une étroite rue de traverse, au bout de laquelle on voyait un pont noir à fleur d'eau et des murs couverts de taches qui, depuis des siècles, semblaient verser par toutes les fissures des larmes de rouille dans l'Adriatique) à l'appartement de M. Dorrit, qui comptait autant de croisées à lui tout seul que la façade entière d'une maison anglaise, avec une vue magnifique de dômes d'églises se dressant dans le ciel bleu au sortir de l'eau qui le reflétait, et le murmure adouci du grand canal qui baignait la porte d'entrée, où gondoles et gondoliers attendaient le bon plaisir du maître, se balançant nonchalamment au milieu d'une petite forêt de pilotis.

M. Dorrit, vêtu d'une robe de chambre et d'une calotte resplendissantes.... la larve engourdie qui avait si longtemps végété parmi les détenus s'était transformée en un superbe papillon.... se leva pour recevoir Mme Général. « Un siége pour Mme Général. Un fauteuil, s'il vous plaît, et non pas une chaise. A quoi pensez-vous donc, Tinkler? Maintenant, laissez-nous! »

« Madame, dit alors M. Dorrit, j'ai pris la liberté....

— Pas du tout, interrompit Mme Général, j'étais tout à fait à vos ordres. J'avais fini de prendre mon café.

— J'ai pris la liberté, répéta M. Dorrit avec le magnifique sang-froid d'un homme que personne n'a le droit de reprendre, de solliciter de vous la faveur d'un moment d'entretien, parce que je me sens un peu tourmenté à propos.... hem!... de ma fille cadette. Vous aurez remarqué une grande différence de tempérament, madame, chez mes deux filles? »

Mme Général, croisant ses mains gantées (elle portait toujours des gants, et des gants bien justes qui ne faisaient jamais un pli), répondit :

« Il existe, en effet, une grande différence.

— Oserais-je vous prier de vouloir bien me communiquer votre opinion à cet égard? demanda M. Dorrit d'un ton de déférence qui n'avait rien d'incompatible avec une majestueuse sérénité.

— Fanny a beaucoup de force de caractère et de volonté. Amy n'en a pas du tout.

— Pas du tout? O madame Général, vous n'avez qu'à demander aux pavés et aux barreaux de la prison pour dettes. Vous n'avez qu'à demander à la modiste qui lui a enseigné la couture, et au professeur qui a donné des leçons de danse à sa sœur. O madame Général, madame Général. Vous n'avez qu'à me demander à moi, moi son père, tout ce que je lui dois; et vous entendrez le témoignage que j'ai à rendre à la vie de ce petit être, dédaigné depuis son enfance jusqu'à ce jour! »

Voilà ce qu'aurait pu répondre M. Dorrit, mais il s'en fallut bien. Il regarda Mme Général qui, selon son habitude, se tenait droite sur son siége, conduisant à grandes guides l'équipage des convenances, et répondit d'un air rêveur :

« Vous avez raison, madame.

— Je ne voudrais pas, continua la veuve de l'intendant militaire, vous laisser croire, remarquez-le bien, qu'il n'y eût rien à reprendre chez Fanny. Mais chez elle, au moins, l'étoffe ne manque pas.... Peut-être y en a-t-il même un peu trop.

— Auriez-vous la bonté, madame, demanda M. Dorrit, d'être.... hem!... plus explicite? Je ne comprends pas tout à fait pourquoi il y aurait.... hem!... trop d'étoffe chez ma fille. De quelle étoffe parlez-vous?

— Fanny se forme encore trop aisément une opinion. Les personnes parfaitement bien élevées ne s'en forment pas du tout et ne sont jamais démonstratives. »

Dans la crainte que Mme Général ne pût l'accuser de n'être pas parfaitement bien élevé lui-même, M. Dorrit s'empressa de répondre:

« Sans contredit, madame, vous avez raison.

— Je le crois, remarqua Mme Général de son ton froid et sans expression.

— Mais vous n'ignorez pas, ma chère madame, continua M. Dorrit, que mes filles ont eu le malheur de perdre leur mère lorsqu'elles étaient encore bien jeunes, et que comme il n'y a que peu de temps que je suis entré en possession de ma fortune actuelle, elles ont vécu dans.... hem!... la retraite, avec leur père, comparativement pauvre, mais toujours fier, toujours gentleman.

— Je n'ai jamais perdu de vue cette circonstance.

— Madame, poursuivit M. Dorrit, Fanny, avec un pareil guide, avec un exemple comme celui qu'elle a le bonheur d'avoir constamment devant elle.... (Mme Général ferma les yeux).... ne me cause aucune inquiétude; Fanny a un caractère capable de se plier aux circonstances. Mais je suis moins tranquille sur le compte de ma fille cadette. Je dois commencer par vous dire qu'elle a toujours été ma favorite.

— Voilà, remarqua Mme Général, une de ces préférences dont on ne peut pas se rendre compte.

— Hem!... En effet; vous avez raison. Or, madame, je suis peiné de voir qu'Amy, pour ainsi dire, n'est pas des nôtres. Elle ne tient pas à nous accompagner dans le monde; elle semble perdue au milieu de la société que nous recevons ici : évidemment elle n'a pas les mêmes goûts que nous. En d'autres termes, continua M. Dorrit, se résumant avec la gravité d'un avocat général, il y a quelque chose qui cloche.... hem!... chez Amy.

— Ne pourrait-on pas supposer, reprit Mme Général avec une petite touche de vernis, que cela tient un peu à ce que Mlle Amy n'est pas encore habituée à sa nouvelle position?

— Pardon, madame, répliqua M. Dorrit avec assez de vivacité, Amy est la fille d'un gentleman : parce qu'à une certaine époque de ma vie j'ai été.... hem!... loin de vivre dans l'opulence.... comparativement parlant.... et parce que Amy elle-même a été élevée.... hem!... dans la retraite, il ne s'ensuit pas nécessairement qu'elle doive trouver sa position si nouvelle.

— C'est juste, c'est fort juste, monsieur.

— Voilà pourquoi, madame, j'ai pris la liberté (M. Dorrit appuya sur cette phrase en la répétant, comme pour indiquer, avec une fermeté polie, qu'il ne fallait pas le contredire une seconde fois), j'ai pris la liberté de solliciter la faveur de cette entrevue, afin de vous parler à ce sujet et de vous demander conseil.

— Monsieur Dorrit, depuis notre séjour en cette ville, j'ai déjà eu plusieurs conversations avec Amy sur le maintien que doit avoir une demoiselle en général. Elle m'a dit que l'aspect de Venise l'étonnait au dernier point. Je lui ai fait observer qu'il vaut mieux ne pas s'étonner. Je lui ai rappelé que le célèbre M. Eustace, le touriste classique, ne paraît pas faire grand cas de cette cité, et que dans son livre il préfère au Rialto nos ponts de Westminster et de Blackfriars. Je n'ai pas besoin d'ajouter, après ce que vous venez de me dire, que miss Amy n'a pas encore mis mes leçons à profit. Vous me faites l'honneur de me demander un conseil. Il m'a toujours semblé, si mon hypothèse est erronée, vous voudrez bien me la pardonner, que monsieur Dorrit est depuis longtemps habitué à exercer une grande influence sur l'esprit de son entourage.

— Hem!... madame, je vous avouerai que je me suis trouvé à la tête.... hem!... d'une communauté considérable. Vous avez raison de supposer que je suis accoutumé à occuper.... une position influente.

— Je suis heureuse de vous voir corroborer mon opinion, et j'en ai d'autant plus de confiance pour conseiller vivement à monsieur Dorrit de parler lui-même à Amy pour lui faire part de ses observations et de ses désirs. D'ailleurs, en qualité de favorite, elle ne peut manquer de porter beaucoup d'affection à son père, et n'en sera que plus disposée à se soumettre à l'influence paternelle.

— J'y avais bien songé, madame; mais.... hem!... je craignais... hem!... d'empiéter sur....

— Sur mes terres, monsieur Dorrit? suggéra gracieusement Mme Général; du tout, du tout.

— Alors, avec votre permission, madame, continua M. Dorrit, secouant sa petite sonnette pour appeler son valet, je vais la faire venir.

— Monsieur Dorrit désire-t-il que je sois présente à cet entretien?

— Peut-être, si vous n'avez aucun autre engagement, voudrez-vous bien m'accorder quelques minutes....

— Je suis à vos ordres. »

Tinkler, le valet de M. Dorrit, fut donc chargé d'aller trouver la femme de chambre de Mlle Amy, avec prières à cette inférieure de prévenir sa maîtresse que M. Dorrit désirait lui parler. En donnant cet ordre à Tinkler, M. Dorrit fixa sur lui un regard scrutateur, et ne le quitta des yeux que lorsque l'autre eut disparu derrière la porte; l'ex-doyen craignait que son domestique de confiance ne nourrît quelque pensée contraire à la dignité de la famille; il tremblait même qu'avant d'entrer à son service, il n'eût eu vent de quelque vieille plaisanterie des détenus, et qu'il ne fût en train d'évoquer ce souvenir dérisoire tandis que son maître lui donnait des ordres. Si, par hasard, Tinkler avait souri (quelque faible et innocent qu'eût été son sourire), rien au monde n'aurait jamais pu persuader à M. Dorrit qu'il se fût trompé. Mais Tinkler, qui, fort heureusement pour lui, avait une physionomie sérieuse et impassible, échappa au danger inconnu dont il était menacé. A son retour (lorsque M. Dorrit l'examina de nouveau), il annonça Mlle Amy d'un air si lugubre, qu'il laissa à M Dorrit une vague impression qu'il était servi par un jeune homme d'une très-bonne tenue, élevé sans doute par une mère restée veuve qui n'avait pas négligé de lui apprendre son catéchisme.

« Amy, dit M. Dorrit, Mme Général et moi nous venons d'avoir une conversation à votre sujet : nous pensons tous deux que vous paraissez gênée ici.... Hem!... comment cela se fait-il? »

Un moment de silence.

« Je crois, père, qu'il me faut un peu de temps.

— *Papa* est une expression préférable, remarqua Mme Général. Père est devenu bien commun, ma chère. Le mot de *papa* donne d'ailleurs aux lèvres une assez jolie forme. Papa, pommes, poule, prunes et prismes sont des mots excellents pour former les lèvres, surtout prunes et prismes. Vous verrez combien c'est utile quand on veut prendre un certain maintien dans le monde.... se présenter dans un salon, par exemple, de dire : Papa, pommes, poule, prunes et prismes.

— Ma fille, dit M. Dorrit, je vous prie de vous conformer.... hem!... aux préceptes de Mme Général. »

La pauvre petite Dorrit, tournant un regard éploré vers cette vernisseuse distinguée, promit de faire son possible.

« Vous disiez, poursuivit M. Dorrit, qu'il vous faut du temps. Du temps? Pourquoi faire? »

Nouveau silence.

« Pour m'habituer à la nouveauté de ma vie, voilà tout ce que je voulais dire.... papa, » finit par répliquer la petite Dorrit, fixant ses yeux aimants sur son père, qu'elle avait failli appeler *poule*, peut-être même *prunes et prismes*, dans son ardeur à profiter des leçons de Mme Général pour la rendre heureuse.

M. Dorrit fronça les sourcils, et fut loin d'avoir l'air satisfait.

« Amy, répondit-il, il me semble, je dois l'avouer, que vous avez eu bien assez de temps pour cela.... Hem!... vous m'étonnez. Vous trompez mon attente. Fanny a su vaincre toutes ces difficultés; pourquoi donc.... hem!... ne les vaincriez-vous pas?

— J'espère mieux réussir dorénavant, répliqua la petite Dorrit.

— J'espère aussi que vous ferez tous vos efforts pour cela, continua le père. Je.... hem!... me plais à l'espérer. Je vous ai envoyé chercher afin de vous dire.... hem!... de vous dire très-énergiquement, en présence de Mme Général, à qui nous sommes si redevables de ce qu'elle veut bien être présente parmi nous dans.... hem!... cette occasion ou dans toute autre.... (Mme Général ferma les yeux) que je.... hem!... ne suis pas content de vous. Vous rendez les soins de Mme Général une tâche ingrate. Vous.... hem!... m'embarrassez beaucoup. Vous avez toujours, comme je le disais tout à l'heure à Mme Général, été ma favorite; j'ai toujours fait de vous une.... hem!... amie et une compagne; en revanche, je vous prie.... hem!... je vous prie très-sérieusement de mieux vous conformer aux circonstances, et de faire scrupuleusement tout ce qui convient à.... votre rang. »

M. Dorrit avait encore été un peu plus saccadé que de coutume, car le sujet l'avait agité, et il tenait à rendre son éloquence aussi énergique que possible.

« Je vous prie très-sérieusement, répéta-t-il, de prêter toute votre attention aux remarques que l'on vient de vous faire; je vous prie de tâcher de vous conduire comme il convient à.... hem!... à mademoiselle Dorrit, et de façon à nous contenter, moi et Mme Général. »

Cette dame ferma de nouveau les yeux en entendant prononcer son nom, puis les rouvrit avec lenteur, et se levant, elle ajouta :

« Si mademoiselle Amy Dorrit veut bien faire quelques efforts par elle-même, et accepter l'aide de mes faibles conseils pour se donner le vernis qui peut lui manquer, monsieur Dorrit n'aura plus aucun motif d'inquiétude. Puis-je profiter de cette occasion pour faire observer, par exemple, qu'il n'est pas convenable de regarder des mendiants avec cette attention que leur accorde une certaine petite amie que j'ai? On ne doit pas les regarder du tout. On ne doit regarder aucun objet désagréable. Outre qu'une pareille coutume est contraire à cette gracieuse équanimité extérieure qui, plus que tout autre signe, annonce une personne bien élevée, elle semble même un peu compatible avec un esprit délicat. Un esprit vraiment délicat aura toujours l'air d'ignorer l'existence de tout ce qui n'est pas parfaitement convenable, paisible et agréable. »

Après cet admirable précepte, Mme Général fit une révérence à fond, et se retira la bouche en cœur, comme si ses lèvres étaient en train d'adresser une muette invocation aux prunes et aux prismes.

La petite Dorrit, pendant cet entretien, avait toujours conservé son visage serein, sérieux et aimant, qui ne s'était assombri qu'un seul instant, jusqu'au départ de Mme Général. Mais, lorsqu'elle se trouva seule avec son père, les doigts de ses mains croisées s'agitèrent, et ses traits semblèrent trahir l'effort d'une émotion comprimée.

Ce n'est pas d'elle qu'il s'agissait. Elle se sentait bien un peu blessée, mais ce n'était pas d'elle qu'elle avait souci. Elle pensait, comme toujours, à son père. Une vague crainte, qui planait sur elle depuis qu'ils avaient fait cet héritage, s'était peu à peu emparée de son esprit; elle se disait que, malgré leurs richesses, elle ne pourrait jamais voir son père tel qu'il avait dû être avant son long emprisonnement. Elle reconnaissait, dans ce qu'il venait de lui dire et dans toute sa conduite avec elle, l'ombre funeste et familière qu'elle avait vue sur les murs de la prison. Cette ombre avait pris une nouvelle forme, mais c'était elle encore, aussi sombre, aussi triste. Elle commença, avec une douloureuse répugnance, à s'avouer qu'elle n'avait pas la force de se persuader que le temps pût jamais effacer un quart de siècle passé derrière les barreaux d'une prison. Et elle ne pouvait en vouloir à son père, elle n'avait rien à lui reprocher; dans son cœur fidèle, elle n'avait d'autre sentiment qu'une grande pitié et une tendresse sans bornes.

Voilà pourquoi ce vieillard assis devant elle, éclairé par le brillant soleil d'un beau ciel italien, libre au milieu d'une merveilleuse cité, logé dans un superbe palais, elle le revoyait au demi-jour, trop connu, de sa chambre de prisonnier. Voilà pourquoi elle eût voulu s'asseoir à côté de lui sur le canapé pour le consoler, obtenir toute sa confiance et lui être utile. Mais s'il devina la pensée de sa fille, la sienne n'était pas à l'unisson. Après quelques mouvements fébriles sur son siége, il se leva, et se mit à marcher de long en large d'un air mécontent.

« Avez-vous encore quelque chose à me dire, cher père?

— Non, non. Rien.

— Je regrette de vous avoir déplu, père. J'espère que vous

n'êtes plus fâché contre moi. Je vais essayer plus que jamais de me conformer, pour vous faire plaisir, à ce qui m'entoure.... et je vous assure que j'ai bien essayé depuis le commencement : seulement je n'ai jamais pu y réussir, je le sais bien.

— Amy, répondit le père, se retournant tout à coup et s'arrêtant en face d'elle, vous.... hem !... vous me.... blessez sans cesse.

— Je vous blesse, père ! moi !

— Il est.... hem !... un sujet, continua M. Dorrit regardant tout autour de la chambre sans jamais diriger les yeux vers le visage attentif, surpris et affligé de sa fille ; un sujet pénible, une série d'événements que je désire.... hem !... effacer complétement de ma mémoire. C'est là un désir que votre sœur a compris ; elle vous a même plus d'une fois adressé des remontrances là-dessus en ma présence ; votre frère l'a compris également ; il n'est personne, pour peu qu'il ait de délicatesse et de sentiment, qui ne pût le comprendre, vous exceptée. Vous, Amy.... hem !... vous seule venez sans cesse réveiller ces pénibles souvenirs, sans m'en parler précisément. »

Elle posa la main sur les bras de son père. Rien de plus. Elle le toucha doucement. Peut-être cette main tremblante disait-elle avec beaucoup d'expression : « Songez à moi ; rappelez-vous comme j'ai travaillé pour vous, pensez à tout le tourment que je me suis donné autrefois. » Mais Amy elle-même ne prononça pas un mot.

Il y avait dans ce geste un reproche qu'elle n'avait pas prévu, sans quoi elle aurait retiré sa main. Le vieillard commença à se justifier, d'une façon irritée, embarrassée, maladroite.

« J'y suis resté pendant plus de vingt-trois ans. J'y étais.... hem !... reconnu par tout le monde pour le chef. Je.... hem !... je vous y ai fait respecter, Amy. Je.... ha ! hem !... j'y ai conquis une position pour ma famille. Je mérite bien quelque retour. Je le réclame, ce retour. Je vous le répète, effacez ce souvenir de la face de la terre et recommencez une vie nouvelle. Est-ce être trop exigeant ? Voyons ! trouvez-vous que ce soit être trop exigeant ? »

Il ne la regarda pas une seule fois, pendant tout le monologue ; mais il semblait adresser ses gestes, ses questions, ses reproches, au vide des airs.

« J'ai souffert. Je puis dire que personne ne sait comme moi tout ce que j'ai souffert.... hem !... Oh non ! personne ! Eh bien, si moi je puis oublier tout cela ; si je suis parvenu à effacer les marques de ce que j'ai souffert, et à me présenter dans le monde comme.... hem !... un gentleman sans reproche et sans tache,... est-ce donc trop exiger, je le répète, est-ce exiger beaucoup, que de demander à mes enfants.... hem !... de faire comme moi, et de chasser aussi de la face de la terre le souvenir de ces jours maudits ? »

Malgré son agitation, il avait soin de ne pas trop élever la voix, de peur que le valet de chambre n'attrapât à la volée quelques mots.

« Mes enfants donc oublient. Votre sœur oublie. Votre frère oublie. Vous seule, vous, ma favorite, dont j'ai fait mon amie et ma compagne lorsque vous n'étiez...., hem!... pas plus haute que cela, vous vous obstinez à ne pas oublier. Je vous confie à une dame accomplie et bien née...., hem!... à Mme Général, afin qu'elle vous aide à effacer ce souvenir. Ne *soyez donc pas surprise*, si je suis mécontent de voir que tout cela est inutile. Trouvez-vous que j'aie besoin de me défendre d'avoir exprimé mon déplaisir? Eh bien! non. »

Malgré cela, il continuait à se défendre, sans que son agitation parût diminuer.

« J'ai eu soin de consulter cette dame avant d'exprimer mon déplaisir. En la consultant, j'ai dû.... hem!... imposer certaines limites à ma confiance, sans quoi.... hem!... j'aurais mis cette dame à même de lire ce que je veux effacer à tout jamais. Croyez-vous que ce soit pour moi? Croyez-vous que, si je me plains, c'est pour moi? Non. Non. C'est surtout.... hem!... dans votre propre intérêt, Amy: je ne suis pas si égoïste. »

La manière dont il caressa ce dernier argument montrait clairement qu'il venait d'en faire l'acquisition impromptu, à l'instant même.

« Je vous disais que j'étais blessé. Je le suis en effet. Et.... hem!... je veux l'être, quoi qu'on puisse dire pour m'en empêcher. Je suis blessé que ma fille, assise *dans.... hem!... le giron de la* fortune, devienne boudeuse et solitaire, proclamant ainsi qu'elle n'est pas à la hauteur de sa destinée. Je suis blessé qu'elle vienne.... hem!... systématiquement montrer au grand jour ce que nous tenons à cacher, et semble.... hem!... j'allais dire désireuse d'annoncer à une société opulente et distinguée qu'elle est née et a été élevée.... hem!... dans un endroit que, pour ma part, je ne veux pas nommer. Néanmoins, je *ne commets aucune* inconséquence.... ha!... pas la moindre inconséquence en me sentant froissé et en me plaignant surtout dans votre intérêt. Dans votre intérêt. Rien que dans votre intéret, je le répète. Je n'ai aucun autre *motif pour* désirer que, sous les auspices de Mme Général, vous.... hem!... vous formiez un maintien. C'est pour ce motif seulement que je désire vous voir acquérir.... hem!... une grande délicatesse morale, et *selon* l'*expression* frappante de Mme Général, ignorer tout ce qui n'est pas parfaitement convenable, paisible et agréable. »

Il avait continué à parler par saccades comme le ressort d'un réveil-matin qui craque à chaque cran. *La main* de la *petite* Dorrit était toujours posée sur son bras. Il se tut enfin; après avoir regardé le plafond pendant quelque temps encore, il dirigea les yeux vers sa fille. Amy penchait la tête, et il ne put voir ses traits; *mais dans le contact* de sa main il y avait une éloquence tendre et tranquille, et sa pose abattue, loin de contenir l'ombre d'un reproche, ne respirait que l'amour. Le vieillard se mit à pleurer, comme il *avait fait* dans la prison une certaine nuit où la petite Dorrit veilla ensuite à son chevet jusqu'au jour; il s'écria qu'il n'était qu'une pauvre ruine, un pauvre misérable avec toute sa fortune. Il finit par la serrer dans ses bras.

« Chut, chut, mon cher, cher père! Embrassez-moi! » fut tout ce que dit la petite Dorrit.

Les larmes du vieillard furent bientôt séchées.... bien plus tôt qu'elles ne l'avaient été le soir en question. Quelques minutes après, on aurait pu l'entendre, pour se réhabiliter à ses yeux de la faiblesse dont il venait de se rendre coupable en versant quelques pleurs, parler avec beaucoup de hauteur à son valet de chambre.

Sauf une autre exception qui sera enregistrée en temps et lieu, ce fut la seule fois depuis que son héritage l'avait fait riche et libre, que l'ex-doyen parla à sa fille Amy des jours passés.

Mais l'heure du déjeuner avait sonné; Mlle Fanny descendit de son appartement et M. Édouard fit aussi son apparition. La santé de ces deux jeunes et illustres rejetons avait un peu souffert de la vie qu'ils menaient. D'abord Mlle Fanny était devenue la victime d'une manie insatiable pour ce qu'elle appelait *aller dans le monde;* elle y aurait piqué une tête plus de cinquante fois par jour, si on lui en avait fourni autant d'occasions. Quant à M. Édouard, il avait, lui aussi, un grand nombre de connaissances, et il passait la plupart de ses nuits dans des brelans ou autres rendez-vous pareils de l'aristocratie. Ce jeune gentleman, au moment où la fortune était venue lui sourire, se trouvait déjà tout préparé pour la meilleure société et n'avait que fort peu de chose à en apprendre: tant il était redevable à l'heureux hasard qui avait fait de lui un maquignon et un garçon de billard.

A ce déjeuner de famille, on vit aussi M. Frédéric Dorrit. Comme le vieillard habitait l'étage le plus élevé et le plus retiré du palais, où il aurait pu établir un tir au pistolet sans risquer de troubler les autres locataires, sa nièce cadette avait eu le courage de demander qu'on rendît au musicien la clarinette que William Dorrit avait confisquée, mais qu'Amy avait pris sur elle de garder. Malgré quelques objections de Mlle Fanny, qui affirma que la clarinette était un instrument plébéien dont le son lui agaçait les nerfs, la famille fit cette concession. Mais on découvrit alors que l'oncle Frédéric en avait assez et qu'il ne se souciait plus d'en tirer un son, maintenant qu'il n'en avait plus besoin pour gagner son pain. Peu à peu il avait pris l'habitude de se traîner à travers les galeries de tableaux, toujours avec son cornet de tabac à la main, à la grande indignation de Fanny, qui avait voté l'achat d'une tabatière en or, où il aurait pu puiser une prise sans déshonorer la famille, mais dont il avait positivement refusé de se servir, lorsqu'on la lui eut achetée. Il passait des heures entières en contemplation devant les portraits des célèbres Vénitiens. Ces tableaux l'intéressaient-ils tout bonnement comme peinture, ou bien les associait-il confusément avec l'idée d'une gloire défunte et trépassée, comme feu son intelligence? C'est ce que personne n'a jamais su.

Quoi qu'il en soit, il leur faisait une cour très-assidue et il y trouvait évidemment un très-grand plaisir. Au bout de quelques jours, la petite Dorrit assista par hasard à une de ces promenades artistiques du vieillard. Il était si facile de voir combien sa présence ajoutait au plaisir que le vieillard trouvait dans cette inspection, que sa nièce l'accompagna fort souvent dans la suite. Le plus grand bonheur dont le vieux musicien se fût montré susceptible depuis sa ruine provenait de ces excursions, où il portait de tableau en tableau un pliant destiné à sa nièce, se tenant, malgré ses remontrances, derrière elle pour lui présenter silencieusement les membres de l'ancienne noblesse vénitienne dont il lui faisait les honneurs.

Le matin en question, vers la fin du déjeuner, l'oncle Frédéric raconta en passant que, la veille, sa nièce et lui avaient aperçu dans un musée la dame et le monsieur qu'ils avaient rencontrés au sommet du mont Saint-Bernard.

« J'oublie leur nom, dit-il. Mais il est probable que tu t'en souviens, William? Et toi aussi, Édouard?

— Moi, j'ai d'assez bonnes raisons pour ne pas l'oublier, répondit le neveu.

— Je crois bien, ajouta Mlle Fanny, qui hocha la tête et lança un coup d'œil à sa sœur. Mais je soupçonne fort qu'on ne nous aurait pas parlé d'eux, si notre oncle n'était pas tombé le nez là-dessus.

— Ma chère, vous employez là une expression assez bizarre, remarqua Mme Général. Ne vaudrait-il pas mieux dire : *Si notre oncle ne les avait point mentionnés par inadvertance*.... ou : *n'avait pas fait allusion à ces personnes, par hasard*.

— Merci, madame Général, répondit Mlle Fanny; non, je ne crois pas. Décidément, je préfère la phrase dont je me suis servie. »

C'est de cette façon que Mlle Fanny recevait presque toujours les conseils de Mme Général. Mais elle avait soin de les classer dans sa mémoire pour en profiter à la prochaine occasion.

« J'aurais toujours parlé de notre rencontre avec M. et Mme Gowan, Fanny, dit la petite Dorrit, quand même notre oncle n'en aurait rien dit. Tu sais bien que c'est à peine si je t'ai vue depuis. Je comptais même en parler ce matin à déjeuner, car je désire rendre visite à Mme Gowan et faire connaissance avec elle, pourvu que papa et Mme Général n'y voient aucun inconvénient.

— A la bonne heure, Amy, dit Mlle Fanny, je suis heureuse de te voir enfin exprimer le désir de faire connaissance avec quelqu'un à Venise. Reste à savoir si M. et Mme Gowan sont des personnes dont il soit désirable de faire la connaissance.

— Je n'ai parlé que de Mme Gowan, ma chère Fanny.

— Je sais bien cela, riposta Fanny. Mais, si je ne me trompe, tu ne peux pas séparer le mari de sa femme sans y être autorisée par acte du parlement.

— Pensez-vous, papa, demanda la petite Dorrit avec timidité et hésitation, qu'il y ait des raisons pour m'empêcher de faire cette visite?

— Vraiment, répliqua le père, je ne.... hem!... quelle est l'opinion de Mme Général? »

Mme Général déclara que, n'ayant pas l'honneur de connaître la dame et le monsieur en question, l'article en question n'était pas de ceux à qui elle pût administrer une couche de son vernis. Elle devait donc se contenter de remarquer que, d'après le grand principe adopté par les vernisseurs de bon ton, cela dépendait beaucoup du rang des personnes qui pouvaient présenter la dame étrangère à une famille occupant dans le temple social une niche aussi distinguée que la famille Dorrit.

A cette remarque, le visage de M. Dorrit se rembrunit. Imputant cette présentation à un individu indiscret, du nom de Clennam, dont il conservait un souvenir assez vague pour l'avoir connu avant de passer de l'état de chrysalide à celui de papillon, il allait défendre en dernier ressort tout rapport avec les Gowan, lorsque Édouard Dorrit daigna prendre part à la conversation. Le lorgnon à l'œil, il commença ainsi :

« Dites donc.... vous autres! allez-vous-en, hein! »

C'était une façon polie de faire entendre à deux laquais qui faisaient circuler les plats, qu'on se dispenserait volontiers de leurs services pour le moment.

Les laquais ayant obéi à cet ordre, Édouard Dorrit continua en ces termes :

« Peut-être est-il bon pour votre gouverne de vous apprendre que ces Gowan, et on ne peut guère me soupçonner d'être très-bien disposé envers eux, surtout envers le mari, sont liés avec des gens de la plus haute volée, pour peu que cela fasse quelque chose à l'affaire.

— A mon avis, remarqua l'aimable vernisseuse, cela fait énormément. Si ce jeune couple est vraiment en relation avec des personnes d'importance et de distinction....

— Quant à cela, interrompit Édouard Dorrit, vous pourrez en juger vous-même. Vous connaissez, au moins de réputation, le fameux Merdle?

— Le grand Merdle! s'écria Mme Général.

— *Le* Merdle, pour tout dire, répliqua Édouard Dorrit. Il est de leurs amis. Mme Gowan.... la douairière, la mère de cet individu qui s'est montré si poli envers moi, est une amie intime de Mme Merdle, et je sais que nos ex-compagnons de voyage sont reçus chez elle.

— Dans ce cas, on ne saurait trouver une meilleure garantie, dit Mme Général à M. Dorrit, en levant ses mains gantées, et en s'inclinant comme pour rendre hommage à quelque veau d'or dont elle aurait eu là l'image visible devant elle.

—Je demanderai à mon fils.... par pure curiosité.... dit M. Dorrit avec un brusque changement de manières, comment il s'est procuré ce renseignement.... hem!... opportun.

— C'est facile à expliquer, monsieur, répliqua Édouard, et je vais vous le dire tout de suite. Pour commencer, Mme Merdle est la dame avec qui vous avez eu cette conférence dans la cour de l'hôtel à.... chose....

— A Martigny, interrompit Mlle Fanny avec un air d'extrême langueur.

— A Martigny, répéta le frère, avec un petit signe de tête et un clignement d'yeux à l'adresse de Fanny, qui parut d'abord surprise, puis se mit à rire et rougit.

— Comment cela se peut-il, Édouard? demanda M. Dorrit. Vous m'avez dit que le jeune monsieur avec qui vous avez causé s'appelle.... ha!...Sparkler. Vous m'avez même montré sa carte.... Hem!... Sparkler.

— Certainement, père, il se nomme Sparkler; mais ce n'est pas une raison pour que sa mère porte le même nom que lui. Mme Merdle est une veuve remariée, et Sparkler est son fils du premier lit. Elle habite en ce moment Rome, où nous cultiverons sans doute sa connaissance, si vous vous décidez à y passer l'hiver. Sparkler vient d'arriver ici. J'ai passé la soirée d'hier avec lui. Ce serait un excellent garçon au fond, si son adoration pour une certaine demoiselle ne le rendait pas si ennuyeux (M. Édouard Dorrit lorgna Mlle Fanny en travers de la table). Hier soir nous nous sommes mis à causer de nos voyages, et c'est de lui que j'ai obtenu les renseignements dont je viens de vous faire part. »

Édouard se tut, mais il continua de lorgner Mlle Fanny, le visage défiguré par une affreuse grimace, causée en partie par les efforts qu'il faisait pour ne pas laisser échapper son lorgnon, en partie par la malice extrême qu'il voulait communiquer à son sourire.

« Puisqu'il en est ainsi, dit M. Dorrit, je crois exprimer les sentiments.... hem!... de Mme Général aussi bien que les miens, en disant que je ne vois aucun inconvénient, mais.... ha! hem!... tout au contraire.... à ce que vous contentiez le désir que vous venez d'exprimer, Amy. J'espère que je puis.... hem!... regarder ce désir (continua-t-il d'un ton d'encouragement et de pardon) comme d'un heureux augure. Il n'y a pas de mal à connaître ces gens-là. Il est même convenable de les connaître. M. Merdle jouit d'une réputation.... hem!... universelle. Les entreprises de M. Merdle sont immenses. Elles lui rapportent des sommes si énormes qu'on peut considérer ce financier comme.... hem!... un des bienfaiteurs du pays. M. Merdle représente le grand homme des temps modernes. Le nom de Merdle est le nom de notre siècle. Je vous prie de faire force politesses de ma part à M. et Mme Gowan, car nous.... ha!... nous les cultiverons certainement. »

Cette superbe concession mit fin à la discussion. Personne ne remarqua que l'oncle Frédéric avait repoussé son assiette et oublié son déjeuner; mais, sauf la petite Dorrit, on ne faisait guère attention à lui. On rappela les domestiques et le repas s'acheva sans autre incident. Mme Général se leva de table. La petite Dorrit ne tarda pas à la suivre. Lorsqu'il ne resta plus que Fanny et Édouard, qui causaient à voix basse, et M. William Dorrit, qui mangeait des figues en lisant un journal français, le vieil oncle attira l'attention de ces trois convives. Il se leva brusquement, et frappa la table de son poing fermé en s'écriant :

« Frère, je proteste ! »

Il n'aurait pas plus surpris ses auditeurs s'il leur eût adressé une proclamation en langue étrangère et rendu l'âme aussitôt après. Le journal tomba des mains de M. William Dorrit, qui resta pétrifié, tenant à moitié chemin une figue qu'il allait porter à sa bouche.

« Frère, continua le vieillard, dont sa voix, si tremblotante d'habitude, retrouvait toute son énergie, je proteste ! Je t'aime ; tu sais quelle affection je te porte. Dans nos années de malheur, je ne t'ai pas trahi une seule fois, même en pensée. Quelque faible que je sois, je frapperais celui qui me dirait du mal de toi. Mais, frère, frère, frère, je proteste ! »

C'était quelque chose d'extraordinaire que de voir ce vieillard décrépit s'exprimer avec tant d'énergie. Ses yeux brillèrent, ses cheveux se dressèrent, on lut sur son front et sur sa physionomie une lueur de résolution qu'on n'y avait pas vue depuis vingt-cinq ans, et sa main avait retrouvé une vigueur qui rendait de la force à son geste.

« Mon cher Frédéric ! s'écria William Dorrit d'un ton obligeant, qu'est-ce que vous avez? De quoi vous plaignez-vous?

— Comment oses-tu bien, poursuivit l'autre se tournant vers Fanny, comment oses-tu bien !... As-tu donc perdu la mémoire? N'as-tu pas de cœur?

— Mon oncle ! s'écria Fanny, effrayée et fondant en larmes, pourquoi m'attaquez-vous ainsi? Qu'ai-je fait?

— Ce que tu as fait, répondit le vieillard, indiquant le siége que la petite Dorrit venait de quitter. Où est ton amie affectueuse, cette amie plus précieuse que toutes les richesses du monde? Où est ta gardienne dévouée? Où est celle qui a été plus qu'une mère pour toi? Comment oses-tu te mettre au-dessus de celle qui a joué auprès de toi tous ces rôles réunis? Fi donc, sœur dénaturée, fi donc!

— J'aime Amy, s'écria Mlle Fanny pleurant et sanglotant, je l'aime autant que ma vie.... mieux que ma vie. Je ne mérite pas de pareils reproches. Je suis aussi reconnaissante envers Amy, aussi aimante qu'il est possible de l'être. Je voudrais être morte. Jamais on ne m'a aussi cruellement méconnue. Et tout cela parce que je tiens à faire respecter la famille.

— Au diable le respect de la famille ! s'écria le vieillard avec autant de mépris que d'indignation. Frère, je proteste contre l'orgueil. Je proteste, parce que, sachant ce que nous savons, après avoir vu ce que nous avons vu, aucun de nous n'a le droit de déprécier notre pauvre petite Amy ou de lui causer le moindre chagrin. Toute prétention dans ce but, nous devons savoir que c'est une prétention odieuse, capable d'attirer sur nous la vengeance du ciel. Frère, je proteste, devant Dieu, contre toute prétention de ce genre! »

Lorsque sa main, qu'il avait levée au-dessus de sa tête, retomba sur la table, on aurait pu croire que le meuble tremblait sous le poing robuste d'un forgeron. Après quelques instants de silence, elle était redevenue aussi faible que jamais. Frédéric se dirigea, de ce pas traînard qui lui était habituel, vers son frère, posa la main sur son épaule, et lui dit d'une voix adoucie :

« William, mon ami, je me suis cru obligé de parler. Pardonne-moi, mais je me suis cru obligé de parler comme cela. »

Puis il sortit, la taille aussi voûtée qu'à l'ordinaire, de la vaste salle à manger du palais vénitien, comme il sortait autrefois de la prison de la Maréchaussée.

Pendant tout ce temps Fanny n'avait pas cessé de pleurer et de sangloter. Édouard, la bouche béante, avait été trop surpris pour prononcer une parole; aussi s'était-il contenté d'ouvrir de grands yeux. M. Dorrit, pris au dépourvu, avait été incapable de se défendre. Fanny fut la première à ouvrir la bouche.

« Jamais, jamais je n'ai été traitée de la sorte! dit-elle en sanglotant. Jamais on ne m'a adressé de reproches aussi durs, aussi injustes, aussi violents et aussi cruels! Chère, douce, bonne petite Amy, que dirait-elle si elle savait qu'elle vient, sans le vouloir, de servir de prétexte à de pareilles méchancetés! Mais elle ne le saura jamais! Non, ma bonne chérie, tu ne le sauras jamais! »

Ces exclamations aidèrent M. Dorrit à rompre le silence qu'il avait gardé jusqu'alors.

« Ma chère, dit-il, je.... hem!... j'approuve votre résolution. Il vaut mieux.... ha! hem!... ne pas parler à Amy de ce qui vient de se passer. Cela pourrait.... hem!... cela pourrait lui faire de la peine.... Ha!... Sans aucun doute, cela lui ferait beaucoup de peine. Nous devons donc éviter de lui en dire un mot. Nous gardeons le silence sur cette affaire.

— Mais la cruauté de mon oncle! s'écria Fanny. Oh! jamais je ne pourrai pardonner à mon oncle son odieuse cruauté.

— Ma chère, répondit M. Dorrit avec son intonation habituelle, bien qu'il restât plus pâle que de coutume, je dois vous prier de ne point parler ainsi. Rappelez-vous que votre oncle est.... hem!... n'est plus ce qu'il était. Rappelez-vous que l'état de votre oncle exige.... hem!... toute notre compassion.... toute notre compassion.

— Et pourtant, s'écria Mlle Fanny d'une voix éplorée, ce n'est pas manquer de charité que de supposer qu'il y a en lui quelque chose qui cloche quelque part, sans quoi il n'aurait jamais songé à me traiter, moi! comme il vient de le faire!

— Fanny, répondit M. Dorrit d'un ton de piété fraternelle, vous savez que votre oncle, malgré toutes ses bonnes qualités, n'est qu'une.... hem !... qu'une ruine. Je vous supplie donc, au nom de l'attachement que j'ai pour lui, au nom de la fidélité dont, vous le savez, j'ai toujours fait preuve envers lui, de.... hem !... de retirer votre amendement et de ne pas froisser mes sentiments fraternels. »

Ainsi se termina cette scène. Édouard Dorrit, qui n'avait pas prononcé un mot, conserva jusqu'à la fin un air perplexe et embarrassé. Mlle Fanny éveilla, ce jour-là, chez sa sœur une foule d'inquiétudes affectueuses, car elle passa son temps tour à tour à l'embrasser avec effusion, à lui donner ses broches et ses bijoux, à s'écrier qu'elle voudrait être morte.

CHAPITRE VI.

Il y a quelque chose quelque part qui va bien.

Être arrêté dans l'impasse où se trouvait acculé M. Henry Gowan; avoir déserté un camp par dépit, puis manquer des qualités nécessaires pour monter en grade dans l'autre, et flâner en désœuvré sur un terrain neutre, à les maudire tous les deux, c'est là une situation morale fort malsaine, à laquelle le temps n'apporte aucun remède. Le pire de tous les calculs auxquels on se livre dans ce monde est celui de ces mathématiciens maladifs, qui ne connaissent que la soustraction lorsqu'il s'agit de donner le total des mérites et des succès d'autrui, sans que cela ajoute rien au total de leur propre addition en fait de mérite et de succès.

D'ailleurs, l'habitude de chercher une sorte de consolation à se plaindre ou à se vanter d'être désappointé, est une habitude démoralisante; elle ne tarde pas à produire une insouciance oisive, une complète indifférence pour tout ce qui exige un travail constant. Déprécier un chef-d'œuvre pour faire l'éloge d'une œuvre médiocre, devient un des grands bonheurs de ces caractères aigris, et on ne peut se jouer ainsi de la vérité sans en souffrir dans l'honnêteté de ses sentiments.

Lorsqu'il avait à donner son opinion sur des tableaux ou des dessins sans valeur aucune, personne ne se montrait plus généreux, plus indulgent que Gowan. Il déclarait que tel artiste avait plus de talent dans son petit doigt (pourvu qu'il n'eût pas de talent du tout) que tel autre n'en avait dans tout son corps et dans toute sa tête (pourvu que cet autre fût un homme de génie). Si on lui objectait que l'œuvre qu'il louait n'était qu'une croûte, il répondait au nom de son art :

« Mon cher, montrez-moi le peintre qui produit autre chose que des croûtes. Moi, je ne produis pas autre chose. Je vous fais cadeau de cet aveu. »

La nature hypocondre de Henry Gowan le portait aussi à se vanter d'être pauvre; peut-être voulait-il donner à entendre par là qu'il devrait être riche: de même il louait et décriait publiquement les Mollusques, de peur qu'on oubliât qu'il appartenait à cette illustre famille. Dans tous les cas, ces deux sujets formaient assez souvent le fond de sa conversation; et il en tirait un si bon parti, qu'il aurait pu se louer pendant des mois entiers sans devenir un personnage aussi important de moitié qu'il le devint au moyen de cette légère trahison de ses droits à la considération de chacun.

Grâce au bavardage évaporé de M. Gowan, on ne tarda pas à savoir, partout où l'artiste conduisait Chérie, qu'il s'était marié sans consulter son illustre famille, à laquelle il avait eu beaucoup de peine à faire accepter sa femme. Ce n'était pas lui qui prenait ce préjugé à son compte; bien au contraire, il semblait repousser une pareille idée avec un sourire de mépris. Mais, malgré toute la peine qu'il se donnait pour se déprécier lui-même, c'était toujours lui, avec tout cela, qui avait le bon bout dans le ménage. Les premiers jours de sa lune de miel, Minnie Gowan reconnut qu'elle passait pour la femme d'un homme qui avait dérogé en l'épousant, mais dont l'amour chevaleresque avait sauté à pieds joints par-dessus toutes les barrières sociales.

M. Blandois, de Paris, avait accompagné les Gowan jusqu'à Venise, où il fréquentait avec la même assiduité son ami l'artiste. Lorsqu'il avait rencontré pour la première fois à Genève ce brillant gentleman, Gowan ne savait pas trop s'il devait souffleter M. Blandois ou l'encourager. Pendant vingt-quatre heures, il avait eu tant de peine à arriver à une détermination, qu'il avait eu envie de jouer à pile ou face les soufflets ou l'encouragement : pile, soufflets; face, encouragements. Mais Minnie ayant témoigné que le séduisant Blandois lui déplaisait, et ce personnage étant assez mal vu dans l'hôtel, Gowan se décida naturellement à encourager les avances du touriste.

Pourquoi donc cette méchanceté, puisque ce n'était pas de la générosité? Comment Gowan, si supérieur à Blandois de Paris et si capable de démolir cet aimable gentilhomme pour voir de quelle étoffe il était empaillé, comment Gowan se coiffa-t-il d'un individu de cette espèce? D'abord, il s'opposait au premier désir exprimé par sa femme, parce que M. Meagles avait payé ses dettes et qu'il tenait à saisir la première occasion qui se présentait de proclamer hautement son indépendance. Ensuite, il faisait de l'opposition à l'opinion générale, qui était très-défavorable à Blandois, parce qu'il avait un mauvais caractère qu'il ne voulait pas se donner la peine de corriger. Il prenait plaisir à déclarer par cette association, que, dans un pays policé, un courtisan doué de façons aussi distinguées que celles de Blandois, ne saurait manquer d'arriver aux plus hautes dignités. Il prenait plaisir à présenter Blandois comme un type d'élégance et à faire de lui comme une satire vivante de certains voyageurs de l'hôtel qui se montraient fiers des grâces de leur personne. Il affirmait avec le plus grand sérieux que personne ne savait saluer comme Blandois, que sa grâce était irrésistible, qu'elle avait une aisance pittoresque qui valait cent mille francs comme un liard, si on pouvait acheter comme une denrée ce qui n'était qu'un don de nature. La politesse exagérée de cet homme, l'un des cachets de tous ces personnages-là, quelle qu'ait été leur éducation première, aussi sûr que le soleil appartient à notre système planétaire, plaisait à Gowan; c'était une caricature qui lui permettait de s'amuser à tourner en ridicule une foule de gens qui faisaient plus ou moins ce que Blandois faisait trop. C'est ainsi qu'il l'avait encouragé; c'est ainsi qu'ajoutant à ces motifs la force de l'habitude, il s'était peu à peu laissé aller à faire son compagnon de cet étranger, dont le bavardage amusait sa paresse. Et pourtant il se doutait bien que Blandois n'était qu'un chevalier d'industrie; il le soupçonnait de n'être qu'un lâche, tandis que lui, au contraire, il était plein d'audace et de courage; il savait parfaitement que cet homme déplaisait à Chérie, et il tenait si peu à lui que, s'il avait pu le convaincre d'avoir donné à sa femme personnellement le motif le plus léger de justifier sa répugnance, il n'aurait pas hésité, après tout, à le flanquer par la croisée la plus élevée de Venise dans l'eau la plus profonde des lagunes.

La petite Dorrit eût été heureuse de se rendre toute seule chez Mme Gowan; mais comme Fanny, qui n'était pas encore revenue de l'impression causée par la protestation de l'oncle Frédéric (à vingt-quatre heures de date), avait offert de l'accompagner, les deux sœurs montèrent dans une des gondoles amarrées sous la fenêtre de M. Dorrit, et escortées par le courrier, se rendirent en grande cérémonie chez Mme Gowan. A vrai dire, elles faisaient plus de cérémonie qu'il n'en fallait pour visiter une modeste demeure qui, selon Mlle Fanny, se trouvait *à l'autre bout du monde*, et où la gondole ne put aborder qu'après avoir passé par un dédale de rues que cette demoiselle déshonora du nom d'ignobles fossés.

La maison, bâtie sur un petit îlot désert, semblait s'être détachée de quelques groupes de bâtiments voisins pour flotter au hasard et jeter l'ancre à l'endroit où elle stationnait en compagnie d'une vigne, qui paraissait aussi délaissée que les pauvres diables couchés à l'ombre de ses feuilles. Les traits saillants du paysage environnant étaient: une église entourée de planches et d'échafaudages depuis si longtemps employés aux réparations supposées dont elle était censée l'objet, que les préparatifs de réparation paraissaient avoir au moins cent ans, et commençaient à tomber eux-mêmes en ruines; une masse de linge séchant au soleil; quelques maisons qui ne s'accordaient pas bien ensemble et s'écartaient de la perpendiculaire d'une façon grotesque, pareilles à des fromages antédiluviens tombés en pourriture, fourmillant de vers, et jetés dans les moules les plus bizarres; enfin, une confusion fiévreuse de croisées dont les jalousies pendaient tout de travers et où flottaient des loques sales et déchirées.

Au premier étage de la maison en question, il y avait une Banque bien faite pour surprendre tout gentleman ayant acquis la moindre expérience commerciale et rapportant des lois toutes prêtes pour le monde entier, au sortir de quelque cité britannique. Deux commis maigres et barbus, semblables à des dragons desséchés, coiffés de calottes de velours vert ornées de glands d'or, s'y tenaient derrière un petit comptoir, dans une petite salle où l'on n'apercevait d'autres meubles qu'un coffre-fort vide dont la porte était ouverte, un pot à l'eau et un papier de *tenture* représentant des guirlandes de roses. Mais ces commis, sur une réquisition valable, n'avaient qu'à se baisser pour trouver des masses inépuisables de pièces de cinq francs. Au-dessous de la Banque, il y avait un appartement composé de trois ou quatre chambres à fenêtres grillées, qui avait tout l'air d'une prison destinée aux rats criminels de Venise. Au-dessus de la Banque se trouvait le domicile de Mme Gowan.

Bien que les murs fussent couverts de taches d'humidité, comme s'ils se croyaient tenus de fournir spontanément des cartes muettes pour l'instruction géographique des locataires; bien que les meubles antiques fussent lugubrement fanés et moisis; bien que l'odeur d'eau croupie et d'herbes marines qui distingue Venise y fût très-forte, l'intérieur du logis était plus confortable qu'on ne s'y serait attendu. La porte fut ouverte par un serviteur souriant qui avait l'air d'un assassin repenti (ce n'était qu'un laquais provisoire) qui les fit entrer dans le salon où se tenait Mme Gowan, en annonçant *que deux charmantes dames anglaises venaient rendre visite à la padrona*.

Mme Gowan, qui était occupée à quelque travail d'aiguille, s'empressa de cacher son ouvrage dans un panier couvert et se leva d'un air un peu embarrassé. Mlle Fanny lui témoigna une politesse des plus affables et dit les riens usuels avec une habileté consommée

« Papa a été désolé, continua Fanny, de ne pouvoir nous accompagner aujourd'hui (il n'a pas un moment à lui vu la quantité affreuse de gens qu'il connaît à Venise), et il m'a expressément recommandé de laisser sa carte pour M. Gowan. De peur que je n'oublie une commission que mon père m'a répétée au moins une douzaine de fois, permettez-moi, pour l'acquit de ma conscience, de déposer cette carte sur votre table. »

C'est ce qu'elle fit, toujours avec l'aisance d'un vétéran.

« Nous avons été charmés, reprit Fanny, d'apprendre que vous connaissez les Merdle. Nous espérons que ce sera une nouvelle occasion de rapprochement entre nous.

— Ce sont des amis de la famille de M. Gowan, répondit Minnie. Personnellement, je n'ai pas encore eu le plaisir d'être présentée à Mme Merdle, mais je présume que je ferai sa connaissance à Rome

— Ah! tant mieux, répliqua Fanny, qui semblait faire d'aimables efforts pour modérer l'éclat éblouissant de sa propre supériorité. Je crois qu'elle vous plaira.

— Vous la connaissez beaucoup?

— A Londres, vous savez, dit Mlle Fanny avec un mouvement libre et ferme de ses jolies épaules, on connaît tout le monde. Nous l'avons rencontrée en route, avant de nous rendre ici, et, à vrai dire, papa a d'abord été irrité contre elle parce qu'elle avait pris un des salons que nos gens avaient retenus pour nous. Mais, naturellement, cela n'a pas eu de suite, et nous sommes redevenus les meilleurs amis du monde. »

Bien que cette visite n'eût pas encore fourni à la petite Dorrit une occasion de causer elle-même avec Mme Gowan, il existait entre elles une entente muette qui suppléait aux paroles. Elle contemplait Chérie avec un intérêt vif et croissant; le son de sa voix la faisait tressaillir; rien de ce qui était près d'elle ou autour d'elle, rien de ce qui la concernait ne lui échappait. A une seule exception près elle reconnaissait chez elle, plus vite que partout ailleurs, la moindre trace de chagrin.

« Vous vous êtes toujours bien portée, dit-elle enfin, depuis le soir où nous nous sommes rencontrées?

— Très-bien, chère. Et vous?

— Oh! moi, je me porte toujours bien, répliqua la petite Dorrit avec un peu de timidité. Je.... oui, merci. »

Il n'y avait aucun motif pour que la petite Dorrit hésitât et s'arrêtât, si ce n'est que Mme Gowan lui avait touché la main en lui parlant et que leurs yeux s'étaient rencontrés. Quelque chose de craintif et de rêveur dans les grands doux yeux de Chérie avait tout à coup coupé la parole à la petite Dorrit.

« Vous ne savez pas que vous avez captivé mon mari, et que je devrais presque être jalouse de vous? » reprit Mme Gowan.

La petite Dorrit secoua la tête en rougissant.

« S'il vous répète ce qu'il me dit à moi, il vous dira qu'il ne connaît pas de femme qui soit plus obligeante que vous, sans avoir l'air seulement d'y penser.

— Il me juge trop favorablement, répondit la petite Dorrit.

— J'en doute; mais ce dont je ne doute pas, c'est qu'il me faudra lui annoncer que vous êtes ici. Il ne me pardonnerait jamais, si je vous laissais partir.... vous et Mlle Dorrit.... sans l'avoir prévenu. Voulez-vous bien permettre? Vous excuserez le désordre d'un atelier? »

Ces questions étaient adressées à Mlle Fanny, qui répondit gracieusement qu'elle serait au contraire charmée et ravie au delà de toute expression. Mme Gowan s'approcha d'une porte, fit quelques pas dans la salle voisine et revint.

« Voulez-vous faire à Henry la grâce de visiter son atelier? dit-elle. Je savais qu'il serait heureux de vous voir. »

La première chose que la petite Dorrit, qui entra devant, aperçut en face d'elle, fut Blandois de Paris drapé dans un grand manteau, coiffé d'un chapeau de brigand calabrais, debout sur une estrade à l'autre bout de l'atelier, tel qu'elle l'avait vu debout sur le grand Saint-Bernard, tandis que les poteaux à bras de squelette semblaient, de leur doigt indicateur, la mettre en garde contre lui. Elle recula en voyant le voyageur qui lui souriait.

« N'ayez pas peur, dit Gowan quittant son chevalet dressé derrière la porte. Ce n'est que Blandois. Il me sert de modèle aujourd'hui. Je croque une étude d'après lui. C'est toujours une économie que je fais en tirant parti de sa tête. Nous autres pauvres rapins, nous n'avons pas d'argent à jeter par la fenêtre. »

Blandois de Paris ôta son chapeau à larges bords et salua les dames sans quitter son coin.

« Mille pardons ! dit-il, mais le *maestro* se montre si inexorable avec moi que je n'ose pas bouger.

— Ne bougez pas alors, répondit tranquillement Gowan, tandis que les deux sœurs s'approchaient du chevalet. Que ces dames voient au moins l'original de ma croûte, afin qu'elles sachent ce que j'ai voulu représenter. Le voilà, mesdemoiselles. Un bravo attendant sa proie, un illustre patriote attendant l'occasion de sauver sa patrie, l'ennemi commun attendant l'occasion de faire du mal au premier venu, ou un messager du ciel attendant l'occasion de rendre service au premier venu.... tout ce que vous trouverez qui lui ressemble le mieux.

— Dites plutôt, *professore mio*, un pauvre gentilhomme qui attend l'occasion de présenter ses hommages à l'élégance et à la beauté, remarqua Blandois.

— Ou disons, *cattivo soggetto mio*, répondit Gowan, donnant un coup de pinceau au portrait à l'endroit où le visage du modèle venait de remuer, un assassin qui vient de faire son coup. Montrez votre blanche main, Blandois. Tenez-la en dehors du manteau. Ne la remuez pas. »

La main de Blandois tremblait un peu; mais, comme il riait en ce moment, c'est ce qui explique pourquoi elle ne pouvait tenir en place.

« Il vient de lutter avec un autre meurtrier ou avec sa victime, voyez-vous, continua Gowan, traçant les mouvements de la main avec quelques coups de pinceau rapides, impatients, heurtés, et en voici les preuves. Tenez donc la main en dehors du manteau !... *Corpo di San Marco*, à quoi donc pensez-vous ? »

Blandois de Paris se mit à rire encore une fois, ce qui fit trembler davantage sa main; il la leva pour caresser sa moustache qui avait l'air moite; puis il reprit la pose voulue, avec un air encore un peu plus fanfaron que d'habitude.

Son visage étant tourné vers l'endroit où se tenait la petite Dorrit, à côté du chevalet, il n'avait pas cessé de la regarder. Fascinée par le regard particulier de Blandois, la jeune fille ne pouvait en détacher les yeux et elle les tenait fixés sur lui. C'était elle qui tremblait à son tour; Gowan, s'en étant aperçu et supposant qu'elle avait peur du grand chien qu'elle caressait et qui venait de laisser échapper un sourd grognement, se tourna vers elle pour lui dire :

« Il ne vous fera pas de mal, mademoiselle.

— Je n'ai pas peur de lui, répondit-elle vivement; mais regardez-le donc. »

Gowan jeta son pinceau et sa palette et saisit des deux mains le chien qu'il retint par le collier.

« Blandois ! comment pouvez-vous être assez sot pour l'irriter? Par le ciel.... et par l'enfer aussi.... il vous mettra en pièces! Couche-toi, Lion! m'entends-tu, animal? »

Le grand chien, bien qu'il fût à moitié étranglé par son collier, tirait de toutes ses forces pour échapper à son maître et gagner l'estrade. Il se baissait justement pour prendre son élan lorsque Gowan l'avait retenu.

« Lion ! Lion ! (Le chien s'était dressé sur ses pattes de derrière et il y avait lutte entre son maître et lui.) Ici, Lion ! A bas !... Sauvez-vous, cachez-vous, Blandois ! Quel démon avez-vous donc évoqué dans ce diable de chien ?

— Je ne lui ai rien fait.

— Sauvez-vous, car je ne peux plus retenir cette bête sauvage! Sortez de l'atelier ! Sur mon âme, il vous tuera ! »

Le chien, avec un aboiement féroce, fit un dernier effort, tandis que Blandois disparaissait; puis, au moment où l'animal redevenait soumis, le maître, qui n'était guère moins furieux que la bête, le renversa d'un coup de pied à la tête, et, le tenant sous ses pieds, le frappa si cruellement avec le talon de sa botte, que la gueule du chien fut bientôt tout en sang.

« Maintenant, couche-toi dans ce coin, s'écria le peintre, ou bien je t'emmène dehors et je te tue d'un coup de pistolet ! »

Lion obéit et se coucha, léchant sa gueule et sa poitrine. Le maître de Lion s'arrêta un instant pour reprendre haleine; puis, retrouvant son sang-froid habituel, se retourna pour parler à sa femme et aux visiteuses effrayées. Cette scène s'était passée en moins de deux minutes.

« Voyons, voyons, Minnie ! Tu sais bien que Lion est toujours doux et traitable. Il faut que Blandois l'ait irrité. L'animal a ses sympathies et ses antipathies, et il n'aime guère Blandois; mais je suis sûr, Minnie, que tu peux lui donner un certificat de bonne conduite, car c'est la première fois que tu l'as vu comme ça. »

Minnie était trop troublée pour répondre; la petite Dorrit cherchait déjà à la calmer; Fanny, qui avait poussé deux ou trois exclamations, s'était réfugiée auprès de l'artiste, dont elle tenait le bras; Lion, tout honteux de leur avoir causé tant d'alarmes, vint en rampant se coucher aux pieds de sa maîtresse.

« Brute furieuse, s'écria Gowan le frappant de nouveau. Tu t'en repentiras ! Et il le frappa encore et encore.

— Oh ! ne le punissez plus, je vous en prie, s'écria la petite Dorrit. Ne lui faites pas de mal. Voyez comme il est doux ! »

A sa prière, Gowan épargna Lion, qui méritait bien qu'elle intercédât en sa faveur, car il eût été impossible de trouver un chien plus soumis, plus repentant et plus misérable.

Il n'était pas facile de se remettre de l'émotion causée par cet incident et d'ôter à la visite un air de contrainte, quand même la présence de Fanny n'eût pas contribué (dans les circonstances les plus favorables) à jeter un peu de glace sur la conversation. Dans le peu de paroles échangées avant le départ des deux sœurs, la petite Dorrit crut deviner que M. Gowan, même dans ses moments d'effusion, traitait trop sa femme comme on traite une jolie enfant. Il semblait si peu soupçonner les sentiments profonds cachés à la surface, qu'elle douta qu'il eût lui-même des sentiments bien profonds. Elle se demanda si la frivolité de l'artiste ne provenait pas de l'absence de ces sentiments, et s'il n'en était pas des hommes comme des navires, lesquels, dans une mer peu profonde, où le roc est à fleur de terre, ne peuvent pas faire mordre leur ancre et s'en vont à la dérive.

Il les accompagna jusqu'au bas de l'escalier, s'excusant sur un ton de plaisanterie du modeste logis dont un pauvre diable de son espèce était obligé de se contenter, et remarquant que, si les hauts et puissants Mollusques (qui rougissaient affreusement de voir un de leurs parents dans un pareil trou) jugeaient à propos de lui offrir un domicile plus convenable, il s'empresserait de s'y installer pour leur faire plaisir. Au bord de l'eau, les dames reçurent les salutations de Blandois, qui était resté fort pâle depuis sa récente aventure, mais qui eut l'air néanmoins de n'y attacher aucune importance, et se mit à rire lorsqu'on lui parla de Lion.

Laissant les deux amis sous la petite vigne de la chaussée dont Gowan faisait tomber en se jouant les feuilles dans l'eau, tandis que Blandois allumait une cigarette, les deux sœurs s'éloignèrent en grande cérémonie, comme elles étaient venues. Il y avait à peine quelques minutes que leur gondole glissait sur l'eau, lorsque la petite Dorrit s'aperçut que Fanny se donnait des airs plus superbes que la circonstance ne paraissait l'exiger ; elle regarda autour d'elle, à travers la fenêtre et la porte de la gondole, pour en découvrir la cause, et vit qu'une autre gondole les suivait.

Cette gondole trouvait des moyens pleins d'artifice pour varier sa poursuite ; s'élançant parfois en avant, puis s'arrêtant pour les laisser passer ; d'autres fois, lorsque la route était assez large, marchant de conserve avec elles ; d'autres fois suivant à l'arrière de façon à toucher la barque des deux sœurs. Comme peu à peu Fanny écarta toute réserve et laissa voir qu'elle faisait des minauderies à l'adresse de la personne cachée dans le mystérieux canot, qu'elle affectait cependant de ne pas voir, la petite Dorrit lui demanda enfin :

« Qui est-ce donc ?

— Tu sais bien.... cette buse, répondit laconiquement Mlle Fanny.

— Qui? redemanda la petite Dorrit.

— Ma chère enfant, répliqua Fanny (d'un ton qui donnait à croire qu'avant la protestation de l'oncle Frédéric, elle aurait remplacé cette formule par celle de *petite bête*), comme tu as la conception lente! C'est le jeune Sparkler. »

Elle ouvrit la croisée qui se trouvait de son côté et se penchant en arrière, dans une attitude indolente, le coude appuyé sur le rebord, elle s'éventa avec un riche éventail espagnol, noir et or. La gondole persécutrice s'étant tout à coup élancée, et les ayant dépassées, elles purent entrevoir un moment l'œil du jeune Sparkler collé à la croisée. Fanny se mit à rire avec coquetterie en disant à sa sœur :

« As-tu jamais vu un imbécile de cette force, ma chère?

— Crois-tu qu'il ait l'intention de nous suivre ainsi jusqu'à la maison? demanda la petite Dorrit.

— Ma précieuse enfant, répondit Fanny, je ne sais pas au juste de quoi un idiot amoureux est capable, mais je ne serais pas étonnée le moins du monde s'il allait nous accompagner jusque chez nous. La distance n'est pas si énorme. Il n'hésiterait guère, je m'imagine, à nous suivre d'un bout à l'autre de Venise, s'il meurt d'envie de me voir.

— Il en meurt donc d'envie?

— Vraiment, ma chère, tu m'adresses là une question assez embarrassante. Je crois que oui. Tu ferais mieux de demander ces renseignements à Édouard. Si je ne me trompe, Sparkler l'a pris pour son confident. Il paraît que le malheureux donne la comédie au Casino et ailleurs à force de parler de moi. Mais tu feras mieux de te renseigner auprès d'Édouard, si cela t'intéresse.

— Ce qui m'étonne, c'est qu'il n'ait pas songé à nous faire une visite, remarqua la petite Dorrit après un moment de réflexion.

— Ma chère, ta surprise cessera bientôt, pour peu que je sois bien informée. Je ne serais pas étonnée qu'il vînt nous rendre visite aujourd'hui même. Je soupçonne qu'il serait venu plus tôt s'il en avait eu le courage.

— Le verras-tu?

— Ma foi, ma chère, cela dépend. Je ne suis pas décidée. Tiens, le voilà qui repasse. Regarde-le donc.... Nicodème, va! »

Le fait est que M. Sparkler, dont l'œil collé à la vitre aurait pu passer pour un défaut dans le verre, et qui arrêtait sa barque sans motif apparent, n'avait pas du tout l'air d'un homme de génie.

« Tu me demandes si je le verrai, ma chère, continua Fanny dont la pose calme, gracieuse et indifférente eût été digne de Mme Merdle elle-même, qu'entends-tu par là?

— J'entends.... je crois que j'ai voulu te demander quelles sont tes intentions, chère Fanny? »

Fanny se mit encore à rire d'un rire à la fois affable et malin, et elle répondit en passant le bras autour de la taille de sa sœur d'un air enjoué et affectueux :

« Dis-moi un peu, ma petite chérie. Lorsque nous avons rencontré cette femme à Martigny, qu'as-tu pensé de sa conduite? As-tu deviné la raison du parti qu'elle a pris en un clin d'œil?

— Non, Fanny.

— Alors je vais te l'apprendre. Elle s'est dit : « Je ne ferai jamais la moindre allusion à cette autre rencontre qui a eu lieu dans des circonstances bien différentes, et je n'aurai jamais l'air de croire que ce soient les mêmes personnes. » Voilà comment cette dame-là se tire d'un mauvais pas. Que t'ai-je dit en sortant de son hôtel de Harlay-Street? Il n'y a pas au monde une femme plus insolente et plus fausse que celle-là. Mais quant à l'insolence, ma chérie, elle pourra rencontrer un jour ou l'autre des gens qui la valent. »

Un geste significatif de l'éventail espagnol dirigé vers la poitrine de Fanny indiqua avec beaucoup d'expression où l'on pouvait trouver ces gens-là.

« Ce n'est pas tout, continua Fanny. Elle fait la même recommandation à Sparkler; elle ne lui permet pas de me suivre jusqu'à ce qu'elle ait fait entrer dans sa ridicule caboche (on ne peut vraiment pas appeler ça une tête), qu'il doit faire semblant d'être devenu amoureux de moi dans la cour de l'auberge.

— Pourquoi cela? demanda la petite Dorrit.

— Pourquoi? Bonté divine, ma chérie, comment peux-tu me faire une pareille question? (Ici les mots *ma chérie* ressemblaient encore beaucoup par le ton à la *petite bécasse* d'autrefois.) Ne vois-tu donc pas que je suis devenue un assez beau parti pour ce jeune nigaud? Et ne vois-tu pas aussi qu'elle affecte de mettre cette dissimulation à notre compte, et que, pour s'en décharger les épaules (de fort belles épaules, je suis forcée d'en convenir, remarqua Mlle Fanny en se regardant avec complaisance), elle fait semblant de tenir cette conduite par égard pour nos sentiments?

— Mais nous pouvons toujours rétablir la vérité.

— Oui ; mais, s'il te plaît, nous ne rétablirons rien du tout, riposta Fanny. Non, non, je ne souffrirai pas cela, Amy. Ce mensonge est de son cru, il n'est pas du mien; quand elle en aura assez, elle le dira. »

Dans l'enivrement de son triomphe anticipé, Mlle Fanny, agitant d'une main son éventail espagnol, serra de l'autre la taille de sa sœur comme si elle eût été en train de broyer les côtes de Mme Merdle.

« Non, non, répéta Fanny. Elle verra qu'on peut lui rendre la monnaie de sa pièce. C'est elle qui a tracé la route : je l'y suivrai. Et avec la bénédiction du destin et de la fortune, je continuerai à cultiver la connaissance de cette dame jusqu'à ce qu'elle m'ait vue donner à sa femme de chambre des objets de toilette dix fois plus beaux et plus coûteux que ceux qu'elle m'a fait donner par sa modiste ! »

La petite Dorrit garda le silence : elle savait qu'elle n'avait pas voix au chapitre lorsqu'il s'agissait de maintenir la dignité de la famille, et elle tenait à ne pas perdre la faveur que Fanny venait de lui rendre d'une façon si inattendue. Elle ne pouvait approuver, mais elle garda le silence. Fanny savait très-bien à quoi elle pensait : elle le savait si bien qu'elle ne tarda pas à le lui demander.

« As-tu l'intention d'encourager M. Sparkler, Fanny? demanda la petite Dorrit en réponse.

— Encourager, ma chère? répliqua la sœur avec un sourire dédaigneux. Cela dépend de ce que tu entends par *encourager*. Non, je n'ai pas l'intention de l'encourager. Mais je veux en faire mon esclave. »

La petite Dorrit lança à sa sœur un regard sérieux et inquiet; mais Mlle Fanny ne s'intimidait pas pour si peu. Elle ferma son éventail noir et or et s'en servit pour donner une petite tape sur le nez de sa sœur, de l'air d'une fière beauté qui s'amuse à instruire une humble compagne.

« Je vais le faire courir et rapporter comme un chien de chasse, ma chère, et il faut qu'il devienne mon vassal. Et si je ne parviens pas aussi à humilier sa mère, ce ne sera pas ma faute.

— As-tu bien réfléchi.... chère Fanny (ne te fâche pas, nous sommes si bonnes amies maintenant....),où cela peut te mener?

— Je n'y ai pas encore songé, ma chère, répondit Fanny d'un ton de suprême indifférence; nous verrons. En attendant, telles sont mes intentions. Et il m'a fallu si longtemps pour te les expliquer que nous voici arrivées. Et voilà la gondole du jeune Sparkler qui stationne devant notre porte, où il demande si la famille est visible.... Par le plus pur des hasards, naturellement! »

En effet l'amoureux était là, debout devant sa gondole, une carte de visite à la main, feignant d'adresser à un domestique son hypocrite question. Grâce à ce concours de circonstances, le jeune homme, l'instant d'après, se présenta devant les deux demoiselles dans une pose que l'antiquité n'eût pas regardée comme d'un bon augure pour le succès de sa passion; car les bateliers des jeunes filles, ayant été fort ennuyés par la poursuite de M. Sparkler, ménagèrent une si douce collision entre leur barque et celle de ce gentleman qu'il fut renversé par la base comme une grande quille et exhiba les semelles de ses bottes à l'objet de sa flamme, tandis que le reste de son individu se débattait au fond du bateau dans les bras d'un de ses gondoliers.

Cependant Mlle Fanny ayant demandé avec beaucoup d'intérêt si le monsieur ne s'était pas fait mal, M. Sparkler se redressa plus promptement qu'on n'aurait pu s'y attendre et bégaya en rougissant : « Pas le moins du monde. » Mlle Fanny ne se rappelant pas avoir jamais rencontré ce jeune homme, continuait son chemin après avoir répondu par un salut assez hautain, lorsque M. Sparkler s'avança et se nomma. Même alors, elle ne put parvenir à se rappeler où elle avait entendu ce nom, et il fallut que M. Sparkler lui expliquât qu'il avait eu l'honneur de la rencontrer à Martigny.

Alors seulement elle daigna se souvenir de l'avoir déjà vu et demander si madame sa mère se portait bien.

« Merci, bégaya M. Sparkler. A merveille.... c'est-à-dire, assez mal.

— A Venise? demanda Mlle Fanny.

— A Rome, répliqua M. Sparkler. Je suis ici tout seul. Je venais faire une visite à M. Édouard Dorrit. Et même à M. Dorrit père, également.... en un mot, à la famille. »

Se tournant d'un air gracieux vers ses gens, Mlle Fanny demanda si son papa et son frère étaient à la maison. Sur leur réponse affirmative, M. Sparkler offrit humblement le bras à Mlle Fanny, qui l'accepta et monta le grand escalier, ornée de son berger. Si ce jeune gentleman se figurait, comme c'est vraisemblable, qu'il avait affaire à une demoiselle pas rouée du tout, il se trompait beaucoup.

Arrivé dans un salon de réception un peu moisi, dont les tristes tentures d'un vert de mer fané étaient si usées et si flétries qu'elles auraient pu, par analogie, réclamer une parenté très-rapprochée avec les épaves d'herbes marines qui flottaient sous les croisées ou se cramponnaient aux murs, pleurant sur le malheureux sort de leurs parents emprisonnés, Mlle Fanny envoya des messagers à la recherche de son père et de son frère. En attendant l'arrivée de ces deux messieurs, l'ex-danseuse s'arrangea sur un canapé dans une attitude très-avantageuse, et acheva la conquête de M. Sparkler en hasardant quelques remarques sur le Dante, personnage que ce gentleman regardait comme un vieux bonhomme assez excentrique qui avait l'habitude de se coiffer d'une couronne de feuillage et de s'asseoir sur un escabeau, sans que personne pût deviner pourquoi, devant le portail de la cathédrale de Florence.

M. Dorrit reçut le visiteur avec une urbanité extrême, ou plutôt avec sa grâce la plus aristocratique. Il demanda spécialement des nouvelles de *madame* Merdle. Il demanda spécialement des nouvelles de *monsieur* Merdle. Le jeune Sparkler, qui paraissait arracher les paroles une à une du col de sa chemise, répondit que Mme Merdle, blasée de sa maison de campagne, non moins blasée de son pied-à-terre de Brighton, ne pouvant pas non plus, voyez-vous, rester à Londres, lorsqu'il n'y avait plus une âme dans la ville, et ne se sentant pas d'humeur à aller en visite à la campagne chez un tas de gens, s'était décidée à pousser une pointe jusqu'à Rome, où une femme comme elle, d'une beauté proverbiale et pas bégueule du tout, ne pouvait pas manquer de produire un certain effet. Quant à M. Merdle, les gens de bourse et autres individus de ce genre avaient tellement besoin de lui que M. Sparkler ne croyait pas le système monétaire du pays assez fort pour se passer d'un pareil homme; M. Sparkler ne dissimula pourtant pas que les occupations de M. Merdle paraissaient quelquefois mettre sur les dents ce banquier phénoménal, dont la santé avait grand besoin d'un petit temps de galop à la campagne ou à l'étranger. M. Sparkler donna aussi à entendre que, quant à lui personnellement, il comptait se rendre (pour affaire assez urgente) partout où irait la famille Dorrit.

Cet immense effort oratoire demanda du temps, mais on en vit la fin. M. Dorrit exprima alors l'espoir que M. Sparkler leur ferait le plaisir de dîner avec eux un de ces jours. M. Sparkler accueillit si gracieusement cette idée, que M. Dorrit lui demanda ce qu'il comptait faire ce jour-même, par exemple?

Le jeune Edmond, comptant ne rien faire du tout (son occupation habituelle, la seule à laquelle il fût propre), on l'engagea sans plus tarder et on lui fit promettre d'accompagner les dames à l'Opéra après le repas.

Vers l'heure du dîner, M. Sparkler sortit de l'onde, comme le fils de Vénus quand il vint après madame sa mère, et monta le grand escalier dans ses plus beaux atours. Si Fanny lui avait paru charmante le matin, elle lui sembla trois fois plus belle le soir, grâce à une toilette qui allait à ravir à son genre de beauté et à un air de nonchalance qui doubla, tripla, riva les fers du jeune amoureux.

« Il paraît, monsieur Sparkler, lui dit son amphitryon pendant le repas, que vous connaissez.... hem!... M. Gowan.... M. Henry Gowan?

— Très-bien, monsieur, répondit M. Sparkler. Sa mère et la mienne sont de vieilles connaissances.

— Si j'y avais songé, continua M. Dorrit avec un air de protection aussi imposant que celui de lord Decimus lui-même, je vous aurais priée, Amy, de lui écrire un mot pour les engager à dîner avec nous aujourd'hui. Nos gens seraient allés.... hem!.... les prendre et les auraient ramenés. Nous avons plus de.... hem!... gondoles qu'il ne nous en faut. Je regrette de n'y avoir pas songé. Rafraîchissez-m'en demain la mémoire, je vous prie. »

La petite Dorrit se demanda comment M. Henry Gowan prendrait leur patronage; mais elle promit à son père de ne pas oublier sa recommandation.

« Savez-vous si M. Henry Gowan fait.... hem!... des portraits? » demanda M. Dorrit.

M. Sparkler opina que M. Henry Gowan était prêt à accepter toutes les commandes qu'on voudrait bien lui faire, portraits ou autres.

« Il n'est pas entré dans une voie particulière? » demanda M Dorrit.

M. Sparkler, auquel l'amour inspirait le désir de briller, répondit que, pour entrer dans une voie particulière, il faudrait qu'un homme commençât par adopter une chaussure particulière : par exemple, un chasseur devait porter des souliers de chasse, un cavalier, des bottes à éperons, tandis qu'il croyait avoir remarqué que son ami Henry Gowan se chaussait comme tout le monde.

« Pas de spécialité? » remarqua M. Dorrit.

Comme c'était là un mot peu familier à Sparkler, que sa récente tirade avait d'ailleurs épuisé, il répondit :

« Non, merci. Je n'en prends jamais.

— Dans tous les cas, ajouta M. Dorrit, il me serait très-agréable de présenter à un gentleman si bien né, un.... hem !... léger témoignage du désir que j'ai de lui rendre service et de développer.... hem !.... les germes de son génie. Je crois que je ferai bien d'engager M. Gowan à faire mon portrait. Si le résultat de cet essai.... hem !... était satisfaisant des deux parts, je pourrais ensuite le prier d'entreprendre les autres membres de ma famille. »

M. Sparkler pensa bien que ce serait là une bonne occasion de faire la remarque qu'il y avait *certains* membres de la famille Dorrit (en appuyant d'une façon marquée sur le mot *certains*) auxquels nul peintre n'était capable de rendre justice. Mais, faute d'une formule pour exprimer cette idée originale, M. Sparkler la laissa remonter au ciel sans emploi.

Ce malheur fut d'autant plus regrettable que Mlle Fanny applaudit beaucoup au projet du portrait et poussa son père à le mettre à exécution. Elle savait que M. Gowan avait renoncé à un brillant avenir pour épouser sa jolie femme ; une chaumière et son cœur, peindre des tableaux pour payer son dîner, c'était quelque chose de si délicieux et de si intéressant qu'elle suppliait son papa de donner cette commande à M. Gowan, qu'il réussît ou non dans les portraits ; d'ailleurs Amy et elles savaient d'avance qu'il s'en tirait à merveille, car elles avaient vu sur son chevalet un portrait frappant qu'elles avaient eu l'occasion de comparer à l'original. Ces remarques (ainsi que le voulait Fanny) firent presque perdre la tête à l'infortuné M. Sparkler ; car si, d'un côté, elles annonçaient que Mlle Fanny n'était pas imperméable au sentiment, cette naïve demoiselle paraissait dans l'innocence de son cœur ne pas se douter seulement de l'admiration de son soupirant, qui sentait, dans sa jalousie contre le rival inconnu, que les yeux lui sortaient de la tête.

Redescendant au sein de la mer après le dîner et ressortant des flots pour monter l'escalier de l'Opéra, précédée d'un gondolier, en manière de triton armé d'une vaste lanterne de toile, la famille Dorrit entra dans sa loge et M. Sparkler commença une soirée d'angoisse.

La salle étant sombre et la loge bien éclairée, Mlles Dorrit reçurent pendant la représentation plusieurs visites de leur connaissance. Fanny s'intéressa tellement à ces visiteurs, elle prit en leur faveur des poses si séduisantes, échangea tant de petites confidences et se disputa si gentiment avec eux sur l'identité des personnes assises dans des loges éloignées, que l'infortuné Sparkler se prit à détester l'humanité tout entière. Mais le sort lui tenait deux consolations en réserve pour la fin de la soirée. Fanny lui donna son éventail à tenir tandis qu'elle ajustait son manteau, et il eut l'inestimable privilége de lui offrir le bras derechef pour regagner sa gondole. Ces menus encouragements n'étaient pas grand'chose, mais c'était tout juste ce qu'il fallait, selon M. Sparkler, pour empêcher un individu de se livrer au désespoir. Il n'est pas impossible que Mlle Fanny eût la même pensée.

Le triton, toujours armé de sa lanterne, se tenait à la porte de la loge, ainsi qu'une foule d'autres tritons aux portes d'autres loges. Le triton des Dorrit baissa sa lanterne afin d'éclairer les marches, et M. Sparkler chargea de plus en plus la lourde chaîne qu'il traînait en esclave, lorsqu'il vit

.... De sa petitesse étalant l'ironie,
Son pied moqueur rire à côté du sien.

Parmi les flâneurs rassemblés sur le perron, se trouvait Blandois de Paris. Il leur parla et descendit à côté de Fanny.

La petite Dorrit marchait en avant avec son frère et Mme Général (M. Dorrit était resté chez lui); mais au bord du quai ils se rejoignirent de nouveau. La jeune fille tressaillit en voyant si près d'elle Blandois, qui aidait Fanny à monter dans la gondole.

« Gowan a fait une grande perte, dit-il, depuis qu'il a été assez heureux pour recevoir la visite de deux charmantes dames.

— Une perte? répéta Fanny au moment où Sparkler, sacrifié au nouveau venu, la quittait pendant qu'elle se disposait à s'asseoir dans la barque.

— Oui, répliqua Blandois. Son chien, Lion. »

Il tenait dans sa main celle de la petite Dorrit en parlant.

« Il est mort, dit-il.

— Mort? répéta la petite Dorrit. Ce noble animal?

— Ma foi, chères dames, dit Blandois souriant et haussant les épaules, il faut que quelqu'un ait empoisonné ce noble animal : les dogues meurent comme les doges. »

CHAPITRE VII.

Où il est surtout question de prunes et de prismes.

Mme Général, toujours assise sur le siége de sa voiture de cérémonie, menant d'une main assurée l'attelage des convenances, se donnait beaucoup de peine pour former aux belles manières sa très-chère petite amie, quoique la très-chère petite amie de Mme Général fît de son mieux pour la contenter. Quelques efforts qu'elle eût faits dans le cours de sa vie laborieuse pour atteindre tel ou tel but, jamais il ne lui en avait fallu tant que pour se laisser vernir par Mme Général. Rien ne lui mettait l'esprit à la gêne comme de se soumettre aux opérations de polissage de cette main distinguée; mais elle se résigna aux besoins de la famille dans ses jours de grandeur, comme elle s'était résignée aux besoins de la famille dans ses jours de misère, et, sous ce rapport, elle ne céda pas plus à ses propres inclinations qu'elle n'avait cédé à la faim elle-même, du temps qu'elle mettait son dîner de côté pour que son père eût de quoi souper,

Durant l'épreuve que lui fit subir Mme Général, elle eut une consolation qui lui donna plus de force et lui inspira plus de reconnaissance que n'en eût éprouvé sans doute un cœur moins dévoué, moins affectueux, moins habitué aux luttes et aux sacrifices; et, à ce propos, on n'a qu'à regarder autour de soi pour voir que les cœurs comme celui de la petite Dorrit n'ont jamais l'air de raisonner aussi juste que les gens qui les exploitent. Cette consolation, la petite Dorrit la trouvait dans la bonté soutenue de sa sœur. Peu lui importait que cette bonté prît la forme d'une protection tolérante, elle s'y était faite. Peu lui importait qu'on la maintînt dans une position inférieure et qu'on la traînât à la suite du char radieux où Mlle Fanny se pavanait, recevant en tribut les hommages de la foule; la petite Dorrit ne désirait pas une meilleure place. Admirant toujours la beauté de Fanny, sa grâce, sa vive intelligence, sans jamais se demander si l'amour qu'elle lui portait ne venait pas plutôt de la bonté de son propre cœur que du mérite de sa sœur, elle lui donnait toute la tendresse que peut renfermer le cœur, le cœur riche et fécond d'une sœur.

L'énorme quantité de prunes et de prismes dont Mme Général opéra l'infusion dans la vie de famille de ses chers amis, jointe aux plongeons continuels que Fanny faisait dans la société, ne laissait qu'un résidu bien insignifiant au fond du bocal. C'est ce qui rendit les confidences échangées avec Fanny doublement précieuses pour la petite Dorrit et ce qui augmenta beaucoup le soulagement qu'elle y trouvait.

« Amy, dit Fanny un soir qu'elles se trouvaient seules après une journée si fatigante que la petite Dorrit était toute harassée, lorsque sa sœur aurait encore volontiers fait une nouvelle excursion dans la société, je vais tâcher de faire entrer quelque chose dans ta petite tête. Tu ne devinerais jamais de quoi il s'agit, je parie.

— C'est assez probable, chère Fanny, répondit la petite Dorrit.

— Allons, je vais te mettre sur la voie, mon enfant.... Mme Général.... »

Des milliers de combinaisons de prunes et de prismes ayant fatigué la petite Dorrit pendant toute cette journée, où il n'avait été question que de surface, de vernis, de couleurs sans substance enfin, la petite Dorrit eut l'air de dire qu'elle espérait que Mme Général était couchée pour quelques heures.

« Eh bien! devines-tu, maintenant? demanda Fanny.

— Non, ma chère. A moins que je n'aie fait quelque chose, » répliqua la petite Dorrit un peu effrayée, car elle entendait par là quelque chose de nature à érailler le vernis ou à gâter le badigeon.

Cette appréhension amusa tellement Fanny qu'elle prit son éventail favori (elle était assise auprès de sa table de toilette, entourée de tout un arsenal d'armes cruelles, dont la plupart lui avaient servi à blesser le cœur de Sparkler) et donna à sa sœur une foule de petites tapes sur le nez tout en lui parlant.

« Oh Amy, petite Amy! s'écria-t-elle. Quelle timide petite nigaude tu fais! Mais il n'y a pas de quoi rire dans ce que je vais te dire. Au contraire. Je suis très-contrariée, ma chère.

— Pourvu que ce ne soit pas contre moi, cela m'est égal, répliqua sa sœur en souriant.

— Ah! mais cela ne m'est pas égal, à moi; et cela ne te sera pas égal non plus, ma chérie, lorsque je t'aurai ouvert les yeux. Amy, as-tu jamais remarqué qu'il y a une certaine personne qui est horriblement polie avec Mme Général?

— Tout le monde est poli avec Mme Général, répondit la petite Dorrit; parce que....

— Parce qu'elle glace le monde? interrompit Fanny. Je ne parle pas de ça. C'est tout autre chose. Voyons! est-ce que tu n'as jamais remarqué, Amy, que papa est horriblement poli avec Mme Général?

— Non, balbutia Amy toute confuse.

— Non? cela ne m'étonne pas. Mais la chose n'en est pas moins vraie pourtant. Et rappelle-toi ce que je te dis. Mme Général a des intentions sur papa.

— Chère Fanny, penses-tu donc que Mme Général puisse avoir des intentions sur qui que ce soit?

— Si je le crois? riposta Fanny. Ma chérie, j'en suis sûre. Je te dis qu'elle a des intentions sur papa. Et qui plus est, je te dis que papa la regarde comme une merveille, un phénomène de bon ton et de savoir, comme une si précieuse acquisition pour notre famille qu'il est prêt à se monter la tête pour elle au premier moment. C'est cela qui nous ouvrirait une jolie perspective dans l'avenir! Me vois-tu avec Mme Général pour maman! »

La petite Dorrit ne répondit pas: « Et moi donc, me vois-tu, avec Mme Général pour belle-mère! » Mais elle parut inquiète et demanda sérieusement à sa sœur ce qui lui avait donné cette idée.

« Bon Dieu, ma chérie, répondit Fanny d'un ton aigre, autant me demander comment je vois qu'un homme s'éprend de moi? Je le sais, voilà tout. Cela a beau arriver souvent, je ne m'y trompe jamais. Je suppose que c'est ici la même chose; je le vois, je le sens, voilà tout ce que je peux dire.

— Tu n'en as jamais rien entendu dire à papa?

— Rien dire? répéta Fanny. Ma très-chère petite, quel besoin a-t-il de rien dire pour le quart d'heure?

— Tu n'en as pas non plus entendu parler à Mme Général?

— Bonté divine, Amy, répliqua Fanny, la crois-tu femme à aller parler de cela? N'est-il pas clair comme le jour qu'elle n'a rien à faire pour le moment, que de se tenir bien droit, de garder éternellement ces gants qui m'agacent les nerfs, et de porter des jupes à grand froufrou? Pourquoi veux-tu qu'elle dise quelque chose? Si, au *whist*, elle avait *dans ses cartes l'as d'atout*, elle n'irait pas le crier par-dessus les toits, enfant que tu es. Il serait toujours temps de le montrer dans le jeu.

— Au moins, Fanny, tu m'accorderas que tu peux te tromper. C'est possible, n'est-ce pas?

— Oh! oui, c'est *possible*, répliqua Fanny; mais je ne me trompe pas. Enfin, je suis heureuse de voir que tu te réserves cette consolation, et que tu prennes la chose assez tranquillement pour te rattacher à cette chance-là. Cela me fait espérer que tu auras la force de te résigner à l'événement. Moi je ne pourrais pas, et plutôt que d'accepter une belle-mère de ce genre, j'épouserais je crois, Édmond Sparkler.

— O Fanny, je suis sûre que rien ne pourrait te décider à épouser ce jeune homme.

— D'honneur, ma chère, répondit l'ex-danseuse avec un air de suprême indifférence, je n'en mettrais pas ma main au feu. On ne sait pas ce qui peut arriver. D'autant plus que cela me fournirait une foule d'occasions de rendre à cette grande dame, Mme Merdle, la monnaie de sa pièce. Et je t'assure, Amy, que dans ce cas, je ne tarderais pas à profiter de l'occasion. »

Là se bornèrent pour le moment les confidences; mais Fanny en avait assez dit pour faire jouer à Mme Général et à M. Sparkler un rôle important dans l'esprit de la petite Dorrit, et, à partir de cette soirée, elle pensa beaucoup à ces deux personnages.

Mme Général s'était depuis longtemps formé une surface si parfaite, qu'on ne voyait pas du tout ce qu'il y avait dessous, si toutefois il y avait quelque chose. Il n'y avait donc rien à faire de ce côté : toute peine pour rien découvrir par là eût été perdue. On ne pouvait nier que M. Dorrit ne se montrât très-poli avec elle, ni qu'il eût une très-haute opinion de cette dame; mais avec tout cela, l'impétueuse Fanny pouvait aisément se tromper. Ce n'était pas comme l'affaire Sparkler; c'était toute autre chose : celle-là était claire comme le jour; la petite Dorrit ne pouvait s'y méprendre et elle en était toute surprise et tout alarmée.

Rien ne pouvait égaler le dévouement de M. Sparkler, si ce n'est les caprices et la cruauté de sa belle. Quelquefois elle lui témoignait en public une préférence si marquée qu'il manifestait tout haut sa joie par une espèce de gloussement; le lendemain, une heure après peut-être, elle le négligeait si complétement, elle le plongeait dans un tel abîme d'obscurité, qu'il cachait mal sous une toux simulée de véritables gémissements. La constance avec laquelle il lui faisait sa cour ne touchait pas le cœur de Fanny; il avait beau poursuivre Édouard comme son ombre inséparable, au point que ce jeune gentleman se vit dans la cruelle nécessité de s'esquiver comme un conspirateur, dans une gondole déguisée et par des portes dérobées, lorsqu'il désirait varier ses plaisirs en changeant un peu de société; il avait beau prendre un si vif intérêt à la santé de M. Dorrit qu'il venait tous les deux jours en demander des nouvelles, comme si M. Dorrit était en proie à une fièvre intermittente; il avait beau se promener si constamment en gondole sous les fenêtres de sa Dulcinée qu'il avait l'air d'avoir parié une grosse somme de faire tant de mille à l'heure sur l'eau des lagunes; chaque fois que la barque de Mlle Fanny se détachait de son pieu, la gondole de M. Sparkler avait beau s'élancer de quelque humide embuscade pour se mettre en chasse, comme si la jeune fille eût été une belle contrebandière et lui un employé des douanes : tout ce qu'il y gagna, c'est que l'air de l'eau salée, auquel il était exposé toute la journée, fortifiant de plus en plus sa constitution robuste, M. Sparkler, au lieu de maigrir à vue d'œil, perdit cette dernière chance d'attendrir sa maîtresse par le spectacle de sa santé chancelante, et devint au contraire plus bouffi chaque jour, et cette particularité physique, qui lui donnait bien plus l'air d'un gros poupard que d'un jeune homme passionné, finit par une boursouflure si extravagante qu'on ne voyait plus les yeux de sa rougeaude figure.

Blandois étant venu présenter ses hommages; M. Dorrit accueillit avec une certaine affabilité l'ami de M. Gowan, et lui parla de l'idée qu'il avait de prier ce jeune artiste de transmettre ses traits à la postérité. Blandois approuvant beaucoup ce projet, M. Dorrit songea qu'il serait peut-être agréable à Blandois de faire part à son ami de la belle occasion qui se présentait pour lui. Blandois accepta cette commission avec son aisance habituelle, et jura de s'en acquitter avant une heure d'ici. Lorsqu'il fit part de ce message à Gowan, le *maestro* envoya M. Dorrit au diable une bonne douzaine de fois (car s'il se plaignait de ne pas être protégé, il n'en aimait pas plus pour cela les protecteurs); et il ne s'en fallut de rien qu'il se fâchât contre son imprudent ami pour s'être chargé de cette commission.

« Je suis peut-être obtus, mon cher, s'écria-t-il, mais je veux que le diable m'emporte si je vois ce que vous aviez à faire là dedans.

— Mort de MA VIE! répondit Blandois, je ne le vois pas non plus, si ce n'est que je croyais rendre service à un ami.

— En faisant passer dans sa poche l'argent d'un parvenu? dit Gowan en fronçant le sourcil. Est-ce là ce que vous voulez dire? Allez dire à votre autre ami d'aller poser, s'il veut, pour l'enseigne de quelque cabaret, et de faire cadeau de sa commande à un peintre d'enseignes. Pour qui donc me prend-il, et pour qui donc se prend-il?

— Maestro, répondit l'ambassadeur; et pour qui donc prenez-vous Blandois? »

. . . .

Sans paraître se soucier le moins du monde d'éclaircir cette dernière question, M. Gowan commença à siffler d'un air irrité et ne parla plus de M. Dorrit. Mais le lendemain il revint à la charge et dit, de son air dégagé et avec un sourire de dédain.

« Ah çà, Blandois, quand irons-nous voir ce Mécène que vous m'avez déterré? Nous autres artisans, nous ne devons pas refuser la besogne qu'on veut bien nous commander. Quand est-ce que nous irons prendre les ordres de notre patron?

— Quand vous voudrez, répondit Blandois d'un ton offensé; quand il vous plaira. Est-ce que j'ai quelque chose à voir là dedans? Qu'est-ce que cela me fait?

— Je n'en sais rien; mais cela me fait beaucoup, à moi. Cela m'aidera à acheter du pain et du fromage. Il faut vivre! Allons, en route, mon Blandois! »

M. Dorrit les reçut en présence de ses filles et de M. Sparkler, qui, par un hasard surprenant, se trouvait là en visite.

« Comment va, Sparkler? dit Gowan avec insouciance. Lorsque vous n'aurez plus pour vivre que l'esprit de votre mère, mon vieux, je vous souhaite de vous tirer d'affaire mieux que moi. »

M. Dorrit parla alors de sa proposition.

« Monsieur, lui dit Gowan en riant, après l'avoir acceptée de fort bonne grâce, je suis trop nouveau dans le métier pour être au courant de tous les mystères de mon art. Je crois que je devrais vous examiner sous différents jours, vous dire que vous avez une tête superbe et avoir l'air de me demander quand je pourrai trouver assez de loisir pour me consacrer avec l'enthousiasme nécessaire au magnifique portrait que je compte faire de vous. Je vous assure (ici Gowan se mit encore à rire) qu'en ce moment je me fais l'effet d'un traître qui aurait pénétré dans le camp de mes chers, spirituels, bons et nobles confrères en peinture. Ce n'est pourtant pas ma faute, si je n'imite pas mieux leur charlatanisme de convention. Mais on ne m'a pas dressé à cela tout petit, et il est trop tard maintenant pour l'apprendre. Or, le fait est que je suis un très-mauvais peintre; mais pas plus mauvais que la généralité de mes collègues. Si vous tenez absolument à jeter une centaine de guinées[1] par la fenêtre, comme je suis aussi pauvre que peut l'être un parent pauvre de gens haut placés, je vous serai très-obligé de vouloir bien me les jeter à moi de préférence. Je tâcherai de vous en donner pour votre argent; et si, en fin de compte, je ne réussis qu'à vous faire une croûte, vous en serez quitte pour avoir une croûte, signée d'un nom modeste, au lieu d'avoir une croûte signée d'un nom brillant. »

Ce ton, auquel M. Dorrit ne s'attendait pourtant pas, fut loin de lui déplaire. Cela prouvait que l'artiste (homme de bonne famille et non un simple manœuvre) serait son obligé. Il déclara qu'il s'en

1. Deux mille six cent vingt-cinq francs.

rapportait à M. Gowan, et qu'il espérait qu'en leur qualité de gens du monde, il aurait l'avantage de cultiver sa connaissance.

« Vous êtes bien bon, répliqua Gowan. Je n'ai pas renoncé au monde depuis que je me suis enrôlé dans la confrérie des artistes (les plus charmants garçons du monde), et je ne suis pas fâché de venir respirer de temps à autre l'odeur de la vieille poudre à canon, au risque de me voir lancé à mi-ciel, moi et ma présente vocation. Vous ne me soupçonnerez pas, monsieur Dorrit (il se prit de nouveau à rire avec une aisance admirable), d'avoir recours à la franc-maçonnerie du métier.... car il n'en est rien; par Jupiter, je ne peux pas m'empêcher de trahir mes estimables collègues partout où je vais, quoique j'aime et que j'honore le métier de tout mon cœur.... si je vous propose une petite stipulation pour fixer les heures et le lieu de nos séances?

— Hem! M. Dorrit ne pouvait pas songer à.... hem!... entretenir un soupçon attentatoire à la franchise de M. Gowan.

— Vous êtes encore bien bon, continua Gowan. Monsieur Dorrit, j'apprends que vous comptez aller à Rome. Je compte en faire autant, car j'ai des amis dans cette ville. Puisque je me suis chargé de commettre votre portrait, laissez-moi accomplir cette injustice à Rome et non ici. Nous allons tous être pressés pendant le reste de notre séjour dans cette ville; et, bien qu'il n'y ait pas à Venise un gueux plus gueux que moi.... je ne parle pas des coudes percés, bien entendu.... j'ai encore un peu trop de l'amateur.... là, voilà que je compromets encore mon métier, vous voyez!... pour accepter une commande à brûle-pourpoint et me mettre à l'œuvre avec reconnaissance, uniquement pour l'amour des pièces de six pence. »

Cette remarque nouvelle fit sur M. Dorrit une impression non moins favorable que les premières. Elle servit de préface à la première invitation à dîner dont on honora M. et Mme Gowan, et plaça l'artiste sur son terrain habituel parmi ses nouveaux amis.

Mme Gowan, elle aussi, fut placée sur son terrain habituel. Mlle Fanny savait parfaitement que les charmes de Mme Gowan avaient coûté très-cher à son mari; que ce mariage avait causé un grand remue-ménage dans la famille Mollusque, et que Mme Gowan la mère, à moitié morte de chagrin, s'y était résolûment opposée jusqu'à ce qu'elle eût été vaincue par ses sentiments maternels. Mme Général avait également appris que cette union disproportionnée avait donné lieu à beaucoup de chagrin et à de nombreux dissentiments. Quant au digne M. Meagles, on ne prononçait jamais son nom, si ce n'est pour reconnaître qu'il était assez naturel de la part d'un individu de sa classe, d'avoir désiré tirer sa fille du bourbier de sa propre obscurité, et pour ajouter que personne ne pouvait le blâmer d'avoir fait tous ses efforts dans ce but.

La petite Dorrit portait un intérêt trop sincère et trop vigilant a la jolie femme qui était l'objet d'une croyance si facilement acceptée, pour risquer de se tromper dans l'exactitude de ses observations. Elle voyait bien que cette croyance même était pour quelque chose dans l'ombre de tristesse où vivait Mme Gowan, et elle devinait d instinct la fausseté de ces bruits; mais ils n'en avaient pas moins pour résultat de mettre un obstacle à ses liaisons avec elle, en rendant les personnes élevées à l'école des *prunes* et des *prismes* de Mme Général extrêmement polies envers Minnie, sans toutefois descendre jusqu'à l'intimité; et la petite Dorrit, comme élève *boursier* de ce collége, était obligée d'en suivre humblement les règlements.

Cependant il existait déjà entre elles une entente sympathique qui les aurait aidées à vaincre des difficultés plus grandes que celle-là pour devenir amies, malgré des relations encore plus restreintes. Comme si le hasard eût voulu se montrer favorable à cette amitié, les deux jeunes femmes eurent une nouvelle preuve de conformité d'humeur dans l'aversion qu'elles éprouvaient l'une et l'autre pour Blandois de Paris, aversion qui tenait de la répugnance, de l'horreur et de l'antipathie naturelle qu'inspire un odieux reptile.

Outre cette répugnance commune, il existait entre elles une conformité d'humeur toute passive. Blandois se comportait de la même façon envers l'une et l'autre, et elles voyaient bien qu'il n'avait pas avec elles les mêmes manières qu'avec tout le monde. La différence était trop légère en apparence pour être remarquée par un indifférent, mais elle n'échappait pas aux deux amies. Un mouvement presque imperceptible des méchants yeux ou de la main blanche de l'aimable touriste, l'épaisseur d'un cheveu ajoutée à ce jeu fréquent de sa physionomie, où son nez s'abaissait tandis que sa moustache se relevait, renfermait une menace à leur adresse, et leur disait clairement :

« J'ai une puissance secrète par là. Je sais ce que je sais. »

Cette menace ne leur avait jamais semblé plus claire et elles n'avaient jamais mieux cru la lire qu'un jour où Blandois se présenta chez M. Dorrit pour prendre congé avant de quitter Venise. Mme Gowan s'y était rendue dans le même but, et il les trouva seules ; le reste de la famille était sorti. Il n'y avait pas cinq minutes qu'elles étaient ensemble lorsqu'il entra dans le salon, et l'expression particulière de ses traits parut leur dire :

« Vous alliez parler de moi. Eh bien, me voici! Je viens vous en empêcher !

— Vous attendez Gowan ? » demanda-t-il tout haut, avec son affreux sourire.

Mme Gowan répondit qu'elle ne l'attendait pas.

« Comment! Il ne vient pas vous chercher? Alors, permettez à votre très-dévoué serviteur de vous servir de cavalier, lorsque vous rentrerez.

— Merci, je ne rentre pas.

— Vous ne rentrez pas ! J'en suis désolé. »

Mais il n'en fut pas désolé au point de s'éloigner et de les laisser ensemble. Il resta à les entretenir de ses compliments les plus mielleux et de sa conversation la plus choisie; mais il semblait leur adresser tout le temps ce muet avertissement :

« Non, non, non, chères dames, vous ne vous communiquerez pas vos opinions sur mon compte; je suis venu tout exprès pour vous en empêcher. »

C'était si clair, et il fit preuve d'une opiniâtreté si diabolique, que Mme Gowan se disposa enfin à partir. Lorsque Blandois lui offrit le bras pour descendre l'escalier, elle retint la main de la petite Dorrit dans la sienne, la serra pour l'avertir de prendre garde à elle, et répondit :

« Non, merci; si vous vouliez seulement voir si mon batelier est là, vous m'obligeriez. »

Blandois ne put faire autrement que de descendre le premier. Tandis qu'il s'éloignait le chapeau à la main, Mme Gowan dit tout bas à la petite Dorrit :

« C'est lui qui a tué le chien.

— M. Gowan le sait-il? demanda la jeune fille à voix basse.

— Personne ne le sait. Ne regardez pas de mon côté; suivez cet homme des yeux. Il va revenir dans un instant. Personne ne le sait, mais je suis sûre que c'est lui. Vous aussi, vous en êtes sûre?

— Je.... je le crains.

— Henri a de l'amitié pour lui et ne veut pas en croire de mal. Il est de lui-même si franc et si généreux! Mais je sens que vous et moi nous jugeons ce Blandois comme il le mérite. Il prétend que le chien était déjà empoisonné lorsqu'il est devenu si féroce et qu'il a voulu lui sauter à la gorge. Henri le croit; mais je vois que vous ne le croyez pas plus que moi. Je m'aperçois qu'il nous écoute; heureusement qu'il ne peut pas nous entendre. Adieu, ma chère! adieu! »

Ces dernières paroles furent prononcées tout haut, tandis que le vigilant Blandois s'arrêtait, tournait la tête et les regardait du bas de l'escalier. Certes, malgré le salut poli qu'il leur adressa, il avait l'air assez sinistre pour inspirer à tout véritable philanthrope le désir de lui attacher une pierre au cou avant de le jeter dans l'eau qui coulait devant la voûte sous laquelle il attendait en souriant. Mais comme il ne se trouvait là aucun bienfaiteur de l'humanité, Blandois aida Mme Gowan à monter dans sa gondole, et se tint sur les marches jusqu'à ce qu'elle eût disparu dans l'étroit canal, puis il monta dans sa propre barque et s'éloigna à son tour.

La petite Dorrit avait plus d'une fois pensé que Blandois avait pris pied trop aisément dans la maison de son père; cette pensée lui revint, comme elle remontait le grand escalier. Mais il y avait tant de personnes qui en faisaient autant, depuis que M. Dorrit, aussi bien que sa fille aînée, avait la manie d'aller dans le monde, qu'il n'y avait là rien de bien extraordinaire. C'était une véritable fureur qui s'était emparée de la famille Dorrit : ils avaient la manie de faire de nouvelles connaissances pour donner au loin une haute idée de leurs richesses et de leur importance.

En somme, il sembla à la petite Dorrit que cette société dans laquelle ils vivaient ressemblait, sur une plus grande échelle, à la prison de la Maréchaussée. D'abord, il y avait une foule de visiteurs qui semblaient n'avoir, pour aller à l'étranger, d'autres raisons que les détenus pour entrer dans la prison, c'est-à-dire qu'ils y étaient conduits par leurs dettes, leur paresse, leur parenté, leur curiosité et l'impossibilité générale où ils se trouvaient de faire leur chemin chez eux. Ils arrivaient dans les villes étrangères sous la garde de courriers et de serviteurs indigènes, à peu près comme les détenus arrivaient dans la prison sous celle des sergents. Ils flânaient dans les églises et les musées presque aussi tristement que les détenus se promenaient dans la vieille et sombre cour de la geôle. Ils étaient toujours sur le point de partir le lendemain ou la semaine d'après, sachant rarement ce qu'ils voulaient, ne faisant presque jamais ce qu'ils annonçaient devoir faire; allant partout, excepté où ils avaient proclamé l'intention de se rendre, autre ressemblance frappante avec les prisonniers pour dettes. Ils payaient fort cher des logements incommodes, et dépréciaient une ville tout en faisant semblant de l'admirer, tout à fait comme les détenus de la prison de la Maréchaussée. En partant, ils excitaient l'envie des gens qui restaient tout en ayant l'air de ne pas tenir à s'en aller, selon l'habitude invariable des détenus. Ils avaient toujours à la bouche certains mots et certaines phrases de convention qui leur appartenaient en propre, comme l'argot du club et du collége appartenait à la geôle. Ils avaient pour toute occupation suivie, la même incapacité qui distinguait les détenus; ils se corrompaient les uns les autres, toujours à la façon des prisonniers insolvables; ils portaient des toilettes négligées et menaient une existence oisive, suivant encore en cela l'exemple des gens de la Maréchaussée.

Le séjour de la famille Dorrit à Venise touchait à sa fin et ils se rendirent à Rome, avec leur suite. A travers une répétition des scènes qu'ils avaient déjà vues depuis leur arrivée en Italie, mais qui devenaient de plus en plus sales et misérables à mesure qu'ils avançaient, et après avoir passé par un endroit dont l'atmosphère était empestée, ils arrivèrent enfin au but de leur voyage. On avait retenu pour eux un très-bel hôtel sur le Corso, où ils établirent leur quartier général au milieu de cette ville où tout semble s'efforcer de résister au progrès et de se maintenir debout sur les ruines du passé.... tout, excepté l'eau qui, obéissant aux lois éternelles, coule sans cesse du haut d'une multitude de magnifiques fontaines.

A Rome, il sembla à la petite Dorrit que la société cessait d'imiter les détenus et que le système des *prunes* et des *prismes* reprenait le dessus. Tout le monde se promenait autour de Saint-Pierre et du Vatican sur les béquilles de quelque autorité acceptée, et commençait par passer tout au sas dans le tamis convenu. Parsonne ne disait son opinion sur quoi que ce soit, mais tout le monde répétait ce qu'avaient dit les Mmes Général, le célèbre M. Eustace ou tout autre touriste distingué. La masse des voyageurs avait l'air d'une collection de victimes volontaires qui venaient se livrer pieds et poings liés à M. Eustace et à ses disciples, pour faire arranger les entrailles de leur intelligence à la mode de cette sainte confrérie. Des régiments d'étrangers aveugles et muets cherchaient leur chemin à tâtons à travers les ruines délabrées des temples, des tombeaux, des palais, des théâtres et des amphithéâtres de Rome, répétant sans cesse *prunes* et *prismes*, afin de donner à leurs lèvres la forme consacrée. Mme Général était comme le poisson dans l'eau. Personne n'avait d'opinion. Chacun se donnait une peine infinie pour se faire une surface bien polie; on n'aurait guère trouvé dans tout ce monde-là un individu assez courageux pour dire sa propre façon de penser.

Dès leur arrivée à Rome, Amy eut l'occasion d'étudier une nouvelle modification des *prunes* et des *prismes*. Ils furent aussitôt honorés d'une visite de Mme Merdle, qui, cet hiver-là, cultivait en grand, dans la cité éternelle, les préceptes professés par Mme Général. L'habileté que Fanny et la mère d'Edmond Sparkler déployèrent dans l'assaut qu'elles firent ensemble dès cette première rencontre, éblouit la petite Dorrit comme le cliquetis des fleurets.

« Vous me voyez ravie, dit Mme Merdle, de renouer une connaissance commencée sous de si mauvais auspices à Martigny.

— A Martigny, naturellement, répéta Fanny : j'en suis charmée, pour ma part.

— J'ai appris de mon fils Edmond Sparkler, qu'il a déjà mis à profit l'heureux hasard de cette rencontre. Il est revenu enchanté de Venise.

— Vraiment? répliqua Fanny d'un air nonchalant. Y est-il resté longtemps?

— M. Dorrit serait aussi à même que moi de répondre à cette question, riposta la Poitrine en se tournant vers ce gentleman, car Edmond lui doit une grande partie du plaisir qu'il y a trouvé dans son séjour.

— Oh! cela ne vaut pas la peine d'en parler, dit Fanny. Je crois que papa a eu le plaisir d'inviter M. Sparkler à dîner deux ou trois fois, c'est bien peu de chose. Comme nous voyions un monde fou et que nous tenions table ouverte, il n'y a aucun mérite à avoir engagé monsieur votre fils.

— Excepté, ma chère, interrompit M. Dorrit, excepté que.... hem!... j'ai eu beaucoup de plaisir à.... hem!... témoigner, selon mes faibles moyens, la.... ha! hem!... grande estime que m'inspire.... hem! ainsi qu'à tout le monde.... un caractère aussi distingué et aussi princier que celui de M. Merdle. »

La Poitrine reçut ce compliment d'une façon très-gracieuse.

« Il faut vous dire, madame Merdle, remarqua Fanny, comme

pour remettre l'infortuné M. Sparkler au dernier plan, que papa professe une vive admiration pour M. Merdle.

— C'est à regret, madame, reprit M. Dorrit, que j'ai su par M. Sparkler que.... hem!... nous ne verrons probablement pas M. Merdle cet hiver?

— Il est vraiment si occupé, répliqua Mme Merdle, et on a tant besoin de lui là-bas, que je crains qu'il ne puisse me rejoindre ici. Il y a un siècle qu'il n'a pas quitté Londres. Vous, mademoiselle Dorrit, vous voyagez depuis longtemps?

— Oui vraiment.... depuis un nombre incroyable d'années, répondit Fanny en grasseyant et avec un aplomb imperturbable.

— C'est ce que je pensais.

— Je n'en doute pas.

— J'espère néanmoins, reprit M. Dorrit, que si je n'ai pas le.... hem! l'immense avantage de faire connaissance avec M. Merdle de ce côté-ci des Alpes ou de la Méditerranée, j'aurai cet honneur à mon retour en Angleterre. C'est un honneur que je désire vivement et que je saurai apprécier.

— M. Merdle, j'en suis convaincue, répliqua la femme de ce grand homme, en admirant Fanny à travers son lorgnon, ne l'appréciera pas moins de son côté. »

La petite Dorrit, toujours réservée et solitaire, bien qu'elle ne se tînt plus renfermée dans sa chambre, crut d'abord que tout cela n'était que *prunes* et *prismes*. Mais comme son père, après avoir assisté à une brillante réception chez Mme Merdle, répéta le lendemain, à table et dans l'intimité, qu'il désirait connaître M. Merdle afin de profiter des conseils de ce grand homme pour le placement de sa fortune, elle commença à penser que cela pouvait signifier quelque chose tout de bon, et elle devint elle-même assez curieuse de voir le prodige financier du jour.

CHAPITRE VIII

Mme Gowan la mère se rappelle, un peu tard, qu'il faut des époux assortis.

Tandis que les eaux de Venise et les ruines de Rome se grillaient au soleil pour le plus grand plaisir de la famille Dorrit, et fournissaient tous les jours à des milliers de crayons voyageurs des sujets d'esquisses qui ne ressemblaient à rien, la maison Doyce et Clennam faisait retentir de ses coups de marteau la cour du Cœur-Saignant, où la voix mâle du fer contre le fer résonnait sans cesse pendant les heures du travail.

Le plus jeune des deux associés avait achevé de mettre en ordre les livres et les comptes, et le plus âgé, n'ayant plus qu'à s'occuper de ses ingénieuses inventions, avait beaucoup fait pour augmenter la réputation de la fabrique. En sa qualité d'homme de talent, il eut nécessairement à lutter contre les obstacles sans nombre que le gouvernement oppose toujours à cette classe de malfaiteurs. Du reste, il n'est que fort raisonnable de la part des autorités d'en agir ainsi, puisque l'art de simplifier les choses est l'ennemi né, l'ennemi mortel de l'art de tout entraver. Telle est la base du système que le ministère des Circonlocutions défend *unguibus et rostro*, et qui consiste à prévenir tout sujet de Sa Majesté Britannique, que, s'il vient à montrer du talent, ce ne peut être qu'à ses risques et périls : à l'impatienter, à lui barrer le chemin, à donner aux voleurs la tentation et le temps de le dépouiller, en rendant toute persévérance de sa part incertaine, difficile et coûteuse, et à confisquer, au bout d'un terme de jouissance très-limité, la propriété de ceux qu'il traite le mieux, comme si un brevet d'invention équivalait à un crime capital pour la prescription. Ce système a toujours été celui des Mollusques, et vraiment c'est encore une chose bien raisonnable. Car enfin, quiconque se rend coupable d'une invention utile est nécessairement un homme actif et sérieux ; or les Mollusques craignent et détestent ces gens-là comme la peste. Et c'est encore une chose bien raisonnable vraiment, car, dans un pays affligé d'un grand nombre d'hommes actifs et sérieux, on risque de voir disparaître en moins de rien jusqu'au dernier des Mollusques des postes où ils sont incrustés.

Daniel Doyce, faisant face à la situation et aux pénalités encourues, continua à travailler par amour du travail. Clennam, qui l'encourageait par sa cordiale coopération, devint un soutien moral pour son ami, en même temps qu'il lui rendait de bons services comme associé. La maison était en pleine prospérité..... Les deux associés avaient l'un pour l'autre la plus grande estime.

Mais Daniel ne pouvait oublier le projet qu'il entretenait depuis tant d'années. On ne devait guère s'attendre à le lui voir oublier ; un homme capable de renoncer ainsi à son invention ne l'aurait jamais conçue et n'aurait eu ni assez de patience ni assez de persévérance pour la perfectionner. C'est ce que devinait Clennam lorsque le soir il voyait Daniel Doyce, après avoir examiné ses modèles et ses plans, se consoler avant de les remettre de côté, en marmottant tout bas que la chose était tout aussi vraie qu'elle l'avait jamais été.

Clennam aurait cru manquer à une stipulation tacite du contrat d'association, s'il n'avait témoigné aucune sympathie pour tant d'efforts si mal récompensés. Ce sentiment réveilla en lui l'intérêt passager que le sujet avait fait naître dans son âme, à la porte du ministère des Circonlocutions. Il pria Doyce de lui expliquer son invention.

« Vous userez d'indulgence, si je ne vous comprends pas tout d'abord, ajouta-t-il, attendu que je ne suis pas du métier, Doyce.

— Pas du métier? Vous auriez fait un excellent industriel, au contraire, si vous vous étiez adonné au métier. Je ne connais pas de meilleure tête que la vôtre pour comprendre ces choses-là.

— C'est pourtant une tête, je suis fâché de le dire, qui ne connaît pas les premiers éléments des arts mécaniques.

— Je ne dis pas ça, et je doute que vous ayez le droit de le dire vous-même. *Un homme sensé, dont l'esprit a été généralement* cultivé ou qui s'est donné la peine de le cultiver lui-même, ne peut dire qu'il manque des premiers éléments de quelque art que ce soit. Je n'aime pas les mystères. Peu m'importe que l'homme appelé à juger mon œuvre sur une explication franche et claire appartienne à une classe ou à une autre, pourvu qu'il soit dans les conditions dont je parlais tout à l'heure.

— Dans tous les cas.... on dirait que nous sommes en train d'échanger des compliments, mais nous savons tous deux qu'il n'en est rien..., je suis bien sûr d'entendre une explication aussi nette qu'il est possible de la donner.

— Allons! répondit Doyce, je tâcherai! »

Doyce avait le talent, assez commun chez les hommes de sa trempe, d'expliquer les choses qu'il concevait, et de démontrer ce qu'il voulait, avec la force et la clarté qui le frappaient lui-même. Ses démonstrations étaient si bien entendues, si nettes, si simples, qu'il était difficile de ne pas les comprendre. Il y avait une contradiction grotesque entre le vague préjugé, accepté par l'opinion, qu'un inventeur ne saurait être qu'un visionnaire, et la précision, la sagacité avec lesquelles l'œil et le pouce de Doyce parcouraient les devis, s'arrêtant avec patience à certains points, revenant à d'autres d'où il fallait faire découler quelque explication supplémentaire, sa marche soigneuse et prudente, pour tout éclaircir, tout prouver à chaque phase importante de sa démonstration, avant de faire un pas de plus. La modestie avec laquelle il s'effaçait n'était guère moins remarquable. Il ne disait jamais : « J'ai découvert *ce nouveau procédé*, j'ai inventé *cette combinaison*; » mais il expliquait son invention comme s'il se fût agi d'un ouvrage du divin architecte qu'il aurait observé par hasard : tant il se mettait à l'écart, mêlant à sa tranquille admiration de son œuvre une aimable nuance de respect et une calme conviction que son invention s'appuyait sur des lois irréfragables.

Clennam consacra non-seulement cette soirée-là, mais plusieurs soirées consécutives à cette investigation. Plus il la poursuivait, plus il contemplait la tête grise penchée sur ces plans et l'œil sagace qui brillait de plaisir en les expliquant (bien qu'ils fussent la cause de tous les soucis qui lui serraient le cœur depuis douze longues années), moins il pouvait, plus jeune et plus énergique, se résigner à ne pas tenter un dernier effort. Enfin il dit à son associé

« Doyce, leur dernier mot, c'est qu'il fallait laisser là l'affaire, enterrée avec Dieu sait combien d'autres, ou tout recommencer.

— Oui, c'est là ce que les nobles gentlemen du ministère ont décidé au bout de douze ans d'examen.

— Voilà des individus bien capables de juger votre invention, ma foi ! dit Clennam avec amertume.

— C'est toujours la vieille histoire, remarqua Doyce. J'aurais tort de vouloir me poser en martyr, lorsque j'ai tant de camarades.

— L'abandonner ou tout recommencer ! répéta Clennam d'un ton rêveur.

— Tel est le résumé de la décision de ces messieurs

— Eh bien ? mon ami, s'écria Clennam se levant et saisissant la main rude du mécanicien, nous recommencerons. »

Doyce parut effrayé et répliqua (très-vivement pour un homme aussi calme que lui) :

« Non, non. Il vaut mieux laisser cela de côté, beaucoup mieux. On en parlera un jour, un peu plus tôt, un peu plus tard. Moi, j'y renonce. Vous oubliez, mon cher Clennam, que j'y ai renoncé; c'est une affaire finie.

— Oui, Doyce, c'est une affaire finie pour vous; et je reconnais que vous ne devez pas vous exposer à de nouvelles rebuffades. Mais moi, je n'ai encore rien fait. Je suis plus jeune que vous; je n'ai mis qu'une seule fois les pieds dans ce précieux ministère des Circonlocutions, et j'ai le courage de l'inexpérience. Allons ! je suis décidé à livrer l'assaut. Vous continuerez à faire exactement ce que vous avez fait depuis que nous sommes associés. Je puis très-aisément, sans renoncer en rien à mes *occupations habituelles*, faire des démarches, afin qu'on vous rende justice; et, à moins que je n'aie quelque succès à vous annoncer, je ne vous reparlerai plus de mes tentatives. »

Daniel Doyce n'y consentit pas tout de suite, et répéta à plusieurs reprises qu'il valait mieux renoncer à l'affaire. Mais comme il était naturel qu'il se laissât persuader par Clennam, il finit par céder. Arthur entreprit donc la tâche longue et ingrate d'obtenir quelque chose du ministère des Circonlocutions.

Bientôt on ne vit plus que lui dans les antichambres de ce ministère, où les garçons de bureau le recevaient presque toujours comme un filou dans le greffe d'un commissaire de police; la principale différence qu'il y avait entre ce magistrat et les employés du ministère, c'est que l'un tenait à garder le filou, tandis que les autres faisaient tout ce qu'ils pouvaient pour se débarrasser de Clennam. Mais cela lui était égal; il était résolu à ne pas lâcher prise. Il y eut donc un véritable déluge d'imprimés à remplir, de lettres, de minutes, de notes, de signatures, de contre-signatures, de contre-contre-signatures, de renvois en avant et en arrière, à droite et à gauche, en diagonale et en zigzag.

Ici se présente un trait caractéristique du ministère des Circonlocutions que nous n'avons pas encore enregistré. Lorsque cette admirable institution s'attirait des désagréments et se voyait attaquée par quelqu'un de ces enragés députés (que les Mollusques de second ordre regardaient comme un possédé du démon), non pas à propos d'une bévue particulière, mais comme étant une institution tout à fait abominable et digne au plus des petites-maisons, alors le noble ou très-honorable Mollusque chargé de représenter ce ministère à la chambre, tombait sur ce membre malavisé et le pourfendait sans autre arme que la déclaration pure et simple de la quantité de besogne que ce ministère avait expédiée (d'autres diraient entravée) dans un temps donné. Alors le noble ou très-honorable Mollusque en question se présentait, tenant à la main un papier contenant quelques chiffres, auxquels il priait la chambre de vouloir bien accorder toute son attention. Alors les Mollusques de second ordre, obéissant à une consigne, s'écriaient : *Écoutez, écoutez, écoutez!* ou *lisez!* Alors le noble ou très-honorable orateur sentait, monsieur le président, d'après ce petit document, qui, selon lui, devait porter la conviction dans l'esprit même le plus borné (*rires ironiques et bravos de la part des Mollusques inférieurs*), que durant le dernier semestre ce ministère si calomnié (*marques d'approbation*) avait écrit ou reçu quinze mille lettres (*bravos*), vingt-quatre mille minutes (*nouveaux applaudissements*) et trente-deux mille cinq cent dix-sept rapports (*bravos frénétiques*). Qui plus est, un ingénieur gentleman, attaché à ce ministère, avait eu l'obligeance de faire un calcul assez curieux sur la quantité de papier et autres fournitures employés dans les divers bureaux dudit ministère. Ce calcul était annexé au petit document qu'il venait déjà de citer, et il y puisait le fait remarquable que les feuilles de papier ministre qu'on y avait consommées pour le service public pendant le semestre dernier, suffiraient pour couvrir dans toute leur longueur les deux trottoirs d'Oxford-Sreet et laisseraient même de quoi tapisser un demi-mille de Parc voisin (*bravos formidables et rires*), tandis que, d'un autre côté, on y avait usé assez de ficelle (de ficelle rouge officielle).... pour orner de gracieux festons toutes les rues, depuis le coin de Hyde-Park jusqu'à la grande poste. Alors, au milieu d'une bruyante manifestation ministérielle, le noble et très-honorable Mollusque s'asseyait, laissant sur le champ de bataille les membres épars de l'imprudent agresseur. Après cette démolition exemplaire du coupable, il ne se trouvait plus personne pour oser dire que, plus le ministère faisait de besogne, moins les affaires marchaient, et que le plus grand service qu'il pût rendre au malheureux public, ce serait de ne rien faire du tout.

Arthur ayant assez d'occupation sur les bras, grâce à cette tâche supplémentaire qui avait suffi pour faire mourir à la peine plus d'un homme utile, menait une existence assez monotone. Il ne prenait pas, depuis plusieurs mois, d'autre distraction que de faire ses visites régulières à la triste chambre de la paralytique, et ses visites presque aussi régulières à la villa Meagles.

La petite Dorrit lui manquait cruellement. Il savait bien qu'e partant elle laisserait un vide dans son existence, mais il ne se doutait pas que ce vide dût être si grand. L'expérience seule lui apprit quelle place importante cette familière petite figure occupait dans sa vie et quel vide elle laissait derrière elle. Il sentit aussi qu'il fallait abandonner tout espoir de la revoir, car il connaissait trop bien le caractère de la famille Dorrit pour ne pas être convaincu que la jeune fille et lui étaient désormais séparés par une distance infranchissable. L'intérêt qu'elle lui avait inspiré et la confiance qu'elle lui avait témoignée avaient pris dans son esprit une teinte de tristesse, grâce à la rapidité avec laquelle ils s'étaient enfuis, et s'étaient confondus dans le passé avec les autres affections tendres dont il n'avait plus que le regret.

Lorsqu'il reçut la lettre d'Amy il fut très-ému, mais il n'en sentit pas moins qu'ils étaient séparés désormais par des obstacles plus sérieux que la distance. Cette lettre lui permit de voir plus clairement aussi la place que la famille Dorrit assignait à celui qui les avait obligés autrefois. Il vit que la petite Dorrit lui conservait en secret un tendre et reconnaissant souvenir, mais que les autres le confondaient dans leur mémoire avec la geôle, et le reste de leur passé peu glorieux.

Dans ces méditations, qui remplissaient toutes ses journées, il la voyait au contraire toujours telle qu'elle était autrefois. C'était son innocente amie, sa délicate enfant, sa chère petite Dorrit. Le changement de fortune qui la lui avait enlevée ne fit que le confirmer dans l'habitude qu'il avait prise le soir où les roses avaient été emportées par le courant, de se regarder comme un homme beaucoup plus âgé qu'il ne l'était en effet. Il y avait dans l'affection qu'il portait à la petite Dorrit quelque chose de tendre mais de paternel qui eût causé à la jeune fille une angoisse dont il ne se doutait guère. Il songeait à l'avenir de sa petite amie, au mari qu'elle épouserait, avec un désintéressement qui eût brisé le cœur de la pauvre enfant en lui enlevant jusqu'à la dernière lueur d'espérance.

Tout ce qui l'entourait l'entretenait dans cette habitude de se regarder comme un homme âgé qui avait désormais dit adieu pour toujours à ces sentiments contre lesquels il avait eu à lutter à propos de Minnie Gowan, il n'y avait déjà pas si longtemps de cela, à ne compter que les mois et les saisons. Ses rapports avec M. et Mme Meagles étaient d'un gendre veuf avec les parents de sa femme. Si la sœur jumelle de Minnie, au lieu de mourir tout enfant, avait atteint la fleur de l'âge et que Clennam l'eût épousée, la nature de ses relations avec les parents n'aurait pas été différente. Tout cela contribua insensiblement à lui mettre dans l'esprit qu'il était d'âge à renoncer au sentiment pour lequel il n'était plus fait.

Il apprenait d'eux invariablement que Minnie leur répétait dans ses lettres qu'elle était heureuse et qu'elle aimait son mari; mais, invariablement aussi, il voyait l'ancien nuage assombrir les traits de M. Meagles dès qu'il parlait de sa fille. Depuis le mariage il n'avait jamais été aussi radieux qu'autrefois. Il se ressentait encore de la douleur que lui avait causée le départ de Chérie. Il n'avait rien perdu de son humeur bonne, naturelle et franche; mais comme si ses traits, à force de contempler sans cesse les portraits de ses filles, qui ne pouvaient lui renvoyer qu'une expression toujours la même, leur eussent emprunté sans le savoir cette uniformité, son visage, dans tous les jeux divers de sa physionomie, avait toujours au fond l'expression du regret.

Un samedi soir, pendant l'hiver, Clennam se trouvait à la villa Meagles, lorsque Mme Gowan la mère arriva dans l'équipage des invalides distingués de Hampton-Court, cet équipage, vous savez, qui devait feindre d'être tour à tour la propriété exclusive du locataire du jour. Elle en descendit, à l'ombre de son grand éventail vert, pour honorer d'une visite M. et Mme Meagles.

« Comment allez-vous, papa Meagles, et vous, maman Meagles? demanda-t-elle d'un ton encourageant à ses humbles alliés. Quand avez-vous reçu des nouvelles directes ou indirectes de mon pauvre garçon? »

Mon pauvre garçon voulait dire *mon fils*; et cette façon de parler servait (sans que personne eût le droit de s'en offenser le moins du monde) à entretenir la fiction que l'infortuné était tombé victime de ces intrigants de Meagles.

« Et cette jolie enfant, continua Mme Gowan, en avez-vous des nouvelles plus récentes que les miennes? »

Jolie enfant donnait aussi à entendre, d'une manière délicate, que c'était cette beauté de Chérie qui avait seule captivé son fils, et lui avait fait faire le sacrifice d'une foule d'avantages qui l'attendaient dans le monde.

« C'est vraiment une grande consolation, poursuivit la dame, sans se fatiguer à prêter beaucoup d'attention aux réponses qu'elle recevait, c'est une consolation inexprimable de savoir qu'ils sont toujours heureux. Mon pauvre garçon est d'un naturel si volage, il est tellement habitué à courir et à promener son inconstance parmi une foule de gens qui l'idolâtrent, que l'assurance du bonheur de leur ménage est vraiment pour moi la plus grande consolation du monde. Je présume qu'ils sont gueux comme des rats, papa Meagles.

— J'espère bien que non, madame, répondit M. Meagles, agacé par cette question. J'espère qu'ils sauront bien administrer leur petit revenu.

— Oh, non! cher Meagles! répliqua la dame lui donnant une tape sur le bras avec son éventail vert, qu'elle releva adroitement pour cacher un bâillement à la compagnie, comment un homme de votre expérience, un homme d'affaires comme vous.... car vous savez que sous ce rapport, vous êtes beaucoup trop fort pour nous qui ne connaissons rien à ces choses-là.... (C'était encore une manière de faire entendre que M. Meagles était un habile intrigant).... Comment pouvez-vous parler de bien administrer leur petit revenu? Mon pauvre cher garçon! administrer quelques centaines de guinées! Et la jolie petite donna, la voyez-vous administrer ça! papa Meagles, vous voulez plaisanter!

— Eh bien, madame, répondit gravement M. Meagles, je regrette d'être obligé d'avouer qu'Henry a déjà fait des dettes.

— Mon cher bonhomme.... je ne fais pas de cérémonie avec vous, parce que nous sommes presque parents.... oh! mais oui, maman Meagles, s'écria Mme Gowan, comme si c'était là une idée absurde qui la frappait pour la première fois, il y a entre nous une espèce de parenté!... Mon cher brave homme, dans ce monde on ne peut pas *tout* avoir. »

Nouvelle manière d'insinuer, avec toute la politesse possible, que jusqu'alors le succès avait couronné les efforts de cet intrigant de Meagles. Mme Gowan trouva l'idée si bonne qu'elle appuya dessus en répétant :

« Pas *tout*. Non, non, papa Meagles, dans ce monde on ne peut pas *tout* avoir.

— Et oserais-je vous demander, madame, riposta M. Meagles le teint un peu plus animé que de coutume, qui s'attend à tout avoir dans ce monde?

— Oh! personne, personne! répondit Mme Gowan. J'allais dire.... mais vous m'avez fait oublier, questionneur que vous êtes.... Qu'allais-je donc vous dire!... »

Abaissant son grand éventail vert, elle contempla M. Meagles d'un air rêveur, cherchant à recueillir ses idées : ce qui ne contribua nullement à calmer l'irritation de ce gentleman.

« Ah! j'y suis! Oui, c'est cela! reprit Mme Gowan. Il faut vous rappeler que mon pauvre garçon a toujours été habitué à entretenir certaines espérances. Peut-être ces espérances ont-elles été réalisées, peut-être ne l'ont-elles pas été....

— Autant dire tout de suite qu'elles ne l'ont pas été, » interrompit M. Meagles.

Mme Gowan lui adressa un coup d'œil irrité; mais elle repoussa cette velléité de colère avec un hochement de tête et un geste de son éventail, et continua sans changer de ton :

« Au reste, cela ne fait rien à l'affaire. Mon pauvre garçon a été habitué à ce genre de choses-là, vous ne l'ignoriez pas et vous deviez donc vous attendre aux conséquences. Moi-même, j'ai clairement prévu ces conséquences, aussi n'en suis-je nullement étonnée. Vous non plus, papa Meagles, vous ne devez pas l'être, impossible que vous le soyez. Vous avez dû prévoir tout cela. »

M. Meagles regarda sa femme, puis Clennam, se mordit les lèvres et toussa.

« Et voilà mon pauvre garçon, poursuivit Mme Gowan, à qui l'on fait part, en fait d'espérances, qu'il y a un petit chérubin en expectative, avec toutes les dépenses qui s'ensuivent, pour subvenir à cette addition de famille! Pauvre Henry! Mais ce qui est fait est fait : il est trop tard maintenant pour y remédier. Seulement, papa

Meagles, ne parlez pas des dettes qu'ils ont pu faire comme d'une découverte, parce que ce serait par trop fort.

— Trop fort, madame, dit M. Meagles, comme s'il demandait une explication.

— Là, là! s'écria Mme Gowan, remettant papa Meagles à sa place par un geste expressif de sa main. Certainement, ce serait trop fort pour la mère de mon pauvre garçon : elle n'aurait pas la force de supporter cela. Ils sont mariés et nous ne pouvons pas faire qu'ils ne le soient pas. Là, là! Je sais cela. Vous n'avez pas besoin de me le dire, papa Meagles. Je le sais parfaitement bien.... Que disais-je donc tout à l'heure? Que c'est une grande consolation qu'ils continuent à vivre heureux ensemble. Il faut espérer que cela durera. Il faut espérer que la jolie enfant fera tout ce qu'elle peut pour rendre mon pauvre garçon heureux et satisfait. Papa et maman Meagles, n'en parlons plus. Nous n'avons jamais envisagé cette question du même point de vue, et nous ne changerons pas. Là, là! C'est fini, je ne dirai plus rien. »

Il est certain que Mme Gowan, maintenant qu'elle avait dit tout ce qu'elle avait à dire pour conserver sa position mythologique au milieu des nuages, et pour avertir M. Meagles qu'il ne devait pas se figurer qu'on le laisserait jouir en paix des honneurs d'une pareille alliance, était toute disposée à ne pas abuser de sa victoire en poussant les choses trop loin. Si M. Meagles avait voulu écouter le coup d'œil suppliant de sa femme ou le geste expressif de Clennam, il aurait permis à la dame de s'éloigner dans toute la joie du triomphe. Mais Chérie était les délices et l'orgueil de son cœur; s'il avait jamais pu la défendre avec plus de dévouement ou l'aimer avec plus de tendresse qu'aux jours où elle était le soleil de sa maison, c'eût été maintenant, maintenant qu'elle n'en faisait plus le charme et la grâce, maintenant qu'elle était perdue pour eux.

« Madame Gowan, dit M. Meagles, j'ai toujours été un homme tout rond. Je voudrais essayer de me livrer à des mystifications élégantes, soit pour me tromper moi-même, soit pour tromper les autres, soit pour me tromper moi-même en trompant les autres, que très-probablement je n'y réussirais pas.

— Papa Meagles, répondit Mme Gowan avec un sourire affable, tandis que l'incarnat de sa joue paraissait plus vif que de coutume, à mesure que le reste de son visage devenait plus pâle, c'est très-probable.

— Par conséquent, ma bonne dame, continua M. Meagles, qui avait beaucoup de peine à se contenir, j'espère que je puis, sans blesser personne, prier les autres de vouloir bien m'épargner des mystifications de ce genre.

— Maman Meagles, remarqua Mme Gowan, votre brave homme est incompréhensible ce soir. »

En s'adressant à cette digne lady, Mme Gowan comptait lui faire prendre part à la discussion, afin de lui chercher noise et de remporter sur elle une victoire facile. Mais M. Meagles intervint pour déconcerter cette ruse de guerre.

« Mère, dit-il, vous n'êtes pas de force, ma chère; les armes ne sont pas égales. Je vous prie donc de me laisser répondre. Voyons, madame Gowan, voyons! tâchons d'avoir du bon sens, et d'avoir avec cela un peu de bon cœur et de loyauté. Ne plaignez pas Henry et je ne plaindrai pas Minnie. Il ne faut pas là dedans ne voir que votre fils, ma chère dame; ce ne serait ni raisonnable ni juste. Ne disons pas que nous espérons que Minnie rendra votre fils heureux, ni même que nous espérons que votre fils fera le bonheur de Minnie (M. Meagles n'avait pas lui-même l'air très-heureux en prononçant ces paroles), mais disons que nous espérons qu'ils se rendront heureux mutuellement.

— C'est évident et restons-en là, père, dit la bonne et conciliante Mme Meagles.

— Mais, non, mère, répliqua M. Meagles, pas encore : tout à l'heure. Je ne puis en rester là; j'ai encore quelques mots à dire. Madame Gowan, j'espère que vous ne me trouvez pas trop excité. Je crois que je n'en ai pas l'air.

— Bien au contraire, répondit Mme Gowan, secouant à la fois sa tête et son éventail vert, afin de donner plus d'énergie à cette dénégation.

— Merci, madame. Très-bien. Néanmoins, je me sens un peu.... je ne voudrais pas me servir d'une expression trop forte.... dirai-je un peu blessé? demanda M. Meagles d'un ton conciliateur, plein de franchise et de modération.

— Vous n'avez qu'à dire comme vous voudrez. Cela m'est parfaitement indifférent.

— Non, non, ne répondez pas ainsi, ce ne serait pas aimable. Je me sens donc un peu blessé lorsque j'entends dire que l'on a dû prévoir ce qui arrive, qu'il est trop tard maintenant, et le reste.

— *Vraiment*, papa Meagles? Eh bien, cela ne m'étonne pas du tout.

— Tant pis, madame, riposta M. Meagles. J'espérais au moins que cela vous aurait étonnée, et que vous n'auriez pas cru généreux de venir, de gaieté de cœur, me blesser dans un endroit aussi sensible.

— Je ne suis nullement responsable, vous savez, des reproches que peut vous adresser votre conscience. »

Le pauvre M. Meagles demeura immobile de surprise.

« Si par malheur vous vous reconnaissiez dans mes paroles, poursuivit Mme Gowan, à qui la faute? Si vous sentez où le bât vous blesse, ce n'est pas à *moi* qu'il faut en vouloir, papa Meagles.

— Mais, morbleu, madame! s'écria M. Meagles, cela revient à dire....

— Allons, papa Meagles, papa Meagles, interrompit Mme Gowan, qui s'exprimait avec un sang-froid et une amabilité extrêmes dès que son interlocuteur s'échauffait le moins du monde; peut-être, afin d'éviter les méprises, ferai-je mieux de parler moi-même en mon nom que de vous laisser prendre la peine de parler pour moi. Cela revient à dire, avez-vous commencé.... Avec votre permission, j'achèverai la phrase. Cela revient à dire (non que je tienne à appuyer là-dessus, ni même à vous le rappeler, car cela ne servirait à rien; mon unique désir est au contraire d'en sortir le moins mal possible).... que depuis le commencement je me suis opposée à ce mariage de votre invention, et que je n'y ai consenti qu'à contre-cœur et au dernier moment.

— Mère! s'écria M. Meagles. Entendez-vous cela? Arthur, entendez-vous ce que dit madame?

— Comme la salle est d'une dimension commode, dit Mme Gowan, en regardant autour d'elle sans cesser de s'éventer, et à tous égards on ne peut mieux disposée pour les charmes de la conversation, je me figure que tout le monde a dû m'entendre. »

Il s'écoula quelques minutes avant que M. Meagles pût se cramponner à sa chaise avec assez de fermeté pour s'empêcher de faire un bond au premier mot qu'il dirait en réponse.

« Madame, dit-il enfin, je regrette que vous m'y obligiez, mais vous me permettrez de vous rappeler la conduite et le langage que j'ai tenus depuis le commencement.

— Oh! mon cher monsieur, répliqua Mme Gowan, souriant et hochant la tête avec un air d'intelligence accusat.ice, je les ai parfaitement compris, je vous assure.

— Avant cette époque, madame, continua M. Meagles, je n'avais jamais su ce que c'était que le chagrin. Oh! non; je n'avais jamais connu l'inquiétude et la peine, et ç'a été pour moi une épreuve si douloureuse que.... »

Que M. Meagles, en un mot, ne put en dire davantage à ce sujet, et se cacha le visage dans son foulard.

« J'ai parfaitement compris toute l'affaire, reprit Mme Gowan regardant tranquillement par-dessus son éventail. Puisque vous en avez appelé à M. Clennam, vous me permettrez d'en appeler à lui à mon tour. Il sait si j'ai été prise ou non pour dupe.

— Il me répugne, répondit Clennam, vers qui tous les regards venaient de se diriger, de prendre part à cette discussion, attendu que je désire demeurer en bonne intelligence avec M. Henri Gowan. J'ai des motifs très-sérieux pour le désirer. Mme Gowan, il est vrai, dans une conversation que j'ai eue avec elle avant le mariage, a attribué à mon ami, M. Meagles, le dessein de conclure cette union; et j'ai essayé de la détromper. Je lui ait dit que je savais (et c'était vrai: je le sais mieux que jamais) que M. Meagles s'y est fermement opposé en paroles et en action jusqu'au dernier moment.

— Là! dit Mme Gowan, tournant vers M. Meagles la paume de ses deux mains étendues, comme si elle représentait la justice en personne, et conseillait au coupable d'avouer son crime, puisqu'il y avait contre lui des preuves écrasantes. Vous voyez! Très-bien! Maintenant, papa et maman Meagles (ici Mme Gowan se leva), je prendrai la liberté de mettre un terme à cette formidable controverse. Je ne dirai plus un mot de la justice de ma cause. J'ajouterai seulement que c'est là une nouvelle preuve de ce que l'expérience a déjà démontré mille fois; ces choses-là ne tournent jamais bien.... ou, comme dirait mon pauvre garçon, on en est pour ses frais.... bref, cela ne réussit jamais....

— Quel genre de choses? demanda M. Meagles.

— C'est en vain que des personnes qui ont des antécédents si dissemblables chercheraient à s'apparier ensemble; lorsqu'un étrange hasard matrimonial vient d'aventure les bousculer ensemble, plutôt que les atteler les unes avec les autres, il est impossible qu'elles voient du même point de vue l'accident qui les a rapprochées violemment. Cela ne réussit jamais.

— Permettez-moi de vous faire observer, madame.... commença M. Meagles.

—Non, non! interrompit Mme Gowan. A quoi bon? N'est-ce pas un fait avéré? Cela ne réussit jamais. Donc, s'il vous plaît, je suivrai mon chemin et vous le vôtre. Cela ne m'empêchera pas de recevoir toujours avec plaisir la jolie femme de mon pauvre garçon, et je m'efforcerai de vivre avec elle dans les termes les plus affectueux. Mais, quant à ces relations où l'on ne sait si l'on est avec des parents ou des étrangers, il n'y a rien de plus agaçant ni de plus assommant, si bien que cela finit par un état de choses trop grotesque pour pouvoir durer. Je vous assure que cela ne réussit jamais. »

Mme Gowan adressa un salut souriant au salon plutôt qu'à ceux qui s'y trouvaient, et fit ainsi ses adieux à papa et à maman Meagles. Clennam se leva pour la reconduire jusqu'à la boîte à pilules qui servait alternativement de bonbonnière à toutes les pilules de Hampton-Court. La pensionnaire de l'État monta dans ce véhicule avec une sérénité distinguée et roula.

A partir de ce jour, cette dame se plut à raconter à ses amis, d'un ton de badinage enjoué, comment, après bien des efforts, elle avait découvert qu'il n'y avait pas moyen de connaître les parents de la femme d'Henry, ces gens qui avaient tant intrigué pour attirer son pauvre garçon. Avait-elle réfléchi d'avance qu'en se débarrassant d'eux, elle donnerait meilleur air à son mensonge favori, s'épargnerait quelques visites ennuyeuses, et ne courrait aucun risque, puisque la jolie enfant était bel et bien mariée, et que son père l'aimait à la folie? Mme Gowan, la mère, pourrait seule répondre à cette question. Néanmoins l'auteur de la présente histoire a aussi son opinion à cet égard, et il est décidément pour l'affirmative.

CHAPITRE IX.

Parais! disparais!

« Arthur, mon garçon, dit M. Meagles le lendemain soir, mère et moi nous avons causé de notre entrevue d'hier, et nous ne serions pas à notre aise si nous laissions les choses dans cet état. Cette élégante parente à nous.... cette chère dame que vous avez vue hier....

— Je comprends, dit Arthur.

— Cet ornement de la société, malgré sa condescendance et son affabilité, pourrait bien nous représenter sous un faux jour. Nous sommes prêts à endurer bien des choses par amour pour Chérie, mais si ça lui était égal, nous aimerions mieux ne pas laisser sans réponse les insinuations de cette dame.

— Bon, dit Arthur. Continuez.

— Car, voyez-vous, poursuivit M. Meagles, cela pourrait nous faire du tort dans l'esprit de notre gendre, cela pourrait même nous faire du tort dans l'esprit de notre fille, et causer beaucoup de désagréments domestiques. Vous comprenez ça, n'est-ce pas?

— Certainement, répliqua Clennam. Il y a beaucoup de raison dans ce que vous dites. »

Il venait de regarder Mme Meagles, qui était toujours du côté du bon sens, et il avait lu dans son visage ouvert qu'elle le priait de donner raison à M. Meagles.

« De sorte que nous sommes fort disposés, mère et moi, ajouta M. Meagles, à faire nos malles pour nous en retourner chez les *en avant marchons*. Je veux dire que nous sommes fort disposés à nous mettre en route et à traverser la France au galop pour aller en Italie retrouver notre Chérie.

— Et je ne crois pas, répondit Arthur, touché par le bonheur qui éclairait par anticipation le visage de Mme Meagles (elle avait dû ressembler beaucoup à sa fille, autrefois), que vous ayez rien de mieux à faire. Si donc vous me demandez mon avis, je vous conseille de partir demain.

— Bien vrai, hein? dit M. Meagles. Mère, voilà ce que j'appelle une approbation en règle. »

Mère, avec un coup d'œil de reconnaissance qui fit beaucoup de plaisir à Arthur, répondit qu'en effet on ne pouvait mieux les confirmer dans leur avis.

« D'ailleurs, reprit M. Meagles, pendant que l'ancien nuage revenait assombrir sont front, d'ailleurs le fait est que mon gendre a déjà contracté de nouvelles dettes, et je suppose qu'il me faudra le tirer d'embarras encore une fois. Quand il n'y aurait que ce motif-là, nous ferons peut-être aussi bien d'aller là-bas en amis voir un peu ce qui s'y passe. Et puis, voilà mère qui s'inquiète beaucoup trop (c'est assez naturel pourtant) de la santé de Chérie, et qui désire qu'elle ne soit pas seule dans un moment comme celui-là. Toujours est-il, Arthur, que notre pauvre Chérie est bien loin et qu'elle doit se trouver bien isolée au milieu d'une ville étrangère dans les circonstances actuelles. On aura beau la soigner aussi bien que la plus grande dame du pays, elle n'en est pas moins très-loin; car, si le dicton populaire nous répète qu'*il n'y a pas de petit chez soi*, avec votre permission, j'ajouterai ceci au proverbe: c'est qu'on a beau être à Rome, on n'est pas pour cela chez soi.

— C'est parfaitement exact, répondit Clennam. Voilà plus de raisons qu'il n'en faut pour partir.

— Je suis charmé que vous pensiez comme moi; cela me décide. Mère, ma chère, tu peux commencer tes préparatifs. Nous avons perdu notre bonne petite interprète (elle parlait à ravir trois langues étrangères, Arthur, vous l'avez entendue bien des fois; c'est donc toi, mère qui seras obligée de me tirer d'embarras, comme tu pourras. A l'étranger, j'ai toujours besoin de quelqu'un pour me tirer d'embarras, dit M. Meagles hochant la tête, je m'embourbe à chaque instant. Je vais bien encore jusqu'au nom substantif, mais, passé cela, je m'embrouille.... et encore le substantif lui-même suffit quelquefois pour me tenir au gosier, pour peu qu'il soit coriace.

— Mais, j'y pense, répliqua Clennam, Cavalletto est à votre service. Il ira avec vous si vous voulez. Je ne voudrais pas le perdre, mais je sais que vous me le ramènerez.

— Je vous remercie, Arthur, répliqua M. Meagles, réfléchissant à cette proposition; mais je ne crois pas que je profite de votre offre. Non. Je me laisserai remorquer par mère. Caval-Looro (voilà déjà un nom qui à lui seul suffit pour m'embourber avant de partir, cela ressemble au refrain d'une de nos chansons à boire), Caval-Looro vous est trop utile : je ne veux pas vous en priver. D'ailleurs Dieu sait quand nous reviendrons, et on ne peut pas vous l'enlever pour un temps indéfini. La maison n'est plus ce qu'elle était. Elle ne renferme que deux petits êtres de moins qu'elle n'en renfermait autrefois.... Chérie et son infortunée bonne, Tattycoram; mais elle nous paraît bien vide maintenant. Une fois en route, nous ne savons pas quand nous reviendrons. Non, Arthur, me voilà bien décidé à me laisser remorquer par mère. »

Clennam pensa qu'en somme, ils se tireraient peut-être mieux d'affaire tout seuls, et il n'insista pas.

Si vous voulez bien venir ici de temps en temps et y rester pour vous reposer et changer d'air, lorsque cela ne vous ennuiera pas trop, reprit M. Meagles, je serai heureux.... et mère aussi sera heureuse, j'en suis sûre.... de penser que notre vieille demeure, entièrement déserte, et que les deux enfants qui nous regardent là, sur la muraille, ont quelqu'un pour leur renvoyer un coup d'œil d'amitié. Vous apparteniez tellement à la maison, Arthur, vous êtes tellement de la famille, et nous aurions tous été si heureux si cela avait pu se faire.... mais, voyons un peu.... Quel temps fait-il pour voyager? »

M. Meagles se tut, toussa, et se leva pour aller regarder par la croisée.

Tout le monde fut d'accord pour trouver que le temps promettait d'être magnifique, et Clennam eut soin de ne pas laisser la conversation empiéter sur un terrain plus dangereux jusqu'à ce qu'elle fût devenue plus calme. Alors il commença peu à peu à parler d'Henry Gowan, de sa vive intelligence, et des aimables qualités qu'on lui trouvait lorsqu'on savait le prendre; il appuya aussi sur l'affection sincère que l'artiste avait pour sa femme. Clennam ne manqua pas de produire l'effet voulu sur le digne M. Meagles, dont ces éloges ranimèrent la gaieté, et qui prit mère à témoin que son vœu le plus cher était de vivre en bonne amitié et en bonne intelligence avec son gendre. En quelques heures les meubles furent enveloppés pour les défendre contre la poussière pendant l'absence de la famille (ou, selon l'expression de M. Meagles, on fit la toilette de nuit de la maison et on lui mit les cheveux en papillotes), et, quelques jours plus tard père et mère étaient partis. Mme Tickit et le traité de médecine du docteur Buchan montaient la garde, comme autrefois, derrière le store de la salle à manger, et les pieds d'un promeneur solitaire écrasaient les feuilles mortes dans les allées du jardin désert.

Comme il aimait cet endroit, il laissa rarement passer une semaine sans y retourner. Quelquefois il y restait tout seul depuis le samedi soir jusqu'au lundi matin; d'autres fois son associé l'accompagnait; d'autres fois encore, il ne faisait que de se promener une heure ou deux dans la maison et dans le jardin, puis, après s'être assuré que tout était en ordre, il s'en retournait à Londres. Il trouvait toujours Mme Tickit assise à la fenêtre de la salle à manger, attendant le retour de la famille, coiffée de son tour de cheveux noirs et armée de son traité de médecine.

Dans une de ces visites, Mme Tickit le reçut avec ces paroles :

« Monsieur Clennam, j'ai à vous dire quelque chose qui vous surprendra. »

Le quelque chose en question était une nouvelle si étonnante que Mme Tickit avait quitté sa croisée favorite pour se montrer dans une allée du jardin lorsque Clennam y pénétra par la grille qu'on venait de lui ouvrir.

« De quoi s'agit-il, madame Tickit? demanda-t-il.

— Monsieur, répondit la fidèle dame de charge après l'avoir conduit dans la salle à manger, dont elle referma la porte; ou je n'ai jamais vu de ma vie cette enfant égarée et aveuglée, ou c'est elle que j'ai vue hier soir en chair et en os à l'heure du crépuscule.

— Vous ne voulez pas dire Tatty....

—.... coram? mais si! interrompit Mme Tickit, achevant du coup sa confidence.

— Où cela?

— Monsieur Clennam, répliqua Mme Tickit, j'avais les yeux un peu appesantis, sans doute pour avoir attendu un peu plus longtemps que d'habitude mon thé que Marie-Jeanne était en train de préparer. Je ne dormais pas. On ne peut même pas dire que je sommeillais. Ce serait plutôt ce qu'on appelle veiller les yeux fermés. »

Sans demander une explication plus détaillée de cette situation anomale si curieuse, Clennam se contenta de dire :

« Je comprends. Et après?

— Après, monsieur! continua Mme Tickit, je pensais à une chose ou à une autre. Absolument comme vous pourriez le faire vous-même : comme le premier venu pourrait le faire.

— Précisément. Ensuite?

— Et je n'ai pas besoin de vous dire, monsieur Clennam, que, quand je me mets à songer à une chose ou à une autre, poursuivit Mme Tickit, je pense à la famille. Car, Dieu merci! continua-t-elle, en prenant un air d'argumentation philosophique, nos pensées ont beau s'égarer, elles roulent plus ou moins sur ce qui nous trotte dans la tête, bon gré mal gré, monsieur, et personne ne peut les en empêcher. »

Arthur reconnut par un signe de tête la vérité de cette découverte.

« Vous savez cela par vous-même, monsieur, j'ose le dire, reprit Mme Tickit; nous le savons tous par nous-mêmes. Ce n'est pas notre position dans le monde qui peut rien changer à cela, monsieur Clennam : les pensées sont libres!... J'étais donc en train de penser à une chose ou à une autre, et surtout à la famille; non pas à la famille d'aujourd'hui seulement, mais à celle d'autrefois. Car à mon avis, dès qu'on se met à penser à une chose ou à une autre, il semble que le jour commence à baisser dans l'intelligence, et, comme on n'y voit plus clair, tous les temps semblent présents, et il faut du temps quand on sort de cet état-là pour réfléchir et savoir où on en est. »

Arthur fit encore un signe de tête; il se serait bien gardé de prononcer une parole, de peur de fournir à Mme Tickit une nouvelle occasion de faire montre de ses facultés conversatives.

« Par conséquent, ajouta Mme Tickit, lorsque j'ouvris les paupières et que je la vis regardant en chair et en os à travers la grille, je les refermai sans seulement tressaillir; car elle se trouvait là juste au moment où, dans ma pensée, elle appartenait à la maison comme vous et moi, de sorte que je n'avais pas songé alors qu'elle s'était sauvée. Mais, monsieur, lorsque je rouvris les paupières une seconde fois, et que je vis qu'elle n'était pas là, j'eus de suite la chair de poule, et je me levai d'un bond.

— Et vous avez couru dehors?

— Aussi vite que mes pieds ont pu me porter; mais, vous me croirez si vous voulez, monsieur Clennam, on n'apercevait pas même, dans toute la vaste étendue du ciel, le petit doigt de cette jeunesse. »

Arthur, passant naturellement sur l'absence de cette constellation d'un nouveau genre, demanda à Mme Tickit si elle avait elle-même franchi la grille?

« Je suis sortie, je suis revenue, je suis allée de tous les côtés, répondit la dame, et pas la moindre trace de Tattycoram. »

Il demanda ensuite à Mme Tickit combien elle supposait qu'il s'était écoulé de temps entre les deux élévations de paupières dont elle avait parlé. Mme Tickit, bien qu'elle fît à cette question une réponse minutieuse et circonstanciée, hésitait entre cinq secondes et dix minutes. Il paraissait si évident qu'elle ne savait pas à quoi s'en tenir à cet égard, et qu'elle avait été réveillée en sursaut, que Clennam était disposé à regarder toute cette vision comme un rêve. Sans blesser la susceptibilité de Mme Tickit en lui confiant cette solution incivile du grand mystère qui la troublait, il se contenta de garder son incrédulité pour lui, et c'est probablement ce qu'il aurait fait jusqu'à la fin de ses jours sans une circonstance qui vint le faire changer d'avis.

Il descendait le Strand à la nuit tombante, précédé par l'allumeur de réverbères, à l'approche duquel les lanternes ternies par le brouillard s'illuminaient l'une après l'autre comme autant de tournesols qui se seraient épanouis tout d'un coup, lorsqu'une file de voitures chargées de charbon et venant d'un des entrepôts du quai obligea les piétons à s'arrêter un instant sur le trottoir. Clennam, qui avait marché assez vite, s'abandonnait au courant de quelque rêverie, et la brusque interruption apportée à cette double opération de son esprit et de ses pieds, fit qu'il regarda autour de lui d'un air ébahi, ainsi qu'il arrive à la plupart des gens en pareille circonstance.

Il aperçut alors devant lui (il se trouvait séparé d'eux par quelques passants, mais pas assez néanmoins pour qu'il ne pût pas, s'il avait voulu, les toucher en allongeant le bras).... Tattycoram avec un inconnu d'un aspect assez remarquable. C'était un homme à l'air fanfaron, au grand nez recourbé, dont la moustache noire était aussi fausse de ton que ses yeux étaient faux d'expression; à sa manière de draper son lourd manteau, il était facile de reconnaître un étranger. Sa toilette annonçait un voyageur, et il paraissait n'avoir rejoint la jeune fille que depuis quelques instants. Tandis qu'il se penchait (car il était beaucoup plus grand que Tattycoram) pour écouter ce qu'elle lui disait, il regardait derrière lui de l'air soupçonneux d'un homme qui est accoutumé à craindre d'avoir quelqu'un à ses trousses. Ce fut ainsi que Clennam aperçut son visage, au moment où les yeux de l'inconnu parcouraient la foule des piétons sans s'arrêter plutôt sur lui que sur tout autre passant

Il avait à peine retourné la tête, toujours penché pour mieux entendre la jeune fille, lorsque l'embarras cessa, et la foule un moment arrêtée put continuer son chemin. Se baissant toujours pour écouter Tattycoram, l'inconnu s'avançait à côté d'elle; Clennam les suivit, décidé à obtenir la clef de cette énigme inattendue : il voulait voir où ils allaient.

Au moment où il venait de prendre cette résolution, et elle ne fut pas longue à prendre, il fut de nouveau obligé de s'arrêter tout court. Ceux qu'il suivait s'engagèrent tout à coup dans le passage de l'Adelphi, Tattycoram servant évidemment de guide à l'étranger, et s'avancèrent tout droit comme pour gagner la terrasse qui domine la Tamise.

En cet endroit, même de notre temps, il y a toujours une brusque interruption de l'activité bourdonnante du Strand. Les mille bruits de cette grande rue s'amortissent tout à coup, comme si l'on venait de se mettre du coton dans les oreilles ou de s'envelopper la tête hermétiquement. A cette époque le contraste était plus frappant encore qu'il ne l'est aujourd'hui, car il n'y avait pas alors une foule de petits vapeurs sur la rivière, ni d'autres débarcadères que des escaliers de bois très-glissants, pas de chemin de fer sur l'autre bord, pas de pont suspendu ni de marché au poisson dans le voisinage, pas de trafic sur le pont de pierre le plus rapproché, rien qui remuât sur la rivière, que les canots de passeurs et les bateaux de charbon de terre. De longues rangées de ces derniers navires, amarrés dans la boue aussi solidement que s'ils ne devaient jamais se remettre à flot, donnaient à la rive un aspect lugubre dès qu'il faisait un peu sombre, et refoulaient vers le milieu du fleuve le peu de mouvement qu'on y voyait. A toute heure après le coucher du soleil, et surtout vers le moment où ceux qui ont quelque chose à manger rentrent chez eux, tandis que la plupart des malheureux qui n'ont rien vont se glisser dans les rues pour mendier ou pour voler, c'était un lieu désert qui dominait une scène plus déserte encore.

C'est justement à cette heure que Clennam s'arrêta au coin, suivant des yeux la jeune fille et l'étranger qui descendaient la rue. Ce dernier faisait tant de bruit en marchant sur le pavé sonore que Clennam craignit d'abord d'attirer son attention en y réveillant de nouveaux échos. Mais, lorsque le couple mystérieux eut disparu en tournant le coin obscur qui conduisait à la terrasse, il les suivit en affectant aussi bien qu'il le put l'air d'un promeneur oisif.

Lorsqu'il tourna le coin sombre, Tattycoram et l'étranger s'avançaient le long de la terrasse vers une personne qui se dirigeait de leur côté. Si Clennam eût vu cette personne seule dans les mêmes conditions de lumière, de brouillard et d'éloignement, peut-être ne l'aurait-il pas reconnue au premier abord, mais il était mis sur la voie par la présence de Tattycoram, et reconnut tout de suite Mlle Wade.

Il s'arrêta au coin, regardant du côté de la rue comme s'il eût donné rendez-vous à quelqu'un qui devait arriver par là, mais sans perdre de vue les trois promeneurs. Lorsque ceux-ci se furent rejoints, l'inconnu ôta son chapeau et salua Mlle Wade. Tattycoram parut le présenter à sa maîtresse, en l'excusant d'être venu trop tôt ou trop tard, ou de je ne sais quoi; puis elle s'éloigna de quelques pas pour les laisser seuls. Mlle Wade et l'étranger se mirent alors à se promener sur la terrasse; celui-ci avait l'air extrêmement poli et galant; Mlle Wade, au contraire, semblait extrêmement hautaine et réservée.

Lorsqu'ils arrivèrent près du coin et rebroussèrent chemin, elle lui disait :

« Si je me prive pour cela, monsieur, c'est mon affaire. Ne vous occupez que de ce qui vous regarde, et ne me faites pas de questions.

— Par le ciel, madame! s'écria l'inconnu avec un nouveau salut, si j'ai été indiscret, ne vous en prenez qu'à mon profond respect pour la force de votre caractère et à mon admiration pour votre beauté.

— Je ne demande ni l'un ni l'autre à qui que ce soit, répondit Mlle Wade, mais à un homme de votre espèce moins qu'à personne. Continuez votre rapport.

— Me pardonnez-vous? demanda l'autre d'un ton de galanterie humiliée.

— Je vous paye, répliqua-t-elle; c'est tout ce qu'il vous faut. »

Arthur ne put deviner si Tattycoram se tenait à distance parce qu'elle ne devait pas entendre cette conversation, ou parce qu'elle savait d'avance de quoi il s'agissait. Quand ils se retournaient au bout de leur promenade, elle se retournait et faisait comme eux. Elle marchait les mains croisées devant elle en regardant la rivière; c'était tout ce qu'Arthur pouvait voir d'elle sans se montrer lui-même. Par un heureux hasard, il y avait là un flâneur qui attendait réellement quelqu'un, et qui tantôt se penchait par-dessus la balustrade pour voir la rivière, tantôt se rapprochait du coin obscur pour regarder dans la direction de la rue, de manière que la présence de Clennam appelait moins d'attention.

Lorsque Mlle Wade et son compagnon revinrent, celle-ci disait :

« Il faut que vous attendiez jusqu'à demain.

— Mille pardons! répondit-il. Mais c'est vraiment bien désagréable! Cela ne peut donc pas s'arranger ce soir?

— Non. Je vous répète que je dois l'aller chercher moi-même avant de vous le donner. »

Elle s'arrêta au milieu du chemin comme pour mettre fin à la conférence. L'inconnu s'arrêta aussi naturellement. Tattycoram se rapprocha d'eux.

« Cela me gêne un peu, dit l'étranger: un peu; mais, sacrebleu! ce n'est rien en comparaison du service rendu. Je me trouve justement sans argent ce soir. J'ai bien un excellent banquier dans cette ville, mais je préfère ne pas m'adresser à cette maison-là avant de pouvoir tirer sur elle pour une somme assez ronde.

— Henriette, dit Mlle Wade, entendez-vous avec lui.... avec le gentleman que voilà.... pour lui envoyer quelque argent demain. »

Elle prononça ces paroles en escamotant le mot *gentleman* d'une façon qui le rendait plus méprisant que l'accentuation la plus marquée, puis elle continua tranquillement à s'avancer.

L'inconnu se pencha de nouveau et Tattycoram lui parla encore pendant qu'ils suivaient tous les deux Mlle Wade. Clennam regarda alors l'ancienne bonne de Chérie pendant qu'il s'éloignait. Il remarqua que ses yeux noirs et brillants se fixaient sur l'étranger avec un air scrutateur, et qu'elle évitait de le toucher en marchant à côté de lui jusqu'au bout de la terrasse.

Un pas bruyant et solitaire qui résonna sur le pavé prévint Arthur, qui n'avait pas pu distinguer ce qui se passait dans l'obscurité, que l'inconnu revenait seul. Il gagna le milieu de la chaussée, comme s'il se dirigeait vers la balustrade, et l'étranger s'éloigna d'un pas rapide, le bout de son manteau rejeté sur l'épaule, et chantant le refrain d'une chanson française.

Clennam se trouvait tout seul maintenant sur la terrasse. Le flâneur avait disparu aussi bien que Mlle Wade et Tattycoram. Plus désireux que jamais de voir ce qu'elles devenaient pour pouvoir en donner quelques nouvelles à son ami M. Meagles, il sortit par l'extrémité opposée, ayant soin de regarder autour de lui avant d'avancer. Il avait deviné qu'elles commenceraient peut-être par prendre une direction opposée à celle qu'avait suivie leur ci-devant compagnon. Il ne tarda pas, en effet, à les apercevoir près du passage, dans une rue de traverse qui n'aboutissait nulle part et qu'elles n'avaient prise évidemment que pour laisser à l'inconnu le temps de s'éloigner. Elles descendaient tranquillement, bras dessus bras dessous, d'un côté de l'impasse, puis traversaient et remontaient de l'autre côté. Mais, lorsqu'elles eurent regagné le coin de la rue, elles reprirent l'allure régulière des gens qui ont un but en vue et une certaine distance à parcourir. Elles se mirent à marcher assez rapidement, et Clennam hâta le pas afin de ne pas les perdre des yeux.

Traversant le Strand et Covent-Garden (sous les croisées de son ancien logement, où la petite Dorrit était venue lui rendre visite un soir), elles se dirigèrent en diagonale vers le nord-ouest, passant devant le vaste hôpital auquel Tattycoram avait emprunté une partie de son nom et gagnèrent Gray's Inn Road. Clennam était dans ce quartier-là comme chez lui, grâce à Flora, qu'il y connaissait, sans parler du Patriarche ni de Pancks, et il n'eut pas de peine à les suivre de l'œil. Il commençait à s'étonner et à se demander où elles allaient se rendre après, mais sa surprise augmenta lorsqu'il les vit entrer dans la rue du Patriarche. Cette surprise ne fit que croître et embellir en les voyant s'arrêter devant la porte patriarcale. Un double coup de marteau, assez discret, une clarté sur la chaussée à travers la porte ouverte, un court intervalle pour adresser une question à la bonne et recevoir la réponse, puis les deux visiteurs entrèrent et la porte se referma.

Après avoir regardé autour de lui afin de s'assurer qu'il ne rêvait pas, et s'être promené quelques minutes devant la maison, Arthur frappa à son tour. La porte lui fut ouverte par la même bonne qui mit le même empressement qu'autrefois à le conduire au salon de Flora.

Flora n'avait personne avec elle que la tante de M. Finching. Cette respectable dame, se prélassant dans une atmosphère embaumée de thé et de rôties au beurre, était installée au coin du feu dans un confortable fauteuil, avec une petite table à côté d'elle et un mouchoir blanc étendu sur ses genoux, où deux tartines de pain grillé, au beurre, attendaient le moment de la consommation. Penchée sur une tasse de thé vaporeuse, contemplant Clennam à travers le double nuage de son thé et de son haleine, elle avait l'air d'une de ces méchantes sorcières de la Chine, occupées à célébrer quelques rites sacriléges; alors elle posa sa grande tasse sur la table et s'écria:

« Le diable soit de lui! Le voilà revenu! »

Cette exclamation donnerait à croire que l'implacable parente de feu M. Finching, mesurant le temps, non pas d'après la marche de l'horloge, mais d'après la vivacité de ses sensations, se figurait que Clennam ne faisait que de sortir, tandis qu'il y avait au moins trois mois qu'il n'avait eu la témérité de se présenter devant elle.

« Bonté divine, Arthur! s'écria Flora, se levant pour lui faire un accueil cordial; Doyce et Clennam, quel miracle et quelle surprise! car, bien que nous ne soyons pas si loin de la fonderie, il paraît que vous ne pouvez jamais passer par ici, même à l'heure du goûter, où un verre de xérès et un modeste sandwich ne viendraient pas mal à propos et ne seraient pas plus mauvais parce qu'on les prend chez des amis; car vous savez bien que vous êtes obligé de les acheter quelque part, et il faut toujours que le marchand qui vous les vend y trouve son profit, autrement il est clair qu'il fermerait boutique s'il n'y avait aucun intérêt.... Pourtant on ne vous voit jamais et j'ai appris à ne plus y compter, car, ainsi que le disait M. Finching, si voir c'est croire, ne pas voir c'est également croire, car, lorsque vous ne voyez jamais les gens, vous pouvez bien croire qu'ils vous ont oublié.... non que j'aie pu espérer, Arthur.... Doyce et Clennam.... que vous vous souviendriez de moi.... pourquoi l'aurais-je espéré puisque ces jours-là sont passés.... mais apportez une autre tasse tout de suite et demandez d'autres rôties.... Arthur, asseyez-vous donc plus près du feu. »

Arthur avait hâte d'expliquer le but de sa visite : mais il en fut empêché pour le moment, malgré lui, par le reproche sentimental renfermé dans les discours de Flora et par le plaisir sincère qu'elle témoignait de le revoir.

« Et maintenant dites-moi quelque chose.... tout ce que vous savez, continua Flora rapprochant sa chaise de celle de Clennam, à propos de la bonne chère petite Dorrit et de tous ses changements de fortune.... ce sont des gens à équipage maintenant, sans aucun doute.... avec des chevaux sans nombre.... Quelle histoire romanesque.... ils ont des armoiries naturellement, avec des bêtes assises sur leur séant et allongeant les pattes de devant pour montrer ces armes comme un écolier montre une page d'écriture qu'il vient de finir.... et des gueules larges comme ça.... bonté divine.... et jouit-elle d'une bonne santé? Car c'est là la première chose au monde, puisque, après tout, les richesses ne sont rien sans la santé.... M. Finching lui-même disait, lorsque la goutte le tourmentait, qu'il aimerait mieux ne gagner que six pence par jour sans la nourriture, pourvu qu'il se portât bien, non qu'il eût pu vivre avec cela, tant s'en faut, ou que cette chère petite.... je me sers là d'une expression trop familière.... fût le moins du monde sujette à la goutte.... beaucoup trop frêle pour cela.... car elle avait l'air bien faible. Dieu la bénisse! »

La tante de M. Finching, qui avait rongé une de ses rôties jusqu'à la croûte, offrit d'un air solennel cette croûte à Flora, qui la mangea, ma foi! comme si c'était une affaire entendue. Alors la tante de M. Finching humecta l'un après l'autre ses dix doigts en les passant sur ses lèvres avec une lenteur impartiale et les essuya dans le même ordre de succession sur le mouchoir blanc; puis elle prit l'autre rôtie et commença à l'expédier; tout en poursuivant cet exercice routinier, elle contemplait Clennam d'un air si sévère qu'il se crut obligé de la regarder à son tour, bien à contre-cœur.

« Elle est en Italie avec toute sa famille, Flora, répondit-il lorsque la terrible tante eut cessé de le regarder pour s'occuper de son pain grillé.

— Comment, la voilà en Italie? dit Flora, dans ce pays où les raisins et les figues poussent partout et les colliers et les bracelets de lave aussi.... ce pays de la poésie, orné de montagnes brûlantes, pittoresques au delà de toute croyance.... Si les petits joueurs d'orgues s'enfuient de ce voisinage afin de ne pas être roussis, il n'y a rien d'étonnant à cela, vu leur âge, et s'ils emmènent leurs souris blanches avec eux, c'est on ne peut plus humain.... Foule-t-elle vraiment cette terre favorisée où elle ne voit que du bien et des gladiateurs mourants, et des belvédères, bien que M. Finching, pour sa part, ne crût pas un mot de l'authenticité de ces figures, attendu, disait-il, lorsqu'il était de bonne humeur, que ces statues ne pouvaient être que des images infidèles; qu'on n'y voyait pas de milieu entre la profusion de linge mal amidonné dont elles étaient drapées, et pas de linge du tout.... ce qui en effet ne paraît guère probable, à moins de l'expliquer par l'extrême misère ou l'extrême opulence des sujets, qui n'admettrait pas de milieu. »

Arthur essaya de glisser un mot, mais Flora reprit au pas de course:

« Et Venise? Je crois que vous y avez été.... Pourquoi donc la tragédie de je ne sais plus qui appelle cette ville *Venise sauvée*? Et a-t-elle été bien ou mal sauvée? On est si peu d'accord sur ces choses-là!.... Et leur macaroni, le mangent-ils vraiment comme les jongleurs avalent leurs épées? pourquoi ne le coupent-ils pas plus menu?.... Vous connaissez, Arthur.... cher Doyce et Clennam.... du moins pas *cher*, et dans tous les cas pas *cher Doyce*, car je n'ai pas le plaisir de le connaître.... mais vous m'excuserez.... Vous connaissez, je crois Mantoue, et quel rapport y a-t-il entre cette ville et nos mantes.... je n'ai jamais pu le deviner?

— Je crois qu'il n'existe aucun rapport, Flora, commença Clennam; mais Flora lui coupa de nouveau la parole.

— En vérité.... vous m'étonnez.... mais je n'en fais jamais d'autres...; lorsque je me mets une idée dans la tête, comme je n'en ai pas à revendre, je la garde.... Hélas, il fut un temps, cher Arthur (c'est-à-dire certainement pas *cher*, ni Arthur non plus, mais vous me comprenez), où une idée lumineuse dorait l'horizon de nos jeunes.... etc., mais un sombre nuage est venu l'envelopper et tout est fini. »

On lisait si clairement sur les traits d'Arthur qu'il désirait aborder un sujet de conversation tout à fait différent, que Flora s'arrêta enfin en lui lançant un tendre regard et lui demanda ce qu'il avait à lui dire.

« J'ai le plus vif désir, Flora, de causer avec une personne qui se trouve en ce moment chez vous.... avec M. Casby sans doute. Une personne que je viens de voir entrer ici, et qui sous l'influence de mauvais conseils, s'est enfuie de chez un de mes amis.

— Papa voit tant de monde et de si drôles de gens, répondit Flora en se levant, que je ne me permettrais pas de descendre chez lui pour tout autre que pour vous, Arthur.... mais pour vous, je descendrais volontiers dans une cloche à plongeur.... à plus forte raison dans une salle à manger : je vais être revenue dans l'instant.... voulez-vous bien, en mon absence, veiller, sans en avoir l'air, sur la tante de M. Finching? »

A ces mots, et après avoir lancé à Clennam un regard plein de tendresse, Flora s'éloigna tout empressée, le laissant en proie à de terribles appréhensions, à propos du précieux dépôt qu'on venait de confier à sa garde.

Le premier changement qui se manifesta dans la conduite de la tante de M. Finching, lorsqu'elle eut achevé sa seconde rôtie, fut un reniflement aussi bruyant que prolongé. Comme il n'y avait pas moyen d'interpréter cette manifestation autrement que comme un défi, tant elle y mettait d'obstination menaçante, Clennam regarda cette dame excellente (quoique bien injuste dans ses préventions), dans l'espoir de la désarmer par une humble soumission.

« Allons, tâchez de ne pas me faire des yeux, s'écria la tante de M. Finching avec un tremblement qui avait l'air d'une déclaration de guerre. Prenez ça! »

Ça, c'était la croûte de sa rôtie. Arthur accepta cette offrande avec beaucoup de reconnaissance apparente, et la tint à la main avec un léger embarras, qui ne fut pas diminué lorsque la tante de M. Finching, élevant la voix, s'écria : « Monsieur est sur sa bouche ! Il est trop fier, cet individu-là, pour manger ce qu'on lui donne ! » et quitta son siége pour brandir son poing vénérable si près du nez du coupable, qu'elle lui chatouilla l'épiderme. Sans le retour opportun de Flora, qui vint le tirer de cette position gênante, on ne sait pas ce qui aurait pu arriver. Flora, sans perdre son sang-froid ni témoigner la moindre surprise, félicita la vieille dame de ce qu'elle était « très-éveillée ce soir, » et la ramena à son fauteuil.

« Monsieur est sur sa bouche ! répéta la tante de M. Finching lorsqu'elle fut de nouveau installée dans son siége favori. Donnez-lui une botte de foin !

— Ô ma tante, je crois qu'il n'aimerait pas trop cette nourriture-là, répondit la nièce.

— Donnez-lui une botte de foin, vous dis-je ! s'écria encore une fois la tante de M. Finching, écartant Flora pour lancer à son ennemi des regards pleins de courroux. C'est le seul remède contre ces estomacs orgueilleux, et qu'il n'en perde pas une bouchée. Le diable soit de lui ! donnez-lui une botte de foin. »

Sous prétexte d'aller lui faire prendre ce rafraîchissement, Flora emmena Arthur, tandis que l'irascible tante continuait à crier avec une amertume croissante que ce n'était qu'un individu qu'il était sur sa bouche, ce monsieur, et elle insistait pour qu'on lui administrât le repas équestre qu'elle avait prescrit avec tant d'énergie.

« L'escalier est si roide et il y a tant d'encoignures, Arthur, soupira Flora, cela vous serait-il égal de me soutenir en passant le bras sous ma pèlerine ? »

Clennam sentit tout le ridicule de sa position, mais il n'en descendit pas moins l'escalier dans l'attitude requise, et ne lâcha son aimable fardeau qu'à la porte de la salle à manger ; encore eut-il un peu de peine à s'en débarrasser là, car Flora continuait de se pencher sur son épaule en murmurant :

« Arthur, au nom du ciel, pas un mot de cela à papa ! »

Elle entra avec Clennam dans la chambre où le Patriarche se trouvait déjà seul, ses chaussons de lisière sur le garde-cendres, faisant encore tourner ses pouces comme s'ils ne s'étaient pas arrêtés depuis la dernière visite d'Arthur. Le jeune patriarche, âgé de dix ans, qui le regardait du haut de son cadre, n'avait pas l'air plus calme que le patriarche consommé. Les deux têtes, aussi lisses l'une que l'autre, étaient aussi bénévoles, aussi innocentes, aussi émaillées de bosses.

« Monsieur Clennam, je suis heureux de vous voir. J'espère que vous vous portez bien, monsieur ; j'espère que vous vous portez bien. Veuillez vous asseoir.

— J'avais compté, monsieur, répondit Clennam, qui prit un

siége et regarda autour de lui avec un air de désappointement, ne pas vous trouver seul.

— Ah vraiment? répliqua le Patriarche d'un ton suave. Ah vraiment?

— C'est ce que je vous ai dit, papa, vous savez bien, s'écria Flora.

— Ah oui! répondit le Patriarche. C'est juste. Ah oui!

— Oserais-je vous prier, demanda Clennam avec inquiétude, de me dire si Mlle Wade est partie?

— Mademoiselle...? Oh! vous lui donnez le nom de Wade, répondit M. Casby. C'est très-convenable. »

Arthur répliqua vivement :

« Et vous, quel nom lui donnez-vous?

—Wade, répondit M. Casby. Oh! je ne l'appelle pas autrement. »

Après avoir contemplé le visage philanthropique et les longs cheveux blancs et soyeux de M. Casby, qui faisait toujours aller ses pouces et adressait au feu un sourire plein de bienveillance, comme s'il désirait seulement que ce feu pût le brûler, afin de lui donner l'occasion de lui pardonner charitablement, Arthur commença :

« Je vous demande pardon, monsieur Casby....

— Du tout, du tout, interrompit le Patriarche, du tout.

— Mais Mlle Wade avait avec elle une bonne.... une jeune personne qui a été élevée par des amis à moi, et sur laquelle sa nouvelle maîtresse ne semble pas exercer une influence des plus salutaires. Je désire vivement être à même de faire savoir à mes amis que cette jeune fille n'a pas perdu tout droit à l'intérêt qu'ils lui portent encore.

— En vérité, en vérité? répliqua M. Casby.

— Seriez-vous donc assez bon pour me donner l'adresse de Mlle Wade?

— Que c'est donc dommage! comme c'est malheureux! si vous m'aviez seulement demandé cela pendant qu'elles étaient encore ici. En effet, j'ai remarqué la personne en question, monsieur Clennam. Une jeune fille au visage un peu coloré, monsieur Clennam, avec des cheveux et des yeux très-noirs, si je ne me trompe,... Si je ne me trompe? »

Arthur lui expliqua qu'il ne se trompait pas, et répéta avec une nouvelle expression d'inquiétude :

« Seriez-vous assez bon pour me donner leur adresse?

— Là, là, là, quel dommage! s'écria le Patriarche d'un ton de doux regret. Quel dommage! Je n'ai pas leur adresse, monsieur. Mlle Wade habite presque toujours à l'étranger, monsieur Clennam. Depuis des années elle voyage, et elle est (si je puis parler ainsi d'une sœur en Dieu et d'une dame) capricieuse et irrésolue comme il n'est pas permis de l'être. Il peut s'écouler bien des années avant que je la revoie. Je puis même ne jamais la revoir. Quel dommage! quel dommage! »

Clennam finit par reconnaître qu'il aurait autant valu s'adresser au portrait qu'à M. Casby lui-même pour en obtenir quelque assistance.

« Monsieur Casby, pourriez-vous, pour la satisfaction des amis dont j'ai parlé (et sous le sceau du secret, si vous pensez qu'il soit de votre devoir d'imposer cette condition), me donner des renseignements sur Mlle Wade ? Je l'ai rencontrée à l'étranger et je l'ai vue chez elle, mais je ne la connais point du tout. Ne pourriez-vous me donner quelques détails sur elle ?

— Aucuns, répliqua M. Casby secouant sa grosse tête avec sa bienveillance la plus patriarcale. Aucuns. Quel grand dommage qu'elle soit partie sitôt, ou que vous soyez venu si tard ! en ma qualité d'agent d'affaires, j'ai de temps à autre remis diverses sommes d'argent à cette dame. Mais à quoi cela vous avance-t-il, monsieur, de savoir ce mince détail ?

— A rien du tout, dit Clennam.

— A rien du tout, répéta le Patriarche au visage luisant, qui continuait à adresser au feu un sourire philanthropique. Très-sagement répondu, monsieur Clennam. Cela ne vous avance à rien du tout. »

La façon dont il faisait tourner ses pouces indiquait si clairement à Arthur que M. Casby ferait tourner de même la conversation dans un cercle infranchissable sans lui laisser faire un pas, qu'il se tint pour décidément convaincu qu'il avait perdu son temps à interroger le Patriarche. Il pouvait y songer à loisir, car M. Casby, habitué depuis tant d'années à faire son chemin sans s'occuper d'autre chose que de donner un aspect vénérable à ses bosses et à ses cheveux blancs, savait que le secret de sa force était dans son silence : il se tenait donc là à tourner ses pouces et à donner à chacune des bosses de son crâne un air aussi bienveillant que possible.

Découragé par ce spectacle, Arthur s'était levé pour partir, lorsque, du fond de ce dock où Pancks, le remorqueur, se réfugiait quand il n'était pas armé en course, on entendit sortir un bruit qui semblait indiquer que ce petit vapeur se dirigeait vers la salle à manger. Arthur remarqua que le bruit avait commencé d'une façon démonstrative à une certaine distance, comme si M. Pancks cherchait à faire comprendre à quiconque se donnerait la peine de songer à lui, qu'il arrivait de trop loin pour avoir pu entendre un mot de la conversation.

M. Pancks et lui échangèrent une poignée de main. Le bohémien apportait à son patron quelques lettres à signer. M. Pancks, après la poignée de main, s'était contenté de se gratter le sourcil avec son index gauche et de renifler une fois ; mais Clennam, qui le comprenait mieux qu'autrefois, devina que le commis allait avoir bientôt terminé sa journée, et désirait lui parler dehors. Après avoir pris congé de M. Casby (et de Flora, ce qui fut moins facile), il se promena lentement dans la direction que devait suivre M. Pancks.

Au bout de quelques instants le bohémien parut.

Lorsqu'il eut donné une nouvelle poignée de main à Arthur et laissé échapper un second reniflement significatif en ôtant son chapeau pour passer ses doigts dans ses cheveux, Clennam crut que cela voulait dire qu'il pouvait parler à M. Pancks comme à un homme qui n'était pas mal informé de ce qui s'était passé. Il lui demanda donc, sans autre préambule :

« Je présume qu'elles étaient vraiment parties, Pancks?

— Oui, elles étaient vraiment parties.

— Sait-il l'adresse de cette dame?

— Je l'ignore; mais je pense que oui. »

M. Pancks ne la savait pas? — Non, M. Pancks ne la savait pas. — M. Pancks savait-il quelque chose sur le compte de Mlle Wade?

« Je crois pouvoir me flatter, répliqua le digne remorqueur, d'en savoir sur son compte autant qu'elle en sait elle-même. Elle est l'enfant de quelqu'un.... ou de tout le monde.... ou de personne. Enfermez-la dans un salon de Londres avec une demi-douzaine de personnes assez âgées pour être ses parents, et elle ne pourra pas jurer qu'elle ne se trouve pas en présence de ses parents. Elle peut les rencontrer dans la première maison venue, dans le premier cimetière venu, elle peut se heurter contre eux dans la rue, et faire connaissance avec eux par hasard, sans jamais savoir à qui elle a affaire. Elle ne les connaît pas du tout; elle ne les a jamais connus; elle ne les connaîtra jamais; elle est seule au monde.

— M. Casby pourrait peut-être la mettre sur la voie?

— Peut-être, c'est probable; mais je n'en suis pas sûr. On lui a confié, il y a longtemps de ça, quelque argent (pas trop, à ce que je puis deviner), qu'il doit remettre par petites sommes à cette dame lorsqu'elle ne peut s'en passer. Quelquefois elle est fière et reste des années sans rien demander; d'autres fois elle est si pauvre, qu'elle en demande tout de suite. Elle passe sa vie à se tordre comme une vipère blessée. Il n'y a pas au monde une femme plus colère, plus emportée, plus endurcie, plus vindicative. Elle est venue chercher de l'argent ce soir, en disant qu'elle en avait un pressant besoin.

— Je crois, remarqua Clennam d'un ton rêveur, que j'ai appris par hasard pourquoi c'est, ou, du moins, dans quelle poche cet argent doit aller.

— Vraiment? S'il s'agit d'un contrat, je conseille fort à la partie adverse de ne pas manquer à son engagement. Quelque jeune et belle que soit cette femme, je ne me fierais pas à elle si j'avais eu des torts à son égard. Oh, non! quand il y aurait, comme enjeu, le double de la fortune de mon propriétaire! A moins, ajouta Pancks comme clause conditionnelle, que je ne fusse atteint d'une maladie incurable, et que je voulusse en finir. »

Arthur repassant à la hâte ses propres opinions concernant Mlle Wade, trouva qu'elles s'accordaient assez avec celles de M. Pancks.

« Ce qui m'étonne, continua ce dernier, c'est qu'elle n'ait pas encore fait l'affaire à mon propriétaire, comme étant le seul individu au fait de son histoire sur qui elle puisse mettre la main. A propos, je vous dirai, entre nous, que moi-même je me sens quelquefois disposé à lui faire son affaire.

— De grâce, Pancks, ne parlez pas ainsi!

— Entendons-nous, dit Pancks, allongeant sur la manche d'Arthur cinq doigts sales, dont il avait rongé les ongles à profit. Je ne veux pas dire que je lui couperai la gorge. Mais, par tout ce qu'il y a de sacré, s'il va trop loin, je lui couperai les cheveux! »

Après s'être montré sous un nouveau jour par cette terrible menace, M. Pancks, avec un visage plein de gravité, renifla plusieurs fois, et s'éloigna à toute vapeur.

CHAPITRE X.

Les rêves de Mme Jérémie se compliquent.

Dans les antichambres ombreuses du ministère des Circonlocutions, où Clennam passait beaucoup de temps en compagnie d'autres coupables condamnés à être écartelés sur la même route administrative, il avait trouvé tout le loisir d'épulser en trois ou quatre jours les sujets de réflexion que lui avait suggérés la récente rencontre de Mlle Wade et de Tattycoram. Mais il avait beau y réfléchir, il n'y voyait pas plus clair, et fut obligé d'en rester sur cette incertitude contrariante.

Dans l'intervalle, il n'avait pas visité la sombre maison de sa mère. Un des soirs qu'il avait coutume de consacrer à ce devoir étant arrivé, il quitta son logis et son associé vers neuf heures, pour se diriger lentement vers la lugubre demeure de son enfance.

Son imagination se représentait toujours la maison maternelle colère, mystérieuse et triste, et son imagination était assez profondément émue pour prêter à tout le voisinage un peu de cette ombre sinistre. Tandis qu'il s'avançait donc par une triste soirée, les rues mal éclairées qu'il traversait lui paraissaient accablées sous le poids de quelques lourds secrets. Les comptoirs de commerce déserts, avec leur secret grimoire de registres et de papiers enfumés dans des coffres-forts; les maisons de banque avec leurs caisses secrètes bardées de fer et leurs caveaux secrets, dont la clef se trouvait dans un petit nombre de poches secrètes et dans quelques poitrines non moins secrètes; les secrets de tous les travailleurs dispersés de ce vaste chantier commercial (parmi lesquels il y avait sans doute des voleurs, des faussaires et des abus de confiance de toute espèce), que l'aube du lendemain pouvait mettre au jour; il y avait là bien assez de secrets pour se figurer que l'atmosphère en était surchargée. Mais ce n'était pas tout. Les ombres devenant de plus en plus épaisses à mesure qu'il se rapprochait de leur source, il songeait aux secrets enfermés sous les voûtes du cimetière isolé, où ceux qui avaient entassé leurs richesses secrètes dans des coffres-forts étaient eux-mêmes entassés à leur tour, sans cesser pour cela de faire du mal, puisqu'ils contribuaient à empester l'air environnant; puis aux secrets que la rivière roulait dans son onde boueuse, entre deux déserts peuplés de secrets le long de ses rives, pendant bien des lieues, tenant à distance l'air pur de la campagne traversé par les vents et l'aile des oiseaux.

L'ombre épaississait toujours à mesure qu'il se rapprochait de la maison, le souvenir de la triste chambre autrefois occupée par son père, hantée par le visage suppliant qu'il avait vu s'éteindre lorsqu'il veillait seul auprès de son lit de mort, se dressa devant lui. Il y avait encore une odeur de secret dans l'atmosphère renfermée de cette salle. L'obscurité, la moisissure et la poussière de tout le bâtiment avaient quelque chose de secret et de mystérieux. Et, au centre de tous ces mystères, se tenait sa mère, au visage inflexible, à la volonté inébranlable, cachant avec résolution tous les secrets de sa propre existence aussi bien que ceux de son époux, luttant avec austérité et face à face contre le grand secret final de toute existence.

Il venait d'entrer dans une rue étroite et montueuse sur laquelle donnait la cour et l'enceinte où se trouvait la maison de Mme Clennam, lorsqu'un autre pas se fit entendre au coin de la rue et le suivit de si près, qu'il se vit pousser contre le mur. Comme Arthur était absorbé par ses rêveries contemplatives, il fut tellement surpris par ce choc imprévu, que l'autre avait eu le temps de lui dire d'un ton tapageur : « Pardon! pas ma faute! » et de passer devant lui avant qu'il eût eu seulement le temps de renaître à la réalité des lieux qui l'entouraient.

Lorsqu'il reprit, pour ainsi dire, connaissance, il vit que l'homme qui venait de le dépasser était justement celui auquel il avait tant pensé depuis trois ou quatre jours. Ce n'était pas une ressemblance fortuite, rendue plus trompeuse encore par la vive impression que cette rencontre avait faite sur lui. C'était bien le même homme, l'homme qu'il avait vu marcher à côté de Tattycoram, et causer avec Mlle Wade.

La rue descendait vers la rivière par une pente assez rapide, en faisant un crochet. L'étranger (qui, sans être précisément ivre, paraissait assez en train) s'éloigna si vite, que Clennam cessa de l'apercevoir. Sans dessein bien arrêté de le suivre, mais animé du désir de ne pas le perdre immédiatement de vue, Clennam hâta le pas afin de gagner le détour de la rue qui lui cachait l'inconnu. Lorsqu'il tourna ce coin, l'autre avait disparu.

Arrivé près de l'entrée de la maison de Mme Clennam il regarda le long de la rue : elle était vide. Il n'y avait cependant là aucune ombre dont on eût pu profiter pour se cacher; Clennam n'avait pas non plus entendu ouvrir et refermer de porte. Il pensa néanmoins que l'inconnu tenait apparemment sa clef toute prête à la main, et s'était ouvert une des portes de la rue pour rentrer chez lui.

Rêvant à cet étrange hasard, il se dirigea vers la maison. Comme, selon son habitude, il levait les yeux vers les fenêtres faiblement éclairées de la chambre de sa mère, il aperçut, debout contre la grille de la petite cour d'entrée, l'homme qu'il cherchait, occupé à regarder aussi les croisées de Mme Clennam en riant tout bas. Quelques-uns des nombreux chats de gouttière qui, la nuit, rôdaient toujours par là, et auxquels la vue de cet homme avait fait peur, semblaient s'être arrêtés là en même temps que lui et s'être perchés sur des poutres ou sur le faîte de la muraille pour le regarder avec des yeux qui ressemblaient aux siens. Celui-ci ne s'était arrêté qu'un instant pour s'en amuser; il ne tarda pas à s'avancer, et, rejetant l'extrémité du manteau qui lui couvrait l'épaule, monta les marches inégales, et frappa un bon coup à la porte.

La surprise de Clennam ne fut pas cependant assez forte pour l'empêcher de prendre tout de suite un parti. Il traversa également la cour et gravit les marches. L'étranger, après l'avoir regardé d'un air fanfaron, se mit à chanter à mi-voix :

Qu'est-c' qui passe ici si tard,
Compagnons de la Marjolaine?
Qu'est-c' qui passe ici si tard,
Dessus le quai?

Puis il frappa de nouveau.

« Vous êtes impatient, monsieur, dit Arthur.

— En effet, monsieur. Mort de ma vie, monsieur! répondit l'étranger, c'est dans mon caractère d'être impatient. »

Au bruit que fit la prudente Mme Jérémie en assujettissant la chaîne avant d'entr'ouvrir la porte, les deux interlocuteurs tournèrent la tête de ce côté. Mme Flintwinch ayant entrebâillé la porte, apparut tenant à la main un chandelier et demanda :

« Qui donc frappe ainsi à une pareille heure?... Comment, Arthur! ajouta-t-elle d'un ton surpris en l'apercevant le premier. Mais ce ne peut pas être vous qui vous annonciez comme ça!... Ah! le ciel nous préserve! Non, s'écria-t-elle en apercevant l'inconnu, c'est l'autre qui est revenu!

— Mais oui, c'est encore moi, chère madame Flintwinch, répondit l'étranger. Ouvrez la porte, que je presse sur mon cœur mon ami Flintwinch! Ouvrez donc, car j'ai hâte d'embrasser mon bien-aimé Flintwinch.

— Il est sorti, répliqua Mme Jérémie.

— Allez le chercher, dans ce cas! s'écria l'étranger. Allez le chercher, mon Flintwinch! Dites-lui que c'est son vieux Blandois qui ne fait que d'arriver en Angleterre; dites-lui que son ami

Blandois l'attend, Blandois, son petit chou, son bien-aimé. Ouvrez la porte, belle madame Flintwinch, et, en attendant, laissez-moi monter en haut pour présenter mes compliments.... les hommages de Blandois.... à madame! Madame vit toujours? C'est bien. Ouvrez-moi alors! »

A la grande surprise d'Arthur, Mme Jérémie, lui faisant de grands yeux, comme pour le prévenir qu'il ne devait pas se mêler de cette visite, décrocha la chaîne et ouvrit la porte. L'inconnu, sans plus de cérémonie, entra dans l'antichambre, laissant Arthur libre de le suivre ou non.

« Dépêchez! Allons, vivement! Amenez-moi mon Flintwinch! Annoncez-moi à madame, s'écria l'étranger arpentant bruyamment les dalles du vestibule.

— Affery, dit tout haut et d'un ton sévère Arthur, dont les yeux indignés toisaient l'étranger des pieds à la tête; qu'est-ce que c'est donc que ce monsieur-là?

— Affery, répéta l'inconnu à son tour; qu'est-ce.... ha! ha! ha! qu'est-ce que c'est donc que ce monsieur-là? »

La voix de Mme Clennam se fit entendre d'en haut d'une façon fort opportune.

« Affery, disait la malade, laissez-les monter tous les deux. Arthur, venez me trouver tout de suite!

— Arthur! s'écria Blandois ôtant son chapeau qu'il tint à bras tendu pendant qu'il ramenait ses deux jambes écartées en lui faisant un profond salut. Le fils de madame? Je suis le très-dévoué serviteur du fils de madame. »

Arthur le regarda de nouveau d'une façon tout aussi peu flatteuse que la première fois, et, tournant sur ses talons sans répondre à son salut, monta l'escalier. L'inconnu le suivit. Mme Jérémie prit le passe-partout accroché derrière la porte, et vite alla chercher son époux.

Un spectateur qui aurait assisté à la première visite de M. Blandois, aurait remarqué une certaine différence dans la façon dont Mme Clennam le reçut cette fois. Le visage de la paralytique était incapable de la trahir, elle exerçait toujours le même empire sur ses manières impassibles et sa voix calme. Le changement consistait seulement dans son obstination à tenir les yeux fixés sur Blandois depuis le moment où il était entré dans la chambre. Deux ou trois fois aussi, lorsque le visiteur devint turbulent, elle se pencha un peu en avant dans son fauteuil, où elle se tenait tout droit, appuyée sur ses mains qui ne quittaient pas le fauteuil, comme pour lui donner l'assurance qu'elle l'écouterait tout à l'heure aussi longuement qu'il pourrait le désirer. Arthur ne manqua pas de remarquer ces gestes, bien qu'il ne fût pas à même d'apprécier la différence qui existait entre la façon dont Mme Clennam recevait alors Blandois, et la façon dont elle l'avait accueilli lors de sa première visite.

« Madame, dit Blandois, faites-moi l'honneur de me présenter à monsieur votre fils. Il me semble, madame, que monsieur votre fils est disposé à m'en vouloir. Il n'est pas poli.

— Monsieur, répondit vivement Arthur, qui que vous soyez et quel que soit le but qui vous amène ici, soyez sûr que si j'étais le maître de cette maison, je vous aurais déjà prié de passer le pas de la porte.

— Si vous êtiez le maître! mais vous ne l'êtes pas, dit la mère sans le regarder. Malheureusement pour la satisfaction de vos préjugés déraisonnables, vous n'êtes pas le maître, Arthur.

— Je n'élève aucune prétention de ce genre, mère. Si je trouve à redire à la conduite de ce monsieur (et j'y trouve tellement à redire, que, si j'en avais le droit, je ne souffrirais pas qu'il restât ici un instant de plus), c'est à cause de vous.

— Si j'avais lieu de me plaindre, répliqua Mme Clennam, je ne me serais pas adressé à d'autres, j'aurais parlé moi-même. »

Blandois, qui s'était assis, se mit à rire aux éclats, et se frappa avec bruit sur la jambe.

« Vous n'avez pas le droit, continua Mme Clennam sans détacher ses yeux de Blandois, bien qu'elle s'adressât directement à son fils, de critiquer qui que ce soit, et surtout un gentleman étranger, parce qu'il n'a pas adopté vos habitudes, et parce qu'il ne prend pas modèle sur vous. Il est fort possible que monsieur trouvât à redire à vos manières, en partant du même principe.

— Je ne dis pas non, répondit Arthur.

— Monsieur, poursuivit Mme Clennam, lors d'une première visite, nous a remis une lettre de recommandation d'une maison estimable et digne de toute confiance. Je ne sais pas du tout le but de sa visite actuelle. Je l'ignore absolument, et on ne saurait supposer que j'en aie la moindre idée (ici les sourcils toujours froncés de Mme Clennam se froncèrent davantage, tandis qu'elle appuyait fortement sur chaque mot); mais, lorsque le gentleman m'expliquera l'objet de sa visite.... ce que je le prierai de faire dès que Flintwinch sera revenu.... Je suis sûre que l'on verra qu'il s'agit d'une affaire qui rentre plus ou moins dans notre spécialité, et dont ce sera pour nous un devoir comme un plaisir de nous occuper. Il ne peut pas s'agir d'autre chose.

— C'est ce que nous allons voir, madame! répliqua l'autre.

— C'est ce que nous allons voir, répéta Mme Clennam. Monsieur connaît Flintwicnh; et, lorsqu'il est venu à Londres une première fois, je me rappelle avoir entendu dire qu'ils avaient passé la soirée ensemble, et s'étaient quittés très-bons camarades. Je ne suis guère à même de savoir ce qui se fait en dehors de cette chambre, et le bruit des mille petits riens du monde ne m'intéresse que fort peu; mais je me rappelle bien avoir entendu dire cela.

— Vous ne vous trompez pas, madame; c'est parfaitement exact, dit Blandois qui se remit à rire et à siffler le refrain de l'air qu'il avait chanté à la porte.

— Vous voyez donc, Arthur, que monsieur est ici une connaissance et non un étranger; aussi est-il à regretter que, grâce à votre caractère déraisonnable, vous lui fassiez mauvais visage. Je le regrette, et je le dis à monsieur. Je sais très-bien que vous ne le lui direz pas; c'est pourquoi je le lui dis pour moi et pour Flintwinch, puisque c'est à nous que monsieur à affaire. »

On entendit tourner la clef dans la serrure de la porte d'entrée; puis la porte s'ouvrit et se referma. M. Flintwinch ne tarda pas à paraître. Il ne fut pas plutôt dans la chambre que le visiteur se leva en riant tout haut et serra Jérémie dans ses bras.

« Comment ça va-t-il, ami de mon cœur? dit-il. Quelle existence menez-vous, mon Flintwinch? Une existence couleur de rose? Tant mieux, tant mieux! Ah! mais je vous trouve une mine charmante. Vous êtes frais et fleuri comme le printemps. Ah! le bon petit homme! le brave enfant! le bon garçon! »

Tout en prodiguant ces compliments à M. Flintwinch, Blandois, qui lui avait posé une main sur chaque épaule, le faisait tourner tant et tant, que les mouvements de l'associé de Mme Clennam finirent par ressembler à ceux d'un toton qui va tomber de guerre lasse.

« J'avais un pressentiment, la dernière fois que je vous ai vu, que nous finirions par nous connaître plus intimement. Sentez-vous que cela vous vienne, Flintwinch? Sentez-vous que nous allons devenir intimes?

— Ma foi, non, monsieur, riposta Flintwinch, pas encore. Ne feriez-vous pas mieux de vous asseoir? Vous vous êtes fait servir derechef un peu de ce vin de Porto, monsieur, si je ne me trompe.

— Ah! mauvais plaisant! petit animal! s'écria le visiteur. Ah! ah! ah! »

Et Blandois, lançant M. Flintwinch loin de lui, comme pour le bouquet de cette série d'aimables plaisanteries, regagna son siége.

La surprise, la colère, la honte, le soupçon avec lesquels Arthur contempla cette scène le rendirent muet. M. Flintwinch, qui avait reculé de deux ou trois pieds sous l'impulsion qu'on venait de lui communiquer, se rapprocha avec un visage aussi impassible que jamais, sauf qu'il était un peu essoufflé, et regarda fixement Arthur. M. Flintwinch n'était ni moins muet, ni moins impénétrable que d'habitude; la seule différence qu'on pût remarquer en lui, c'est que le nœud de sa cravate, au lieu d'être sous son oreille comme à l'ordinaire, se trouvait derrière sa tête, où il ressemblait à une bourse de cheveux, ce qui donnait à Jérémie un certain air d'homme de cour.

De même que Mme Clennam continuait à tenir les yeux fixés sur Blandois (sur qui ils produisaient un certain effet de fascination semblable à celui d'un regard fixe sur un roquet), de même Jérémie ne cessa pas de regarder Arthur. On eût dit qu'ils s'étaient entendus pour choisir chacun leur victime. Aussi, durant le silence qui s'ensuivit, Jérémie se tint debout, se caressant le menton, et considérant Arthur comme s'il cherchait le moyen de lui arracher ses pensées avec un tire-bouchon.

Au bout de quelque temps, le visiteur, que le silence commençait à agacer, se leva et alla se placer devant la cheminée, le dos au feu sacré qui brûlait là depuis tant d'années. Alors Mme Clennam, remuant une de ses mains pour la première fois pour adresser à son fils un geste d'adieu, lui dit :

« Veuillez nous laisser à nos affaires, Arthur.

— Mère, j'obéis, mais à contre-cœur.

— A contre-cœur ou autrement, veuillez nous laisser, répondit la mère. Revenez dans un autre moment, lorsque vous regarderez comme un devoir de passer une triste demi-heure auprès de moi. Bonsoir. »

Elle lui tendit ses doigts enveloppés de flanelle, afin qu'il pût les toucher avec les siens selon leur habitude, et il se pencha au-dessus du fauteuil à roulettes pour embrasser la malade. Il lui trouva, ce soir-là, la joue plus tendue et plus froide qu'à l'ordinaire. En se redressant, il suivit la direction des yeux de sa mère qui regardait toujours Blandois, et l'ami de M. Flintwinch fit claquer ses doigts avec un geste de mépris.

« M. Flintwinch, dit Clennam, c'est avec beaucoup de surprise et beaucoup de répugnance que je laisse votre.... votre ami dans la chambre de ma mère. »

L'ami en question fit encore une fois claquer ses doigts.

« Bonsoir, mère.

— Bonsoir.

— J'avais une fois un ami, mon cher camarade Flintwinch, dit Blandois en écartant les jambes devant la cheminée (il était si clair qu'il disait cela pour Clennam, que celui-ci se tint un instant sur le seuil pour l'entendre) ; j'avais une fois un ami qui avait entendu raconter tant de terribles histoires de ce quartier-ci et de ce qui s'y passe, qu'il ne s'y serait pas risqué le soir avec deux personnes qui auraient eu quelque intérêt à le faire disparaître.... non, ma foi ! pas même dans une maison aussi respectable que celle-ci.... à moins qu'il ne fût de force à lutter contre eux. Bah ! c'était un fameux poltron, Flintwinch ! n'est-ce pas ?

— Un roquet, monsieur.

— Soit ! un roquet ! Mais il ne l'aurait pas fait, mon Flintwinch, s'il n'avait pas su qu'ils pouvaient bien avoir le désir de lui fermer la bouche, mais qu'ils n'en avaient pas le pouvoir. Il n'aurait pas bu un verre d'eau, en pareille circonstance,... pas même dans une maison aussi respectable que celle-ci, mon Flintwinch.... à moins d'avoir vu l'un d'eux y boire avant lui, et avaler quelques gorgées encore ! »

Dédaignant de répondre, et du reste incapable de le faire, car il étouffait presque d'indignation, Clennam ne fit que lancer un coup d'œil au visiteur avant de s'éloigner. Celui-ci fit de nouveau claquer ses doigts en signe d'adieu, et son nez descendit sur sa moustache, tandis que sa moustache se relevait sous son nez avec un sourire sinistre et de mauvais augure.

« Au nom du ciel! Affery, demanda Clennam à voix basse, tandis qu'elle lui ouvrait la porte de l'obscur vestibule où il s'avançait à tâtons vers la faible clarté des étoiles, que se passe-t-il donc ici? »

Mme Jérémie, debout dans l'obscurité, la tête cachée dans son tablier, comme un grand fantôme, lui répondit d'une voix étouffée par son voile improvisé :

« Ne me faites pas de questions, Arthur. Voilà je ne sais combien de temps que je ne fais que rêver. Allez-vous-en! »

Il sortit, et elle referma la porte sur lui. Il leva les yeux vers la chambre de sa mère, et la faible clarté, rendue plus terne encore par les stores jaunes, semblait répéter la réponse de Mme Jérémie et murmurer :

« Ne me faites pas de questions. Allez-vous-en! »

CHAPITRE XI.

Une lettre de la Petite Dorrit.

« Mon cher monsieur Clennam,

« Comme je vous ai dit dans ma première lettre qu'il valait mieux que personne ne m'écrivît, je puis vous en adresser une seconde, sans vous causer d'autre ennui que celui de la lire; si vous en avez le loisir, ce dont je doute, avec vos occupations, mais j'espère qu'un jour ou l'autre vous trouverez un moment pour cela. Je vais donc passer encore une heure à causer avec vous. Cette fois, c'est de Rome que je vous écris.

« Nous avons quitté Venise avant M. et Mme Gowan, mais ils ne sont pas restés en route aussi longtemps que nous et n'ont pas suivi le même chemin; de sorte qu'en arrivant, nous les avons trouvés installés dans une rue qu'on nomme la Via Gregorina, que vous connaissez sans doute.

« Je vais vous dire tout ce que je sais sur leur compte, parce que je suis bien sûre que c'est ce que vous tenez le plus à savoir. Leur logement n'est par très-confortable, mais peut-être m'a-t-il semblé plus incommode qu'il n'aurait paru à quelqu'un comme vous, qui avez visité tant de pays et vu tant de mœurs différentes. Il va sans dire qu'il vaut beaucoup mieux.... des millions de fois mieux que tous ceux auxquels j'ai été habituée avant de quitter Londres; et je ne veux pas le juger avec mes propres yeux, mais l'emprunte ceux de Mme Gowan. Car il est facile de voir qu'elle a été élevée avec tendresse dans un heureux et bien-aimé chez elle. Je l'aurais deviné quand même elle ne m'en aurait pas parlé avec amour.

« C'est donc un logement assez mal meublé au sommet d'un escalier assez sombre qui sert à tout le monde : il se compose presque entièrement d'une grande salle fort triste dont M. Gowan a fait son atelier. Le bas des fenêtres est bouché, de sorte qu'on ne peut pas regarder dehors, et les murs sont couverts de dessins à la craie ou au fusain, tracés par des locataires précédents, depuis bien, bien des années ! Un rideau (jadis rouge, mais aujourd'hui couleur de poussière) divise la chambre en deux parties : celle qui se trouve derrière cette toile sert de salon. La première fois que j'y ai vu Mme Gowan, je l'ai trouvée toute seule; son ouvrage lui était tombé des mains, et elle regardait le soleil qui brillait à travers les vitres les plus élevées des croisées. N'allez pas vous inquiéter de ce que je vous dis, mais je dois avouer que cet intérieur n'était pas tout à fait aussi joyeux, aussi brillant, aussi gai, aussi heureux, ni aussi jeune que je l'aurais voulu.

« Comme M. Gowan fait le portrait de papa (je l'ai vu à l'œuvre, sans cela il est possible que je n'eusse pas reconnu mon père à la ressemblance), j'ai plus d'occasions de voir sa femme que je n'en aurais eu sans cet heureux hasard. Elle est bien souvent.... trop souvent.... seule.

« Vous raconterai-je ma seconde visite? Je suis allée la voir un jour, que j'avais pu par hasard courir chez elle sans être accompagnée, vers quatre ou cinq heures du soir. Elle dînait toute seule (son repas solitaire lui avait été apporté de quelque endroit du voisinage), n'ayant pas d'autre société et n'en attendant pas d'autre que celle du vieillard qui lui avait monté son dîner. Il était en train de lui raconter une longue histoire de brigands dans la campagne, qui avaient été épouvantés par la statue d'un saint; c'était pour l'amuser, me dit-il lorsque je redescendis avec lui : « Il savait bien comment amuser les filles, parce qu'il en avait une lui-même, mais qui était loin d'être aussi jolie. »

« Il faut que je vous parle maintenant de M. Gowan avant de finir le peu qu'il me reste à dire de madame. Il doit admirer la beauté de sa femme et en être fier, car tout le monde en parle ; il doit l'aimer, et je ne doute pas qu'il l'aime.... à sa manière. Vous connaissez sa manière, et s'il vous paraît aussi insouciant et aussi grognon qu'à moi, je n'ai pas tort de croire que Mme Gowan aurait pu trouver quelqu'un qui lui eût mieux convenu. Si cela ne vous a pas frappé, certainement alors c'est que je me trompe ; car votre pauvre enfant (toujours la même) a plus de confiance dans votre jugement et dans votre bonté, qu'elle ne saurait vous le dire, quand même elle essayerait de le faire, mais ne vous effrayez pas, je ne veux pas essayer.

« Par suite (toujours d'après moi, en supposant que vous pensiez comme moi), par suite de son caractère capricieux et mécontent, M. Gowan ne s'occupe pas assez de sa profession. Il manque de patience et de persévérance; il commence une chose et la laisse là, il l'abandonne ou la termine sans y tenir le moins du monde. Lorsque je l'entendais causer avec papa pendant les séances, je ne pouvais pas m'empêcher de me demander si ce n'était pas parce qu'il ne croit pas en lui-même, que M. Gowan ne croit pas aux autres. Me suis-je trompée? Je voudrais bien pouvoir deviner ce que vous penserez de ces remarques! Je vois d'ici l'air que vous allez prendre, et j'entends presque le ton de voix dont vous me répondriez, si nous causions ensemble sur le pont suspendu.

« M. Gowan va beaucoup dans ce qu'on appelle la meilleure société de Rome (il n'a pourtant pas l'air de s'y amuser ni de l'aimer beaucoup, lorsqu'il y est), et sa femme l'accompagne parfois, mais depuis quelque temps elle sort très-peu. Je crois avoir remarqué qu'on ne parle pas d'elle avec la considération qu'elle mérite. Des dames qui n'auraient jamais songé à accepter M. Henry Gowan pour mari ou pour gendre, n'en ont pas moins l'air de croire que sa femme, en l'épousant, a fait un coup de partie magnifique. Puis, il va beaucoup à la campagne faire des études; partout enfin, où il y a des visiteurs, il trouve un grand nombre de connaissances. Il a aussi un ami avec lequel il passe beaucoup de temps soit chez lui, soit hors de chez lui, bien qu'il traite cet ami fort cavalièrement et se montre d'humeur assez changeante envers lui. Je sais (d'autant mieux qu'elle me l'a dit) que Mme Gowan ne peut pas le souffrir. Quant à moi, il m'est tellement odieux que je me sens toute soulagée d'apprendre qu'il a quitté Rome pour quelque temps. Jugez du plaisir que ce départ doit lui causer, à elle!

« Mais ce que je tiens surtout à vous faire savoir, ce qui m'a enhardie à vous en dire si long, au risque de vous causer quelque inquiétude, sans cause réelle, le voici : Elle est si fidèle et si dévouée, et elle sait si bien que l'amour et le devoir l'attachent à tout jamais à son mari, que vous pouvez être convaincu qu'elle l'aimera, l'admirera, fera son éloge, et cachera tous ses défauts jusqu'au jour où elle mourra. Je crois même qu'elle les cache et les cachera toujours à tout le monde, à commencer par elle. Elle lui a donné un cœur qu'elle ne pourra jamais lui reprendre et quelles que soient les épreuves qu'elle ait à subir, son affection sera toujours la plus forte. Vous savez si c'est vrai, comme vous savez tout, mille fois mieux que moi; mais je ne puis m'empêcher de vous raconter son admirable nature, et de vous dire que vous ne sauriez jamais avoir trop bonne opinion d'elle.

« Je ne l'ai pas encore appelée par son petit nom dans cette lettre, mais nous sommes si bonnes amies maintenant, que je ne la nomme pas autrement lorsque nous sommes seules, et elle me donne aussi mon vrai nom.... je ne veux pas dire mon nom de baptême, mais celui que vous m'avez donné. Lorsqu'elle a commencé à m'appeler Amy, je lui a raconté ma courte histoire, je lui ai dit que vous me nommiez toujours *la petite Dorrit*, et que je préférais ce nom à tout autre; depuis ce temps elle ne m'appelle pas non plus autrement que sa petite Dorrit.

« Peut-être n'avez-vous pas encore reçu de nouvelles de son père ou de sa mère, et ne savez-vous pas qu'elle a un petit garçon. Il est né avant-hier, huit jours après l'arrivée de M. et Mme Meagles, qui en ont été bien heureux. Cependant je dois vous dire, puisque je me suis engagée à ne rien vous taire, qu'ils m'ont l'air d'être un peu gênés vis-à-vis de leur gendre, et que ses manières railleuses à leur égard leur paraissent une moquerie de leur amour pour elle. Pas plus tard qu'hier, tandis que je me trouvais là, j'ai vu M. Meagles changer de couleur, se lever et sortir, comme s'il avait peur, en restant, de ne pouvoir s'empêcher de dire ce qu'il en pensait. Pourtant le père et la mère sont tous deux si pleins d'égards, si gais et si raisonnables, que leur gendre devrait bien les ménager. C'est grand dommage qu'il ne songe pas un peu plus à eux.

« J'ai voulu mettre mon dernier point avant de relire ma lettre. Maintenant que je viens de la relire, je trouve que j'ai voulu savoir et vous expliquer tant de choses, que je ferais aussi bien de ne pas vous l'envoyer; mais toutes réflexions faites, j'espère que vous devinerez tout de suite que, si j'ai tant observé, tant remarqué de choses, c'est pour vous seul que je l'ai fait, parce que je savais que le sujet vous intéressait. Vous pouvez être certain que je n'ai pas eu d'autre motif.

« Et maintenant que l'objet principal de ma lettre est rempli, il ne me reste pas grand'chose à vous dire.

« Nous nous portons tous très-bien, et Fanny gagne de jour en jour. Vous ne sauriez croire comme elle est bonne pour moi, et quelle peine elle se donne pour me façonner aux bonnes manières. Elle a un amoureux qui l'a suivie, d'abord depuis la Suisse jusqu'à Venise, puis de Venise jusqu'ici, et qui m'a récemment confié qu'il a l'intention de la suivre partout où elle ira. J'ai été un peu troublée quand il m'a fait part de cette résolution, mais il a fallu bon gré mal gré qu'il fît de moi sa confidente. Je ne savais que dire, mais enfin je lui ai répondu que, selon moi, il ferait mieux de ne pas se donner cette peine; car Fanny (mais je ne lui ai pas dit cela) est beaucoup trop vive et trop spirituelle pour lui. Néanmoins, il m'a dit qu'il essayerait tout de même. Quant à moi, je n'ai pas d'amoureux, ça va sans dire.

« Si vous avez jamais la patience de me lire jusqu'ici, vous vous direz peut-être : Ah çà! est-ce que ma petite Dorrit va finir sa lettre sans me parler de ses voyages? Il est grand temps qu'elle en dise quelque chose. Je pense comme vous, mais je ne sais que vous dire. Depuis que nous avons quitté Venise, nous avons visité beaucoup de merveilles, Gênes et Florence entre autres, et nous avons eu sous les yeux tant de vues merveilleuses que, lorsque je pense à la foule de souvenirs que j'amasse, j'en ai presque le vertige. Mais vous pourriez vous-même m'en dire beaucoup plus que je n'en sais là-dessus : pourquoi donc vous fatiguerais-je de mon bavardage descriptif?

« Cher monsieur Clennam, puisque j'ai déjà eu le courage de vous raconter les difficultés familières qui ont embarrassé mon esprit en voyage, je ne veux pas être plus timide aujourd'hui. Eh bien! voici une de mes pensées les plus fréquentes : — Quelque vieilles que soient ces cités, leur antiquité n'est pas ce qu'elles ont de plus curieux à mes yeux : ce qui m'étonne le plus, c'est l'idée qu'elles étaient là à leur place pendant tous ces longs jours de ma vie où leur existence, à deux ou trois exceptions près, m'était inconnue, et où je ne connaissais d'ailleurs presque rien en dehors des sombres murs que vous savez. Il y a dans cette pensée quelque chose qui me rend triste, je ne sais pourquoi. Lorsque nous sommes allés voir la fameuse tour penchée de Pise, le soleil brillait dans un ciel bleu; la tour et les bâtiments voisins paraissaient si vieux, tandis que la terre et le ciel semblaient si jeunes, les ombres si douces et si calmes! La première réflexion qui m'est venue à l'esprit n'était pas pour me dire que c'était là un spectacle bien beau et bien curieux; non, je me mis à rêver : « Oh! combien de fois, lorsque l'ombre d'un triste mur obscurcissait notre chambre, et qu'on entendait dans la cour ce bruit monotone des mêmes pas allant et venant sans cesse, la scène que voilà a-t-elle été aussi tranquille et aussi belle qu'aujourd'hui! » Cela m'a émue. Mon cœur était si plein, que les larmes me jaillirent des yeux, bien que je fisse tous mes efforts pour les retenir, et j'éprouve ce sentiment-là bien souvent.

« Savez-vous que depuis notre changement de fortune, qui lui-même me semble toujours un rêve, je rêve toujours que je suis encore très-jeune? Vous répondrez à cela que je ne suis pas encore bien vieille. Non, mais ce n'est pas là ce que je veux dire. Lorsque je me revois en songe, j'ai l'âge que j'avais lorsqu'on m'a appris à coudre. J'ai souvent rêvé que j'étais encore là-bas; j'ai revu dans la cour des visages assez peu familiers et que je m'étonnais de n'avoir pas oubliés; mais une fois sur deux, depuis que je suis à l'étranger...., en Suisse, en France ou en Italie, partout où nous avons voyagé. .. je me suis toujours retrouvée petite fille. J'ai rêvé que j'entrais chez Mme Général avec les premiers vêtements rapiécés que je me rappelle avoir portés. Mainte et mainte fois j'ai rêvé que je me mettais à table à Venise, lorsque nous avions beaucoup de monde à dîner, avec la vieille robe de deuil que j'ai portée à l'âge de huit ans pour ma pauvre mère et que j'ai dû garder longtemps encore après qu'elle était tout usée et qu'il n'y avait plus moyen de la raccommoder. Je ne puis vous dire quel malaise j'éprouvais en songeant que nos convives allaient trouver que mon costume s'accordait bien peu avec la richesse de mon père et que j'allais déshonorer papa, Fanny et Édouard, et leur déplaire en dévoilant à tous les yeux ce qu'ils tiennent tant à cacher. Mais à force d'y penser je n'en devenais pas plus sage et je continuais à rêver, sans quitter la table, que les dépenses d'un pareil dîner me rendaient bien malheureuse, et je me creusais la tête pour savoir comment on arriverait jamais à les payer. Je n'ai jamais rêvé du changement même de notre fortune; je n'ai jamais rêvé de cette mémorable matinée où vous êtes revenu avec moi annoncer petit à petit la grande nouvelle; je n'ai même jamais rêvé de vous.

« Cher monsieur Clennam, il se peut que je songe trop à vous.... et à d'autres.... pendant le jour pour qu'il me reste dans l'esprit des pensées à vous donner dans mon sommeil. Car il faut que je vous avoue que j'ai le mal du pays, que je désire si vivement et si ardemment revoir les lieux où j'ai vécu, que je ne pense pas à autre chose lorsque personne n'est là pour me voir. Je souffre à mesure que je m'en éloigne, et quand je m'en rapproche, ne fût-ce que de quelques lieues, mon cœur se desserre même malgré la certitude que nous ne tarderons pas à nous éloigner de nouveau. J'aime tant les lieux témoins de ma pauvreté et de votre bonté pour moi! Oh! oui! je les aime bien tendrement.

« Dieu sait quand votre pauvre enfant reverra l'Angleterre! Nous aimons tous (moi exceptée) la vie que l'on mène ici, et il n'est pas question d'un prochain retour. Mon cher père parle de se rendre à Londres vers la fin du printemps pour régler quelques affaires d'intérêts, mais je n'ai aucun espoir qu'il m'emmène avec lui.

« J'ai essayé de profiter un peu plus des leçons de Mme Général, et j'espère que je ne suis pas tout à fait aussi gauche qu'autrefois. Je commence à parler et à comprendre, sans trop de peine, les langues difficiles dont je vous ai entretenu. Je ne me suis pas rappelée, la première fois que je vous ai écrit, que vous parliez ces deux langues; mais je m'en suis souvenue plus tard et cela m'a encouragée. Dieu vous bénisse, cher monsieur Clennam, N'oubliez pas

« Votre toujours reconnaissante et affectionnée

« PETITE DORRIT. »

« P. S. Surtout rappelez-vous que Minnie Gowan mérite votre souvenir le plus sympathique. Vous ne sauriez avoir d'elle une opinion trop élevée ou trop favorable. J'ai oublié M. Pancks la dernière fois. Si vous le voyez, dites-lui, je vous prie, que la petite Dorrit se rappelle à son bon souvenir. Il a été plein de bonté pour la petite Dorrit. »

CHAPITRE XII.

Où le lecteur assiste à une grande conférence patriotique.

Le célèbre M. Merdle devenait chaque jour de plus en plus célèbre. Personne ne pouvait affirmer que ce fameux Merdle eût jamais fait le moindre bien à un de ses semblables, vivant ou mort. Personne ne pouvait affirmer qu'il possédât la moindre faculté d'émettre, au profit de qui que ce fût, le plus petit rayon de lumière pour l'éclairer sur la route du devoir ou du plaisir, de la douleur ou de la joie, du travail ou des délassements, de la réalité ou de l'imagination, en un mot sur aucun des innombrables sentiers de ce dédale que foulent aux pieds les fils d'Adam. Personne n'avait le moindre motif de supposer que l'argile dont était pétri ce moderne veau d'or ne fût pas l'argile la plus grossière du monde, éclairée par la mèche la plus fameuse qui ait jamais empêché une lampe humaine de s'éteindre. Mais on savait (ou l'on croyait savoir) qu'il avait amassé d'immenses richesses; et il n'en fallait pas davantage pour se prosterner à ses pieds avec une servilité plus dégradante et moins excusable que celle du sauvage abruti qui sort à quatre pattes de son trou pour offrir un sacrifice propitiatoire à la divinité que son âme ignorante adore sous la forme d'une bûche ou d'un reptile.

Les grands prêtres du culte étaient moins excusables encore, car ils avaient toujours, dans la présence de M. Merdle, une protestation vivante contre leur bassesse. La multitude l'adorait de confiance, et l'on sait bien pourquoi; mais ceux qui officiaient à l'autel avaient constamment cet homme sous les yeux. Ils s'asseyaient à sa table, comme M. Merdle assistait à leurs fêtes. Il portait toujours avec lui comme un spectre, son cornac, qui semblait dire à ces grands prêtres : « Quoi! ce sont là les signes qui vous inspirent tant de confiance et tant de respect.... cette tête, ce regard, cette façon de parler, ce ton, ces manières? Vous êtes les pivots du ministère des Circonlocutions chargés de nous gouverner. Lorsqu'une demi-douzaine d'entre vous se prennent aux cheveux il semble que le monde va périr faute de pouvoir fournir d'autres législateurs. A quoi tient donc votre supériorité? On ne peut toujours pas dire qu'elle consiste dans une connaissance plus approfondie des hommes, lorsqu'on vous voit accepter, flatter et prôner un être pareil? Ou si vous êtes capables de bien juger les signes que je ne manque jamais de vous montrer, chaque fois qu'il se présente parmi vous, encore moins peut-on attribuer votre supériorité à votre honnêteté. » C'étaient là deux questions embarrassantes qui suivaient M. Merdle partout où il allait, et qu'on avait pris le parti d'étouffer, faute de pouvoir y répondre.

En l'absence de Mme Merdle, M. Merdle continuait à tenir sa maison ouverte afin que les flots de visiteurs pussent y aller et venir à leur gré. Quelques-uns de ces derniers ne se faisaient pas prier pour prendre possession de l'établissement. Trois ou quatre grandes dames pleines de vivacité et de distinction se disaient de temps en temps : « Allons donc dîner chez ce cher Merdle jeudi prochain. Qui inviterons-nous? » Ce cher Merdle recevait des ordres en conséquence, se mettait lourdement à table, et, le repas terminé, se promenait lugubrement dans ses salons, sans qu'on fît autrement attention à sa présence, si ce n'est peut-être pour le regarder comme un trouble-fête.

Le maître d'hôtel, ce cauchemar du grand Merdle, ne se relâchait en rien de sa sévérité. Il surveillait les dîners donnés en l'absence de la Poitrine, comme il surveillait, quand elle était là, les repas que présidait cet ornement de la Société; et son regard de basilic continuait à faire trembler M. Merdle. C'était un homme terrible que ce maître d'hôtel; jamais il n'aurait souffert qu'on servît une once d'argenterie ou une bouteille de vin de moins qu'à l'ordinaire. Il n'aurait pas permis à M. Merdle de donner un dîner qui ne fût digne d'un maître d'hôtel comme lui. Avant tout, dans l'ordonnance d'un repas, il songeait à sa propre réputation. S'il plaisait aux convives de manger ce qu'on leur servait, il n'y trouvait pas à redire; mais on ne le leur servait que pour maintenir son rang. Tandis qu'il se tenait debout auprès du buffet, il semblait dire :

« J'ai bien voulu accepter l'office de contempler tout ce qui est là devant moi, mais rien de moins. » S'il regrettait la Poitrine qui embellissait ordinairement la salle à manger de M. Merdle aux heures des repas, c'est parce qu'il se voyait par là privé temporairement, par des circonstances inévitables, d'une partie importante des ressources de son service : exactement comme il eût regretté un surtout ou un magnifique bassin à glace, pour frapper le champagne, qu'on aurait envoyés chez le banquier de la famille.

M. Merdle envoya des invitations pour un dîner de Mollusques. Lord Décimus devait en être, ainsi que M. Tenace Mollusque et l'aimable petit Mollusque, attaché au secrétariat du ministère des Circonlocutions. Le chœur de ces Mollusques parlementaires, qui parcourent les provinces à la clôture de la chambre pour aller chanter les louanges de leur chef, devait également être représenté à ce festin politique. Cela fit beaucoup de bruit. M. Merdle allait s'allier au parti des Mollusques. Quelques délicates petites négociations avaient été entamées entre lui et le noble Décimus; c'est le jeune et aimable Mollusque qui avait été l'entremetteur. M. Merdle s'était décidé à donner à la puissante coterie des Mollusques l'appui de sa grande probité et de sa grande fortune. Les mauvaises langues flairaient bien là-dessous quelque maquignonnage politique : peut-être, parce qu'il était bien connu de tout le monde, que, si le diable en personne était un gaillard à se laisser mettre le grappin dessus, les Mollusques ne manqueraient pas de l'accaparer.... pour le bien du pays, cela va sans dire.... pour le bien du pays.

Mme Merdle avait écrit à son magnifique époux.... (à moins d'être un vil hérétique, on ne pouvait nier que ce fameux banquier, couvert d'une triple couche de dorure, ne valût à lui seul tous les hommes d'argent qui ont existé chez nous depuis le temps de Whittington).... elle avait donc écrit de Rome à son époux lettres sur lettres pour lui rappeler que c'était le moment ou jamais de caser Edmond Sparkler. Elle lui démontrait sans relâche qu'il y avait urgence et que ce serait encore, sous un autre rapport, un grand avantage en ce moment, d'obtenir immédiatement quelque bon emploi. Sur cet article important, le style épistolaire de Mme Merdle ne connaissait qu'un seul mode, le mode impératif, un seul temps, le présent.

Mme Merdle mit tant d'insistance à expédier à M. Merdle une foule de verbes ainsi conjugués, que le sang lourd et les longs parements de manches du banquier en étaient tout agités.

C'est dans cet état d'agitation que M. Merdle, contemplant à la dérobée les souliers de son maître d'hôtel sans oser regarder en face ce terrible personnage, lui avait signifié son intention de donner un dîner distingué : pas un dîner très-nombreux, mais un dîner très-distingué. Le maître d'hôtel avait eu l'obligeance de déclarer qu'il n'avait aucune objection à donner un coup d'œil pour qu'on fît le plus de dépense possible dans ce genre ; et le jour de ce mémorable dîner était arrivé.

M. Merdle se tenait donc dans un de ses salons, le dos au feu, attendant l'arrivée de ses hôtes importants. Il prenait rarement la liberté de se mettre le dos au feu, à moins d'être seul. En présence de son maître d'hôtel, jamais il n'aurait osé prendre une pareille licence. En ce moment, par exemple, si ce despotique serviteur eût ouvert la porte, son maître se serait empressé de s'arrêter lui-même par le poignet, comme un policeman dans l'exercice de ses fonctions, et de se promener devant la cheminée ou de rôder humblement autour des meubles pompeux du salon. Les ombres malicieuses qui jouaient à cache-cache dans le feu, sortant de leurs cachettes quand il montrait sa flamme, et se hâtant d'y retourner quand sa flamme elle-même rentrait dans le foyer, étaient les seuls témoins de la liberté qu'il avait prise de se chauffer à son aise ; c'était déjà bien assez de témoins comme cela : peut-être trop, à en juger par son air.

Le journal du soir qu'il tenait à la main ne parlait que de M. Merdle. Sa hardiesse merveilleuse, sa merveilleuse fortune, sa merveilleuse Banque, servaient à alimenter ce soir-là la feuille louangeuse. La merveilleuse Banque dont il était à la fois l'inventeur, l'organisateur et le directeur, était le dernier des nombreux miracles financiers accomplis par l'heureux capitaliste. Malgré tout, M. Merdle se montrait si modeste au milieu de ces brillants exploits qu'il ressemblait bien plus à un homme dont le domicile est sous le coup d'une saisie qu'à un colosse commercial, ouvrant, comme celui de Rhodes, ses deux jambes devant sa propre cheminée, pour laisser passer les petits caboteurs qu'il attendait à dîner.

Les voici justement qui commencent à entrer dans le port! L'aimable jeune Mollusque du secrétariat est le premier arrivé; mais l'Honneur du Barreau le rejoint sur l'escalier. L'Honneur du Barreau, armé selon sa coutume de son binocle et de son salut à l'usage de messieurs les jurés, fut enchanté de voir l'aimable jeune Mollusque; il opina qu'on allait siéger *in banco*, comme nous disons, nous autres avocats, pour plaider une cause spéciale?

« En vérité, demanda l'aimable jeune Mollusque, qui se nommait Ferdinand, comment cela?

— Allons! répondit en souriant l'Honneur du Barreau. Si vous ne savez rien, vous, comment voulez-vous que je sache quelque chose? Nourri dans le sérail, vous en connaissez les détours; moi, je ne suis qu'un humble spectateur mêlé à la foule qui vous regarde faire. »

L'Honneur du Barreau savait être badin ou grave selon la pratique à laquelle il s'adressait. Avec Ferdinand Mollusque, il fut aussi léger qu'un fil de la Vierge. L'Honneur du Barreau était également humble et modeste.... à sa manière, quand il voulait. L'Honneur du Barreau était un homme d'infiniment de ressources et des plus variées; mais on reconnaissait le même mannequin sous tous les costumes de ses rôles différents : chaque individu à qui il avait affaire devenait à ses yeux un juré, et il se croyait tenu en conscience de gagner ce juré, si c'était possible.

« Notre illustre hôte et ami, continua l'Honneur du Barreau, notre brillante étoile commerciale va s'embarquer dans la politique?

— S'y embarquer? Mais voilà déjà quelque temps qu'il siége dans la Chambre des Communes, vous savez, répliqua Ferdinand Mollusque.

— C'est juste, reprit l'Honneur du Barreau avec le petit rire de bonne société qu'il tenait en réserve pour les membres des grands jurys, et qui ne ressemblait en rien au gros rire comique à l'usage d'un jury de petits boutiquiers : oui, il y a déjà quelque temps qu'il siége dans la Chambre des Communes; mais jusqu'à présent notre étoile a été une étoile un peu errante, un peu vacillante, hein? »

Un homme ordinaire, en entendant ce *hein* engageant, n'aurait pu s'empêcher de faire une réponse affirmative. Mais Ferdinand se contenta de lancer à l'Honneur du Barreau un coup d'œil plein de malice et ne répondit pas du tout.

« Très-bien, très-bien, je m'en doutais, continua l'Honneur du

Barreau, hochant la tête, car il ne se laissait pas dérouter pour si peu. Voilà pourquoi j'ai parlé de siéger *in banco* pour entendre plaider un argument spécial.... en d'autres termes, je veux dire qu'il s'agit d'une cause grave et solennelle où selon l'expression du capitaine Macheatheath[1] *les juges sont réunis; spectacle terrible!* Vous voyez que nous autres avocats, nous sommes assez généreux pour citer les paroles de l'illustre capitaine, quoiqu'il ne nous épargne pas. Mais c'est égal, je puis arguer d'un aveu du capitaine lui-même.... (continua, avec un petit balancement de tête badin, l'Honneur du Barreau qui avait toujours l'air de se railler lui-même de la meilleure grâce du monde, lorsqu'il s'exprimait en termes du métier), je puis arguer d'un aveu du capitaine lui-même, que la loi a du moins l'*intention* d'être impartiale. En effet, cet aimable personnage ne dit-il pas?... Si je commets une erreur dans ma citation, mon savant ami.... (ici il toucha l'épaule de son interlocuteur avec son binocle, geste de comédien de bon ton).... voudra bien la relever....

Puisqu'aux yeux de la loi les voleurs sont égaux,
Quel que soit leur crédit, leurs titres sociaux,
J'espère me trouver en bonne compagnie
Au pied de la potence où doit finir ma vie! »

Ce quatrain les amena jusqu'au salon où M. Merdle se tenait le dos au feu. M. Merdle fut tellement abasourdi de voir entrer l'Honneur du Barreau avec de telles paroles à la bouche, que l'avocat dut lui expliquer que c'était une citation du poëte Gay.

« Qui ne compte pas assurément parmi les autorités de Westminster Hall, ajouta-t-il; mais dont un homme aussi universellement pratique que M. Merdle ne saurait manquer d'apprécier le mérite. »

M. Merdle eut l'air de vouloir dire quelque chose; mais il eut l'air presque aussitôt de ne plus vouloir rien dire du tout : ce qu'il fit. Cet intervalle de silence donna à la Crème de l'Épiscopat le temps de se faire annoncer.

La Crème de l'Épiscopat fit son entrée d'un air modeste, mais d'un pas ferme et rapide, comme s'il prenait ses bottes de sept lieues afin de faire le tour du monde, pour aller s'assurer que la statistique universelle de l'état des âmes ne présentait que des résultats satisfaisants. M. l'Évêque ne soupçonnait pas du tout qu'il y eût aucun motif particulier à la réunion où M. Merdle l'avait invité. C'était visible, rien qu'à considérer sa physionomie. Il était dispos, jeune, gai, affable, doux.... mais surtout si innocent! C'était vraiment surprenant.

L'Honneur du Barreau se glissa auprès de lui et lui fit subir un interrogatoire des plus polis, relativement à la santé de Mme l'É-

1. Voleur de grand chemin, personnage du *Beggar's Opera*, célèbre comédie de Gay. (*Note du traducteur.*)

vêque. Mme l'Évêque avait joué de malheur, elle avait attrapé un léger rhume à la dernière confirmation; mais, à cela près, elle se portait bien. Le jeune M. l'Évêque jouissait d'une bonne santé. Pour le moment, il habitait avec sa jeune femme et sa petite famille, sa cure du district des Bonnes-Ames.

Les représentants du chœur des Mollusques commencèrent ensuite à arriver. Puis vint le médecin de M. Merdle. L'Honneur du Barreau, qui avait un coup d'œil et coup de lorgnon pour chacun des convives qu'on annonçait (quelle que fût la personne avec laquelle il causât ou la conversation engagée), trouvait toujours un procédé très-habile pour s'approcher des nouveaux venus sans que personne s'aperçût de cette manœuvre, et pour amener chaque gentleman du jury à parler du sujet qui lui était le plus familier. Avec certains membres du chœur politique, il se moqua de ce député qui s'était réveillé en sursaut l'autre nuit à la chambre, et qui s'était dépêché de quitter le couloir pour aller voter de travers : avec d'autres, il déplora tristement la peine qu'on avait à réprimer cet esprit d'innovation qui poussait le public à s'intéresser d'une façon si indiscrète aux affaires publiques et aux finances de l'État. Il eut un mot à dire au médecin à propos de la santé générale; il eut aussi un renseignement à lui demander à propos d'un de ses confrères, d'une érudition incontestable et de manières distinguées.... mais ces qualités-là étaient également l'apanage de certains autres professeurs de l'art de guérir (petit salut à l'adresse de son juré....) qu'il avait eu à discuter comme témoin de sa partie adverse dans une cause récente, et auquel il avait fait avouer, en le pressant de ses questions, qu'il était un des apôtres de ce nouveau genre de traitement que l'Honneur du Barreau trouvait.... Oui, n'est-ce pas?... C'est ce que pensait l'Honneur du Barreau, qui avait espéré que son ami le docteur le confirmerait dans cette opinion. Sans prétendre décider une question sur laquelle les médecins eux-mêmes n'étaient pas d'accord, l'Honneur du Barreau croyait vraiment, à ne regarder la chose qu'au point de vue du sens commun, et laissant de côté ce qu'on nomme l'examen légal, que cette nouvelle méthode thérapeutique était.... Oserait-il, en présence d'une si grande autorité médicale, dire.... une stupidité? Ah! encouragé par ce sourire, il n'hésitait pas à lui donner ce nom, et il se sentait l'esprit soulagé.

M. Tenace Mollusque, qui (semblable au célèbre ami du docteur Johnson) ne possédait qu'une seule idée, et encore c'était une idée fausse, venait aussi d'arriver. Ce personnage éminent et M. Merdle, qui occupaient les deux extrémités d'un canapé jaune, en face du feu, sans se regarder et sans échanger une parole, ruminant chacun de leur côté, ressemblaient comme deux gouttes d'eau aux deux vaches qui paissaient dans le tableau de Cuyp, accroché vis-à-vis.

Mais voici lord Décimus lui-même. Le maître d'hôtel, qui jusqu'alors s'était borné à une branche de ses fonctions ordinaires, celle de regarder (plutôt d'un air de défi que de bienvenue) les convives qui arrivaient, daigna se déranger au point de monter l'escalier avec lui, pour l'annoncer. Comme lord Décimus était un pair d'une supériorité écrasante, un jeune et modeste député (l'avant-dernier des petits goujons parlementaires qui étaient venus mordre à l'hameçon des Mollusques) qu'on avait invité à ce dîner, afin de célébrer sa capture, ferma les yeux humblement lorsque milord fit son entrée.

Lord Décimus, néanmoins, déclara qu'il était charmé de voir le jeune député. Il ne fut pas moins charmé de voir M. Merdle, la Crème de l'Épiscopat, le docteur, l'Honneur du Barreau, M. Tenace Mollusque, le chœur parlementaire, et Ferdinand, son secrétaire intime. Le fait est que lord Décimus, bien qu'il fût un des plus grands hommes que la terre ait portés, ne brillait pas par l'amabilité de ses manières; mais Ferdinand l'avait piloté de manière qu'il se trouvait dans la nécessité de dire quelque chose de gracieux à tous ceux qu'il pourrait rencontrer chez M. Merdle et de se montrer ravi de les voir. Après avoir achevé cet exploit de vivacité et de condescendance, milord se disposa à compléter le paysage de Cuyp et posa pour la troisième vache du groupe.

L'Honneur du Barreau, sûr d'avoir gagné les autres jurés, sentit qu'il lui fallait maintenant mettre le grappin sur le chef du jury, et se glissa discrètement vers lui, binocle en main. L'Honneur du Barreau commença à parler du temps, comme du sujet le plus capable de faire fondre la réserve officielle de son interlocuteur. L'Honneur du Barreau dit que l'on avait affirmé (tout le monde entend affirmer ces choses-là, sans qu'on puisse jamais savoir par qui ni pourquoi) qu'il n'y aurait pas de fruits d'espalier cette année. Lord Décimus n'avait pas ouï dire que ses pêches eussent souffert de la température, mais il craignait (d'après le rapport de ses gens) de ne pas avoir de pommes. Pas de pommes? L'Honneur du Barreau ne pouvait en revenir; cela lui faisait beaucoup de peine. Le fait est qu'en réalité il ne se souciait pas le moins du monde qu'il restât seulement un pepin sur la surface de la terre; mais cela ne l'empêcha pas de se montrer douloureusement affecté de cette nouvelle. Et à quoi donc lord Décimus.... (car nous autres avocats nous sommes vraiment d'ennuyeuses gens, il nous faut toujours des renseignements sur tout, sans que nous sachions seulement s'ils pourront jamais nous servir), à quoi donc lord Décimus attribuait-il cette disette de pommes? Lord Décimus ne put se charger d'expliquer ce mystère. Cette réponse aurait arrêté tout court un questionneur moins intrépide : mais l'Honneur du Barreau s'attaqua à lord Décimus avec une nouvelle ardeur.

« Et les poires, milord? »

Longtemps après que l'Honneur du Barreau fut devenu procureur général, on lui faisait honneur de cette question comme d'un coup de maître. Elle donna l'occasion à lord Décimus de se rappeler un poirier qui poussait autrefois dans le jardin de la matrone chez laquelle il avait demeuré durant son séjour au collége d'Éton. C'est sur cet arbre qu'avait fleuri à toujours la seule plaisanterie qu'il eût jamais faite de sa vie ; une plaisanterie, entre nous, assez saugrenue, espèce de calembour par approche entre les *poires* d'Éton et les *paires*[1] parlementaires. Mais comme c'était une plaisanterie un peu âpre dont lord Décimus ne pensait pas que son auditeur pût saisir jamais tout le sel sans avoir fait au préalable une connaissance intime et suivie avec l'arbre en question, l'histoire commençait avant l'existence de cet arbre, puis elle le retrouvait en plein hiver, lui faisait traverser la succession des saisons, pousser des feuilles, porter des fleurs et produire des fruits ; elle voyait mûrir ces fruits, en un mot, cultivait l'arbre d'une façon si diligente et si minutieuse, avant de se glisser par la croisée de la chambre à coucher pour voler les poires, que bien des auditeurs bénissaient le ciel de ce que le poirier avait été planté et greffé avant l'époque où lord Décimus était venu au monde, sans quoi ils risquaient de perdre cette excellente plaisanterie. L'intérêt que les pommes avaient inspiré à l'Honneur du Barreau fut bien faible, comparé à l'émotion profonde avec laquelle il suivit les phases de ce récit, depuis le moment où lord Décimus commença, d'un ton solennel, par dire : « En parlant de poires, vous me rappelez un certain poirier.... » jusqu'à la spirituelle conclusion de cette histoire : « C'est ainsi qu'à travers les nombreuses péripéties de la vie, nous passons des *poires* d'Éton aux *paires* politiques. » Il s'y intéressa si vivement, qu'il fut obligé de descendre avec lord Décimus jusqu'à la salle à manger du rez-de-chaussée, et de s'asseoir auprès de lui à table, afin d'entendre la fin de l'anecdote. Après cela, l'Honneur du Barreau, certain d'avoir gagné le chef du jury, se crut le droit de dîner maintenant de bon appétit.

Le repas, d'ailleurs, était bien fait pour donner de l'appétit à qui en aurait manqué. Les plats les plus délicats, somptueusement préparés et somptueusement servis ; les fruits les plus beaux ; les vins les plus exquis ; des chefs-d'œuvre d'orfévrerie, des porcelaines et des cristaux magnifiques ; d'innombrables objets, destinés à flatter le goût, l'odorat et la vue, étaient réunis pour le plus grand plaisir des convives. Quel homme prodigieux que ce Merdle ! Quel grand homme, quel maître homme ! Quel ensemble de mérites, combien de qualités gracieuses !... En un mot, quel homme riche !

Selon sa coutume, il mangea ses misérables trente-six sous d nourriture de la façon indigeste qui lui était habituelle, et demeura aussi taciturne que l'a jamais été un homme célèbre. Heureusement que lord Décimus était une de ces sublimités qui n'exigent pas qu'on leur parle, attendu qu'elles ont toujours assez à faire de

1. En anglais *pear* (poire) et *pair* (paire) se prononcent de la même façon. En langage politique, on nomme *paire* deux députés appartenant chacun aux deux camps opposés qui, au moment d'un vote, quittent ensemble, d'un commun accord, la salle des séances. (*Note du traducteur*.)

s'occuper à contempler leur propre grandeur; heureusement pour le jeune député modeste, qui put tenir les yeux ouverts assez longtemps à la fois pour voir ce qu'il mangeait; mais qui, dès que lord Décimus parlait, les refermait bien vite.

L'aimable Ferdinand et l'Honneur du Barreau firent les frais de la conversation. L'Évêque aurait aussi été excessivement agréable si son innocence ne l'avait pas tant gêné. Aussi fut-il bientôt distancé. Lorsqu'on faisait la moindre allusion détournée au but de ce dîner politique, il n'y était plus du tout. Les affaires mondaines étaient au-dessus de sa portée; il n'y comprenait absolument rien.

Cette particularité devint surtout remarquable lorsque le Barreau dit en passant qu'il avait appris avec plaisir que nous allions bientôt enrôler dans la bonne cause la solide et modeste sagacité.... pas une de ces sagacités démonstratives ni vaniteuses, mais franchement solides et pratiques.... de notre jeune ami, M. Sparkler.

Ferdinand Mollusque se mit à rire, et répondit que c'était bien possible. Un vote est un vote, et ce n'est jamais à dédaigner.

Le Barreau regretta de ne pas avoir aperçu notre jeune ami Sparkler aujourd'hui, monsieur Merdle.

« Il est en voyage avec Mme Merdle, répondit ce gentleman sortant lentement d'une longue rêverie pendant laquelle il s'était amusé à faire glisser une grande cuiller dans sa manche. Il n'est pas indispensable qu'il soit sur les lieux.

— Le nom magique de Merdle, ajouta le Barreau avec son petit salut à l'adresse de messieurs les jurés, suffit bien sans aucun doute.

— Mais.... oui.... je le crois, répliqua M. Merdle remettant la cuiller sur la table et se cachant assez gauchement les mains sous les parements de ses manches. Je crois que les gens qui sont là-bas dans mes intérêts ne feront aucune difficulté.

— Des électeurs modèles! fit l'Honneur du Barreau.

— Je suis heureux de voir qu'ils aient votre approbation, remarqua M. Merdle.

— Et les électeurs de ces deux autres endroits? poursuivit l'Honneur du Barreau, dont l'œil plein de vivacité se tourna avec un léger clignement vers son magnifique voisin. (Nous autres avocats, nous sommes si curieux, si indiscrets, il faut toujours que nous furetions partout, à ramasser mille petits bouts de renseignements. au risque d'encombrer notre mémoire comme une boutique de bric-à-brac, sans savoir seulement si nous trouverons jamais un coin où ils puissent nous servir....) Les électeurs de ces deux autres endroits, monsieur Merdle, cèdent-ils avec une louable ardeur à la puissante et absorbante influence de votre activité hardie et de votre renommée? Ces petits ruisseaux courent-ils d'eux-mêmes se jeter, comme sous l'influence d'une attraction physique, dans le vaste fleuve qui poursuit sa route merveilleuse, enrichissant le pays qu'il traverse? Vont-ils y mêler le tribut de leurs eaux avec tant d'empressement qu'on puisse dès à présent, avec aisance et facilité, calculer et prédire le cours qu'ils suivront? »

M. Merdle, un peu troublé par l'Éloquence du Barreau, contempla vaguement la salière la plus voisine, puis répondit en hésitant :

« Ils savent parfaitement, monsieur, ce qu'ils doivent à la société. Ils nommeront les personnes que je leur désignerai.

— Je suis charmé, dit le Barreau, tout à fait charmé de cette bonne nouvelle! »

Les trois endroits en question étaient trois petits trous pourris de notre île, contenant trois petits colléges électoraux de traverse, ignorants, ivrognes et sales, qui étaient venus se faire escamoter dans la poche de M. Merdle. Ferdinand Mollusque se mit à rire avec son aisance accoutumée, et dit d'un ton enjoué que c'étaient là de jolis gaillards. La Crème de l'Épiscopat, qui se promenait mentalement dans les sentiers de la paix, était tout à fait absorbé dans le troisième ciel, bien loin des choses de ce monde.

« A propos, demanda lord Décimus, jetant les yeux autour de la table, dites-moi donc ce que c'est que cette histoire d'un gentleman qui, après avoir été longtemps enfermé dans une prison pour dettes, s'est trouvé tout à coup d'une riche famille, et possesseur d'un gros héritage. Je n'entends parler que de cela. Je ne vois dans les journaux que des allusions à cette aventure. Savez-vous quelque chose là-dessus, Ferdinand?

— Je ne sais qu'une chose, répondit Ferdinand, c'est que ce gentleman a donné au ministère auquel j'ai l'honneur d'être attaché (le sémillant petit Mollusque prononça cette phrase d'un ton enjoué, comme qui dirait : Nous savons ce que veulent dire ces formules-là, mais il ne faut pas en perdre la tradition) une peine infinie et un tintouin du diable.

— Tintouin? répéta lord Décimus après un silence majestueux et réfléchissant sur la valeur de ce mot, d'un air majestueux qui obligea le député modeste à fermer les yeux de toutes ses forces. Tintouin?

— Beaucoup d'ennuis et d'embarras, dit M. Tenace Mollusque d'un ton de dignité offensée.

— Et de quel genre d'affaires s'occupait ce monsieur, demanda lord Décimus; quel était le sujet de.... ce tintouin, Ferdinand?

— Oh! pour ça, c'est une bonne histoire, répondit le jeune homme, je n'en connais pas de meilleure dans son genre. Ce M. Dorrit (il se nomme Dorrit) avait passé un contrat avec nous (des siècles avant que la bonne fée sortît de la Banque pour lui livrer son héritage) et il n'avait pas tenu ses engagements. Il était associé dans une maison pour l'exploitation en grand de quelque chose.... je ne sais trop quoi.... des spiritueux ou des boutons de guêtre, du vin ou du cirage, de la laine ou du gruau, du porc ou des agrafes, du fer ou de la mélasse, des souliers ou tante autre fourniture pour les troupes, ou pour la marine, ou pour quelqu'un. Cette maison fit faillite et, en notre qualité de créanciers, nous avons poursuivi M. Dorrit avec toutes les formalités voulues. Lorsque la bonne fée lui apparut enfin et que son avoué se présenta pour nous payer, ma foi! nous en avions par-dessus les yeux de signatures, de renvois, de contre-signatures *et cætera*, si bien qu'il nous fallut six mois pour savoir comment accepter son argent et lui donner quittance. C'est là, voyez-vous, un des plus beaux triomphes administratifs que je sache, ajouta ce joli garçon de Ferdinand riant de bon cœur. Jamais vous n'avez vu remplir une telle masse d'imprimés; l'avoué de notre débiteur en était lui-même confondu : « Ah çà, me dit-il un jour, si, au lieu de vouloir vous payer deux ou trois mille livres sterling, je venais vous en demander le remboursement, vous ne feriez pas plus de difficultés. — Vous avez raison, mon vieux, lui ai-je répondu, et, à l'avenir, vous pourrez prendre notre défense quand on nous accusera de n'avoir rien à faire. »

L'aimable secrétaire intime termina en riant encore de tout son cœur. C'était un charmant garçon, en vérité, que ce jeune Mollusque, et il avait des manières on ne peut plus engageantes.

M. Tenace Mollusque n'envisageait pas la question d'une façon aussi superficielle. Il en voulait à M. Dorrit d'avoir dérangé le ministère en s'obstinant à payer ce qu'il devait, et il regardait la chose comme une infraction aux règles établies, la dette étant si ancienne. Mais il faut dire que M. Tenace Mollusque était un homme boutonné jusqu'au menton, et par conséquent un homme de poids. Tout homme boutonné jusqu'au menton est considéré comme un homme profond. Est-ce parce qu'il y a dans cette faculté de se déboutonner, qu'il se réserve d'exercer ou non, quelque chose qui en impose à l'humanité en général? Ou bien ne se figure-t-on pas que la sagesse se condense et s'accroît lorsqu'elle est solidement renfermée dans une double rangée de boutons, sans quoi elle risque de s'évaporer? Je l'ignore; mais toujours est-il que l'homme toujours boutonné jusqu'au menton est celui qui donne la plus haute idée de son importance. M. Tenace Mollusque aurait perdu une bonne moitié de sa valeur courante si son habit n'avait pas été constamment boutonné jusqu'à sa cravate blanche.

« Oserais-je demander, reprit lord Décimus, si ce M. Darrit.... ou Dorrit... a des enfants? »

Comme personne n'ouvrait la bouche, l'hôte répondit :

« Il a deux filles, milord.

— Oh! vous le connaissez donc?

— Mme Merdle le connaît, M. Sparkler aussi. Bref, je crois même que l'aînée de ces demoiselles a fait une vive impression sur Édouard Sparkler. Il est très-impressionnable, et.... il.... me semble.... que la conquête.... »

M. Merdle se tut et contempla la nappe : c'est ce qu'il faisait presque toujours lorsqu'il savait qu'on l'écoutait ou qu'on le regardait.

L'Honneur du barreau fut enchanté d'apprendre que la famille Merdle et cette autre famille se connussent déjà. Il demanda à la Crème de l'épiscopat (qui se trouvait en face de lui) si ce n'était pas là une sorte de démonstration, par analogie, de ce principe physique en vertu duquel les semblables se cherchent : *similis simili gaudet*. Il considérait cette tendance qui fait que la richesse attire la richesse comme un phénomène des plus curieux et des plus intéressants.... un phénomène qui se rattache vaguement aux propriétés de l'aimant et aux lois de la gravitation. La Crème de l'épiscopat, qui était redescendu du ciel, doucement sur son petit dada, lorsqu'on avait abordé ce sujet de conversation, abonda dans le sens de son interlocuteur. Il remarqua qu'il importait à la Société qu'une personne, placée dans une position aussi difficile que celle d'un homme qui se trouve tout à coup investi des moyens de faire beaucoup de bien ou beaucoup de mal à la société, vînt, pour ainsi dire, se fondre dans une puissance supérieure, d'une nature plus légitime et plus gigantesque, dont l'influence (comme, par exemple, celle de l'ami à la table duquel nous nous trouvons) était exercée au profit des meilleurs intérêt de la Société. De cette façon, au lieu de deux flammes rivales (une grande et une petite), jetant, chacune de leur côté, une clarté trouble et incertaine, nous obtenions une lumière égale et adoucie, dont les rayons bienfaisants répandaient sur le pays une chaleur uniforme.

L'évêque parut fort satisfait de sa façon de poser la question et ne la lâcha pas de longtemps; l'Honneur du barreau (ne voulant pas perdre les bonnes grâces d'un juré influent) parut jusqu'au bout se tenir aux pieds du révérend pour recevoir de sa main le pain salutaire de ses préceptes épiscopaux.

Le dîner et le dessert ayant duré trois heures, le député modeste avait eu le temps de se refroidir à l'ombre de lord Décimus plus vite qu'il ne s'était réchauffé à goûter les vins et les mets, et ne fit que frissonner tout le temps. Lord Décimus, semblable à une tour élevée qui se dresse au centre d'un pays plat, paraissait projeter son ombre d'un côté à l'autre de la table, cachant la lumière à l'honorable membre, glaçant l'honorable membre jusque dans la moelle des os, lui donnant une lugubre idée des distances sociales. Lorsque milord invita cet infortuné voyageur, égaré dans ces régions inconnues, à prendre un verre de vin avec lui, il entoura les pas chancelants du malheureux de la plus triste des ombres; et, quand il ajouta : « A votre santé, monsieur ! » l'autre ne vit plus à l'horizon que désert et solitude.

Enfin, lord Décimus, sa demi-tasse à la main, se mit à flâner devant les tableaux, et on commença à se demander quand il cesserait sa promenade, pour permettre au menu fretin de monter au salon, chose impossible tant que leur noble chef ne leur en aurait pas donné l'exemple. Au bout d'une dizaine de minutes, après avoir plusieurs fois fait mine de déployer ses ailes, sans réussir à s'envoler, le grand homme prit son essor vers l'étage supérieur.

Il s'éleva alors une difficulté qui se renouvelle chaque fois que l'on donne un dîner, afin de réunir deux personnes qui ont à s'entretenir d'une affaire importante. Tout le monde (excepté l'évêque, qui n'avait pas la moindre idée de ce qui se passait) savait parfaitement que ce repas avait été organisé pour fournir à lord Décimus et à M. Merdle l'occasion de causer ensemble pendant cinq minutes. L'occasion élaborée avec tant de peine et de soins était arrivée, et à partir de ce moment il sembla que toutes les ressources de l'esprit humain ne pourraient aboutir à faire seulement entrer les deux parties intéressées dans le même salon. M. Merdle et son noble convive s'obstinaient à errer aux deux extrémités opposées du paysage. C'est en vain que l'aimable Ferdinand amenait lord Décimus à venir admirer les chevaux de bronze contre lesquels s'appuyait M. Merdle, au même instant M. Merdle s'esquivait et recommençait sa course errante. C'est en vain qu'il amenait ensuite M. Merdle du côté de lord Décimus, sous prétexte de lui faire raconter l'histoire de ces vases de Dresde, uniques dans leur genre; lord Décimus s'empressait de s'esquiver et de recommencer sa course errante, à son tour, au moment où son cousin venait de pousser son partenaire au but désiré.

« Avez-vous jamais rien vu de pareil? demanda Ferdinand à l'Honneur du barreau, après avoir subi une vingtaine d'échecs.

— Bien des fois, répondit l'avocat.

— A moins que je ne bloque l'un d'eux dans un coin désigné d'avance, tandis que vous y bloquerez l'autre, ajouta Ferdinand, c'est une affaire manquée!

— Eh bien! j'y consens. Je vais bloquer Merdle, si vous voulez; mais je ne me charge pas de milord. »

Ferdinand se mit à rire malgré sa déconfiture.

« Diantre soit d'eux! s'écria-t-il en consultant sa montre. Je voudrais bien m'en aller. Pourquoi diable ne peuvent-ils pas s'aborder? Il savent aussi bien l'un que l'autre ce qu'ils veulent. Regardez-les donc! »

Les deux diplomates se tenaient toujours aux extrémités opposées du grand salon, chacun d'eux feignant de ne pas songer à l'autre: feinte aussi ridicule et aussi transparente que si on avait lu la véritable pensée écrite à la craie sur le dos de leur habit. La Crème de l'épiscopat (qui tout à l'heure encore causait avec Ferdinand et l'Honneur du barreau, mais que son innocence avait empêché de prendre part à la fin de leur conversation) se rapprochait justement de lord Décimus pour entrer en conversation avec lui.

« Il faut que je prie le médecin de Merdle de s'assurer de lui et de me l'amener, dit Ferdinand, tandis que de mon côté je mettrai la main sur mon illustre parent pour l'entraîner de gré ou de force à la conférence.

— Puisque vous m'avez fait l'honneur de solliciter mon humble assistance, dit l'Honneur du barreau avec son sourire le plus rusé, je me mets avec beaucoup de plaisir à votre disposition. Je ne crois pas qu'un homme seul puisse suffire à cette entreprise. Mais si vous vous chargez d'acculer milord dans le dernier salon où il paraît si profondément occupé, je me charge d'amener mon cher Merdle auprès de lui, sans lui laisser le moyen de s'éclipser.

— Convenu ! dit Ferdinand.

— Convenu ! répéta l'Honneur du barreau. »

Ce fut un merveilleux et imposant spectacle que de voir l'Honneur du barreau, balançant gentiment son binocle au bout d'un ruban noir et saluant plus gentiment encore tout un peuple de jurés, arriver par le plus grand des hasards auprès du millionnaire et saisir cette occasion pour lui parler d'une petite difficulté à propos de laquelle il désirait avoir l'opinion d'un homme aussi pratique, aussi éclairé que M. Merdle. (Sur ce, il prit le bras de cet homme éclairé et l'emmena doucement vers le salon voisin.) Un banquier que nous nommerons A. B., avance une somme considérable que nous nommerons quinze mille livres sterling, à un client de l'Honneur du barreau que nous nommerons P. Q. (Comme on se rapprochait de lord Décimus, l'avocat serra le bras de M. Merdle.) En garantie du remboursement de cette somme prêtée à P. Q. que nous nommerons une veuve, on a déposé entre les mains d'A. B. les titres de propriété d'un bien-fonds que nous nommerons Blinkiter Doddles. Or, voici ce qu'il s'agit de savoir. Le fils de P. Q., déjà plus que majeur et que nous nommerons X. Y., avait sur les forêts de Blinkiter Doddles certains droits d'abattage et de.... Mais c'est vraiment impardonnable ! En présence de lord Décimus, obliger notre hôte à écouter une ennuyeuse question de droit.... c'était vraiment impardonnable ! Il reprendrait l'entretien une autre fois. L'Honneur du barreau déclara qu'il se sentait tout confus et qu'il ne dirait pas un mot de plus de cette affaire. M. l'évêque serait peut-être assez bon pour lui accorder quelques minutes d'entretien ?

Il venait de déposer M. Merdle sur une causeuse, à côté de lord Décimus, et la conférence allait s'ouvrir. C'était le moment ou jamais.

Les autres convives, émus et intéressés (sauf l'évêque qui continuait à ne pas avoir la moindre idée de ce qui se passait), formèrent un groupe autour de la cheminée du salon voisin, et feignirent de causer d'une foule de choses insignifiantes, tandis que les yeux et la pensée de chacun se tournaient en secret vers les deux plénipotentiaires isolés. Les membres du chœur parlementaire paraissaient fort agités ; peut-être craignaient-ils qu'on ne disposât de quelque bonne sinécure qu'ils regardaient comme leur propriété. L'évêque était le seul invité qui conservât assez de sang-froid pour soutenir une conversation suivie. Il s'entretint avec le célèbre médecin au sujet des maux de gorge auxquels étaient sujets les jeunes membres du clergé officiant, et lui demanda le meilleur moyen de parer à cette espèce d'épidémie cléricale. Le célèbre docteur, en thèse générale, fut d'avis que le meilleur moyen était d'obliger les jeunes ministres à apprendre à lire avant de faire profession de lire en public. L'évêque lui demanda d'un air de doute si c'était bien là son opinion? Le médecin, bien décidément, lui répondit qu'il en était sûr.

Cependant Ferdinand était le seul des invités qui voltigeât en éclaireur sur les flancs de la troupe des causeurs; se tenant à peu près à mi-chemin entre le groupe et les deux diplomates, comme si lord Décimus eût été en train de faire quelque opération chirurgicale à M. Merdle, ou que M. Merdle fût occupé à rendre le même service à son noble convive, et qu'on pût à tout moment l'appeler pour le pansement. En effet, au bout d'un quart d'heure, lord Décimus appela « Ferdinand! » et l'aimable secrétaire intime prit place à la conférence, qui dura encore cinq minutes. Alors le chœur parlementaire put enfin respirer; car lord Décimus se leva pour prendre congé. Piloté par Ferdinand, il fit tout ce qu'il put pour se rendre de plus en plus populaire, et se mit à distribuer de la façon la plus brillante des poignées de main à toute la société; il alla même jusqu'à dire à l'Honneur du barreau:

« J'espère que je ne vous ai pas trop suffoqué avec mes *poires* et mes *paires!*

—Celles d'Eton, milord, ou celles du parlement? » riposta l'avocat, montrant clairement qu'il avait parfaitement compris le calembour, et insinuant en même temps d'une manière délicate qu'il se rappellerait jusqu'à la fin de ses jours cette spirituelle plaisanterie.

Toute l'importance renfermée dans l'habit boutonné de M. Tenace Mollusque prit ensuite congé. Ferdinand ne tarda pas non plus à s'éloigner pour aller à l'Opéra. Plusieurs convives moins notables restèrent encore quelque temps, mariant à des tables de Boule leurs petits vers à liqueur dont le pied humide s'y imprimait en anneaux collants. Ils espéraient que M. Merdle finirait par dire quelque chose, mais le millionnaire, selon sa coutume, erra d'une façon insouciante et apathique d'un salon à l'autre sans desserrer les dents.

Le lendemain ou le surlendemain, les journaux annoncèrent à toute la ville qu'Édouard Sparkler, esquire, beau-fils de M. Merdle, ce banquier d'une renommée universelle, devenait un des lords du ministère des Circonlocutions; et on proclama, pour l'édification des fidèles, que cette admirable nomination était un hommage rendu par l'aimable et gracieux Décimus à cet intérêt commercial qui doit toujours, dans un grand pays commercial, *et cætera*.... le tout suivi d'une fanfare triomphante de trompettes ministérielles. Alors, fortes de cet hommage *respectueux du gouvernement*, la merveilleuse banque et les autres merveilleuses entreprises du grand Merdle ne firent que hausser et prospérer à la Bourse. Une foule de badauds en vinrent jusqu'à visiter Harley-Street, Cavendish-Square, rien que pour admirer la maison qu'habitait le veau d'or.

Et lorsqu'ils apercevaient le maître d'hôtel se tenant sur le pas de la porte dans ses moments de condescendance, les badauds s'écriaient : « A-t-il l'air riche ! » et se demandaient combien d'argent il devait avoir de placé dans la merveilleuse banque. Mais s'ils avaient mieux connu ce respectable représentant de la vengeresse Némésis, au lieu de s'adresser cette question, ils auraient pu fixer tout de suite avec la plus grande précision le chiffre du placement en question.

CHAPITRE XIII.

Les progrès d'une épidémie.

Une épidémie morale est au moins aussi difficile à arrêter qu'une épidémie physique ; une maladie de ce genre s'étend avec la même rapidité que la peste ; la contagion, une fois qu'elle a fait quelques progrès, n'épargne aucune profession, aucun rang ; elle s'empare de gens qui jouissaient de la santé la plus robuste et se développe dans des tempéraments qui semblaient à l'abri de ses atteintes. Ce sont là des faits aussi clairement démontrés par l'expérience qu'il est démontré que l'homme a besoin d'air pour vivre. Le plus grand bienfait que l'on pourrait rendre à l'humanité, ce serait de saisir et de séquestrer (je ne dis pas qu'il faille les étouffer sans autre forme de procès), avant que l'infection puisse se communiquer, les esprits gangrenés dont la faiblesse ou la perversité propage ces terribles fléaux....

De même qu'un vaste incendie gronde et se fait entendre à une grande distance, de même la flamme sacrée sur laquelle les puissants Mollusques venaient de jeter de l'huile, donna encore plus de retentissement aux échos qui redisaient le nom de Merdle. Ce nom sortait de toutes les bouches pour entrer dans toutes les oreilles. Il n'y avait pas, il n'y avait jamais eu, il n'y aurait jamais un homme comme M. Merdle. Personne, nous l'avons déjà vu, ne savait ce qu'il avait fait pour mériter ce renom ; mais tout le monde savait que c'était le personnage le plus illustre que la terre eût porté.

Les locataires de la cour du Cœur-Saignant, qui ne possédaient pas un sou qui ne fût dépensé d'avance, s'intéressaient à M. Merdle tout autant que les habitués de la Bourse. Mme Plornish, qui tenait maintenant un petit magasin d'épicerie et autres objets d'utilité générale, dans une bonne petite boutique à l'extrémité la plus fashionable de la cour, avec Maggy et le vieux petit bonhomme de père Nandy pour garçons de boutique, ne parlait guère que de M. Merdle à ses pratiques. M. Plornish, qui s'était associé avec un petit entrepreneur du voisinage, affirmait, truelle en main, sur les échafaudages ou les toits où il travaillait, qu'on lui avait dit que M. Merdle était le seul individu, voyez-vous, capable de nous faire obtenir ce que nous désirons tous, voyez-vous, et de nous mettre à notre aise, chacun chez nous. On se disait (à voix basse) que M. Baptiste, seul et unique locataire des Plornish, avait l'intention de placer dans les entreprises infaillibles de M. Merdle les économies que ses habitudes frugales lui permettaient d'amasser. Les dames de la cour du Cœur-Saignant, lorsqu'elles venaient chercher leurs onces de thé et leurs quintaux de cancans, donnaient à entendre à Mme Plornish, comme quoi, madame, elles savaient par leur cousine Marie-Anne, qui travaillait dans la couture, que Mme Merdle avait assez de robes pour remplir trois diligences; qu'on serait bien embarrassé pour trouver (n'importe où, madame,) une plus belle femme. Quant à son *busque*, madame, on dirait que c'est du marbre. Comme quoi, madame, c'était son fils d'un premier mariage à qui on venait de donner une place dans le gouvernement; comme quoi son premier mari avait été général: il avait marché contre l'ennemi, couronné par la victoire, s'il fallait en croire le bruit général. Comme quoi on racontait que M. Merdle avait répondu en propres termes aux ministres que, si on avait pu s'arranger pour lui céder tout le gouvernement, il l'aurait accepté sans espoir de profit, mais qu'il ne pouvait le prendre à perte. Quoiqu'il n'eût pas à craindre, madame, qu'il pût y perdre grand' chose, car on pouvait dire sans mentir qu'il marchait sur l'or. Comme quoi, pourtant, il est bien à regretter qu'on ne se soit pas arrangé pour que M. Merdle se décidât à s'en charger; car il n'y avait que lui et les gens comme lui pour savoir combien le pain et la viande avaient augmenté, et il n'y avait que lui et les gens comme lui pour faire baisser le prix de ces denrées.

La fièvre d'enthousiasme faisait de tels ravages dans la cour du Cœur saignant, que les visites mêmes de M. Pancks venant toucher ses loyers hebdomadaires ne calmaient pas les malades. Seulement la maladie prenait alors une forme assez singulière et poussait ceux qui en étaient infectés à trouver des excuses et des consolations inconcevables rien que dans le nom magique de Merdle.

« Allons! disait M. Pancks à un retardataire, payons! et vivement!

— Je n'ai pas d'argent, M. Pancks, répondait le retardataire. Je vous dis la vérité toute pure, je vous assure qu'il n'y a pas seulement cinq pence dans la maison.

— Ça ne peut pas aller comme ça, vous savez, ripostait M. Pancks. Vous ne supposez pas que nous puissions nous contenter de ça, n'est-ce pas? »

Le retardataire reconnaissait, avec un « non, monsieur, » découragé, qu'il n'entretenait aucune espérance de ce genre.

« Mon propriétaire ne va pas se contenter de ça, vous savez, poursuivait M. Pancks. Ce n'est pas pour ça qu'il m'envoie ici. Allons! payez! »

Le retardataire répondait :

« Ah ! monsieur Pancks, si j'étais ce riche gentleman dont tout le monde parle.... si je m'appelais Merdle, monsieur.... je vous aurais bientôt payé, et avec beaucoup de plaisir encore. »

Les dialogues à propos des loyers avaient presque toujours lieu sur le seuil de la porte ou dans les allées, en présence de plusieurs Cœurs saignants qui y prenaient un très-vif intérêt. Ils accueillaient toujours une allusion de ce genre par un murmure approbateur, comme s'ils voyaient là un argument irréfutable ; et le retardataire, quelque décontenancé qu'il eût été auparavant, ne manquait jamais de se ranimer un peu en faisant cette réponse :

« Si j'étais M. Merdle, monsieur, vous n'auriez pas à vous plaindre de moi. Non, non, soyez-en sûr ! poursuivait le retardataire en hochant la tête. Je vous payerais si vite, monsieur Pancks, que vous n'auriez pas même besoin de me demander de l'argent. »

Que répondre à cela ? chacun trouvait qu'on ne pouvait pas mieux dire, et que cela valait quittance ou peu s'en faut.

M. Pancks se trouvait donc réduit à prendre note de ce retard, en disant :

« Allons ! vous recevrez la visite de l'huissier et on vous mettra dehors : voilà tout. Qu'est-ce que vous avez besoin de me parler de M. Merdle. Vous n'êtes pas M. Merdle, ni moi non plus.

— Non, monsieur, avouait le locataire. Plût à Dieu que vous le fussiez, monsieur.

« Vous seriez plus coulant avec nous, si vous étiez M. Merdle, poursuivait le locataire avec une nouvelle animation, et cela n'en vaudrait que mieux pour tout le monde. Pour nous comme pour vous, monsieur. Vous ne seriez pas obligé de nous tourmenter et de vous tourmenter vous-même par la même occasion. Vous seriez plus tranquille, et vous laisseriez les autres tranquilles, si vous étiez M. Merdle. »

M. Pancks, que ces compliments indirects avaient pour effet de rendre tout penaud, ne résistait jamais à cet assaut. Il ne savait plus que se mordre les ongles et se diriger en reniflant vers le retardataire le plus voisin. Le chœur se réunissait alors autour du débiteur que le facteur de M. Casby venait d'abandonner, et les rumeurs les plus extravagantes sur le chiffre de l'argent comptant que possédait M. Merdle circulaient parmi eux, à leur grande satisfaction.

Après une de ces nombreuses défaites que signalait un de ses nombreux jours de recette, M. Pancks, ayant achevé sa tournée, se dirigea, son calepin sous le bras, vers le domicile de Mme Plornish. La visite de M. Pancks n'avait pas un but intéressé, c'était une simple visite de politesse. La journée avait été fatigante et il éprouvait le besoin de se remonter un peu. Il entretenait maintenant des relations très-amicales avec la famille Plornish ; il venait souvent se reposer chez eux en pareille circonstance, et payer son tribut de souvenirs à Mlle Dorrit.

L'arrière-boutique de Mme Plornish avait été décorée sous sa propre direction, et figurait du côté du magasin une petite fiction qui réjouissait on ne peut plus le cœur de cette dame. L'invention poétique dont on avait embelli le petit salon consistait dans une peinture à fresque représentant l'extérieur d'une chaumière, l'artiste ayant conservé (de façon à produire autant d'effet que le permettaient leurs dimensions disproportionnées) la porte et la croisée de la chambre. Les soleils et les roses trémières fleurissaient à foison sur cette demeure rustique, tandis qu'une colonne d'épaisse fumée qui s'échappait de la cheminée annonçait qu'on faisait bonne chère à l'intérieur, et peut-être aussi que le ramoneur n'avait pas passé par là depuis longtemps. On voyait sur le seuil un chien fidèle qui s'apprêtait à mordre les mollets de l'inoffensif visiteur; un pigeonnier circulaire enveloppé d'un nuage de pigeons s'élevait derrière la haie de clôture du jardin. Sur la porte (lorsqu'elle était fermée), on voyait le simulacre d'une plaque de cuivre avec cette inscription :

L'HEUREUSE CHAUMIÈRE.

T. ET M. PLORNISH.

Les deux initiales représentaient la raison sociale représentée par les époux Plornish. Jamais la poésie, jamais l'art n'ont réussi à charmer l'imagination autant que leur réunion dans cette chaumière pour rire charmait la digne Mme Plornish. Peu lui importait que Plornish eût l'habitude de s'y appuyer en fumant sa pipe aux heures du repos, que son chapeau engouffrât le pigeonnier et tous les pigeons, que son dos cachât la maison, que ses mains enfoncées dans ses poches déracinassent le jardin fleuri, et ravageassent la campagne adjacente. Aux yeux de Mme Plornish, la chaumière n'en était pas moins une ravissante demeure, un merveilleux trompe-l'œil. Peu lui importait que le nez de M. Plornish fût à quelques pouces au-dessus du niveau de la croisée du second étage. C'était une véritable pastorale pour Mme Plornish, une renaissance de l'*âge d'or*, que de rentrer dans la boutique après l'heure de la fermeture, et d'entendre le vieux Naudy roucouler ses bergerades. Et certes, si cette célèbre époque mythologique vient jamais à renaître, ou même si elle a jamais existé, il est permis de douter qu'elle pût fournir beaucoup de filles qui admirassent leur père aussi cordialement que cette pauvre femme.

Avertie par la sonnette de la boutique de l'arrivée d'un visiteur, Mme Plornish sortit de l'heureuse chaumière pour voir qui c'était.

« J'avais deviné que c'était vous, monsieur Pancks, dit-elle, car c'est votre jour, n'est-ce pas? Voici Père, vous voyez, qui arrive au bruit de la sonnette pour servir la pratique, vif et alerte comme un jeune garçon de boutique qu'il est. A-t-il bonne mine, hein? Père est plus heureux de vous voir que si vous étiez une pratique, monsieur Pancks, car il aime bien faire sa petite causette; et quand la causette roule sur mamzelle Dorrit, ça lui fait doublement plaisir. Jamais Père n'a été en voix comme maintenant, poursuivit Mme Plornish avec des roulades dans sa propre voix, tant la bonne femme était heureuse et fière. Il nous a donné Tircis hier soir, et d'une telle façon que Plornish s'est levé pour lui adresser ce discours de l'autre côté de la table : « Jean Édouard Naudy, qu'il dit, jamais je ne vous ai entendu rossignoler aussi bien que vous venez de rossignoler ce soir. » N'est-ce pas bien agréable, monsieur Pancks? Qu'en dites-vous? »

M. Pancks, qui avait adressé au vieillard son ronflement le plus amical, fit une réponse affirmative et demanda en passant si ce joyeux petit gaillard d'*Altro* était rentré. Mme Plornish répondit : « Non, pas encore; et cependant, en partant pour le *West-End* où il allait livrer de l'ouvrage, il nous avait dit qu'il serait revenu pour le thé. » Puis, en bonne hôtesse, Mme Plornish invita M. Pancks à pénétrer dans l'heureuse chaumière, où il rencontra l'aîné des jeunes Plornish qui arrivait de l'école. Ayant fait subir un examen amical à ce jeune étudiant, il apprit que les *grands* (qui écrivaient déjà en *moyenne* et qui en étaient à la lettre *M*) avaient eu en classe, ce jour-là, pour exemple, les mots : « MERDLE, MILLIONS. »

« A propos de millions, dit Pancks, comment vont les affaires, madame Plornish?

— Mais ça marche, ça marche, monsieur; je n'ai pas à me plaindre, répliqua Mme Plornish.... Cher père, vous qui avez tant de goût, seriez-vous assez bon pour aller arranger un peu la montre avant que nous prenions le thé? »

Jean Édouard Naudy, enchanté du compliment, s'éloigna au petit trot pour exécuter cette commission. Mme Plornish, qui tremblait d'entrer dans aucun détail pécuniaire devant le vieux gentleman, de peur qu'au moindre aveu de sa part, il ne se crût obligé d'honneur à s'enfuir et à rentrer au *Workhouse*, se trouva libre de faire en son absence des confidences à M. Pancks.

« Il est très vrai que le commerce marche comme sur des roulettes, reprit Mme Plornish, baissant la voix; car nous avons une nombreuse clientèle, et sans le crédit, monsieur, tout irait bien. »

Cet inconvénient économique dont souffraient la plupart des gens qui avaient des rapports mercantiles avec les locataires de la cour du Cœur-Saignant, était une grosse pierre d'achoppement pour le commerce de Mme Plornish. Lorsque M. Dorrit avait lancé cette dame dans le débit des denrées coloniales, les Cœurs Saignants avaient témoigné une ferme résolution de la soutenir dans son commerce; ils y avaient mis une louable émulation qui faisait honneur à la nature humaine. Reconnaissant qu'une femme qui vivait depuis si longtemps parmi et comme eux avait droit à leur appui, ils s'étaient empressés de lui donner leur pratique, et ils avaient juré de ne protéger aucun établissement rival. Animés par ces nobles sentiments, ils allaient même jusqu'à faire des extras, en achetant divers petits articles d'épicerie dont ils étaient habitués à se passer, se disant les uns aux autres, pour justifier ces dépenses de luxe, que, s'ils tendaient un peu la corde, c'était pour rendre service à une voisine, ou plutôt à une amie. Et si on ne se sacrifiait pas pour une voisine ou une amie, pour qui donc se sacrifierait-on? Ainsi patronné, le commerce de Mme Plornish devint plus florissant, et les marchandises en magasin disparurent avec une rapidité extrême. Bref, si les Cœurs Saignants avaient payé, leur protégée se serait trouvée dans une situation très-prospère; mais, comme ils se bornaient à prendre tout à crédit, les profits réalisés jusqu'à ce jour ne figuraient pas encore dans les livres de la maison Plornish.

M. Pancks, à cet exposé de la situation financière de Mme Plornish, sentait les mèches de sa chevelure rebelle se dresser sur sa tête; il avait tout l'air d'un véritable hérisson, lorsque le vieux M. Naudy, rentrant dans la *chaumière* d'un air mystérieux, les pria de venir voir la mine étrange de M. Baptiste, qui semblait avoir rencontré quelqu'un ou quelque chose qui lui avait fait peur. Tous trois gagnèrent la boutique, et, regardant par la croisée, virent en effet M. Baptiste, pâle et agité, exécuter des évolutions assez singulières. D'abord on le vit se cacher en haut des marches du petit escalier qui conduisait à la cour, regardant à droite et à gauche dans la rue, la tête prudemment collée à côté de la porte du magasin. Après un examen inquiet, il quitta sa retraite et remonta rapidement la rue, comme s'il s'en allait tout de bon; puis il se retourna soudain et redescendit la rue du même pas et en faisant la même feinte. Après avoir fait à peu près autant de pas pour descendre la rue que pour la monter, il traversa la chaussée et disparut. Le but de cette dernière manœuvre ne fut révélé aux spectateurs qu'au moment où Cavaletto, apparaissant une seconde fois en haut de l'escalier, entra tout à coup dans la boutique; il était clair qu'il avait fait un grand détour jusqu'à l'autre entrée de la cour (c'est-à-dire jusqu'au côté où se trouvait la fabrique Doyce et Clennam), qu'il avait traversée au galop pour rentrer furtivement. Il était tout essoufflé (ce qui n'avait rien d'étonnant), et son cœur semblait aller plus vite que la petite sonnette qui s'agitait et tintait au haut de la porte à claire-voie, qu'il venait de refermer à la hâte.

« Holà! mon vieux, s'écria M. Pancks. Quoi donc, Altro? qu'est-ce que vous avez? »

M. Baptiste, ou signor Cavalletto, comprenait maintenant l'anglais aussi bien que M. Pancks lui-même, et ne le parlait pas trop mal. Cela n'empêcha pas Mme Plornish, qui tirait une vanité bien pardonnable de ce talent polyglotte, qui faisait presque d'elle une Italienne, de s'interposer comme interprète.

« Lui demander savoir, expliqua Mme Plornish, ce que vous avez.

— Entrons dans l'heureuse chaumière, *padrona*, répondit Cavalletto, imprimant un air très-mystérieux à son geste favori. Entrons là. »

Mme Plornish était fière de ce titre de *padrona*, qui, à ses yeux, signifiait moins *maîtresse de maison* que *maîtresse de langue italienne*. Elle accéda de suite au désir de M. Baptiste, et tout le monde rentra dans la chaumière.

« Lui espérer vous pas effrayer, dit alors Mme Plornish, interprétant d'une façon nouvelle les paroles de M. Pancks (car elle improvisait les variantes avec une facilité extrême), quoi donc être arrivé à vous? parla padrona.

— J'ai vu quelqu'un répondit Baptiste; je l'ai rincontrato.

— Lui, qui?

— Un mauvais homme, un très-mauvais homme. J'espérais ne plus jamais le voir.

— Comment vous savoir lui mauvais? demanda l'interprète.

— Ça ne fait rien, padrona; je ne le sais que trop : ça suffit.

— Lui avoir vu vous? continua la padrona.

— Non. Je l'espère. Je ne crois pas.

— Il dit (interpréta avec une condescendance pleine de douceur Mme Plornish, qui se retourna pour adresser la parole à son père et à M. Pancks) qu'il vient de rencontrer un méchant homme; mais il espère que le méchant homme ne l'a pas vu.... Et pourquoi (continua-t-elle, employant de nouveau la langue italienne), pourquoi, vous espérez lui avoir pas vu vous?

— Très-chère padrona (répliqua le petit étranger qu'elle avait protégé avec une bienveillance si délicate), ne me faites pas cette question, je vous en prie. Encore une fois, ça ne fait rien. J'ai peur de cet homme Je souhaite qu'il ne me voie pas; je souhaite qu'il ne me reconnaisse jamais... jamais! Assez là-dessus, belle padrona. N'en parlons plus! »

Ce sujet de conversation déplaisait tellement à Cavalletto et mettait tellement en déroute sa gaieté habituelle, que Mme Plornish n'insista pas; d'autant plus qu'il y avait déjà quelque temps que le thé bouillait au coin du feu. Mais si elle s'abstint d'adresser de nouvelles questions à son locataire, elle n'en fut ni moins intriguée, ni moins curieuse pour cela. M. Pancks, tout aussi surpris que son hôtesse, respirait, depuis l'entrée du petit Italien, à la façon d'une locomotive essoufflée qui aurait eu à faire remonter une colline assez roide à un convoi trop chargé. Maggy, mieux vêtue qu'autrefois, mais toujours fidèle à ses monstrueux bonnets, se tenait au second plan, la bouche béante et les yeux écarquillés, sans cesser d'être aussi ébahie lorsqu'il n'exista plus aucun motif d'ébahissement. Cependant on passa sur cet incident, bien que tout le monde parût y songer encore, surtout les deux jeunes Plornish, qui consommèrent d'une façon lugubre leur part du festin nocturne. À quoi bon manger des tartines de pain et de beurre, lorsqu'il était plus que probable que le méchant homme qui avait effrayé leur ami Cavalletto ne tarderait pas à venir les manger eux-mêmes?

M. Baptiste commença peu à peu à s'égayer; mais il ne quitta pas un seul instant le siége où il s'était installé derrière la porte et tout contre la fenêtre, bien que ce ne fût pas là sa place habituelle. Chaque fois que la petite sonnette se mettait à carillonner, il se levait d'un bond pour jeter au dehors un regard furtif, tenant à la main un coin du rideau et se cachant le visage avec le reste. On voyait bien qu'il n'était pas du tout certain que l'homme qu'il craignait ne l'eût pas suivi, avec la sûreté de flair d'un limier de race, malgré tous les circuits et les détours qu'il avait faits.

L'entrée de deux ou trois pratiques et l'arrivée de M. Plornish, qui se présentèrent à divers intervalles, entretinrent suffisamment les alarmes de M. Baptiste pour empêcher l'attention de la société d'oublier cet épisode. On avait fini de prendre le thé, les enfants étaient couchés et Mme Plornish cherchait un moyen adroit et respectueux pour obliger M. Naudy à leur chanter *Chloé*, lorsque la sonnette retentit de nouveau. Cette fois, elle annonçait la visite de M. Clennam.

L'associé de Daniel Doyce s'était attardé sur ses livres de comptes et sa correspondance; car les antichambres du ministère des Circonlocutions dévoraient dans le jour une grande partie de son temps. En outre et surtout, il était abattu et songeait avec inquiétude à l'incident survenu tout récemment chez sa mère. Il paraissait triste et fatigué. Il souffrait, en effet, de la fatigue et de l'isolement; néanmoins, en rentrant chez lui au sortir de son bureau, il s'était détourné un peu de son chemin pour annoncer aux habitants de l'heureuse chaumière qu'il avait reçu une seconde lettre de Mlle Dorrit.

La sensation produite par cette nouvelle détourna de Cavalletto l'attention générale. Maggy, qui avait immédiatement pris place au premier plan, paraissait prête à dévorer les nouvelles de sa petite mère à la fois par les oreilles, le nez, la bouche, et même par les yeux, si ses yeux n'avaient pas été remplis de larmes. Elle fut surtout enchantée lorsque Clennam l'assura qu'il y avait à Rome des hôpitaux où les malades étaient fort bien traités. M. Pancks gagna de plus en plus dans l'estime générale, en raison du souvenir spécial dont l'avait honoré dans sa lettre Mlle Dorrit. En voyant tout le monde content et vivement intéressé, Clennam fut amplement récompensé de la peine qu'il avait prise.

« Mais vous êtes fatigué, monsieur, laissez-moi vous faire une tasse de thé, dit Mme Plornish, si vous ne dédaignez pas de prendre quelque chose dans la chaumière. Et nous vous remercions bien des fois, monsieur, d'avoir eu la bonté de penser à nous. »

M. Plornish, se croyant tenu, en sa qualité de maître de maison, de témoigner également sa reconnaissance, eut recours à la formule par laquelle il exprimait toujours, dans une éloquence idéale, la sincérité de ses sentiments et le respect des convenances :

« Jean-Édouard Naudy, dit M. Plornish, s'adressant à son beau-père, monsieur. Ce n'est pas tous les jours que vous voyez des actions généreuses faites sans prétention et sans une ombre d'orgueil; aussi, quand vous les voyez, honorez-les pareillement avec reconnaissance. Car si vous ne les honorez pas et que l'occasion vous échappe, on dira tant pis pour vous, et à qui la faute? »

M. Naudy répondit en ces termes au discours de son gendre :

« Je suis tout à fait de ton avis, Thomas, et comme nous sommes tous deux du même avis, il n'y a pas besoin d'en dire davantage; je ne cache pas mon opinion, et je te le déclare, *oui*, *Thomas*, *oui*, nos deux opinions doivent être celles de tout le monde unanimement, car, dès qu'il n'y a pas de différence d'opinion, il ne peut y avoir deux opinions, non, Thomas, non. »

Arthur, avec moins de cérémonie, dit qu'il était flatté de la façon dont on accueillait une attention aussi simple. Quant au thé, il expliqua qu'il n'avait pas encore dîné et qu'il allait tout droit chez lui pour se restaurer, après une longue journée de travail, sans quoi il eût volontiers accepté l'offre hospitalière de Mme Plornish. Comme M. Pancks chauffait à grand bruit sa vapeur afin de prendre congé, Clennam lui demanda s'il voulait bien faire route avec lui. M. Pancks ayant répondu que ce serait avec le plus grand plaisir, les deux visiteurs quittèrent ensemble l'heureuse chaumière.

« Si vous vouliez bien pousser la complaisance jusqu'à m'accompagner chez moi, Pancks, dit Arthur lorsqu'ils se trouvèrent dans la rue, et partager avec moi la fortune du pot, ce serait presque un acte de charité; car je suis las, et je ne me sens pas du tout dans mon assiette ce soir.

— Volontiers, répondit M. Pancks. Je regrette seulement que vous n'ayez pas un plus grand service que celui-là à me demander; je vous le rendrais de bon cœur. »

Il s'était établi entre Clennam et cet excentrique personage un accord tacite qui était devenu de plus en plus sympathique depuis le soir où M. Pancks avait joué à saute-mouton avec M. Rugg dans la cour de la prison. Le jour mémorable où la voiture avait emporté le Doyen et sa famille, Pancks et Clennam l'avaient suivie des yeux et s'étaient retirés ensemble. La première fois que la petite Dorrit avait donné de ses nouvelles, personne ne les avait écoutées avec plus d'intérêt que le remorqueur du Patriarche. Dans sa seconde épître (que Clennam venait de serrer dans la poche de son habit) la jeune fille avait nommé M. Pancks en toutes lettres. Quoique jamais il n'eût fait aucune protestation à Clennam, et que ce qu'il venait de dire fût très-simplement dit, Clennam se figurait depuis longtemps que M. Pancks, dans ce qu'il était, commençait à avoir de l'amitié pour lui. Tous ces petits liens réunis faisaient ce soir-là de M. Pancks un maître câble, pour jeter l'ancre au repos en commun.

« Je suis tout seul, expliqua Arthur tandis qu'ils cheminaient ensemble. Mon associé est en voyage, occupé loin d'ici de cette partie de nos affaires qui le regarde spécialement, et vous pourrez vous mettre à votre aise.

— Merci. Vous n'avez pas remarqué Altro tout à l'heure? demanda Pancks.

— Non. Pourquoi cela?

— C'est un garçon de belle humeur, et que j'aime beaucoup, répliqua Pancks. Mais il faut qu'il lui soit arrivé quelque chose qui l'ait démonté aujourd'hui. Savezvous ce qui a pu le bouleverser comme ça?

— Pas le moins du monde : vous me surprenez. »

M. Pancks expliqua pourquoi il faisait cette question. Arthur fut fort étonné et tout à fait incapable de trouver la clef de cette énigme.

« Vous feriez peut-être bien de le questionner, dit Pancks, comme c'est un étranger dont vous ignorez les antécédents.

— A quel propos?

— A propos de ce qui le tourmente.

— Il faut que je m'assure avant tout s'il a vraiment quelque sujet d'inquiétude, reprit Clennam. Je l'ai toujours trouvé si laborieux, si reconnaissant (pour bien peu de chose) et si digne de confiance, que je ne veux pas avoir l'air de le soupçonner, ce qui serait très-injuste.

— C'est vrai. Mais dites donc! Savez-vous que vous ne devriez être le propriétaire de personne, monsieur Clennam. Vous y mettez beaucoup trop de délicatesse.

— Quant à cela, répondit Clennam en riant, je suis bien loin d'être le propriétaire de Cavalletto. Il gagne sa vie à faire des petites sculptures sur bois. Il a les clefs de la fabrique, il y couche toutes les deux nuits et en est en quelque sorte le gardien; mais nous n'avons que peu d'ouvrage à lui donner dans sa partie, bien que nous lui réservions le peu que nous en avons. Non. Je suis plutôt son mentor que son propriétaire. Si vous disiez que je suis son conseiller intime et son banquier, encore passe.... Mais, à propos de banquier, n'est-il pas étrange, Pancks, que ces spéculations risquées dont tout le monde parle trottent aussi dans la tête de ce petit Cavalletto?

— Spéculations risquées? riposta Pancks avec un ronflement. Quelles spéculations?

— Ces spéculations de Merdle.

— Oh! ces placements. Bon, bon! Je ne savais pas que vous parliez de placements. »

La vivacité avec laquelle M. Pancks venait de répondre fit tourner la tête à Clennam, qui crut s'apercevoir que Pancks ne disait pas tout ce qu'il en pensait. Cependant, comme celui-ci venait de hâter le pas, en ronflant plus laborieusement que jamais, Clennam laissa tomber la conversation et ils arrivèrent bientôt chez lui.

Un dîner composé de soupe et d'un pâté aux pigeons, servi au coin du feu, sur une petite table ronde, et arrosé d'une bouteille de bon vin, parut graisser agréablement les ressorts du remorqueur. Aussi, lorsque Clennam alla prendre sa pipe orientale et qu'il offrit une autre pipe non moins orientale à M. Pancks, ce gentleman parut tout à fait à son aise.

Ils fumèrent pendant quelque temps en silence. M. Pancks était comme un petit vapeur favorisé par le vent, la marée, le calme et une foule d'autres avantages maritimes. Il fut le premier à ouvrir la bouche pour dire :

« Oui, placements est le vrai mot. »

Clennam le regarda comme la première fois et se contenta de répondre :

« Ah !

— Je reviens à la charge, vous voyez, ajouta Pancks.

— Oui. Je vois que vous y revenez, répondit Clennam, qui se demandait pourquoi Pancks tenait tant à son mot de placements.

— N'est-il pas étrange que ces idées-là trottent dans la tête du petit Altro? Hein? continua Pancks tout en fumant. Ce sont bien là vos paroles.

— Oui.

— Bon! Mais si je vous disais qu'elles trottent dans la tête de tous les locataires de la cour! Si je vous disais qu'ils n'ont pas autre chose à la bouche les jours où je vais toucher mes loyers. Qu'ils payent ou qu'ils ne payent pas, Merdle, Merdle, Merdle, toujours Merdle.

— C'est étonnant comme ce vertige-là gagne tout le monde! remarqua Clennam.

— N'est-ce pas? » répliqua Pancks. Après avoir lancé quelques bouffées de fumée d'une façon plus sèche qu'on ne l'aurait cru après un dîner qui avait si bien graissé ses engrenages, il ajouta : « Cela vous semble étrange, parce que ces gens n'y comprennent rien. »

— Absolument rien.

— Absolument rien, répéta Pancks. Ils ne savent pas ce que c'est qu'un chiffre. Ils n'ont pas la moindre idée de ce que c'est que le crédit. Ils n'ont jamais fait un calcul. Ils ne sont pas à même d'examiner ces affaires à fond, monsieur.

— S'ils l'étaient.... commençait à dire Clennam, lorsque M. Pancks, sans changer de visage, laissa échapper un bruit nasal ou bronchital qui dépassait tellement ses efforts habituels qu'Arthur s'arrêta tout à coup.

— *Eh bien !* s'ils étaient à même de les examiner? répéta Pancks, attendant la suite.

— Je croyais que vous.... parliez, dit Arthur ne sachant quel nom donner à son interruption nasale.

— Pas du tout, répondit Pancks. Pas encore. Il est possible que je parle dans un moment. Eh bien, s'ils étaient à même...?

— S'ils étaient à même de les examiner, remarqua Clennam, ne sachant trop comment le prendre, ils n'auraient pas la sottise de céder à cet engouement.

— Comment cela, monsieur Clennam? demanda vivement Pancks et d'une manière étrange qui montrait bien que, depuis le commencement de l'entretien, il avait envie de mettre le feu à la bombe qu'il laissait éclater en ce moment. Ils ont raison, vous savez. Ils ignorent pourquoi, mais cela n'empêche pas qu'au fond ils ont raison.

— Raison de partager l'envie que montre Cavalletto de spéculer avec M. Merdle ?

— Par....fai....te....ment, monsieur, répondit Pancks. J'ai examiné l'affaire. J'ai fait les calculs, j'ai tiré la chose au clair. C'est solide et positif. »

Soulagé par cette déclaration, Pancks tira de sa pipe orientale une aussi longue bouffée que le lui permit l'état de ses poumons, et regarda Clennam d'un air sagace et ferme, tandis qu'il aspirait et exhalait la fumée.

En ce moment M. Pancks commençait à communiquer l'infection qu'il portait avec lui, car c'est comme cela que ces maladies se gagnent ; rien de plus subtil que la manière dont elles se propagent.

« Vous ne voulez pas dire, mon cher Pancks, demanda Clennam d'un ton très-grave, que vous risqueriez mille livres sterling à vous, par exemple, dans des entreprises de ce genre !

— Certainement si, répondit Pancks. C'est déjà fait, monsieur. »

Pancks aspira une nouvelle bouffée de tabac aussi longue que la première, en exhala non moins lentement la fumée, et lança encore à Clennam un long coup d'œil plein de sagacité avant de continuer.

« Je vous dis, monsieur Clennam, que je me suis embarqué là dedans. C'est un homme d'une habileté surprenante. Il possède un capital énorme et l'appui du gouvernement. Il n'y a pas de meilleur placement ; c'est aussi sûr que de la rente.

— Je vous avoue, répondit Clennam, regardant gravement son interlocuteur, puis regardant le feu avec non moins de gravité, que vous m'étonnez beaucoup.

— Bah ! riposta Pancks, ne dites pas cela, monsieur. Vous devriez plutôt faire comme moi. Pourquoi ne feriez-vous pas comme moi ? »

M. Pancks n'aurait pas été plus en état de dire de qui il avait gagné l'épidémie régnante que le premier fiévreux venu ne peut dire où il a attrapé la fièvre. Engendrées ainsi que bien des maladies physiques, par une prédisposition mauvaise, puis disséminées par l'ignorance, ces épidémies se communiquent ensuite, dans un temps donné, à des malheureux qui ne sont ni ignorants ni corrompus. Peut-être que Pancks avait lui-même attrapé la maladie de quelque sujet de cette dernière classe, peut-être que non. Toujours est-il qu'il appartenait à cette catégorie quand il chercha à inoculer à Clennam la contagion, et qu'elle n'en était pas moins virulente pour cela.

« Et vous avez déjà placé (Clennam avait fini par adopter ce mot) vos mille livres sterling, Pancks ?

— Je crois bien, monsieur! répliqua Pancks d'un ton plein de confiance, en lançant une bouffée. Je n'ai qu'un regret, c'est que ce ne soit pas plutôt deux mille. »

Or, un double sujet de préoccupation pesait lourdement ce soir-là sur l'esprit solitaire de Clennam : l'un était l'espoir si longtemps différé de son associé ; l'autre, ce qu'il avait vu et entendu chez sa mère. Grâce au soulagement qu'il trouvait dans la société de Pancks et à la certitude qu'il avait de pouvoir se fier à lui, il passa à ces deux sujets qui, tous deux, le ramenèrent avec beaucoup de vitesse et de force au point de départ.

La chose arriva de la façon la plus simple du monde. Laissant là M. Merdle et ses spéculations, après avoir contemplé quelque temps le feu à travers la fumée de sa pipe, il raconta à Pancks comment et pourquoi il avait une si rude besogne à démêler avec cette institution nationale qu'on nomme le ministère des Circonlutions.

« Ç'a été bien dur pour Doyce et ce l'est encore, dit-il en terminant avec toute l'honnête et sympathique indignation que ce sujet réveillait en lui.

— Bien dur en effet, répondit Pancks; mais vous gérez pour lui, monsieur Clennam?

— Comment l'entendez-vous?

— C'est vous qui avez le placement des fonds?

— Oui. Je les placç de mon mieux.

— Placez-les mieux encore, monsieur. Récompensez-le de ses travaux et de ses nombreuses déceptions. Faites-le participer aux chances du moment. Ouvrier patient et préoccupé, il ne songerait jamais de lui-même à en profiter. Il compte sur vous pour cela.

— Je fais de mon mieux, Pancks, répondit Clennam un peu troublé. Quant à peser et à examiner à fond ces nouvelles entreprises dont je n'ai aucune expérience, je doute que je sois capable d'entreprendre cette tâche. Je me fais vieux.

— Vieux? s'écria Pancks. Ha! ha! »

Il y avait une intonation si sincère dans le merveilleux rire et dans la série de reniflements que cette idée venait d'exciter chez Pancks, et dans l'énergie avec laquelle il la repoussait, qu'il n'y avait pas moyen de croire qu'il n'y allât pas bon jeu, bon argent.

« Vieux? s'écria Pancks. Allons donc! allons donc! Vieux! Par exemple! »

L'incrédulité obstinée qu'exprimaient les reniflements continus de Pancks, accompagnés de ces exclamations, obligea Arthur de renoncer à lui faire accepter un seul instant cette idée. D'autant plus qu'il craignait qu'il n'arrivât quelque chose à Pancks dans la lutte violente qui s'établissait entre l'air qu'il exhalait si énergiquement et la fumée qu'il aspirait avec une égale énergie. L'abandon de ce premier sujet le poussa à aborder le second.

« Ou jeune, ou vieux, ou entre deux âges, Pancks, reprit-il, profitant d'un silence favorable, je ne m'en trouve pas moins dans une situation d'esprit pleine d'inquiétude et de doutes, qui me fait craindre que rien de ce qui semble m'appartenir ne m'appartienne en effet. Vous confierai-je un grand secret?

— Confiez, monsieur, si vous m'en croyez digne.

— Je vous en crois très-digne.

— Vous avez raison! »

La réponse vive et laconique de M. Pancks, confirmée par le geste subit avec lequel il tendit à Clennam sa main de charbonnier était aussi expressive que convaincante. Arthur secoua cordialement cette main.

Alors, adoucissant la nature de ses anciennes craintes autant qu'il le pouvait, sans courir le risque de ne pas se faire comprendre, mais évitant de jamais nommer sa mère, et parlant seulement d'une parente supposée, il donna à M. Pancks une vague idée des appréhensions qui l'avaient inquiété et de l'entrevue à laquelle il avait assisté. M. Pancks écouta ce récit avec tant d'intérêt, qu'insensible aux charmes de la pipe orientale, il la posa sur le garde-cendres auprès des pelles et des pincettes; uniquement occupé de relever les mèches et les épis de sa chevelure hérissée, si bien qu'à la fin de l'histoire il avait tout l'air d'un Hamlet moderne en tête à tête avec le fantôme paternel.

« Ça me ramène, s'écria-t-il, touchant d'une façon si inattendue le genou de son hôte que celui-ci en tressaillit, ça me ramène, monsieur, à la question des placements! Je ne dirai rien de votre intention de vous appauvrir, le cas échéant, pour réparer un mal que vous n'avez pas fait. Je vous reconnais bien là. On ne peut pas forcer un homme à agir contre sa nature. Mais voici ce que je veux vous dire. Dans la crainte que vous n'ayez besoin d'argent pour sauver les vôtres de la honte ou du déshonneur, amassez-en le plus possible. »

Arthur secoua la tête, mais il regardait son interlocuteur d'un air rêveur.

« Devenez aussi riche que vous le pourrez, monsieur, reprit Pancks, concentrant toute son énergie pour donner plus de force à cette adjuration. Devenez aussi riche que vous le pouvez honnêtement. C'est votre devoir. Non par égoïsme, mais en vue des autres. Saisissez l'occasion aux cheveux. Ce pauvre M. Doyce (qui, lui, commence vraiment à vieillir) compte sur vous. Votre parente compte sur vous. Vous ne savez pas ce qu'on peut avoir à vous demander plus tard.

— Allons, allons! répondit Arthur. En voilà assez pour ce soir.

— Encore un mot, monsieur Clennam, et puis nous n'en reparlerons plus. Pourquoi laisser tous les profits aux goulus, aux fripons et aux imposteurs? Pourquoi abandonner des profits certains à mon propriétaire et à ceux qui lui ressemblent? C'est pourtant ce que vous faites tous les jours. Quand je dis vous, j'entends les gens comme vous. Vous ne pouvez pas nier le fait. Il se renouvelle chaque jour sous mes yeux. Je ne vois que cela. C'est mon métier de voir ces choses-là. Ainsi donc, je vous le répète, prenez un billet pour gagner le gros lot.

— Oui, mais si j'allais prendre un billet pour *perdre*.

— Impossible, monsieur, répondit Pancks. J'ai approfondi la chose. Un nom estimé partout.... une habileté incroyable.... des capitaux immenses.... une position élevée.... des alliances avec ce qu'il y a de plus haut.... l'appui du gouvernement. Impossible de perdre ! »

Après cet exposé final de la situation, M. Pancks se calma peu à peu, permit à ses cheveux rebelles de prendre une position aussi peu perpendiculaire que cela leur était possible, retira sa pipe du garde-cendres, la bourra de nouveau et la fuma. Ils ne se parlèrent plus guère ; mais ils ne s'en tenaient pas moins compagnie, poursuivant en silence le même sujet de réflexion : ils ne se quittèrent qu'à minuit. M. Pancks, prenant congé de Clennam et après lui avoir donné une poignée de main, circula tout autour de lui en ronflant avant de franchir le seuil de la chambre. Arthur comprit que cela voulait dire qu'il pouvait compter implicitement sur Pancks, dans le cas où il aurait besoin de lui, soit à propos des deux incidents dont ils venaient de causer, soit pour tout autre objet.

Le lendemain, à divers intervalles, et même tandis que sa pensée était autrement occupée, Clennam en revint à penser à la façon dont Pancks avait placé ses mille livres sterling, et aux entreprises qu'il avait *approfondies*. Il se rappela que M. Pancks se montrait plein de confiance à cet égard, lui qui d'habitude ne péchait pas par trop de confiance. Il songea au grand ministère des Circonlocutions et au bonheur qu'il aurait à améliorer la position de Doyce. Il songea à la sombre et menaçante demeure où il avait vécu enfant et aux ombres qui s'y amoncelaient, plus menaçantes que jamais. Il remarqua de nouveau que, partout où il allait, il voyait, entendait, ou palpait le fameux nom de Merdle ; il ne pouvait guère rester deux heures seulement devant son bureau, sans que ce nom fût présenté à ses sens physiques par l'entremise de quelque maison de commerce. Il commença à penser qu'il était étrange que ce nom se trouvât partout, sans que personne, excepté lui, parût s'en méfier ; ou plutôt, il ne pouvait pas dire, pour sa part, qu'il s'en fût jamais méfié ; il s'était contenté de se tenir à l'écart.

De tels symptômes, lorsqu'une épidémie de ce genre court les rues, annoncent presque toujours qu'on a gagné la maladie.

CHAPITRE XIV.

On demande un conseil.

Lorsque les Anglo-Saxons, rassemblés sur les bords du Tibre jaune, apprirent que leur intelligent compatriote, M. Sparkler, venait d'être nommé un des lords du ministère des Circonlocutions, cette nouvelle ne leur fit pas plus d'impression que les autres accidents ou les autres délits dont parlaient les journaux anglais. Les uns en rirent; d'autres avancèrent, comme circonstance atténuante, que la place était une véritable sinécure, et que le premier imbécile venu pouvait la remplir, pour peu qu'il sût signer son nom; d'autres encore (ceux-là étaient des oracles politiques, au maintien solennel), déclarèrent que Décimus avait raison de se renforcer; que c'était là le seul but constitutionnel de toutes les places dont il avait à disposer. Quelques Anglo-Saxons, plus bilieux que les autres, refusèrent de souscrire à cet article de foi; mais leur opposition fut purement théorique. En pratique, ils firent preuve d'une apathie déplorable, ayant l'air de croire que c'était à quelques Anglo-Saxons inconnus, dont ils ignoraient l'adresse, de s'occuper de cette affaire. De même, un grand nombre d'Anglo-Saxons, restés dans leurs pénates, soutinrent, pendant au moins vingt-quatre heures consécutives, que ces mêmes Anglo-Saxons, invisibles et anonymes, « devraient bien dire au gouvernement leur façon de penser, » et que s'ils supportaient tranquillement une pareille infamie, ma foi, c'était bien fait. A quelle classe de la société appartenaient donc ces Anglo-Saxons qui manquaient ainsi à leur devoir? Où se cachaient-ils, les malheureux? Pourquoi se cachaient-ils? Comment se faisait-il qu'ils abandonnassent sans cesse leurs intérêts, lorsque tant d'autres Anglo-Saxons se demandaient si souvent pourquoi ces défenseurs mystérieux des droits communs ne se montraient pas? Ce sont là des questions auxquelles personne n'aurait pu répondre, soit sur les bords du Tibre jaune, soit sur les bords de la noire Tamise.

Mme Merdle, quand on lui adressa des félicitations, fit circuler cette grande nouvelle avec une grâce indolente qui lui donnait une nouvelle valeur, comme la monture rehausse l'éclat d'une pierre précieuse.

« Oui, disait-elle, Edmond a accepté cette place. M. Merdle désirait qu'il l'acceptât et il a cédé. J'espère qu'il s'y fera, mais je n'en sais vraiment rien. Cela le retiendra en ville pendant une grande partie de l'année, et il préfère de beaucoup le séjour de la campagne. Enfin, ce n'est pas une position désagréable.... et puis c'est une position. Cette nomination, on ne saurait le nier, peut passer pour une aimable attention à l'adresse de M. Merdle, et ce n'est pas non plus une mauvaise chose pour Edmond, s'il peut s'y habituer. Il n'y a pas de mal qu'il ait quelque chose à faire, et il n'y a pas de mal non plus qu'il soit payé pour le faire. Reste à savoir si cette nouvelle carrière conviendra mieux à Edmond que celle des armes. »

C'est en ces termes que s'exprimait la Poitrine, passée maîtresse dans l'art de paraître faire peu de cas de ces choses, dont elle savait si bien rehausser l'importance. Cependant, Henri Gowan, que Décimus avait laissé de côté, allait en tournée chez toutes ses connaissances depuis la porte du Peuple jusqu'au faubourg d'Albano, ayant presque (pas tout à fait cependant) la larme à l'œil, jurant que Sparkler était bien le meilleur, le plus doux, le plus inoffensif, en un mot le plus aimable des ânes qu'on eût jamais envoyés paître sur le domaine public. Il n'y avait qu'une chose au monde qui eût pu lui causer plus de joie que la nomination de ce cher ânon, c'eût été la sienne. Il ajoutait que c'était tout juste le ballot de Sparkler. Il n'y avait rien à faire, et ce cher Edmond s'en acquitterait à merveille; il y avait de beaux appointements à toucher, et son ami les toucherait à ravir. C'était une nomination ravissante, une chose admirable. Il pardonnait presque au noble Décimus de l'avoir oublié, lui son indigne parent, tant il était heureux de voir attacher à un si bon râtelier le cher ânon, auquel il portait une si vive affection. Sa bienveillance ne s'arrêtait pas là. Il se donnait beaucoup de peine, chaque fois que l'occasion s'en présentait, pour faire ressortir devant le monde les talents de M. Sparkler, et le mettre en évidence, et, bien que les efforts de Gowan eussent pour résultat invariable d'obliger le jeune fonctionnaire à offrir dans sa personne un déplorable spectacle d'imbécillité, on ne pouvait mettre en doute les intentions amicales de l'artiste amateur.

Peut-être, cependant, l'objet de la tendresse de M. Sparkler eut-il quelques doutes à ce sujet. Mlle Fanny se trouvait maintenant dans une position assez difficile. Tout le monde savait que le fils de Mme Merdle adorait la fille aînée de M. Dorrit, quelque capricieuse qu'elle fût avec lui. Fanny était donc assez identifiée avec ce jeune gentleman pour se sentir compromise lorsqu'il se rendait plus ridicule que de coutume. Aussi, comme elle ne manquait nullement d'esprit, elle vint souvent au secours de la victime, à qui elle rendit de bons offices en déjouant les aimables tentatives de Gowan. Mais, tout en agissant ainsi, elle rougissait de l'amoureux qu'elle ne pouvait se décider à congédier ni à encourager. Troublée par la conviction qu'elle s'embourbait de plus en plus dans une position embarrassante, elle était agacée en outre par l'idée que Mme Merdle triomphait de sa détresse. Il n'est donc pas étonnant que Fanny, avec un esprit ainsi tourmenté, revint un soir d'un concert et d'un bal donnés par Mme Merdle dans un état d'agitation extrême, et qu'elle repoussât la petite Dorrit de la toilette devant laquelle elle cherchait, dans sa colère, à verser des larmes, déclarant d'une voix haletante qu'elle détestait tout le monde et qu'elle voudrait être morte.

« Chère Fanny, qu'as-tu donc? Conte-moi tes peines..

— Ce que j'ai, petite taupe que tu es? répondit Fanny. Si tu n'étais pas la plus aveugle des sœurs, tu n'aurais pas besoin de m'interroger. Il faut donc que tu n'aies pas d'yeux dans la tête pour m'adresser une pareille question?

— Est-ce M. Sparkler, ma chérie?

— Mô....si....eur Sparkler? répéta Fanny d'un ton de mépris, comme si ce malheureux soupirant était le dernier individu sous le soleil auquel elle pût penser. Non, mademoiselle la chauve-souris, ce n'est pas mô....si....eur Sparkler. »

A peine avait-elle fait cette réponse qu'elle éprouva des remords d'avoir dit des sottises à sa sœur, déclarant avec force sanglots qu'elle savait fort bien qu'elle se rendait haïssable, mais que tout le monde s'entendait pour l'y réduire.

« Je crains que tu ne sois pas très-bien portante ce soir, chère Fanny.

— Ta, ta, ta! répliqua la sœur aînée se mettant de nouveau en colère. Je me porte aussi bien que toi. Peut-être même devrais-je dire beaucoup mieux que toi.... et encore, il n'y aurait pas là de quoi me vanter. »

La pauvre petite Dorrit, ne sachant pas trop comment s'y prendre pour offrir des consolations qu'on ne repoussât pas, finit par penser qu'elle ferait mieux de se tenir tranquille. D'abord le silence d'Amy agaça Fanny autant que l'avaient fait ses questions. Elle dit à son miroir que, de toutes les sœurs agaçantes, la plus agaçante était une sœur qui était molle comme un chiffon; qu'elle savait bien qu'elle montrait quelquefois un exécrable caractère; qu'elle savait bien qu'on devait la détester; que lorsqu'elle se rendait haïssable, rien ne lui ferait autant de bien que de se l'entendre dire, mais qu'étant affligée d'une sœur silencieuse, on ne le lui disait jamais, et que, par suite, elle était naturellement forcée et contrainte de se rendre désagréable. D'ailleurs (ajouta-t-elle d'un ton irrité, s'adressant toujours à son miroir), elle n'avait pas envie de demander pardon. Il ferait beau voir une sœur aînée s'abaisser sans cesse à demander pardon à sa cadette! C'était là le fin mot, elle le savait bien, on avait le talent de l'obliger à se mettre dans une position dont elle ne pouvait sortir qu'en demandant pardon à sa cadette, bon gré mal gré. Enfin elle fondit en larmes, et lorsque sa sœur vint s'asseoir à côté d'elle pour la consoler, elle s'écria :

« Amy, tu es un ange! Mais je vais te dire ce qui en est, ma chérie, continua-t-elle, lorsque sa sœur eut réussi à la calmer. Voici où nous en sommes. Ça ne peut pas durer longtemps comme ça, et il faut que ça finisse d'une façon ou d'autre. »

Comme cette déclaration était un peu vague, quoique péremptoire, la petite Dorrit répondit :

« Nous allons en causer.

— C'est ça, ma chère, reprit Fanny essuyant ses larmes, causons-en. Me voilà raisonnable et tu vas me conseiller. Veux-tu me donner un conseil, ma chère enfant? »

Cette idée fit sourire Amy elle-même, mais elle répondit :

« Oui, Fanny; je te conseillerai de mon mieux.

— Merci, ma petite chérie, répliqua Fanny en l'embrassant. Tu es mon ancre de salut. »

Ayant de nouveau embrassé son ancre de salut avec beaucoup d'effusion, Fanny prit sur la toilette un flacon d'eau de Cologne et appela sa femme de chambre pour lui demander un mouchoir de batiste. Puis, après avoir permis à la suivante d'aller se coucher, elle continua à demander conseil, se tamponnant les yeux et le front de temps en temps pour les rafraîchir.

« Mon trésor, commença Fanny, nos caractères et notre façon d'envisager les choses se ressemblent assez peu.... (embrasse-moi encore, ma chérie).... pour que tu ne t'étonnes pas de ce que je vais te dire. Ce que j'ai à te dire, ma chère, c'est que, malgré notre fortune, nous avons, socialement parlant, à lutter contre de grands désavantages. Tu ne comprends pas tout à fait ce que j'entends par là, Amy?

— Sans doute je te comprendrai mieux, répondit doucement la petite Dorrit, lorsque tu m'auras dit quelques mots de plus.

— Eh bien, ma chère, ce que je veux dire c'est, qu'après tout, nous ne sommes que des intrus dans le monde fashionable.

— Je suis bien sûre, Fanny, interrompit la petite Dorrit dans son enthousiasme admirateur, qu'en ce qui te concerne personne ne s'en douterait.

— C'est possible, ma chère enfant; dans tous les cas, c'est très-gentil et très-affectueux de ta part de le croire, mon trésor. (Ici elle tamponna le front de sa sœur avec son mouchoir imbibé d'eau de Cologne et souffla légèrement dessus.) Mais on sait que tu es le meilleur petit être qui ait jamais existé! Revenons à nos moutons, mon enfant. Papa a tout à fait les manières et l'éducation d'un gentleman, mais il diffère sous certains rapports des autres gentlemen de son rang : en partie à cause de ce qu'il a eu à souffrir, pauvre cher homme, en partie, si je ne me trompe, parce qu'il se figure souvent que les autres pensent à son passé en causant avec lui. Notre oncle, ma chérie, n'est pas présentable. C'est une digne âme et je lui suis tendrement attachée; mais, socialement parlant, c'est dégoûtant. Édouard est affreusement dépensier et dissipé. Non qu'il y ait rien là qui ne soit fort comme il faut.... au contraire.... seulement, il ne se comporte pas en mauvais sujet du grand monde, si je puis m'exprimer ainsi, il n'obtient pas pour son argent l'espèce de réputation qui s'attache au genre de vie qu'il mène.

— Pauvre Édouard! » soupira la petite Dorrit.

Ce soupir résumait toute l'histoire de la famille.

« Oui, et pendant que tu y es, tu pourrais aussi bien dire pauvre toi et pauvre moi, reprit l'aînée d'un ton un peu aigre. Tu as raison! Et puis, ma chérie, nous n'avons pas de mère et nous avons une Mme Général. Et tu sais le proverbe : « Chat ganté n'attrape pas de souris. » Eh bien, ma chère, tu verras que ses gants ne l'empêcheront pas d'attraper celle qu'elle guette. Cette femme, j'en suis sûre et certaine, sera notre belle-mère.

— Je ne puis croire, Fanny.... »

Fanny interrompit sa sœur.

« Voyons, ne va pas te mettre à me contredire, Amy, dit-elle : j'en sais là-dessus plus long que toi. Sentant qu'elle avait encore montré un peu d'aigreur, elle se remit à tamponner le front de sa sœur et à souffler dessus. Pour résumer la question, ma chère, je me demande (tu sais que je suis fière et vive, ma chère Amy, trop fière et trop vive, peut-être). je me demande si je ne dois pas prendre sur moi le soin de maintenir la dignité de la famille.

— Comment cela? demanda la petite Dorrit avec inquiétude.

— Je ne saurais. continua Fanny sans répondre à cette question, souffrir que Mme Général fasse la belle-mère avec moi; je ne souffrirai pas non plus que Mme Merdle me tourmente ou me patronne en aucune façon. »

La petite Dorrit posa sa main sur la main qui tenait le flacon d'eau de senteur, d'un air plus inquiet encore qu'auparavant. Fanny, qui avait l'air de vouloir punir son propre front à force de le tamponner avec violence, continua d'un ton agité :

« On ne peut nier qu'Edmond ne soit, d'une façon ou d'une autre (le moyen ne fait rien à l'affaire), arrivé à une très-bonne position. Qu'il soit d'un rang distingué, c'est ce que personne ne peut mettre en doute. Quant à la question de savoir s'il a plus ou moins d'esprit, j'ai dans l'idée qu'un mari spirituel ne me conviendrait pas beaucoup. Je ne sais pas me soumettre. Je ne pourrais jamais me plier à la supériorité d'un autre.

— Oh! ma chère Fanny! s'écria d'un ton de remontrance la petite Dorrit, qui avait éprouvé un sentiment de terreur à mesure qu'elle comprenait ce que voulait dire sa sœur, si tu aimais quelqu'un, tu cesserais d'être toi-même, tu t'oublierais pour te dévouer à lui. Si tu aimais, Fanny.... »

Fanny avait cessé de se tamponner le front et regardait fixement sa sœur.

« Oh! vraiment! fit-elle, vraiment! Tiens, tiens! comme certaines personnes deviennent savantes et éloquentes lorsqu'il s'agit de certaines questions! On dit que tout le monde a un sujet de prédilection, et il me semble que je suis tombé par hasard sur le tien, Amy.... Là, là! mon enfant, je ne faisais que plaisanter (tamponnant le front d'Amy); mais surtout, ma petite chatte, ne sois pas assez sotte pour aller faire des phrases et du sentiment sur des impossibilités indignes de nous. Là! à présent, reviens à ce qui me regarde personnellement.

— Chère Fanny, laisse-moi d'abord te dire que j'aimerais mieux nous voir obligées de travailler encore pour vivre chichement, que de te voir riche en épousant M. Sparkler.

— Que je te *laisse* dire, ma chère? riposta Fanny. Mais certainement, je te *laisserai* dire tout ce que tu voudras. Je ne te fais pas peur, j'espère? Et quant à épouser M. Sparkler, je n'ai pas la moindre intention de l'épouser ce soir, ni même demain matin.

— Mais plus tard?

— Pas que je sache, pour le moment du moins, » répondit Fanny d'un ton insouciant.

Puis, d'insouciante, elle devint tout à coup d'une agitation bouillante et ajouta :

« Tu parles d'hommes spirituels, petite chatte! Tout cela est bel et bon en paroles; mais où sont-ils, tes hommes spirituels? Je n'en vois pas un seul s'approcher de moi!...

— Ma chère Fanny, en si peu de temps....

— Que ce soit longtemps ou peu de temps, interrompit Fanny, je suis lasse de notre position, je n'aime pas notre position, et il ne faudrait pas grand'chose pour m'engager à en changer. Des jeunes filles, élevées autrement que moi et dans une situation bien différente sous tous les rapports, pourront s'étonner de ce que je fais ou de ce que je dis. Eh bien! qu'elles s'en étonnent tant qu'elles voudront, libre à elles! Elles sont entraînées par leur éducation et leur caractère.... moi aussi.

— Fanny, chère Fanny, tu sais que tu as des qualités qui te rendent digne d'un mari bien supérieur à M. Sparkler.

— Amy, chère Amy, riposta Fanny parodiant l'intonation de sa sœur, je sais que je voudrais bien me voir dans une position plus nette et plus décidée, ne fût-ce que pour être plus à même de tenir tête à cette insolente Mme Merdle.

— Et c'est pour cela.... pardonne-moi cette question.... que tu épouserais son fils?

— Peut-être! répondit Fanny avec un sourire de triomphe. On pourrait trouver un plus mauvais moyen que celui-là pour arriver au but que je me propose, ma chère. Cette impertinente dame s'imagine sans doute que ce serait un grand succès pour elle que de trouver une femme comme moi pour son fils, et elle compte me dominer. Mais peut-être qu'elle ne se doute guère du fil que je lui donnerais à retordre si je devenais sa belle-fille. Je lui résisterais en toute chose et je deviendrais sa rivale. Ce serait là le but de ma vie. »

Fanny, arrivée là, posa son flacon sur la toilette et se mit à se promener dans la salle, s'arrêtant par intervalles, mais sans s'asseoir, lorsqu'elle parlait.

« Il y a toujours une chose que je pourrais faire, mon enfant : je pourrais la vieillir. Et je n'y manquerais pas, je t'en réponds! »

Cette menace fut suivie d'une autre petite promenade.

« Je parlerais toujours d'elle comme d'une vieille maman. Je ferais semblant de savoir (quand même je n'en saurais rien, mais d'ailleurs son fils me l'apprendrait).... son âge exact. Et elle m'entendrait lui dire, Amy, avec beaucoup d'affection et de respect, tu sais : « comme elle a bonne mine pour son âge! » Je pourrais la vieillir sans cela, rien que parce que je suis jeune. Il est possible que je ne sois pas aussi belle que Mme Merdle ; je ne suis pas assez désintéressée dans la question pour la décider moi-même, je suppose ; mais je sais que je suis assez jolie pour la tenir sur les épines du matin jusqu'au soir. Et je n'y manquerais pas non plus, va! »

Et elle recommença à se promener dans la chambre.

« Ma chère sœur, est-ce que tu voudrais te condamner à mener une existence malheureuse pour arriver à un pareil résultat?

— Ce ne serait pas une existence malheureuse pour moi, Amy; c'est celle qui me convient le mieux. Que ma nature ou le concours des circonstances l'ait voulu ainsi, peu importe : toujours est-il que cette existence-là me conviendrait mieux que toute autre. »

Il y avait dans son ton de l'amertume et du regret, mais avec un petit éclat de rire orgueilleux elle reprit sa promenade, et, après avoir passé devant une psyché, elle poursuivit :

« Sa tournure! sa tournure, Amy! Eh bien! j'en conviens, elle est bien faite. Je veux lui rendre cette justice. Mais est-elle donc si bien faite que personne ne puisse rivaliser avec elle? Ma parole d'honneur, j'en doute! Que le mariage vienne seulement donner à des femmes beaucoup plus jeunes la même latitude qu'elle a pour sa toilette, et nous verrions un peu, ma chère! »

Cette idée agréable et flatteuse la ramena de meilleure humeur à son fauteuil. Elle prit les mains de sa sœur dans les siennes et les frappa l'une contre l'autre en les élevant au-dessus de sa tête, tandis qu'elle la regardait en riant :

« Et la danseuse, Amy, la danseuse qu'elle a si complétement oubliée.... la danseuse, qui ne me ressemble en rien, et que je ne lui rappelle jamais, oh! non, jamais!... danserait sans cesse devant elle et lui chanterait un air qui troublerait un peu son calme insolent. Rien qu'un peu, ma chère, un tout petit peu. »

Rencontrant le regard sérieux et suppliant d'Amy, elle abaissa les quatre mains et retira une des siennes pour la poser sur la bouche de sa sœur.

« Surtout ne t'avise pas de raisonner avec moi, mon enfant, continua-t-elle d'un ton beaucoup moins enjoué, parce que ce serait parfaitement inutile. Je comprends ces choses-là beaucoup mieux que toi. Je suis loin d'avoir pris une résolution, mais il se peut que j'en prenne une. Maintenant que nous avons discuté la question comme deux bonnes sœurs, nous pouvons aller nous coucher. Bonsoir, la meilleure et la plus chérie des petites chattes. »

Ce fut ainsi que Fanny prit congé de son ancre de salut, et (après s'être laissé conseiller comme on a vu) cessa, pour le moment, de demander l'avis de la petite Dorrit.

A partir de ce moment, Amy remarqua la façon dont M. Sparkler était accueilli par sa tyrannique maîtresse, et, chaque jour, elle découvrit de nouvelles raisons de prendre la chose au sérieux. Il y avait des instants où Fanny ne pouvait souffrir l'imbécillité de son amoureux, et où elle était si impatientée qu'on s'attendait à le lui voir congédier pour de bon. D'autres fois, elle prenait beaucoup mieux la chose : elle avait l'air de s'en amuser et de trouver dans le sentiment de sa propre supériorité une sorte de compensation pour ce qui manquait dans l'autre plateau de la balance. Si M. Sparkler n'eût pas été le plus fidèle et le plus soumis des soupirants, il se serait enfui du théâtre de ses épreuves et aurait mis entre lui et son enchanteresse toute la distance qui sépare Rome de Londres. Mais il n'avait pas plus de volonté que le navire remorqué par un vapeur, et il continuait à suivre sa cruelle maîtresse, que la mer fût calme ou houleuse, entraîné par une puissance irrésistible.

Mme Merdle, pendant ces préliminaires, parlait fort peu à Fanny, mais elle parlait d'elle assez souvent. Elle se trouvait, pour ainsi dire, forcée, malgré elle, de la regarder à travers son lorgnon et de se laisser arracher, dans le cours de la conversation, des louanges involontaires, en apparence, comme s'il n'y avait pas moyen de résister à la beauté victorieuse de Mlle Dorrit. L'air de défi avec lequel Fanny entendait ces louanges (car je ne sais comment cela se faisait, mais elle manquait rarement de les entendre), n'annonçait pas qu'elle fût disposée à faire la moindre concession en faveur de la Poitrine impartiale; mais la plus grande vengeance que se permît la Poitrine était de dire tout haut :

« Une enfant gâtée.... mais avec ce visage et cette tournure, comment ne l'aurait-on pas gâtée? »

Un mois ou six semaines environ après le soir de la consultation en question, la petite Dorrit commença à trouver qu'il y avait une entente plus déclarée entre M. Sparkler et Fanny. M. Sparkler, comme s'il eût pris quelque engagement à cet effet, n'ouvrait jamais la bouche sans avoir regardé Fanny pour lui demander la permission de parler. Cette demoiselle était trop discrète pour répondre de vive voix à cette muette interrogation : mais, si elle voulait accorder à M. Sparkler le droit d'émettre une opinion, elle gardait le silence; sinon, elle parlait pour lui. En outre, lorsque Henry Gowan renouvelait une de ses tentatives amicales pour mettre M. Sparkler en évidence, il devenait clair comme le jour que la victime se tenait à présent sur ses gardes. Qui plus est, Fanny (sans la moindre intention de personnalité et par le plus pur des hasards, bien entendu) ne tardait pas à faire quelque allusion armée d'une pointe si acérée, que Gowan reculait comme un homme qui vient de mettre la main dans un guêpier.

Une autre circonstance, bien qu'assez insignifiante en elle même, contribua beaucoup à augmenter les inquiétudes de la petite Dorrit. Les façons de M. Sparkler vis-à-vis d'elle changèrent tout à coup et devinrent fraternelles. Parfois, lorsqu'elle se trouvait au dernier rang de quelque cercle distingué (chez son père, chez Mme Merdle ou ailleurs), elle sentait le bras de M. Sparkler se glisser furtivement autour de sa taille comme pour la soutenir. Le jeune fonctionnaire n'offrait jamais la moindre explication pour justifier cette politesse, se contentant de sourire d'un air bête, satisfait, bon enfant et sans gêne, qui, chez un personnage aussi lourd, en disait gros sur la question.

La petite Dorrit était chez elle un jour, songeant à Fanny avec un véritable serrement de cœur. Il y avait, tout au bout de leurs salons de réception, une salle qui n'était guère qu'un rassemblement de fenêtres cintrées en saillie sur la rue, et d'où l'on voyait à droite et à gauche le spectacle pittoresque du Corso, si vivant et si animé. Vers trois ou quatre heures du soir, la vue qu'on avait de cette salle était très-brillante et très-curieuse; et la petite Dorrit avait coutume d'y venir rêver pendant des heures entières, à peu près comme elle faisait à son balcon de Venise. Une après-midi qu'elle était assise là, une main se posa doucement sur son épaule, et Fanny vint s'asseoir auprès d'elle en disant :

« Eh bien, ma chérie? »

La banquette était prise sur l'embrasure de la fenêtre; lorsqu'il y avait une procession ou quelque autre spectacle à voir, on tapissait la croisée de draperies brillantes et les spectateurs s'agenouillaient ou s'asseyaient sur cette banquette, et admiraient de là ce qu'il y avait à voir, appuyés sur les riches tentures. Mais ce jour-là il n'y avait aucune espèce de procession. Aussi la petite Dorrit fut-elle assez surprise de voir Fanny, car c'était l'heure où elle avait habitude de faire une promenade à cheval.

« Eh bien! Amy, dit Fanny, à quoi penses-tu, mon enfant?

— Je pensais à toi, Fanny.

— Vraiment? Comme cela se rencontre! Mais voici encore quelqu'un à qui tu ne pensais guère, je suppose? »

Amy venait justement de penser à ce quelqu'un-là, car c'était M. Sparkler. Elle ne l'avoua pas néanmoins, mais se contenta de lui tendre la main. Le jeune prétendant vint s'asseoir à côté d'elle, et elle sentit le bras fraternel se glisser derrière elle et s'allonger comme pour soutenir Fanny par la même occasion.

« Eh bien! petite sœur, demanda Fanny avec un soupir, tu devines sans doute ce que cela veut dire?

— Elle est aussi belle qu'adorée, bégaya M. Sparkler.... et pas bégueule du tout.... C'est arrangé.

— On ne vous demande pas d'explications, Edmond, interrompit Fanny.

— Non, mon amour.

— En un mot, ma chérie, continua Fanny, nous voilà fiancés. Il n'y a plus qu'à en parler à papa ce soir ou demain, selon que l'occasion se présentera. Alors l'affaire sera conclue et il ne restera que fort peu de chose à dire.

— Ma chère Fanny, dit M. Sparkler avec respect, je voudrais dire deux mots à Amy.

— Bien, bien! Dites-les, au nom du ciel et finissons-en, répondit Mlle Fanny.

— Je suis convaincu, ma chère Amy, reprit M. Sparkler, que, s'il existe au monde une fille.... après votre spirituelle et charmante sœur qui n'est pas du tout....

— Nous savons cela, Edmond, interrompit Mlle Fanny. Ce n'est pas la peine de le répéter. Passez à autre chose.

— Oui, mon amour. Et je vous assure, Amy, que rien ne peut me causer plus de joie.... sauf, bien entendu, le bonheur et l'honneur d'être agréé par une fille ravissante, qui n'a pas l'ombre de....

— Voyons, Edmond, voyons! interrompit de nouveau Fanny avec un mouvement impatient de son petit pied.

— Mon amour, vous avez parfaitement raison. C'est une mauvaise habitude. Ce que je voulais dire, c'est que rien au monde, excepté le bonheur d'être uni à la plus adorable des filles.... ne saurait me causer plus de joie que de pouvoir cultiver la connaissance affectueuse d'Amy. Il se peut, continua M. Sparkler avec une courageuse franchise, que je ne sois pas très-fort, lorsqu'il s'agit de comprendre certaines choses, et je sais fort bien que, si vous interrogiez sur mon compte la société en général, on vous en dirait autant; mais, pour ce qui est d'apprécier Amy, je ne le cède à personne! »

Et, pour le prouver, M. Sparkler embrassa la petite Dorrit.

« Une place à notre table, une chambre dans notre maison, poursuivit-il, devenant très-diffus pour un orateur de sa force, seront toujours à la disposition d'Amy lorsqu'il lui plaira de les accepter. Mon gouverneur, j'en suis sûr, sera toujours heureux d'accueillir une personne pour laquelle j'ai tant d'estime. Quant à ma mère, qui est une très-belle femme sans aucune espèce de....

— Edmond, Edmond! s'écria Fanny avec le même geste que la première fois.

— J'obéis, mon âme, répliqua M. Sparkler d'un ton soumis. Je sais que c'est une mauvaise habitude que j'ai et je vous remercie beaucoup, mon adorable, de vous donner tant de peine pour m'en corriger; mais tout le monde convient que ma mère est une très-belle femme et elle n'a vraiment pas l'ombre de....

— C'est possible, c'est possible, je ne dis ni oui ni non, interrompit la future, mais ne parlez plus de cela, je vous prie.

— Plus un mot, mon amour.

— Alors vous n'avez plus rien à dire, Edmond? n'est-ce pas? demanda Fanny.

— Au contraire. J'en ai déjà tant dit, mon adorable, répondit M. Sparkler, qu'il ne me reste plus qu'à vous demander pardon d'avoir parlé si longuement. »

M. Sparkler devina tout à coup, par une espèce d'inspiration, que cette question voulait dire : « Ne feriez-vous pas bien de vous en aller? » Il retira donc son bras fraternel et annonça très-adroitement qu'avec la permission de Fanny, il allait prendre congé. Il ne s'éloigna pas sans avoir reçu les félicitations d'Amy, qui, dans son chagrin, eut assez de peine à s'acquitter de ce devoir.

Lorsqu'il fut parti, elle s'écria : « O Fanny! Fanny! » et se tournant vers elle à cette brillante croisée, mit la tête sur le sein de sa sœur pour y cacher ses larmes. Fanny commença par rire; mais elle ne tarda pas à poser son visage contre celui de sa sœur et pleura aussi un peu. Ce fut la dernière fois qu'elle laissa échapper une trace de la lutte qu'elle avait subie contre quelque sentiment caché avant de se résoudre à ce mariage. A dater de ce jour, elle suivit d'un pas impérieux et libre la route qu'elle s'était tracée.

CHAPITRE XV.

Publication des bans : « N'y ayant aucune cause d'empêchement valable à la célébration du mariage entre Mlle.... et M.... »

Lorsque M. William Dorrit apprit que sa fille aînée avait prêté l'oreille aux ouvertures matrimoniales de M. Sparkler, qu'elle lui avait même donné sa foi, il accueillit cette nouvelle avec beaucoup de dignité, mais aussi avec un orgueil paternel qu'il ne chercha pas à dissimuler. Sa dignité se gonflait à l'idée qu'une pareille alliance allait lui faciliter les moyens de faire des connaissances de plus en plus distinguées, et son orgueil était touché de l'empressement sympathique avec lequel Fanny secondait son vœu le plus cher. Il ne lui laissa donc pas ignorer qu'une si noble ambition éveillait dans son cœur paternel d'harmonieux échos, et lui donna même sa bénédiction, comme à une fille obéissante et dévouée qui se sacrifiait pour le plus grand honneur de sa famille.

Quant à M. Sparkler, dès que sa prétendue lui permit de se montrer, M. Dorrit lui avoua sans détour que la proposition dont on daignait l'honorer lui souriait infiniment : d'abord, parce qu'elle paraissait d'accord avec les affections spontanées de sa fille aînée; ensuite, parce qu'elle promettait d'établir des relations de famille très-flatteuses entre lui et M. Merdle, le génie des temps modernes. Il parla aussi en termes forts louangeurs de la mère de M. Edmond comme d'une dame que sa distinction, son élégance, sa grâce et sa beauté plaçaient au premier rang. Néanmoins, il remplissait un devoir en remarquant (il avait la conviction qu'un homme d'autant de bon sens que M. Sparkler saurait interpréter ses paroles avec toute la délicatesse possible) qu'il ne pourrait considérer la proposition comme définitive avant d'avoir eu l'avantage d'être mis en rapport avec M. Merdle, et de s'être assuré que ce gentleman consentirait à mettre miss Fanny Dorrit sur le pied dont la position sociale, la dot et les espérances de cette demoiselle devaient lui assurer le maintien (cela soit dit sans mériter le reproche d'entrer dans des débats mercenaires) vis-à-vis du grand monde. Mais tout en faisant cette réserve que lui imposait sa double qualité de père et de gentleman d'un certain rang, il ne voulait pas faire de la diplomatie en dissimulant que la demande de M. Sparkler le flattait. Il l'accueillait donc conditionnellement et remerciait M. Sparkler de l'honneur qu'il lui faisait en songeant à s'allier à sa famille. Il termina par quelques remarques générales sur.... hem!.... sa position de gentleman indépendant et.... hem.... son caractère de père qui le rendait peut-être partial dans son admiration et sa tendresse pour sa fille. Bref, il reçut la demande de M. Sparkler à peu près comme il eût naguère reçu de lui un petit écu.

M. Sparkler, étourdi par les phrases qu'on amoncelait sur sa tête inoffensive, fit une réponse laconique, mais très-convenable, où il se contenta de dire ni plus ni moins qu'il avait depuis longtemps remarqué que Mlle Fanny n'était pas du tout bégueule et qu'il ne doutait pas de l'approbation de son gouverneur[1]. A cet endroit de son discours, l'objet de sa flamme lui ferma la bouche comme on ferme le couvercle d'une boîte à surprise et le renvoya.

M. Dorrit, étant allé bientôt présenter ses respects à la Poitrine, fut reçu avec la *plus grande considération*. Mme Merdle avoua qu'Edmond lui avait parlé de cette affaire. Cela l'avait un peu étonnée tout d'abord, parce qu'elle ne supposait pas qu'il eût du goût pour le mariage; la Société ne s'était pas figuré non plus qu'Edmond fût disposé à dire adieu à la vie de garçon. Cependant, Mme Merdle n'avait pu s'empêcher de remarquer (nous autres femmes nous avons un instinct particulier pour découvrir ces choses-là, monsieur Dorrit!) combien Edmond était épris de Mlle Dorrit, et elle ne devait pas lui cacher qu'elle avait dit tout haut que M. Dorrit était bien imprudent d'avoir amené une si charmante personne à l'étranger pour *tourner la tête* à ses *compatriotes*.

« Dois-je avoir l'honneur de conclure, madame, demanda M. Dorrit, que le choix de M. Sparkler a.... hem!.... votre approbation?

— Je vous assure, monsieur Dorrit, répondit Mme Merdle, que, personnellement, je suis ravie. »

M. Dorrit déclara qu'il était extrêmement flatté.

« Personnellement, répéta Mme Merdle, j'en suis ravie. »

La répétition accidentelle du mot *personnellement* engagea M. Dorrit à exprimer l'espoir que le consentement de M. Merdle ne se ferait pas non plus attendre.

« Je ne saurais, répliqua Mme Merdle, prendre sur moi de répondre positivement pour M. Merdle; les hommes, surtout les gentlemen, que la Société nomme capitalistes, ne partageant pas toujours l'opinion des femmes sur les questions de ce genre. Mais il me semble.... ceci n'est qu'une simple hypothèse de ma

1. Expression un peu triviale pour désigner le père dans la famille.

part, monsieur Dorrit.... que M. Merdle sera.... (elle passa la revue de ses avantages personnels avant d'ajouter à loisir) ravi. »

A cette phrase, *les gentlemen que la société nomme capitalistes*, M. Dorrit avait toussé, comme s'il soulevait quelque objection intérieure. Mme Merdle s'en aperçut, et elle en profita pour lui donner la réplique.

« Et pourtant, monsieur Dorrit, je n'avais pas besoin de faire cette remarque; mais elle m'est échappée dans la franchise que je mets à dire le fond de ma pensée à une personne pour qui j'ai une si haute estime, et avec laquelle j'espère avoir dans la suite des rapports encore plus agréables : car il est fort probable que vous devez envisager la question du même point de vue que M. Merdle.... à moins, toutefois, que le hasard (heureux ou malheureux) qui a poussé M. Merdle à s'occuper d'affaires n'ait un peu rétréci son horizon. Je suis aussi ignorante qu'une enfant en tout ce qui regarde les affaires; mais je crains, monsieur Dorrit, qu'elle ne produise parfois cet effet. »

Cet habile jeu de bascule, où M. Merdle ne pouvait taper par terre sans faire monter M. Dorrit, et *vice versa*, eut pour effet de calmer la toux de M. Dorrit. Il remarqua, avec toute la politesse dont il était capable, qu'on ne saurait permettre, même à Mme Merdle, la plus accomplie et la plus gracieuse des femmes (Mme Merdle s'inclina pour reconnaître le compliment), de soutenir que les entreprises colossales de M. Merdle, si différentes des mesquines entreprises du commun des mortels, n'eussent pas pour effet, au contraire, d'agrandir et de développer le génie qui les avait conçues.

« Vous êtes la générosité personnifiée, répliqua Mme Merdle, avec son sourire le plus séduisant; espérons que vous avez raison. Mais j'avoue que j'ai une foi presque superstitieuse dans mes idées sur les conséquences qu'entraînent les affaires. »

M. Dorrit ne fut pas à court pour trouver un nouveau compliment. Les affaires (aussi bien que le temps, chose si précieuse en affaires) étaient faites seulement pour de pauvres hères, et ne regardaient nullement une souveraine qui régnait en autocrate sur tous les cœurs. La dame se mit à rire, et donna à penser à M. Dorrit que la Poitrine, la *fameuse* Poitrine, venait de rougir modestement.... C'était un des meilleurs tours de passe-passe de Mme Merdle.

« Ce que j'en disais, expliqua-t-elle, est tout simplement fondé sur le vif intérêt que M. Merdle a toujours porté à Edmond, et le vif désir qu'il a toujours témoigné de lui faire une brillante position. Je ne parle pas de la position officielle d'Edmond, je crois que vous la connaissez. Mais sa position privée dépend entièrement de M. Merdle. Grâce à ma sotte incapacité pour les affaires, je vous assure que je n'en sais pas davantage. »

M. Dorrit déclara de nouveau que les affaires étaient indignes d'attirer l'attention de celle dont la seule affaire devait être de charmer et d'enchaîner tous les cœurs. Puis il exprima l'intention d'écrire, en sa double qualité de père et de gentleman, à M. Merdle. La dame approuva ce projet de tout son cœur.... si elle avait eu un cœur, mais au moins avec un plaisir bien joué, et expédia par la malle suivante une lettre préparatoire à la huitième merveille du monde.

Dans son épître à M. Merdle, comme dans ses dialogues et ses discours sur cette importante question, M. Dorrit entoura son sujet d'une foule d'enjolivements assez semblables aux paraphes dont les professeurs d'écriture embellissent leurs cahiers d'exemples et de chiffres, où les titres des règles élémentaires de l'arithmétique finissent par se métamorphoser en cygnes, en aigles, en griffons et autres récréations calligraphiques, et où les majuscules perdent la tête et leurs formes naturelles dans une débauche d'encre. Néanmoins il sut rendre l'objet de sa lettre assez clair pour permettre à M. Merdle de faire semblant d'en apprendre de lui la première nouvelle. M. Merdle répondit donc à M. Dorrit; M. Dorrit répondit à M. Merdle, qui répondit à M. Dorrit, et on annonça bientôt au public que les puissances contractantes étaient d'accord.

Alors, et seulement alors, Mlle Fanny se présenta sur la scène dans le costume qui convenait à son nouveau rôle. Alors et seulement alors, elle absorba complétement M. Sparkler dans son éclat; elle brilla pour deux et même pour vingt. Affranchie désormais du souci que lui donnait jusque-là le sentiment d'une position vague et mal définie, ce beau navire ne dévia plus de sa route et se mit à voguer sur son lest, avec un balancement élégant qui faisait mieux encore ressortir ses qualités de fin voilier.

« Les préliminaires étant ainsi réglés à ma satisfaction, je crois qu'il serait temps, ma chère, dit M. Dorrit, d'annoncer.... hem!... officiellement à Mme Général....

— Papa, s'écria vivement Fanny, qui interrompit son père dès qu'il eut prononcé le nom de cette dame, je ne vois pas en quoi mon mariage regarde Mme Général.

— Ma chère, répondit M. Dorrit, c'est une simple attention envers.... hem!... une dame de bonne famille et de manières distinguées....

— Oh! ne me parlez pas de la famille et de la distinction de Mme Général! J'en ai par-dessus la tête, papa! Je suis fatiguée de Mme Général.

— Fatiguée, répéta M. Dorrit d'un ton de reproche mêlé de surprise, fatiguée de.... hem.... Mme Général!

— Tout à fait dégoûtée d'elle, si vous aimez mieux, papa. Je ne vois réellement pas en quoi mon mariage la regarde. Qu'elle s'occupe de ses propres projets matrimoniaux.... si elle en a.

— Fanny, répondit M. Dorrit d'un ton de lente et pesante gravité qui formait un contraste remarquable avec le ton léger adopté par sa fille, je vous prie de vouloir bien.... hem!... vous expliquer plus clairement.

— Je veux dire, papa, que si par hasard Mme Général nourrissait quelques projets matrimoniaux pour son propre compte, il y a bien là de quoi occuper tout son temps sans se mêler des miens. Si elle n'en nourrit pas, tant mieux; dans tous les cas, je ne tiens nullement à l'honneur de lui annoncer officiellement mon mariage.

— Pourquoi pas, Fanny? Permettez-moi de vous le demander.

— Parce qu'elle peut très-bien faire cette découverte par elle-même. Elle n'a pas, que je sache, ses yeux dans sa poche. Ce n'est pas d'aujourd'hui que je m'en aperçois. Qu'elle monte à son observatoire, et si elle n'est pas assez habile pour découvrir la chose à elle toute seule, eh bien, elle l'apprendra le jour de mon mariage. Et j'espère que vous ne m'accuserez pas de manquer à la piété filiale, si je vous dis, papa, que selon moi, ce sera toujours assez tôt pour elle.

— Fanny, je suis surpris.... je suis mécontent de.... hem!... l'animosité capricieuse et incompréhensible que semble vous inspirer.... hem!... Mme Général.

— Je vous en prie, papa, ne parlez pas d'animosité, car je vous assure que je ne trouve pas que Mme Général mérite de m'inspirer de l'animosité. »

A cette réponse, M. Dorrit quitta sa chaise avec un air de reproche sévère, et se tint debout, drapé dans sa dignité, devant sa fille. Celle-ci faisant tourner le bracelet qui ornait son bras, tantôt levant les yeux sur lui et tantôt les baissant, répliqua :

« Très-bien, papa. Je suis vraiment désolée de vous déplaire, mais ce n'est pas ma faute. Je ne suis plus une enfant, je ne suis pas Amy, et il faut que je dise ma façon de penser.

— Fanny, fit M. Dorrit avec effort et après un silence majestueux, si je vous prie de rester ici, tandis que j'annoncerai officiellement moi-même à Mme Général, en sa qualité de dame exemplaire qui est devenue.... hem!... un membre de notre famille.... le.... ah!... changement projeté; si non-seulement.... je.... hem!... vous prie de rester, mais.... ah!... vous l'ordonne....

— Oh! papa, interrompit Fanny avec une intention marquée, si vous y tenez tant que cela, il ne me reste plus que d'obéir. Mais j'espère que vous ne m'empêcherez pas de penser ce que je voudrai, car vraiment cela me serait plus impossible que jamais. »

Fanny s'assit donc avec un air de soumission qui ressemblait assez à un défi : on sait que les extrêmes se touchent. Son père, dédaignant de répondre, ou ne sachant que dire, sonna M. Tinkler.

« Mme Général. »

M. Tinkler, peu habitué à recevoir des ordres aussi laconiques relativement à l'aimable vernisseuse, attendit. M. Dorrit, voyant dans l'hésitation de son domestique un souvenir et un reproche de la prison et des *Témoignages* d'autrefois, s'écria :

« Eh bien! Pourquoi n'obéissez-vous pas? Qu'est-ce que cela signifie?

— Je vous demande pardon, monsieur, plaida Tinkler, je désirais savoir....

— Vous ne désiriez rien savoir du tout, interrompit M. Dorrit, le teint très-animé. Ne me dites pas que vous désiriez savoir. Ah! je sais bien que ce n'est pas cela. Vous voulez vous moquer de moi.

— Je vous assure bien, monsieur.... commença Tinkler.

— Ne m'assurez pas! Je ne veux pas qu'un domestique m'assure! Vous vous moquiez de moi. Je vous renverrai.... hem!... je renverrai tous mes gens. Qu'attendez-vous encore?

— Je n'attends que vos ordres, monsieur.

— C'est faux. Vous les avez, mes ordres.... Ah!... hem!... Mes compliments à Mme Général, et dites-lui que je la prie de me faire le plaisir de passer chez moi, si elle n'est pas autrement occupée. Voilà mes ordres. »

En s'acquittant de sa mission, peut-être Tinkler ajouta-t-il que M. Dorrit bouillait de colère. Quoi qu'il en soit, on entendit bientôt au dehors le frou-frou des jupes de Mme Général, se rapprochant.... on pourrait presque dire bondissant.... avec une vitesse inaccoutumée. Néanmoins lesdites jupes se calmèrent avant de franchir le seuil, et se présentèrent avec leur sang-froid habituel.

« Madame Général, dit M. Dorrit, veuillez prendre un siége. »

La veuve de l'intendant militaire remercia par une courbe gracieuse avant de se laisser glisser dans le fauteuil que lui offrait M. Dorrit.

« Madame, poursuivit ce gentleman, comme vous avez eu l'obligeance d'entreprendre.... hem!... de former mes filles, et comme je suis persuadé que rien de ce qui les concerne ne saurait.... hem!.... vous être indifférent....

— Tout à fait impossible, remarqua Mme Général avec un calme merveilleux.

— .... Je désire donc vous annoncer, madame, que ma fille ici présente.... »

Mme Général adressa une légère inclinaison de tête à Fanny, qui répondit par un salut très-profond, puis se redressa avec beaucoup de roideur.

« .... Que ma fille aînée a.... hem!... a promis d'épouser M. Sparkler, que vous connaissez. Par conséquent, madame, vous allez être débarrassée d'une moitié de votre tâche difficile.... hem!... *difficile*, répéta M. Dorrit en lançant à Fanny un regard irrité. Mais ceci, je l'espère, ne.... hem!... n'amènera aucun changement direct ou indirect dans la position que vous avez eu l'obligeance d'accepter auprès de ma famille.

— Monsieur Dorrit, répondit Mme Général, dont les mains gantées restèrent posées l'une sur l'autre dans un repos exemplaire, est plein d'égards, et mes petits services d'amitié ne valent pas l'estime qu'il en veut bien faire. »

(Fanny toussa, comme pour dire : « Vous avez bien raison. »)

« Mademoiselle Dorrit a sans doute fait preuve, dans ce choix, de toute la discrétion que permettaient les circonstances, et j'espère qu'elle voudra bien agréer mes félicitations les plus sincères. Dégagés des entraves de la passion (*Mme Général ferma les yeux en prononçant ce mot, comme si sa pudeur ne lui permettait pas de le prononcer les yeux ouverts*), appuyés sur l'approbation des proches parents, et propres à cimenter le fier édifice d'une haute position sociale, de pareils événements ne sauraient causer que de la joie. Mademoiselle Dorrit me permettra donc de lui renouveler mes félicitations les plus cordiales. »

La veuve se tut et ajouta intérieurement, pour mieux composer son visage : « Papa, pommes, poule, prunes et prismes. »

« Monsieur Dorrit, ajouta-t-elle tout haut, est toujours obligeant; et, en retour de la politesse et de l'honneur qu'il me fait en me communiquant sitôt cette nouvelle, je le prie encore une fois, ainsi que mademoiselle Dorrit, de recevoir mes remerciments. J'offre également, avec mes félicitations, mes remerciments à mademoiselle Dorrit.

— Pour ma part, remarqua Fanny, je suis très-flattée.... flattée au delà de toute expression. Vous ne pouvez pas vous figurer, madame Général, combien je suis heureuse de voir que vous ne désapprouviez pas mon choix. Je me sens soulagée d'un grand poids, je vous assure. Je ne sais vraiment pas ce que j'aurais fait si vous aviez présenté quelque objection, ma chère madame. »

Mme Général changea la position relative de ses gants, elle fit passer le droit sur le gauche et le gauche sous le droit, avec un sourire aux *prunes* et aux *prismes*.

« Je n'ai pas besoin de vous dire, madame Général, continua Fanny répondant à ce sourire par un autre sourire où il n'y avait aucune trace de ces ingrédients, que, lorsque je serai mariée, tous mes efforts tendront à mériter de plus en plus votre approbation.... Le plus grand malheur qui pût m'arriver, ce serait de perdre votre estime. Mais je suis convaincue, connaissant votre bonté, que vous m'excuserez, et j'espère que papa m'excusera aussi, si je relève une légère erreur que vous venez de commettre. Les meilleures gens du monde sont sujets aux méprises, et vous-même, madame, malgré votre mérite, vous êtes tombée dans une légère erreur. Vous êtes très-sensible, je n'en doute pas, à l'honneur que vous fait, avez-vous dit, la confiance que nous venons de vous témoigner. Malheureusement pour moi, je n'y suis pour rien. Le mérite d'avoir un seul instant songé à vous demander votre avis me paraît si respectable, que je rougirais de me l'approprier, sachant que je n'y ai aucun droit. Tout l'honneur en revient à papa. Je vous suis fort reconnaissante des encouragements et de la protection que vous daignez m'accorder : seulement ce n'est pas moi qui les ai demandés, c'est papa. J'ai à vous remercier, madame, du consentement si généreux que vous venez de m'accorder; mais *vous*, madame, vous n'avez aucun remercîment à m'adresser. J'espère continuer à mériter vos bonnes grâces lorsque j'aurai quitté la maison paternelle, et je souhaite, madame, que ma sœur soit pendant bien longtemps encore l'objet de votre affectueuse condescendance. »

Après avoir prononcé ce discours avec une extrême politesse, Fanny s'éloigna de l'air le plus élégant et le plus enjoué du monde, pour monter l'escalier quatre à quatre et se précipiter, quand on ne put plus l'entendre, le teint très-animé, chez sa sœur, qu'elle traita de petite marmotte, et qu'elle secoua afin de lui faire ouvrir les yeux et les oreilles, tandis qu'elle lui racontait ce qui venait de se passer et lui demandait ce qu'elle pensait maintenant des manœuvres de Mme Général.

Vis-à-vis de Mme Merdle, Fanny se comporta avec beaucoup d'aisance et de sang-froid, mais sans risquer encore une déclaration de guerre. De temps en temps ces deux dames préludaient par de légères escarmouches, surtout lorsque Fanny se figurait que sa future belle-mère voulait se donner des airs protecteurs ou bien qu'elle paraissait plus jeune ou plus belle qu'à l'ordinaire. Mais Mme Merdle mettait bien vite un terme à ces passes d'armes en s'enfonçant dans ses coussins d'un air de gracieuse indolence et en passant à un autre sujet de conversation. La Société (car cette mystérieuse abstraction habitait aussi les sept collines) trouva que Mlle Fanny avait beaucoup gagné depuis les fiançailles. Elle était plus abordable, moins réservée, plus séduisante et moins exigeante : aussi avait-elle maintenant une foule d'adorateurs et d'admirateurs, ce qui indignait les familles où il y avait des filles à marier; ces demoiselles surtout s'insurgeaient contre la Société, complice de cet attentat, et arboraient décidément l'étendard de la révolte. Heureuse de l'agitation qu'elle causait, non-seulement Mlle Dorrit se pavana devant le grand monde dans sa propre personne, mais elle mettait beaucoup d'orgueil et d'ostentation à traîner à sa suite son captif, Edmond Sparkler : « Voyez! avait-elle l'air de dire à chacun : si je juge à propos de me montrer à vous dans cette pompe triomphale, suivie de ce faible prisonnier qui porte mes chaînes, lorsque j'aurais pu orner mon triomphe d'un captif plus vigoureux, c'est qu'apparemment cela me plaît : je n'ai pas d'autre compte à vous rendre. »

M. Sparkler, pour sa part, ne demandait pas d'autre explication. Il allait où on le menait et faisait ce qu'on lui disait; car il sentait que pour lui il n'y avait pas de moyen plus commode d'arriver à la considération que d'être considéré pour sa femme; et il était fort reconnaissant qu'à ce prix on voulût bien faire attention à lui.

Cependant l'hiver s'écoulait, le printemps approchait, et M. Sparkler était obligé de retourner en Angleterre pour y reprendre son siége au parlement et ses fonctions au ministère, où l'on attendait après lui pour développer et diriger le génie, la science, le commerce, le courage et le bon sens de la nation. Les compatriotes de Shakespeare, de Milton, de Bacon, de Newton, de Watt, d'une légion de philosophes passés et présents, de physiciens, de chimistes qui avaient dompté la nature et perfectionné l'art dans leurs formes multiples, imploraient l'aide de M. Sparkler, s'il ne voulait pas les laisser mourir méchamment sans secours, M. Sparkler ne pouvant résister au cri d'angoisse de la patrie en danger, déclara qu'il allait partir.

Il ne s'agissait donc plus que de savoir où, quand et comment M. Sparkler serait uni à la plus jolie fille du monde, qui n'était pas bégueule du tout. Mlle Fanny, après quelques conférences secrètes et mystérieuses, annonça elle-même à la petite Dorrit la solution de cette grave question.

« Mon enfant, dit-elle un jour à sa sœur, il y a du nouveau; la chose vient d'être décidée à l'instant, et, naturellement, je me suis empressée de te chercher partout pour te l'annoncer.

— Ton mariage, Fanny?

— Ne m'interromps pas, ma chère enfant. Laisse-moi te communiquer cela comme je l'entends, petite évaporée. Quant à ta question prématurée, si j'y répondais à la lettre, je dirais: « Non. » En effet, ce n'est pas mon mariage dont il s'agit, c'est bien plutôt celui d'Edmond. »

La petite Dorrit parut, et elle n'avait pas tort, assez en peine de savoir ce que voulait dire cette distinction subtile.

« Ce n'est pas moi qui suis dans l'embarras, s'écria Fanny; ce n'est pas moi que l'on presse; ce n'est pas moi qu'on demande à cor et à cri dans les bureaux d'un ministère; ce n'est pas moi qu'on poursuit pour avoir mon vote à la Chambre; c'est Edmond. Et il est très-malheureux de l'idée de s'en aller tout seul; pour ma part, je n'aime pas non plus le laisser partir tout seul; car s'il est possible de faire une sottise.... (et en général, on trouve toujours moyen d'en faire).... il n'y manquera pas. »

En terminant ce résumé sommaire de la confiance qu'on pouvait avoir dans son futur mari, elle ôta son chapeau d'un air affairé et le laissa traîner à terre par les brides.

« C'est donc plutôt l'affaire d'Edmond que la mienne. Mais ne parlons plus de cela. C'est clair comme le jour. Eh bien! ma chérie, la question étant de savoir s'il doit ou non partir seul, a soulevé cette autre question: Le mariage se fera-t-il ici tout de suite, ou attendrons-nous plusieurs mois afin de le célébrer en Angleterre?

— Je devine que je vais te perdre, Fanny.

— Quelle enfant terrible pour ne vouloir pas écouter les gens! s'écria Fanny, moitié indulgence, moitié impatience. Je t'en prie, ma chère, écoute-moi jusqu'au bout sans m'interrompre. Cette femme (*Elle parlait de Mme Merdle, ça va sans dire*) ne partira d'ici qu'après Pâques; de façon qu'en me mariant ici et en emmenant Edmond, j'aurai de l'avance sur elle. C'est bien quelque chose. Ce n'est pas tout, Amy! en l'absence de cette femme, je ne sais pas trop si je ne serais pas assez disposée à accepter l'offre que M. Merdle a faite à papa, de nous donner un appartement chez lui.... tu sais bien, cette maison où tu es allée avec une certaine danseuse, ma chère.... jusqu'à ce que notre propre maison soit meublée et arrangée. Autre chose encore, Amy. Papa ayant toujours l'intention d'aller lui-même à Londres au printemps, si le mariage a lieu ici, Edmond et moi nous partirions pour Florence, où papa pourrait nous rejoindre dans quelques semaines, et nous voyagerions tous trois de compagnie jusqu'à Londres. M. Merdle a pressé papa d'habiter durant son séjour la maison en question, et je présume que papa acceptera. Mais il est le maître, et sous ce rapport (peu importe d'ailleurs), je ne puis rien affirmer. »

La différence qu'il y avait entre papa, qui était bien le maître, et M. Sparkler, qui n'était pas le maître du tout, ressortait clairement de la façon dont Fanny établissait les faits, mais sa sœur fit peu d'attention à ce contraste; elle était partagée entre le regret que lui causait une séparation prochaine et celui de n'être pas comprise dans ce projet de voyage à Londres.

« Et ce sont là tes arrangements, Fanny?

— Arrangements! répéta Fanny. En vérité, mon enfant, tu es fièrement agaçante. Tu sais que j'ai eu soin de ne rien dire qui pût faire supposer qu'il y eût rien d'arrêté. Ce que j'ai dit, c'est qu'il se présente certaines questions, et je t'ai énuméré ces questions. »

Le regard calme et rêveur de la petite Dorrit rencontra celui de Fanny.

« Maintenant, ma petite chérie, continua Fanny, balançant son chapeau par les brides d'un air d'impatience, il ne s'agit pas d'ouvrir de grands yeux comme un petit hibou, à quoi ça sert-il? J'ai besoin de tes conseils. Que me conseilles-tu?

— Ne crois-tu pas, Fanny, demanda la petite Dorrit d'un ton persuasif après avoir hésité un peu, que ce qu'il y aurait de mieux à faire, ce serait de retarder le mariage de quelques mois?

— Non, petite tortue, riposta Fanny avec beaucoup de vivacité, je crois tout le contraire. »

Sur ce, elle lança son chapeau loin d'elle et se jeta dans un fauteuil. Mais l'instant d'après elle redevint très-affectueuse; se levant d'un bond et s'agenouillant par terre, elle entoura de ses bras sa sœur et la chaise sur laquelle elle était assise.

« Ne va pas croire que je suis colère ou méchante, ma chérie, parce qu'il n'en est vraiment rien. Mais tu es un si drôle de petit corps! Tu ferais damner un saint. Ne t'ai-je pas dit, enfant que tu es, qu'on ne peut pas avoir assez de confiance dans Edmond pour le laisser partir seul? Ne sais-tu pas cela toi-même?

— Oui, oui, Fanny, je sais que tu me l'as dit.

— Et je sais que tu sais que j'ai eu raison de le dire, riposta Fanny. Eh bien! ma chère enfant, puisqu'il est impossible de le laisser partir seul, il s'ensuit, je suppose, que je dois partir avec lui.

— Mais.... oui, chère Fanny, répliqua la petite Dorrit.

— Maintenant que tu connais les arrangements nécessaires pour cela, tu me conseilles, à ce que je vois, chère petite, de les adopter?

— Mais.... oui, chère Fanny, répéta la petite Dorrit.

— Allons! s'écria Fanny d'un ton de résignation. Je vois bien qu'il le faut! J'étais venue te trouver, ma colombe, pour éclaircir mes doutes, quand j'ai vu la nécessité de prendre une détermination. Me voilà décidée. C'est une affaire faite. »

Après avoir cédé d'une façon si exemplaire aux conseils de sa sœur et à la force des circonstances, Fanny prit un air des plus bénévoles, comme quelqu'un qui viendrait de sacrifier ses propres inclinations pour faire plaisir à sa meilleure amie, et qui s'applaudirait au fond de sa conscience de cette bonne action.

« Après tout, ma chérie, continua-t-elle, tu es la meilleure des petites sœurs et pleine de bon sens; je ne pourrais pas me passer de toi. »

A ces mots elle pressa sa sœur dans un embrassement plus étroit et vraiment affectueux.

« Aussi je n'y songe pas le moins du monde, Amy; j'espère, au contraire, que nous serons presque inséparables. Et maintenant, ma chérie, je vais à mon tour te donner un conseil. Quand tu seras seule avec Mme Général....

— Je vais donc rester seule ici avec Mme Général, demanda tranquillement la petite Dorrit.

— Mais naturellement, mon trésor, tu seras seule avec elle jusqu'au retour de papa. A moins que tu ne comptes sur Édouard pour te tenir compagnie.... mais comme il ne le fait pas lorsqu'il est ici, j'ai peur qu'il ne le fasse bien moins encore maintenant qu'il est à Naples ou en Sicile. J'allais donc te conseiller, lorsque tu m'as interrompue, comme une petite brouillonne que tu es, quand tu te trouveras seule ici avec Mme Général, Amy, de faire toujours la sourde oreille chaque fois qu'elle emploiera quelque moyen artificieux pour tâcher de te laisser entrevoir qu'elle fait la cour à papa ou que papa lui fait la cour. Tu peux être sûre qu'elle y fera tout son possible. Je la connais, je sais bien comment elle va sournoisement, cherchant son chemin à tâtons avec ses mains gantées. Pour rien au monde n'aie l'air de te douter de ce que cela veut dire; et si papa, à son retour, t'annonce qu'il songe à te donner Mme Général pour maman (la chose ne devient pas du tout moins probable à cause de mon départ), je te conseille de répondre à l'instant: « Papa, avec votre permission, je m'y oppose formellement. Fanny m'a déjà prévenue qu'elle s'y oppose aussi, comme moi. » Ce n'est pas que j'espère le moindre succès de ton opposition, ni que je te croie capable de la formuler avec la fermeté nécessaire. Mais il s'agit de défendre un principe.... un principe filial.... et je te supplie de ne pas permettre à Mme Général de se donner des airs de belle-mère avec nous, sans t'empresser de rendre au moins la vie aussi malheureuse que possible aux gens qui l'entourent. Je ne compte pas du tout, à te dire vrai, sur ton énergie.... Je sais bien même à l'avance que tu n'en es pas capable avec papa.... ce que je voudrais, ce serait au moins de te rappeler au sentiment de ton devoir. Mais moi, dans tous les cas, mon trésor, tu peux compter sur mon aide contre une pareille union, et sur l'opposition que je soulèverai; je ne te laisserai pas dans l'embarras. Toute l'influence que va me donner ma position de femme mariée, pourvue de quelques agréments, influence que j'espère bien mettre à profit pour faire enrager Mme Merdle.... je veux la faire retomber sur la tête hypocrite et les cheveux presque aussi hypocrites de Mme Général.... car je suis sûre qu'ils sont faux, quelque laids qu'ils soient et quelque peu probable qu'il puisse paraître que personne, à moins d'être fol, s'avise d'en acheter de pareils!... »

La petite Dorrit reçut ces conseils sans oser les repousser ouvertement, mais aussi sans donner aucun motif de croire qu'elle fût disposée à les suivre. Quant à Fanny, ayant, pour ainsi dire, fait ses adieux à sa vie de jeune fille et mis ordre à ses affaires, elle commença, avec l'ardeur naturelle à son caractère, à se préparer à cette grave cérémonie qu'on nomme un mariage.

Voici comment elle s'y prépara: elle envoya sa femme de chambre à Paris, sous la protection du courrier, acheter cette collection spéciale d'objets de toilette à laquelle il serait de très-mauvais genre de donner, dans le présent récit, un nom anglais, mais à laquelle ce récit obstiné, se fondant sur le principe vulgaire qu'il doit rester fidèle à la langue qu'il parle, se refuse à donner un nom français. La riche et magnifique corbeille achetée par leurs soins traversa quelques semaines plus tard le pays intermédiaire, par une route toute hérissée de bureaux de douane, et gardée par une innombrable armée de mendiants en uniformes qui demandent l'aumône chaque fois qu'ils ouvrent une malle, comme si chacun de ces terribles guerriers était le vieux Bélisaire. Il y en avait tant que si le courrier n'avait pas distribué en route un boisseau et demi de menue monnaie d'argent, afin de soulager la misère de ces malheureux, ils auraient usé toutes les toilettes à force de les tourner et de les retourner avant de les laisser parvenir jusqu'à Rome. Cependant elles échappèrent sans accident à tous les dangers de la route, et arrivèrent enfin au but de leur voyage en fort bon état.

Là, on en fit l'exhibition pour des sociétés choisies de spectatrices, dont l'âme charitable en conçut immédiatement une jalousie effroyable. On fit en même temps des préparatifs pour l'heureux jour où une partie de ces trésors devaient paraître en public. On invita au déjeuner de noces la moitié de la colonie anglaise qui habitait la ville de Romulus; l'autre s'arrangea pour se trouver sous les armes en qualité de critiques bénévoles, sur divers points du parcours de la grande solennité. Le haut et puissant signor Edgardo Dorrit arriva en poste à travers la boue et les ornières profondes des routes italiennes, pour honorer la cérémonie de sa gracieuse présence. Signor Edgardo venait de se former aux bonnes manières en fréquentant la noblesse napolitaine.... noblesse modèle, s'il en fut. Le premier hôtel de Rome et tous les myrmidons culinaires de cet établissement furent mis en réquisition pour fournir le déjeuner matrimonial. Les mandats de M. Dorrit tombaient drus comme grêle sur la banque Torlonia : on eût dit une panique soulevée contre cette maison. Le consul de S. M. Britannique n'avait pas vu un pareil mariage dans toute sa carrière consulaire.

Le grand jour arriva. Je ne sais pas comment la louve du Capitole ne fut pas tentée de devenir envieuse et de montrer les dents en voyant de quelle façon les sauvages habitants des îles du Nord faisaient les choses de ce temps-ci. Je ne sais pas comment les statues des exécrables empereurs de la soldatesque, que les sculpteurs contemporains n'ont pas osé flatter au point de remplacer leurs ignobles têtes d'assassins par des figures d'honnêtes gens, ne furent pas tentées de descendre de leurs piédestaux pour enlever la mariée. Et la fontaine desséchée où les gladiateurs se lavaient autrefois, comment ne se remit-elle pas à couler en l'honneur de la cérémonie ? Et le temple de Vesta n'aurait-il pas dû renaître de ses ruines tout exprès pour servir de décor dans cette grande occasion ? Ils pouvaient le faire, eh bien ! ils ne le firent pas, imitant en cela plus d'un être animé, sans en excepter les *lords* et les *ladies* de la création qui pourraient faire bien des choses, et ne font rien.

Le mariage fut donc célébré en grande pompe : des moines en frocs noirs, blancs ou bruns, s'arrêtèrent pour regarder défiler les équipages. Des paysans vagabonds, vêtus de peaux de mouton, vinrent mendier et faire pleurer leurs cornemuses sous les croisées de l'hôtel Dorrit. Les volontaires anglais passèrent en revue le cortége. La matinée s'envole ; l'heure de vêpres arrive. La fête expire peu à peu. Les mille églises de Rome avaient mis leurs cloches en branle, mais ce n'était pas pour ça. Fi donc ! un mariage hérétique. Quant à l'église Saint-Pierre, elle déclara hautement que cela ne la regardait pas.

Cependant la mariée était déjà bien loin sur la route de Florence. Un des traits caractéristiques de cette noce, c'est qu'on n'y parlait guère que de la mariée. Personne ne s'occupait du mari ; personne ne songeait non plus à la première demoiselle d'honneur. Du reste, on ne pouvait guère la voir, la petite Dorrit, perdue comme elle était au milieu de l'éclat éblouissant de la fête. La mariée monta donc dans son charmant équipage, accompagnée par occasion, de son mari ; et après avoir roulé quelques minutes sur un pavé bien uni, elle commença à cahoter dans les ornières marécageuses de l'Ennui, à travers une longue, longue avenue de ruines et de décombres. D'autres équipages de noces avaient suivi, dit-on, et ont suivi depuis le même chemin.

Dans le cas où la petite Dorrit se serait sentie un peu seule et un peu abattue ce soir-là, rien n'aurait été plus capable de dissiper sa tristesse que de pouvoir travailler comme autrefois auprès de son père, lui servir son souper et l'aider à se coucher. Mais il n'y fallait pas songer, maintenant qu'ils étaient installés dans l'équipage de grande cérémonie que conduisait Mme Général. Lui préparer son souper! Mais si M. Dorrit eût éprouvé le besoin de souper, il y avait là un cuisinier italien et un pâtissier suisse qui auraient commencé par mettre des bonnets aussi élevés que la mitre du pape et par se livrer à une foule de mystères alchimiques dans un laboratoire plein de casseroles de cuivre, avant de permettre à leur seigneur et maître d'avaler une seule bouchée.

M. Dorrit, ce soir-là, fut sentencieux et didactique. S'il avait voulu être aimant tout bonnement, il aurait fait beaucoup plus de bien à la petite Dorrit; mais elle l'accepta tel qu'il était (quand donc ne l'avait-elle pas accepté tel qu'il était!).... et fit contre fortune bon cœur. Enfin Mme Général se retira. Sa façon de prendre congé le soir était la plus glaciale des cérémonies : on eût dit qu'elle croyait nécessaire de pétrifier sur place l'imagination des gens afin de leur ôter la fantaisie de songer à elle. Lorsqu'elle eut accompli ces roides préliminaires, qui ressemblaient fort à une charge en douze temps à l'usage du monde élégant, elle s'éloigna. Alors la petite Dorrit passa le bras autour du col de son père en lui disant bonsoir.

« Amy, ma chère, dit M. Dorrit en lui prenant la main, cette soirée couronne un jour qui.... hem!... qui m'a vivement impressionné et charmé.

— Et un peu fatigué aussi, cher père?

— Non; du tout. Je ne puis ressentir aucune fatigue à la suite d'une circonstance remplie.... hem!... de joies aussi pures. »

La petite Dorrit fut enchantée de trouver son père dans d'aussi heureuses dispositions, et elle sourit du fond du cœur.

« Ma chère, continua M. Dorrit, c'est là un événement.... hem!... qui doit servir d'exemple; qui doit vous servir d'exemple, à vous, mon enfant favorite et dévouée. »

La petite Dorrit, effrayée par ce préambule, ne sut que dire, bien que son père eût cessé de parler, comme s'il attendait une réponse.

« Amy, poursuivit-il après un moment de silence, votre chère sœur, notre Fanny, a contracté.... ha! hem!... un mariage qui est de nature à étendre nos.... hem!... relations et à.... hem!... consolider notre position sociale. Mon amour, j'espère que le temps n'est pas loin où il se présentera pour vous.... hem!... un parti convenable.

— Oh! non. Laissez-moi rester auprès de vous. Je vous en supplie et je vous en conjure. Je ne demande qu'à rester auprès de vous pour vous soigner. »

Elle prononça ces paroles en proie à une vive terreur.

« Allons, Amy, répondit M. Dorrit. Pas d'enfantillage. Votre.... hem!... position vous impose une certaine responsabilité. Vous êtes tenue de développer cette position et de vous en montrer digne. Quant à me soigner, je puis.... ah!... me soigner moi-même. Ou bien, ajouta-t-il après un nouveau silence, s'il fallait quelqu'un pour me soigner, je.... hem !... Dieu aidant.... je peux me faire soigner. Mais je.... hem !... ne saurais, ma chère enfant, me résoudre à vous accaparer, ou, pour ainsi dire, à vous sacrifier. »

N'était-il pas un peu tard pour commencer à faire preuve de tant d'abnégation? pour avoir l'air de s'en faire honneur? pour y croire, en supposant la chose possible?

« Ne parlez plus de cela, Amy. Je ne saurais m'y résoudre. Je.... ha !... ne *dois* pas m'y résoudre. Ma.... hem !... conscience s'y oppose. Je profite donc, mon amour, de l'occasion que m'offre cette circonstance flatteuse et imposante pour.... ah !... remarquer avec toute la gravité nécessaire que désormais mon vœu le plus cher, c'est de trouver pour vous un parti.... hem !... convenable.... *convenable*, je le répète.

— Oh ! non, cher père. Je vous en prie.

— Amy, je suis persuadé que, si l'on soumettait cette question à une personne douée d'une connaissance parfaite du monde, d'une délicatesse et d'un jugement supérieurs, à.... hem !... Mme Général, par exemple, il n'y aurait pas deux avis quant à la nature.... hem !... affectueuse et à la haute convenance des sentiments que je viens de vous exprimer. Mais, comme je connais de longue date et.... hem !... par expérience, votre caractère soumis et dévoué, je suis convaincu que je n'ai pas besoin de vous en dire davantage. Je n'ai.... hem !... aucun mari à vous proposer pour le moment, ma chère; je n'ai même personne en vue. Je désire seulement que.... ah !... nous nous comprenions. Hem ! Bonsoir, ma chère et seule fille. Bonsoir. Dieu vous bénisse ! »

Si ce soir-là la petite Dorrit songea un seul instant que son père n'aurait aucun chagrin à se séparer d'elle dans sa prospérité, maintenant qu'il désirait la remplacer par une seconde épouse, elle chassa cette pensée. Toujours fidèle au vieillard qu'elle seule avait soutenu dans ses plus mauvais jours, elle repoussa une pareille idée; elle se contenta, durant cette nuit d'insomnie et de larmes, de songer que son père ne voyait plus rien qu'à travers ses richesses, et le désir incessant de les conserver et de les accroître.

Ils continuèrent à figurer dans l'équipage de cérémonie, avec Mme Général sur le siége, pendant trois semaines encore. Alors, M. Dorrit se mit en route pour rejoindre Fanny à Florence. La petite Dorrit l'eût volontiers accompagné jusque-là, par pure affection pour lui, quitte à s'en revenir toute seule, rêvant à sa chère Angleterre. Mais, bien que l'on n'eût pas là le courrier qui avait escorté la nouvelle mariée, le valet de chambre, M. Tinkler, était le second en grade, et le choix paternel ne devait pas tomber sur Amy tant qu'il pourrait trouver à se faire accompagner par un serviteur à gages.

Mme Général prit les choses fort tranquillement.... aussi tranquillement qu'elle prenait tout le reste.... lorsque l'habitation romaine de M. Dorrit ne fut plus occupée que par la petite Dorrit et elle. Amy sortait souvent dans la voiture de louage qu'on leur avait laissée, descendait seule et errait parmi les ruines de l'ancienne Rome. Par je ne sais quelle transformation magique, les ruines du vaste amphithéâtre, des vieux temples, des arcs de triomphe, des routes romaines, des vieux tombeaux, sans cesser d'être ce qu'elles étaient, devenaient aussi à ses yeux les ruines de la vieille prison de la Maréchaussée, les ruines de sa vie d'autrefois, les ruines des visages et des formes qui la peuplaient naguère, les ruines de ses affections, de ses espérances, de ses soucis, de ses joies. Deux sphères ruinées d'activité et de souffrance posaient là devant la jeune fille, qu'on trouvait souvent assise sur quelque colonne tronquée; et dans les endroits solitaires, sous le ciel bleu, elle les voyait toutes les deux ensemble.

Mais Mme Général était bientôt près d'elle pour *décolorer* tout, comme la nature et l'art lui avaient rendu ce service à elle-même : embellissant de prunes et de prismes le texte du digne M. Eustace, à chaque occasion qui se présentait; cherchant partout M. Eustace et compagnie, et ne voyant jamais autre chose; déterrant les os les plus secs de l'antiquité et les avalant tout d'un trait sans le moindre regret.... comme une Goule en gants beurre frais.

CHAPITRE XVI.

Ça marche toujours.

Les jeunes époux, à leur arrivée dans Harley-Street, Cavendish-Square, Londres, furent reçus par le maître d'hôtel. Cet imposant serviteur ne s'intéressait pas du tout à eux; mais, en somme, il voulut bien les souffrir. Il faut que l'on se marie, autrement on n'aurait pas besoin de maîtres d'hôtel. De même que les peuples sont faits pour avoir des taxes, de même les grandes familles sont faites pour avoir des maîtres d'hôtel. Celui de M. Merdle réfléchit comme de raison qu'il était dans la nature que la race des gens riches se perpétuât.... à son profit.

Il daigna donc regarder la voiture de voyage du haut des marches de son vestibule, sans froncer les sourcils; il poussa l'obligeance jusqu'à dire gentiment à un de ses gens : « Thomas, aidez à rentrer les bagages. » Il accompagna même la mariée jusqu'au salon où l'attendait M. Merdle; mais on doit regarder cette démarche active comme un hommage rendu au beau sexe (dont le maître d'hôtel était un des plus ardents admirateurs; on le savait même épris des charmes d'une certaine duchesse), et non pas comme un précédent dont la famille pût se targuer.

M. Merdle se promenait d'un air timide devant sa cheminée,

prêt à souhaiter la bienvenue à Mme Sparkler. Sa main parut remonter jusqu'au milieu de sa manche lorsqu'il s'avança au devant d'elle, car il mit dans sa poignée de main une telle abondance de parement d'habit que Fanny aurait pu se figurer qu'elle était reçue par un de ces mannequins populaires, qui sont censés représenter Guy Fawkes [1]. En outre, lorsqu'il approcha ses lèvres de celles de Mme Sparkler, il se saisit lui-même par les poignets et s'éloigna à reculons, bousculant les causeuses, les chaises et les tables, comme s'il eût été son propre sergent de ville, et qu'il se fût dit à lui-même :

« Voyons, pas de ça ! Allons. Je vous tiens, vous savez; ainsi, vous ferez bien de vous laisser coffrer tranquillement ! »

Mme Sparkler, installée dans les appartements de réception.... dans le sanctuaire le plus intime d'édredon, de soie, de perse et de toile fine.... sentit que jusque-là son triomphe était complet, et qu'elle faisait un pas de plus tous les jours. La veille de son mariage, elle avait donné à la femme de chambre de Mme Merdle, d'un air de gracieuse indifférence, en présence de sa maîtresse, un petit souvenir de rien (un bracelet, un chapeau et deux robes, tout battant neufs), qui valait au moins quatre fois les cadeaux que Mme Merdle avait autrefois faits à la danseuse. Elle était en ce moment installée dans l'appartement de cette dame, auquel on avait ajouté quelques embellissements afin de le rendre plus digne d'être occupé par son hôtesse nouvelle. Tandis qu'elle s'y dorlotait, entourée de tous les accessoires de luxe que l'argent peut procurer ou que l'esprit humain peut inventer, elle voyait sa blanche poitrine qui se soulevait à l'unisson de ses pensées, rivaliser désormais avec la poitrine trop longtemps célèbre, qu'elle allait éclipser, et détrôner. Heureuse? Mais oui, Fanny avait lieu d'être heureuse. Je suis sûr qu'elle ne s'écriait plus qu'elle voudrait être morte.

Le courrier n'avait pas consenti à ce que M. Dorrit logeât chez un ami. Il avait préféré le conduire dans un hôtel de Brook-Street, Grosvenor-Square. M. Merdle commanda sa voiture pour le lendemain de bonne heure, afin de rendre visite à M. Dorrit dès qu'il aurait déjeuné.

La voiture brillait, les chevaux bien nourris reluisaient, les harnais flamboyaient et les livrées étaient riches et cossues. Un équipage somptueux et solide; pour tout dire, une voiture digne d'un Merdle. Les gens matineux se retournaient dans la rue pour la regarder tandis qu'elle brûlait le pavé, et disaient avec un respect qui leur coupait la respiration : « Le voilà qui passe ! »

Et il passa jusqu'à ce que Brook-Street vint l'arrêter. Alors le joyau sortit de son écrin magnifique; car ici ce n'était pas le joyau qui brillait par lui-même : c'était tout le contraire.

1. Le 5 novembre, en commémoration de la fameuse conspiration des poudres, les Anglais ont coutume de promener par les rues, puis de brûler l'effigie de Guy Fawkes. (*Note du traducteur.*)

Quelle commotion profonde dans le bureau de l'hôtel! Merdle! L'hôte, bien que ce fût un gentleman d'un caractère hautain, qui venait d'arriver en ville conduisant un attelage de deux chevaux pur sang, sortit pour l'accompagner jusqu'au haut de l'escalier. Les commis et les domestiques se cachaient dans l'embrasure des portes, dans les couloirs, aux encoignures, et flânaient (par hasard), à chaque détour, afin d'apercevoir le célèbre millionnaire Merdle! Soleil, lune, étoiles, avez-vous jamais éclairé un plus grand homme! Le millionnaire qui avait en quelque sorte rectifié le Nouveau Testament, car sans quitter la terre, il était déjà monté dans le royaume des cieux! L'homme qui pouvait avoir qui il voulait à sa table, et qui avait gagné tant d'argent! Tandis qu'il montait, une foule de gens prenaient déjà position au bas de l'escalier afin que l'ombre du célèbre capitaliste tombât sur eux lorsqu'il sortirait. C'est ainsi que l'on portait les malades sur le chemin de l'Apôtre, et encore cet apôtre-là n'avait pas été reçu dans la meilleure société, comme Merdle, ni gagné de l'argent comme lui.

M. Dorrit, vêtu de sa robe de chambre et journal en main, était en train de déjeuner. Le courrier, d'une voix agitée, annonça :

« M'sieu Mairdale! »

M. Dorrit se leva d'un bond, son cœur battait bien fort.

« M. Merdle, c'est.... ha!... vraiment un honneur inespéré. Permettez-moi de vous exprimer.... hem!... combien j'apprécie cette.... ha hem!... flatteuse marque d'attention. Je n'ignore pas, monsieur, que votre temps a une.... hem!... valeur énorme (M. Dorrit ne put pas faire ronfler comme il aurait voulu, le mot énorme). Daigner.... ha!... m'accorder à une heure si matinale, quelques-uns de vos précieux instants, c'est.... hem!... un honneur qui m'inspire une vive reconnaissance. »

M. Dorrit était si reconnaissant qu'il tremblait en remerciant le grand homme.

M. Merdle prononça, de sa voix de ventriloque un peu contenue et un peu hésitante, quelques mots qui ne signifiaient rien : il termina en disant :

« Je suis charmé de vous voir, monsieur.

— Vous êtes bien bon, répliqua M. Dorrit; vraiment trop bon. »

On avait déjà avancé un siége pour l'illustre visiteur qui, après s'être assis, passait sa grosse main sur son front épuisé.

« J'espère que vous vous portez bien, monsieur Merdle? ajouta M. Dorrit.

— Aussi bien que.... oui, je me porte aussi bien qu'à l'ordinaire, répondit le banquier.

— Vous devez être immensément occupé?

— Assez. Mais.... Oh non, je n'ai pas grand'chose, dit M. Merdle regardant tout autour de la chambre.

— Un peu de dyspepsie? insinua M. Dorrit.

— C'est possible. Mais je.... oh! je vais assez bien. »

On voyait à l'endroit où les lèvres de M. Merdle se rejoignaient, des traces noires comme si on y eût mis le feu à une petite traînée de poudre; et il avait l'air d'un homme qui, avec un tempérament plus ardent, aurait eu un fort accès de fièvre ce matin-là. C'étaient ces symptômes apparents et la manière dont le banquier passait lourdement la main sur son front, qui avaient excité la sollicitude de M. Dorrit.

« Lorsque j'ai laissé Mme Merdle à Rome, continua l'hôte d'un ton insinuant, elle était, ainsi que vous le savez sans doute, la belle des belles.... hem!... la reine de toutes les fêtes, le charme de la société romaine. Elle se portait à ravir lors de mon départ. Mme Merdle passe en général pour une femme des plus attrayantes, et elle le mérite sans aucun doute, ce n'est pas moi qui dirai le contraire.

— Ni vous ni personne, » répondit M. Dorrit.

M. Merdle fit tourner sa langue dans sa bouche fermée.... (il paraissait avoir là une langue mal commode et peu flexible).... s'humecta les lèvres, passa de nouveau la main sur son front, puis examina encore une fois la chambre, surtout sous les chaises.

« Mais, dit-il ensuite, regardant M. Dorrit en face pour la première fois et baissant immédiatement les yeux vers les boutons du gilet de son interlocuteur, puisque nous parlons de beauté, c'est de votre fille qu'il faudrait parler. C'est elle qui est merveilleusement belle, aussi bien faite qu'elle est jolie. Lorsque le jeune couple m'est arrivé hier soir, j'ai été vraiment surpris de voir tant de charmes. »

M. Dorrit fut si flatté qu'il répondit.... ah!... qu'il ne pouvait s'empêcher de répéter verbalement à M. Merdle ce qu'il lui avait déjà dit par écrit : c'est-à-dire de lui exprimer tout le plaisir que lui causait l'union de leurs deux familles. Puis il tendit la main au banquier. Celui-ci regarda un instant la main qu'on lui offrait, la mit sur la sienne comme sur une soucoupe de vermeil ou une truelle à poisson, puis la rendit à M. Dorrit.

« J'ai voulu commencer ma tournée par me faire conduire chez vous, dit M. Merdle, pour me mettre à vos ordres dans le cas où je pourrais vous être bon à quelque chose. D'ailleurs, je voulais vous dire que j'espère bien que vous me ferez au moins l'honneur de dîner chez moi aujourd'hui, et tous les jours où vous ne serez pas engagé pendant votre séjour à Londres. »

M. Dorrit fut ravi de ces attentions délicates.

« Restez-vous longtemps parmi nous, monsieur?

— Pour le moment, je n'ai pas l'intention, répondit M. Dorrit, de.... ah!... dépasser une quinzaine de jours.

— C'est bien peu de temps après un si long voyage.

— Hem. En effet; mais à vrai dire.... ah! mon cher M. Merdle, je trouve que le climat d'Italie convient si bien à ma santé et à mes goûts que ma visite actuelle n'a.... hem!... que deux motifs. D'abord, le.... ha.... l'honneur et le privilége dont je jouis en ce moment et que je sais apprécier; ensuite, l'arrangement.... hem...

le placement, c'est-à-dire le placement le plus avantageux possible de.... hem !... mes capitaux.

— Eh bien ! monsieur Dorrit, répliqua M. Merdle faisant encore tourner sa langue, si je puis vous être utile sous ce rapport, disposez de moi. »

M. Dorrit s'était exprimé avec plus d'hésitation que de coutume en abordant ce sujet chatouilleux, car il ne savait pas bien comment un potentat de la force de M. Merdle prendrait la chose. Il craignait que toute allusion à un capital ou à une fortune privés ne fût qu'une misérable affaire de détail aux yeux d'un homme qui remuait l'argent à la pelle. Soulagé par l'offre affable que M. Merdle venait de lui faire, il en profita immédiatement pour lui prodiguer ses remercîments.

« J'aurais à peine.... hem !... osé, je vous assure, compter sur l'immense avantage de pouvoir ainsi mettre à profit votre aide et vos conseils, bien que je fusse résolu, dans tous les cas, à faire comme.... ah hem !... le reste du monde civilisé, et à suivre fidèlement les spéculations de M. Merdle.

— Vous savez que nous voilà presque parents, monsieur, répliqua M. Merdle, qui examinait en même temps avec un intérêt assez étrange le dessin du tapis, et, par conséquent, je me mets à vos ordres.

— Ah ! très-aimable, en vérité !... excessivement aimable !

— Il ne serait pas facile aujourd'hui, continua M. Merdle, pour un simple étranger d'obtenir des actions dans de bonnes affaires.... je parle de mes bonnes affaires à moi, bien entendu....

— Naturellement, naturellement ! fit M. Dorrit d'un ton qui signifiait qu'en dehors de celles-là on savait bien qu'il n'existait pas de bonnes affaires.

— .... A moins de payer une prime très-élevée.... ou, comme nous disons, nous autres capitalistes, un long chiffre. »

M. Dorrit était si enchanté qu'il se mit à rire. Ah, ah, ah ! Un *long chiffre*. Très joli ! Ah, ah ! Très-expressif, en vérité !

« Cependant, ajouta M. Merdle, je me réserve ordinairement le droit d'exercer certaines préférences.... (mes amis veulent bien dire *certaines faveurs*).... comme une récompense de mes soins et de mes peines....

— Dites de votre coup d'œil hardi et de votre génie, » suggéra M. Dorrit.

M. Merdle, d'un mouvement de sa langue desséchée sembla avaler ces qualités comme il eût fait une pilule ; puis il ajouta :

« Je verrai, avec votre permission, si je ne pourrais pas exercer ce droit limité (car le monde est jaloux, et c'est ce qui fait que mon droit est limité).... à votre profit.

— Vous êtes bien bon, répéta M. Dorrit. Vous êtes trop bon.

— Il va sans dire que, dans les transactions de ce genre, la plus grande intégrité et la plus grande franchise sont de rigueur ; il doit exister une bonne foi parfaite entre les intéressés, une confiance illimitée; autrement les affaires deviendraient impossibles. »

M. Dorrit accueillit avec ferveur ces nobles sentiments.

« Je suis donc obligé de vous dire que je ne puis vous favoriser que jusqu'à un certain point....

— Très-bien. Jusqu'à un certain point, remarqua M. Dorrit.

— .... Jusqu'à un certain point. Et tout doit se faire cartes sur table. Quant à mes conseils, c'est autre chose. Tels qu'ils sont.

— Oh! tels qu'ils sont! »

M. Dorrit ne voulut pas permettre, même à M. Merdle de déprécier le moins du monde la valeur de ses précieux avis.

« Mais, par exemple, pour mes conseils, il n'existe entre moi et mes semblables aucun engagement d'honneur qui m'empêche de les donner à qui me plaît. Et sous ce rapport (continua M. Merdle s'intéressant beaucoup à un tombereau de boueur qui passait sous la croisée), je serai toujours à vos ordres. »

M. Dorrit remercia de nouveau. M. Merdle passa encore une fois la main sur son front. Calme et silence. Contemplation des boutons du gilet de M. Dorrit par son ami M. Merdle.

« Mon temps étant assez précieux, reprit alors le millionnaire se levant tout d'un coup, comme s'il avait jusque-là attendu après ses jambes et qu'on vint de les lui apporter à l'instant même, il faut que je me dirige vers la Cité. Voulez-vous que je vous mène quelque part, monsieur? Je serai heureux de vous descendre en route ou de vous conduire plus loin. »

M. Dorrit se rappela qu'il avait affaire chez son banquier. Son banquier habitait dans la Cité. Tant mieux; M. Merdle le conduirait à la Cité. Mais M. Dorrit ne voulait pas faire attendre M. Merdle, le temps de passer sa redingote. Si, si; M. Merdle insista. M. Dorrit se retira donc dans la chambre voisine, se remit entre les mains de son valet, et, au bout de cinq minutes revint tout resplendissant.

« Permettez-moi, monsieur. Prenez mon bras! » dit alors M. Merdle.

Et M. Dorrit, s'appuyant sur le bras de M. Merdle, descendit le grand escalier, aperçut les fidèles stationnés sur les marches, et sentit passer sur sa personne un reflet des rayons de la gloire de ce grand homme. Puis, après cela, quel honneur encore! la promenade dans la voiture de M. Merdle jusqu'à la Cité; les gens qui s'arrêtaient pour le voir, et les têtes grises qui se découvraient à la hâte; les courbettes et les saluts sans nombre à l'adresse de ce merveilleux mortel! Jamais on ne vit servilité pareille.... non, par le ciel, jamais! Ne me parlez pas de vos flatteurs des dimanches, dans les cathédrales de Westminster et de Saint-Paul à la fois: voilà-t-il pas grand'chose en comparaison! Ce fut un rêve délicieux pour M. Dorrit de se trouver placé dans ce char de triomphe qui poursuivit sa course magnifique vers ce but bien approprié à la circonstance, Lombard-Street, la rue d'or des marchands d'argent.

Arrivé là, M. Merdle voulut à toute force continuer sa route à pied et laisser son pauvre équipage à la disposition de M. Dorrit. Le rêve devint donc de plus en plus enivrant, lorsqu'il sortit de la Banque seul et que les passants, à défaut de M. Merdle, le regardèrent, lui, et qu'il se figurait entendre, en éclaboussant les passants, les piétons s'écrier :

« Il faut que ce soit un grand personnage pour être l'ami de M. Merdle ! »

Ce jour-là, bien que ce fût un dîner improvisé, M. Dorrit rencontra une brillante société (composée de gens qui n'étaient pas formés de la même argile que le commun des mortels, mais d'une tout autre substance de première qualité, dont on ignore encore le nom) qui vint bénir le mariage de la fille de M. Dorrit. Et ce jour-là, la fille de M. Dorrit commença, pour tout de bon, à rivaliser avec cette femme qui n'était pas présente; elle commença si bien, que M. Dorrit aurait presque juré, au besoin, que Mme Sparkler avait toujours été bercée sur les genoux d'une duchesse, et qu'elle n'avait seulement jamais entendu prononcer un mot aussi baroque que celui de *Maréchaussée*.

Le lendemain et le surlendemain, nouveaux dîners ornés de convives de plus en plus distingués. Les cartes de visite pleuvaient chez M. Dorrit comme les flocons de neige dans un orage de théâtre. L'honneur du Barreau, la Crème de l'Épiscopat, les hauts fonctionnaires de la Trésorerie, les membres du chœur parlementaire, tout le monde, en un mot, voulut faire et cultiver la connaissance de M. Dorrit, en sa qualité de parent et d'ami de l'illustre Merdle. Aux nombreux bureaux de M. Merdle dans la Cité, lorsque M. Dorrit s'y présentait pour affaires (et il s'y présentait assez souvent, car ses affaires allaient bon train), le nom de Dorrit servait de passe-port pour arriver auprès du grand financier. De sorte que le rêve devenait plus enivrant d'heure en heure, à mesure que M. Dorrit comprenait mieux tout le chemin que cette alliance lui avait fait faire dans le monde.

Il y avait un revers aux rêves dorés de M. Dorrit. C'était l'allure du maître d'hôtel qui le chiffonnait Ce magnifique serviteur, en surveillant officiellement les dîners, contemplait M. Dorrit d'une façon que celui-ci trouvait suspecte. Lorsque M. Dorrit traversait l'antichambre ou montait l'escalier, l'autre le poursuivait d'un regard fixe et terne qui n'était pas de son goût. Chaque fois que M. Dorrit portait son verre à ses lèvres, il apercevait à travers le cristal le maître d'hôtel qui le contemplait d'un air froid et lugubre. Il commença à craindre que ce vassal n'eût été lié avec quelques détenus et n'eût même été présenté dans le temps à leur Doyen. Il examina le maître d'hôtel aussi attentivement qu'il est permis d'examiner un pareil homme, mais il ne se rappela pas l'avoir jamais vu ailleurs. Enfin il se sentit tout disposé à croire que cet homme n'avait pas la bosse du respect, qu'il lui manquait le sens moral de la servilité. Mais cette pensée ne lui apporta aucun soulagement, car, enfin, se disait-il, que ce soit ce que ça voudra, il n'en est pas moins vrai qu'il me regarde d'un air dédaigneux. M. Dorrit avait tort : son ennemi ne s'occupait de regarder que l'argenterie et les autres ornements du service. Mais, c'est égal, M. Dorrit avait son idée fixe. Et comment faire? Il ne fallait pas songer à lui insinuer que cette persistance lui était désagréable, ni à lui demander ce que cela signifiait : c'eût été aussi trop hardi, car cet officier de bouche était d'une sévérité terrible avec ses maîtres et leurs invités, et il ne souffrait jamais qu'on prît en l'accostant la moindre liberté à son égard.

CHAPITRE XVII.

Disparition.

Le délai fixé par M. Dorrit pour son séjour à Londres n'avait plus que deux jours à courir, et ce gentleman allait s'habiller pour subir une nouvelle inspection du maître d'hôtel de M. Merdle, car les victimes de ce tyran impitoyable ne manquaient pas de faire en son honneur une toilette spéciale, lorsqu'un des garçons de l'hôtel vint lui présenter une carte de visite. M. Dorrit, prenant cette carte, y lut le nom de :

« *Madame Finching*. »

Le garçon attendait ses ordres dans une attitude respectueuse.

« Dites donc garçon, m'expliquerez-vous pourquoi vous m'avez apporté cette carte ridicule? Ce nom m'est parfaitement inconnu. *Finching!* continua M. Dorrit qui se vengeait du maître d'hôtel sur le dos de l'innocent domestique. Ah! qu'est-ce que vous venez me chanter avec votre Finching? »

Le garçon n'avait pas envie de chanter du tout, car il recula devant le regard sévère de M. Dorrit en répondant :

« Une dame, monsieur.

— Sachez que je ne connais pas de dame de ce nom. Emportez cette carte! Je ne connais pas de Finching; d'aucun sexe.

— Pardon, monsieur. La dame a dit qu'elle savait que son nom vous était inconnu; mais elle m'a prié d'ajouter, monsieur, qu'elle avait eu l'honneur de connaître autrefois Mlle Dorrit.... Mlle Amy Dorrit. »

M. Dorrit fronça les sourcils et répondit après un moment d'hésitation :

« Dites à Mme *Finching* (il appuya sur ce nom plébéien comme pour indiquer que le garçon en était seul responsable) qu'elle peut monter. »

Il avait réfléchi, dans l'intervalle, que, s'il ne recevait pas cette dame, elle pourrait laisser en bas quelque message inopportun ou faire quelque allusion peu agréable à la position sociale qu'il occupait naguère. De là cette concession, de là aussi l'apparition de Mme Finching, précédée du garçon.

« Je n'ai pas le plaisir, dit M. Dorrit, qui se tint debout la carte à la main, d'un ton qui indiquait clairement que, dans tous les cas, ce plaisir n'aurait pas été de son goût, de vous connaître, soit de nom, soit personnellement.... Avancez donc une chaise, monsieur. »

Le serviteur responsable fit un soubresaut et obéit, puis il s'éloigna sur la pointe des pieds. Flora, levant son voile avec une trépidation toute juvénile, se présenta à M. Dorrit. Au même instant, il se répandit dans la chambre une étrange combinaison de parfums, comme si on avait versé par erreur du rhum dans un flacon d'eau de lavande, ou de l'eau de lavande dans une bouteille de rhum.

« Je demande un million de pardons à M. Dorrit.... et ce n'est pas encore assez pour le dérangement que je lui cause.... car je sais que c'est fort inconvenant de la part d'une dame de se présenter seule.... mais j'ai pensé que, malgré tout, cela valait encore mieux, bien que la tante de M. Finching m'eût volontiers accompagnée, et, en sa qualité de femme d'une énergie remarquable elle aurait sans doute fait sensation sur une personne aussi versée dans la connaissance du monde que vous devez l'être après tant de vicissitudes. Car M. Finching lui-même disait souvent que, bien qu'il eût été élevé dans un pensionnat de Blackheath, où l'on payait jusqu'à quatre-vingts guinées par an.... (ce qui est beaucoup pour des parents dans le commerce, surtout lorsqu'on garde le couvert au départ des élèves, si je fais cette dernière remarque, c'est moins pour la valeur de ces objets que pour constater la ladrerie de la chose).... il avait plus appris dans une année (comme commis-voyageur pour le placement d'un article dont personne ne voulait entendre parler, et moins encore faire l'emplette; c'était avant qu'il entrât dans la partie des vins) que pendant les six ans qu'il avait passés dans une institution dirigée par un bachelier[1] d'Oxford.... Mais, à propos de bachelier, pourquoi donc les célibataires feraient-ils de meilleurs maîtres que les hommes mariés? c'est ce que je n'ai jamais bien compris.... mais veuillez m'excuser, il ne s'agit pas de ça. »

M. Dorrit, immobile de stupeur, ressemblait à une statue de la Mystification.

« Je dois avouer que je n'ai pas la prétention de vous connaître, poursuivit Flora; mais ayant connu la chère petite.... qui, vu le changement de circonstances, excusez cette allusion que vous pourriez croire indiscrète, rien n'est plus loin de ma pensée.... car

1. Bachelor, bachelier ou célibataire.

Dieu sait qu'une demi-couronne par jour c'était bien peu pour une ouvrière aussi habile.... et quant à voir là quelque chose de dégradant, bien au contraire.... toute peine mérite salaire.... et plût à Dieu que l'ouvrier l'obtînt plus avantageux, avec une nourriture animale plus abondante et moins de rhumatismes dans le dos et les jambes.

— Madame, dit M. Dorrit respirant avec effort, tandis que la veuve de M. Finching s'arrêtait pour reprendre haleine, madame, répéta M. Dorrit le teint très-animé, si je dois comprendre que vous faites allusion.... ah !... aux antécédents de.... hem !... une de mes filles, impliquant.... ah ! hem !... une compensation journalière, je m'empresse, madame, de vous faire remarquer que ce.... ah !... fait, admettant que ce soit un.... ah !... fait, n'est jamais arrivé à ma connaissance. Hem ! je ne l'aurais pas souffert. Ah ! jamais ! jamais !

— Inutile d'appuyer là-dessus, reprit Flora, et pour rien au monde je n'en aurais parlé, si ce n'est parce que je supposais que cela me servirait de lettre de recommandation à vos yeux, faute de pouvoir m'en procurer une autre.... mais quant à être un fait, il ne peut y avoir le moindre doute à cet égard, vous pouvez être tranquille ; la robe que je porte sur moi en est la preuve et elle est faite à ravir, bien que je ne puisse nier qu'elle ferait encore plus d'effet sur une taille plus svelte que la mienne, qui est beaucoup trop forte ; mais je ne sais plus à quel saint me vouer pour la dégrossir.... pardonnez-moi, je m'écarte encore du sujet de ma visite. »

M. Dorrit se recula vers sa chaise d'un air pétrifié et s'assit, tandis que Flora lui lançait un coup d'œil attendrissant et jouait avec son parasol.

« La chère petite, reprit la veuve, était partie toute pâle et glacée de ma maison ou du moins de la maison de mon père.... car, bien qu'elle ne lui appartienne pas, il a un long bail avec un loyer purement nominal.... le matin où Arthur.... (folle habitude de nos jeunes années; il serait beaucoup plus convenable, vu les circonstances actuelles, de dire M. Clennam, surtout en m'adressant à un étranger d'un rang élevé).... lui communiqua l'heureuse nouvelle qu'il tenait d'une personne du nom de Pancks.... c'est là ce qui m'a encouragé à venir. »

En entendant ces deux noms, M. Dorrit fronça les sourcils, ouvrit de grands yeux, fronça de nouveau les sourcils, porta à ses lèvres ses doigts indécis, comme il avait coutume de le faire dans le temps jadis, et dit :

« Faites-moi le plaisir de.... ah !... m'apprendre ce que vous désirez de moi, madame ?

— Monsieur Dorrit, répondit Flora, vous êtes bien aimable de m'accorder cette permission ; il est très-naturel d'ailleurs que vous vous montriez aimable, car bien que vous soyez un peu plus roide, la ressemblance me frappe.... Mlle Dorrit a la figure plus pleine....

naturellement.... mais néanmoins il y a une grande ressemblance. L'objet de la visite que je prends la liberté de vous faire vient de moi seule, je n'ai consulté âme qui vive.... Arthur moins que personne.... pardon encore...., Doyce et Clennam.... non, je ne sais plus ce que je dis.... c'est Clennam tout seul qu'il faut dire.... car si je pouvais tirer d'inquiétude un ami qui se rattache par une chaîne dorée à ce temps heureux où tout m'apparaissait à travers un brouillard couleur de rose, cela me ferait plus de plaisir que la rançon d'un roi.... non que j'aie la moindre idée de la valeur pécuniaire d'un monarque.... mais je veux dire que je donnerais volontiers tout ce que j'ai, et même davantage, pour arriver à ce résultat. »

M. Dorrit, sans faire beaucoup d'attention aux bons sentiments qui dictaient à Flora ces dernières paroles, s'écria :

« Que désirez-vous de moi, madame?

— Ce n'est pas très-probable, je le sais, répliqua Flora; mais c'est possible, et comme c'est possible, dès que j'ai eu le plaisir d'apprendre par les journaux que vous étiez revenu d'Italie, et que vous ne tarderiez guère à y retourner, je me suis décidée à cette tentative; car vous pourriez bien le rencontrer ou entendre parler de lui.... ce qui serait un grand bonheur et un soulagement pour tout le monde !

— Permettez-moi de vous demander, madame, répliqua M. Dorrit, dont ce bavardage commençait à embrouiller les idées, de qui.... ha !...DE QUI, » répéta-t-il en élevant la voix avec une intonation désespérée, « vous voulez parler en ce moment.

— De l'étranger récemment arrivé d'Italie et qui a disparu dans la Cité, ainsi que vous l'avez sans doute lu dans les journaux; et, sans nous en rapporter aux autres informations recueillies par une personne du nom de Pancks, qui nous rapporte toutes les méchancetés atroces que débitent dans le quartier des gens qui jugent sans doute les autres d'après eux-mêmes.... Vous comprenez l'inquiétude et l'indignation d'Arthur.... je ne puis pas m'en empêcher.... Doyce et Clennam ! »

Heureusement pour M. Dorrit (car autrement on ne serait jamais arrivé à une solution intelligible de ce mystère), il n'avait pas entendu un mot, il n'avait pas lu une ligne à propos de l'événement en question. Cette ignorance engagea Mme Finching (après bien des excuses de la difficulté qu'elle avait à retrouver sa poche dans les plis de sa jupe) à lui présenter enfin une affiche qui annonçait qu'un gentleman étranger, du nom de Blandois, arrivé tout récemment de Venise, avait tout à coup disparu telle nuit dans telle partie de la Cité; qu'on savait qu'il était entré à telle heure dans telle maison; que les habitants de ladite maison affirmaient qu'il en était sorti à minuit moins quelques minutes, mais qu'on ne l'avait jamais revu depuis. M. Dorrit lut attentivement ces détails, ainsi que le signalement de l'étranger qui avait si mystérieusement disparu.

« Blandois ! s'écria M. Dorrit, Venise ! Et ce signalement ! Je connais ce gentleman. Il a été reçu chez moi. C'est l'ami intime d'un gentleman de bonne famille un peu gêné, que je.... hein !... protége.

— Alors, mon humble requête sera d'autant plus pressante. Lorsque vous retournerez en Italie, je vous prie d'être assez bon pour chercher cet étranger tout le long des routes et des chemins de traverse; de demander de ses nouvelles dans les hôtels, auberges, vignobles, orangeries, volcans ou autres lieux; car il faut bien qu'il soit quelque part.... pourquoi donc ne se montre-t-il pas, pourquoi ne vient-il pas dire : *Me voilà !* pour disculper les gens?

— Puis-je savoir, madame, demanda M. Dorrit, consultant de nouveau l'affiche, ce que c'est que Clennam et compagnie ? ha ! dont on parle à propos de la maison où l'on a vu M. Blandois : qu'est-ce que Clennam et compagnie ? S'agit-il de l'individu avec lequel j'ai eu autrefois.... hein !... des relations passagères et auquel, si je ne me trompe, vous avez fait allusion tantôt ?... ha !... est-ce lui dont il s'agit ?

— Il s'agit d'une tout autre personne, répondit Flora, d'une personne infirme qui remplace ses jambes par des roulettes.... la plus lugubre des femmes, bien qu'elle soit sa mère....

— Clennam et compagnie est.... hein !... une mère ! s'écria M. Dorrit.

— Et un vieux bonhomme tout tortu, par-dessus le marché, » ajouta Mme Finching.

M. Dorrit parut sur le point de perdre la tête en écoutant ces étranges détails. Et sa situation morale ne s'améliora nullement lorsque Flora se lança dans une rapide analyse de la cravate de M. Flintwinch, et décrivit le personnage (sans tracer la moindre ligne de démarcation entre lui et Mme Clennam), comme une vieille vis rouillée chaussée de guêtres. Cet amalgame d'homme et de femme, de jambes absentes, de roulettes, de vis rouillée, de taciturnité et de guêtres, stupéfia tellement M. Dorrit, qu'il faisait vraiment pitié à voir.

« Mais je ne vous retiendrais pas un instant de plus, » reprit Flora, sur qui le triste état de M. Dorrit produisit son effet, bien qu'elle n'eût pas la *moindre idée qu'elle* y fût pour quelque chose, « si vous aviez la bonté de me donner votre parole de gentilhomme que, le long de la route d'Italie et en Italie même, vous chercherez ce M. Blandois dans tous les coins et que, dès que vous l'aurez trouvé, vous le forcerez à venir ici disculper tout le monde. »

M. Dorrit, un peu revenu de sa première surprise, put répondre sans trop de trouble qu'il regarderait comme un devoir de se livrer à ces recherches. Flora, enchantée du succès de son ambassade, se leva pour prendre congé.

« Avec un million de remercîments, dit-elle, et mon adresse sur ma carte, dans le cas où vous auriez quelque chose à me communiquer personnellement.... je ne vous prierai pas de dire bien des choses affectueuses à la chère petite, car ce message ne serait peut-être pas très-bien accueilli.... d'ailleurs, depuis la métamorphose, il est clair qu'il ne peut plus y avoir de chère petite.... pourquoi donc alors me permettrais-je une pareille familiarité.... néanmoins la tante de M. Finching et moi, nous lui souhaitons toute espèce de bonheur, et nous ne la regardons pas du tout, du tout, comme notre obligée.... bien au contraire, car elle a bien tenu ses engagements.... on ne pourrait pas en dire autant de la plupart des gens.... sans compter qu'elle a fait son ouvrage aussi bien qu'il était possible de le faire.... Moi-même, je suis du nombre des gens qui ne font pas tout ce qu'ils promettent ; car j'avais toujours dit, depuis que j'ai commencé à me remettre du coup que m'a porté la mort de M. Finching, que je voulais apprendre à jouer de l'orgue, dont je raffole ; mais je rougis d'avouer que je ne suis pas allée jusqu'à savoir seulement mes notes sur cet instrument. Bonsoir ! »

Lorsque M. Dorrit, après avoir reconduit sa visiteuse jusqu'à la porte, eut le temps de rassembler ses idées, il trouva que l'entrevue avait réveillé chez lui des souvenirs qu'il croyait effacés et qui juraient à la table de M. Merdle. Il écrivit donc au banquier un billet laconique, s'excusant de ne pouvoir dîner avec lui ce jour-là, et se fit servir son repas dans son appartement. Il avait encore un autre motif pour agir ainsi. Il avait résolu de quitter Londres dans deux jours, et comme tout son temps était pris par des invitations acceptées, et qu'il avait fixé l'heure de son départ, il crut que son importance l'obligeait à approfondir en personne l'affaire Blandois, afin d'être à même de faire part à M. Henry Gowan du résultat de ses investigations personnelles sur le compte de son ami. En attendant, il se décida à profiter de ce qu'il avait cette soirée libre pour se rendre chez Clennam et Cie, dont l'affiche indiquait l'adresse, examiner les localités et faire lui-même une ou deux questions.

Après avoir dîné aussi simplement que le lui permirent le cuisinier de l'hôtel et le courrier, après avoir fait ensuite un léger somme au coin du feu afin de mieux se remettre de la visite de Mme Finching, il partit seul dans un cabriolet de louage. La grave horloge de Saint-Paul sonnait neuf heures comme il passait sous l'arcade ténébreuse de Temple-Bar, qui n'était pas alors dans l'état humiliant et dégénéré où nous le voyons aujourd'hui.

Tandis qu'il se rapprochait du lieu de sa destination par une enfilade de rues de traverse et de ruelles du bord de l'eau, ce quartier de Londres lui parut plus laid à une pareille heure qu'il n'aurait pu se l'imaginer. Il s'était écoulé bien des années depuis qu'il l'avait traversé ; d'ailleurs il ne l'avait jamais beaucoup connu, et il lui trouva un aspect mystérieux et lugubre. Son imagination en fut même si vivement affectée que, lorsque le cocher, après avoir bien des fois demandé le chemin, s'arrêta en disant qu'il croyait bien que c'était là la maison, M. Dorrit hésita un instant, la main sur la portière, presque effrayé de l'air sinistre de la demeure de Mme Clennam.

A vrai dire, ce soir-là la vieille maison n'avait jamais été plus sombre. On apercevait sur le mur, de chaque côté de la porte cochère, l'affiche que M. Dorrit avait lue, et, tandis que la flamme des réverbères vacillait au vent du soir, on voyait passer sur les imprimés des ombres qui ressemblaient assez à des doigts qui en auraient suivi les lignes. Il était évident que la police avait établi une surveillance particulière en cet endroit, car, pendant que M. Dorrit hésitait, un homme s'avança vers lui de l'autre côté de la rue, tandis qu'un second, caché jusque-là dans l'ombre, passait devant le visiteur en s'éloignant dans le sens opposé, tous deux jetant lui un rapide coup d'œil et tous deux s'arrêtant ensuite à une certaine distance.

Comme il n'y avait qu'une seule maison dans la cour, il n'y avait pas moyen de se tromper. M. Dorrit gravit donc les marches et frappa. Une *faible lumière éclairait deux fenêtres* du premier étage. La porte renvoya un écho lugubre et vide, comme si la maison eût été inhabitée; mais il n'en était rien; presque aussitôt on vit approcher une lumière et on entendit un pas retentir sur les dalles du vestibule. Lorsque le pas et la lumière furent arrivés ensemble à l'entrée, une chaîne grinça et une vieille femme, la tête cachée sous son tablier se montra à la porte entre-bâillée.

« Qui est là? » demanda-t-elle.

M. Dorrit que cette apparition étonna beaucoup, répliqua qu'il arrivait d'Italie et qu'il désirait quelques renseignements sur l'étranger qui avait disparu et qu'il connaissait.

« Hé! s'écria la vieille d'une voix fêlée, Jérémie! »

Sur ce, un vieillard apparut à son tour, que M. Dorrit crut reconnaître (à ses guêtres), pour la vis rouillée mentionnée par Flora. La femme avait une peur évidente du vieillard desséché, car elle enleva prestement son tablier et montra un visage tout pâle d'effroi au moment où il s'avança.

« Ouvrez donc! imbécile! dit le vieillard, et laissez entrer monsieur. »

M. Dorrit, après avoir jeté par prudence un coup d'œil à son cocher de cabriolet, entra dans le vestibule mal éclairé.

« Eh bien! monsieur, commença Jérémie, vous pouvez maintenant me faire autant de questions qu'il vous plaira. Il n'y a pas de secrets chez nous, monsieur. »

Avant qu'il eût pu recevoir une réponse, une voix ferme et décidée, une voix de femme pourtant, cria d'en haut :

« Qui est-ce, Jérémie?

— Qui c'est? répéta Jérémie. Encore une demande de renseignements. Un gentleman qui arrive d'Italie.

— Faites-le monter! »

M. Flintwinch grommela comme si c'était, selon lui, parfaitement inutile; mais, se retournant vers M. Dorrit, il lui dit :

« Mme Clennam; elle n'en fait qu'à sa tête. Je vais vous montrer le chemin. »

Il monta alors le sombre escalier, suivi de M. Dorrit, qui, en se retournant, aperçut derrière lui la vieille femme avec son tablier encore relevé par-dessus sa tête, comme un spectre.

Mme Clennam avait ses livres à côté d'elle sur sa petite table.

« Oh! fit-elle brusquement, l'œil fixé sur le visiteur, vous arrivez d'Italie, monsieur? Eh bien? »

M. Dorrit ne sut pas trouver pour le moment une réponse plus claire que :

« Ha!... Eh bien?

— Où est cet homme qui a disparu? J'espère que vous nous apportez de ses nouvelles?

— Au contraire, je.... hom.... viens vous demander des renseignements.

— Malheureusement pour moi, je n'en ai pas à vous donner. Jérémie, montrez-lui l'avis imprimé. Donnez-lui-en plusieurs qu'il pourra emporter. Éclairez-le pour qu'il le lise. »

M. Flintwinch obéit à ces ordres, et M. Dorrit lut l'avis d'un bout à l'autre, comme s'il ne le connaissait pas, pour se donner le temps de recouvrer son sang-froid, que l'aspect de la maison et de ceux qui s'y trouvaient avait un peu troublé. Tandis que ses yeux étaient fixés sur le papier, il sentit que les regards de M. Flintwinch et de Mme Clennam devaient être fixés sur lui, et lorsqu'il releva la tête, il reconnut que ce n'était pas une idée fantastique.

« Maintenant, monsieur, dit Mme Clennam, vous en savez autant que nous. M. Blandois est donc votre ami?

— Non.... hem!.... une simple connaissance, répondit M. Dorrit.

— Il ne vous a pas chargé d'une commission, par hasard?

— Moi?... Ha.... certes non. »

Le regard scrutateur de Mme Clennam s'abaissa peu à peu jusqu'au plancher, après avoir, en chemin, échangé un coup d'œil avec M. Flintwinch. M. Dorrit, tout décontenancé de voir les rôles renversés et d'être obligé de répondre à des questions quand il était venu pour en faire, voulut ramener les choses à leur état normal.

« Je suis.... hem! un homme du monde, habitant pour le moment l'Italie avec ma famille, mes gens, et.... hem! une suite assez nombreuse. Me trouvant par hasard à Londres pour des affaires qui concernent.... ha! hem!... mes propriétés, et ayant appris cette étrange disparition, j'ai éprouvé le désir bien naturel de prendre des informations à la source même, car j'ai rencontré en Italie.... ha! hem!... un gentleman que je compte y retrouver à mon retour, lequel a fréquenté assez intimement le sieur Blandois; M. Henry Gowan. Ce nom ne vous est peut-être pas inconnu?

— C'est la première fois que je l'entends, dit Mme Clennam. Et Jérémie répéta comme un écho.

— Comme je désire.... ha!... me trouver à même de lui faire

un récit clair et net, reprit M. Dorrit, oserais-je vous adresser.... quelque chose comme trois questions?

— Trente si vous voulez.

— Y a-t-il longtemps que vous connaissez M. Blandois?

— Pas douze mois. M. Flintwinch que voilà, en consultant ses livres, vous dira quand il nous a été recommandé par un correspondant de Paris, si ce renseignement peut vous satisfaire, ajouta Mme Clennam. Pour nous, cela ne nous a pas servi à grand'-chose.

— Vous a-t-il fait de nombreuses visites?

— Non. Il n'est venu que deux fois. Une fois avant et....

— .... L'autre fois, souffla M. Flintwinch.

— Et l'autre fois.

— Puis-je vous demander, madame, continua M. Dorrit, qui, à mesure qu'il retrouvait son sang-froid, commençait à se figurer qu'il représentait une espèce de commissaire de police d'un ordre supérieur, puis-je vous demander, pour la plus grande satisfaction du gentleman que j'ai l'honneur de.... ha!... patronner ou de protéger, disons plutôt.... hem!... de connaître.... de connaître.... si le sieur Blandois est venu ici pour affaires à la date indiquée sur cette affiche?

— Pour ce qu'il appelait une affaire.

— Pardon, et cette affaire était-elle de nature à pouvoir être communiquée?

— Non. »

Cette réponse laconique était évidemment une barrière infranchissable.

« On nous a déjà adressé cette question, continua Mme Clennam, et nous avons toujours répondu : *Non!* Nous ne tenons pas à ébruiter nos transactions par toute la ville, quelque peu importantes qu'elles puissent être. Nous répondons : *Non!*

— Je voulais savoir, par exemple, s'il n'aurait pas emporté de l'argent sur lui? demanda M. Dorrit.

— Pas d'argent à nous, monsieur; il n'a rien reçu ici.

— Je présume, remarqua M. Dorrit, dont le regard alla de Mme Clennam à M. Flintwinch, puis de M. Flintwinch à Mme Clennam, que vous ne pouvez pas vous rendre compte de ce mystère?

— Et pourquoi présumez-vous cela? répondit Mme Clennam. »

Déconcerté par cette question, faite d'un ton froid et sec, M. Dorrit ne put expliquer le motif de cette supposition.

« Je m'explique très-bien ce mystère, monsieur, poursuivit la dame après un silence embarrassé de M. Dorrit, car je suis persuadé que le sieur Blandois est en voyage ou qu'il se cache.

— Lui connaissez-vous.... ha!... quelques raisons pour se cacher?

— Non. »

Ce *non*, aussi absolu que le premier, éleva une nouvelle barrière.

« Vous m'avez demandé si je ne me rendais pas compte de la disparition de cet homme, lui rappela Mme Clennam avec beaucoup de roideur, et non pas si je pouvais vous en rendre compte à vous, monsieur. Il me semble que je ne suis pas plus tenue de répondre à une pareille question que vous n'avez le droit de me l'adresser. »

M. Dorrit s'excusa en s'inclinant. Comme il se levait et s'apprêtait à dire qu'il n'avait plus rien à demander, il ne put s'empêcher de remarquer le regard sombre que Mme Clennam fixait sur le plancher d'un air d'attente résolue, et la même expression reflétée par les traits de Jérémie qui, debout auprès du fauteuil à roulettes, les yeux également fixés par terre, se caressait le menton de la main droite.

Au même instant, Mme Jérémie (la femme en tablier, cela va sans dire) laissa tomber le chandelier qu'elle tenait et s'écria :

« Là! Dieu du ciel! Encore! Écoute, Jérémie!... Là. »

Le bruit, s'il y en avait, était si léger qu'il fallait que Mme Jérémie eût toujours l'oreille au guet; M. Dorrit se figura néanmoins entendre un son presque imperceptible, assez semblable au bruit que font des feuilles sèches en tombant. La terreur de la vieille femme parut, pendant une ou deux minutes, avoir gagné tout le monde, et ils se mirent à écouter.

Jérémie fut le premier à se remuer.

« Ma vieille, dit-il, se rapprochant d'elle en marchant de côté, les poings fermés et les coudes tremblant d'impatience de secouer la malheureuse Mme Jérémie, nous recommençons donc nos vieilles plaisanteries? Vous allez vous remettre à faire la somnambule, à vous promener tout éveillée et répéter vos tours! Allons, je vois bien qu'il vous faut une médecine. Lorsque j'aurai reconduit monsieur, je vous en ferai avaler une dose, ma vieille.... une dose qui vous fera un bien, voyez-vous!... »

Cette promesse ne parut pas procurer à Mme Jérémie un soulagement immédiat; mais M. Flintwinch, sans autre allusion à sa médecine réconfortante, prit un chandelier sur la table de Mme Clennam et dit :

« Eh bien, monsieur, voulez-vous que je vous éclaire jusqu'en bas? »

M. Dorrit remercia et descendit. M. Flintwinch ferma la porte derrière lui et tira les verrous sans perdre un moment. Le visiteur, en sortant, eut à subir une seconde inspection de la part des deux hommes qui l'avaient déjà examiné et qui passèrent devant lui comme ils avaient fait la première fois; puis il monta dans son cabriolet et se fit reconduire chez lui.

A peu de distance de là, le cocher s'arrêta pour lui dire que les deux hommes en question l'avaient sommé de donner son nom, son numéro et son adresse, ainsi que l'adresse où il avait pris M. Dorrit, l'heure à laquelle on l'avait envoyé chercher et le chemin qu'il avait suivi. Cette nouvelle ne contribua pas à diminuer l'impression fiévreuse que cette aventure avait produite sur l'esprit de M. Dorrit, tandis qu'il reprenait sa place au coin du feu, ni même lorsqu'il se fut couché. Pendant toute la nuit, il vit deux agents de police qui attendaient résolûment; il entendit la femme qui se cachait la tête sous son tablier s'effrayer d'un bruit imaginaire, et découvrit le cadavre de l'introuvable Blandois, tantôt dans une cave, tantôt caché derrière un mur de briques, encore tout frais

CHAPITRE XVIII.

Châteaux en Espagne.

Ni l'or ni la grandeur ne sont exempts de soucis. La satisfaction qu'éprouvait M. Dorrit en songeant qu'il n'avait pas été obligé de dire son nom à Clennam et compagnie, ni de faire aucune allusion à ses rapports antérieurs avec un intrus de ce nom, n'avait pas tardé à disparaître, pour faire place à une lutte intérieure à laquelle il fut en proie. Il s'agissait de savoir si, en revenant, il passerait ou non devant la prison de la Maréchaussée pour jeter un dernier coup d'œil sur la grille qu'il connaissait si bien. Il résolut enfin de n'en rien faire, et surprit le cocher, par la férocité avec laquelle il lui défendit de prendre, comme il en avait exprimé le désir, le pont de Londres, pour revenir passer la rivière au pont de Waterloo, itinéraire qui aurait amené l'ex-doyen tout près de son ancien domicile. Malgré tout, le conflit qui s'était élevé dans ses pensées à cette occasion lui avait, je ne sais pourquoi, laissé l'esprit mécontent. Le lendemain, même à la table de M. Merdle, il était tellement hors de lui, qu'il continuait de tourner et de retourner encore dans son esprit cette question, à présent sans objet, avec une persévérance singulièrement déplacée en si haut lieu. Il devenait tout rouge en songeant à l'opinion que le maître d'hôtel aurait de lui, si cet illustre personnage pouvait sonder la pensée de son convive avec son œil de plomb.

Le banquet d'adieu fut splendide et couronna dignement la visite de M. Dorrit. Fanny ajoutait aux charmes de sa jeunesse et de sa beauté autant d'aplomb que si elle eût été mariée depuis vingt ans. Le père sentit qu'il pouvait en toute sécurité permettre à Mme Sparkler de voyager sans guide sur le chemin du grand monde, et il regretta.... (mais sans se décourager dans son précieux patronage, et sans oublier les qualités modestes de son enfant favorite) que son autre fille ne ressemblât pas davantage à l'aînée.

« Ma chère, dit-il à celle-ci en lui faisant ses adieux, la famille compte sur vous.... ah!.... pour soutenir sa dignité et.... hem!....

maintenir sa position. Je suis convaincu que vous ne tromperez pas son espoir.

— Non, papa, répliqua Fanny, je crois que vous avez raison de compter sur moi. Embrassez notre chère Amy pour moi, et dites lui que je lui écrirai bientôt.

— N'avez-vous rien à faire dire à.... hem!... une autre personne? demanda M. Dorrit d'un ton insinuant.

— Papa, répondit Fanny, devant qui l'image de Mme Général se dressa tout à coup, non, je vous suis bien obligée. Merci, cher papa; si j'avais une autre commission à vous donner, il serait possible qu'elle ne vous fût pas agréable. »

Les adieux se firent dans un salon extérieur, où M. Sparkler attendait avec soumission le moment de donner une poignée de main à son beau-père. Lorsque ce jeune gentleman fut admis à l'honneur de prendre congé du voyageur, M. Merdle se glissa après lui avec si peu de bras dans ses manches, qu'on aurait pu le prendre pour le frère jumeau de la célèbre Mlle Biffin, et insista pour reconduire M. Dorrit jusqu'au bas de l'escalier. Malgré ses protestations, en effet, M. Dorrit fut reconduit jusqu'à la porte d'entrée par cet homme distingué qui, selon les propres termes de son hôte au départ, lorsqu'il lui serra une dernière fois la main, l'avait vraiment comblé d'attentions et de services pendant toute la durée de son mémorable séjour. Ce fut ainsi qu'ils se quittèrent. M. Dorrit monta en voiture, la poitrine gonflée d'orgueil, enchanté que le courrier (qui de son côté était descendu faire ses adieux dans les régions inférieures[1]) *fût témoin* de la grandeur de ce départ.

La grandeur de son départ l'enivrait encore lorsqu'il regagna l'hôtel. Le courrier et une demi-douzaine de valets se précipitèrent à la portière pour le recevoir; et déjà il traversait l'antichambre d'un air magnifique et serein, lorsqu'un spectacle inattendu le frappa tout à coup de mutisme et de stupeur..... John Chivery, revêtu de sa toilette la plus resplendissante, son grand chapeau sous le bras, ne sachant quelle contenance faire, comme le veut la mode, avec sa canne à bec d'ivoire et un paquet de cigares à la main!

« Eh bien, jeune homme, dit le concierge de l'hôtel, voici la personne que vous demandez.... Ce jeune homme a voulu attendre à toute force, monsieur, disant que vous seriez bien aise de le voir. »

M. Dorrit lança au jeune homme un regard furibond, faillit étouffer de colère, et lui dit d'un ton doucereux :

« Ah, John!... Mais oui, c'est le jeune John, si je ne me trompe. N'est-ce pas ?

— Oui, monsieur, répondit le jeune John.

— Je.... ha!... je ne me trompais pas! ajouta M. Dorrit. Ce

1. On sait que, dans la plupart des maisons anglaises, les cuisines et les offices se trouvent au-dessous du rez-de-chaussée.

(*Note du traducteur.*)

brave garçon peut monter (s'adressant aux gens de l'hôtel et se dirigeant vers l'escalier). Oui, oui, il peut monter. Que le petit John me suive. Je lui parlerai en haut. »

Le petit John le suivit, souriant et flatté. On arriva à l'appartement de M. Dorrit. On alluma les bougies. Les domestiques se retirèrent.

« Ah çà, monsieur, s'écria M. Dorrit, se retournant soudain et saisissant le pauvre John au collet, dès qu'il se trouva seul avec lui, me direz-vous ce que cela signifie? »

La surprise et l'horreur qu'exprima la physionomie de l'infortuné visiteur (il s'attendait au contraire à se voir embrasser) furent telles que M. Dorrit retira sa main et se contenta de regarder le coupable d'une air irrité.

« Comment osez-vous venir ici? demanda-t-il. Comment avez-vous l'audace de vous présenter chez moi? Comment osez-vous m'insulter ainsi?

— Vous insulter? moi? s'écria John. Oh!

— Oui, monsieur, m'insulter! Votre présence chez moi est un affront, une impertinence, une audace sans nom! On n'a pas besoin de vous ici. Qui vous a envoyé à mon hôtel? Que.... ha!... que diable me voulez-vous?

— J'avais cru, monsieur, répondit le pauvre John, qui avait la figure la plus pâle, la plus déconfite que M. Dorrit eût jamais vue .... même durant son séjour au collége de la Maréchaussée, j'avais cru que vous ne refuseriez pas d'avoir la bonté d'accepter un paquet de....

— Que le diable emporte vos paquets, monsieur! interrompit M. Dorrit de plus en plus furieux. Je.... hem!... je ne fume pas.

— Je vous demande mille pardons, monsieur.... Vous fumiez autrefois.

— Répétez ces paroles, s'écria M. Dorrit qui ne se connaissait plus de colère, et je prends les pincettes pour vous apprendre à me parler ainsi. »

John Chivery fit quelques pas en arrière, du côté de la porte.

« Arrêtez, monsieur! arrêtez! Asseyez-vous.... que le diable vous emporte!... Asseyez-vous. »

Le visiteur se laissa tomber dans le fauteuil le plus rapproché de la porte, et M. Dorrit se promena de long en large dans la chambre; d'un pas très-rapide d'abord, puis plus lentement. Il s'approcha un moment de la croisée et s'appuya le front contre la vitre. Tout à coup il se retourna pour demander :

« Et quel autre motif vous amène?

— Je n'avais aucun autre motif au monde pour venir, monsieur, je vous assure; je voulais seulement avoir de vos nouvelles et savoir si Mlle Amy se porte bien.

— Est-ce que cela vous regarde, monsieur? riposta M. Dorrit.

— Non, monsieur, je sais que ça ne me regarde plus. Je suis bien loin d'oublier la distance qui nous sépare, soyez-en sûr. Je sais que c'est une grande liberté, monsieur, mais j'étais loin de supposer que vous pussiez vous en fâcher. Ma parole d'honneur, monsieur, poursuivit le jeune John d'une voix émue, je vous assure que je suis encore assez fier, dans ce que je suis, pour ne pas avoir risqué cette visite, si j'avais pu savoir comment elle serait reçue. »

M. Dorrit fut tout honteux. Il retourna à la croisée et resta encore quelque temps le front appuyé contre la vitre. Lorsqu'il se retourna, il tenait à la main un mouchoir avec lequel il venait de s'essuyer les yeux ; il paraissait souffrant et fatigué.

« Petit John, je suis très-fâché d'avoir été un peu vif, mais.... ha !... il y a certains souvenirs qui ne sont pas agréables.... et.... hem !... vous n'auriez pas dû venir.

— Je le vois bien maintenant, monsieur ; mais je n'y avais pas pensé.... Dieu sait que c'était sans mauvaise intention.

— Je le sais, je le sais, j'en suis sûr. Ha ! Donnez-moi la main, petit John, donnez-moi la main. »

John la donna ; mais M. Dorrit avait refoulé ses sentiments.

Il la donna toute seule : il n'avait plus le cœur sur la main, et sa mine, en dépit des avances tardives de M. Dorrit, resta blême et rechignée.

« Là ! dit M. Dorrit, lui secouant lentement la main. Asseyez-vous donc encore, petit John.

— Merci, monsieur.... mais j'aime mieux rester debout. »

M. Dorrit s'assit à sa place. Après avoir tenu un instant sa tête dans ses mains, il se tourna vers son visiteur et lui dit d'une voix qu'il s'efforçait de rendre calme :

« Et comment va votre père, petit John ? Comment.... ha !... vont-ils tous, petit John ?

— Merci, monsieur. Ils vont assez bien, monsieur. Ils n'ont pas à se plaindre.

— Hem ! Je vois que vous n'avez pas renoncé à.... hem !... votre petit commerce, John ? ajouta M. Dorrit, jetant les yeux sur le paquet insultant contre lequel il avait lancé un si énergique anathème.

— Pas tout à fait, monsieur. Mais j'ai aussi.... (John hésita un peu) embrassé l'état de mon père.

— Ah ! vraiment !... Et êtes-vous quelquefois de.... hem....

— De garde ? Oui, monsieur.

— Beaucoup de besogne, John ?

— Oui, monsieur ; pas mal, pour le moment. Je ne sais pas comment cela se fait, mais en général nous avons toujours assez de monde.

— A cette époque de l'année, jeune John ?

— En toutes les saisons, monsieur. Je ne vois pas que l'époque y fasse grand' chose.... Je vous souhaite le bonsoir, monsieur.

— Attendez un instant, John.... ha !... attendez un instant. Hem !... Laissez-moi les cigares, John, je.... ha !... vous prie.

— Avec plaisir, monsieur. »

John les posa sur la table d'une main tremblante.

« Attendez un instant, John..., encore un instant Ce serait.... ha!... une satisfaction pour moi d'envoyer, par un messager aussi digne de confiance, un petit.... hem!... témoignage qui serait partagé entre les.... ha! hem!... entre *eux*, vous savez bien, selon leurs besoins. Vous ne refuserez pas de vous charger de cette commission, John?

— Bien au contraire, monsieur. Il y a parmi eux bien des gens qui ont grand besoin de secours.

— Merci, John. Je.... ha!... je vais vous écrire un mandat, John. »

Sa main tremblait tellement qu'il lui fallut beaucoup de temps pour barbouiller un griffonnage à peine lisible. C'était un mandat de cent livres[1] sur son banquier. Il le plia, le mit dans la main de John et la pressa dans les siennes.

« J'espère que vous.... ha!.... oublierez.... hem!... ce qui vient de se passer, John?

— N'en parlons plus, monsieur, ça n'en vaut pas la peine. Je n'ai pas de rancune..., pas le moins du monde, je vous assure. »

Mais rien ne put rendre aux traits de John leur expression et leur couleur naturelles.

« Et j'espère, John, reprit M. Dorrit, qu'il est.... hem!... convenu entre nous, que cet entretien est tout confidentiel, et que vous vous abstiendrez, en sortant, de dire à qui que ce soit un mot qui pourrait.... hem!... faire supposer que.... ha!... j'ai autrefois....

— Oh! je vous prie, monsieur, répondit John Chivery, de me croire trop fier et trop honorable, dans ce que je suis, pour rien faire de pareil. »

M. Dorrit, lui, ne fut ni trop fier ni trop honorable pour écouter à la porte afin de s'assurer que John sortait sans causer avec les gens de la maison. Il put s'assurer que le jeune homme quittait immédiatement l'hôtel et descendait la rue d'un pas rapide. Après être resté seul une heure environ, M. Dorrit sonna le courrier, qui le trouva assis devant la cheminée, le dos tourné à la porte.

« Vous pouvez prendre ce paquet de cigares pour fumer en route, si voulez, dit M. Dorrit avec un geste plein de nonchalance. Ha!... ils m'ont été apportés par..., hem!... c'est un petit souvenir d'un.... ha!... du fils d'un de mes vieux fermiers. »

Le soleil du lendemain vit l'équipage de M. Dorrit roulant sur la route de Douvres, où chaque postillon en veste rouge servait d'enseigne à quelque auberge cruelle, établie pour piller sans pitié les voyageurs. La race humaine, tout le long de la route de Londres à Douvres, semblait n'avoir d'autre occupation que de dépouiller les passants. M. Dorrit fut arrêté à Dartford, pillé à Gravesend, volé à

1. Deux mille cinq cents francs.

Rochester, tondu à Sittingbourne et écorché à Canterbury. Cependant, comme c'était le courrier qui était chargé de tirer son maître des mains de ces bandits, ce fut le courrier qui le rançonna le mieux à chaque étape; aussi les vestes rouges continuèrent à galoper gaiement à travers le paysage printanier, s'élevant et s'abaissant en cadence sur leur selle, entre M. Dorrit enfoncé dans son bon petit coin, et la prochaine colline de la route poudreuse.

Encore un jour et le soleil retrouvera notre voyageur à Calais. Maintenant que la Manche le séparait de John Chivery, il commença à se rassurer et à trouver que l'air du continent était bien moins lourd que celui de l'Angleterre.

Le voilà reparti sur la route raboteuse de Calais à Paris. Comme il avait retrouvé toute sa bonne humeur, du fond de son bon petit coin, il se mit à bâtir quelque petit château en Espagne en courant la poste. Ce n'était pas un petit château, vraiment! toute la journée il n'était occupé qu'à y construire des tours, à en démolir d'autres, à ajouter une allée par-ci, un créneau par-là, inspectant les murailles, consolidant les remparts, ornant l'intérieur d'une foule d'enjolivements; en un mot, il en faisait un château magnifique. Son visage préoccupé trahissait si clairement le sujet de ses pensées, que les mendiants invalides (hormis les aveugles) rassemblés devant la poste aux chevaux, qui présentaient à la portière une petite tirelire bosselée en demandant la charité au nom du ciel, la charité au nom de la Vierge, la charité au nom de tous les saints, devinaient l'occupation du voyageur, aussi bien qu'aurait pu le faire leur compatriote Le Brun, s'il eût choisi le touriste anglais pour en faire le sujet d'un traité de physiognomonie spécial.

Arrivé à Paris, où il se reposa trois jours, M. Dorrit se promena beaucoup dans les rues de la grande ville, s'arrêtant devant les magasins et surtout devant les joyaux en montre chez les bijoutiers. Enfin il entra chez un joaillier en renom, et lui dit qu'il désirait faire emplette d'un petit cadeau pour une dame.

La charmante petite femme à laquelle il adressa cette confidence, petite femme bien éveillée et mise avec un goût parfait, quitta un bosquet de velours vert, où elle était en train de mettre en règle certains petits registres qu'on n'avait jamais crus destinés à renfermer d'autres *item* de commerce qu'un compte de baisers en partie double, sur un ravissant petit pupitre qu'on eût pris pour un bonbon.

« Par exemple, demanda la petite femme, quelle espèce de cadeau désirerait monsieur. Un sentiment? »

M. Dorrit sourit et répondit : « Eh! mais. Peut-être bien, pourquoi pas? Cela se pourrait bien, le sexe était si charmant? Madame voudrait-elle bien lui en montrer quelques-uns?

— Très-volontiers. Flattée et enchantée d'en montrer beaucoup à monsieur. Mais pardon. Pour commencer, monsieur aurait l'extrême obligeance de se rappeler qu'il existe une grande différence entre un sentiment et un cadeau de noces. Par exemple, ces boucles d'oreilles et ce superbe collier qui vont ensemble, sont ce qu'on nomme un sentiment. Tandis que ces broches et ces bagues, d'un goût si gracieux et si pur, forment, avec la permission de monsieur, ce qu'on appelle un cadeau de noces.

— Peut-être, hasarda M. Dorrit en souriant, ne serait-ce pas un mauvais calcul d'acheter l'un et l'autre; on commencerait par le sentiment, on finirait par le cadeau de noces?

— Ah ciel! s'écria la petite dame, joignant le bout des doigts de ses mains mignonnes, voilà qui serait tout à fait généreux! une galanterie du suprême bon ton. Comment voulez-vous que la dame, comblée de si jolis présents, ne les trouve pas irrésistibles? »

Hé! hé! M. Dorrit n'était pas trop sûr de cela; mais, par exemple! la petite dame éveillée en était bien sûre, elle. M. Dorrit acheta donc le sentiment et le cadeau de noces, qui lui coûtèrent l'un et l'autre une somme assez ronde. Puis il regagna en flânant son hôtel; il n'avait jamais porté la tête si haute. Il était évident que son château, pour le quart d'heure, s'élevait déjà plus haut que les tours Notre-Dame.

Continuant de bâtir sans relâche et de toutes ses forces, sans communiquer à personne ses devis ni ses plans, M. Dorrit partit pour Marseille. Bâtissant encore, bâtissant toujours, du matin jusqu'au soir, laissant, avant de dormir, des masses énormes de matériaux suspendues en l'air, se réveillant en sursaut pour reprendre le travail interrompu et mettre en place moellons et pierres de taille. Pendant ce temps-là, le courrier, assis dans la capote de derrière, fumant les meilleurs cigares du jeune John, laissant voltiger après lui de petites spirales bleuâtres.... bâtissait peut-être aussi, de son côté, un ou deux châteaux en Espagne, avec quelques pièces égarées de l'argent de M. Dorrit.

Aucune des villes fortifiées qu'ils traversèrent ne possédait un château fort aussi solide, pas une cathédrale n'était aussi élevée que le château de M. Dorrit. Ni la Saône, ni le Rhône ne marchaient aussi vite que cet incomparable édifice; le lit de la Méditerranée était moins profond que les solides fondations du château Dorrit; les paysages lointains sur la route de la Corniche, les collines et le golfe de Gênes la Superbe n'étaient pas plus magnifiques. M. Dorrit et son château sans pareil débarquèrent parmi les sales maisons et les forçats plus sales encore de Civita-Vecchia, et se mirent en route pour Rome, se tirant tant bien que mal des ordures qui empestaient la route.

CHAPITRE XIX.

Le siége du château en Espagne.

Il y avait au moins quatre heures que le soleil s'était couché et peu de voyageurs se seraient souciés de rester aussi tard en dehors des murs de Rome; cependant la voiture de M. Dorrit, achevant sa dernière et ennuyeuse étape, réveillait encore les échos de la *campagna* solitaire. Les bergers sauvages et les paysans farouches, dont la présence avait varié la monotonie de la route tant que le jour avait duré, s'étaient tous couchés avec le soleil, laissant le désert vide. Parfois, aux détours de la route, une pâle lueur rougeâtre apparaissait à l'horizon comme une exhalaison de cette terre semée de ruines, indiquant qu'on se trouvait encore loin de la ville des sept collines; mais encore n'était-ce qu'à de rares et courts intervalles qu'on avait la consolation d'entrevoir le but du voyage. La berline ne tardait pas à se replonger dans un creux de cette mer noire et sèche, et pendant longtemps on n'apercevait plus que la route pétrifiée et le ciel sombre.

M. Dorrit, bien qu'il eût son château en Espagne pour le distraire, ne se sentait pas à l'aise sur ce chemin peu fréquenté. Il se montrait beaucoup plus curieux, à chaque cahot de sa voiture, qu'il ne l'avait été depuis son départ de Londres. Le valet, qui occupait le siége inutile du cocher, tremblait sans vergogne. Le courrier, installé sous la capote de derrière, n'était pas tout à fait rassuré. Chaque fois (et cela arrivait fréquemment) que M. Dorrit baissait la glace et jetait un coup d'œil sur ce serviteur, il est vrai qu'il le voyait occupé à réduire en cendres l'offrande de John Chivery, mais presque toujours debout et regardant autour de lui, comme quelqu'un dont les soupçons sont éveillés et qui se tient sur ses gardes. Alors M. Dorrit, après avoir relevé la glace, se rappelant que les postillons avaient l'air de vrais coupe-jarrets, se disait qu'il aurait mieux fait de coucher à Civita-Vecchia et de repartir de bonne heure le lendemain matin. Ces réflexions, néanmoins, ne l'empêchaient pas de travailler de temps en temps à son château.

Voilà qu'on reconnaît, aux fragments d'enclos en ruines, aux croisées sans châssis, aux murs délabrés, aux maisons abandonnées, aux puits qui filtrent, aux réservoirs crevés, aux cyprès semblables à des spectres, aux lambeaux de vigne enchevêtrées, à la transformation de la route en une allée longue, irrégulière, mal entretenue, où tout tombe en poussière, depuis les habitations hideuses jusqu'à la route raboteuse, on reconnaît qu'on se rapproche de la Ville éternelle. Voilà que tout à coup l'équipage recule et s'arrête.

M. Dorrit, persuadé que l'heure des brigands a sonné et qu'on va le jeter dans un fossé après l'avoir dépouillé, met la tête à la portière. Il reconnaît alors qu'il n'est assailli que par un enterrement qui s'avance en psalmodiant machinalement; il entrevoit des vêtements sales, des torches blafardes, des encensoirs qu'on balance et une grande croix que suit un prêtre. Il n'était pas beau, ce prêtre, à la lueur incertaine des torches, avec sa figure lugubre et son front protubérant, et lorsque ses yeux rencontrent ceux de M. Dorrit, qui montre sa tête nue à la portière, ses lèvres, continuant à psalmodier ses *libera*, semblent menacer cet important voyageur; le geste de sa main droite, bien que ce ne fût qu'une manière de rendre le salut de l'étranger, avait l'air de confirmer cette menace. Du moins, c'est ce que pensa M. Dorrit, dont l'imagination était surexcitée par ses fatigues d'architecte et de touriste, en voyant le prêtre passer devant lui, et la procession disparaître lentement avec ses morts. M. Dorrit et sa suite continuent leur route dans un sens tout opposé, et bientôt, avec leur équipage chargé d'objets de luxe tirés des deux grandes capitales de l'Europe, ils viennent, comme autrefois les Goths, frapper aux portes de Rome; seulement c'est dans Rome aujourd'hui que sont les Goths.

Les gens de M. Dorrit ne l'attendaient pas. On l'avait attendu, mais on ne comptait plus le voir arriver que le lendemain, convaincu qu'il ne se souciait guère de voyager aussi tard dans le voisinage de Rome. De sorte que, lorsque la berline de voyage s'arrêta devant la porte, le concierge seul se présenta pour recevoir son maître.

« Mlle Dorrit était-elle sortie? demanda celui-ci.

— Non. Elle se trouvait à la maison.

— Très-bien, dit M. Dorrit aux domestiques qui arrivaient à la hâte; vous pouvez rester où vous êtes. Aidez à déballer la voiture; je saurai bien trouver Mlle Dorrit tout seul. »

Il monta donc le grand escalier, lentement, d'un pas fatigué, et traversa plusieurs salons vides jusqu'à ce qu'il vit briller une lumière dans une petite antichambre. C'était un cabinet tapissé assez semblable à une tente, qui s'ouvrait au fond de deux grandes salles de réception; la lumière y paraissait plus resplendissante et l'air plus chaud, après la sombre avenue que le vieillard avait dû traverser pour y arriver.

Il y avait une portière de tapisserie, mais point de porte; et lorsque M. Dorrit s'arrêta, regardant sans être vu, il éprouva une certaine angoisse. Ce n'était sûrement pas de la jalousie! Pourquoi eût-il ressenti de la jalousie? Il n'y avait là que sa fille et son frère : l'un assis tout près de la cheminée, se réchauffait à un feu de bois; l'autre, assise à une petite table, s'occupait à quelque ouvrage de broderie. En faisant la part de la grande différence des décors, les deux acteurs de cette scène répétaient le rôle que l'ex-doyen se rappelait avoir joué autrefois; car Frédéric lui ressemblait assez pour prendre dans ce tableau la place de son frère absent.

En effet, n'était-ce pas ainsi qu'il avait veillé lui-même plus d'un soir devant un feu de charbon de terre, tandis qu'une enfant dévouée travaillait non loin de lui? Mais il n'y avait rien sans doute dans ce misérable passé qui pût exciter sa jalousie. D'où donc pouvait alors provenir l'angoisse qu'il ressentait?

« Savez-vous, mon oncle, que vous rajeunissez tous les jours. »

L'oncle secoua la tête en répondant :

« Depuis quand, ma chère; depuis quand?

— Je crois, répondit la petite Dorrit continuant à broder, que voilà plusieurs semaines que vous rajeunissez à vue d'œil. Vous êtes devenu si gai, cher oncle, si vif et si facile à amuser!

— Ma chère enfant, c'est toi qui as tout fait.

— Moi, cher oncle?

— Oui, oui. Tu m'as fait un bien infini. Tu as été si bien remplie d'égards et d'affection pour moi, tout en cherchant avec délicatesse à me cacher tes attentions, que je.... va, va!... Tout cela n'est pas perdu pour moi, ma chérie, rien n'est perdu, je t'en réponds.

— Mais tout cela n'a d'existence que dans la vivacité de votre imagination, mon oncle, répliqua en riant la petite Dorrit.

— Soit, soit, soit! murmura le vieillard. Que Dieu n'en soit pas moins béni! »

Elle interrompit un instant son ouvrage pour regarder son oncle, et ce regard réveilla une nouvelle angoisse dans le cœur de l'exdoyen; c'était un cœur si plein de faiblesses, de contradictions, d'irrésolutions, d'inconséquences, de toutes les petites misères de cette vie confuse où nous sommes, et dont le jour éternel pourra seul dissiper le brouillard!

« C'est que, vois-tu, ma colombe, j'ai été plus à mon aise avec toi, reprit le vieillard, depuis qu'on nous a laissés seuls. Je dis *seuls*, parce que je ne compte pas Mme Général; je ne m'inquiète pas plus d'elle qu'elle ne s'inquiète de moi. Mais je sais que j'impatientais Fanny. Cela ne m'étonne pas, et je ne m'en plains pas, car je vois bien que je suis un embarras, quoique je me tienne à l'écart autant que possible. Je sais que je ne suis pas digne de figurer dans notre société. Mon frère William, continua le vieux musicien d'un ton admirateur, mériterait d'avoir des rois pour compagnons; mais il n'en est pas de même de ton oncle, ma chère; Frédéric Dorrit ne fait pas honneur à William Dorrit, et il ne le sait que trop.... Ah!... mais voici ton père, Amy! Mon cher William, sois le bienvenu chez toi! Mon cher frère, je suis bien heureux de te revoir! »

Il avait tourné la tête par hasard en parlant et avait aperçu son frère debout dans l'embrasure de la porte.

La petite Dorrit se leva avec une exclamation joyeuse, passa les bras autour du cou de son père qu'elle embrassa à plusieurs reprises. M. Dorrit paraissait mécontent et boudeur :

« Je suis heureux d'avoir enfin réussi à vous trouver, Amy, dit-il.

Ah! je suis vraiment très-heureux de.... hem!... trouver enfin quelqu'un pour me recevoir. On paraît m'avoir.... ah!... si peu attendu, que je commençais, ma parole d'honneur.... ah.... hem!... à croire que je ferais bien de m'excuser.... ah!... d'avoir pris la liberté de revenir chez moi.

— Il était si tard, mon cher William, remarqua son frère, que nous avions renoncé à l'espérance de vous voir arriver ce soir.

— Je suis plus robuste que toi, mon cher Frédéric, répliqua M. Dorrit d'un ton de pitié fraternelle presque sévère; et j'espère que je puis voyager sans danger pour ma santé à.... hem!... l'heure qu'il me plaît.

— Certainement répondit l'autre, devinant qu'il avait offensé son frère sans le vouloir. Certainement William.

— Merci, Amy, ajouta M. Dorrit, tandis qu'elle le débarrassait d'une partie de son costume de voyage; merci, je n'ai pas besoin que l'on m'aide.... Ne prenez pas cette peine, Amy. Pourrait-on me donner une croûte de pain et un verre de vin, ou bien.... hem!.., serait-ce causer un trop grand dérangement?

— Cher père, on va vous servir à souper dans quelques minutes.

— Merci, mon enfant répondit M. Dorrit avec une froideur pleine de reproches. Je.... ah.... je crains vraiment de donner trop de peine à tout le monde.... hem.... Mme Général se porte bien?

— Mme Général s'est plainte d'une migraine et d'un peu de fatigue; de façon que, lorsque nous avons renoncé à l'espérance de vous voir arriver, elle est allée se coucher. »

Peut-être M. Dorrit sut-il bon gré à Mme Général de s'être sentie indisposée en ne le voyant pas venir? Dans tous les cas, ses traits se déridèrent et il dit avec une satisfaction évidente :

« Désolé d'apprendre l'indisposition de Mme Général. »

Pendant ce court dialogue, sa fille avait continué à le regarder avec encore plus d'intérêt que de coutume. On eût dit qu'elle le trouvait changé ou vieilli. Le père s'en aperçut et s'en formalisa, car il demanda d'un ton de mauvaise humeur plus marquée, lorsqu'il se fut débarrassé de son manteau, et qu'il se fut approché du feu :

« Eh bien, Amy, qu'avez-vous à me regarder ainsi? Que voyez vous donc en moi qui vous oblige.... hem!... à me contempler avec.... ah!... une sollicitude si particulière?

— C'est malgré moi, père; je vous demande pardon. Cela réjoui mes yeux de vous revoir.... voilà tout.

— Ne dites pas : *Voilà tout,* parce que.... hem!... ce n'est pas tout. Vous.... hem!... vous trouvez, répliqua M. Dorrit avec une énergie accusatrice, que je n'ai pas bonne mine?

— Je trouvais seulement que vous paraissiez un peu fatigué, père.

— Eh bien! vous vous trompez.... Ah!... Je ne suis *pas* fatigné du tout.... ah!... hem!... Je suis beaucoup mieux portant que je ne l'étais lors de mon départ. »

Le voyant si irritable, la petite Dorrit, au lieu de se justifier, resta debout à côté de lui sans parler, le tenant par le bras. Le vieillard, assis entre sa fille et son frère, fut pris d'une somnolence profonde qui ne dura pas une minute et dont il se réveilla en sursaut :

« Frédéric, dit-il alors en se tournant vers son frère : je te conseille d'aller te coucher tout de suite.

— Non, William, je resterai pour te tenir compagnie pendant ton souper.

— Frédéric, riposta l'aîné, je te prie d'aller te coucher. Tu.... ah!... m'obligeras en accédant à ma demande. Il y a longtemps que tu devrais être au lit. Tu es très-faible.

— Allons! dit le vieillard, qui ne cherchait qu'à plaire au voyageur. Soit, soit, soit! C'est possible.

— Mon cher Frédéric, continua M. Dorrit, d'un ton qui annonçait combien il se croyait fort à côté de son frère, il ne peut exister aucun doute à cet égard. Je regrette de te retrouver aussi faible.... Ah!... cela m'afflige profondément.... hem!... tu n'as pas l'air bien portant du tout. Il ne faut pas veiller si tard : cela ne vaut rien. Tu devrais prendre plus de soin de ta santé.... beaucoup plus de soin.

— Veux-tu que j'aille me coucher? demanda Frédéric.

— Cher Frédéric, je t'en conjure! Bonsoir, frère, j'espère que tu seras plus fort demain. Tu as très-mauvaise mine. Bonsoir, mon ami. »

Après avoir congédié son frère de cette gracieuse façon, il se rendormit de nouveau avant que Frédéric eût seulement franchi le seuil de la chambre, e til serait tombé en avant dans la cheminée si sa fille ne l'eût retenu.

« Votre oncle commence à radoter, Amy, dit-il, lorsqu'il eut été ainsi réveillé. Il n'a pas de suite dans les idées.... et sa conversation est.... hem!... plus décousue.... ah!... hem!... qu'elle ne l'a jamais été. Il n'a pas été malade pendant mon absence?

— Non, père.

— Tu..... ha.... ne le trouves pas bien changé, Amy.

— Je n'ai pas remarqué, père.

— Il est très-cassé.... très-cassé. Mon pauvre et bon Frédéric s'en va!... hem!... Il était bien cassé avant mon départ.... mais aujourd'hui.... hem!... il s'en va! »

Le souper qu'on servit sur la petite table près de laquelle Amy avait travaillé vint faire diversion. Elle se tint auprès de lui comme aux jours passés, pour la première fois depuis leur départ de Londres. Ils se trouvaient seuls, et ce fut elle qui le servit et lui versa à boire comme elle avait coutume de le faire autrefois dans la prison. Elle évitait autant que possible de le regarder de crainte de l'irriter de nouveau; mais elle remarqua que, pendant ce repas, il tourna deux fois la tête vers elle, puis jeta les yeux autour de lui comme s'il était en proie à une association d'idées si frappante qu'il avait besoin du témoignage de ses sens pour être sûr de ne pas se trouver encore dans la vieille chambre de la Maréchaussée. Chaque fois, il porta la main à sa tête comme s'il cherchait la calotte de velours noir, bien que cette coiffure, ignominieusement abandonnée à quelque détenu, n'eût pas encore reconquis sa liberté et continuât à voltiger dans les préaux sur la tête de son nouveau propriétaire.

Il mangea fort peu, mais il resta assez longtemps à table et fit encore plus d'une allusion au triste état de son frère. Tout en lui témoignant beaucoup de pitié, il s'exprima avec une certaine amertume. Il dit que ce pauvre Frédéric.... ah!... hem!... radotait.... oui, il n'y avait pas d'autre mot pour exprimer cela : il radotait. Pauvre garçon! On ne pouvait songer sans tristesse à tout ce qu'Amy avait dû avoir à souffrir de l'extrême ennui d'une pareille société.... bavardant et jacassant, pauvre cher homme, bavardant et jacassant sans suite.... Heureusement elle avait eu, pour se dédommager, Mme Général. Il était désolé, répéta-t-il avec la même satisfaction qu'auparavant, que cette.... hem!... femme supérieure fût indisposée.

La petite Dorrit, grâce à son affection vigilante, se serait souvenue des paroles et des actions les plus insignifiantes de son père, quand même elle n'aurait eu dans la suite aucun motif pour se rappeler les moindres événements de cette soirée. Elle n'oublia jamais que, lorsqu'il regardait autour de lui sous la puissante influence des souvenirs d'autrefois, il semblait chercher à les effacer de la mémoire de sa fille et de sa propre mémoire, en appuyant sur les immenses richesses et la société distinguée dont il s'était vu entouré pendant son séjour à Londres et sur la position élevée que lui et sa famille avaient à maintenir. Elle ne manqua pas non plus de se rappeler qu'il y avait, ce soir-là, deux courants sous-marins et parallèles qui dirigeaient les discours et les actions de son père; l'un n'avait d'autre but que de lui faire voir avec quelle facilité il avait pu se passer d'elle; l'autre de se plaindre d'elle par pur caprice, et sans raison apparente, comme s'il l'eût accusée de l'avoir négligé pendant son absence.

Sa description de la grandeur de M. Merdle et de la cour qui s'inclinait devant ce nouveau monarque amena naturellement M. Dorrit à parler de Mme Merdle; si naturellement que, sans chercher à mettre aucune suite dans ses idées incohérentes, il passa brusquement à cette dame pour demander comment elle allait.

« Très-bien. Elle quitte Rome la semaine prochaine.

— Pour Londres? demanda M. Dorrit.

— Oui.... après un séjour de quelques semaines en route.

— Son absence se fera vivement sentir ici; mais son retour sera une immense.... hem!... acquisition, à Londres, pour Fanny et pour.... hem!... le reste du grand monde. »

La petite Dorrit, en songeant à la rivalité qui allait se déclarer lors de cette rencontre, ne put qu'approuver faiblement la réflexion de son père.

« Mme Merdle donne un grand bal d'adieu, cher père, et un dîner auparavant. Elle m'a exprimé son vif désir de vous voir revenir à temps. Elle nous a invités tous les deux au dîner.

— Elle est.... ha!... bien bonne. Pour quel jour?

— Pour après-demain.

— Vous enverrez un petit mot dans la matinée pour annoncer que je suis de retour et que je serai.... hom!... ravi.

— Voulez-vous que je monte l'escalier avec vous et que je vous reconduise jusqu'à votre chambre, cher père?

— Non! répondit-il, regardant autour de lui d'un air irrité, car il s'éloignait sans dire bonsoir à sa fille. Ce n'est pas la peine. Je n'ai pas besoin, moi, qu'on me conduise. Votre père n'est pas comme votre oncle, infirme! » Il s'interrompit tout à coup, aussi brusquement qu'il avait parlé, et reprit : « Tu ne m'as pas embrassé, Amy. Bonsoir, chérie! Il faut que nous te trouvions un mari.... ha!... il faut que nous te trouvions un mari, à ton tour. »

Sur ce, il monta l'escalier d'un pas lent et fatigué, gagna son appartement, et, dès qu'il y fut arrivé, renvoya son valet. Ensuite il se mit à passer en revue ses emplettes parisiennes, et, après avoir ouvert les étuis et contemplé les bijoux, il les mit sous clef. Puis, grâce à quelques accès de somnolence et à ses châteaux en Espagne, il s'oublia si longtemps que le matin commençait à s'annoncer, à l'horizon oriental de la campagne déserte, lorsqu'il gagna son lit.

Mme Général envoya ses compliments le lendemain à une heure convenable, et fit dire qu'elle espérait que M. Dorrit était remis des fatigues de son voyage. M. Dorrit renvoya ses compliments et fit répondre à Mme Général qu'il avait très-bien dormi et qu'il se sentait frais et dispos. Néanmoins, il ne sortit de son appartement qu'assez tard dans l'après-midi; et, bien qu'il eût fait une toilette splendide avant de monter en voiture avec Mme Général et la petite Dorrit, sa mine ne répondait pas du tout à la description brillante qu'il avait faite de sa propre santé.

Comme la famille ne reçut pas de visiteur ce jour-là, les quatre membres qui la composaient dînèrent seuls. M. Dorrit donna le bras à Mme Général et la fit asseoir à sa droite avec beaucoup de cérémonie. Amy ne put s'empêcher de remarquer, tandis qu'elle suivait avec son oncle, que son père avait encore fait une toilette resplendissante, et que ses façons envers Mme Général avaient quelque chose de particulier. Cette dame s'était formé un maintien si parfait, qu'il devenait presque impossible de rien reconnaître sous la couche de vernis distingué qu'elle y avait étendue; mais la petite Dorrit crut entrevoir une légère nuance de triomphe dans un coin de l'œil vitreux de l'aimable veuve.

Malgré ce qu'on pourrait appeler le caractère *prunique* et *prismatique* de ce repas de famille, M. Dorrit s'endormit à plusieurs reprises entre le potage et le dessert. Ces accès de somnolence furent aussi subits que ceux de la veille, aussi courts et aussi profonds. La première de ces léthargies inconvenantes parut presque causer de l'ébahissement à Mme Général; mais, chaque fois qu'elles se renouvelèrent après, elle se mit à débiter son chapelet de : papa, pommes, poule, pruneaux de Tours; et, à force de répéter très-lentement ces oraisons d'un nouveau genre, elle se trouva au bout de son rosaire au moment où M. Dorrit se réveillait en sursaut.

Il se réveilla pour témoigner encore combien il était péniblement affecté de voir chez Frédéric des symptômes comateux (notes qu'ils n'existaient en réalité que dans son propre cerveau, et après dîner, lorsque Frédéric se fut retiré, il adressa en particulier des excuses à Mme Général.

« Le plus estimable et le plus affectueux des frères, dit-il, mais.... ha! hem!.... c'est un homme fini. C'est triste à dire, mais il baisse, il baisse, madame!

— M. Frédéric, remarqua Mme Général, est ordinairement distrait et courbé, c'est vrai, mais espérons néanmoins qu'il n'en est pas encore là. »

Mais M. Dorrit ne voulut pas que son frère en fût quitte à si bon marché.

« Il baisse rapidement, madame. Ce n'est plus qu'un débris! une ruine! Il s'en va à vue d'œil.... hem!... Bon Frédéric!

— Vous avez laissé Mme Sparkler heureuse et bien portante, j'espère? demanda Mme Général après avoir poussé un soupir assez froid au profit de Frédéric.

— Entourée de.... ha!.... de tout ce qui peut charmer les sens et.... hem!... élever l'esprit. Heureuse, ma chère madame, et fière.... hem!... de son mari. »

Mme Général, en proie à un léger trouble, parut repousser le mot de mari avec ses gants, comme une personne dont la pudeur s'alarme du ton que la conversation peut prendre avec un pareil point de départ.

« Fanny, poursuivit M. Dorrit, Fanny, madame Général, possède de brillantes qualités.... ha!... Ambition.... hem!... fermeté, conscience.... ha!... de sa position, désir de soutenir cette position.... ha! hem!... grâce, beauté et noblesse naturelle....

— Sans doute, dit Mme Général (avec un léger supplément de roideur).

— Au milieu de ces qualités, madame, continua M. Dorrit, Fanny.... hem!... a un seul défaut qui m'a rendu.... hem!... inquiet et qui.... ha!... m'a même irrité. Mais ce défaut, qui aujourd'hui, je l'espère, a cessé d'exister chez Fanny, ne saurait plus désormais produire un effet désagréable.... hem!... sur les autres.

— A quel défaut M. Dorrit fait-il allusion? répliqua Mme Général les gants un peu agités.... Je ne peux m'expliquer...

— Ne dites pas cela, chère madame, » interrompit M. Dorrit.

La voix de Mme Général murmura doucement : « Je ne peux m'expliquer ce que vous entendez par-là. »

A cet endroit de la conversation, M. Dorrit tomba de nouveau dans un état de somnolence dont il se réveilla tout à coup avec une vivacité spasmodique.

« Je fais allusion, madame Général, à cet.... hem!... esprit d'opposition, je dirai même.... ha!... de jalousie que Fanny a de temps à autre manifesté contre le.... hem!... sentiment que.... hem!... m'inspire la dame avec laquelle j'ai l'honneur de causer en ce moment.

— M. Dorrit est toujours trop bon, trop indulgent. S'il y a eu des moments où j'ai pu me figurer que Mlle Dorrit voyait d'un mauvais œil l'opinion favorable que M. Dorrit a conçue de mes services, j'ai trouvé dans cette opinion trop flatteuse une consolation et une récompense suffisantes.

— De vos services, madame? demanda M. Dorrit.

— De mes services, répéta Mme Général d'un ton à la fois expressif et élégant.

— Rien que de vos services, chère madame? répéta M. Dorrit à son tour.

— Je présume, riposta Mme Général avec la même intonation qu'auparavant, que c'était à mes services seulement que je le devais. A quelle autre cause, ajouta-t-elle avec un geste interrogateur de ses gants, pourrais-je attribuer?...

— A.... hem!... à votre personne, madame Général. A.... hem!... à votre personne et à vos mérites, répondit M. Dorrit.

— M. Dorrit ne m'en voudra pas si je lui fais observer que l'endroit et le moment ne seraient pas bien choisis pour poursuivre une conversation de ce genre. M. Dorrit me pardonnera si je lui rappelle que miss Dorrit est dans la pièce voisine, où je l'aperçois tandis que je prononce son nom. M. Dorrit m'excusera si j'avoue que je suis émue et que je reconnais qu'il est des moments où des faiblesses que je croyais avoir surmontées renaissent avec un redoublement d'énergie. M. Dorrit me permettra de me retirer.

— Hem! Peut-être pourrons-nous reprendre plus tard cette.... ha!... intéressante conversation.... A moins qu'elle ne.... hem!... déplaise le moins du monde.... hem!... à madame Général.... Mais j'espère qu'il n'en est rien.

— M. Dorrit, répliqua Mme Général baissant les yeux tandis qu'elle se levait en saluant, a droit en tout temps à mes hommages et à mon obéissance. »

Mme Général s'éloigna alors d'un air majestueux et non pas avec cette agitation vulgaire qu'aurait pu montrer, en pareille circonstance, une femme moins remarquable. M. Dorrit, qui, pendant cette conversation, avait gardé un ton plein d'une dignité affable et d'une condescendance mêlée d'admiration, à peu près comme certaines gens composent leur maintien à l'église et soutiennent leur rôle à l'office, parut assez satisfait, en somme, de lui-même et de Mme Général. Lorsque cette dame redescendit pour prendre le thé, elle s'était bichonnée avec de la poudre et de la pommade. Elle n'oublia pas non plus les séductions morales. On le vit bien au doux air de protection qu'elle adopta à l'égard de son élève et au tendre intérêt qu'elle témoigna à M. Dorrit.... aussi tendre, du moins, que le permettait la plus stricte convenance. A la fin de la soirée, lorsqu'elle se disposa à se retirer, M. Dorrit lui donna la main, comme s'il allait la conduire à la *Piazza del Popolo* pour danser un menuet au clair de la lune, et la reconduisit avec beaucoup de solennité jusqu'à la porte, où il porta à ses lèvres les phalanges de sa belle amie. Ayant pris congé d'elle avec ce baiser dans le genre osseux, légèrement parfumé de cosmétique, il donna à sa fille une gracieuse bénédiction. Après avoir ainsi vaguement révélé les projets remarquables qu'il pouvait tramer dans son cœur, il alla se coucher.

Il ne se montra pas le lendemain matin ; mais, vers une heure de l'après-midi, il adressa, par l'intermédiaire de M. Tinkler, ses compliments les plus empressés à Mme Général, la priant de vouloir bien accompagner Mlle Dorrit à la promenade sans lui. Sa fille était déjà habillée pour le dîner de Mme Merdle lorsqu'il sortit de son appartement. Il se présenta alors dans une brillante toilette, mais le visage ridé et vieilli. Cependant, comme il était facile de voir qu'il se fâcherait encore si elle lui demandait seulement des nouvelles de sa santé, elle se contenta de l'embrasser sur la joue avant de l'accompagner, le cœur serré, chez Mme Merdle.

Le trajet n'était pas long, mais il eut encore le temps de continuer à bâtir son château en Espagne avant que la voiture eût fait la moitié du chemin. Mme Merdle le reçut avec beaucoup de distinction ; la Poitrine était admirablement conservée et de fort bonne humeur, le dîner fut exquis et la société des plus choisies.

Il n'y avait guère que des convives anglais, sauf un comte français et un marquis italien, ornements sociaux qu'on est toujours sûr de trouver à certaines réunions, et toujours fabriqués d'après le même modèle. La table était fort longue et le repas à l'avenant; la petite Dorrit, assise à l'ombre d'une immense paire de favoris noirs et d'une vaste cravate blanche, perdit son père de vue jusqu'au moment où un domestique lui remit un bout de papier de la part de Mme Merdle, en la priant de le lire tout de suite. Mme Merdle y avait écrit au crayon :

« Venez parler à M. Dorrit. Je crains qu'il ne soit malade. »

Elle s'empressait d'accourir, mais sans se faire remarquer, lorsque son père se leva, et, la croyant toujours à sa place, l'appela :

« Amy, Amy, mon enfant ! »

C'était un procédé si étrange, sans parler de l'agitation plus étrange encore de ses manières et de sa voix, qu'il se fit immédiatement un profond silence.

« Amy, ma chère, répéta-t-il, va donc voir si c'est Bob qui est de garde aujourd'hui au guichet! »

Elle se tenait à côté de lui et le touchait, mais il s'obstinait à croire qu'elle n'avait pas quitté sa place, et il cria encore, toujours debout et les mains appuyées sur la table :

« Amy, Amy! Je ne me sens pas très-bien.... Ha!... Je ne sais pas ce que j'ai. Je désire surtout voir Bob.... Hem!... De tous les guichetiers, il est autant mon ami que le tien. Vois si Bob est dans sa loge et prie-le de venir me trouver. »

Les convives, consternés, s'étaient tous levés.

« Cher père, je ne suis plus là-bas où vos yeux me cherchent.... Me voici.... à vos côtés.

— Oh! te voilà, Amy! Bien.... hem.... bien.... ha! Appelle donc Bob. S'il n'est pas de garde et qu'il ne se trouve pas dans la loge, dis à Mme Baugham d'aller le chercher. »

Elle essayait de l'attirer doucement et de l'emmener; mais il résista et ne voulut pas la suivre.

« Je te répète, enfant, dit-il d'un ton mécontent, que je ne peux pas monter cet étroit escalier si Bob n'est pas là pour m'aider. Ha! Envoie chercher Bob.... hem.... Envoie chercher Bob.... le meilleur des guichetiers.... Envoie-le chercher! »

Il regarda autour de lui d'un air troublé, et se voyant entouré d'un grand nombre de personnes, il leur adressa ce discours :

« Messieurs et mesdames, mon devoir.... ha!... m'oblige à.... hem!... vous souhaiter la bienvenue. Soyez les bienvenus dans la prison de la Maréchaussée! Notre territoire est un peu.... ha!... restreint.... La promenade pourrait être moins limitée.... limitée; mais plus vous resterez ici, plus elle vous paraîtra s'agrandir.... et l'air, tout bien considéré, est fort salubre. La brise nous arrive des.... ha!... des collines du comté de Surrey.... Messieurs et mesdames, voici le café de l'endroit.... hem!... entretenu au moyen de souscriptions volontaires.... hem!... par les membres de la communauté. On y trouve en échange.... de l'eau chaude.... une cuisine commune.... et divers autres petits avantages domestiques. Les habitués de la Maréchaussée veulent bien m'appeler leur père. Les étrangers aussi ont coutume de venir présenter leurs respects au.... hem!... doyen de la communauté. Et, certes, si de longues années de résidence donnent des droits à.... hem!... un titre si honorable, je puis, sans scrupule, réclamer.... hem!... cette distinction. Je vous présente mon enfant, messieurs et mesdames; ma fille, qui est née ici! »

Elle ne rougissait pas du lieu de sa naissance ni de son père. Elle était pâle, elle avait peur; mais son seul souci était de le calmer et de l'emmener, par amour pour lui. Elle se tenait, entre lui et tous ces visages surpris, appuyée contre sa poitrine et le visage levé vers le sien. Il l'entourait de son bras gauche, et de temps en temps, on entendait la voix de la jeune fille qui le suppliait tendrement de s'éloigner avec elle.

« Née ici, répéta le vieillard, versant des larmes; élevée ici, messieurs et dames. Je vous présente ma fille : fille d'un père malheureux, c'est vrai; mais.... hem!... toujours gentleman. Pauvre, sans doute, mais.... hem!... toujours fier, toujours fier.... Il arrive.... ha!... très-fréquemment que mes.... hem!... admirateurs personnels.... seulement mes admirateurs personnels.... expriment le désir de reconnaître la position semi-officielle que j'occupe ici par l'offre.... hem!... de divers petits tributs qui prennent ordinairement la forme d'un.... ha!... témoignage.... d'un témoignage pécuniaire. En acceptant ces.... hem!... hommages volontaires rendus aux humbles efforts que je fais pour.... hem!... maintenir la dignité.... ha!... la dignité de la communauté, je dois dire, avant tout, que je ne crois pas compromettre par là ma position de gentleman.... hem!... nullement.... qui? moi!... un mendiant!... Non pas, je repousse cette injure. Mais, en même temps, loin de moi l'idée d'offenser les nobles sentiments qui animent mes généreux amis, en hésitant à reconnaître que leurs offrandes sont.... hem!... très-acceptables; au contraire, j'avoue qu'elles sont on ne peut plus acceptables. Au nom de ma fille, sinon personnellement, je fais cet aveu sans le moindre scrupule et sans la moindre réticence; mais sous toute réserve.... hem!... sous toute réserve, bien entendu, de ma dignité personnelle. Messieurs et mesdames, Dieu vous bénisse. »

A cet endroit du discours, l'extrême déconvenue de Mme Merdle avait engagé la plupart des convives à se retirer dans les salles voisines; les quelques curieux qui assistaient encore à cette triste scène ne tardèrent pas à les suivre, laissant la petite Dorrit et son père seuls avec les domestiques : « Mon cher père, mon père bien-aimé, ne voulez-vous pas m'accompagner maintenant? » Mais non; il répondait à ses supplications qu'il ne pourrait jamais gravir l'étroit escalier, si Bob ne venait pas l'aider. Où donc était Bob? Pourquoi personne ne voulait-il amener Bob? Sous prétexte d'aller à la recherche de Bob, elle fit descendre son père au milieu des flots de joyeux invités qui arrivaient au bal, monta avec lui dans une voiture qui venait d'amener des danseurs, et le reconduisit chez lui.

Le large escalier de son palais romain prit, aux yeux de son cerveau malade, les proportions de l'étroit escalier de la prison de Londres; et il ne permit à personne, sauf à la petite Dorrit et à l'oncle Frédéric, de le toucher. Ils parvinrent à le conduire, sans autre aide, jusqu'à la chambre, et à le coucher. A partir de ce moment, sa pauvre âme mutilée, ne se souvenant plus que de l'endroit où elle s'était brisé les ailes, supprima le rêve à travers lequel elle avait été emportée depuis, pour ne plus se rappeler que la prison de la Maréchaussée. Lorsqu'il entendait des pas résonner sur le pavé de la rue, il les prenait pour le pas monotone des détenus se promenant dans les cours de la geôle. Dès que l'heure de la fermeture avait sonné, il se figurait que tout étranger était exclu jusqu'au lendemain. Lorsque arrivait le moment de rouvrir les portes, il semandait avec tant d'inquiétude à voir Bob, qu'il leur fallut inventer une histoire et raconter comme quoi Bob.... (il y avait de longues années qu'il était mort, ce pauvre Bob, le plus doux des guichetiers) avait attrapé un rhume, mais qu'il espérait être debout le lendemain, ou le surlendemain, ou dans trois jours au plus tard.

Le vieillard était devenu si faible, q'uil ne pouvait plus lever la main ; mais il n'en continua pas moins de protéger son frère comme par le passé, et il lui disait d'un ton affable, cinquante fois par jour, en le voyant debout à son chevet :

« Mon bon Frédéric, assieds-toi. Tu es beaucoup trop faible pour rester si longtemps debout. »

On essaya de lui amener Mme Général ; mais il ne la reconnut pas le moins du monde. Au contraire, il lui vint dans l'esprit un soupçon injurieux : il accusa cette dame distinguée de vouloir supplanter Mme Baugham et de se livrer à la boisson. Il lui adressa à cet égard des reproches si peu mesurés dans les termes et insista tellement pour qu'Amy allât prier le directeur de la mettre à la porte, que la veuve de l'intendant militaire ne reparut plus jamais après ce premier échec.

Sauf qu'il demanda une seule fois : « Tip est-il libre ? » le souvenir de ses deux autres enfants sembla s'effacer de sa mémoire. Mais celle qui avait tant fait pour lui et qu'il en avait si mal récompensée plus tard, resta toujours présente à sa mémoire. Non pas pour la ménager, pour chercher à lui épargner les veilles ou les fatigues ; il ne s'en inquiétait pas plus qu'autrefois. Non ; il l'aimait toujours à sa manière. Ils se trouvaient de nouveau dans la vieille prison de la Maréchaussée ; sa fille restait là pour le soigner ; il avait sans cesse besoin d'elle et ne pouvait se retourner sans son aide. Il alla même parfois jusqu'à lui dire qu'il ne regrettait pas tout ce qu'il avait souffert pour elle. Quant à la petite Dorrit, elle se penchait sur le lit, son visage paisible appuyé contre celui de son père, et elle aurait donné sa vie pour sauver les jours du pauvre malade.

Lorsqu'il eut continué pendant deux ou trois jours à s'affaiblir sans souffrance, elle remarqua qu'il était agacé par le tic tac de sa montre, une montre fastueuse qui semblait croire dans son orgueil qu'après le temps c'était elle qui réglait tout ici-bas. Elle la laissa s'arrêter ; mais cela ne suffit pas pour calmer l'inquiétude du vieillard, ce n'était pas là ce qu'il voulait. Enfin il trouva la force d'expliquer qu'il désirait obtenir de l'argent en mettant sa montre en gage. Il fut enchanté lorsque la petite Dorrit fit semblant de l'emporter dans ce but et parut prendre avec plus de plaisir qu'auparavant quelques gorgées de vin et quelques cuillerées de gelée.

La preuve que c'était bien là ce qu'il voulait, c'est que, le lendemain ou le surlendemain, il confia dans le même but à sa fille ses boutons de manche et ses bagues. Il éprouvait une merveilleuse satisfaction à la charger de ces commissions, et semblait croire qu'il prenait là des mesures pleines de sagesse et de prévoyance. Lorsqu'il eut disposé de ses bijoux, ou du moins de ceux qui avaient frappé sa vue, ce fut le tour de ses vêtements à attirer son attention; et il est assez probable que son existence fut prolongée de quelques jours par la satisfaction qu'il éprouva de les voir porter, un à un, à quelque mont-de-piété imaginaire.

Ce fut ainsi que la petite Dorrit resta, pendant dix jours, penchée sur le lit du malade, la tête sur le même oreiller. Parfois elle était si fatiguée qu'elle s'endormait aussi. Puis elle se réveillait pour se rappeler, en versant d'abondantes larmes, quel était ce visage qui touchait le sien, pour voir tomber peu à peu sur les traits chéris assoupis contre cet oreiller une ombre plus profonde que celle des murs de la prison de la Maréchaussée.

Petit à petit, on vit s'effacer, l'un après l'autre, jusqu'aux derniers dessins de ce superbe château en Espagne. Petit à petit, le visage ridé où ce plan se développait naguère devint calme et uni. Petit à petit, la réflexion des barreaux de la prison et des pointes en zigzag qui en couronnaient les murs disparut aussi. Petit à petit, la physionomie du vieillard, rajeunie par sa fin prochaine, ressembla plus que jamais, sous ses cheveux blancs, à celle de la petite Dorrit et s'affaissa dans le repos suprême.

D'abord le pauvre Frédéric en perdit presque la tête :

« O mon frère! William, William! Comment as-tu pu partir avant moi! Comment as-tu pu partir sans moi! Mourir le premier, toi si supérieur, si distingué, si noble; me laisser là, moi, pauvre créature, qui ne suis bon à rien et qui n'aurais laissé de regret à personne! »

Au premier moment cela fit du bien à la petite Dorrit d'avoir à s'occuper de quelqu'un, à consoler quelqu'un.

« Mon oncle, mon cher oncle, ne vous désolez pas ainsi! Épargnez-moi! »

Le vieillard ne fut pas sourd à ces dernières paroles. Lorsqu'il commença à se contraindre, ce fut afin de ne pas augmenter la douleur de sa nièce. Il ne songeait pas à lui-même; mais il honorait et bénissait la petite Dorrit avec tout ce qui restait de force à son cœur, longtemps enseveli dans la peine, et qui ne se retrouvait un moment pour que se briser tout à fait.

« O mon Dieu! s'écria-t-il avant de quitter la chambre, joignant es mains ridées qu'il étendit sur la tête d'Amy. Mon Dieu, vous oyez cette enfant de mon frère mort! Tout ce que je n'ai fait qu'entrevoir avec mes yeux de pêcheur aveuglé, vous, vous l'avez vu clairement, dans la splendeur de votre sagesse! Vous ne souffrirez pas qu'il tombe un seul cheveu de sa tête! Vous la soutiendrez jusqu'à sa dernière heure, comme je sais qu'un jour vous la récompenserez dans l'éternité! »

Jusqu'à près de minuit, ils se tinrent, tranquilles et tristes, dans une sombre salle, voisine de la chambre mortuaire. De temps à autre la douleur du vieillard cherchait quelque soulagement dans quelque explosion de sentiment pareille; mais, outre que sa faiblesse n'eût pas longtemps résisté à de pareils éclats, il n'avait pas oublié les paroles de sa nièce : *épargnez-moi!* Aussi il ne tardait pas à s'adresser des reproches et à se calmer. Il se contenta donc de répéter avec des sanglots que son frère était parti seul, seul; qu'ils avaient débuté côte à côte dans la vie, que le malheur ne les avait pas séparés, qu'ils ne s'étaient pas quittés durant leurs longues années de pauvreté, qu'ils avaient vécu ensemble jusqu'à ce jour, et que son frère était parti seul, seul!

Ils se séparèrent, épuisés et abattus. Amy ne voulut quitter son oncle qu'après l'avoir reconduit dans sa chambre, où il se coucha tout habillé, sous une couverture dont sa nièce l'avait entouré. Alors elle se jeta elle-même sur son lit et s'endormit d'un profond sommeil : du sommeil de l'épuisement et d'un repos forcé, empreint encore du sentiment confus d'une grande affliction. Dors, bonne petite Dorrit! Dors jusqu'au matin.

Il fit un beau clair de lune cette nuit-là; mais la lune se leva tard. Lorsqu'elle eut atteint une certaine hauteur dans le paisible firmament, elle éclaira à travers les persiennes à moitié fermées la chambre solennelle où venaient de se dénouer toutes les misères d'une existence agitée. Deux êtres reposaient tranquillement dans cette chambre.... deux êtres également immobiles et impassibles, séparés en ce moment l'un et l'autre par un gouffre infranchissable, de tout ce qui s'agite et vit sur cette terre, qui va pourtant les réclamer bientôt.

L'un gisait sur le lit. L'autre, agenouillé au chevet, était penché sur le premier, les bras étendus paisiblement et sans roideur sur le couvre-pied, la tête baissée, de façon que les lèvres touchaient la main sur laquelle elles avaient exhalé leur dernier souffle. Les deux vieillards étaient devant leur père, bien au-dessus des jugements crépusculaires de ce monde; bien au-dessus des brouillards et des obscurités terrestres.

CHAPITRE XX.

Qui sert de préface au chapitre suivant.

Les passagers du bateau à vapeur débarquent sur la jetée de Calais. C'est un triste et sombre endroit que Calais, lorsque la marée s'est retirée au niveau des basses eaux. Il n'y a d'eau tout juste que ce qu'il en faut pour permettre au paquebot d'approcher; et en ce moment la barre, où quelques vagues viennent encore se briser, ressemble à un gros paresseux de monstre marin, qui laisse flotter à la surface de l'eau son corps endormi au soleil. Le maigre phare, tout blême, hantant la côte comme le fantôme d'un édifice qui a autrefois joui d'une certaine corpulence et possédé de vives couleurs, distille des larmes mélancoliques à la suite des derniers soufflets qu'il vient de recevoir des vagues. Les longues rangées d'affreuses solives noircies, humides, gluantes, endommagées par le mauvais temps, ornées de funèbres guirlandes d'herbes marines dont la marée les a entourées, pourraient passer pour quelque mystérieux cimetière maritime. Dans ce paysage sans cesse battu par les flots et par le vent, tout semble si humble et si mesquin, en face de ce vaste ciel gris, au bruit de la mer et de la brise, devant la ligne écumeuse des vagues qui attaquent la côte avec tant de fureur, qu'on s'étonne qu'il reste encore quelque chose de Calais, et que ses méchantes portes, ses méchantes murailles, ses méchants toits, ses méchants fossés, ses môles chétifs, ses remparts ignobles et ses rues plates, n'aient pas disparu depuis longtemps sous les attaques répétées de la mer envahissante, comme les fortifications que les enfants de la ville élèvent sur le sable de la plage.

Après avoir patiné sur des planches et des solives glissantes, gravi des marches humides et vaincu beaucoup de difficultés maritimes, les voyageurs commencent leur pérégrination peu confortable le long de la jetée de bois, où tous les vagabonds français et tous les réfugiés anglais de la ville (c'est-à-dire une bonne moitié de la population de Calais) se sont rassemblés pour empêcher ces malheureux de se remettre de leur émotion. Après avoir soutenu l'examen minutieux des badauds anglais, après s'être vus saisis, abandonnés, repris successivement par tous les garçons d'hôtel français, dans une escarmouche à brûle-pourpoint, qui dure pendant un trajet d'environ trois quarts de mille, les nouveaux débarqués se trouvent enfin libres de pénétrer dans la ville et de s'enfuir chacun chez eux, vivement poursuivis.

Clennam, en proie à plus d'une inquiétude, faisait partie de cette troupe infortunée. Après avoir arraché les plus faibles de ses compatriotes à des situations précaires, il poursuivit seul son chemin; ou du moins aussi seul qu'on peut l'être quand on a à ses trousses, environ à dix pas de distance, un gentleman indigène, protégé d'une cuirasse de graisse et coiffé d'une casquette de la même étoffe, qui vous crie sans relâche, sous prétexte de parler anglais :

« Hi! Aie say! You! Sire! Aie say! Nice otle[1]! »

Mais Clennam réussit enfin à distancer ce personnage hospitalier et à poursuivre sa route sans encombre. La ville avait un aspect tranquille après le tapage de la côte et de la jetée; et si elle paraissait un peu triste, cette comparaison récente ne faisait pas regretter qu'elle fût plus animée. Il rencontra de nouveaux groupes de ses compatriotes, tous avec l'air assez râpé. On aurait dit de ces plantes éphémères qui avaient passé fleur, et qui n'avaient plus gardé que leur tige sèche et déchue. A les voir circuler dans le cercle limité

1. Hé! dites donc! Vous! Monsieur! Dites donc! Bon hôtel! (Anglais corrompu.)

des promenades de la petite ville, aujourd'hui, demain, et toujours, on se rappelait involontairement le préau où se récréaient les détenus de la Maréchaussée. Mais sans accorder à ces touristes plus d'attention qu'il n'en fallait pour faire cette remarque, en passant, il se mit en quête d'une certaine rue et d'un certain numéro qui étaient gravés dans sa mémoire.

« C'est bien là l'adresse que Pancks m'a donnée, murmura-t-il en s'arrêtant devant une maison d'aspect lugubre. Je présume que ses renseignements sont exacts, et qu'il les a en effet découverts dans les papiers de M. Casby; car autrement, je n'aurais jamais songé à venir chercher ici ma mystérieuse demoiselle. »

C'était une sombre maison, avec une triste muraille sur la rue, et une triste porte pour y entrer, dont la sonnette produisit deux tristes tintements et dont le marteau renvoya un triste toc toc qui n'avait pas seulement l'air d'avoir la force d'effleurer la surface craquelée de la porte. Cependant cette porte s'ouvrit en grinçant sur son triste gond, il la referma derrière lui et entra dans une cour lugubre, où il fut arrêté par une autre muraille aussi triste que la première, que l'on avait essayé de tapisser de quelques tristes plantes grimpantes à moitié mortes, comme on avait voulu l'orner aussi d'une petite fontaine en rocaille, à moitié sèche, et la décorer d'une petite statue qui n'avait plus que la moitié de ses membres.

L'entrée de la maison se trouvait à gauche; elle était garnie, ainsi que la porte cochère, de deux écriteaux qui annonçaient (en anglais et en français) qu'on trouvait là des appartements meublés à louer présentement. Une grosse paysanne réjouie, en jupon court, en bonnet blanc, et en boucle d'oreilles, parut à l'entrée d'une sombre allée, et demanda, en montrant une rangée de dents qui n'étaient pas désagréables à voir :

« Aïe say! Sire! Chez qui allez-vous? »

Clennam répondit en français qu'il désirait voir la dame anglaise.

« Entrez et montez, s'il vous plaît, » répliqua la paysanne employant aussi sa langue maternelle.

Le visiteur s'empressa de profiter de la permission et suivit son guide par un escalier sombre et nu jusqu'à un salon qui donnait sur la triste cour aux plantes mortes, à la fontaine desséchée et au tronçon de statue.

« M. Blandois, dit Clennam.

— Très-bien, monsieur. »

Sur ce, la paysanne se retira et Arthur put examiner le salon. C'était le type invariable des salons de ces appartements meublés Froid, triste et sombre. Parquet ciré, très-glissant, bon seulemen pour y patiner, s'il y avait eu assez de place. Rideaux rouges e blancs aux croisées; petite table ronde soutenue par un rassemblement de pieds tors; chaises de paille incommodes; deux grands fauteuils de velours d'Utrecht où l'on avait autant de place qu'il e fallait pour ne pas y être à son aise; un secrétaire, un miroir rapiécé qui faisait semblant d'être d'un seul morceau, deux vases de fleurs très-artificielles, éblouissantes de mauvais goût, et au milieu de la cheminée un guerrier grec qui venait d'ôter son casque, en train de sacrifier une pendule au génie de la France.

Au bout de quelques minutes, une porte qui communiquait avec une autre chambre s'ouvrit, et une dame se présenta. Elle témoigna beaucoup de surprise à la vue de Clennam et jeta un coup d'œil tout autour du salon, comme pour y chercher un autre visiteur.

« Pardon, mademoiselle Wade. Je suis seul.

— Ce n'est pourtant pas votre nom qu'on m'a annoncé.

— Non; je sais cela. Veuillez m'excuser. L'expérience m'a appris que mon nom ne vous aurait guère disposée à m'accorder l'entrevue que je désirais; c'est pour cela que je me suis permis de prononcer le nom d'une personne que je cherche.

— Permettez, reprit Mlle Wade, l'invitant à s'asseoir, mais avec un geste si froid qu'il resta debout, quel nom avez-vous dit à la bonne?

— Celui de Blandois.

— Blandois?

— C'est un nom qui ne vous est pas inconnu.

— Je m'étonne, remarqua Mlle Wade en fronçant les sourcils, que vous continuiez, sans que personne vous en prie, à vous mêler ainsi de mes affaires et de mes connaissances. Je ne sais pas ce que tout cela veut dire.

— Pardon. Vous connaissez ce nom?

— Que vous fait ce nom? que me fait ce nom? Qu'est-ce que cela vous fait que je le connaisse ou que je ne le connaisse pas? Je connais bien des noms et j'en ai oublié encore davantage. Celui-ci peut être du nombre de ceux que je me rappelle ou du nombre de ceux dont je ne me souviens plus. Peut-être même l'entends-je aujourd'hui pour la première fois. Je n'ai aucune raison pour m'interroger là-dessus moi-même ou pour me laisser faire cette question.

— Si vous voulez bien me le permettre, je vous dirai le motif de mon importunité. J'avoue que j'insiste d'une façon très-pressante, et je vous prie d'excuser cette insistance. Le motif qui m'y pousse m'est tout personnel. Je suis bien loin d'insinuer qu'il vous concerne.

— Eh bien, monsieur, répondit Mlle Wade, en l'engageant de nouveau à s'asseoir avec un geste un peu moins hautain que la première fois, je suis heureuse de voir, au moins, qu'il ne s'agit plus, cette fois, de la vassale d'un de vos amis, qui serait privée de son libre arbitre et qu'on m'accuserait d'avoir émancipée. J'écouterai votre motif, si vous voulez bien me l'expliquer.

— D'abord, afin de constater l'identité de l'individu en question, continua Clennam, je vous dirai qu'il s'agit de la personne que vous avez rencontré à Londres il y a quelque temps. Vous vous rappelez l'homme à qui vous aviez donné rendez-vous près de la Tamise.... dans l'Adelphi?

« Vraiment, vous vous mêlez de mes affaires d'une façon inconcevable, dit Mlle Wade le regardant en face d'un air irrité. Comment savez-vous cela?

— Je vous prie en grâce de ne pas vous formaliser d'une indiscrétion apparente.... Je l'ai su par hasard.

— Par quel hasard?

— Par un hasard bien simple: on vous a vue dans la rue causer avec lui.

— Vue!... qui m'a vue? Est-ce vous, est-ce un autre?

— Moi-même.

— Au fait, je lui ai parlé en pleine rue, dit-elle après quelques moments de réflexion, commençant à se calmer. Cinquante personnes ont pu me voir; et quand elles m'auraient vue, cela me serait parfaitement égal.

— Je suis loin d'attribuer la moindre importance à ce fait; si j'en parle, c'est pour vous expliquer ma visite. Ce n'est pas qu'il ait aucun rapport avec le sujet qui m'amène ni avec la faveur que j'ai à vous demander.

— Oh! vous avez une faveur à me demander? Je trouvais aussi, monsieur Clennam (le beau visage de Mlle Wade se tourna vers lui avec une expression d'amertume), que vos manières s'étaient bien radoucies depuis notre dernière rencontre. »

Il se contenta de protester légèrement de la main contre cette remarque sans la contredire. Il parla alors de la disparition de Blandois, dont elle avait sans doute eu connaissance? — Non. Quelque probable que la chose pût sembler à M. Clennam, elle n'en avait pas entendu dire le premier mot. Il n'avait qu'à regarder autour de lui (ajouta Mlle Wade) pour juger par lui-même s'il était vraisemblable qu'aucune nouvelle de ce genre fût parvenue aux oreilles d'une femme qui restait enfermée dans une pareille retraite à se dévorer le cœur. Après cette dénégation, à laquelle Clennam ne put s'empêcher de croire, elle lui demanda ce qu'il entendait par le mot de disparition. Cette question le conduisit à entrer dans des détails et à laisser entrevoir combien il désirait apprendre ce qu'était devenu cet homme, afin de dissiper les soupçons qui planaient sur la maison de sa mère. Mlle Wade l'écouta avec une surprise évidente et avec un intérêt puissant, quoique contenu, qu'il ne lui avait jamais vu témoigner auparavant. Cependant cet intérêt ne diminuait en rien la réserve de ses manières, toujours fières et décourageantes. Lorsqu'il se tut, elle se contenta de lui répondre:

« Vous avez oublié de me dire, monsieur, ce que j'ai à voir dans tout cela, et quelle est la faveur que vous avez à me demander. Seriez-vous assez bon pour réparer cette omission?

— Je présume, reprit Arthur continuant ses efforts pour adoucir le maintien dédaigneux de son interlocutrice, qu'ayant eu des relations.... oserais-je dire des relations confidentielles?... avec cette personne....

— Vous êtes bien libre de dire ce que vous voudrez, remarqua Mlle Wade, comme je suis libre, de mon côté, de ne pas souscrire à vos hypothèses, monsieur Clennam.

— .... Qu'ayant eu du moins des relations personnelles avec cet homme, poursuivit Clennam, changeant la forme de sa phrase dans l'espoir de la rendre plus acceptable, vous pourrez me donner quelques détails sur ses antécédents, ses habitudes, sa profession, son lieu de résidence ordinaire; que vous pourrez, en un mot, me mettre sur la trace de ce qu'il peut être devenu. Voilà la faveur que j'ai à vous demander, et je vous la demande dans une situation d'esprit qui, j'ose l'espérer, vous inspirera un peu de sympathie. Si vous avez un motif quelconque pour m'imposer des conditions, je le respecterai sans vous demander à le connaître.

— Vous m'avez vue par hasard causant dans la rue avec cet homme, remarqua Mlle Wade, qui, au grand dépit d'Arthur, s'occupait beaucoup plus de ses propres réflexions que de la prière même qu'il venait de lui adresser. Vous le connaissiez donc déjà avant cette rencontre?

— Non.... pas avant. Je ne l'ai connu que plus tard. Je ne l'avais jamais rencontré auparavant, mais je l'ai retrouvé le soir même où l'on prétend qu'il a disparu.... dans la chambre de ma mère, pour tout dire.... Je l'y ai laissé. Vous verrez dans cette affiche tout ce qu'on sait de lui. »

Il lui tendit un des avis imprimés qu'elle lut avec beaucoup d'attention et d'intérêt.

« Eh bien, je n'en savais pas tant sur son compte, » reprit-elle en lui rendant l'affiche.

Les traits de Clennam indiquèrent un vif désappointement, peut-être même annoncèrent-ils de l'incrédulité, car Mlle Wade ajouta, du même ton peu sympathique:

« Vous ne me croyez pas? Pourtant, rien n'est plus vrai. Quant à des relations personnelles, il me semble qu'il en a existé aussi entre cet homme et votre mère. Et néanmoins, vous voulez bien la croire, lorsqu'elle vous déclare qu'elle ne le connaît pas davantage. »

Ces paroles, ainsi que le sourire qui les accompagnait, renfermaient une insinuation assez claire pour faire monter le sang aux joues de Clennam.

« Allons, monsieur, répéta-t-elle (on voyait qu'elle éprouvait un un cruel plaisir à répéter ce coup de poignard), je serai aussi franche avec vous que vous pouvez le désirer. Je vous avouerai que, si je tenais à ma réputation (et heureusement je n'y tiens pas le moins du monde), ou si j'avais un nom à faire respecter (et heureusement encore, je ne me soucie pas du tout de ce que l'on peut penser de moi), je me regarderais comme fort compromise d'avoir eu affaire avec cet individu. Et pourtant, moi, il n'a jamais franchi mon seuil.... il n'est jamais resté en conférence avec moi jusqu'à minuit. »

Elle vengeait une vieille rancune en tournant contre lui le sujet qu'il avait abordé le premier. Il n'était pas dans la nature de Mlle Wade de chercher à l'épargner; elle n'éprouvait pas le moindre remords de lui causer cette peine.

« Je vous l'avouerai bien volontiers, s'écria-t-elle, cet homme est un misérable, un être vil et mercenaire, que j'ai rencontré pour la première fois rôdant à la poursuite de quelque proie en Italie, où j'étais il n'y a pas bien longtemps, et c'est là que j'ai acheté ses services, trouvant en lui un instrument commode pour certain but que j'avais en vue. Bref, je jugeai à propos, pour mon bon plaisir.... pour la satisfaction d'un sentiment très-vif.... de prendre un espion à mes gages. J'ai employé ce Blandois. Et je suis persuadée que, si j'avais eu besoin de lui proposer un pareil marché, et le moyen de le payer assez cher; s'il avait pu, de son côté, faire le coup dans l'ombre, sans courir de risques, il n'aurait pas fait plus de difficultés pour assassiner quelqu'un, qu'il n'en a fait pour accepter mon argent. C'est là, du moins, l'opinion que j'ai de lui, et je vois que c'est à peu près la vôtre. Madame votre mère, je le présume, car il m'est permis de faire comme vous des suppositions hasardées, professe sur lui une opinion contraire?

— J'ai oublié de vous dire, reprit Clennam, que ma mère a été mise en rapport avec lui, par de malheureuses affaires commerciales.

— Il fallait bien, en effet, que ce fussent de malheureuses affaires qui la missent en rapport avec lui, répondit Mlle Wade, car l'heure indue à laquelle elle a reçu ce client n'est pas une heure de commerce.

— Vous supposez donc, dit Arthur, blessé par ces froides insinuations dont il avait déjà senti toute la force, qu'il y avait quelque chose....

— Monsieur Clennam, répliqua Mlle Wade avec beaucoup de sang-froid, veuillez vous rappeler que je ne suppose rien au sujet de cet homme. J'affirme, sans détour, que c'est un misérable prêt à tout faire pour de l'argent. Je présume que, lorsqu'un individu de ce genre va quelque part, c'est qu'on y a besoin de lui. Si je n'avais pas eu besoin de lui, vous ne nous auriez pas rencontrés ensemble. »

Torturé par cette persistance de Mlle Wade à lui tenir toujours sous les yeux le triste soupçon dont l'ombre avait déjà traversé son âme, Clennam resta silencieux.

« Notez bien, ajouta-t-elle, que je vous en parle ainsi, dans la supposition qu'il est encore de ce monde, car ce n'est qu'une supposition, et il peut tout aussi bien en avoir disparu, sans que j'en sache rien, ou même sans que je m'en soucie. Je n'ai plus besoin de lui. »

Arthur se leva lentement avec un profond soupir et d'un air découragé. Mlle Wade resta assise; mais elle dit, après avoir lancé au visiteur un regard soupçonneux et en serrant les lèvres avec une expression de colère:

« Cet homme n'était-il pas le compagnon de choix de votre cher ami Henry Gowan? Pourquoi donc ne priez-vous pas votre cher ami de venir à votre aide? »

Clennam allait nier que Gowan fût son cher ami; mais le souvenir de ses luttes et de ses résolutions d'autrefois le retint; il répondit :

« M. Gowan n'a pas revu Blandois depuis le départ de cet étranger pour l'Angleterre, il n'en sait pas davantage sur son compte. Blandois n'est d'ailleurs qu'une simple connaissance de rencontre faite en voyage.

— Une simple connaissance de rencontre, faite en voyage! répéta Mlle Wade. Oui, votre cher ami a grand besoin de faire de nouvelles connaissances, afin de se divertir, grâce à la femme insipide qu'il a épousée. Je hais sa femme, monsieur. »

La colère avec laquelle miss Wade prononça ces paroles, colère bien remarquable chez une femme qui savait si bien se posséder, fixa l'attention d'Arthur, et le tint cloué à sa place. La haine brillait dans les yeux noirs fixés sur lui, tremblait au coin des narines, et semblait embraser le souffle de Mlle Wade, dont les traits, d'ailleurs, n'avaient rien perdu de leur sérénité dédaigneuse, et qui conservait autant de calme et de grâce hautaine que si elle eût été complétement indifférente au fond.

« Tout ce que je puis dire à cela, mademoiselle Wade, remarqua Clennam, c'est que vous entretenez là, bien gratuitement, un sentiment que personne, à mon avis, ne saurait partager.

— Vous pouvez demander à votre cher ami, si cela vous plaît, quelle est son opinion à cet égard.

— Je ne suis pas assez intime avec mon cher ami, répondit Arthur en dépit de la détermination qu'il avait prise d'abord, pour me permettre de traiter avec lui un pareil sujet d'entretien.

— Je le hais : plus encore que sa femme, parce que jadis j'ai été assez dupe, assez traître envers moi-même, pour l'aimer.... ou peu s'en faut. Vous ne m'avez vue, monsieur, que dans des circonstances ordinaires, et sans doute, vous m'avez prise pour une femme ordinaire, un peu plus volontaire seulement que les autres. Vous ne savez pas ce que j'entends par *haïr*, si vous ne me connaissez pas mieux que cela; vous ne pouvez pas le savoir, à moins de savoir aussi avec quel soin je me suis étudiée moi-même, avec quel soin j'ai étudié tous ceux qui m'entourent. Voilà pourquoi je désire, depuis quelque temps, vous raconter ma vie.... non pas afin d'obtenir votre estime, car je m'en soucie fort peu; mais afin de vous faire comprendre, lorsque vous songerez à votre cher ami et à sa chère épouse, ce que j'entends par le mot *haïr*. Voulez-vous que je vous remette quelques pages que j'ai écrites et mises de côté à votre intention, ou dois-je les garder? »

Arthur la pria de les lui donner. Elle s'approcha du secrétaire, l'ouvrit et prit dans un tiroir plusieurs feuilles pliées d'avance. Sans chercher le moins du monde à se concilier Arthur, mais paraissant plutôt s'adresser à son voisin pour justifier son entêtement à ses propres yeux, elle ajouta en lui remettant le manuscrit :

« Lorsque vous aurez lu ceci, vous saurez ce que j'entends par *haïr !* Mais brisons là, monsieur ; à Londres comme à Calais, que vous me trouviez logée en passant et d'une manière économique, dans une maison vide ou dans un appartement meublé, vous trouverez Henriette avec moi. Peut-être ne seriez-vous pas fâché de la voir avant de partir ? Henriette, venez ici ! »

Elle l'appela une seconde fois. Ce second appel fit apparaître Henriette, ci-devant Tattycoram.

« Voici M. Clennam, dit Mlle Wade. Il ne vient pas vous chercher, il a renoncé à cette idée.... car je présume que, maintenant, vous ne songez plus à la réclamer ?

— N'ayant aucun titre, aucune influence à faire valoir.... non.

— Monsieur ne vient pas vous chercher, Henriette, vous voyez ; mais néanmoins il vient encore chercher quelqu'un. Il voudrait mettre la main sur ce Blandois.

— Avec qui je vous ai rencontrée à Londres dans le Strand, lui rappela Clennam.

— Si vous savez quelque chose sur cet homme, Henriette, sauf qu'il arrivait de Venise.... ce que nous savons tous.... dites-le à M. Clennam en toute liberté.

— Je ne sais pas autre chose, répondit la jeune fille.

— Êtes-vous satisfait ? » demanda Mlle Wade.

Arthur n'avait aucune raison de croire qu'Henriette dissimulât la vérité ; les manières de Tattycoram étaient trop franches pour ne pas lui inspirer cette conviction, quand même il aurait commencé par avoir des doutes. Il répliqua donc :

« Allons ! il me faudra chercher des renseignements ailleurs »

Il ne se disposait pas encore à partir, mais comme il se tenait déjà debout lorsque Tattycoram était entrée, elle crut qu'il s'en allait. Elle le regarda donc et lui demanda avec vivacité :

« Vont-ils bien, monsieur ?

— Qui cela ? »

Elle se retint, car elle allait dire *eux tous,* elle jeta un coup d'œil vers Mlle Wade, et dit :

« M. et Mme Meagles.

— Ils allaient très-bien la dernière fois que j'ai reçu de leurs nouvelles. Ils sont en voyage. A propos, j'ai une question à vous faire. Est-il vrai qu'on vous ait vue là-bas ?

— Où ? où prétend-on m'avoir vue ? répliqua la jeune fille en baissant les yeux d'un air de mauvaise humeur.

— A Twickenham, devant la grille du jardin.

— Non, dit Mlle Wade. Elle n'y a pas remis les pieds.

— Vous vous trompez, interrompit Tattycoram. J'y suis allée la dernière fois que nous sommes retournées à Londres. J'y suis allée une après-midi que vous m'avez laissée seule, et j'ai regardé par la grille du jardin.

— Fille sans cœur! s'écria Mlle Wade avec un mépris infini. Voilà donc tout le fruit de votre séjour chez moi, de nos conversations continuelles, de vos anciennes doléances! C'était bien la peine!

— Quel mal y avait-il à aller jeter un coup d'œil à travers la grille? répliqua Tattycoram. J'avais vu les volets fermés, je savais bien que la famille était absente.

— Qu'est-ce que vous aviez besoin là?

— Je désirais revoir la maison, je sentais que cela me ferait plaisir de la revoir. »

Tandis que ces deux beaux et fins visages se tournaient l'un vers l'autre, Clennam devinait les tortures que ces deux natures violentes devaient s'infliger l'une à l'autre.

« Oh! fit Mlle Wade, qui adoucit froidement son regard irrité, avant de détourner les yeux, si vous teniez tant à revoir l'enfer dont je vous ai retirée le jour où vous aviez fini par vous apercevoir du genre de vie que vous y meniez, c'est autre chose. Mais croyez-vous que ce soit de la franchise? Est-ce là ce que je devais attendre de vous? Est-ce là la fidélité sur laquelle je comptais? Il me semblait que nous devions faire cause commune! Allez, vous ne méritez pas la confiance que j'avais en vous. Vous ne méritez pas la protection que je vous ai accordée. Vous n'avez pas plus d'amour-propre qu'un chien couchant, et vous ferez mieux de retourner vers les gens qui vous ont traitée plus durement qu'on ne traite un épagneul à coups de fouet.

— Si vous parlez d'eux de cette façon-là, devant le monde, vous me forcerez à prendre leur défense, répondit Tattycoram.

— Allez les retrouver, riposta Mlle Wade. Retournez chez eux.

— Vous savez aussi bien que moi que je ne retournerai pas chez eux. Vous savez aussi bien que moi que je les ai quittés à tout jamais, et que je ne peux pas, que je ne veux pas les revoir. Alors laissez-les donc tranquilles au lieu d'en dire du mal, mademoiselle Wade.

— Vous préférez l'abondance que vous trouviez chez eux, à la maigre chère que vous faites ici. Vous les exaltez afin de m'abaisser. Mais devais-je m'attendre à autre chose? N'était-ce pas facile à prévoir?

— C'est faux! s'écria Tattycoram, le teint animé. Vous dites le contraire de ce que vous pensez. Je le sais bien, ce que vous pensez. Vous me reprochez, sans en avoir l'air, de vivre à vos dépens faute d'autre ressource. Et vous comptez là-dessus pour me faire marcher à votre fantaisie, comme un enfant, et pour me faire dévorer tous les affronts; tenez, vous ne valez pas mieux qu'eux. Mais, rayez cela de vos papiers; ne croyez pas que je sois jamais assez apprivoisée, assez soumise pour endurer tout ça. Je vous répète que je suis allée regarder la maison parce que j'ai souvent pensé que j'aurai du plaisir à la revoir, et si je demande encore de leurs nouvelles, c'est que je les ai aimés autrefois, du temps que je croyais qu'ils étaient bons pour moi »

Clennam intervint à cet endroit, pour dire qu'il était convaincu qu'ils la recevraient comme par le passé, si jamais elle désirait retourner chez eux.

« Jamais, s'écria-t-elle d'une voix irritée. Je ne ferai jamais cela! Personne ne le sait mieux que Mlle Wade, malgré les reproches qu'elle m'adresse, parce qu'elle me voit sous sa dépendance. Je ne le sens que trop, que je suis sous sa dépendance et qu'elle est enchantée d'avoir quelque occasion de me le rappeler.

— Voyez le beau prétexte! dit Mlle Wade avec non moins de colère, d'un ton de hauteur et d'amertume. Cherchez-en un autre, celui-là est trop usé pour que je ne voie pas à travers. C'est ma pauvreté qui vous fait regretter leur richesse. Retournez chez eux, retournez chez eux, et que cela finisse. »

Arthur Clennam contemplait ces deux femmes debout à quelques pas l'une de l'autre, dans cette triste chambre, entretenant toutes deux le feu de leur colère, décidées à torturer leur propre cœur et à se torturer l'une l'autre. Il ajouta quelques paroles pour prendre congé; mais Mlle Wade se contenta d'incliner la tête, tandis qu'Henriette, affectant l'humilité d'une servante ou d'une esclave (humilité orgueilleuse, où il entrait plus de révolte que de résignation), parut croire qu'elle était trop peu de chose pour qu'on fît attention à elle, ou pour qu'il lui fût permis de faire attention aux autres.

Il descendit le sombre escalier tournant et regagna la cour, où l'aspect du mur tapissé de plantes mortes, de la fontaine desséchée, du piédestal sans statue, produisit sur lui une impression encore plus lugubre. Réfléchissant à ce qu'il venait de voir et d'entendre dans cette maison, à l'inutilité de ses efforts pour découvrir l'étranger suspect qui avait disparu, il retourna à Londres par le paquebot qui l'avait amené. Durant le trajet, il déplia le manuscrit de Mlle Wade, et lut ce que nous allons voir dans le chapitre suivant.

CHAPITRE XXI.

Histoire d'un bourreau de soi-même.

J'ai le malheur de ne pas être une sotte. Dès mon jeune âge, j'ai découvert autour de moi une foule de choses que l'on croyait me cacher. Si, au lieu de tout voir, j'avais pu me laisser tromper, peut-être aurais-je mené une existence aussi calme que celle de la plupart des imbéciles de ce monde.

Mon enfance se passa chez ma grand'mère, ou du moins chez une dame qui jouait auprès de moi le rôle de grand'mère et qui en prenait le titre Elle n'y avait aucun droit, mais moi.... j'étais encore assez niaise pour ne pas m'en douter. Elle avait chez elle des enfants dont elle était bien la parente, et d'autres qui n'étaient que ses pensionnaires. Il n'y avait que des filles : dix en tout, en me comptant. Nous vivions ensemble et nous avions les mêmes maîtres.

Je devais avoir quelque chose comme douze ans lorsque je commençai à m'aperçevoir de l'obstination que mes camarades mettaient à me protéger. On me dit que j'étais orpheline. Il n'y avait pas d'autre orpheline parmi nous ; et je m'aperçus (premier inconvénient de ne pas être une sotte) qu'elles cherchaient à me gagner le cœur par une pitié insolente avec un sentiment de leur propre supériorité. Avant d'être bien assurée de cette découverte, je voulus bien vérifier le fait. Je fis mainte et mainte expérience sur mes compagnes. Ce n'est qu'à grand'peine que je pouvais réussir à les fâcher contre moi. Et encore, dans ce cas-là, celle avec qui je m'étais brouillée ne manquait jamais de venir, au bout d'une heure ou deux, faire les avances d'une réconciliation. Je recommençai mille et mille fois, sans que jamais elles attendissent les miennes. C'étaient toujours elles qui me pardonnaient, dans leur vaniteuse indulgence. C'étaient déjà des femmes en miniature!

L'une d'elles devint mon amie de cœur. J'aimais cette petite mioche d'une affection passionnée, je ne sais pourquoi, car elle ne le méritait guère, et je ne puis m'en souvenir sans honte, bien que je fusse qu'une enfant à cette époque. Elle avait ce qu'on appelait un caractère aimable, un caractère affectueux. Elle savait distribuer de doux regards et de gracieux sourires à tout le monde. Je crois, qu'excepté moi, personne dans la pension ne se doutait qu'elle n'avait d'autre but que de me blesser et de me froisser.

Néanmoins, j'avais alors tant d'affection pour mon indigne amie, que mon existence en devint un orage continuel. On me grondait et on me punissait sans cesse parce que, disait-on, je la tourmentais ; en d'autres termes, parce que je l'accusais de perfidie et parce que je la faisais pleurer en lui montrant que je lisais au fond de son cœur. Cependant je l'aimais sincèrement.

Une année je fus engagée à passer les vacances chez ses parents.

Ce fut encore pis chez elle qu'à la pension. Elle avait une foule de cousins et de connaissances; sa mère donnait des soirées dansantes, nous allions également en soirée chez les voisins, et partout, chez elle ou chez les autres, elle me fit endurer de cruelles tortures. Son dessein était de se faire aimer de tout le monde afin de me rendre folle de jalousie, de se montrer familière et aimante envers chacun, afin de me faire souffrir tous les tourments de l'envie. Le soir, lorsque nous nous trouvions seules dans notre chambre à coucher, je lui reprochais sa bassesse, lui montrant que je lisais couramment au fond de sa pensée ; alors elle se mettait à pleurer, s'écriait que j'étais bien cruelle avec elle, et versait de nouvelles larmes; alors je la tenais dans mes bras jusqu'au matin, l'aimant plus que jamais et sentant que pour ne pas être exposée à de pareils chagrins, j'aimerais mieux l'enlacer ainsi et plonger avec elle au fond d'une rivière, où je la tiendrais encore contre mon cœur lorsque nous serions mortes toutes les deux.

Enfin, le temps vint de rompre nos relations et de mettre un terme à mes souffrances. Il y avait dans la famille de mon amie une tante qui ne m'aimait pas. D'ailleurs, je ne crois pas qu'il y eût dans toute ma famille quelqu'un qui m'aimât; mais je n'y tenais pas, je ne me souciais que de l'affection de ma camarade. La tante, qui était jeune, fixait souvent sur moi des yeux d'un air sérieux. C'était une femme insolente, qui se permettait de me regarder avec compassion. Le lendemain d'une des scènes dont j'ai parlé, je descendis avant le déjeuner dans une serre. Charlotte (c'était le nom de ma perfide amie) y était déjà descendue, et j'entendis sa tante qui lui parlait de moi. Je m'arrêtai, cachée derrière les arbres, et j'écoutai.

La tante disait :

« Charlotte, Mlle Wade vous fait mourir à petit feu, et il faut que cela finisse. »

Je répète textuellement ses paroles.

Eh bien! savez-vous ce que répondit Charlotte? Vous croyez peut-être qu'elle eut la franchise de dire : « C'est moi, au contraire, qui fais mourir mon amie à petit feu, c'est moi qui la tiens sur la roue, c'est moi qui suis son bourreau; ce qui ne l'empêche pas de me répéter chaque soir qu'elle m'aime tendrement, malgré tout ce que je lui fais souffrir. »

Non, sa première réponse confirma tout de suite l'opinion que j'avais d'elle, et donna raison à mon expérience. Elle commença par sangloter et pleurer (afin de s'assurer la sympathie de sa tante) et répondit :

« Ma chère tante, miss Wade a un mauvais caractère à la pension, il y en a bien d'autres que moi qui font tout leur possible pour la changer, nous l'essayons toutes. »

Sur ce, la tante la caressa, comme si Charlotte, au lieu de dire un mensonge méprisable, avait exprimé un sentiment très-noble, et continua cette infâme comédie en répliquant :

« Mais il y a des limites à tout, ma chère enfant, et je vois que cette pauvre et misérable fille vous cause, en pure perte, plus de chagrin que n'en peut justifier l'effort le plus louable. »

Vous comprenez que la pauvre et misérable fille sortit de sa cachette et leur dit :

« Renvoyez-moi à la maison. »

Je ne dis pas un mot de plus à l'une ou à l'autre, ni à aucun membre de la famille, si ce n'est :

« Renvoyez-moi à la maison, ou j'y retournerai à pied, dussé-je marcher nuit et jour! »

Lorsque j'arrivai chez moi, je dis à ma grand'mère supposée, que, si on ne me mettait pas ailleurs pour terminer mon éducation avant que cette fille revînt, avant même qu'aucune de ses camarades fût de retour, je me brûlerais les yeux en me jetant dans le feu plutôt que d'être exposée à voir encore leurs perfides visages.

Je me trouvai ensuite avec de jeunes femmes, et je ne tardai pas à reconnaître qu'elles ne valaient guère mieux que les enfants. Belles paroles et faux semblants d'amitié; mais j'eus bientôt pénétré cette surface polie et je vis qu'au fond elles ne cherchaient qu'à m'humilier : elles ne valaient pas mieux que mes premières camarades. Avant de les quitter, j'appris que je n'avais ni grand'mère, ni aucun autre parent avoué. Cette nouvelle fut un trait de lumière qui m'expliqua mon passé et mon avenir. Elle me dévoila une foule d'occasions nouvelles dans lesquelles les autres avaient feint de me traiter avec considération ou de me rendre service, pour mieux triompher de ma position.

Un homme d'affaires tenait pour moi une petite somme en fidéicommis. Je devais être gouvernante. Je devins donc gouvernante, et j'entrai dans la famille d'un gentilhomme assez pauvre; il avait deux enfants.... deux petites filles.... que les parents désiraient faire élever par la même institutrice. La mère était jeune et jolie. Dès le commencement, elle fit exprès de me traiter avec beaucoup de délicatesse. Je cachai ma colère; mais je reconnus bientôt que ce n'était de sa part qu'une manière de jouer à la bonne maîtresse, et de se savoir gré de sa douceur avec sa servante, quand elle aurait pu la traiter de toute autre façon, si ç'avait été sa fantaisie.

J'ai dit que je ne témoignai aucun ressentiment. En effet. Mais je lui montrai, en ne me prêtant pas à ce manége, que je le comprenais à merveille. Lorsqu'elle me pressait de prendre du vin, je ne buvais que de l'eau. Si l'on servait quelque primeur, elle ne manquait jamais de m'en envoyer; mais je refusais toujours et je ne touchais qu'aux plats délaissés. Ces échecs répétés de son patronage insultant me vengeaient à mes yeux et ravivaient en moi le sentiment de mon indépendance.

J'aimais les deux enfants. Elles étaient timides, mais disposées, en somme, à s'attacher à moi. Par malheur, il y avait dans la maison une nourrice, femme aux joues roses et potelées, qui ne faisait que m'agacer en ayant toujours l'air d'être gaie et de bonne humeur; elle avait soigné les deux enfants dès leur naissance et s'en était fait aimer déjà avant mon arrivée. Je crois que j'aurais pu me résigner à mon sort sans cette femme. Ses ruses habiles pour accaparer sans cesse l'affection des enfants à mon préjudice auraient trompé bien des gens à ma place; mais j'y vis clair dès les premiers jours. Sous prétexte d'arranger mon appartement, de me servir ou de prendre soin de mes effets (ce qu'elle semblait faire avec beaucoup de complaisance et de fidélité), elle ne nous quittait jamais. La plus adroite de ses nombreuses ruses consistait à feindre de vouloir me concilier l'esprit des mes élèves. Elle leur faisait la leçon et les cajolait sans cesse afin de les rapprocher de moi.

« Venez voir votre bonne Mlle Wade, venez voir votre chère

Mlle Wade, venez voir votre jolie Mlle Wade. Elle vous aime beaucoup. Mlle Wade est très-savante; elle a lu une quantité de livres et peut vous raconter des histoires bien plus belles et plus amusantes que les miennes. Venez écouter Mlle Wade! »

Comment aurais-je pu fixer l'attention de mes élèves, lorsque j'étais tout entière à la rage que me causaient ces noires faussetés? Comment aurais-je pu m'étonner de voir leurs innocents visages se détourner du mien et leurs petits bras s'enrouler autour du cou de cette nourrice, au lieu de s'enlacer autour du mien? Alors elle me regardait, après avoir écarté les boucles de cheveux blonds qui l'aveuglaient et me disait.

Elles reviendront, allez, mademoiselle Wade; les chères petites ne tarderont pas à vous aimer, car elles sont bien simples et affectueuses, madame; ne vous découragez pas pour si peu, madame!

Et tout cela pour me cacher la joie de son triomphe!

Cette femme avait encore trouvé un moyen de me tourmenter. Souvent, lorsqu'elle m'avait plongée dans des idées noires par des moyens perfides comme ceux-là, elle attirait sur moi l'attention des enfants, afin de leur montrer la différence qu'il y avait entre elle et moi.

« Chut! pauvre Mlle Wade est souffrante. Ne faites pas de tapage, mes chéries; elle a mal à la tête. Venez la consoler. Venez lui demander si elle va mieux, venez la prier de se coucher un peu. J'espère que vous n'avez rien qui vous tourmente, madame? Ne vous laissez pas abattre comme ça, madame. »

Cela devint insupportable. Ma maîtresse étant entrée chez moi un jour que j'étais seule, et dans une situation d'esprit qui ne me permettait pas de cacher plus longtemps mes souffrances, je lui dis que je me voyais obligée de la quitter. Je ne pouvais plus supporter la présence de cette nourrice.

« Mademoiselle Wade! Mais notre pauvre Dawes vous est dévouée; elle ferait tout au monde pour vous! »

Je savais d'avance ce qu'elle me répondrait; j'y étais préparée, je me contentai de répliquer qu'il ne m'appartenait pas de contredire ma *maîtresse*, mais que je ne pouvais plus rester.

« J'espère, mademoiselle Wade, dit milady, prenant tout à coup ce ton de supériorité qu'elle avait eu tant de peine à étouffer jusqu'alors que je n'ai jamais rien dit ni rien fait depuis que nous sommes ensemble qui vous autorise à vous servir de ce mot désagréable. Si j'ai fait avec vous la maîtresse; ce ne peut être que par inadvertance. Parlez-moi franchement, je vous prie. »

Je répondis que je n'avais aucune plainte à faire, ni *à* ma maîtresse, ni *de* ma maîtresse; mais que je ne pouvais plus rester.

Elle hésita un instant; puis, s'asseyant à côté de moi, posa sa main sur la mienne. Comme si l'honneur d'une pareille familiarité devait effacer mes souvenirs pénibles!

« Mademoiselle Wade, je crains que votre tristesse ne tienne à des causes sur lesquelles je ne puis rien. »

Le souvenir que ces paroles réveillaient en moi me fit sourire, et je lui répondis :

« Oui, c'est sans doute parce que j'ai un mauvais caractère.

— Je n'ai pas dit cela.

— C'est un moyen facile d'expliquer tout.

— En effet; mais je ne l'ai pas dit. Le sujet que je voudrais aborder est tout autre. Mon mari et moi, nous en avons causé plusieurs fois en voyant avec chagrin que vous ne paraissiez pas à votre aise avec nous.

— A mon aise ? Oh ! vous êtes de si grands personnages, milady !

— Je suis désolée d'avoir employé une phrase qui prêtait apparemment à une interprétation toute contraire à ma pensée. » Elle n'avait pas prévu ma réponse et elle en était toute honteuse. « Je voulais seulement dire que vous ne paraissez pas heureuse avec nous.... Le sujet est assez difficile à aborder; mais entre jeunes femmes on peut.... bref, nous craignons que vous ne vous laissiez dominer par une circonstance dont personne ne saurait vous rendre le moins du monde responsable. Dans ce cas, nous vous supplions de ne pas vous en faire un sujet de chagrin. Mon mari (tout le monde le sait) avait lui-même une sœur bien-aimée qui n'était pas sa sœur aux yeux de la loi, mais que tout le monde aimait et respectait néanmoins.... »

Je devinai immédiatement que, si ces gens m'avaient acceptée pour gouvernante, c'était en souvenir de cette sœur défunte, pour triompher de moi et se targuer de la supériorité de leur naissance. Je compris également que c'était la connaissance que la nourrice avait de ce secret qui l'encourageait à me tourmenter comme elle le faisait. L'espèce de frayeur que j'inspirais aux deux enfants me disait assez qu'elles avaient une vague idée que je ne ressemblais pas à tout le monde. Je quittai cette maison le soir même.

Après une ou deux expériences de ce genre qui durèrent moins longtemps encore et dont il est inutile de parler ici, j'entrai dans une autre famille où je n'avais qu'une seule élève : une jeune fille de quinze ans, l'unique enfant de la maison. Les parents étaient assez âgés, riches et d'un rang élevé. Entre autres visiteurs, un neveu qu'ils avaient élevé fréquentait la maison. Il me fit la cour. Je le repoussai résolûment, car j'étais bien décidée, en entrant dans cette maison, à ne pas souffrir qu'on me montrât de la pitié ou de la condescendance. Mais il m'écrivit une lettre par suite de laquelle nous échangeâmes une promesse de mariage....

Il avait un an de moins que moi, et il paraissait plus jeune encore qu'il ne l'était en effet. Il arrivait en congé des Indes, où il occupait un emploi qui devait sous peu le mettre dans une très-belle position. Nous devions nous marier dans un délai de six mois et partir aussitôt pour Bombay. Il fut convenu qu'en attendant je continuerais à habiter avec la famille. Personne n'avait soulevé la moindre objection.

Je ne puis m'empêcher de dire qu'il avait beaucoup de goût pour moi; autrement, je me garderais d'en parler. La vanité n'est pour rien dans cette déclaration, car sa passion me fatiguait. Il ne cherchait pas à la cacher. Il me faisait sentir, sans le vouloir dans ce monde opulent, qu'il m'avait achetée pour ma beauté et qu'il désirait en faire parade afin de montrer qu'il ne m'avait pas payée trop cher. Je m'aperçus que ses amis, à leur tour, m'examinaient sérieusement dans leur esprit pour découvrir ce que je pouvais au juste valoir. Je résolus de ne pas satisfaire leur curiosité. Lorsqu'il y avait du monde, je restais impassible et silencieuse; je me serais laissé tuer plutôt que de faire étalage de mes mérites pour obtenir leur bonne opinion.

Il me dit que je ne me rendais pas justice. Je lui répondis qu'il se trompait, et que c'était justement parce que je me rendais justice que je ne voulais pas m'abaisser jusqu'à chercher à me rendre propices des gens dont je ne me souciais pas. Il parut affligé et désagréablement surpris, lorsque j'ajoutai que je le priais de ne pas afficher sa tendresse en public; cependant il me promit de sacrifier à ma tranquillité même ces élans sincères de son affection.

Sous prétexte de m'obéir, il se mit à prendre sa revanche. Pendant des heures entières il se tenait éloigné de moi, causant avec la première venue de préférence. Bien des fois je suis restée seule, sans que personne s'occupât de moi, pendant la moitié de la soirée, tandis qu'il s'entretenait avec sa jeune cousine, mon élève. Je voyais bien que tout le monde se disait qu'ils eussent fait ensemble un couple mieux assorti. Je restais isolée dans mon coin, devinant leurs pensées, sentant que la jeunesse de mon prétendu me rendait ridicule et ne pouvant me pardonner de l'aimer.

Car je l'ai aimé. Quelque indigne qu'il fût de mon amour, quelque peu sensible qu'il fût aux angoisses qu'il me causait et qui auraient dû me valoir de sa part une reconnaissance et un dévouement éternels.... je l'ai aimé. J'étouffais ma colère lorsque mon élève vantait son cousin, feignant de croire que cela devait me faire plaisir, tandis qu'elle savait très-bien que, dans sa bouche, cet éloge devenait plutôt une insulte. J'endurais tout cela par amour pour lui. Oui : même à l'époque où, assise à l'écart, en sa présence, je me rappelais mes griefs et me demandais si je ne quitterais pas à l'instant cette maison pour ne plus le revoir, je l'aimais.

Sa tante (n'oubliez pas qu'elle était aussi ma maîtresse) ajoutait, avec préméditation et de parti pris, à mes tourments et à mes souffrances. Elle prenait plaisir à s'appesantir sur le train de vie que mon mari et moi nous devions mener aux Indes, et sur les gens haut placés que je recevrais lorsque son neveu serait monté en grade. Mon orgueil se révoltait contre cette façon éhontée de faire ressortir la différence qu'il y aurait entre mon nouveau genre de vie et la position dépendante que j'occupais alors. Cependant je parvins à cacher mon indignation; mais je lui laissai entrevoir que je comprenais ses intentions, et je me vengeai en affectant beaucoup d'humilité. « Ce serait là beaucoup trop d'honneur pour moi, disais-je. Je craignais de n'avoir pas la force de supporter un pareil changement. Une pauvre gouvernante, la gouvernante, de sa fille, aspirer à une pareille distinction! » Elle n'était pas à son aise, ils étaient tous gênés, en m'entendant répondre avec cette feinte modestie. Ils voyaient bien que je la comprenaisparfaitement. C'est au moment où mes souffrances étaient à leur comble, où je me sentais le plus irritée contre mon prétendu, qui s'obstinait à rester indifférent à toutes les angoisses et à tous les déboires qu'il me causait, que votre cher ami, monsieur Gowan, reparut dans la maison. Il y était reçu depuis longtemps sur un pied d'intimité, il venait de faire un voyage. Au premier coup d'œil il devina la situation et me comprit.

C'était la première personne que je rencontrais qui eût compris mon caractère. Il ne lui fallut pas trois visites pour me convaincre qu'il lisait dans ma pensée. Je le vis clairement à la façon froidement cavalière dont il parlait de ce mariage. Je le vis clairement dans ses légères protestations d'estime pour mon prétendu, dans son enthousiasme à propos du bonheur et du brillant avenir qui nous attendait, dans ses félicitations au sujet de nos richesses futures, qu'il comparait avec sa propre pauvreté.... dans ses phrases ambiguës, amusantes et pleines de railleries cachées. Il attisa de plus en plus ma colère, me rendit de plus en plus méprisable à mes propres yeux, en me présentant ce qui m'entourait sous un jour odieux, tout en ayant l'air de tout admirer et de vouloir me faire partager son admiration. Il ressemblait au squelette endimanché de la collection des gravures hollandaises; quelle que fût, vous savez, la personne à laquelle il donnât le bras, jeune ou vieille, belle ou laide; qu'il dansât, chantât, jouât ou priât avec elle, il en faisait un spectre.

Vous comprendrez facilement que les félicitations de votre cher ami étaient de vrais compliments de condoléance; que, lorsqu'il paraissait vouloir me calmer, il mettait à nu mes plaies les plus douloureuses; que, lorsqu'il déclarait que « mon fidèle berger était le garçon le plus aimant du monde et qu'il avait le cœur le plus tendre qui eût jamais battu sur la terre, » il réveillait mes vieilles craintes de m'exposer au ridicule par cette union disproportionnée. Il ne me rendait pas là un grand service, direz-vous, mais je lui savais gré de me renvoyer l'écho de ma pensée et de confirmer ce que je savais déjà. Aussi, ne tardai-je pas à préférer la société de votre cher ami à toute autre.

Lorsque je m'aperçus (et cela ne tarda pas non plus) que cette préférence excitait la jalousie de mon futur, je recherchai plus que jamais la société de M. Gowan. Avait-on fait des façons pour exciter ma jalousie, à moi? et tous les tourments devaient-ils donc être de mon côté? Non. Qu'il apprenne aussi à les connaître! J'étais enchantée de les lui faire connaître, enchantée de croire qu'il en souffrait cruellement; c'était bien mon espérance. D'ailleurs, comme il me semblait pâle à côté de M. Gowan, qui savait me traiter en égale et disséquer sans préjugé les misérables mannequins qui nous entouraient!

Ceci dura jusqu'au jour où la tante, *ma maîtresse*, prit sur elle de m'adresser des observations. Cela ne valait pas la peine d'en parler, me dit-elle; elle savait que je n'y mettais aucune intention; mais elle croyait devoir me faire remarquer, sachant qu'une simple remarque suffirait, qu'il vaudrait peut-être mieux rechercher un peu moins la société de M. Gowan.

Je lui demandai comment elle pouvait savoir si je n'y mettais pas d'intention. Elle pouvait toujours garantir, me dit-elle, que je n'avais aucune mauvaise intention. Je la remerciai en lui faisant observer que je préférais me servir de caution à moi-même. Peut-être ses autres domestiques seraient-elles heureuses d'obtenir de leur maîtresse un certificat de bonne vie et mœurs, mais, pour ma part, je croyais pouvoir m'en passer.

L'entretien continua; je fus entraînée à lui demander pourquoi elle était si convaincue qu'il suffirait d'une simple observation de sa part pour que je m'empressasse d'obéir. Était-ce à cause du mystère de ma naissance, était-ce pour le salaire dont on payait mes soins? Je ne m'étais pourtant pas vendue corps et âme. Milady croirait-elle par hasard que son neveu était allé à une foire d'esclaves pour y acheter sa femme?

Il est probable que, tôt ou tard, nous en serions venues là; mais ma maîtresse aima mieux brusquer les choses. Elle me dit, avec une pitié bien jouée, que j'avais un malheureux caractère. Ennuyée d'entendre toujours répéter cette méchante calomnie, je ne me contins plus; je lui dis tout ce que je savais d'elle tout ce que j'avais compris, tout ce que j'avais souffert depuis que j'avais été assez méprisable pour accepter l'offre de son neveu. Je lui dis que M. Gowan était le seul qui m'eût apporté quelque soulagement dans l'état de dégradation que j'avais subi trop longtemps et dont je sortais trop tard; mais que je ne les reverrais plus.

En effet, ils ne m'ont plus revue.

Votre cher ami me suivit dans ma retraite et s'égaya beaucoup au sujet de cette rupture, bien qu'il fût désolé de la triste position où je laissais ces bonnes gens (les meilleurs qu'il eût jamais rencontrés), et qu'il regrettât la cruelle nécessité qui m'obligeait à mettre à la torture de pareils innocents. Il ne tarda pas à me jurer (et il disait vrai : je ne le croyais pas alors) qu'il ne méritait pas d'être agréé par une femme douée d'aussi grands talents et d'une telle force de caractère; mais.... Enfin!...

Votre cher ami m'amusa et s'amusa lui-même aussi longtemps que bon lui sembla; puis il finit par me rappeler que nous étions tous les deux des gens du monde, que nous comprenions la vie, que nous savions bien que les romans sont des plaisanteries qui ne doivent pas durer éternellement, que nous étions trop sensés l'un et l'autre pour ne pas chercher fortune chacun de notre côté; bien convaincu que, si jamais nous nous rencontrions plus tard, nous serions toujours les meilleurs amis du monde. Voilà tout ce qu'il me dit, et je ne daignai pas le contredire.

J'appris justement bientôt qu'il faisait la cour à celle qu'il a épousée depuis, et que les parents de la demoiselle l'avaient emmenée afin de les séparer. Je me mis à la haïr tout de suite autant que je la hais aujourd'hui; et, par conséquent, je ne lui souhaitai qu'une chose, c'était d'épouser M. Gowan. Mais j'avais une envie irrésistible de la voir.... Je sentais que ce serait là un de mes derniers plaisirs. Je voyageai un peu dans ce but; je finis par la rencontrer ainsi que vous. Si je ne me trompe, vous n'aviez pas encore fait la connaissance de votre cher ami, qui, à cette époque, ne vous avait pas non plus accordé ces témoignages d'affection qu'il vous a prodigués depuis.

Durant ce voyage, je rencontrai une pauvre fille dont la position avait une singulière analogie avec la mienne, et chez qui je remarquai avec intérêt, avec plaisir, des symptômes de cette révolte qui m'est naturelle contre le patronage et l'égoïsme orgueilleux qu'on décore des beaux noms de bonté, protection, bienveillance, et cætera. On répétait sur tous les tons qu'elle avait un malheureux caractère. Sachant très-bien par moi-même ce que voulait dire cette phrase commode, et désirant une compagne qui ne fût pas plus que moi dupe de ces hypocrisies, je résolus d'arracher cette jeune fille à son esclavage et de la soustraire à l'injustice qui lui navrait le cœur. Je n'ai pas besoin d'ajouter que j'y réussis.

Depuis, elle a vécu avec moi, partageant mes faibles ressources.

CHAPITRE XXII.

Qu'est-c' qui passe ici si tard?...

Arthur Clennam avait entrepris son inutile voyage à Calais au milieu d'un surcroît de besogne. Certain gouvernement barbaresque, qui possédait de précieux domaines sur la mappemonde, avait besoin des services d'un ou deux ingénieurs, inventifs et résolus; de gens pratiques, capables de fabriquer, avec les meilleurs éléments qu'ils trouveraient sous la main, les ouvriers et les engins dont ils pourraient avoir besoin; capables de déployer autant de hardiesse et de ressources ingénieuses dans l'application de ces éléments à leurs projets, qu'ils en avaient montré dans la conception même du plan. Comme cette puissance n'était qu'une puissance barbaresque, elle n'eut pas seulement l'idée d'enterrer ce grand projet national dans les bureaux d'un ministère des Circonlocutions.

où l'on cache au fond d'une cave tout vin capiteux jusqu'à ce qu'il soit tout à fait éventé et que les travailleurs qui ont cultivé la vigne ou pressé les grappes pour le faire, soient réduits en poussière. Avec une ignorance digne de ces gens-là, elle prit les mesures les plus efficaces et les plus énergiques pour arriver au résultat voulu, sans témoigner le moindre respect pour le grand art politique de tout entraver. Au contraire, voyez un peu ce que c'est que des barbares, elle ne savait que porter des coups mortels à cette science mystérieuse, dans la personne des sujets éclairés qui se seraient avisés de la pratiquer chez elle.

On commença donc par chercher et par trouver les hommes dont on avait besoin : ce qui, soit dit en passant, était déjà un procédé barbare et irrégulier. Puis, lorsqu'on eut mis la main sur ces hommes, on leur témoigna beaucoup de confiance et de respect (nouvelle preuve d'une complète ignorance des règles de la politique), et on les invita à venir tout de suite se mettre l'œuvre. Bref, on les traita comme des hommes qui sont bien décidés à accomplir leur promesse et à exiger de ceux qu'ils emploient qu'ils en fassent autant de leur côté.

Daniel Doyce était un des ingénieurs en question. On ne pouvait guère prévoir s'il serait obligé de s'absenter pendant des mois ou pendant des années. Les préparatifs de départ, l'exposé consciencieux des résultats détaillés de l'association que Clennam crut devoir lui soumettre, avaient nécessité un travail constant et rapide qui avait occupé Arthur nuit et jour. Il avait profité du premier moment de loisir pour traverser la Manche, et s'était empressé de revenir faire ses adieux à son associé.

Il exposa alors à Daniel Doyce, avec beaucoup de soin et de précision, l'état des profits et des pertes, des déboursés à faire et des rentrées sur lesquelles on pouvait compter. Le mécanicien suivit tous ces détails avec sa patience habituelle, admira beaucoup l'ordre dans lequel on les lui présentait. Il éprouvait, à voir cette apuration des comptes, le même intérêt que s'il avait rencontré là un mécanisme plus ingénieux qu'aucun de ceux qu'il avait inventés, et tout était fini qu'il les regardait encore, soulevant son chapeau sur sa tête par les bords, comme absorbé dans la contemplation d'une invention magnifique.

« Tout cela est d'un ordre et d'une régularité admirables, Clennam. Rien ne saurait être plus clair ni mieux tenu.

— Je suis heureux de votre approbation, Doyce. Maintenant, quant à l'emploi de nos fonds pendant votre absence et à la conversion des capitaux que nous pourrons avoir besoin de faire de temps à autre.... »

Son associé l'interrompit.

« Quant à cela et à toutes les autres questions de ce genre, c'est votre affaire. Vous continuerez à agir pour nous deux, ainsi que vous l'avez fait jusqu'à présent, et à me soulager d'un fardeau qui me pesait beaucoup.

— Et pourtant, comme je vous le répète souvent, vous avez tort de déprécier vos talents d'administrateur.

— Peut-être bien, répondit Doyce en riant, mais aussi peut-être que non. J'ai une autre vocation que j'ai mieux cultivée que celle-là et pour laquelle je me crois plus d'aptitude. J'ai pleine et entière confiance dans mon associé, et je suis convaincu que tout ce qu'il fait est pour le mieux. Je n'ai de préjugé, en ce qui concerne l'argent et les chiffres, que sur un point, continua Doyce posant sur le collet d'Arthur son pouce plastique, c'est contre la spéculation. Je ne m'en connais pas d'autre. Et encore peut-être que ce préjugé provient de ce que je n'ai jamais mûrement réfléchi là-dessus.

— Mais il ne faut pas appeler cela un préjugé, mon cher Doyce, c'est au contraire un grande preuve de bon sens.

— Je suis enchanté que ce soit votre opinion, répliqua Daniel avec son œil gris plein de douceur et de bonhomie.

— Une demi-heure avant que vous fussiez descendu je faisais justement la même remarque à Pancks, qui est monté me dire bonjour en passant. Nous sommes convenus que la manie des placements aléatoires est la plus dangereuse, comme aussi la plus commune de ces folies qui souvent mériteraient plutôt le nom de vices.

— Pancks? dit Doyce soulevant son chapeau par derrière et faisant un signe de tête qui dénotait une grande confiance dans le remorqueur de M. Casby. Oui, oui! c'est un homme prudent que Pancks.

— Un homme très-prudent, un modèle de prudence. »

La prudence de M. Pancks parut causer aux deux associés une satisfaction dont leur conversation n'expliquait pas très-clairement les motifs.

« Et maintenant, mon digne associé, ajouta Daniel après avoir consulté sa montre, puisque le vent et la marée n'attendent personne, et que je suis prêt à me mettre en route avec armes et bagages, un dernier mot. J'ai une prière à vous adresser.

— Tout ce que vous pourrez me demander.... pourvu (Clennam se dépêcha de formuler son exception, que lui avait suggérée tout de suite la physionomie de son associé) qu'il ne s'agisse pas d'abandonner votre invention.

— C'est justement ce que j'allais vous prier de faire, et vous le savez fort bien.

— Dans ce cas, je vous dirai *Non*, mille fois *Non*. A présent que j'ai commencé, il faut que j'obtienne de ces gens-là une raison nette et claire, un rapport officiel, quelque chose, enfin, qui ressemble à une réponse catégorique.

— Vous n'obtiendrez jamais cela, répliqua Doyce secouant la tête. Croyez-en mon expérience. Jamais!

— J'aurai toujours essayé. Cela ne peut pas faire de mal.

— Je ne sais pas trop, répondit Doyce, posant la main sur l'épaule de son associé d'une façon persuasive. Cela m'a fait du mal, à moi, mon ami. Ils m'ont vieilli, fatigué, tracassé, découragé. Cela ne fait de bien à personne, de voir user sa patience et de se croire victime d'une injustice. Quelquefois même je me figure que les délais et les fins de non-recevoir de ces messieurs vous ont déjà enlevé de votre élasticité.

— Des inquiétudes personnelles ont pu produire cet effet pour le moment; mais les tracasseries officielles n'y sont pour rien. Pas encore. Je suis encore intact de ce côté-là.

— Alors, vous ne voulez pas accéder à ma demande?

— Non, décidément. Je rougirais de lâcher pied sitôt, lorsqu'un homme plus âgé, beaucoup plus intéressé que moi dans la question, a résisté avec fermeté pendant tant d'années. »

Voyant qu'il n'y avait pas moyen d'ébranler la résolution d'Arthur, Daniel Doyce accepta cordialement sa poignée de main, et, jetant un coup d'œil d'adieu tout autour du petit bureau, descendit avec son compagnon. Doyce devait commencer par se rendre à Southampton pour rejoindre le petit état-major avec lequel il allait voyager. Un fiacre bien rempli et bien chargé stationnait devant la porte, tout prêt à emporter le mécanicien. Des ouvriers s'étaient rassemblés pour souhaiter bon voyage à leur patron, dont ils paraissaient très-fiers.

« Bonne chance, monsieur Doyce! cria l'un d'eux.

— Les gens chez qui vous allez pourront toujours se vanter d'avoir un homme parmi eux, un homme qui connaît ses outils et que ses outils connaissent, un homme prêt à faire la besogne et qui sait la faire.... et si ce n'est pas là un homme, c'est qu'il n'y a plus d'homme, » dit un autre.

Ce discours, prononcé par un improvisateur enroué, placé au dernier rang, qu'on n'avait jamais soupçonné de dispositions oratoires, fut accueilli par trois salves d'applaudissements, et, à partir de ce moment, il compta parmi ses camarades comme un personnage distingué. Dans l'intervalle de ce triple hourra, Daniel leur adressa à tous un cordial : « Adieu, mes amis, » et la voiture disparut comme si une machine pneumatique l'eût aspirée de la cour du *Cœur-Saignant*.

Le sieur Baptiste, ce brave petit homme, plein de reconnaissance, qui, à raison du poste de confiance qu'il occupait dans la maison, se trouvait parmi les ouvriers, avait poussé des *hourras* aussi énergiques que la nature permet à un pauvre diable d'étranger de le faire. Car, à vrai dire, il n'est pas de nation au monde qui sache acclamer comme les Anglais; quand ils s'excitent et s'encouragent les uns les autres par leurs bravos, on croirait entendre passer toute l'histoire d'Angleterre et voir se déployer tous les étendards anciens et modernes depuis Alfred le Saxon jusqu'à nos jours. M. Baptiste avait pour ainsi dire été emporté dans le mouvement général; il était en train de reprendre haleine, car il n'en pouvait plus, lorsque Clennam lui fit signe de remonter avec lui au bureau pour l'aider à remettre les registres à leur place.

Dans le calme plat qui suit un départ, dans ce premier vide que cause une séparation passagère, l'avant-coureur de la grande séparation qui plane sur tous les mortels, Arthur, assis à son bureau, rêvait en suivant de l'œil un rayon de soleil. Mais son attention, dégagée de toute autre préoccupation, ne tarda pas à revenir au sujet qui tenait la première place dans sa pensée, et il commença, pour la centième fois, à repasser dans son esprit toutes les circonstances qui l'avaient si fortement ému pendant cette nuit mystérieuse où il avait rencontré Blandois chez sa mère. Il se sentait encore bousculé par cet homme à l'entrée de la rue tortueuse qu'habitait Mme Clennam; il le suivait et le perdait de vue pour le retrouver dans la cour, les yeux levés vers les deux fenêtres éclairées; il le suivait de nouveau et se tenait à côté de lui devant la porte de la vieille maison :

Qu'est-c' qui passe ici si tard?
Compagnons de la Marjolaine;
Qu'est-c' qui passe ici si tard,
Dessur le quai?

Ce n'était pas la première fois, loin de là, qu'il s'était rappelé cette ronde d'enfant; il avait entendu l'étranger fredonner ce couplet tandis qu'il attendait avec lui devant la porte; mais il ne se doutait guère qu'il venait de le répéter tout haut sans y prendre garde; aussi tressaillit-il en entendant le second couplet :

C'est le chevalier du roi,
Compagnons de la Marjolaine;
C'est le chevalier du roi,
Dessur le quai.

C'était Cavalletto qui l'avait entonné pour rappeler respectueusement à son patron les paroles et la musique, croyant que celui-ci s'était arrêté faute de mémoire.

« Tiens! vous connaissez cette chanson, Cavalletto?

— Per Bacco! si je la connais, monsieur! Tout le monde la connaît en France. C'est une ronde d'enfants que j'ai entendue bien des fois. Lorsque la dernière fois je l'ai entendu chanter, répondit M. Baptiste, ci-devant Cavalletto, qui construisait ordinairement ses phrases à la mode italienne, quand sa mémoire le rapprochait de sa patrie, c'était par une bien douce petite voix, une petite voix bien jolie, bien innocente. Altro!

— Eh bien! la dernière fois que je l'ai entendu chanter, répondit Arthur, c'était par une voix qui n'avait rien de joli, rien d'innocent.... bien au contraire. » Il avait l'air de se parler à lui-même plutôt que d'adresser la parole à son compagnon, et il ajouta sur le même ton, répétant les paroles de Blandois : « Mort de ma vie monsieur, il est dans mon caractère d'être impatient!

— Eh! s'écria Cavalletto, abasourdi et devenu très-pâle tout à coup.

— Qu'avez-vous donc?

— Monsieur! vous savez où j'ai entendu cette chanson la dernière fois? »

Puis, avec la vivacité des gens de sa nation, il décrivit un grand nez aquilin, ramena ses yeux plus près l'un de l'autre, ébouriffa ses cheveux, gonfla sa lèvre supérieure pour représenter une épaisse moustache, et jeta par-dessus ses épaules l'extrémité d'un manteau imaginaire. Tandis qu'il exécutait cette pantomime avec une rapidité incroyable pour quiconque n'a jamais observé un paysan italien, il imita un sourire remarquable et sinistre. Toute cette pantomime ne dura guère plus longtemps qu'un éclair, et déjà Cavalletto, redevenu lui-même, se tenait pâle et surpris devant son protecteur.

« Au nom du ciel! qu'est-ce que cela veut dire? demanda Clennam. Est-ce que vous connaîtriez un homme du nom de Blandois?

— Non! répondit Cavalletto secouant la tête.

— L'homme que vous venez de me décrire est bien celui qui était présent lorsque vous avez entendu cette chanson, n'est-il pas vrai?

— Oui! fit M. Baptiste.

— Et il ne se nommait pas Blandois?

— Non! Altro, altro, altro, altro! »

M. Baptiste semblait ne pas pouvoir mettre assez d'énergie dans cette dénégation, bien que sa tête et l'index de sa main droite le répétassent à la fois.

« Attendez! s'écria Clennam, dépliant une affiche et l'étendant sur son bureau. N'était-ce pas cet homme-là? Vous pourrez comprendre ce que je vais vous lire tout haut?

— Très-bien. Parfaitement.

— Mais, tenez, lisez en même temps. Venez ici et regardez pendant que je lirai à haute voix. »

M. Baptiste s'approcha, suivit chaque mot avec des yeux pleins de vivacité, écouta jusqu'au bout avec beaucoup d'impatience, puis posa les deux mains à plat sur l'imprimé comme pour écraser avec une joie féroce un animal nuisible, et s'écria en regardant Arthur :

« C'est bien lui. C'est lui!

— Cette découverte est plus importante pour moi que vous ne sauriez le croire, dit Clennam d'une voix agitée. Dites-moi tout ce que vous savez de cet homme. »

M. Baptiste, lâchant l'affiche lentement et d'un air déconcerté, recula de quelques pas, s'épousseta les mains, et répondit comme à contre-cœur :

« A Marsiglia.... Marseille.

— Que faisait-il?

— Prisonnier, et.... altro!... je crois bien que c'était un.... (M. Baptiste se rapprocha avant d'ajouter tout bas) : un assassin! »

Clennam recula comme s'il venait de recevoir un coup, tant il fut effrayé de songer que sa mère avait des rapports avec cet homme. Cavalletto se laissa tomber sur un genou et le supplia, avec force gesticulations, d'écouter comment il se faisait qu'il s'était trouvé en si mauvaise compagnie.

Il raconta avec beaucoup de sincérité comment c'était à la suite d'une tentative de contrebande de sa part ; comment, après avoir recouvré sa liberté, il avait rompu avec ses antécédents ; comment, dans une auberge de Châlon-sur-Saône, *Au Point du Jour*, il avait été réveillé par ce même assassin, qui prenait alors le nom de Lagnier, bien qu'auparavant il se fût appelé Rigaud ; comment l'assassin lui avait proposé de s'associer avec lui ; mais il le craignait et le détestait tant, qu'il s'était enfui de l'auberge avant le jour, tremblant toujours depuis de voir apparaître l'assassin qui pourrait venir le réclamer pour son ami. Tandis qu'il achevait ce récit avec beaucoup de vivacité, et en appuyant d'une façon tout italienne sur le mot *assassin* (ce qui ne contribuait pas à le rendre moins terrible pour Clennam), il se redressa tout à coup, se jeta de nouveau sur l'affiche, et répéta avec une véhémence qu'on eût prise pour de la folie chez un homme du Nord :

« C'est bien ce même assassin. C'est lui ! »

Dans cet élan d'indignation, il avait d'abord oublié qu'il avait récemment aperçu l'assassin à Londres même. Lorsqu'il se rappela ce fait, Arthur espéra d'abord que c'était un fait postérieur à la dernière visite que Blandois ou Lagnier ou Rigaud avait rendue à Mme Clennam ; mais Cavalletto donna des renseignements trop précis sur l'époque et le lieu de cette rencontre pour lui laisser le moindre espoir à ce sujet.

« Écoutez, dit Arthur d'un ton très-grave. Cet homme, ainsi que nous venons de le lire, a disparu....

— Tant mieux ! s'écria Cavalletto, les yeux levés au ciel. Grâces à Dieu ! Maudit assassin !

— Non pas.... car, à moins d'apprendre ce qu'il est devenu, je ne saurais avoir un instant de repos.

— En ce cas, cher bienfaiteur, c'est autre chose. Un million de pardons !

— Or, Cavalletto, ajouta Clennam, qui prit l'Italien par le bras et le fit tourner doucement jusqu'à ce qu'ils fussent bien en face l'un de l'autre, je suis convaincu que vous êtes aussi reconnaissant qu'homme au monde du peu que j'ai pu faire pour vous.

— Je le jure !

— Je le sais, Cavalletto. Si vous pouviez trouver cet homme, ou découvrir ce qu'il est devenu, ou obtenir un renseignement quelconque à son sujet, vous me rendriez le plus grand service, et je deviendrais (avec mille fois plus de raison) aussi reconnaissant envers vous que vous l'êtes envers moi.

— Je ne sais où le chercher, s'écria le petit Italien, qui baisa avec effusion la main d'Arthur. Je ne sais par où commencer. Je ne sais où aller. Mais, courage ! Cela suffit ! Peu importe ! J'y vais à l'instant même !

— Pas un mot de tout ceci à personne qu'à moi.

— Altro ! » s'écria Cavalletto, tandis qu'il s'éloignait en courant.

CHAPITRE XXIII.

Mme Jérémie fait une promesse conditionnelle au sujet de ses rêves.

Resté seul, songeant avec une vive préoccupation aux regards et aux gestes expressifs de M. Baptiste, autrement dit Giovanni Baptista Cavalletto, l'associé de Daniel Doyce commença une triste journée. Ce fut en vain qu'il essaya de donner le change à ses pensées en s'occupant des affaires de la maison ; son attention, toujours fixée sur le même sujet, ne laissait de prise à aucune autre idée. Tel un criminel qu'on aurait enchaîné dans un canot amarré au milieu d'une rivière limpide, serait condamné, en dépit des lieues innombrables de flots qui passeraient sous ses yeux, à voir au fond du fleuve le cadavre du compagnon qu'il aurait noyé, toujours immuable, toujours le même, sauf les moments où le remous l'élargit ou l'allonge, tantôt dilatant et tantôt rétrécissant cette terrible image, tel Arthur apercevait, sous le courant des pensées transparentes qui se succédaient sans transition dans son esprit, une image sombre et fixe que nul effort d'imagination ne parvenait à déplacer, et à laquelle il ne pouvait se soustraire.

La conviction, récemment acquise, que Blandois, quel que fût son vrai nom, était un misérable, ne contribua que trop à augmenter son inquiétude. Lors même que l'on parviendrait à expliquer sa disparition, cela n'empêcherait pas sa mère de s'être trouvée en rapport avec cet homme. Arthur espérait bien que personne, excepté lui, ne connaissait la nature mystérieuse de ces relations, ni la soumission, la crainte même que l'étranger avait inspirées à Mme Clennam ; mais pouvait-il séparer la scène dont il avait été témoin de ses appréhensions premières, et croire qu'il n'y avait rien de criminel dans de pareilles relations ?

La résolution qu'elle avait exprimée de ne fournir aucun renseignement à cet égard, et la connaissance qu'il avait du caractère indomptable de sa mère, augmentaient en lui le sentiment de son impuissance. C'était comme un cauchemar qui lui montrait la honte et le déshonneur planant sur la mémoire de ses parents, avec un mur d'airain qui l'empêchait de leur venir en aide. Le but qui l'avait ramené dans sa patrie et qu'il n'avait jamais perdu de vue, reculait devant l'opiniâtreté invincible de la paralytique au moment même où il lui semblait plus urgent que jamais de l'accomplir. Ses conseils, son énergie, son activité, sa fortune, son crédit, en un mot, toutes ses facultés et ses ressources échouaient contre cet obstacle. Si sa mère eût été douée de cette puissance qui, selon la Fable, permettait à celle qui la possédait de transformer en pierre quiconque la contemplait, elle ne l'aurait pas rendu plus impuissant lorsque, dans cette sombre chambre, elle tournait vers lui son visage inflexible. Tel est le sentiment qu'il éprouvait dans sa détresse.

Mais la révélation de Cavalletto, en répandant un nouveau jour sur toutes ces réflexions, le poussa à prendre un parti plus énergique. Fort de la droiture de ses intentions, stimulé par le pressentiment d'un danger imminent, il se décida à faire un dernier effort auprès de Mme Jérémie, dans le cas où sa mère refuserait encore d'aborder ce sujet. S'il pouvait décider la vieille servante à se montrer plus communicative et soulever le voile mystérieux qui enveloppait la maison, peut-être parviendrait-il enfin à dissiper l'espèce de paralysie morale qui, d'heure en heure, le gagnait davantage. Tel fut le résultat d'une journée d'inquiétude et de peine, telle fut la détermination qu'il mit à exécution le soir même.

Sa première contrariété, en arrivant chez sa mère, fut de trouver la porte ouverte et M. Flintwinch fumant sa pipe sur les marches. C'était déjà du guignon, car il y avait cent à parier que ce serait Mme Jérémie qui serait venue lui ouvrir. Mais, non, il fallait, par extraordinaire, qu'il trouvât la porte ouverte et M. Flintwinch fumant sa pipe sur les marches.

« Bonsoir, dit Arthur.

— Bonsoir, » répéta Jérémie.

La fumée sortait toute crochue de la bouche de Jérémie, comme si elle venait de se promener dans chacun des membres tortus du fumeur avant de ressortir par son col tors, pour se mêler à la fumée des cheminées tortueuses et aux vapeurs de la rivière qui n'était pas moins contournée.

« Avez-vous des nouvelles? demanda Clennam.

— Nous n'avons pas de nouvelles, répondit M. Flintwinch.

— Je veux dire des nouvelles de cet étranger, expliqua Clennam.

— C'est ce que je veux dire aussi; nous n'avons pas de nouvelles de cet étranger, » ajouta Jérémie.

Il avait un profil si sinistre avec le nœud de sa cravate sous son oreille, que Clennam se demanda (et ce n'était pas la première fois qu'il s'adressait cette question) si Flintwinch n'aurait pas eu, par hasard, quelque motif personnel pour faire disparaître Blandois. Ne s'agissait-il pas du secret, de la sécurité de Jérémie? Il était petit et courbé, il semblait peu capable de déployer une activité bien vigoureuse; mais il était aussi coriace qu'un vieil if et aussi madré qu'un vieux corbeau. Un pareil homme, en arrivant derrière un ennomi beaucoup plus jeune et plus vigoureux que lui, avec le désir de s'en débarrasser et la conscience libre de tout scrupule, aurait pu, ma foi! très-bien faire un mauvais coup dans cet endroit solitaire, à une heure avancée de la nuit.

Tandis que, grâce à la situation maladive de son esprit, ces pensées venaient se joindre à l'idée qui préoccupait sans cesse Clennam, son interlocuteur, le col tout de travers et un œil fermé, contemplait la maison d'en face par-dessus la porte cochère et fumait tout debout, de l'air le plus malicieux; il semblait bien plutôt disposé à mordre à belles dents le tuyau de sa pipe qu'à en savourer le parfum. Et pourtant il le savourait.... à sa façon.

« Vous pourrez aisément me reconnaître la prochaine fois que vous reviendrez, Arthur, ou je me trompe fort, » remarqua sèchement Jérémie, en se baissant pour faire tomber les cendres de sa pipe.

Arthur, un peu troublé (car il se sentait coupable), demanda pardon à M. Flintwinch de l'avoir ainsi dévisagé d'une façon impolie.

« Mais, voyez-vous, je suis si préoccupé de cette affaire, ajouta-t-il que je ne sais plus ce que je fais.

— Ha! Je ne vois pourtant pas, répondit M. Flintwinch, sans s'émouvoir, pourquoi cela vous préoccupe.

— Non?

— Non, répliqua Jérémie d'un ton sec et décidé, à peu près comme s'il eût appartenu à la race canine et qu'il eût donné un coup de mâchoire pour mordre la main d'Arthur.

— Et ces affiches que l'on voit à chaque coin de rue? Le nom et l'adresse de ma mère que l'on va promener partout associés avec un pareil mystère, croyez-vous que cela ne me fasse rien?

— Je ne vois pas, répéta M. Flintwinch en caressant sa joue calleuse, que cela doive vous faire grand'chose. Mais je vais vous dire, Arthur, je vois autre chose, continua-t-il en levant les yeux vers les croisées de la malade, je vois briller une lampe dans la chambre de votre mère!

— Je ne comprends pas le rapport.

— Eh bien! monsieur, le voici : cette lumière m'apprend que si le proverbe a raison qui conseille de ne pas réveiller le chat qui dort, il serait peut-être plus sage encore de ne pas courir après les chats qui se cachent, reprit M. Flintwinch, qui s'avança en tortillant vers Arthur, comme s'il voulait l'aplatir contre la porte. Laissez-les tranquilles. Ils finissent toujours par se montrer.... plus tôt qu'on ne voudrait quelquefois. »

Jérémie tourna brusquement sur ses talons, après avoir fait cette remarque et entra dans le vestibule. Clennam se tint immobile, le suivant des yeux, tandis qu'il cherchait, dans le petit cabinet voisin, un briquet phosphorique où il parvint, après trois tentatives infructueuses, à faire flamber une allumette qu'il approcha de la lampe blafarde, destinée à éclairer l'antichambre. Pendant ces opérations,

Clennam suivant plutôt les indications d'une main invisible que les découvertes de ses propres réflexions, continuait de songer aux moyens que Jérémie pouvait avoir employés pour commettre le sombre drame qu'il soupçonnait et en faire disparaître les traces.

« Eh bien! monsieur, demanda l'impatient Jérémie, vous plaît-il de monter?

— Ma mère est seule, je suppose?

— Elle n'est pas seule, dit M. Flintwinch. M. Casby et sa fille sont avec elle. Ils sont arrivés pendant que je fumais; mais je ne me suis pas dérangé, parce que je voulais finir ma pipe. »

Second contre-temps. Arthur ne fit aucune observation et monta jusqu'à la chambre de sa mère, où M. Casby et Flora venaient de prendre le thé avec accompagnement de pâte d'anchois et de rôties au beurre. Le reliquat de ces délicatesses gastronomiques était encore visible et sur la table et sur le visage rissolé de Mme Jérémie, qui, tenant sa longue fourchette à la main, avait tout l'air d'un personnage allégorique; seulement elle avait sur les héros mythologiques cet avantage que l'emblème qu'elle tenait à la main était à la portée de toutes les intelligences.

Le chapeau et le châle de Flora avaient été posés sur le lit avec un soin qui annonçait que la veuve projetait une assez longue visite. M. Casby, de son côté, souriait au coin du feu; ses bosses rayonnaient comme si le beurre fondu des rôties s'échappait de son crâne bienveillant, et son visage semblait aussi rouge que si la matière colorante de la pâte d'anchois se fût chargée d'illuminer sa physionomie patriarcale. Ce que voyant Clennam, après avoir échangé les salutations d'usage, il se décida à parler à sa mère, sans autre délai.

Comme Mme Clennam ne quittait jamais sa chambre, les personnes qui désiraient lui parler en particulier avaient coutume de rouler son fauteuil jusqu'au bureau, où elle se tenait, le dos tourné à la cheminée, tandis que son interlocuteur s'asseyait sur un escabeau qu'on laissait toujours dans un coin à cet effet. Depuis longtemps la mère et le fils n'avaient pas échangé une parole sans l'intervention d'un tiers, mais les visiteurs étaient habitués à l'entendre demander à la paralytique, avec quelques mots d'excuses, si on ne pourrait pas l'entretenir un instant de quelque affaire, et à voir rouler son fauteuil vers l'endroit indiqué, dès qu'elle avait répondu affirmativement.

Aussi lorsque Arthur, après ces excuses et cette requête à sa mère, poussa le siége vers le bureau et alla s'assoir sur l'escabeau, Mme Finching se mit à parler plus haut et plus vite (façon délicate de faire connaître qu'elle ne voulait rien entendre de la conversation de ses hôtes), et M. Casby lissa ses longs cheveux blancs avec un air de bienveillance hébétée.

« Mère, j'ai appris aujourd'hui même, sur les antécédents de l'homme que j'ai rencontré ici, quelque chose que vous ignorez sans doute et que je crois devoir vous dire.

— Moi, je ne sais rien des antécédents de l'homme que vous avez vu ici, Arthur. »

Elle parloit tout haut. Son fils avait baissé la voix; mais elle semblait repousser cette avance comme elle avait repoussé toutes les autres qu'il avait pu lui faire, et son verbe était aussi haut, sa roideur aussi tendue que jamais.

« Ce n'est pas un renseignement en l'air, je le tiens de source certaine. »

Mme Clennam demanda, sans changer de ton, si c'était là le but de sa visite?

« Oui. J'ai cru devoir vous faire cette communication.

— Eh bien, qu'est-ce que c'est?

— Cet homme a été détenu dans la prison de Marseille. »

Mme Clennam répondit avec beaucoup de sang-froid:

« Cela ne m'étonne pas du tout.

— Oui, mais il n'a pas été détenu pour un simple délit; c'est pour assassinat. »

La paralytique tressaillit à ce mot et ses traits exprimèrent une vive horreur. Néanmoins elle ne baissa pas la voix en demandant:

« Qui vous l'a dit?

— Un homme qui s'est trouvé son compagnon de geôle.

— Et les antécédents de ce compagon ne vous étaient sans doute pas connus avant qu'il vous en eût fait confidence?

— Non.

— Et pourtant vous le connaissiez, lui?

— Oui.

— Eh bien, c'est justement mon histoire et celle de Flintwinch avec cet autre homme! Et encore la ressemblance n'est-elle pas tout à fait exacte; votre monsieur ne vous avait pas été présenté par un correspondant chez qui il avait déposé de l'argent. Que dites-vous de cette différence? »

Arthur fut obligé d'avouer que celui dont il tenait les renseignements en question ne lui avait apporté aucune lettre d'introduction, et qu'il ne lui avait pas été présenté du tout. Le froncement attentif des sourcils de Mme Clennam se transforma par degrés en un regard de triomphe, tandis qu'elle répondait d'un ton énergique:

« En ce cas, ne vous pressez pas tant de condamner les autres. Je vous le répète dans votre intérêt, Arthur, ne vous pressez pas tant de condamner les autres. »

Il y avait autant d'énergie dans son regard que dans la fermeté avec laquelle elle appuyait sur les mots. Elle continua à fixer les yeux sur son fils. Si celui-ci, en entrant chez elle, avait conservé le moindre espoir de la fléchir, le regard qu'elle dirigeait sur lui aurait suffi pour dissiper sa dernière illusion.

« Mère, ne puis-je rien faire pour vous?

— Rien.

N'avez-vous aucun secret à me confier, aucune commission,

aucune explication à me donner? Ne me permettrez-vous pas de m'entendre avec vous, de me rapprocher de vous?

— Comment pouvez-vous me faire cette question? C'est vous qui vous êtes séparé de mes affaires; c'est vous qui l'avez voulu, et non pas moi. Comment donc pouvez-vous m'adresser une pareille question? Vous savez que vous m'avez abandonnée à Flintwinch et que c'est lui qui occupe votre place. »

Jetant un coup d'œil du côté de Jérémie, Clennam reconnut, rien qu'en voyant ses guêtres, que l'attention du ci-devant commis était concentrée sur eux, bien qu'il restât le dos appuyé contre le mur à se gratter la mâchoire et à faire semblant d'écouter Flora qui pataugeait dans un discours des plus embrouillés, véritable chaos où se confondaient ensemble des soles frites et la tante de M. Finching, des hannetons et le commerce des vins.

« Détenu dans une prison de Marseille, sous une inculpation de meurtre, répéta Mme Clennam, résumant d'un air calme ce que son fils venait de lui annoncer. Voilà tout ce que vous a appris le camarade de cet homme?

— Voilà tout.

— Et ce camarade se donne-t-il aussi pour le complice de M. Blandois? pour un assassin? Mais, naturellement, il s'en garde bien : il est clair qu'il se fait la part meilleure qu'à son ami. Voilà qui va fournir ici à mes visiteurs un nouveau sujet de conversation.... Casby, Arthur m'apprend....

— Arrêtez, mère, arrêtez! s'écria Arthur en l'interrompant vivement, car il n'avait pas eu la moindre idée qu'elle allait songer à rendre publique la communication qu'il venait de lui faire.

— Eh bien? dit Mme Clennam d'un air mécontent, qu'avez-vous encore à me dire?

— Je vous prie de m'excuser, monsieur Casby.... et vous aussi, madame Finching.... si je retiens ma mère quelques minutes de plus.... »

Il avait posé la main sur le fauteuil, car autrement sa mère l'aurait retourné en appuyant son pied par terre. Ils restèrent donc face à face. Elle continuait à le regarder, tandis qu'il songeait que la publication de la confidence de Cavalletto pourrait bien avoir quelque résultat aussi désagréable qu'imprévu et se hâtait de conclure qu'il valait mieux ne pas l'ébruiter; peut-être, au fond, cependant, n'avait-il pas d'autre raison distincte que la persuasion où il avait été tout d'abord que sa mère garderait ce renseignement pour elle et pour son associé.

« Eh bien! répéta-t-elle avec impatience, qu'y a-t-il encore?

— Je n'avais pas du tout l'intention, ma mère, que vous allassiez dire tout haut ce que je venais vous communiquer. Je crois qu'il faut mieux ne pas le répéter.

— Est-ce une condition que vous m'imposez?

— Mais oui.

— N'oubliez pas, alors, que c'est vous qui faites un mystère de ceci, reprit Mme Clennam en levant la main, et non pas moi. C'est vous, Arthur, qui, après avoir apporté ici des doutes, des soupçons, des demandes d'explication, venez maintenant y apporter des secrets Que m'importe ce que cet homme a été? Que m'importe où il a été? Qu'est-ce que cela peut me faire? Que tout le monde le sache s'il veut, cela m'est parfaitement indifférent. Maintenant, laissez-moi retourner. »

Arthur céda à son regard impérieux mais triomphant, et ramena le fauteuil à sa place. Il lut alors dans les traits de M. Flintwinch une satisfaction qui, certainement, ne pouvait pas lui être inspirée par l'éloquence de Flora. Cet échec de ses confidences comme de tous ses efforts antérieurs qui n'avaient jamais fait que tourner contre lui-même, contribua autant que la fermeté opiniâtre de Mme Clennam à lui montrer l'inutilité de renouveler pareille tentative. Il ne lui restait plus d'autre ressource que de se retourner du côté de sa vieille amie, Mme Jérémie.

Mais c'était une entreprise des plus difficiles, que de faire naître une occasion qui permît seulement de commencer l'appel qu'il voulait lui faire. Les deux *finauds* inspiraient à la pauvre Affery des craintes si vives, ils exerçaient sur elle une surveillance si systématique, et la bonne dame avait si grand'peur de s'aventurer seule à travers la maison, qu'il semblait presque impossible de trouver une occasion de lui parler. D'ailleurs, les arguments pressants de son mari lui avaient si clairement démontré qu'il était dangereux pour elle de dire un mot à propos de quoi que ce fût, qu'elle restait dans son coin, tenant chacun à distance au moyen de sa longue fourchette symbolique. Aussi, chaque fois que Flora ou le Patriarche en costume vert bouteille lui avait adressé la parole, avait-elle repoussé la conversation avec son instrument de grillades, comme si elle eût été muette.

Après avoir essayé plusieurs fois, mais toujours en vain, d'attirer l'attention de Mme Jérémie, pendant qu'elle débarrassait la table et rinçait les tasses, Arthur songea à une ruse dont Flora pourrait prendre l'initiative. Il s'empressa donc de lui dire à voix basse :

« Ne pourriez-vous pas dire que vous avez envie de visiter la maison? »

Or, la pauvre Flora, qui attendait toujours, dans des alternatives de découragement et d'espoir, le moment où Clennam rajeuni redeviendrait amoureux d'elle, accueillit cette demande avec une joie indicible, enchantée du caractère mystérieux de cette prière, et convaincue que c'était la préface d'une tendre entrevue, où Clennam allait lui dévoiler l'état de ses affections. Elle se mit tout de suite à préparer les voies.

« Hélas! la pauvre vieille chambre, commença-t-elle avec aussi peu de virgules que jamais, en regardant tout autour d'elle, elle n'est pas changée du tout, madame Clennam.... Vous ne sauriez croire comme cela m'émeut.... pourtant, elle est un peu plus enfumée qu'autrefois, ce qui est bien naturel, après un si grand nombre d'années.... Nous devons tous nous attendre à cela, et nous y soumettre bon gré mal gré.... Moi-même il m'a bien fallu m'y résigner, car si je ne suis pas enfumée, je suis terriblement engraissée, ce qui est bien pis.... quand je songe à l'époque où papa m'amenait ici.... pas plus haute que ça, un vrai paquet d'engelures, qu'on posait sur une chaise les pieds sur le garde-cendres où je faisais de grands yeux à Arthur.... pardon, à monsieur Clennam.... qui n'était guère plus grand que moi, et qui portait des cols de chemise et des jaquettes monstres.... Hélas! l'ombre encore incertaine de M. Finching ne s'était pas alors montrée à l'horizon, me comblant d'attentions comme le fameux spectre de je ne sais plus quelle cour d'Allemagne, dont le nom commence par un B.... leçon morale qui nous apprend que tous les sentiers de la vie ressemblent aux chemins noirs qu'on voit près des mines, dans les comtés du Nord, d'où l'on tire du charbon et où l'on forge le fer, au milieu d'un tas de cendres qui craquent sous les pieds. » Après avoir accordé le tribut d'un soupir à l'instabilité de l'existence humaine, Flora poursuivit, en se rapprochant de son but :

« Non pas, madame Clennam, que vos plus cruels ennemis puissent vous accuser d'avoir égayé votre maison, car au contraire elle est toujours restée assez sérieuse pour produire la même impression sur ceux qui l'ont connue.... Combien j'ai douce souvenance d'un jour.... notre jugement n'était pas encore bien mûr alors.... où Arthur.... (voyez la force de l'habitude!).... où M. Clennam me fit descendre dans une cuisine abandonnée, et d'une humidité remarquable, me proposant de m'y enfermer pour le reste de mes jours, et de me nourrir des comestibles qu'il pourrait cacher dans ses poches pendant ses repas, ou de pain quand il serait en pénitence, ce qui, à cette heureuse époque de notre existence, ne lui arrivait que trop souvent, serait-ce prendre une trop grande liberté que de demander à réveiller le souvenir de ces jours trop tôt envolés en parcourant la maison? »

Mme Clennam, assez peu flattée au fond de l'obligeante visite de Mme Finching, qui, sans se douter qu'elle se rencontrerait avec Arthur, était venue par pure complaisance et par bonté d'âme, répondit que Flora était parfaitement libre de visiter la maison de haut en bas. Flora se leva donc et pria Arthur de vouloir bien lui servir de cavalier.

« Certainement, dit Clennam, et Affery sera, j'en suis sûr, assez bonne pour nous éclairer. »

Mme Jérémie s'excusa.

« Non, non, Arthur, ne me demandez rien, je vous en prie!

— Et pourquoi? Qu'est-ce que tu as? Pourquoi pas, ma vieille? interrompit M. Flintwinch.

Vaincue par cet argument, elle sortit à contre-cœur de son coin, déposa sa longue fourchette dans une des mains de son mari, tandis qu'elle acceptait le chandelier qu'il lui présentait de l'autre.

« Marche en avant, imbécile !... Montez-vous ou descendez-vous, madame Finching? » continua Jérémie.

Flora répondit :

« Nous descendons.

— Alors, prends les devants et descends, Affery, et si tu n'éclaires pas bien, je me laisserai glisser le long de la rampe, et je te tomberai sur le corps, ma mie! Attention. »

Mme Jérémie forma donc l'avant-garde dans ce voyage d'exploration, et Jérémie représenta l'arrière-garde, car il ne songeait nullement à les priver du plaisir de sa société. Clennam s'étant retourné et ayant vu M. Flintwinch qui suivait, à trois marches d'intervalle, d'un pas calme et méthodique, ne put s'empêcher de dire tout bas :

« Ah çà, il n'y a donc pas moyen de se débarrasser de lui! »

Flora s'empressa de rassurer son compagnon en répondant aussitôt :

« Quoique ce ne soit peut-être pas très-convenable, Arthur, et que je ne voulusse pas y consentir pour tout au monde devant un homme plus jeune que Jérémie, ou devant un étranger, je ne ferai pas attention à lui si vous tenez tant à me prendre par la taille, pourvu que vous ayez la bonté de ne pas me serrer trop fort. »

Arthur n'ayant pas le courage d'expliquer que ce n'était pas du tout là ce qu'il avait voulu dire, passa le bras autour de la taille de Flora.

« Oh! vraiment, dit la veuve, vous êtes vraiment bien obéissant, et c'est très-honorable et très-beau de votre part d'y mettre tant de discrétion, mais, malgré tout, si vous tenez absolument à me serrer un peu plus fort, je ne m'en formaliserai pas. »

Dans cette attitude ridicule, qui formait un si grand contraste avec les pensées cruelles dont son âme était dévorée, Clennam arriva au rez-de-chaussée, après avoir découvert en route que, dans les coins un peu noirs, Flora devenait plus lourde, et que son poids diminuait aussitôt que la lumière éclairait mieux leurs pas. Après avoir visité les lugubres cuisines souterraines, qui étaient aussi tristes que jamais, Mme Jérémie entra avec la chandelle dans la chambre du père d'Arthur, puis dans la salle à manger d'autrefois, passant toujours devant lui comme un fantôme insaisissable, sans s'arrêter ni se retourner, lorsqu'il lui disait à voix basse :

« Affery, je voudrais vous parler! »

Dans la salle à manger, la veuve sentimentale voulut jeter un coup d'œil dans le sombre cabinet au dragon, qui avait tant de fois dévoré Arthur aux jours de sa jeunesse. Peut-être Flora eut-elle envie de l'examiner de plus près, parce que c'était un endroit très-noir, et très-commode pour devenir aussi lourde que possible. Arthur, désespéré, venait d'ouvrir sa prison d'autrefois, lorsqu'on frappa à la porte cochère.

Mme Jérémie, étouffant un cri de terreur, se cacha la tête sous son tablier.

« Quoi? qu'est-ce? s'écria son aimable époux. Tu as donc besoin d'une dose? Eh bien, tu en auras une, ma vieille, et une bonne! sois tranquille; c'est moi qui me charge de te l'administrer.

— En attendant, quelqu'un va-t-il ouvrir? demanda Arthur.

— En attendant, je vais ouvrir, monsieur, riposta le vieillard d'un ton si furieux qu'il était facile de voir que, s'il avait eu le choix, il aurait bien mieux aimé ne pas s'absenter. Restez ici jusqu'à mon retour. Ma vieille, si tu bouges ou si tu dis un seul mot de tes sottises habituelles, je triplerai la dose! »

Dès qu'il se fut éloigné, Arthur relâcha Mme Finching, non sans quelque peine, attendu que cette dame ne comprit pas tout d'abord les intentions de son cavalier, et s'apprêtait, au contraire, à se laisser serrer plus fort.

« Affery, parle-moi, maintenant.

— Ne me touchez pas, Arthur! s'écria-t-elle reculant devant lui. N'approchez pas. Il va vous voir. Jérémie va vous voir. Laissez-moi!

— Il ne pourra pas me voir, si j'éteins la chandelle, répondit Arthur faisant ce qu'il disait.

— Il va vous entendre.

— Il ne pourra pas m'entendre, répliqua Arthur, si je vous attire dans ce cabinet pour y causer un moment. Pourquoi vous cachez-vous le visage?

— Parce que j'ai peur de voir quelque chose.

— Vous ne pouvez avoir peur de voir quelque chose dans l'obscurité, Affery?...

— Si, j'ai plus peur ici que s'il faisait grand jour.

— Pourquoi avez-vous peur?

— Parce que la maison est pleine de mystères et de secrets, parce qu'elle est pleine de murmures et de complots, parce qu'elle est remplie de bruits. Je n'ai jamais vu maison pareille pour les bruits. J'en mourrai, bien sûr, à moins que Jérémie ne m'étrangle auparavant, comme je m'y attends.

— Mais je n'ai entendu aucun bruit qui vaille la peine d'en parler.

— Ah! sans doute, mais vous en entendriez assez si vous y demeuriez et si vous étiez obligé de la parcourir comme moi; vous verriez alors qu'ils valent bien la peine qu'on en parle ou qu'on en crève de frayeur, si on vous empêche d'en parler.... Voilà Jérémie qui revient!... Vous allez me faire tuer!

— Ma bonne Affery, je vous donne ma parole que je vois d'ici, sur les dalles du vestibule, une lumière qui prouve que la porte est encore ouverte. Vous la verriez comme moi, si vous vouliez abaisser ce tablier et regarder.

— Je n'ose pas. Je n'oserai jamais, Arthur! J'ai toujours les yeux bandés quand Jérémie n'est pas là, et quelquefois même quand il y est.

— Il ne peut pas fermer la porte sans que je le sache. Vous êtes aussi en sûreté que s'il était à cinquante lieues d'ici.

— Ah! plût à Dieu qu'il fût à cent lieues d'ici! remarqua Mme Jérémie.

— Affery, je veux savoir ce qui se passe ici; je veux éclaircir les mystères de cette maison.

— Je vous répète, Arthur, interrompit la vieille, que ces secrets sont des bruits, des frôlements, des frémissements, des tremblements, des sons de pas furtifs en haut et en bas.

— Mais il y a d'autres secrets que ceux-là?

— Je n'en sais rien. Ne m'en demandez pas davantage. Votre ancienne bonne amie n'est pas loin, et vous savez qu'elle jacasse comme une pie. »

L'ancienne bonne amie d'Arthur (qui se trouvait en effet si près, qu'elle s'appuyait contre lui, formant un angle en arc-boutant de quarante-cinq degrés) intervint ici pour affirmer, avec plus de sincérité que de concision, que rien de ce qu'elle pourrait entendre n'irait plus loin, et qu'elle serait aussi muette que la tombe.... « quand ce ne serait que par considération pour Arthur.... pardon de cette familiarité.... par considération pour Doyce et Clennam.

« Je vous conjure de parler, Affery, vous qui êtes un des rares souvenirs agréables que m'ait laissés ma jeunesse, je vous conjure, au nom de ma mère, au nom de votre mari, je vous en supplie, dans mon intérêt et dans notre intérêt à tous. Je suis sûr que vous pourriez me fournir quelques renseignements sur cet homme qui a disparu, si vous vouliez.

— Eh bien, je vais vous dire, Arthur, répondit Affery.... Mais voilà Jérémie qui revient....

— Non, je vous affirme que non. La porte est ouverte, et il est sur le seuil à causer avec quelqu'un.

— Je vous dirai alors, reprit la vieille après avoir écouté un instant, que la première fois que cet homme est venu, il a entendu des bruits aussi bien que moi. « Qu'est-ce que c'est que cela? qu'il m'a demandé. — Je n'en sais rien, que je lui ai répondu en le saisissant par le bras dans ma frayeur, mais je les ai entendus mille et mille fois. » Pendant que je lui disais ça, il est resté à me regarder, tremblant comme une feuille, ma foi!

— Est-il venu souvent?

— Non, seulement cette nuit-là et l'autre nuit qu'il est venu pour la dernière fois.

— Que s'est-il passé la seconde fois après mon départ?

— Les deux finauds sont restés tout seuls avec lui. Lorsque j'ai eu formé la porte derrière vous, Jérémie est arrivé vers moi de côté (c'est toujours comme ça quand il va me faire du mal) : « Ma vieille, qu'il me dit, je monte derrière toi, je vais te coucher, mon enfant. » Alors il m'a pris par la nuque et m'a serré le col à me faire bâiller comme une carpe, et m'a poussée jusqu'à notre chambre, m'étranglant le long de la route. Voilà ce qu'il appelle coucher les gens, lui! Oh! mais, il est méchant, allez!

— Et vous n'avez plus rien vu ni rien entendu?

— Est-ce que je ne viens pas de vous dire qu'on m'a envoyée coucher, Arthur?... Chut! il revient.

— Je vous assure qu'il est toujours à la porte. Ces mystères et complots dont vous avez parlé, dites-moi ce que c'est.

— Comment voulez-vous que j'y comprenne quelque chose? Ne me demandez plus rien, Arthur, allez-vous-en!

— Mais, ma chère Affery, si je ne puis percer ce mystère, en dépit de votre époux et de ma mère, vous ne voyez donc pas que tout est perdu?

— Ne me demandez rien, répéta la vieille. Voilà un siècle que je ne fais que *rêver*. Allez-vous-en, allez-vous-en!

— Vous m'avez déjà dit cela. Vous vous êtes servie de la même expression la nuit où vous m'avez reconduit et où je vous ai demandé ce qui se passait. Qu'entendez-vous par là?

— Je ne vous le dirai pas. Allez-vous-en! Je ne vous le dirais pas quand nous serions tout seuls.... encore moins lorsque votre ancienne bonne amie est là. »

Ce fut en vain qu'Arthur supplia, et que Mme Finching protesta qu'elle saurait garder le secret. La vieille, qui n'avait pas cessé de trembler et de se livrer un combat pendant ce dialogue, fit la sourde oreille, et parut décidée à sortir du cabinet.

« J'appellerais plutôt Jérémie que de dire un mot de plus! Je vais l'appeler, Arthur, si vous me demandez encore quelque chose. Voici tout ce que j'ai à vous dire avant de crier pour le faire revenir : si jamais vous commencez à dominer de vous-même ces deux finauds (et vous le devriez, comme je vous l'ai dit le soir où vous êtes revenu, car vous n'avez pas vécu ici des années entières comme moi, et vous n'en êtes pas arrivé à avoir peur de votre ombre), alors dominez-les en face et devant moi; puis dites-moi ensuite : Affery, racontez vos rêves! Peut-être que je vous les raconterai alors! »

Le bruit de la porte, qui se refermait, empêcha Arthur de répondre. Chacun d'eux regagna la place où Jérémie les avait laissés; et Clennam, s'avançant vers le vieillard qui revenait, lui annonça qu'il avait éteint la lumière par hasard. M. Flintwinch le regarda en silence tandis qu'il la rallumait à la lampe du vestibule, et conserva un mutisme complet au sujet de la personne qui l'avait retenu à la porte. Peut-être sa colère venait-elle de ce qu'il éprouvait le besoin de se venger de l'ennui que lui avait causé ce visiteur inopportun; quoi qu'il en soit, il fut si agacé en voyant sa femme coiffée de son tablier, qu'il s'élança vers elle, et, saisissant entre le pouce et l'index le nez voilé de la dame, il le tortilla de toutes ses forces.

Flora, qui était décidée à peser sur Arthur à perpétuité, ne le relâcha plus que lorsqu'on eut visité jusqu'à la chambre qu'il avait autrefois habitée dans les combles de la maison. Clennam songeait à toute autre chose qu'à inspecter les salles qu'il traversait; il remarqua, néanmoins, ainsi qu'il eut l'occasion de se le rappeler plus tard, qu'on y manquait d'air; qu'ils laissaient l'empreinte de leurs pas sur la poussière dont étaient couverts les planchers des étages supérieurs, et qu'on éprouva tant de résistance à ouvrir certaine porte, qu'Affery se mit à crier qu'il y avait quelqu'un derrière, et continua à trembler encore après qu'on eût cherché ce quelqu'un sans trouver personne. Lorsqu'enfin ils regagnèrent la chambre de la paralytique, ils la trouvèrent causant à voix basse avec le Patriarche, qui se tenait debout devant le feu. Les yeux bleus, le crâne luisant, les cheveux blancs que M. Casby tourna vers eux au moment où ils entraient, prêtèrent une valeur inestimable et une philanthropie indicible aux paroles qui s'échappèrent en ce moment de ses lèvres :

« Vous avez donc visité la maison, la maison.... visité la maison! »

Cette phrase, en elle-même, n'était pas précisément un modèle d'esprit ni de bonté; mais M. Casby, par son ton, par sa voix, par son air de patriarche, en faisait un si bel exemple de bonté et d'esprit, qu'elle était à mettre sous verre.

CHAPITRE XXIV.

Le soir d'une longue journée.

L'illustre M. Merdle, cet ornement du pays, continuait sa course brillante. On commençait à reconnaître partout qu'un homme, qui avait rendu à la société le service de gagner sur elle une si grande fortune, ne pouvait plus, sans injustice, être laissé dans la roture. On parlait avec certitude d'un titre de baronnet; il était même question d'une pairie. Le bruit courait que, de sa main dorée, M. Merdle avait repoussé l'offre officielle de la première dignité; qu'il avait formellement déclaré à lord Décimus que c'était trop peu de chose pour un homme comme lui.

« Non, milord, je resterai simple Merdle, ou vous ferez de moi un pair du royaume. »

Cette réponse, disait la rumeur publique, avait plongé lord Décimus dans l'indécision jusqu'au col, s'il est permis de parler ainsi d'un personnage aussi élevé. Car les Mollusques, formant dans la création un groupe isolé, avaient la conviction que tous les honneurs de ce genre leur appartenaient de droit, et que, lorsque par le plus grand des hasards, un soldat, un marin, ou un avocat était anobli, c'était un intrus qu'ils laissaient pénétrer dans les pénates sacrés de la famille, par un acte de simple condescendance, mais sur lequel il fallait immédiatement fermer la porte, pour que l'exemple ne tirât pas à conséquence. Non-seulement, ajoutait encore la rumeur publique, lord Décimus demeurait dans un cruel état d'indécision à cause de la part héréditaire qui lui revenait de droit dans ses principes aristocratiques, mais aussi parce qu'il y avait divers Mollusques qui prétendaient au même honneur, et faisaient concurrence au grand homme du jour.

A tort ou à raison, la rumeur publique allait colportant ces nouvelles. Lord Décimus, qui était ou que l'on croyait occupé à résoudre ce difficile problème, donnait quelque consistance à ces bruits, en se lançant gauchement à un petit trot d'éléphant dans un fouillis de phrases entortillées où il balançait l'illustre M. Merdle au bout de sa trompe, le présentant au monde entier comme l'emblème immaculé des entreprises gigantesques, de la richesse des nations, du crédit, du capital, de la prospérité générale, et de toutes les autres bénédictions réunies.

La vieille faux du temps continua si tranquillement sa funèbre moisson, qu'il s'était écoulé déjà trois grands mois, sans que cela parût, depuis que les frères Dorrit avaient été confiés à la même tombe dans le cimetière des étrangers à Rome.

M. et Mme Sparkler étaient installés dans un hôtel à eux : une toute petite résidence, dans le genre de celles qu'affectionne la classe des Tenaces Mollusques, un véritable chef-d'œuvre d'incommodité, qui conservait tout le long du jour le parfum de la soupe et du fumier de la veille, mais d'un loyer exorbitant, comme il convient à un local situé au centre même du monde habitable. C'est dans cette demeure enviée (car elle excitait vraiment l'envie de bien des gens), que Mme Sparkler avait résolu de commencer à démolir la Poitrine rivale, quand l'arrivée du courrier, porteur de la triste nouvelle, était venue suspendre l'ouverture des hostilités. Mme Sparkler, qui, au fond, n'était pas méchante, avait eu un violent paroxysme de douleur qui avait duré douze heures ; puis elle s'était levée afin de s'occuper de son deuil et de prendre toutes les mesures nécessaires pour qu'il lui allât aussi bien que celui de Mme Merdle. Le journal des nouvelles élégantes annonça que cet événement venait de plonger dans la douleur plus d'une famille distinguée.... et le courrier s'en retourna à Rome.

M. et Mme Sparkler, après avoir dîné en tête-à-tête, étaient donc plongés dans leur douleur. Madame reposait sur un canapé, dans son salon. C'était un dimanche soir : il faisait une chaleur étouffante ; la maison, située au centre du monde habitable, close et bien bourrée en toute saison, comme si elle était affligée d'un rhume de cerveau perpétuel, paraissait plus oppressée que jamais ce soir-là. Les cloches des églises voisines avaient fait tout ce qu'elles avaient pu pour agacer les gens en réveillant les échos peu mélodieux de la rue, et les vitres des églises éclairées avaient échangé leurs tons jaunes de la brune contre un noir opaque. Madame, étendue sur une causeuse, à regarder par la croisée ouverte, à travers une forêt de réséda et d'autres fleurs, se fatigua de ce spectacle. Alors madame alla regarder dans la rue par une autre croisée, pendant que monsieur se tenait sur le balcon, et se fatigua également de ce spectacle-là. Alors madame se regarda pour voir encore une fois comment lui allait son deuil, et se fatigua aussi de ce spectacle, quoique naturellement elle s'en fatiguât moins vite que des deux autres.

« Autant vaudrait être couchée au fond d'un puits, remarqua-t-elle enfin, changeant de place d'un air de mauvaise humeur. Voyons, Edmond, si tu as quelque chose à dire, dis-le. »

Edmond aurait pu répondre avec beaucoup de franchise :

« Mon âme, je n'ai rien du tout à dire. »

Mais son imagination ne lui ayant pas suggéré cette réponse, il se contenta de quitter le balcon et de prendre place auprès de la causeuse où se tenait madame.

« Bonté divine, Edmond! s'écria la jeune épouse d'un ton de mauvaise humeur encore plus marqué, je crois vraiment que tu te fourres du réséda dans le nez. Finis donc! »

Monsieur, dans ce moment d'absence d'esprit (peut-être faut-il prendre cette expression dans un sens plus absolu que de coutume), mettait en effet tant d'ardeur à respirer le parfum d'un brin de réséda qu'il avait à la main, qu'il semblait sur le point de commettre le délit en question. Il sourit, et jeta la fleur par la fenêtre en disant :

« Je te demande bien pardon, ma chère.

— Tu me donnes la migraine à rester debout comme cela, Edmond, reprit madame en levant les yeux vers lui après un moment de silence. Ce demi-jour te fait paraître si effroyablement gros que cela m'agace. Assieds-toi, je t'en prie.

— Certainement, ma chère, répondit monsieur, qui prit une chaise sans changer de place.

— Si je ne savais pas que le jour le plus long de l'année est passé, dit Fanny en bâillant d'une manière épouvantable, je croirais que nous y sommes. Jamais journée ne m'a paru si longue.

— N'est-ce pas ton éventail, mon amour? demanda monsieur, ramassant à terre l'objet en question qu'il présenta à madame.

— Edmond, s'écria madame d'un ton plus ennuyé que jamais, ne m'adresse pas de ces sottes questions, je t'en conjure. A qui veux-tu qu'il soit?

— Certainement, je savais bien qu'il était à toi.

— Alors à quoi bon me le demander? riposta madame, qui continua au bout de quelques minutes, après s'être retournée sur la causeuse : Non, jamais, jamais je n'ai eu à passer une journée aussi longue que celle-ci! »

Après un nouveau silence, madame se leva lentement, fit quelques tours dans le salon, et vint se rasseoir à la même place.

« Ma chère, dit monsieur, illuminé par une inspiration originale, je crois bien que tu as les nerfs crispés.

— Oh! les nerfs crispés! répéta madame. Voyons, Edmond as-tu bientôt fini?

— Mon adorée, continua monsieur, si tu essayais de ton vinaigre aromatique! J'ai souvent vu ma mère employer ce remède, et elle paraissait s'en trouver bien. Et, je ne sais pas si tu le sais, mais ma mère est une.... diablement belle femme qui n'est pas du tout....

— Miséricorde! s'écria madame se levant d'un bond. C'est insupportable! Jamais, depuis la création du monde, le soleil n'a éclairé un jour aussi ennuyeux que celui-ci! »

Monsieur la suivit d'un regard plein de soumission tandis qu'elle se promenait dans le salon. Il paraissait même un peu effrayé. Lorsque madame eut renversé quelques colifichets, regardé dans la sombre rue par chacune des trois croisées du salon, elle revint au canapé, et se jeta sur les coussins.

« Maintenant, Edmond, viens ici! Un peu plus près, car je veux pouvoir te toucher avec mon éventail afin que mes paroles fassent sur toi une plus vive impression. Là! Cela suffit. Tu es assez près comme cela. Oh! mais que tu as donc l'air gros! »

Monsieur s'excusa de son mieux, disant qu'il ne pouvait pas s'en empêcher, et que ses camarades, sans les spécifier autrement, l'avaient surnommé Quinbus Flestrin junior, ou le fils de l'Homme-Montagne.

« Tu aurais dû me dire cela avant, remarqua madame d'un air mécontent.

— Ma chère, répliqua monsieur, vivement flatté de ce reproche, si j'avais cru que cela pouvait t'intéresser le moins du monde, je n'aurais pas manqué de t'en parler.

— Là! Au nom du ciel, tâche de te taire! interrompit madame. J'ai quelque chose à te dire. Edmond, il ne faut plus que nous restions seuls. Il est urgent de prendre des mesures pour que je ne sois plus exposée à retomber dans cet horrible état de prostration morale.

— Ma chère, une femme aussi remarquablement belle, comme tout le monde sait, et qui n'est pas du tout....

— Oh! encore! MISÉRICORDE!!! » s'écria madame.

Monsieur fut si troublé par l'énergie de cette exclamation pendant laquelle madame s'était levée brusquement pour se rasseoir aussitôt, qu'il s'écoula quelques minutes avant qu'il eût la force de s'expliquer.

« Je voulais dire, ma chère, que tout le monde sait que tu es faite pour briller dans la société.

— Briller dans la société! répéta Fanny avec un redoublement de mauvaise humeur. Oui, vraiment! Voyez un peu ce qui arrive! Je ne suis pas plutôt remise du coup que m'a porté la mort de mon pauvre cher père et de mon pauvre oncle.... pourtant je ne me dissimule pas que c'est peut-être un grand bonheur pour ce dernier, car, dès que l'on cesse d'être présentable, on fait aussi bien de mourir....

— J'espère que tu ne fais pas allusion à moi, mon amour? interrompit humblement monsieur.

— Edmond, Edmond, tu lasserais la patience d'une sainte! N'est-il pas clair comme le jour que je parle de mon oncle?

— Tu me regardais d'un air si expressif, mon adorée, que je me suis senti mal à l'aise. Merci, mon amour.

— Maintenant que vos interruptions m'ont fait oublier ce que je voulais dire, reprit madame avec un geste résigné de son éventail, je ferai aussi bien d'aller me coucher.

— Ne fais pas cela, mon amour. Prends tout le temps qu'il te faudra pour te recueillir. »

Madame prit beaucoup de temps : la tête penchée en arrière, les yeux fermés et les sourcils levés avec une expression désespérée comme si elle avait complétement renoncé aux affaires de ce monde. Enfin, sans le moindre avertissement préalable, elle rouvrit les yeux, et recommença d'un ton sec et acerbe :

« Qu'est-ce qui arrive alors, je vous le demande? Qu'est-ce qui arrive? Au moment même où je pourrais briller dans la société, où des motifs de la plus haute importance m'inspirent le désir d'y briller, je me trouve dans une situation qui m'empêche, jusqu'à un certain point, de me présenter dans le monde. C'est trop fort!

— Ma chère, je ne vois pas pourquoi cela te priverait d'aller dans le monde?

— Edmond, vous ne savez dire que des absurdités! s'écria madame avec beaucoup d'indignation. Crois-tu donc qu'une femme dans toute la fleur de l'âge, et qui n'est pas tout à fait dénuée de charmes, puisse, dans ma position (elle regarda sa taille intéressante), entrer en rivalité avec une femme qui lui serait certainement, en d'autres temps, inférieure sous tous les autres rapports? Si c'est là ton opinion, je ne sais quel nom te donner! »

Monsieur fit observer, en toute humilité, que cela ne se voyait presque pas.

« Non, cela ne se voit presque pas! répéta madame avec un mépris indicible.

— Pour le moment, » ajouta monsieur.

Ne prêtant aucune attention à ce faible correctif, madame déclara avec amertume que c'était vraiment trop fort! Qu'il y avait là de quoi faire désirer la mort!

« Mais, ajouta-t-elle lorsqu'elle eut étouffé le sentiment de ses griefs personnels, quelque contrariant, quelque cruel que ce soit, il faut cependant bien que je m'y résigne.

— D'autant plus qu'on devait s'y attendre, remarqua monsieur.

— Edmond, répliqua Fanny, si vous ne voyez rien de plus convenable à faire que d'insulter celle qui vous a fait l'honneur de vous donner sa main, lorsqu'elle se trouve dans le malheur, je vous conseille d'aller vous coucher. »

Ce reproche affligea beaucoup Edmond, qui s'excusa d'une façon très-tendre. Ses excuses furent agréées, mais madame le pria d'aller se calmer de l'autre côté du canapé, dans l'embrasure de la croisée.

« Maintenant, Edmond, poursuivit-elle allongeant le bras et touchant son mari avec le bout de son éventail, ce que j'allais te dire quand tu as commencé, selon ta coutume, à m'ennuyer de tes discours, c'est que je prendrai des précautions pour me protéger contre le danger d'un tête-à-tête trop prolongé, et que, tant que les circonstances m'empêcheront de me présenter dans le monde, je ferai en sorte d'avoir toujours ici du monde, de manière ou d'autre ; car, je ne peux ni ne veux passer une autre journée aussi monotone que celle-ci. »

Monsieur approuva ce plan d'une façon très-laconique, puis il ajouta :

« D'ailleurs, tu sais que tu auras bientôt ta sœur....

— Chère petite, oui ! s'écria madame avec un soupir affectueux. Bonne petite sœur ! Non pas qu'Amy puisse suffire par sa seule présence.... »

Monsieur allait dire : « Non ? » sur le ton de l'interrogation ; mais il reconnut tout de suite le danger d'une pareille ponctuation, et se reprit d'un ton convaincu :

« Oh non ! Certainement. Elle ne suffirait pas à elle seule !

— Non, Edmond. Car, non-seulement les vertus de cette chère enfant sont de cette nature calme et paisible qui a besoin d'être relevée par les contrastes ; il leur faut un entourage bruyant et animé qui les fasse éclater dans leur vrai jour pour qu'on les en aime davantage ; mais elle aura elle-même besoin d'être réveillée sous plus d'un rapport.

— Justement ! dit monsieur. Il faudra la réveiller.

— Voyons, Edmond ! Tu me fais perdre la tête avec ton habitude d'interrompre les gens quand tu n'as rien à dire. Il faudra voir à te corriger de cela.... Mais revenons à cette chère petite.... Elle était dévouée à papa, et sans doute elle aura été vivement peinée et l'aura beaucoup pleuré. C'est comme moi. J'ai tant souffert ! Mais sans doute Amy aura plus souffert encore que moi, vu qu'elle se trouvait là et qu'elle est restée avec notre pauvre cher papa jusqu'au dernier moment, tandis que, malheureusement, je n'y étais pas.

Fanny s'arrêta pour pleurer et s'écrier : « Cher, cher, bien-aimé papa ! Quelles manières distinguées il avait ! Quelle différence avec notre pauvre oncle ! Il faudra donc, poursuivit-elle, tirer notre bonne petite chatte de son état de torpeur : d'autant plus que sa santé a dû souffrir d'avoir tant veillé pendant la longue maladie d'Édouard, qui n'est pas tout à fait rétabli, qui peut même rester malade longtemps encore, et qui, en attendant, nous cause de grands ennuis, en empêchant de régler les affaires de ce pauvre cher papa. Par bonheur, les papiers étant sous scellés et sous clef, chez les agents auxquels il les a confiés lors de son voyage providentiel à Londres, ses affaires sont dans un état qui permet d'attendre qu'Édouard reprenne assez de force en Sicile pour venir administrer, ou exécuter, ou faire ce qu'il a à faire.

— Dans tous les cas, il ne pouvait trouver nulle part une meilleure garde-malade qu'Amy, se hasarda à dire M. Sparkler.

— Par le plus grand des hasards, nous sommes du même avis, répliqua Fanny, qui d'un air de langueur tourna un peu les paupières de son côté (car d'habitude elle avait plutôt l'air en lui parlant de s'adresser à quelque meuble du salon), et je puis même adopter les paroles dont tu t'es servi. Il ne pouvait trouver nulle part une meilleure garde-malade. La chère enfant a des moments où elle est bien impatientante pour quelqu'un qui a l'esprit actif; mais, comme garde-malade, c'est la perfection, chère petite! »

Edmond encouragé par son récent succès, remarqua qu'Édouard, sapristi, s'était longtemps trouvé dans une vilaine passe.

« Si *vilaine passe*, répliqua Mme Sparkler, est un terme d'argot qui signifie une dangereuse maladie, je ne te contredirai pas. Sinon, je ne puis formuler une opinion sur le langage barbare que tu emploies en parlant à la sœur d'Édouard. Qu'il ait attrapé la *malaria* quelque part, soit en voyageant nuit et jour jusqu'à Rome, où, après tout, il est arrivé trop tard pour voir notre pauvre cher papa avant sa mort, soit par d'autres influences insalubres, la chose est incontestable, si c'est là tout ce que tu as voulu dire. Dailleurs, l'existence qu'il mène rend la maladie plus dangereuse pour lui que pour d'autres. »

M. Sparkler opina qu'il y avait beaucoup d'analogie entre le cas d'Édouard et celui *des camarades* morts de la fièvre jaune aux Indes occidentales. Mme Sparkler ferma de nouveau les yeux, comme pour protester contre *les camarades*, la fièvre jaune et les Indes orientales dont elle n'avait aucun souci.

« Donc, reprit-elle en rouvrant les yeux, il faudra tirer Amy de l'état de torpeur qu'ont produit chez elle bien, bien des semaines de fatigue et d'inquiétude. En dernier lieu, nous aurons à lui faire oublier un sentiment indigne qu'elle entretient au fond de son cœur, et qu'elle croit m'avoir toujours caché. Ne me demande pas ce que c'est, Edmond, parce que je ne te le dirais pas.

— Aussi je ne te le demande pas, ma chère.

— J'aurai donc bien des choses à faire de ce côté-là, continua Fanny, et je ne saurais trop tôt avoir cette douce enfant auprès de moi. Aimable et bonne petite *fée!* Quant au règlement des affaires de pauvre papa, je n'ai guère d'intérêt direct là dedans. Papa a agi très-généreusement à mon égard lorsque je me suis mariée, et je n'ai plus grand'chose à attendre. Pourvu qu'il n'ait pas fait de testament valable qui nous oblige à donner quelque chose à Mme Général, c'est tout ce que je demande. Cher papa! ah! cher, cher papa! »

Elle se mit encore a verser quelques larmes; mais le souvenir de Mme Général ne tarda pas à la remettre. Elle s'essuya les yeux et reprit :

« Un détail très-encourageant de la maladie d'Édouard, qui me fait espérer qu'il n'a rien perdu de son bon sens ni de son entrain (du moins jusqu'au moment de la mort de notre pauvre père).... c'est qu'il a soldé les gages de Mme Général et l'a mise à la porte immédiatement. Je ne saurais trop l'en féliciter, et je suis prête à lui pardonner bien des choses en voyant l'empressement avec lequel il a fait ce que j'aurais eu tant de plaisir à faire moi-même! »

Mme Sparkler se livrait à toute la joie de cette exécution triomphante, lorsqu'un double coup de marteau retentit à la porte; un coup de marteau assez bizarre. On ne frappait pas fort, comme si on avait peur de faire du bruit et d'attirer l'attention. On frappait longtemps, comme si le visiteur préoccupé oubliait de s'arrêter à temps.

« Tiens! s'écria Mme Sparkler. Qui donc ce peut-il être? Serait-ce Amy et Édouard qui arriveraient sans nous prévenir et sans voiture? Regarde par la fenêtre. »

Le salon était obscur, mais on n'en voyait que plus clair dans la rue, à cause des réverbères. La tête de M. Sparkler, qui passait par-dessus le balcon pour regarder en bas, semblait si lourde et si grosse, qu'un peu plus elle allait lui faire perdre l'équilibre, au risque d'écraser le visiteur inconnu.

« C'est un individu tout seul. Je ne le reconnais pas.... Mais voyons un peu!... »

Cette réticence le ramena une seconde fois sur le balcon, où il se pencha de nouveau. Il rentra au moment où l'on ouvrait la porte et déclara qu'il croyait avoir reconnu le castor de son gouverneur. Il ne se trompait pas, car quelques instants après fut introduit le gouverneur, son bolivar à la main.

« Des bougies! commanda Mme Sparkler, en demandant pardon de recevoir M. Merdle dans l'obscurité.

— Oh! il fait assez clair pour moi, » répliqua le millionnaire.

Lorsqu'on apporta les bougies, on aperçut M. Merdle debout derrière la porte, se pinçant les lèvres.

« J'ai voulu vous dire un petit bonsoir en passant, ajouta-t-il. Je suis assez occupé pour le moment; mais, comme je me trouvais dehors pour faire un tour, j'ai voulu vous dire un petit bonsoir. »

Le banquier se trouvait en grande tenue : Fanny lui demanda chez qui il était allé dîner.

« Oh! moi, fit M. Merdle, je n'ai dîné chez personne, que je sache.

— Mais vous avez dîné au moins? reprit Mme Sparkler.

— Mais non.... je n'ai pas précisément dîné, répliqua l'illustre capitaliste. »

Il venait de passer sa main sur son front jaune, comme s'il réfléchissait pour savoir s'il était bien sûr d'avoir dîné. On offrit de lui faire servir quelque chose.

« Non, merci, répondit M. Merdle. Je n'ai pas d'appétit. Je devais dîner en ville avec Mme Merdle. Mais, comme je ne me sentais pas en train, j'ai laissé Mme Merdle partir seule au moment où nous allions monter en voiture, et j'ai mieux aimé faire un petit tour.

— Ne voulez-vous pas prendre une tasse de thé ou de café?

— Non, merci, répéta le millionnaire; je suis entré au club en passant, et je me suis fait donner une bouteille de vin. »

A cette période de sa visite, M. Merdle s'assit dans le fauteuil qu'Edmond Sparkler lui avait offert tout d'abord, et que jusqu'alors il avait continué à pousser devant lui comme un maladroit qui vient de chausser pour la première fois une paire de patins, et qui ne peut pas se décider à se lancer sur la glace. Il posa son chapeau sur une autre chaise qui se trouvait à côté de lui, et regardant le fond de la coiffe, comme si elle eût été au moins à une vingtaine de pieds de profondeur, il répéta :

« Vous voyez, j'ai voulu vous dire un petit bonsoir.

— C'est d'autant plus flatteur pour nous, remarqua Fanny, que vous n'êtes pas grand visiteur.

N....on, répondit M. Merdle, qui pendant ce temps-là s'arrêtait prisonnier en se prenant par le poignet sous le parement de ses manches, non, je ne suis pas un grand visiteur.

— Vous êtes beaucoup trop occupé pour cela. Mais savez-vous que, pour un homme aussi criblé d'affaires, la perte de l'appétit est une chose sérieuse? Il ne faut pas vous laisser tomber malade.

— Oh! je me porte très-bien, répondit M. Merdle après y avoir réfléchi un peu. Je ne suis pas plus mal qu'à l'ordinaire. Je me porte assez bien. Je n'ai pas du tout besoin de mieux me porter. »

Le grand esprit du siècle, fidèle à sa réputation d'homme qui n'a que fort peu de chose à dire, et qui ne le dit pas sans peine, redevint muet. Mme Sparkler commençait à se demander si le grand esprit n'allait pas bientôt leur tirer sa révérence.

« Je parlais de pauvre papa au moment où vous êtes entré, monsieur.

— Vraiment? Curieuse coïncidence, remarqua M. Merdle. »

Fanny ne voyait pas du tout la coïncidence, mais elle se crut obligée de soutenir la conversation.

« Oui, j'étais en train de dire à Edmond que la maladie de mon frère avait retardé l'examen et le règlement des affaires de papa.

— Oui, oui, il y a eu un retard.

— Ce n'est pas que cela tire à conséquence, ajouta Fanny.

— Non, répéta le banquier après avoir examiné la corniche de la partie du plafond qui se trouvait en face de lui, ce n'est pas que cela tire à conséquence.

— Mon seul désir, continua Mme Sparkler, c'est que Mme Général ne reçoive rien.

— Elle ne recevra rien, » dit M. Merdle.

Fanny fut enchantée de lui entendre exprimer cette opinion. Le grand capitaliste, après avoir jeté un second coup d'œil dans les profondeurs de son chapeau, comme s'il croyait apercevoir quelque chose tout au fond, passa les doigts dans ses cheveux, et annexa à sa première assertion ces paroles justificatives :

« Oh ! mon Dieu, non ! du tout ! Elle n'aura rien. Que voulez-vous qu'elle ait ? »

Comme ce sujet de conversation paraissait épuisé et que M. Merdle ne l'était pas moins, Fanny demanda au millionnaire s'il allait prendre Mme Merdle et la voiture avant de rentrer ?

« Non, répondit le banquier, je m'en retournerai par le chemin le plus court et je laisserai Mme Merdle (le grand homme examina la paume de sa main, comme pour y lire sa bonne aventure).... se tirer d'affaire toute seule. Elle n'est pas empruntée, elle n'aura besoin de personne.

— C'est probable, » dit Mme Sparkler.

Un long silence succéda à cette remarque. Fanny, s'enfonçant de nouveau parmi les coussins de son canapé, ferma les yeux et leva les sourcils, comme pour dire encore une fois adieu aux choses de ce bas monde.

« Mais, avec tout ça, reprit M. Merdle, je vous fais perdre votre temps et le mien. Je voulais seulement vous dire un petit bonsoir en passant, vous savez ?

— Charmée, je vous assure.

— A présent, je m'en vais, ajouta M. Merdle en se levant. A propos, pourriez-vous me prêter un canif ?

— La drôle de chose, comme le remarqua Fanny en souriant, de voir une femme dont la paresse avait tant de peine à se décider à écrire un simple billet, prêter quelque chose à un homme d'affaires comme M. Merdle ! N'est-ce pas bien étrange ?

— C'est vrai. Mais j'ai besoin d'un canif, et je sais que vous avez plusieurs petits nécessaires bien garnis de ciseaux, de pinces, etc. On vous le rapportera demain.

— Edmond, vous allez ouvrir (mais prenez bien garde de rien casser ; vous êtes si maladroit !) la boîte de nacre que vous voyez sur mon petit guéridon, et donnez à M. Merdle le canif à manche de nacre.

— Merci, interrompit le millionnaire ; mais je crois que je préférerais un manche plus foncé.

— En écaille ?

— Merci ; oui. Je crois que j'aime mieux cela. »

Edmond fut donc chargé d'ouvrir le nécessaire d'écaille, et de remettre à son beau-père le canif demandé. Lorsqu'il eut exécuté cette commission, Mme Sparkler dit d'un ton fort gracieux au grand esprit :

« Si vous y faites une tache d'encre, je vous pardonne d'avance.

— Je vous promets de ne pas y faire de tache, » reprit M. Merdle.

L'illustre visiteur tendit alors sa manche à Mme Sparkler, dont la main (poignet, bracelet et tout) se trouva un instant ensevelie sous le vaste parement. Quant à la main du banquier, impossible de deviner où elle était allée, car Fanny ne la sentit pas plus que si elle eût eu affaire à un vétéran sans bras de Chelsea, ou à un invalide manchot de Greenwich.

Parfaitement convaincue, au moment où le millionnaire disparaissait derrière la porte, que ce dimanche était le jour le plus long que personne ait jamais eu à passer, et qu'il n'existait pas au monde une femme pourvue de quelques charmes qui fût aussi assommée par des crétins et des idiots, Fanny s'avança sur le balcon pour respirer un peu. Ses yeux se couvrirent de larmes de dépit, à travers lesquelles elle crut voir le célèbre M. Merdle, qui remontait la rue, sauter, valser et tournoyer comme s'il eût été possédé par cinq cent mille diables.

CHAPITRE XXV.

Le maître d'hôtel se démet de ses pouvoirs.

Ce jour-là Mme Merdle dînait chez le savant médecin. L'Honneur du barreau était là dans tout son éclat. Ferdinand Mollusque était là, plus aimable que jamais. La vie humaine avait peu de sentiers inconnus au docteur, qui en visitait les sombres mystères, plus souvent même que la Crème de l'épiscopat. Londres ne manquait pas de grandes dames qui raffolaient de ce cher docteur, ma toute belle, et le proclamaient l'homme le plus charmant et le plus adorable du monde. Mais peut-être auraient-elles reculé d'horreur de se trouver si près de lui, si elles avaient su quels spectacles ce regard rêveur venait de contempler, à quels chevets ce visage calme et pur venait de se pencher, quels seuils il avait franchis tout à l'heure. Heureusement notre honnête docteur n'était pas homme à emboucher la trompette en son honneur, ni à la faire emboucher par d'autres. Il voyait et entendait bien des choses étranges, il passait sa vie au milieu de contradictions morales difficiles à expliquer; mais l'égalité de sa compassion pour tous n'en était pas plus troublée que celle du divin guérisseur de tous les maux. Il allait comme la pluie, dit l'Écriture, parmi les bons et les méchants, faisant tout le bien qu'il pouvait, sans le proclamer dans la synagogue et sans le tambouriner dans les carrefours.

Comme un homme qui a appris à connaître ses semblables (si peu disposé qu'il soit à faire parade de sa science) ne saurait manquer d'inspirer l'intérêt qui se rattache à tant d'expérience, le docteur était un homme attrayant. Les beaux gentlemen et les jolies dames qui ignoraient les secrets du cher docteur et qui en auraient perdu l'esprit (je suppose qu'ils en avaient à perdre) s'il avait eu le malheur de leur dire : « Venez contempler une seule fois ce que je vois tous les jours, » convenaient eux-mêmes du plaisir qu'on avait à le voir. Partout où il allait, on était sûr au moins de trouver quelque chose de réel. Et un demi-grain de réalité, ainsi qu'une faible dose d'autres produits naturels également rares, suffit pour donner de la saveur à une énorme quantité de liquide délayant.

Aussi, aux petits dîners du médecin, les convives se montraient-ils sous un jour moins artificiel que partout ailleurs. Ils se disaient, peut-être sans le savoir :

« Voici un homme qui nous connaît en réalité pour ce que nous sommes, qui pénètre chaque jour chez nous quand nous n'avons encore ni fard ni perruque, qui entend nos divagations, qui lit nos véritables sentiments sur nos traits, lorsque nous n'exerçons plus aucun contrôle sur notre esprit ni sur notre physionomie. Nous ferons donc aussi bien chez lui de nous rapprocher un peu de la réalité, car il nous a devinés, et nous ne sommes pas de force à lutter contre lui. »

Les convives du docteur devenaient donc presque naturels en prenant place autour de sa table.

La connaissance que l'Honneur du barreau avait de cette masse de jurés, qu'on nomme l'humanité, était aussi pénétrante qu'un rasoir; mais, en général le rasoir est un instrument assez difficile à manier, et le simple et brillant scalpel du docteur était d'un usage bien plus général. L'Honneur du barreau connaissait à fond et la bêtise, et la fourberie, et la friponnerie des hommes; mais s'il avait accompagné le docteur dans ses visites, il en aurait su plus long en huit jours de temps sur leurs tendresses et leurs dévouements, qu'en siégeant trois quarts de siècle dans toutes les cours et toutes les assises du pays. L'Honneur du barreau soupçonnait vaguement ce genre de supériorité, et peut-être y songeait-il avec plaisir (car, si le monde n'était en effet qu'un vaste tribunal, la trompette des vacances éternelles ne saurait sonner trop tôt). Il avait donc pour le docteur tout autant de sympathie et de respect que les autres.

L'absence de M. Merdle laissa son siége vide à ce dîner; mais comme il serait resté aussi muet que le spectre de Banquo s'il s'était trouvé au rendez-vous, on ne perdit pas grand'chose à ne pas l'avoir. L'Honneur du barreau, qui continuait à becqueter par-ci, par-là, dans Westminster-Hall, des petits bouts de renseignements dépareillés, à peu près comme eût fait un corbeau qui aurait passé son temps dans ce temple de la chicane, avait récemment ramassé pas mal de vagues rumeurs qu'il s'empressait de laisser échapper de son bec pour essayer de quel côté tournait le vent de la pairie Merdle. Il échangea quelques paroles avec Mme Merdle à ce sujet, se glissant vers cette dame avec son plus beau salut, comme on pense bien, à l'usage des grands jurys, et son binocle persuasif.

« Depuis quelque temps, commença l'Honneur du barreau, je connais un oiseau (et à l'air malicieux qu'il se donna, on devait croire que ce ne pouvait être qu'une pie) qui est venu nous conter au barreau, dans le tuyau de l'oreille, qu'on va bientôt voir s'augmenter le nombre des personnages titrés de ce royaume.

— Vraiment? repondit Mme Merdle.

— Oui, vraiment, répéta l'Honneur du barreau, est-ce que l'oiseau n'en a rien glissé dans le tuyau d'une autre oreille.... d'une adorable petite oreille? »

L'Honneur du barreau lança un regard très-expressif vers celle des boucles d'oreilles de Mme Merdle qui se trouvait la plus rapprochée de lui.

« Est-ce de la mienne que vous voulez parler? demanda Mme Merdle.

— Lorsque j'emploie le mot *adorable*, c'est toujours vous que je veux dire.

— Et moi, je crois que vous ne pensez jamais un mot de ce que vous dites, remarqua Mme Merdle (mais, après tout, elle n'avait pas l'air fâché le moins du monde).

— Oh! quelle cruelle injustice!... Mais l'oiseau?

— Vous savez que personne n'est moins au courant des nouvelles que moi, remarqua Mme Merdle se drapant avec nonchalance dans sa forteresse. De quoi s'agit-il?

— Quel admirable témoin vous feriez! s'écria l'Honneur du barreau. Aucun jury (ou bien il faudrait que ce fût un jury d'aveugles) ne saurait vous résister, quand même vous viendriez déposer tout de travers.... Mais vous vous en tireriez si bien!

— Pourquoi cela, flatteur que vous êtes? » demanda Mme Merdle en souriant.

L'Honneur du barreau balança trois ou quatre fois son lorgnon entre lui et la Poitrine, comme l'équivalent d'une réponse folâtre, et poursuivit de son ton le plus insinuant :

« Quel nom devrai-je donner à la plus élégante, la plus accomplie et la plus charmante de toutes les femmes, dans quelques semaines, peut-être dans quelques jours d'ici?

— L'oiseau ne vous a donc pas dit tout? répliqua Mme Merdle. Eh bien! demandez-le lui demain, je vous en prie, et vous viendrez me dire ce qu'il vous aura répondu. »

Puis vint un chapelet de plaisanteries pareilles entre ces deux habiles interlocuteurs; mais l'Honneur du barreau, malgré son adresse, en fut pour ses frais. Le docteur, reconduisant Mme Merdle jusqu'à sa voiture et causant avec elle, tandis qu'elle mettait son manteau, demanda à son tour des renseignements, mais sans détour, avec la franchise qui lui était habituelle.

« Oserai-je vous demander ce qu'il y a de vrai dans ce qu'on dit de Merdle?

— Mon cher docteur, répondit Mme Merdle, vous m'adressez justement là une question que j'étais presque tentée de vous faire.

— A moi? Et pourquoi *à moi?*

— D'honneur, je crois que M. Merdle a plus de confiance en vous qu'en qui que ce soit.

— Au contraire, il ne me confie absolument rien, même comme à son médecin. Vous savez ce qu'on dit, dans tous les cas?

— Naturellement. Mais vous connaissez M. Merdle; vous savez combien il est taciturne et réservé. Je vous assure que j'ignore absolument si ces bruits sont fondés ou non. Je désire qu'ils soient vrais : pourquoi vous le cacherais-je? Vous le devineriez bien sans que je vous le disse.

— C'est clair.

— La nouvelle est-elle vraie en tout ou en partie? Est-elle tout à fait fausse? Je n'en sais rien, et je ne connais pas de position plus déplaisante, je dirai même de position plus absurde; mais vous connaissez M. Merdle, et cela ne vous étonnera pas. »

Le docteur, en effet, ne parut pas étonné; il mit Mme Merdle dans sa voiture et lui souhaita le bonsoir. Il se tint un moment sur le seuil, suivant d'un regard tranquille l'élégant équipage qui s'éloignait. Lorsqu'il eut regagné le salon, les autres invités ne tardèrent pas à prendre congé et il resta seul. Comme il aimait beaucoup à lire, et toute espèce de livres (il ne cherchait pas du tout à s'excuser de cette faiblesse), il s'assit et commença à lire.

L'horloge qui se trouvait sur son bureau marquait minuit moins quelques minutes, lorsqu'un coup de sonnette attira son attention. C'était un homme d'habitudes fort simples; il avait déjà envoyé coucher ses domestiques, et force lui fut d'aller ouvrir lui-même. Il descendit donc et trouva à la porte un homme tête nue, sans habit, les manches de chemise relevées et roulées jusqu'à l'épaule. Au premier abord, il crut que cet individu venait de se battre, d'autant plus qu'il paraissait agité et essoufflé. Mais un second coup d'œil lui montra que son visiteur était extrêmement propre, et que le négligé de sa toilette n'indiquait d'ailleurs aucun désordre.

« Monsieur, je viens de l'établissement des bains chauds, ici près, dans la rue voisine.

— Et que puis-je faire pour les bains chauds?

— Seriez-vous assez bon pour venir tout de suite, monsieur? Tenez, voici ce que nous avons trouvé sur la table. »

Il remit au docteur un morceau de papier. Celui-ci, l'ayant examiné, y lut son nom et son adresse tracés au crayon. Il regarda l'écriture de plus près, regarda de nouveau le messager, prit son chapeau à un portemanteau, mit la clef de la porte dans sa poche et s'éloigna d'un pas rapide.

Lorsqu'ils arrivèrent à la maison des bains, tous les gens de la maison guettaient leur arrivée à la porte ou allaient et venaient dans les couloirs.

« Priez tout le monde de se tenir à l'écart, dit le docteur au maître de la maison; et vous, ajouta-t-il en s'adressant au messager, montrez-moi le chemin. »

Le garçon le conduisit jusqu'au bout d'une avenue de cabinets et s'arrêtant devant une porte ouverte à l'extrémité du couloir, regarda derrière la porte. Le docteur, qui le suivait de près, regarda aussi derrière la porte, comme lui.

On voyait dans le coin une baignoire dont on avait épuisé l'eau. Couché là comme dans un tombeau ou dans un sarcophage, recouvert à la hâte d'un drap et d'une couverture, était le cadavre d'un homme mal bâti, avec une tête obtuse, des traits ignobles, communs et grossiers. On avait ouvert un vasistas afin de laisser échapper la vapeur dont le cabinet était plein : elle s'était condensée en gouttes épaisses qui coulaient le long des murs et le long de ce visage et de ce corps immobile. Le cabinet conservait encore une température assez élevée, la baignoire n'avait pas eu le temps de se refroidir; mais le visage et le corps du baigneur laissaient à la main une sensation de moiteur gélatineuse. Le fond de la baignoire de marbre blanc était veiné d'un rouge terrible. Sur une tablette voisine on voyait une bouteille vide qui avait contenu du laudanum, et un canif à manche d'écaille.... taché mais, non avec de l'encre.

« Séparation de la jugulaire.... mort rapide.... il y a au moins une demi-heure qu'il est mort. »

L'écho des paroles du docteur parcourut les couloirs et les cabinets, et toute la maison, tandis qu'il se redressait après s'être penché pour atteindre le fond de la baignoire et trempait ses mains dans une eau que l'on vit se veiner de rouge comme le marbre blanc avant de se confondre en une seule nuance.

Le regard du médecin se dirigea alors vers les vêtements restés sur le divan, puis vers une montre, une bourse et un portefeuille qui se trouvaient sur la table. Un billet non cacheté qui sortait à moitié du portefeuille, fixa ensuite son attention. Il le regarda, le toucha, le tira un peu d'entre les feuilles du carnet, et dit d'un ton calme : « Ce billet m'est adressé, » l'ouvrit et le lut.

Il n'avait aucun ordre à donner. Les gens de la maison savaient bien ce qu'ils avaient à faire. On s'empressa d'avertir les autorités compétentes, qui prirent possession du défunt et de ce qui lui avait appartenu, comme vous prendriez possession d'un colis à votre adresse, sans plus d'agitation ni d'émotion qu'on n'en témoigne d'ordinaire pour remonter une pendule. Le docteur fut heureux de sortir pour aller respirer l'air frais de la nuit; il s'assit même un moment, en dépit de sa grande expérience, sur les marches de la première maison venue, car il se sentait mal à son aise.

L'Honneur du barreau demeurait dans le voisinage du docteur, qui, en arrivant devant sa porte, vit briller une lumière à la fenêtre du cabinet où le célèbre avocat veillait souvent très-tard à la besogne. Comme cette lumière n'y brillait jamais sans que l'Honneur du barreau y fût lui-même, le docteur n'hésita pas à frapper. En effet, l'infatigable jurisconsulte avait à obtenir, le lendemain même, un verdict contraire à tous les témoignages, et il s'occupait à préparer ses piéges pour attraper MM. les jurés.

Le coup de marteau du médecin étonna l'Honneur du barreau; mais, comme il soupçonna tout d'abord que quelqu'un venait le prévenir que quelque autre était en train de le voler ou de lui jouer quelque vilain tour, il descendit promptement sans faire de bruit. Il venait de se rafraîchir les idées avec une lotion d'eau froide sur la tête, afin d'être mieux à même d'embrouiller celles de MM. les jurés, et il avait rejeté en arrière le col de sa chemise, afin de lire plus à son aise et d'étrangler plus commodément les témoins de la partie adverse. Il avait donc l'air un peu effaré lorsqu'il vint ouvrir la porte. Il parut plus effaré encore en apercevant le docteur, qui était le dernier homme qu'il s'attendait à trouver là.

« Qu'y a-t-il donc? dit l'Honneur du barreau.

— Vous m'avez demandé un jour quelle était la maladie de Merdle.

— Voilà un singulier moment pour répondre à ma question. C'est vrai, je me rappelle vous l'avoir demandé.

— Je vous ai dit que je n'en savais rien.

— Oui, en effet.

— Eh bien! je connais maintenant sa maladie.

— Mon Dieu! s'écria l'Honneur du barreau, qui recula d'un pas, en posant la main sur la poitrine de son ami. Moi aussi! je la lis sur votre visage. »

Ils entrèrent dans la chambre la plus voisine, où le docteur lui donna le billet. L'avocat le parcourut d'un bout à l'autre, cinq ou six fois. Il ne contenait que quelques lignes, mais il n'en paraissait pas moins digne de toute son attention. Il ne trouvait pas de paroles pour exprimer tout son regret de n'avoir pu deviner la chose d'avance. Le plus petit indice, le nom, comme il disait, aurait suffi pour le rendre maître de cette affaire; et quelle affaire! Et que n'aurait-il pas donné pour débrouiller le premier un pareil mystère!

Le docteur s'était chargé d'annoncer ce lugubre événement à Harley-street. L'Honneur du barreau, de son côté, se sentait incapable de retourner immédiatement aux embûches qu'il préparait au jury le plus éclairé, le plus distingué auquel il eût jamais adressé la parole, sur lequel (il croyait devoir en prévenir son savant adversaire) ni les sophismes, ni l'abus du talent oratoire ne sauraient prévaloir (c'est ainsi qu'il comptait commencer). Il proposa donc à son ami de l'accompagner jusqu'à la porte, et de se promener dans le voisinage, en attendant qu'il eût rempli sa pénible mission. Ils s'y dirigèrent à pied, afin de retrouver leur sang-froid au grand air. Le jour déjà battait des ailes, chassant devant lui les ombres de la nuit, lorsque le docteur frappa à la porte de l'hôtel de Harley-street.

Un valet de pied, qui brillait en public de toutes les couleurs de l'arc-en-ciel, veillait en attendant son maître.... c'est-à-dire qu'il ronflait dans la cuisine, entre deux chandelles et un journal, donnant une preuve de plus de la difficulté qu'il y a, malgré toutes les probabilités, de mettre le feu par hasard dans une maison. Lorsque ce serviteur vigilant eut été tiré de son profond sommeil, le docteur fut encore obligé d'attendre qu'on eût réveillé le maître d'hôtel; à la fin, ce noble personnage daigna se présenter à la porte de la salle à manger, en robe de chambre et en pantoufles; mais du reste tout cravaté et sentant son maître d'hôtel depuis les pieds jusqu'à la tête. Il faisait déjà jour, et le docteur, en attendant qu'on vint le trouver, avait ouvert les volets d'une croisée pour voir paraître l'aube.

« Il faut appeler la femme de chambre de Mme Merdle, afin qu'elle réveille sa maîtresse et la prépare, aussi doucement que possible à me recevoir. J'ai une horrible nouvelle à lui apprendre. »

Ce fut en ces termes que le docteur adressa la parole au maître d'hôtel. Celui-ci, qui tenait un chandelier à la main, appela un domestique pour emporter la lumière inutile. Puis il s'approcha de la croisée avec beaucoup de dignité, étudiant et surveillant les nouvelles encore inédites, à peu près du même œil qu'il avait coutume de surveiller les dîners donnés dans cette salle même.

« M. Merdle est mort.

— Je désire, remarqua le maître d'hôtel, donner congé pour le mois prochain.

— M. Merdle s'est suicidé.

— Monsieur, remarqua son interlocuteur, voilà un événement très-désagréable pour un homme comme moi, car il est de nature à éveiller certain préjugé. Je désire quitter aujourd'hui même.

— Morbleu! si vous n'êtes pas plus ému, montrez au moins quelque surprise! » s'écria le docteur.

Le maître d'hôtel, calme et immobile, fit cette mémorable réponse :

« Monsieur, le défunt n'a jamais été un gentleman, et, de sa part, aucune conduite indigne d'un gentleman ne saurait me causer de surprise. Voulez-vous que je vous envoie quelqu'un ou que je donne quelques ordres, pour vous obliger, avant de commencer mes préparatifs de départ? »

Lorsque le docteur, après avoir rempli sa mission, vint rejoindre l'Honneur du barreau dans la rue, il se contenta de lui annoncer, à propos de son entrevue avec Mme Merdle, qu'il n'avait pas encore tout dit à cette dame, mais qu'elle avait assez bien supporté ce qu'elle en avait entendu. L'Honneur du barreau n'avait pas perdu les loisirs de sa promenade : il les avait employés à la construction d'un piége des plus ingénieux, où il comptait faire tomber tous les jurés à la fois; débarrassé de ce sujet de préoccupation, il devint très-lumineux sur la question de la récente catastrophe, tandis qu'ils s'éloignaient à pas lents, la discutant sous toutes ses faces. Avant de se séparer, devant la porte du docteur, ils levèrent tous deux les yeux vers le ciel, que le soleil commençait à éclairer, et vers lequel la fumée de quelques cheminées matinales et la voix des rares passants s'élevaient paisiblement aussi; puis, songeant à l'immense cité, ils se dirent :

« Si les centaines, les milliers de gens ruinés qui dorment encore, connaissaient le malheur qui plane en ce moment sur eux, quel terrible concert de malédictions la seule âme du défunt soulèverait contre elle! »

Le bruit de la mort du grand homme se répandit avec une rapidité fabuleuse. D'abord il se trouva qu'il avait succombé à toutes les maladies connues, sans compter une foule de maladies toutes fraîches sortant de chez le fabricant et n'ayant jamais servi, inventées avec la rapidité de l'éclair, pour les besoins du moment. Dès sa plus tendre enfance, il avait dissimulé une hydropisie; il avait hérité de son grand-père une maladie des poumons; depuis dix-huit ans, il subissait tous les matins une opération chirurgicale; il était sujet à une explosion des principales veines de son individu, qui éclataient comme un feu d'artifice. Il avait quelque chose à la poitrine, il avait quelque chose au cœur, il avait quelque chose au cerveau. Cinq cents personnes qui s'étaient mises à table pour déjeuner, sans savoir que M. Merdle fût mort, se levèrent de table parfaitement convaincues qu'elles se rappelaient avoir entendu le savant docteur dire au millionnaire : « Vous devez vous attendre à vous éteindre un de ces quatre matins comme une chandelle, » et que le célèbre banquier avait répondu (toujours en leur présence) : « On ne meurt qu'une fois! » Vers onze heures du matin, c'était décidément le quelque chose au cerveau qui obtenait une préférence marquée, et à midi, on savait de science certaine que c'était une vraie méningite.

Méningite fut tellement du goût du public et parut causer un contentement si général, qu'elle aurait pu aller jusqu'au lendemain matin. si à neuf heures et demie l'Honneur du barreau n'avait pas déclaré au palais ce qui en était. Vers une heure de l'après-midi, on commença à se raconter à l'oreille, dans tous les coins de Londres, que M. Merdle s'était donné la mort. Cependant la méningite, loin d'être détrônée par cette découverte, fut plus en faveur que jamais. Il n'y avait pas de rue où on ne fît dans les groupes un cours de morale à propos de méningite. Les gens qui avaient essayé de gagner beaucoup d'argent et qui n'y avaient pas réussi s'écriaient :

« Voilà ce que c'est que de ne songer qu'à faire fortune, on attrape une méningite! »

Les paresseux voyaient aussi là-dedans une leçon qu'ils ne laissaient pas tomber par terre. « Voyez-vous! disaient-ils, ce qu'on gagne à toujours travailler, travailler, travailler! vous vous échinez, vous vous éreintez, crac! la méningite vous empoigne, et vous voilà bien avancé! »

Cette réflexion produisit surtout beaucoup d'effet sur une foule de jeunes commis et d'associés amateurs, qui ne s'étaient jamais exposés à mourir d'excès de travail. Ceux là déclaraient d'un accord unanime, avec une piété exemplaire, qu'ils espéraient bien ne jamais oublier cette leçon, et régler leur conduite de façon à éviter les méningites, et se conserver le plus longtemps possible, pour la consolation de leurs amis.

Mais vers l'heure de la bourse, la méningite commença à pâlir. De sinistres rumeurs se mirent à circuler à l'ouest, à l'est, au nord et au sud. D'abord ces bruits furent assez modérés. On se contentait de dire qu'il n'était pas bien sûr que la fortune de M. Merdle fût aussi vaste qu'on l'avait toujours cru; que la liquidation pourrait bien offrir quelques retards; qu'il pourrait même y avoir une suspension provisoire (mettons un mois ou six semaines) de la merveilleuse banque. A mesure que ces rumeurs se répétèrent un peu plus haut, elles devinrent aussi plus menaçantes. C'était un homme de rien, qui était parvenu tout à coup, par des moyens que personne n'avait jamais pu s'expliquer. Il avait des manières communes. Il n'avait reçu aucune espèce d'éducation. Il marchait toujours les yeux baissés et n'avait jamais pu regarder le monde en face. Comment se faisait-il qu'il eût ensorcelé tant de gens? Il n'avait jamais eu de fortune à lui; ses spéculations étaient effroyablement hasardeuses, et ses dépenses s'élevaient à un chiffre fabuleux. Grossissant à mesure que le jour baissait, la nouvelle prenait plus de consistance et de solidité. M. Merdle avait laissé dans le cabinet de l'établissement de bains où il s'était défait une lettre adressée à son médecin; celui-ci l'avait prise pour la produire le lendemain à l'enquête du *coroner*. On pouvait s'attendre à un coup de foudre pour la multitude de gens que le banquier avait trompés. Une foule de personnes de tout rang et de toute profession allaient se trouver ruinées par la faillite Merdle; des vieillards qui avaient vécu à l'aise depuis qu'ils étaient au monde, n'auraient pas d'autre asile que le *workhouse* pour aller se repentir de la confiance qu'ils avaient si mal placée. Des légions de femmes et d'enfants verraient renverser tout l'échafaudage de leur avenir par la main de ce misérable. Tous ceux qui avaient pris part à ses magnifiques dîners allaient bientôt reconnaître qu'ils n'avaient fait que l'aider à dépouiller d'innombrables familles. Tous les serviles adorateurs de la fortune, qui avaient contribué à lui élever un piédestal, auraient mieux fait d'adorer le diable en personne. La rumeur, une fois lancée, devint de plus en plus furieuse et bruyante, à mesure que chaque nouvelle édition des journaux du soir venait la confirmer. Enfin, elle gronda tellement à la tombée de la nuit, que je ne suis pas bien sûr qu'un veilleur solitaire, perché sur la galerie qui couronne le dôme de Saint-Paul, n'aurait pas pu voir l'atmosphère épaissie par les milliers de malédictions qui s'exhalaient contre le nom de Merdle.

A partir de ce moment, on sut que la maladie de feu M. Merdle était tout bonnement.... l'escroquerie et le vol. Lui, l'ignoble objet des flatteries du grand monde et du public; lui qui assistait aux festins des notabilités; le lion des salons à la mode; lui qui avait vaincu l'esprit exclusif de l'aristocratie, qui avait nivelé l'orgueil des grands personnages; le patron des patrons; lui qui avait marchandé une pairie avec le ministre des Circonlocutions, qui avait été comblé, en moins de quinze ans, de plus de faveurs que l'Angleterre n'en a accordé en plus de deux siècles à tous les paisibles bienfaiteurs de leur pays, à toutes les illustrations des arts et des sciences qui se présentaient leurs œuvres à la main.... lui, la brillante merveille, l'étoile nouvelle qui avait servi de guide aux mages chargés d'offrandes, jusqu'au moment où elle s'était arrêtée pour leur montrer une carcasse au fond d'une baignoire ensanglantée.... c'était tout bonnement le plus grand *faussaire* et le plus grand *voleur* qui ait jamais échappé à la potence.

CHAPITRE XXVI.

Orage.

Annoncé par sa respiration essoufflée et par un bruit de pas pressés, M. Pancks se précipite dans le petit bureau d'Arthur Clennam. L'enquête est terminée, la lettre est publiée, la faillite de la merveilleuse banque est annoncée, les autres entreprises modèles du grand Merdle sont autant de compagnies de paille qui ont pris feu et dont il ne reste que de la fumée. Le vaisseau pirate que l'on avait tant admiré vient de se faire sauter au milieu d'une vaste flotte de navires de toute dimension. Sur la surface de la mer on n'aperçoit que des débris : des coques de bâtiments incendiés, des saintes-barbes qui font explosion, des canons qui éclatent d'eux-mêmes et déchirent en morceaux amis et voisins, des naufragés qui se noient et s'accrochent à des fétus, et disparaissent au bout de quelques secondes, des nageurs épuisés, des cadavres flottants, entourés de requins.

Que sont devenus l'ordre et l'activité du bureau Doyce et Clennam? Des lettres non décachetées, des papiers en désordre encombrent la table. Au milieu de ces signes de prostration morale et de découragement, l'associé de Daniel Doyce se tient immobile à sa place habituelle, les bras croisés sur son pupitre et la tête appuyée sur ses bras.

M. Pancks arrive en courant dans la chambre, aperçoit Clennam et s'arrête. L'instant d'après les bras de Pancks sont aussi croisés sur le pupitre et sa tête appuyée aussi sur ses bras. Pendant quelques minutes ils se tiennent dans cette attitude, désœuvrés et silencieux, séparés par la longueur de la petite table.

M. Pancks fut le premier à lever la tête et à parler.

« C'est moi qui vous y ai décidé, monsieur Clennam. Je le sais. Traitez-moi comme vous voudrez. Vous ne pourrez pas me dire plus d'injures que je ne m'en dis à moi-même. Vous ne pouvez pas m'en dire plus que je ne le mérite.

— O Pancks, Pancks! répliqua Clennam. Ne parlez pas de ce que vous méritez. Et moi donc, qu'est ce que je n'ai pas mérité!

— Ah! vous méritiez d'être plus heureux, répondit Pancks.

— Moi, continua Clennam sans écouter cette réponse, moi qui ai ruiné mon associé! Pancks, Pancks, j'ai ruiné Doyce. Ce vieillard honnête, industrieux, infatigable, qui a travaillé toute sa vie durant, qui a lutté contre tant de déceptions, sans rien perdre de sa bonne et généreuse nature, pour qui j'avais tant de sympathie et que j'aurais voulu servir de toute mon âme, je l'ai ruiné.... je l'ai plongé dans la honte et le déshonneur.... ruiné, ruiné! »

L'angoisse que cette pensée causait à Clennam était si pénible à voir que M. Pancks se saisit par les cheveux, et, dans son désespoir, se mit à les arracher par poignées.

« Faites-moi des reproches, s'écria-t-il. Faites-moi des reproches, monsieur, ou je vais me faire moi-même un mauvais parti. Appelez-moi *imbécile*, *canaille*. Dites-moi donc : vilain âne, comment as-tu pu faire cela? tête de baudet, où avais-tu donc l'esprit? Voyons, ne m'épargnez pas, dites-moi des sottises. »

Et tout en parlant ainsi, Pancks se tirait sans ménagement et sans pitié sa chevelure touffue.

« Si vous aviez résisté à cette fatale manie, Pancks, dit Arthur d'un ton où il y avait plus de pitié que de reproche, il est sûr que cela aurait beaucoup mieux valu pour vous ... et pour moi!

— Encore, monsieur, s'écria Pancks, grinçant les dents de remords. Encore!

— Si vous n'aviez pas fait ces maudits calculs dont vous m'avez démontré l'exactitude avec une évidence si abominable, continua Clennam en gémissant, cela aurait mieux valu pour vous, Pancks, et pour moi!

— Encore, monsieur! répéta Pancks, cessant de s'arracher les cheveux. Encore, encore! »

Cependant, Arthur, qui n'en avait tant dit que pour calmer le coupable repentant, le voyant, en effet, plus tranquille, s'arrêta pour lui serrer la main, en ajoutant:

« Hélas! j'étais un aveugle qui s'est laissé conduire par un aveugle, Pancks.... Mais Doyce, Doyce, Doyce; mon pauvre associé! »

Il laissa retomber sa tête sur le pupitre. Pancks rompit de nouveau le silence et lui fit encore une fois relever la tête, en lui disant:

« Je ne me suis pas couché, monsieur, depuis que la nouvelle a commencé à se répandre. J'ai couru à droite et à gauche pour voir s'il n'y aurait pas moyen de sauver quelque chose du naufrage. Mais non: tout est perdu, tout a disparu.

— Je ne le vois que trop bien, » répondit Clennam.

M. Pancks remplit un intervalle de silence par un gémissement qui venait du fond de son cœur.

« Quand je pense que, pas plus tard qu'hier, reprit Arthur, j'étais bien décidé à vendre, à réaliser et à en finir.

— Je ne pourrais pas en dire autant, monsieur. Mais c'est étonnant combien j'ai rencontré de personnes, ce matin, qui comptaient réaliser hier, positivement hier, pas demain, pas aujourd'hui, pas un des autres trois cent soixante-six jours de l'année, s'il n'avait pas été trop tard ! »

Ses ronflements de locomotive, qui d'ordinaire produisaient un effet assez comique, semblaient ce jour-là plus tragiques que des sanglots, tandis que sa personne, des pieds à la tête, était si sale et si négligée qu'on aurait pu le prendre pour un portrait authentique et ressemblant du Malheur, dont on ne pouvait pas bien distinguer les traits, parce qu'il avait besoin d'être nettoyé.

« Monsieur Clennam, est-ce que vous avez risqué.... tout ? »

Il avait eu beaucoup de peine à sauter par-dessus les points et à prononcer ce dernier mot.

« Oui : tout. »

Pancks saisit ses cheveux touffus et les tira avec tant de force qu'il en arracha encore plusieurs mèches. Après avoir regardé ces dépouilles d'un œil furibond, il les mit dans sa poche.

« Il faut que je prenne tout de suite mon parti, ajouta Clennam essuyant quelques larmes silencieuses qui venaient de déborder. Il faut que je me hâte au moins d'offrir la seule et triste réparation que je puisse offrir. Il faut que je mette la réputation de mon malheureux associé à l'abri de tout soupçon. Il faut que je me dépouille de tout ce que je possède. Il faut que je remette à nos créanciers la direction dont j'ai tant abusé, et que je me résigne à travailler jusqu'à la fin de mes jours pour effacer autant que possible ma faute.... ou mon crime.

— N'y a-t-il pas moyen, monsieur, de laisser passer l'orage ?

— Impossible. Tout est perdu, Pancks. Plus tôt je pourrai mettre les affaires de la maison en d'autres mains, mieux cel vaudra. Il y a des engagements à remplir cette semaine qui causeraient une catastrophe d'ici à peu de jours, quand même je pourrais me résoudre à la retarder jusque-là, en cachant ce que je sais. Toute la nuit j'y ai réfléchi ; il ne me reste plus qu'à agir.

— Mais au moins n'agissez pas seul, reprit Pancks, dont le visage était aussi humide que si toute sa vapeur se transformait en eau dès qu'elle s'échappait. Consultez un homme de loi.

— Vous avez raison : c'est peut-être encore ce qu'il y a de mieux.

— Prenez Rugg.

— Il n'y a pas grand'chose à faire. Il le fera aussi bien qu'un autre.

— Voulez-vous que j'aille chercher Rugg, monsieur Clennam ?

— Si cela ne vous dérange pas. Je vous serais obligé. »

Pancks mit son chapeau à l'instant même et partit, tout de suite, train direct, grande vitesse, pour Pentonville. Durant son absence, Arthur ne leva pas la tête et conserva la même attitude.

Le remorqueur ramena avec lui son ami et conseiller, M. Rugg, qui, tout le long de la route, avait eu tant de preuves de l'agitation peu rationnelle de M. Pancks, que la première chose qu'il fit en arrivant fut de prier ce gentleman de prendre la clef des champs; ce que celui-ci s'empressa de faire d'un air soumis et découragé.

« Il est à peu près dans l'état où se trouvait ma fille, monsieur, lorsque nous avons intenté un procès pour rupture de promesse de mariage, au nommé Bawkins, remarqua l'homme de loi. Il prend un intérêt trop direct et trop vif à cette affaire. Il se laisse dominer par sa sensibilité; il n'y a pas moyen de marcher dans notre profession, quand on se laisse dominer par la sensibilité. »

Tandis qu'il ôtait ses gants et les posait dans son chapeau, il jeta de côté un coup d'œil qui lui révéla tout de suite que son client était bien changé.

« Je suis fâché de voir, monsieur, dit l'homme de loi, que vous-même vous vous laissiez dominer aussi par votre sensibilité. N'en faites rien, je vous prie. Ces pertes sont sans doute très-déplorables, monsieur, mais il faut les envisager bravement en face.

— Si l'argent que j'ai risqué n'avait appartenu qu'à moi seul, monsieur Rugg, soupira Clennam, j'en aurais beaucoup moins de regret.

— En vérité, monsieur? fit M. Rugg en se frottant les mains d'un air guilleret. Vous m'étonnez. Voilà qui est singulier, monsieur; jusqu'ici j'ai toujours vu, au contraire, dans l'exercice de ma profession, que c'est surtout à son propre argent que l'on tient. J'ai toujours vu mes clients, quand ils avaient eu le malheur de perdre l'argent d'autrui, supporter très-bien la chose.... mais là, très-bien. »

Après avoir donné cours à ces remarques consolantes, M. Rugg s'assit sur une chaise de bureau, devant le pupitre, et passa au fond des choses.

« Maintenant, monsieur Clennam, si vous voulez bien le permettre, nous allons procéder aux affaires. La question est des plus claires et des plus nettes. Une simple question de bon sens. Qu'est-ce que je peux faire pour vous tirer de ce mauvais pas?... Voilà la question.

— Ce n'est pas du tout là la question pour moi, monsieur Rugg, dit Arthur. Vous vous trompez dès le début. Ma question, la voici: Qu'est-ce que je puis faire pour tirer mon associé de ce mauvais pas et réparer de mon mieux le préjudice que je lui cause?

— Savez-vous, monsieur, répliqua M. Rugg d'un ton persuasif, que je commence à craindre que vous ne continuiez à vous laisser dominer par votre sensibilité. Je n'aime pas entendre ces mots de *réparation, préjudice*, monsieur, si ce n'est dans la bouche d'un avocat plaidant contre la partie adverse. Vous me pardonnerez si je crois de mon devoir de vous répéter combien il est dangereux de se laisser dominer par sa sensibilité !

— Monsieur Rugg, dit Clennam, à qui la résolution bien arrêtée d'exécuter la tâche qu'il s'était imposée parut rendre un peu de courage et qui étonna son interlocuteur en ayant l'air, malgré son état de prostration, d'avoir une volonté à lui, je crains que vous ne soyez pas disposé à adopter la marche que je suis décidé à suivre. Si votre désapprobation vous empêche de prendre les mesures nécessaires, j'en suis fâché, car il me faudra avoir recours à un autre conseil. Mais je crois devoir vous prévenir, avant d'aller plus loin, qu'il est parfaitement inutile de discuter avec moi là-dessus.

— Fort bien, monsieur, répondit Rugg en haussant les épaules, fort bien. Puisqu'il faut absolument que quelqu'un se charge de cette besogne, autant vaut que ce soit moi. Tel est le principe d'après lequel j'ai agi dans l'affaire Rugg et Bawkins. Tel est le principe d'après lequel j'agis presque toujours. »

Clennam confia alors à M. Rugg la détermination qu'il avait prise. Il lui dit qu'ayant pour associé un homme d'une grande simplicité et d'une grande droiture, il voulait avant tout faire honneur à son caractère et ménager ses sentiments. Il lui expliqua que Daniel Doyce étant alors absent pour affaires importantes, il se croyait tenu d'accepter publiquement le blâme mérité par son administration imprudente et d'exonérer publiquement son ami de toute responsabilité morale, pour que le succès des opérations de son associé ne fût pas compromis par le moindre soupçon de complicité de négligence dans la gestion des affaires de la maison. Il donna donc à M. Rugg la commission de décharger moralement, complétement et publiquement son associé, en déclarant que c'était lui, Arthur Clennam, de la maison Doyce et Clennam, qui avait, de son propre gré et même contre l'avis de son collègue, risqué les capitaux de l'association dans les spéculations frauduleuses de feu M. Merdle. Il ne pouvait pas offrir d'autre réparation ; c'était d'ailleurs la meilleure qu'il pût faire accepter à Daniel, dont il connaissait la délicatesse ; et c'est par là qu'il fallait commencer. Il avait l'intention de faire imprimer une déclaration à cet effet, qu'il avait déjà rédigée et qu'il comptait, non-seulement adresser à tous les clients de la maison, mais encore faire insérer dans les journaux. Outre cette mesure (dont les détails provoquèrent une foule de grimaces chez M. Rugg et lui donnèrent des inquiétudes continuelles dans les jambes), il voulait envoyer une circulaire à tous les créanciers pour disculper son associé d'une manière solennelle, leur annoncer que la maison allait être immédiatement fermée jusqu'à ce qu'ils eussent fait connaître leurs intentions, qu'il se soumettait d'avance à leur décision. Si, en considération de l'innocence de son associé, on s'arrangeait de façon à permettre à la maison de recommencer honorablement les affaires, il abandonnerait à Daniel Doyce la part qui lui revenait dans l'association, comme étant l'unique réparation pécuniaire qu'il pût lui offrir en échange des inquiétudes et des pertes dont il avait été pour lui la cause involontaire, et il ne demanderait qu'à servir la maison en qualité de commis, à des appointements qui lui permissent seulement de gagner sa vie.

Bien que M. Rugg vît clairement qu'il serait inutile de s'opposer à ce projet, ses grimaces et l'inquiétude de ses tibias exigeaient avec tant d'instance une protestation pour se soulager qu'il céda à ce besoin.

« Je ne veux présenter aucune objection, monsieur, dit-il, aucun argument à l'encontre de votre projet. Je vous aiderai à l'exécuter, monsieur; mais je proteste, néanmoins. »

M. Rugg énonça, dans une argumentation un peu prolixe, les principaux motifs de sa protestation. D'abord, la ville entière, pour ne pas dire le pays tout entier, était en proie aux premiers élans de l'indignation causée par la récente découverte, et la colère soulevée contre les victimes ne tarderait pas à éclater avec violence. Ceux qui n'avaient pas été trompés ne pardonneraient pas aux autres d'avoir été moins prudents, tandis que ceux qui s'étaient laissé tromper ne manqueraient pas de trouver par eux-mêmes des excuses et des raisons bien supérieures, selon eux, à celles que leurs compagnons d'infortune pouvaient alléguer; sans compter que chaque victime individuelle s'empresserait de s'indigner, à l'idée que, sans les mauvais exemples de toutes les autres victimes, elle n'aurait jamais songé à risquer un sou elle-même. Et puis, une déclaration pareille, en un pareil moment, allait attirer sur Clennam un véritable ouragan de fureurs qui ne permettait pas de compter sur la clémence unanime des créanciers. Il s'exposait tout bonnement à servir de cible solitaire à un feu de file meurtrier, qui se trouverait heureux de le prendre pour point de mire.

Arthur répondit à cela que, tout en admettant la justesse de ces observations, il n'y voyait rien qui diminuât ou qui pût diminuer le moins du monde la nécessité de la réparation publique et volontaire qu'il voulait offrir à son associé. Il pria donc, une fois pour toutes, M. Rugg de l'aider à prendre immédiatement les mesures nécessaires dans ce but. Sur ce, l'homme de loi se mit à l'œuvre, et Arthur, ne conservant que ses effets, ses livres et le peu d'argent qu'il se trouvait avoir sur lui, mit son compte de banque personnel parmi les autres valeurs de la maison.

La déclaration fut publiée et souleva un orage formidable. Des milliers d'individus, depuis la faillite de Merdle, n'attendaient que cette occasion; ils ouvraient des yeux effarés dans l'espoir de trouver un être vivant qu'ils pussent accabler de reproches. Aussi ce cas extraordinaire qui venait de lui-même rechercher la publicité, mit sur une sorte de pilori la victime vivante dont on avait tant besoin. Lorsque les gens mêmes que cela ne regardait pas du tout se montraient si irrités contre le coupable, on ne devait pas s'attendre à beaucoup d'indulgence de la part de ceux auxquels il faisait perdre de l'argent. M. Rugg, installé dans le bureau de Clennam, décachetait chaque jour un déluge de reproches et d'invectives. Avant qu'il se fût écoulé une semaine, il annonça à son client qu'il craignait que les créanciers n'eussent déjà obtenu contre lui plusieurs décrets de prise de corps.

« Il faut que je subisse les conséquences de mes actes, dit Clennam. Les recors me trouveront ici. »

Le lendemain même, comme il entrait dans la cour du Cœur-Saignant par le passage au coin duquel se trouvait l'établissement des denrées coloniales de Mme Plornish, il fut arrêté par cette dame, qui l'attendait sur le seuil de sa boutique, et qui l'engagea mystérieusement à pénétrer dans l'heureuse chaumière. Il y trouva M. Rugg.

« J'ai cru qu'il valait mieux vous attendre ici. A votre place, monsieur, je n'irais pas au bureau ce matin.

— Pourquoi cela, monsieur Rugg?

— Il y a au moins cinq prises de corps contre vous, à ma connaissance.

— Eh bien, plus tôt ce sera fini, mieux cela vaudra. Qu'ils me prennent tout de suite.

— Oui; mais, ajouta M. Rugg passant entre Arthur et la porte, entendez donc raison, entendez donc raison. Ils vous prendront toujours assez tôt, monsieur Clennam, je vous en réponds ; mais enfin entendez donc raison. Il arrive presque toujours, dans ces sortes d'affaires, que c'est quelque mauvaise petite créance de rien du tout qui se met en avant et se donne des airs de vouloir arrêter les gens. Or, je sais qu'on a obtenu une contrainte par corps pour une somme insignifiante.... un simple mandat du *Palace Court*.... A votre place, je ne me laisserais pas coffrer sur ce mandat-là.

— Pourquoi pas?

— J'aimerais mieux me faire prendre pour une des grosses créances, monsieur, répondit l'homme de loi. Pourquoi ne pas sauver les apparences? Comme votre conseiller, je préférerais vous voir arrêter sur un mandat des tribunaux supérieurs, si vous voulez bien m'accorder cette faveur. Cela fait meilleur effet.

— Monsieur Rugg, répondit Arthur découragé, mon seul désir c'est d'en finir au plus vite. Je vais continuer ma route, advienne que pourra.

— Encore un mot monsieur! s'écria M. Rugg. L'autre question est une affaire de goût, mais ceci est une question de bon sens. Si on vous arrête pour la petite créance, monsieur, on vous conduira à la prison de la Maréchaussée. Or vous savez ce que c'est que cette prison. Manque d'air. Local étroit et resserré. Tandis que le *King's Bench*.... »

M. Rugg développa librement sa main droite dans l'air comme pour indiquer une abondance d'espace.

« Je préférerais la prison de la Maréchaussée à toute autre, répliqua Clennam.

— Ah bah, monsieur! Ma foi, voilà un drôle de goût: en ce cas, nous ferons aussi bien de nous mettre en route. »

L'homme de loi parut un peu blessé au premier moment, mais il ne tarda pas à pardonner à son client une préférence si bizarre. Ils traversèrent la cour du Cœur-Saignant et se dirigèrent vers les ateliers qui se trouvaient à l'autre bout. Les Cœurs Saignants s'intéressaient plus que jamais à Clennam depuis ses revers: ils pouvaient désormais le regarder comme un compatriote, puisque ses malheurs lui donnaient droit de cité parmi eux. Un certain nombre sortaient pour le regarder passer, faisant observer d'un ton onctueux que ce pauvre M. Clennam avait l'air bien abattu. Mme Plornish et son père se tenaient en haut des marches, à l'autre bout de la cour, très-découragés et secouant la tête.

Personne ne semblait guetter l'arrivée du créancier lorsque Arthur et M. Rugg arrivèrent au bureau. Mais un membre de quelque congrégation israélite, un vieux juif confit dans le rhum, les suivit de près et se présenta à la porte vitrée avant que l'homme de loi eût eu le temps d'ouvrir une seule lettre.

« Oh! s'écria M. Rugg en levant la tête. Comment vous portez-vous? Vous pouvez entrer.... monsieur Clennam, je crois que c'est là le gentleman dont je vous parlais tout à l'heure. »

Le gentleman en question expliqua le but de sa visite en disant qu'il « s'achisait d'une bédide avaire gonzernant M. Glennam; » et il s'acquitta de sa mission légale.

« Voulez-vous que je vous accompagne, monsieur Clennam? demanda M. Rugg avec beaucoup de politesse en se frottant les mains.

— Merci, j'aime mieux aller seul. Ayez seulement la bonté de m'envoyer mes habits. »

M. Rugg répondit d'un ton allègre qu'il n'y manquerait pas et donna une poignée de main à son client. Arthur et son garde du corps gagnèrent la rue, montèrent dans le premier fiacre venu et se dirigèrent vers la grille qu'il connaissait si bien.

« Dieu me pardonne! se dit Clennam, mais je n'aurais jamais cru que je dusse revenir ici comme détenu. »

M. Chivery était de garde et le jeune John se trouvait dans la loge: soit que son père vînt de le relever de sa faction ou qu'il attendît son tour pour remplacer son père. Tous deux se montrèrent plus étonnés en reconnaissant le nouveau détenu qu'on ne s'y serait attendu de la part d'un guichetier. M. Chivery père lui donna une poignée de main d'un air honteux en lui disant:

« Voilà la première fois, monsieur, que je ne puis pas dire avec sincérité que j'ai du plaisir à vous voir. »

M. Chivery fils fut plus réservé et ne lui donna pas de poignée de main; il contempla son prisonnier d'un air d'indécision si visible que Clennam, malgré le chagrin qui pesait sur ses yeux et sur son cœur, ne put s'empêcher d'en faire la remarque. Le jeune John ne tarda pas à disparaître dans la cour de la prison.

Comme Arthur connaissait assez les us et coutumes de l'endroit pour savoir qu'il devait rester quelque temps dans la loge, il s'assit dans un coin et feignit de lire diverses lettres qu'il tira de sa poche. Cette lecture ne l'occupa pas au point de l'empêcher de remarquer avec reconnaissance que M. Chivery écartait les flâneurs de la loge, faisant signe aux uns, avec un geste de ses clefs, de ne pas approcher, invitant les autres à s'éloigner, au moyen de divers coups de coudes significatifs, afin de diminuer autant que cela dépendait de lui les ennuis du captif.

Arthur était assis, les yeux baissés, rêvant au passé, déplorant le présent, sans s'arrêter ni à l'un ni à l'autre, lorsqu'il sentit une main qui lui touchait l'épaule. C'était le jeune John.

« Vous pouvez venir maintenant, » disait-il.

Arthur se leva et suivit machinalement son guide. Lorsqu'ils eurent fait quelques pas dans la seconde cour, John se retourna pour ajouter :

« Il vous faut une chambre. Je vous en ai trouvé une.

— Je vous remercie bien sincèrement. »

John se retourna, franchit le seuil d'une porte que Clennam avait lui-même franchie bien des fois, monta l'escalier et entra dans la vieille chambre. Le prisonnier lui tendit la main. John la regarda, regarda ensuite le détenu.... d'un air sombre.... le cœur gros, la poitrine suffoquée.

« Je ne sais pas si je puis vous donner la main, dit-il. Non, je sens que je ne peux pas. Mais, c'est égal, j'ai pensé que vous aimeriez mieux cette chambre-ci qu'une autre, et la voilà. »

La surprise que cette conduite bizarre avait inspirée à Clennam fit place (dès que John eut disparu) aux sentiments que cette chambre vide devait naturellement éveiller chez lui et aux innombrables associations d'idées qui lui rappelaient la bonne et douce enfant qui avait sanctifié cette misérable demeure. L'absence de la jeune fille, dans un pareil moment, donna à la chambre un aspect si morne et causa à son ancien ami un tel sentiment de désolation qu'il se tourna contre le mur pour pleurer, soulageant son cœur par des sanglots :

« O ma petite Dorrit! »

CHAPITRE XXVII.

L'apprentissage de la Maréchaussée.

Il est midi, et la Maréchaussée, sur laquelle le soleil darde de bauds rayons, semble plus tranquille que de coutume. Arthur Clennam, assis dans un vieux fauteuil aussi fané que le plus ancien des détenus, s'abandonne à ses réflexions.

Quand un malheureux fait son début dans la prison, le premier changement qui s'opère en lui, c'est une espèce de calme ou plutôt d'abattement résigné, d'où bientôt il glisse trop souvent, par degrés insensibles, dans la dégradation et la honte. Clennam, dans cet état de paix mensongère, en face de sa honte maintenant consommée, songeait à certaines phases de sa vie passée, comme un mort doit rêver à son existence d'autrefois. Si l'on considère l'endroit où il se trouvait, l'intérêt qui l'avait conduit vers cette prison, alors qu'il était libre de n'y pas entrer, la douce présence de l'image aussi inséparable des barreaux et des murs environnants que des souvenirs impalpables d'une époque plus récente, que nuls barreaux ne sauraient emprisonner, on ne sera pas surpris que la mémoire du prisonnier le ramenât à la petite Dorrit. Pourtant, il s'en étonnait, non à cause du fait même, mais parce que ce fait lui rappelait toute l'influence salutaire que ce cher petit être avait exercée sur ses bonnes résolutions.

Aucun de nous ne sait clairement à quelles personnes, à quels événements nous sommes redevables sous ce rapport, jusqu'au jour où la roue de notre existence, brusquement arrêtée au milieu de sa course affairée, vient nous l'apprendre. Il ne faut pour cela qu'une maladie, un chagrin, la perte de ceux que nous aimons, et c'est un des plus grands avantages que nous puissions tirer de l'adversité. Dans son malheur Clennam en fit l'épreuve tendre et salutaire.

« La première fois que j'ai commencé à vivre pour mon propre compte, pensa-t-il, que mes yeux fatigués ont entrevu quelque chose qui ressemblait à un but, qui ai-je aperçu devant moi, s'avançant par un sentier pénible, forte de son dévouement, sans recevoir ni encouragements ni éloges, luttant contre d'ignobles obstacles qui auraient effrayé une armée de héros et d'héroïnes de convention ? Une faible enfant ! Lorsque j'ai essayé de vaincre mon amour déplacé, de me montrer généreux envers un rival plus heureux, bien qu'il ne dût jamais connaître mon sacrifice, ni le récompenser par un seul mot de sympathie ; chez qui avais-je pris cette leçon de patience, d'abnégation, d'oubli de moi-même, d'interprétations charitables, de noblesse généreuse dans les affections? Chez cette pauvre enfant! Tout homme que je suis, avec les avantages, les moyens, l'énergie d'un homme, j'aurais peut-être fermé l'oreille au murmure de mon cœur, qui me disait que, si mon père avait eu des torts, mon premier devoir était de cacher sa faute et de la réparer; mais alors qui m'aurait fait rougir de ma lâcheté? Une faible fille, dont les pauvres petits pieds, mal chaussés, s'usaient presque sur le pavé, dont les pauvres petites mains, si maigres, travaillaient sans relâche, dont le pauvre petit corps mignon était à peine défendu par ses minces vêtements contre le froid : la petite Dorrit. »

C'est ainsi que, seul dans cette triste chambre, il rêvait du fond du vieux fauteuil fané, toujours à la petite Dorrit. Il y rêva tant, qu'il lui sembla que son malheur présent était une punition de s'être égaré loin d'elle, d'avoir souffert que quelque chose vînt se poser entre lui et le souvenir des vertus de sa petite Dorrit.

La porte de la chambre s'ouvrit, et la tête de M. Chivery père se montra en partie, mais sans se tourner vers Arthur.

« Je ne suis plus de garde, monsieur Clennam, et je vais sortir. Puis-je faire quelque commission pour vous!

— Grand merci. Non.

— Vous m'excuserez si j'ai ouvert la porte; mais je n'ai pas pu me faire entendre.

— Est-ce que vous avez frappé?

— Mais oui.... au moins cinq ou six fois. »

Arthur, sortant de sa rêverie, remarqua que la prison s'était réveillée de sa sieste, que les détenus promenaient leur désœuvrement à l'ombre, dans la cour, et qu'il devait être deux ou trois heures de l'après-midi.

« Vos effets sont arrivés, reprit M. Chivery aîné, et mon fils va les monter. Je vous les aurais déjà envoyés; mais il tenait absolument à vous les monter lui-même; c'est ce qui m'en a empêché. Monsieur Clennam, puis-je vous dire un mot?

— Donnez-vous donc la peine d'entrer, » répondit Arthur.

Car M. Chivery tenait toujours la tête presque tout entière en dehors de la porte, et, au lieu de fixer ses deux yeux sur le prisonnier, il se contentait discrètement de lui prêter une oreille. Et pourtant personne n'avait appris à M. Chivery cette délicatesse d'instincts, cette exquise politesse, tant il est vrai qu'on peut avoir la tournure d'un guichetier avec le cœur d'un gentleman!

« Merci, monsieur, répliqua M. Chivery, qui ne bougea pas, ce n'est pas la peine. Monsieur Clennam, si c'était un effet de votre complaisance, ne faites pas attention à mon fils dans le cas où vous le trouveriez un peu mauvaise tête. Mon fils a du cœur, et bien placé, j'ose dire; moi et sa mère nous savons bien qu'il n'en manque pas, et nous le trouvons toujours au bon endroit. »

Après avoir prononcé ce discours mystérieux, le guichetier retira son oreille et ferma la porte. Il n'y avait guère plus de dix minutes qu'il était parti, lorsque le fils se montra.

« Voilà votre valise, dit-il à Clennam en la posant à terre avec beaucoup de soin.

— C'est très-obligeant de votre part. Je suis honteux de vous donner tant de peine. »

Le jeune John était reparti sans entendre la fin de cette phrase, mais il ne tarda pas à remonter, disant comme la première fois :

« Voilà votre malle noire. »

Il déposa cette malle dans un coin avec le même soin que la valise.

« Je vous suis très-reconnaissant de cette attention. J'espère que nous pouvons à présent nous donner une poignée de main, monsieur John ? »

Mais point du tout. John se recula, emprisonna son poignet droit dans un cercle formé par le pouce et l'index de sa main gauche, et répondit, ainsi qu'il avait déjà fait :

« Ma foi ! je ne sais pas si je le puis. Non ; je sens que je ne peux pas ! »

Et il se mit à regarder le prisonnier d'un air irrité, quoique le gonflement de ses paupières humides annonçât plutôt encore la commisération.

« Pourquoi donc, dit Clennam, vous montrer à la fois si mal disposé pour moi, et cependant empressé de me rendre service ? Il y a quelque malentendu là-dessous. Si j'ai fait quelque chose qui ait pu vous être désagréable, j'en suis bien fâché.

— Non, monsieur, répliqua John agitant son poignet captif dans le cercle volontaire où il le tenait emprisonné, il n'y a pas le moindre malentendu dans les sentiments avec lesquels je vous contemple en ce moment !... Si j'avais seulement votre taille, monsieur Clennam (par malheur, je suis loin de l'avoir) ; si d'ailleurs vous n'étiez pas si abattu et que ce ne fût pas contraire à tous les règlements, ce sentiment que j'éprouve pour vous me porterait plus volontiers à vous proposer une partie de boxe pour le moment que toute autre chose. »

Arthur le regarda un instant d'un air surpris où il entrait un peu de colère.

« Allons, allons ! dit-il. C'est un malentendu ! »

Puis il se détourna pour aller se rasseoir dans le fauteuil fané.

Le jeune John le suivit des yeux, et, au bout de quelques minutes, s'écria :

« Je vous demande pardon !

— Accordé de tout mon cœur, répliqua Clennam agitant la main sans relever sa tête courbée sur sa poitrine. N'en parlons plus, ce n'est pas la peine.

— Ce mobilier, continua John d'une voix très-radoucie, m'appartient. Je le loue d'habitude aux personnes qui prennent cette chambre sans apporter de meubles. Il ne vaut pas grand'chose, mais il est à votre service. Pour rien, bien entendu. Je ne voudrais pas pour tout au monde que ce fût à d'autres conditions. Mais je le mets très-volontiers à votre disposition pour rien. »

Arthur releva la tête pour le remercier et pour lui dire qu'il ne pourrait pas accepter cette faveur. John continuait à faire tourner son poignet avec le même air d'indécision.

« Qu'est-ce que nous avons donc ensemble? demanda le prisonnier.

— Je ne vous le dirai pas, répliqua le jeune guichetier élevant tout à coup la voix et redevenant acerbe. Nous n'avons rien du tout. »

Arthur le regarda encore une fois, attendant en vain l'explication de cette étrange conduite. Il ne tarda pas à détourner encore une fois la tête. Au bout de quelques minutes, John reprit avec une douceur extrême :

« La petite table ronde qui se trouve à votre coude appartenait autrefois à.... mais vous savez à qui, monsieur, sans que je vous le dise.... Il est devenu un grand personnage avant de mourir. Je l'ai rachetée à un individu qui a habité cette chambre après lui, mais qui ne le valait sous aucun rapport. Du reste, il n'aurait pas été facile de trouver beaucoup d'individus de sa distinction. »

Arthur rapprocha un peu la table, posa le coude dessus et se tint dans cette attitude.

« Peut-être ignorez-vous, monsieur, poursuivit le porte-clefs, que j'ai pris la liberté d'aller le voir, lorsqu'il est revenu à Londres pour quelques jours. A dire vrai, il a regardé cette démarche comme une liberté de ma part, bien qu'il ait eu l'obligeance de m'engager à m'asseoir et de me demander des nouvelles de mon père et de tous les anciens amis.... je veux dire des humbles connaissances d'autrefois. Je l'ai trouvé bien changé et je l'ai dit en revenant ici. Je lui ai demandé si Mlle Amy allait bien....

— Et allait-elle bien?

— Il me semble que vous ne devez pas avoir besoin d'adresser cette question-là à un pauvre diable comme moi, répondit John, qui avait l'air d'avaler difficilement une grosse pilule invisible. Mais, puisque vous me l'adressez, je suis fâché de ne pouvoir y répondre. Ce qu'il y a de sûr, c'est qu'il regarda encore cette question comme une liberté de ma part, et me demanda ce que cela me faisait. A partir de ce moment, je vis bien que j'étais importun, comme je m'en étais un peu douté d'abord. Malgré ça, il me parla ensuite avec assez de bonté.... avec beaucoup de bonté. »

Ils gardèrent tous les deux le silence pendant plusieurs minutes. Seulement John répéta dans l'intervalle : « Certainement, il m'a ensuite montré beaucoup de bonté. »

Ce fut encore au tour du guichetier à renouer la conversation.

« Si ce n'est pas une indiscrétion, reprit-il, pourrait-on vous demander combien de temps vous comptez rester sans boire ni manger?

— Je n'ai eu besoin de rien jusqu'à présent, répliqua Clennam. Je n'ai pas d'appétit pour le moment.

— Raison de plus pour vous restaurer, reprit John. Il ne faut pas rester là dans votre fauteuil pendant toute une journée sans rien prendre, parce que vous n'avez pas d'appétit; au contraire, il faut manger quelque chose pour vous donner de l'appétit. Je vais prendre le thé dans ma chambre. Si ce n'est pas une trop grande liberté de ma part de vous faire cette offre, venez en prendre une tasse avec moi. Ou, si vous l'aimez mieux, je pourrai vous descendre ici le plateau en deux minutes. »

Convaincu que John se donnerait cette peine s'il refusait, désireux aussi de prouver qu'il n'avait oublié ni la prière de M. Chivery père, ni les excuses de M. Chivery fils, Arthur se leva en déclarant qu'il prendrait volontiers une tasse de thé chez l'ami John. Celui-ci referma la porte pour en épargner la peine au détenu, dans la poche duquel il glissa adroitement la clef, puis prit les devants pour lui montrer le chemin de sa propre résidence.

Il demeurait tout en haut du bâtiment le plus rapproché du greffe. C'était la chambre où Arthur était monté en courant le jour où la famille, récemment enrichie, quittait pour toujours la prison, et où il avait trouvé la petite Dorrit étendue à terre sans connaissance. Dès qu'il eut mis le pied sur la première marche de l'escalier, il devina où John le conduisait. La chambre n'était pas tout à fait dans le même état : on lui avait donné un coup de badigeon et on l'avait tendue d'un papier neuf; elle renfermait aussi un mobilier plus confortable; mais Clennam put aisément se la rappeler telle qu'un rapide coup d'œil la lui avait montrée, tandis qu'il prenait la jeune fille dans ses bras pour la porter jusqu'à la voiture.

John, en se mordant les doigts, fixait sur son convive un regard scrutateur.

« Je vois que vous connaissez cette chambre, monsieur Clennam.

— Oui, oui, je me la rappelle.... Dieu bénisse la chère enfant! »

John oubliait le thé pour continuer à se mordre les doigts et à regarder son invité jusqu'à ce que celui-ci eût cessé d'examiner la chambre. Puis il fit un bond vers la théière, y versa impétueusement tout le souchong qu'il avait dans sa boite, et s'éloigna pour la remplir d'eau bouillante à la cuisine commune.

La chambre parlait à Clennam dans un langage si éloquent, au milieu du changement de circonstances qui le ramenait dans cette misérable prison, elle lui parlait si tristement de la petite Dorrit qu'il avait perdue, qu'il aurait eu beaucoup de peine à ne pas céder à son émotion, quand même il n'eût pas été seul. Mais, seul comme il était, il n'essaya même pas. Il posa la main sur le mur insensible avec autant de tendresse que s'il eût touché la jeune fille elle-même, et prononça son nom à voix basse. Il se mit à la croisée, et, regardant par-dessus le parapet de la prison et sa lugubre couronne de fer, il envoya, à travers le brouillard d'une chaude journée d'été, une bénédiction vers le pays lointain où la petite Dorrit vivait heureuse et riche.

John fut absent quelque temps, et, lorsqu'il revint, il était facile de voir qu'il était allé dehors, car il apportait du beurre frais enveloppé dans une feuille de chou, quelques tranches de jambon dans une feuille de chou jumelle, plus un petit panier de cresson et de salade. Lorsqu'il eut arrangé ces comestibles sur la table dans un ordre symétrique, les deux convives s'assirent pour prendre le thé.

Clennam essaya de faire honneur au repas, mais en vain. Le jambon lui donnait des nausées, le pain semblait se transformer en sable dans sa bouche. Il eut beau faire tout son possible pour se forcer à manger; tout ce qu'il put faire, ce fut de prendre une tasse de thé.

« Prenez un peu de salade, » dit John en présentant le panier à son invité.

Arthur prit un brin ou deux de cresson et essaya de manger, mais le pain sembla se transformer en sable plus lourd qu'auparavant, et le jambon (bien que d'excellente qualité) lui parut répandre une odeur de charcuterie insupportable dans toute la prison.

« Encore un peu de salade, monsieur, » répéta John, qui avança de nouveau le panier.

Le jeune guichetier avait tellement l'air de passer à un pauvre oiseau quelques brins de verdure par les barreaux de sa cage pour récréer sa triste solitude, et il était si facile de deviner qu'il avait acheté le petit panier dans l'intention d'offrir au prisonnier une poignée de fraîcheur pour lui faire oublier les briques et les pavés brûlants de la geôle, que Clennam ne put s'empêcher de lui dire en souriant :

« C'est bien aimable à vous d'avoir songé à me faire passer cette verdure à travers les barreaux de ma cage; mais aujourd'hui je ne puis pas même prendre cela. »

Comme si le manque d'appétit eût été une maladie contagieuse, John ne tarda pas à repousser aussi son assiette et se mit à plier la feuille de chou qui avait servi d'enveloppe au morceau de jambon. Lorsqu'il l'eut pliée et repliée de façon à en faire un petit in-18 qui pouvait tenir dans le creux de sa main, il commença à l'aplatir, en fixant sur Clennam un regard scrutateur.

« Il me semble, dit-il enfin, pressant son in-18 entre ses mains avec vigueur, que, si vous ne jugez pas à propos de vous soigner dans votre propre intérêt, vous pourriez au moins vous soigner dans l'intérêt d'une autre personne.

— En vérité, répondit Arthur avec un soupir et un sourire, je ne vois pas pour qui je me soignerais.

— Monsieur Clennam, fit John avec vivacité, je m'étonne qu'un gentleman, capable d'être aussi franc que vous l'êtes, soit capable de me faire une réponse si peu sincère. Oui, monsieur Clennam, je suis surpris qu'un individu capable d'avoir un cœur comme le vôtre, ait le cœur de traiter le mien de la sorte. Cela m'étonne, monsieur. Ma parole d'honneur, cela me surprend! »

John, qui s'était levé afin de donner plus de force à ses dernières paroles, se rassit et commença à rouler son in-18 sur sa jambe droite, sans jamais quitter des yeux Clennam qu'il contemplait d'un air d'indignation et de reproche.

« Je l'avais surmontée, monsieur, continua-t-il, je l'avais vaincue, cette passion, sachant qu'il fallait la vaincre; j'étais décidé à n'y plus songer. C'est ce que j'aurais fait, j'espère, si, dans cette prison, on ne vous avait pas amené et dans une heure malencontreuse pour moi, aujourd'hui même (dans son agitation, John adoptait la phraséologie éloquente de sa mère).... Lorsque vous vous êtes dressé devant moi, monsieur, dans la loge, ce matin même, plutôt comme un Upas empoisonné, que comme un simple insolvable, il s'est élevé en moi un tel flot de sentiments tumultueux qu'au premier abord il a tout entraîné devant lui, et que je me suis senti emporté dans le tourbillon. Enfin, j'ai réussi à en sortir. Oui, quand ce devrait être ma condamnation, je soutiendrai toujours que contre ce tourbillon de toutes mes forces j'ai lutté, et que j'en suis sorti. Je me suis dit que, si je m'étais montré grossier avec vous, je vous devais des excuses, et ces excuses, sans crainte de me dégrader, je vous les ai offertes. Et maintenant, au moment même où je désirais tant vous prouver qu'il existe un souvenir presque sacré pour moi, et que je prise par-dessus tout.... vous venez, par-dessus le marché, me mortifier, lorsque j'y fais l'allusion la plus détournée et la plus innocente; car vous ne pouvez pas nier, monsieur, vous n'aurez pas la bassesse de nier que vous m'ayez mortifié. »

Dans son étonnement, Arthur ne put qu'ouvrir de grands yeux et demander :

« De quoi donc s'agit-il ? que voulez-vous dire, John ? »

Mais John, se trouvant dans cette situation d'esprit où certaines gens semblent incapables de donner une réponse directe, continua étourdiment :

« Je n'avais pas, déclara-t-il, je n'avais pas, et je n'ai jamais eu l'audace de conserver le moindre espoir. Je n'ai jamais pensé.... non, jamais, et pourquoi ne le dirais-je pas, si je l'avais pensé ?... que je pusse être heureux, après les paroles que nous avons échangées, quand même il ne se serait pas élevé depuis des barrières insurmontables ! Mais cela vous donne-t-il le droit de supposer que j'ai perdu la mémoire, que je ne pense plus, que je n'ai pas d'endroit sensible, que je n'ai plus rien de rien ?

— Que voulez-vous dire ? s'écria Clennam.

— Oui, oui, on peut fouler tout cela aux pieds, monsieur, poursuivit John, s'élançant au galop, comme un cheval échappé, dans une véritable prairie sauvage de paroles tumultueuses, si on a le courage de commettre une pareille bassesse. On peut fouler aux pieds mes sentiments, mais cela ne m'empêche pas de les avoir. Vous ne pourriez même pas les fouler aux pieds, si je ne les avais pas. Mais il n'en est pas moins indigne d'un gentleman, il n'en est pas moins déshonorant pour lui, de venir, par ses paroles amères, refouler un individu dans sa coque, lorsqu'il lutte, pour en sortir, comme un ver-à soie. Le monde peut se moquer d'un porte-clefs, mais un porte-clefs est un homme, après tout.... excepté quand c'est une femme, comme cela se voit dans certaines prisons réservées au beau sexe. »

Quelque ridicule que fût l'incohérence de ce discours, il y avait néanmoins tant de sincérité dans la simple et sentimentale nature de John; son visage brûlant, l'agitation de sa voix et de ses manières indiquaient si clairement qu'il se sentait froissé, qu'il aurait été cruel de ne pas y être sensible. Tandis qu'Arthur cherchait à remonter à la source de la mystérieuse insulte dont il s'était rendu coupable sans le savoir, John, après avoir formé un rouleau passablement symétrique avec sa feuille de chou, la coupa en trois, et la posa proprement sur une assiette, comme si c'eût été quelque rareté gastronomique.

« Mais, au fait, ne serait-il pas possible, dit Arthur, après s'être rappelé leur conversation depuis l'offre du cresson, que vous fissiez là quelque allusion à Mlle Dorrit?

— Ah! vous demandez si c'est possible, monsieur, répliqua John Chivery.

— Mais c'est que je ne comprends pas cette allusion. Je voudrais bien ne pas avoir le malheur de vous laisser croire que mon intention est de vous offenser, car je ne l'ai jamais eue, et, cependant, je suis obligé de vous répéter que je ne vous comprends pas.

— Monsieur, riposta John, aurez-vous bien la perfidie de soutenir que vous ne connaissez pas depuis longtemps ce que j'éprouve à l'endroit de Mlle Dorrit?... une passion, vous le savez, qui mérite moins le nom ambitieux d'amour que celui d'une humble adoration et d'un sacrifice dévoué?

— John, je ne commettrai jamais sciemment un acte de perfidie.... pas plus celui-là qu'un autre, et je ne devine pas pourquoi vous m'en croyez capable. Mme Chivery, votre mère, ne vous a-t-elle jamais dit que j'étais allé la voir?

— Non, monsieur, répondit John d'un ton sec. Elle ne m'a jamais parlé de ça.

— Cependant, j'y suis allé, devinez-vous pourquoi?

— Non, monsieur, répéta John sans changer d'intonation, je ne devine pas.

— Alors, je vais vous le dire. Je désirais assurer le bonheur de Mlle Dorrit; et si j'avais pu croire qu'elle partageât vos sentiments.... »

Le pauvre John devint pourpre jusqu'au bout des oreilles.

« Mlle Dorrit ne les a jamais partagés, monsieur, interrompit-il. A mon humble façon, je veux me montrer aussi franc et aussi honorable que possible, et je me mépriserais si j'étais capable de mentir en vous disant le contraire. Non, elle ne m'a jamais donné à entendre qu'elle pourrait m'aimer, et, dans un moment de sang-froid, je n'ai même point espéré qu'elle le fît jamais. Elle était bien au-dessus de moi sous tous les rapports. Et d'ailleurs, ajouta John, sa famille distinguée était supérieure à la mienne. »

Le sentiment chevaleresque de John pour la petite Dorrit et pour tout ce qui lui appartenait le rendait si respectable, en dépit de sa petite taille, de ses jambes grêles, de sa chevelure blond filasse et de son tempérament poétique, qu'un Goliath aurait pu prendre sa place sans inspirer autant de considération à Arthur.

« Vous parlez comme un homme, John! dit-il d'un ton de sincère admiration.

— Eh bien! monsieur, tâchez de faire comme moi.... voilà tout ce que je vous demande, » répliqua John, passant la main sur ses yeux.

Il avait mis tant de vivacité et d'aigreur dans cette riposte qu'Arthur le contempla encore une fois d'un air surpris.

« Toutefois, ajouta John, tendant la main à son hôte par-dessus la table, l'expression est trop forte, je la retire. Mais pourquoi aussi, pourquoi, lorsque je vous dis : « Monsieur Clennam, soignez-vous dans l'intérêt de quelqu'un que vous savez, » pourquoi ne pas user de franchise, même envers un porte-clefs? Si je vous ai donné la chambre qui devait vous plaire le mieux; si je vous ai monté vos malles (non que je les aie trouvées lourdes.... pas du tout, je n'en aurais pas parlé sans cela).... si je vous ai cultivé comme je l'ai fait depuis ce matin, croyez-vous que ce soit pour vos propres mérites? Non. Ils sont très-grands, je n'en doute pas le moins du monde; mais ce n'est pas pour eux que je l'ai fait. Les mérites d'une autre personne sont plus grands encore : ce sont eux qui ont eu tant d'influence sur moi.... Pourquoi donc ne pas me parler franchement à votre tour?

— Eh bien, franchement, John, vous êtes un si bon garçon et votre caractère m'inspire un respect si sincère, que je me reproche de n'avoir pas deviné qu'il fallait attribuer à la confiance que m'a témoignée Mlle Dorrit les bons services que vous m'avez rendus aujourd'hui.... J'avoue mon tort, et je vous prie de me le pardonner.

— Oh! pourquoi? répéta John avec le même dédain qu'auparavant, pourquoi si peu de franchise?

— Je vous assure que je ne vous comprends pas. Regardez-moi. Songez aux chagrins que j'ai éprouvés. Est-il probable que j'ajouterais sciemment aux autres reproches que je m'adresse, celui de m'être montré ingrat ou traître envers vous? Je ne vous comprends pas. »

Le visage incrédule de John s'adoucit peu à peu et n'exprima plus que le doute. Il se leva, marcha à reculons vers la fenêtre mansardée, fit signe à Clennam de s'avancer jusque-là et le contempla d'un air rêveur en disant :

« Monsieur Clennam, vous n'allez pas me dire que vous ne savez pas?

— Que je ne sais pas quoi John?

— Miséricorde! s'écria John qui parut en appeler aux pointes de fer qui couronnaient le mur de la prison. Il me demande *quoi!* »

Clennam regarda les pointes de fer, puis il regarda John. Il recommença deux fois le même exercice sans en être plus avancé.

« Il le demande! Et qui plus est, s'écria le jeune guichetier, qui regarda Clennam des pieds à la tête d'un air d'embarras pénible, ne dirait-on pas qu'il ne sait vraiment rien! Voyez-vous cette croisée, monsieur?

— Certainement, je la vois.

— Vous voyez cette chambre?

— Sans aucun doute.

— Le mur d'en face, et cette petite cour? Eh bien, tout cela en a été témoin du soir jusqu'au matin et du matin jusqu'au soir, pendant des semaines, pendant des mois. Combien de fois n'ai-je pas vu Mlle Dorrit accoudée à cette fenêtre, sans savoir que je la voyais!

— Témoin de quoi?

— De l'amour de Mlle Dorrit.

— De son amour!... Pour qui donc?

— Pour *vous!* » répondit John, qui posa le revers de sa main sur la poitrine d'Arthur, recula vers sa chaise et s'y assit, le visage pâle, les deux mains sur les bras du fauteuil, en secouant la tête.

S'il eût porté à Clennam un grand coup de poing, au lieu de se contenter de le toucher doucement comme il l'avait fait, la commotion n'eût pas été plus violente. Arthur demeura immobile de surprise, les yeux fixés sur John, les lèvres entr'ouvertes, sur lesquelles semblait s'agiter le mot : *Moi!* mais sans qu'il eût la force de le prononcer; il se tint ainsi les bras ballants, comme un homme qui se réveille en sursaut, pour apprendre une nouvelle qu'il ne comprend pas bien encore.

« Moi! dit-il enfin tout haut.

— Ah! dit en gémissant le jeune porte-clefs. Vous! »

Arthur essaya de sourire en répondant :

« Vous avez rêvé cela, John. Vous vous trompez.

— Moi, me tromper! s'écria John. *Moi!* Non, non, monsieur Clennam, ne dites pas cela. Sur toute autre chose, c'est possible; car je n'ai pas la prétention d'être un profond observateur et je sais bien ce qui me manque. Mais me tromper, *moi*, sur une chose qui m'a plus ravagé le cœur que toute une cargaison de flèches sauvages! *Moi*, me tromper sur un point qui m'a conduit à deux doigts de la tombe.... (et quelquefois je voudrais qu'il m'y eût conduit tout à fait, si la tombe n'était pas incompatible avec le débit de tabac et les sentiments de ceux à qui je dois le jour). *Moi*, me tromper sur une découverte qui, même en ce moment, m'oblige à tirer mon mouchoir de ma poche, ni plus ni moins qu'une grande fille, comme on dit; et pourtant je ne vois pas pourquoi le titre de *grande fille* serait un terme de reproche, puisque tout cœur mas-

enfin bien constitué doit les aimer, qu'elles soient grandes ou petites! Ne me dites pas cela, ne me dites pas cela! »

Toujours respectable au fond, tout absurde qu'il parût à la surface, John tira en effet son mouchoir, avec cette absence sincère d'affectation et de cachotterie qu'on ne rencontre que chez un homme d'un bon naturel, lorsqu'il exhibe son mouchoir pour s'essuyer les yeux. Après les avoir essuyés et s'être permis le luxe innocent d'un sanglot et d'un reniflement, il le remit dans sa poche.

La main que John avait posée sur la poitrine d'Arthur lui avait tellement laissé là la sensation d'un coup de poing qu'il ne pouvait encore trouver rien à dire pour terminer l'entretien. Lorsque le guichetier eut remis son mouchoir dans sa poche, Arthur lui répéta qu'il admirait son désintéressement et sa fidélité affectueuse. Quant à l'impression dont il venait de soulager son esprit.... (Ici John l'interrompit en disant : « Non pas une impression! une certitude! »).... quant à cela, ils pourraient en causer plus tard, mais, pour le moment, il s'abstiendrait, lui, d'en dire davantage. Il se sentait triste et fatigué; il allait rentrer chez lui, avec la permission de John, et se retirer pour la nuit. Le porte-clefs n'y fit aucune opposition, et Clennam se traîna à l'ombre du mur jusqu'à sa chambre.

La sensation du coup qu'il venait de recevoir en pleine poitrine était encore si pénible que, dès qu'il fut débarrassé de la présence d'une vieille femme de journée très-sale qu'il trouva assise sur les marches, où elle attendait pour faire le lit du nouveau détenu, et qui lui donna à entendre qu'elle obéissait en cela aux ordres de M. Chivery.... « pas l'ancien, mais son fils.... » il se jeta dans le vieux fauteuil fané, se tenant la tête à deux mains, comme s'il se sentait étourdi. L'amour de la petite Dorrit! Cela lui causait plus de trouble que toutes ses autres peines. Beaucoup plus.

La chose semblait si improbable! L'avait-il jamais appelée autrement que son enfant, sa chère enfant? N'avait-il pas toujours cherché à gagner sa confiance en appuyant sur la différence de leurs âges respectifs et en ne parlant de lui-même que comme d'un homme qui commence à se faire vieux? Pourtant, qui sait? elle ne l'avait peut-être pas trouvé si vieux qu'il voulait le paraître; lui-même, il se rappelait bien qu'il n'avait commencé à se croire vieux que le jour où la rivière avait emporté le bouquet de roses.

Il avait les deux lettres de la petite Dorrit dans une boîte qui renfermait d'autres papiers; il les prit et les relut. Il lui sembla, en les relisant, entendre la douce voix de celle qui les avait écrites. Elles résonnèrent à son oreille avec des inflexions pleines de tendresse auxquelles il n'était pas impossible de donner, en effet, un nouveau sens. Ce fut alors que le calme désespoir de la réponse : « Non, non, non, » qu'elle lui avait faite un soir dans cette même chambre.... (cette nuit où Pancks leur avait laissé entrevoir l'aube du changement de fortune de la famille Dorrit, et où il avait échangé avec elle d'autres paroles qu'il devait se rappeler plus tard, dans son humiliation et dans sa captivité).... lui revinrent à l'esprit.

Mais, encore une fois, la chose paraissait si improbable !

En y réfléchissant, pourtant, elle le parut moins. Puis il se livra à une autre enquête assez bizarre sur l'état de son propre cœur. Dans sa répugnance à croire qu'elle aimât quelqu'un; dans son désir d'éclaircir cette question; dans sa conviction qu'il y avait une sorte de générosité de sa part à protéger l'amour qu'elle aurait pu éprouver pour un autre.... Dans tout cela n'y avait-il pas un sentiment auquel il avait imposé silence chaque fois qu'il allait éclater? Ne s'était-il pas toujours dit qu'il ne devait jamais songer à être aimé d'elle; qu'il ne devait pas tirer avantage de sa reconnaissance; qu'il devait se rappeler son expérience passée afin d'éviter un nouveau danger; qu'il devait regarder toutes ces espérances juvéniles comme des illusions du passé, aussi mortes pour lui que l'était la sœur de Chérie; qu'il devait se tenir sur ses gardes en se répétant que le temps des amours était passé pour lui, triste et vieux qu'il était maintenant?

Il l'avait embrassée lorsqu'il l'avait trouvée évanouie et qu'il l'avait descendue dans ses bras, le jour où elle avait été oubliée par sa famille avec une négligence si expressive. Eh bien! l'avait-il embrassée tout à fait de la même manière que si elle eût été réveillée? N'y avait-il pas du tout de différence?

L'obscurité le trouva rêvant encore à toutes ces pensées. L'obscurité trouva aussi M. et Mme Plornish frappant à sa porte. Ils apportaient avec eux un panier garni d'une collection choisie de ces denrées que les Cœurs Saignants mettaient tant d'empressement à acheter et tant de lenteur à payer. Mme Plornish pleurait. M. Plornish grommela, dans son style philosophique mais peu clair, qu'il y a des hauts, vous savez, et puis aussi des bas. Il était parfaitement inutile de demander pourquoi il y a des hauts et des bas; ils existent, voilà tout. Il avait entendu affirmer qu'à mesure que la terre tourne.... (car on sait qu'elle tourne).... le meilleur gentleman du monde doit naturellement se trouver de temps en temps sens dessus dessous, la tête en bas et les cheveux tout ébouriffés comme les autres, dans ce qu'on peut nommer l'espèce. Eh bien alors tant mieux! c'était là l'opinion de M. Plornish. Tant mieux! car à la première révolution de la terre, la tête de ce même gentleman reprendrait sa position naturelle et ses cheveux aussi qui redeviendraient si lisses que cela ferait plaisir à voir. Eh bien! alors tant mieux. »

On a déjà vu que Mme Plornish n'était pas douée d'un esprit philosophique : elle ne savait que pleurer, mais, pour être moins philosophiques, ses larmes n'en étaient pas moins intelligibles. Cela tenait-il à sa douleur si sympathique, à l'esprit naturel de son sexe, à l'association des idées plus rapide chez les femmes, ou plutôt à ce qu'elles n'ont point du tout de ces associations d'idées; ce qu'il y a de sûr, c'est qu'elle ne pouvait pas être plus intelligible.

« Vous auriez de la peine à me croire, monsieur Clennam, si je vous répétais tout ce que père a dit à propos de vous, commença Mme Plornish. Il en est presque malade. Quant à sa voix, depuis votre malheur, il n'en a plus du tout. Vous savez qu'il chante à ravir; eh bien, cette après-midi, il n'a pas tant seulement pu gazouiller trois notes pour les enfants. Vous me croirez si vous voulez, mais c'est la pure vérité. »

Tout en parlant, Mme Plornish secoua la tête, s'essuya les yeux et jeta autour d'elle sur la chambre un coup d'œil rétrospectif.

« Pour ce qui est de M. Baptiste, continua Mme Plornish, je ne peux pas me figurer et encore moins m'imaginer ce qu'il va devenir en apprenant la nouvelle. Il y a longtemps qu'il serait ici, bien sûr, s'il n'avait pas été absent depuis ce matin pour l'affaire confidentielle dont vous l'avez chargé. Le zèle avec lequel il s'occupe de cette affaire, sans prendre un moment de repos, est bien fait, comme je lui ai dit (ajouta Mme Plornish, terminant son discours en italien) : *poura etouna una padrona.* »

Bien que Mme Plornish ne fût pas vaniteuse, elle ne se cacha pas qu'elle avait tourné cette phrase toscane avec une élégance particulière.

« Mais ce que je dis, monsieur Clennam, continua la digne femme, c'est qu'à tous les malheurs on peut toujours trouver un bon côté; vous savez ça aussi bien que moi. Quand on regarde autour de cette chambre, il est facile de deviner quel est le bon côté du malheur d'aujourd'hui.... Il faut remercier le ciel de ce que Mlle Dorrit n'est plus ici pour voir cela. »

Arthur crut reconnaître que Mme Plornish le regardait avec une expression toute particulière.

« C'est une chose dont il faut remercier le ciel, répéta Mme Plornish, que Mlle Dorrit soit bien loin. Espérons que cela l'empêchera d'apprendre la nouvelle. Si elle avait été ici, monsieur, il n'est pas douteux qu'en vous voyant (Mme Plornish répéta ces mots....), il n'est pas douteux qu'en vous voyant, *vous*, dans le malheur et la peine, son bon cœur en eût trop souffert. Je suis sûre qu'il n'y a rien au monde qui pût lui faire autant de peine. »

On ne pouvait pas s'y tromper cette fois : Mme Plornish regardait Arthur bien en face, et il y avait un certain air de malice dans son émotion affectueuse.

« Oui! reprit-elle. Et voyez un peu comme père, malgré son âge, remarque tout ce qui se passe autour de lui : il m'a dit, pas plus tard que ce soir (que l'heureuse Chaumière me démente si j'ajoute un mot à l'exacte vérité)! il m'a dit : *Marie, quel bonheur que miss Dorrit ne soit pas ici pour voir ça!* Je réponds alors à père, que je lui réponds : « *Père,* vous avez raison! » Voilà (continua Mme Plornish de l'air d'un témoin qui se pique d'avoir fait en justice une déposition irréprochable), voilà ce qui s'est passé entre père et moi. Voilà la vérité et rien que la vérité. »

M. Plornish, étant d'un tempérament plus laconique, saisit cette occasion pour remarquer qu'il était temps de laisser M. Clennam à lui-même.

« Car, vois-tu, ajouta-t-il gravement, je sais ce que c'est, ma vieille. »

Il répéta plusieurs fois cette précieuse observation, comme si elle lui eût paru renfermer un grand précepte moral, et le digne couple s'éloigna bras dessus, bras dessous.

« Petite Dorrit, petite Dorrit! » Encore, pendant des heures entières, et toujours la petite Dorrit.

Heureusement que, lors même qu'il y aurait jamais eu quelque chose de vrai dans l'histoire de cet amour, ce n'était plus que de l'histoire ancienne. C'était fini, bien fini, et tant mieux. Si, en effet, elle l'avait aimé, et qu'il l'eût su et qu'il se fût laissé aimer, quel chemin que celui qu'il aurait fait prendre à la chère enfant.... le chemin qui devait la ramener à cette misérable prison! Il devait se consoler en songeant qu'elle ne risquait plus d'y revenir; qu'elle était ou serait bientôt mariée (quelques vagues rumeurs des intentions de l'ex-doyen à cet égard avaient circulé dans la cour du Cœur-Saignant à l'époque du mariage de Fanny), et que la grille de la prison était à jamais fermée maintenant au retour des éventualités embrouillées d'un temps désormais écoulé.

« Chère petite Dorrit! »

Lorsque Arthur jetait un regard en arrière sur la triste histoire de sa propre vie, la petite Dorrit lui apparaissait toujours à l'horizon. Tout aboutissait à cette innocente image. Il la retrouvait au bout des milliers de lieues qu'il avait faites à son retour. C'est elle qui avait calmé ses inquiétudes et ses doutes d'autrefois; elle était le centre de tout l'intérêt de son existence, l'âme de tout le bonheur que la vie avait pu lui donner encore. Sans elle que trouvait-il au dedans de lui-même et dans ses souvenirs? rien que désolation et ténèbres.

Aussi mal à l'aise que la première fois qu'il avait couché entre ces sombres murs, il passa la nuit à tourner toutes ces pensées dans son esprit. Pendant ce temps-là M. Chivery fils dormait au contraire d'un sommeil paisible, après avoir composé et disposé (sur son oreiller) l'épitaphe que voici :

PASSANT!
RESPECTE LA TOMBE DE
JOHN CHIVERY, JUNIOR,
MORT A UN AGE TRÈS-AVANCÉ
QU'IL EST INUTILE DE SPÉCIFIER.
IL RENCONTRA UN RIVAL COURBÉ SOUS LE POIDS DU MALHEUR,
ET SE SENTIT TOUT DISPOSÉ
A LUI PROPOSER UN DUEL A COUPS DE POINGS;
MAIS, GRACE AU SOUVENIR DE LA BIEN-AIMÉE,
IL SUT VAINCRE CES SENTIMENTS AMERS,
ET SE MONTRA
MAGNANIME.

CHAPITRE XXVIII.

Nouvelle apparition dans la Maréchaussée.

L'opinion de la communauté en dehors de la prison ne devint pas plus favorable à Clennam de jour en jour, et il ne se fit pas non plus d'amis dans la communauté des détenus. Trop abattu pour se mêler au troupeau de prisonniers qui se rassemblaient dans la cour afin d'oublier ensemble leurs peines; trop réservé et trop malheureux pour prendre part aux pauvres régals de la taverne, il restait enfermé dans sa chambre et on se défiait de lui. Les uns disaient qu'il était trop fier; d'autres déclaraient qu'il était maussade et taciturne; d'autres le méprisaient comme un être sans courage qui se laissait écraser sous le poids de ses dettes. La communauté tout entière semblait l'éviter à cause de ces divers griefs, mais surtout pour le dernier qui impliquait une sorte de trahison domestique. Bientôt il s'abandonna tellement à sa solitude qu'il attendait, pour se promener, que les détenus rassemblés au café eussent laissé la cour en possession des femmes et des enfants.

La captivité ne tarda pas à agir sur lui. Il se sentait devenir désœuvré et indolent. Grâce à la connaissance qu'il avait acquise, dans cette chambre même, des influences délétères de la prison, il s'effraya de ces premiers symptômes. Évitant autant que possible le regard des autres hommes, évitant de s'interroger lui-même, il commença à changer très-rapidement. Le premier venu se serait aperçu tout de suite que l'ombre des murs de la prison s'épaississait déjà sur son esprit affaissé.

Un jour (il y avait environ deux mois et demi qu'il était là), tandis qu'il lisait, sans parvenir à soustraire à l'influence de la Maréchaussée même les personnages imaginaires de son livre, il entendit qu'on s'arrêtait à sa porte et qu'on frappait. Il se leva pour aller ouvrir, et une voix aimable l'accueillit d'un :

« Comment vous portez-vous, monsieur Clennam? J'espère que ma visite ne vous importune pas? »

C'était le brillant Mollusque attaché au secrétariat. Le jeune Ferdinand paraissait meilleur enfant et plus aimable que jamais, bien qu'il eût un air de gaieté et de liberté singulièrement déplacé dans cette misérable prison.

« Vous êtes surpris de me voir, monsieur Clennam? dit-il en prenant le siége qu'Arthur venait de lui offrir.

— Très-surpris, je l'avoue.

— Mais pas désagréablement, je l'espère?

— Il s'en faut de beaucoup.

— A la bonne heure. Franchement, continua le séduisant Mollusque, j'ai été très-fâché que vous pussiez vous trouver dans la nécessité de faire ici une retraite temporaire, et j'espère (ceci soit dit entre nous, de gentleman à gentleman) que nous n'y sommes pour rien, nous autres?

— Vous autres?

— Oui, nous tous au bureau des Circonlocutions.

— Je n'ai pas le moindre droit d'accuser de mes revers cet établissement remarquable.

— Ma parole d'honneur, dit avec vivacité le petit Mollusque, j'en suis enchanté. Je suis charmé de vous entendre faire cette déclaration. J'aurais vraiment été désolé que nous fussions pour quelque chose dans votre embarras actuel. »

Clennam assura de nouveau qu'il acquittait les agents des Circonlocutions de toute responsabilité.

« Tant mieux. Je suis heureux de l'apprendre. Je craignais au fond que nous n'eussions contribué à vous amener ici, car il faut bien avouer que nous avons parfois le malheur de réduire les gens à des extrémités de ce genre. Ce n'est pas que nous ayons la moindre idée de les y réduire, mais si les gens tiennent absolument à venir s'empêtrer chez nous.... ma foi, ce n'est pas notre faute.

— Sans partager entièrement votre avis à cet égard, répondit tristement Arthur, je vous remercie de l'intérêt que vous me témoignez.

— Non, mais là, vraiment? Je vous assure, reprit ce sans gêne de petit Mollusque, que nous sommes les êtres les plus inoffensifs du monde. Vous me direz que notre institution n'est qu'une mauvaise plaisanterie. Je ne prétends pas le contraire; mais elle n'a pas été créée et mise au monde pour autre chose : elle ne fait donc que remplir son mandat. Vous comprenez?

— Du tout; je ne comprends pas.

— C'est que vous n'envisagez pas la question à son véritable point de vue, et c'est là le point essentiel. Le véritable point de vue c'est que tout ce que nous demandons au public, c'est qu'il nous laisse tranquilles; trouvez-moi une administration qui puisse en dire autant.

— Oui, mais êtes-vous nommés là pour qu'on vous laisse tranquilles?

— Vous avez mis le doigt dessus, répliqua Ferdinand. On n'a jamais eu d'autre but en vue. Notre ministère n'est là que pour qu'on laisse tout tranquille. C'est là le fin mot. Sans doute il y a certaines formalités à remplir, car il faut bien faire semblant d'avoir autre chose à faire; mais ce n'est qu'une frime. Quant aux formalités, nous ne les ménageons pas, Dieu merci! voyez plutôt toutes les formalités par lesquelles vous avez déjà passé, sans en être plus avancé.

— Pour cela, c'est vrai! répondit Clennam.

— Eh bien, envisagez la question à son véritable point de vue, et vous verrez que.... nous remplissons officiellement et consciencieusement notre mission, c'est une partie de *cricket* sur une petite échelle. Il y a là une armée de joueurs qui cherchent toujours à envoyer la balle aux diverses administrations du service public, et nous, nous sommes là pour arrêter la balle au passage. »

Clennam demanda ce que devenaient les joueurs?

L'évaporé petit Mollusque répondit qu'ils se fatiguaient, qu'ils n'en pouvaient plus, que les balles qu'on leur renvoyait finissaient par leur casser bras et jambes, ou par leur briser l'échine, et qu'alors ils s'en allaient clopin-clopant, abandonnant la partie pour voir s'ils ne pourraient pas s'amuser ailleurs.

« Et voilà pourquoi, poursuivit-il, je me félicite encore une fois de ce que nous n'avons pas contribué à vous faire occuper ici un logement provisoire. Le contraire n'aurait rien de bien étonnant, car il faut bien reconnaître que nous avons la main malheureuse avec ceux qui s'obstinent à ne pas nous laisser tranquilles. Monsieur Clennam, je suis d'une entière franchise avec vous. Je sais qu'on peut avoir confiance en vous. Je vous ai parlé sans détour dès la première fois que je vous ai rencontré, lorsque j'ai vu que vous alliez vous donner le tort de ne pas nous laisser tranquilles. Au premier abord, j'ai reconnu que vous étiez inexpérimenté et impétueux, que vous aviez.... j'espère que vous ne m'en voudrez pas si j'ajoute :... par trop de simplicité?...

— Allez toujours, je ne vous en veux pas du tout.

— Que vous aviez par trop de simplicité. Je pensai donc que ce serait grand dommage de vous laisser fourvoyer, et je suis allé jusqu'à vous insinuer (ce qui n'était pas du tout dans mon rôle officiel, mais je ne suis jamais officiel quand je peux faire autrement), qu'à votre place je chercherais un passe-temps plus récréatif. Vous n'avez pas voulu me croire et vous avez mieux aimé continuer de vous ennuyer à tout cela. Une autre fois, croyez-moi, et ne recommencez plus.

— Il n'est guère probable que j'aie l'occasion de recommencer.

— Oh que si! Vous sortirez d'ici. Tout le monde sort d'ici. Il y a mille moyens de sortir d'ici. Seulement ne revenez pas chez nous. C'est là le second but de ma visite. Je vous en prie, ne remettez plus les pieds dans nos bureaux. Ma parole d'honneur, continua Ferdinand d'un ton plein de confiance et d'intérêt, je ne peux pas vous dire combien je serais vexé de voir que vous ne profitassiez pas de votre expérience passée pour vous épargner l'ennui de perdre votre temps avec nous.

— Et l'invention?

— Mon cher, répliqua Ferdinand, excusez ma franchise; mais je vous assure que personne ne se soucie de connaître votre invention, personne ne donnerait deux sous pour la connaître.

— Personne dans vos bureaux, c'est possible.

— Dans nos bureaux ni ailleurs. C'est le sort de toute invention nouvelle : il n'y a personne qui ne se plaise à la tourner en ridicule. Vous ne vous figurez pas combien le monde tient à ce qu'on le laisse tranquille. Vous ne vous sauriez vous imaginer combien *le génie de la nation*.... (veuillez excuser la tournure parlementaire de cette locution, pour laquelle je vous demande grâce), combien le génie de la nation aime qu'on le laisse tranquille.... Croyez-moi, monsieur Clennam, poursuivit le pétulant petit Mollusque de son ton le plus enjoué, le bureau des Circonlocutions n'est pas un de ces méchants géants contre lesquels il faut aller briser une lance; c'est tout simplement un moulin qui broye une immense quantité de menue paille en se tournant au vent de l'opinion publique.

— Je serais bien fâché de le croire, ce serait malheureux pour tout le monde.

— Comment pouvez-vous dire cela! Mais c'est tout le contraire. Il faut au monde de mauvaises plaisanteries, nous aimons tous les mauvaises plaisanteries : nous ne pourrions pas nous en passer. Avec quelques mauvaises plaisanteries et des coulisses bien graissées, tout va comme sur des roulettes.... pourvu qu'on laisse tout tranquille. »

Après cette charmante profession de foi que les Mollusques dissimulaient sous une foule de mots d'ordre auxquels nul d'entre eux ne croyait, le chef de la nouvelle génération administrative se leva pour prendre congé. On ne pouvait rien voir de plus agréable que ses façons franches et courtoises, ni de mieux adapté aux circonstances particulières de sa visite que les airs élégants de ce gentleman accompli.

« Est-il permis de vous demander (dit-il, tandis que Clennam, sensible à la candeur et à la bonhomie de son hôte, lui donnait une poignée de main) s'il est vrai que feu Merdle, notre regretté collègue de la Chambre des communes, soit pour quelque chose dans le désagrément passager que vous subissez ici?

— Je suis une des nombreuses dupes qu'il a ruinées. Oui.

— Il faut qu'il ait été joliment habile, » remarqua Ferdinand Mollusque.

Comme Arthur ne se sentait guère disposé à faire le panégyrique du défunt, il garda le silence.

« Une fichue canaille, s'entend, reprit l'autre; mais terriblement habile! C'est une justice à lui rendre. Comme il vous jetait de la poudre aux yeux! comme il connaissait bien son monde! comme il vous mettait dedans! L'adroit escamoteur! (Et on voyait qu'au fond le petit Mollusque éprouvait une admiration réelle pour le défunt.)

— J'espère, répondit Arthur, que la fin de cet intrigant et le tour qu'il a joué à ses dupes serviront de leçon aux autres.

— Mon cher monsieur Clennam, répliqua Ferdinand en riant, seriez-vous vraiment assez naïf pour entretenir un pareil espoir? Mais le premier escroc venu qui aura le talent et les dispositions de M. Merdle réussira aussi bien que lui. Excusez-moi, mais vous avez l'air de ne pas savoir que les hommes sont comme les abeilles qui accourent dès qu'elles entendent battre la grosse caisse sur un vieux chaudron de fer-blanc. *C'est là tout le secret de l'art de gouverner les hommes.* Il ne s'agit que de réussir à leur persuader que le chaudron est fabriqué avec des métaux précieux; c'est là tout le mystère : notre regretté collègue et consorts n'ont pas eu d'autre recette. Sans doute, on pourrait trouver çà et là, ajouta poliment Ferdinand, des cas exceptionnels où des gens ont été trompés par d'autres raisons qui leur paraissaient excellentes: je pourrais en citer un exemple sans aller bien loin, mais l'exception ne fait que confirmer la règle. Allons! bonjour! J'espère que lorsque j'aurai le plaisir de vous revoir, le soleil aura dissipé ce nuage éphémère. Ne faites pas un pas de plus, je vous en prie. Je connais parfaitement le chemin. Bonjour! »

Sur ce, le meilleur et le plus élégant des Mollusques descendit l'escalier, traversa la loge en fredonnant un air d'opéra, remonta à cheval dans la cour extérieure pour aller rejoindre son noble parent, qui l'attendait pour lui fournir quelques renseignements dont il avait besoin afin de répondre victorieusement à des gens de rien qui allaient se permettre d'interpeller le Mollusque sur leur système administratif.

En sortant, il dut se croiser avec M. Rugg qui entrait, car une ou deux minutes plus tard, le visage rougeaud de ce gentleman, pareil à celui d'un Phébus sur le retour, brillait à la porte d'Arthur.

« Comment vous portez-vous, monsieur? demanda l'homme de loi. Puis-je faire quelque chose pour vous aujourd'hui?

— Non, je vous remercie. »

Le plaisir que causaient à M. Rugg les embarras financiers d'un client ressemblait assez au bonheur qu'éprouve une maîtresse de maison devant des bocaux de cornichons ou des pots de confitures qu'elle vient de remplir, ou bien encore au plaisir que ressent une blanchisseuse en face d'une lessive abondante, un boueur devant un tombereau bien chargé ou tout autre industriel devant une masse d'affaires qui intéressent son métier.

« Je passe ici tous les jours, monsieur; dit le jurisconsulte d'un ton allègre, pour voir si quelque créancier retardataire continue de se présenter au greffe pour faire valoir ses droits contre vous. Et il n'en manque pas, monsieur; ils viennent en foule, comme nous pouvions nous y attendre. »

Il insista dans cette remarque, comme s'il y avait de quoi se féliciter, en se frottant les mains et hochant la tête.

« En foule, monsieur, répéta M. Rugg, comme nous pouvions raisonnablement nous y attendre. *Ils pleuvent de tous côtés.* Je ne vous importune plus guère à présent de mes visites, lorsque je passe par ici, parce que je sais que vous ne vous souciez pas de voir du monde, et que vous me feriez prévenir par M. Chivery si vous aviez besoin de me parler. Mais cela ne m'empêche pas de venir à peu près tous les jours. Le moment serait-il mal choisi pour vous adresser une observation? demanda M. Rugg d'un ton câlin.

— Du tout, du tout; autant maintenant qu'en tout autre moment.

— Hem!... L'opinion publique s'est beaucoup occupée de vous, monsieur.

— Je n'en doute pas.

— Ne serait-il pas à propos, monsieur, continua M. Rugg avec une éloquence encore plus insinuante, de faire enfin une légère concession à l'opinion publique? D'une manière ou d'une autre, nous lui faisons tous des concessions. Le fait est que nous y sommes bien obligés.

— Je ne puis me réhabiliter dans l'opinion publique, monsieur Rugg, je n'ai pas le droit de l'espérer.

— Allons donc, monsieur Clennam! Il en coûte fort peu pour obtenir d'être transféré d'ici à la prison du *King's-Bench*, et si l'opinion publique s'étonne que vous n'essayiez pas, ma foi.... je ne vois vraiment....

— Il me semble que vous avez reconnu vous-même, monsieur Rugg, interrompit Arthur, quand je vous ai communiqué ma résolution à cet égard, que c'est simplement une affaire de goût.

— Certainement, monsieur, certainement. Mais est-ce de bon goût? Permettez-moi de vous demander si c'est de bon goût? Voilà la question.... (L'éloquence de M. Rugg était d'une douceur si persuasive qu'elle en devenait pathétique....) J'allais presque dire: est-ce même un bon sentiment? Votre faillite, monsieur, n'est pas une petite affaire, et vous dérogez à son importance en vous laissant claquemurer dans une méchante prison où un homme peut se faire coffrer pour une misérable banqueroute de quelques pence: n'est-ce pas manquer de dignité? je le crois, pour ma part, et je ne saurais vous dire, monsieur, combien de personnes m'en ont déjà parlé dans le même sens. On m'en faisait encore l'observation pas plus tard qu'hier au soir, dans une taverne fréquentée par ce que j'aurais appelé l'élite des gens de loi, si moi-même je n'en étais pas une pratique assidue. On m'en faisait l'observation d'une manière qui a produit sur moi un effet désagréable. J'en étais blessé pour vous. Ce matin encore, à déjeuner, ma fille (ce n'est qu'une femme, direz-vous; mais cependant elle comprend bien ces choses-là: elle en a même une certaine expérience personnelle, en sa qualité de plaignante dans le procès *Rugg contre Bawkins*), ma fille, dis-je, m'en exprimait sa vive surprise.... sa vive surprise. Or, devant de pareils faits et considérant que personne ne saurait se mettre au-dessus de l'opinion publique, une légère concession à cette opinion ne serait-elle pas.... voyons, monsieur, je ne veux pas pousser le raisonnement trop loin.... ne serait-elle pas au moins une preuve d'amabilité? »

Arthur s'était remis à rêver à la petite Dorrit et la question de M. Rugg demeura sans réponse.

« Quant à moi, monsieur, poursuivit M. Rugg, qui en tira la conclusion que son éloquence avait réduit Clennam à un état d'hésitation, j'ai pour principe de ne jamais songer à mes propres intérêts lorsqu'il s'agit des inclinations d'un client. Mais, connaissant votre obligeance, je répète que je désire vivement vous voir transférer à la prison du *King's-Bench*. Votre faillite a fait du bruit, elle met en vue ceux qui sont chargés de la mener à bonne fin. Vous me poserez mieux vis-à-vis de mes collègues et de ma clientèle, si vous consentez à changer de prison. Ce n'est pas que cette considération-là doive vous influencer en rien, monsieur, c'est tout bonnement une réflexion que je vous soumets. »

La solitude et la tristesse avaient déjà rendu le prisonnier si distrait, et sa pensée, emprisonnée entre les murs lugubres de la geôle, était déjà si habituée à ne causer qu'avec une seule petite figure silencieuse, qu'il eut à secouer une espèce de torpeur avant de pouvoir regarder M. Rugg, se rappeler le fil de son discours et répondre vivement :

« Ma résolution est toujours la même et rien ne la changera. Ne me parlez plus de cela, je vous prie, ne m'en parlez plus ! »

M. Rugg répliqua, sans pouvoir cacher qu'il se sentait piqué au vif et mortifié :

« Oh ! fort bien, monsieur; je reconnais que mes fonctions ne m'autorisent pas à vous importuner plus longtemps à ce sujet. Mais vraiment, lorsque j'entends observer dans plusieurs sociétés (des sociétés très comme il faut) qu'un étranger peut faire ce qu'il lui plaît, mais qu'il est indigne d'un véritable Anglais de rester dans la prison de la Maréchaussée lorsque les glorieuses libertés conquises par ses ancêtres lui permettent d'habiter une prison plus distinguée, j'ai cru pouvoir m'écarter un peu de la ligne étroite qui m'est tracée par les devoirs de ma charge, pour répéter à mon client les observations d'un public judicieux. Personnellement, je n'émets aucune opinion à cet égard.

— A la bonne heure, fit Arthur.

— Oh ! non; personnellement, je n'ai aucune opinion à ce sujet : autrement, j'aurais regretté, il y a quelques minutes, de voir un de mes clients recevoir, dans un endroit comme celui-ci, la visite d'un gentleman de noble famille, monté sur un cheval pur sang, mais j'ai senti que cela ne me regardait pas; autrement, peut-être aussi, aurais-je désiré de pouvoir dire à un autre gentleman (qui l'allure d'un militaire et qui attend encore dans la loge) que mon client n'a jamais eu l'intention de rester ici, et qu'il est sur le point d'élire un domicile plus convenable. Mais il est clair qu'un homme de loi n'est qu'une machine, et que cela ne me regarde pas. Votre bon plaisir est-il de voir ce gentleman, monsieur ?

— Un gentleman qui demande à me voir, dites-vous ?

— En effet, j'ai pris la liberté de vous le dire, bien que ça ne rentre pas dans mes attributions. Ayant entendu dire, par hasard, que j'étais votre homme d'affaires, ce gentleman a voulu attendre que j'eusse rempli près de vous ma courte mission. Par bonheur, ajouta M. Rugg d'un ton plein de sarcasme, je n'ai pas poussé l'indiscrétion jusqu'à demander le nom de ce visiteur.

— Il faut sans doute que je le voie, soupira Clennam avec lassitude.

— Alors, votre bon plaisir est de le recevoir, monsieur? répéta M. Rugg. Suis-je autorisé par vous à donner cette réponse au gentleman, en repassant par la loge? Oui? Merci, monsieur. Je vous souhaite le bonjour. »

Et il partit, effectivement, d'un air de mauvaise humeur.

Le gentleman à l'allure militaire avait si peu réussi à éveiller la curiosité d'Arthur dans la situation d'esprit où il était, et dans les sombres préoccupations qui obsédaient son esprit, qu'il avait presque oublié déjà la visite annoncée, lorsqu'un bruit de pas retentit lourdement sur l'escalier et vint le tirer de sa rêverie. Le visiteur ne paraissait pas gravir les marches avec beaucoup de vivacité ou d'empressement, mais on eût dit qu'il cherchait à faire exprès un tapage qu'il voulait rendre insultant. Il ne fut pas plus tôt sur le palier, que Clennam cherchait à se rappeler où il avait déjà entendu un pas semblable, sans pouvoir y réussir. Au reste, il n'eut guère le temps de réfléchir; un coup de poing donné à la porte l'ouvrit toute grande, et, sur le seuil, il aperçut Blandois, ce Blandois dont la disparition lui avait causé tant d'inquiétudes.

« *Salve*, camarade de prison! s'écria Blandois. Vous voulez me voir, à ce qu'il paraît? Me voici! »

Avant qu'Arthur, indigné et surpris, eût eu le temps de lui répondre, Cavalletto suivit de près, et derrière lui, M. Pancks. Ni l'un ni l'autre n'avaient visité la prison depuis que Clennam habitait cette chambre. M. Pancks, respirant avec bruit, se glissa vers la croisée, posa son chapeau par terre, passa dans ses cheveux les doigts de ses deux mains, puis se croisa les bras comme un homme qui se repose après une longue journée de travail. Baptiste, sans jamais quitter des yeux le compagnon de geôle dont il avait si grand'peur autrefois, s'assit tout doucement sur le parquet, le dos appuyé contre la porte, se tenant par les malléoles, dans l'attitude enfin (sauf qu'il ressemblait plutôt à un chien d'arrêt qu'à un homme qui a peur) où nous l'avons vu au début de ce livre, assis devant le même homme, par une chaude matinée, dans l'ombre plus sinistre de la prison de Marseille.

« Voilà deux imbéciles, continua M. Blandois, ci-devant Lagnier, ci-devant Rigaud, qui m'ont dit que vous désiriez me voir, camarade. Eh bien, me voici! »

Jetant derrière lui un regard dédaigneux sur le lit qui, le jour, se transformait en commode, il s'y appuya sans ôter son chapeau, prit ses aises et se tint, d'un air provoquant, les mains dans ses goussets.

« Vilain oiseau de mauvais augure, s'écria Arthur, vous avez fait exprès de jeter un horrible soupçon sur la maison de ma mère. Pourquoi cela? Qu'est-ce qui a pu vous suggérer cette idée diabolique? »

M. Rigaud, après avoir froncé un instant les sourcils, se mit à rire.

« Écoutez donc ce noble gentilhomme! Venez, tout le monde, écouter cet enfant de la vertu! Ah çà! prenez garde, prenez garde. Il est possible, mon ami, que votre vivacité soit un peu compromettante. Sacrebleu! c'est que ça se pourrait bien!

— Signore! interrompit Cavalletto, s'adressant aussi à Arthur, pour commencer, écoutez-moi! Vous m'avez donné l'ordre de trouver ce Rigaud.... n'est-il pas vrai?

— C'est vrai.

— Je commence donc, conséquemmentalement....... (Mme Plornish aurait été très-peinée de voir, entre autres erreurs de linguistique commises par son élève d'anglais, l'obstination de Baptiste à prolonger indéfiniment la queue des adverbes).... par aller parmi mes compatriotes. Je leur demande des nouvelles des Italiens récemmentalement arrivés à Londres; puis je vais parmi les Français, puis parmi les Allemands. Ils me disent tout ce qu'ils savent. Mais!... personne ne peut rien m'apprendre de lui, du Rigaud que je cherche. A quinze reprises différentes, dit Cavalletto étendant trois fois le bras gauche et ouvrant trois fois la main avec tant de rapidité, qu'on avait peine à suivre le geste du regard, je demande après lui dans tous les endroits où se réunissent les étrangers, et quinze fois (Baptiste répète le même geste rapide) l'on ne peut rien me dire. Mais!... »

Tandis qu'il appuyait d'une façon tout italienne sur la syllabe *mais!* il secoua l'index de sa main droite en arrière légèrement et avec beaucoup de précaution.

« Mais!... après avoir longtemps attendu sans pouvoir découvrir s'il est ici, à Londres, quelqu'un me parle d'un soldat en cheveux blancs.... Eh! eh!... non pas des cheveux comme ceux que vous lui voyez là.... des cheveux blancs.... qui loge dans un certain endroit secrètementalement; mais!... qui quelquefois, après dîner, sort un peu pour fumer sa pipe. Il faut avoir de la patience, comme on dit en Italie, où on a tant besoin d'en avoir. Je prends donc patience; je demande où est ce certain endroit? L'un croit que c'est par ici, un autre dit que c'est par là : Eh bien, ce n'est ni par ici ni par là. J'attends patientissementalement; enfin je trouve l'endroit. Alors je guette; alors je me cache, jusqu'à ce qu'enfin il sort pour fumer sa pipe. C'est bien en effet le vieux soldat en cheveux gris qu'on m'avait annoncé.... Mais.... (un temps d'arrêt très-marqué et un mouvement très-significatif de gauche à droite et de droite à gauche, de l'index ramené derrière la tête).... c'est aussi l'homme que vous voyez là. »

Chose étonnante! Sous l'empire de ses vieilles habitudes de soumission envers l'homme qui avait jeté sur lui le grapin, Baptiste, même encore en ce moment, lui avait adressé une sorte de salut en le montrant du doigt.

« Eh bien, signore! acheva-t-il en se tournant de nouveau vers Arthur, j'ai attendu une bonne occasion. J'ai écrit à signor Panco.... (cette nouvelle forme de son nom parut rajeunir M. Pancks).... de venir m'aider. J'ai montré notre Rigaud, à sa fenêtre, à signor Panco, qui le guettait souvent pendant le jour. La nuit, je me couchais non loin de la porte de la maison; enfin, nous sommes entrés seulement aujourd'hui, et le voilà! Comme il n'a pas voulu monter en présence de l'illustre avocat.... titre honorifique sous lequel Baptiste désignait M. Rugg.... nous avons attendu tous les trois en bas, et signor Panco a monté la garde dans la rue. »

Vers la fin de ce récit, Clennam avait dirigé son regard vers l'impudent et sinistre visage du sieur Blandois. Lorsque les yeux de ce personnage rencontrèrent ceux d'Arthur, on vit le nez s'abaisser sur la moustache et la moustache se relever sous le nez. Quand ce nez et cette moustache eurent repris ensuite leur position habituelle, M. Rigaud fit claquer ses doigts cinq ou six fois, se penchant en avant pour diriger ce geste vers Clennam, comme si chaque claquement eût été un projectile palpable qu'il lui lançait à la figure.

« Maintenant, monsieur le philosophe! s'écria Blandois, me direz-vous ce que vous me voulez?

— Je veux savoir, répliqua Clennam sans chercher à déguiser son dégoût, comment vous osez faire planer une accusation d'assassinat sur la maison de ma mère?

— *Oser!* Ho! ho! Entendez-vous cela, vous autres? Oser? ah! vraiment! Par l'enfer, mon petit garçon, je vous trouve bien impudent!

— Je veux détruire ces odieux soupçons, continua Clennam. On vous mènera là-bas pour vous faire voir. Je veux aussi savoir ce qui vous a conduit dans cette maison, le soir où j'ai eu si bonne envie de vous jeter du haut en bas de l'escalier. Oh! vous avez beau froncer les sourcils en me regardant. Je vous connais assez pour savoir que vous n'êtes qu'un fanfaron et un poltron. Ce triste séjour ne m'a pas assez abattu pour m'empêcher de vous dire une vérité si simple et que vous savez si bien. »

Blandois pâlit jusqu'aux lèvres, se caressa la moustache et murmura :

« Par l'enfer, mon petit garçon, vous êtes un peu compromettant pour madame votre respectable mère! »

Puis il parut un instant indécis; mais son irrésolution ne dura pas longtemps. Il s'assit avec un geste de crânerie menaçante en disant:

« Faites-moi donner une bouteille de vin. On trouve du vin dans cette barraque. Envoyez un de ces imbéciles me chercher une bouteille de vin. Je ne parle pas avant d'avoir quelque chose à boire. Allons! oui ou non?

— Allez chercher ce qu'il demande, Cavalletto, dit Arthur d'un ton de mépris, et il tira l'argent de sa poche.

— Et que ce soit du porto, entends-tu, brute de contrebandier! ajouta M. Rigaud. Je ne bois que du porto-porto! »

Cependant, comme cette brute de contrebandier annonçait formellement par un geste de son index éloquent qu'il ne voulait pas quitter son poste, signor Panco offrit de se charger de cette commission. Il ne tarda pas à revenir avec une bouteille de porto; seulement, selon une coutume de l'endroit basée sur l'absence traditionnelle de tire-bouchons parmi les insolvables (les pauvres diables manquaient de bien autre chose), elle se trouvait déjà débouchée pour le débit.

« Allons, imbécile! un grand verre, » dit Rigaud.

Signor Panco posa devant Rigaud le verre demandé, mais non sans éprouver un désir bien évident de le lui jeter à la tête.

« Ah! ah! reprit Rigaud d'un ton vantard, un gentilhomme est toujours un gentilhomme, que diable! Un gentilhomme a bien le droit de se faire servir, je présume? C'est dans mon caractère, à moi, de me faire servir! »

Il remplit son verre à moitié tandis qu'il parlait, et il l'avait déjà avalé qu'il parlait encore.

« Ah! répéta-t-il en faisant claquer sa langue, il n'y a pas bien longtemps que ce détenu-*là* est en prison! Je vois à votre mine, mon brave monsieur, que la captivité calmera votre sang bien plus vite qu'il n'adoucira ce porto. Tenez! voilà que ça commence déjà, car vous pâlissez et vous maigrissez à vue d'œil. Je vous salue! »

Il vida de nouveau son verre, le tenant en l'air avant de boire et après avoir bu, pour laisser voir sa jolie petite main blanche.

« Aux affaires, maintenant, poursuivit-il. Causons un peu. Vous me paraissez assez libre en paroles, si vous ne l'êtes pas trop ici de votre personne.

— Je suis assez libre pour vous donner les noms que vous méritez. Vous savez bien, et nous savons tous, que je vous ai encore ménagé.

— Pourvu que vous ajoutiez que je suis un gentilhomme, peu m'importe le reste. A cela près, tous les hommes se ressemblent. Mais, par exemple, vous aurez beau faire, vous, vous ne passerez jamais pour un gentilhomme, tandis que moi j'aurai beau faire, je n'aurai jamais l'air d'autre chose. Voilà la différence. Continuons. Les paroles, monsieur, n'ont jamais changé la valeur d'une carte ni un coup de dé. Savez-vous cela? Oui? Eh bien, moi aussi, je suis engagé dans une partie à laquelle les mots ne changeront rien. »

Maintenant qu'il se trouvait en face de Cavalletto et qu'il savait qu'on connaissait son histoire, il laissa tomber le masque assez transparent qu'il avait porté jusqu'alors, et se montra à visage découvert, ne cherchant plus à cacher son infamie.

« Oui, mon garçon, reprit-il en faisant de nouveau claquer ses doigts, je jouerai ma partie jusqu'au bout malgré toutes les paroles du monde, et, mort de ma vie et mort de mon âme! je la gagnerai, la partie. Vous tenez à savoir pourquoi j'ai voulu jouer ce peti' tour que vous venez d'interrompre? Eh bien, sachez que j'avais, que j'ai encore.... vous comprenez?... que j'ai encore certaine marchandise à vendre à madame votre mère. Je lui ai expliqué la nature de cette marchandise et j'ai fixé mon prix. Or, sur le prix du marché, votre admirable mère est restée un peu trop calme, trop impassible, trop pétrifiée. En un mot, votre admirable mère m'a agacé. Pour varier mes plaisirs, pour m'amuser.... quoi donc! il faut bien qu'un gentilhomme s'amuse aux dépens de quelqu'un!... j'ai eu l'heureuse idée de disparaître. Une idée, voyez-vous, que votre mère, avec son caractère vigoureux et mon cher Flintwinch lui-même n'auraient pas été trop fâchés de mettre à exécution de leur côté.... Ah! bah, bah, bah! ne me regardez pas ainsi du haut en bas! Je le répète. Ils n'auraient pas été trop fâchés, ils auraient été réjouis, ravis, enchantés! Vous faut-il une expression encore plus forte? Parlez, faites-vous servir! »

Il jeta sur le parquet ce qui restait au fond de son verre et faillit éclabousser Cavalletto. Cette circonstance parut attirer de nouveau son attention sur le petit Italien. Il posa son verre sur la table et reprit :

« Je ne veux pas remplir mon verre moi-même comme un paltoquet. Quoi donc! suis-je né pour me servir moi-même? Allons, arrive ici, Cavalletto, et verse-moi à boire! »

Le petit Italien regarda Clennam dont les yeux étaient fixés sur Rigaud, et n'y lisant pas de contre-ordre, il se leva, prit la bouteille et versa. Tandis qu'il obéissait à son ancien camarade, il venait se mêler à sa soumission d'autrefois, une légère envie de rire, une sorte de férocité étouffée, mais prête à jeter feu et flamme en un instant, comme des bûches embrasées cachées dans les cendres, ainsi que paraissait l'avoir deviné le gentilhomme cosmopolite, qui surveillait avec attention les mouvements de son ami; et la facilité avec laquelle ces divers sentiments s'alliaient à sa bonhomie insouciante quand il alla se rasseoir par terre, formaient comme une contradiction de caractère véritablement remarquable.

« Cette heureuse idée, mon brave monsieur, reprit Rigaud après avoir bu, s'est trouvée en effet une idée assez heureuse sous plus d'un rapport. Elle m'a amusé, elle a ennuyé votre chère maman et mon bien-aimé Flintwinch, elle vous a causé des angoisses (c'est le prix que je prends pour une leçon de politesse), enfin elle a inspiré à toutes les aimables personnes qui s'intéressent à moi la conviction que votre serviteur est un homme à craindre. Elle pouvait, en outre, contribuer à rendre madame votre mère plus raisonnable.... elle pouvait, grâce au petit soupçon désagréable qui n'a pas échappé à votre profonde sagesse, l'engager à annoncer mystérieusement dans les journaux que les difficultés qui s'étaient élevées contre un certain marché seraient aplanies pourvu qu'un certain individu prît la peine de reparaître. Peut-être que oui, peut-être que non. Mais vous êtes venu mettre des bâtons dans les roues. A présent à votre tour de parler. Qu'est-ce que vous me voulez? »

Jamais Arthur n'avait regretté sa captivité avec plus d'amertume qu'en ce moment, lorsque, après avoir retrouvé cet homme, il se voyait dans l'impossibilité de l'accompagner chez Mme Clennam. Toutes les difficultés mystérieuses, tous les dangers qu'il avait prévus et qui maintenant se rapprochaient et s'amassaient autour de sa maison, le trouvaient pieds et poings liés.

« Peut-être, mon cher philosophe, ami de la vertu, imbécile *et cætera*, peut-être auriez-vous mieux fait de me laisser tranquille, continua Rigaud cessant de boire pour regarder par-dessus son verre avec son sourire sinistre.

— Non, répondit Clennam. Car, au moins, on saura que vous êtes vivant et qu'il ne vous est rien arrivé. Au moins vous n'échapperez pas à ces deux témoins, et ils pourront vous conduire devant le premier magistrat venu, devant une foule de gens.

— Mais ils ne me conduiront devant personne, riposta Rigaud, faisant claquer ses doigts d'un air de menace triomphante. Au diable vos témoins! Au diable votre magistrat! Au diable vous et vos amis! Je sais bien ce que je sais, allez! Est-ce que je n'ai pas une bonne marchandise à vendre? bah! bah! pauvre diable de débiteur, vous avez dérangé mes petits projets : c'est vrai. Eh bien, après? Qu'en résulte-t-il? Rien pour vous, tout pour moi. Me montrer au grand jour, *moi!* Ah, c'est là ce que vous voulez! Je me montrerai bien moi-même, et plutôt qu'on ne voudrait peut-être! Contrebandier, une plume, de l'encre et du papier! Allons, vite! »

Cavalletto se leva comme la première fois et posa devant Rigaud tout ce qu'il venait de demander. Rigaud, après avoir souri d'un air sinistre à ses hideuses pensées, écrivit rapidement quelques lignes qu'il lut à haute voix dès qu'il eut fini.

A MADAME CLENNAM.

(On attend la réponse.)

Prison de la Maréchaussée, appartemen[t] de votre fils.

« Chère madame,

« Je suis désolé d'apprendre aujourd'hui de notre aimable prisonnier (qui a eu l'obligeance de mettre des espions à mes trousses, ne pouvant plus s'y mettre lui-même parce qu'il vit dans la retraite pour des raisons politiques), que vous avez tremblé pour mes jours.

« Rassurez-vous, chère madame. Je suis vivant, bien portant et constant.

« Je brûle d'impatience d'aller vous voir; mais je crains que, vu les circonstances, vous ne soyez pas encore décidée à accepter la petite proposition que j'ai eu l'honneur de vous faire. J'aurai donc le plaisir de me présenter chez vous d'aujourd'hui en huit; vous voudrez bien accepter alors, oui ou non, mes conditions, avec toutes leurs conséquences.

« Je résiste au vif désir que j'ai de vous serrer dans mes bras, et de conclure cette affaire intéressante, afin que vous puissiez prendre vos mesures en toute liberté, à votre satisfaction et à la mienne.

« En attendant, vous trouverez bon, puisque notre prisonnier a troublé mes arrangements de ménage, que je compte sur vous pour payer les frais de mon séjour et de mon entretien dans un hôtel.

« Recevez, chère madame, l'assurance de ma considération la plus parfaite et la plus distinguée.

« RIGAUD BLANDOIS. »

« P. S. Mes amitiés à ce cher Flintwinch. »

« P. P. S. Je baise les mains de Mme Jérémie. »

Lorsqu'il eut achevé sa lecture, Rigaud plia sa lettre et la jeta avec un geste fanfaron aux pieds d'Arthur.

« Holà! hé! que quelqu'un porte ce billet à son adresse et me rapporte la réponse!

— Cavalletto, demanda Arthur, voulez-vous vous charger de la lettre de ce drôle? »

Mais l'index expressif de Cavalletto indiqua de nouveau que son devoir était de veiller sur ce Rigaud qu'il avait eu tant de peine à trouver, et de rester le dos contre la porte à regarder son homme en se tenant les malléoles. Signor Panco offrit donc d'exécuter cette nouvelle commission. Ses services ayant été acceptés, Cavalletto entr'ouvrit la porte de façon à permettre à Pankcs de se glisser hors de la chambre, puis la referma immédiatement.

« Levez seulement un doigt sur moi, touchez-moi seulement avec une épithète, ayez seulement l'air de mettre en doute ma supériorité tandis que je finis tranquillement ma bouteille de vin, dit Rigaud, et je prends le même chemin que ma lettre, et j'annule les huit jours de grâce que j'ai octroyés. Ah! vous vouliez me voir? Et bien, vous me voyez. Comment me trouvez-vous?

— Vous n'ignorez pas, répondit Arthur avec un sentiment amer de son impuissance, que lorsque je vous ai fait chercher, je n'habitais pas une prison.

— Au diable vous et votre prison! riposta sans se presser Rigaud, qui venait de prendre dans sa poche une blague à cigarettes et occupait ses loisirs à en rouler quelques-unes pour son usage immédiat. Je me moque de l'un comme de l'autre! Contrebandier, du feu! »

Cavalletto se leva encore une fois et lui donna ce qu'il demandait. Il y avait quelque chose de terrible dans l'adresse silencieuse des mains blanches et froides du fumeur, dont les doigts s'agitaient et se tordaient légèrement les uns sur les autres comme autant de serpents. Clennam ne put réprimer un frisson intérieur comme s'il eût vu grouiller un nid de ces reptiles.

« Holà, animal! continua Rigaud avec un cri impérieux qui semblait plutôt destiné à stimuler l'ardeur d'une mule ou d'un cheval d'Italie. La satanée vieille prison de Marseille était un endroit respectable, comparée à cette geôle! Il y avait au moins un air de dignité dans les barreaux et les dalles de notre ancienne demeure. C'était une prison digne d'un homme! Mais ici! bah! ce n'est qu'un hôpital d'imbéciles! »

Il fuma sa cigarette, gardant son sinistre sourire tellement incrusté dans sa physionomie, qu'il paraissait presque fumer avec le bec de son nez recourbé plutôt qu'avec sa bouche, comme une figure fantastique de Callot. Lorsqu'il eut allumé une seconde cigarette à la première, dont le bout n'était pas encore éteint, il ajouta en se tournant vers Clennam :

« Il faut bien passer le temps en l'absence de ce fou. Il faut bien faire la causette. Un gentilhomme ne peut pas boire d'un vin capiteux du matin jusqu'au soir, autrement j'en aurais fait venir une autre bouteille. Savez-vous qu'*elle* est jolie, monsieur. Ce n'est pas que ce soit mon caprice, mais sacrés mille tonnerres! elle est jolie tout de même! Je vous félicite de votre choix.

— Je ne sais pas de qui vous parlez, et je ne tiens pas à le savoir.

— Della bella Gowana, monsieur, comme nous disons en Italie. De la Gowan, de la charmante Gowan.

— Vous étiez de la suite de son mari, je crois?

— Comment, monsieur, de sa suite? Vous êtes un insolent. Dites que j'étais son ami.

— Est-ce que vous avez l'habitude de vendre tous vos amis? »

Rigaud ôta sa cigarette de sa bouche et regarda Clennam d'un air qui révélait son étonnement. Mais il se remit aussitôt à fumer et répondit avec beaucoup de sang-froid :

« Je vends tout ce qui s'achète. Comment donc vivent vos avocats, vos hommes d'État, vos intrigants, vos boursicotiers? Vous-même, comment vivez-vous? Comment vous trouvez-vous ici? N'avez-vous pas vendu quelqu'un de vos amis? Morbleu, je crois savoir que si! »

Clennam se tourna vers la croisée et se mit à regarder le mur qui lui faisait face.

« Le fait est, monsieur, continua Rigaud, que la société se vend elle-même; elle m'a vendu moi qui vous parle et je la vends à mon tour. Je vois que vous connaissez une dame de mes amies. Une belle dame aussi, ma foi! Un caractère bien trempé. Voyons un peu. Comment se nomme-t-elle? N'est-ce pas Wade? »

Arthur ne répondit rien, mais Rigaud vit qu'il avait visé juste.

« Oui! poursuivit-il, cette belle dame au caractère énergique m'accoste dans la rue, et naturellement je suis flatté. Je lui réponds. Elle me fait l'honneur de m'avouer, en toute confidence, qu'elle a de la curiosité et des chagrins. « Vous n'êtes sans doute pas plus honorable qu'on ne l'est d'ordinaire? » me dit-elle. Je lui réponds : « Madame, je suis un gentilhomme à la vie et à la mort; mais, pour ce qui est d'être honorable, je ne le suis pas plus que la plupart de mes semblables. J'aurais honte d'une pareille faiblesse. » Là-dessus elle est assez bonne pour me féliciter. « La seule différence qu'il y ait entre vous et les autres, me dit-elle, c'est que vous faites un aveu qu'ils se gardent bien de faire. » Car notre amie connaît le monde. J'accepte ces éloges avec galanterie et politesse. La politesse et la galanterie font partie de mon caractère. Alors elle me fait une proposition. Elle me dit qu'elle a vu que j'étais intime avec les Gowan; que, pour le moment, je lui parais être le chat favori de la maison, l'ami de la famille; que sa curiosité et ses chagrins lui inspirent le désir de connaître leurs mouvements, de savoir quelle genre d'existence ils mènent, comment la belle Gowana est aimée et le reste. Elle n'est pas riche, mais elle m'offre pour ma peine telle et telle petite récompense en échange des renseignements que je pourrais lui fournir, et moi, gracieusement.... car il est dans mon caractère de ne rien faire qu'avec grâce.... je consens à accepter ces récompenses.... Que voulez-vous? Ainsi va le monde. C'est la mode. »

Bien que Clennam lui eût tourné le dos et qu'il conservât cette position jusqu'à la fin de l'entretien, Rigaud continua à fixer sur son hôte ses yeux perçants trop rapprochés l'un de l'autre. Il reconnaissait évidemment, rien qu'au maintien de Clennam, tandis qu'il passait avec impudence d'un aveu à un autre, qu'il ne lui apprenait rien de nouveau.

« Pouh!... La belle Gowana! ajouta-t-il en allumant une troisième cigarette et en expulsant une bouffée de tabac, comme s'il lui suffisait d'un souffle pour faire également disparaître la jolie femme en question : bien jolie, mais bien imprudente! Elle a eu tort, la belle Gowana, de faire des cachotteries des lettres de ses anciens amoureux, dans sa cellule au haut de la montagne, pour que son mari ne les vît pas. Non, non, ce n'est pas bien. Pouh! La Gowana s'est conduite là comme une enfant.

— Je voudrais bien, s'écria Clennam à haute et intelligible voix, que Pancks fût déjà revenu, car la présence de cet homme souille cette chambre.

— C'est possible, mais il triomphe ici comme partout ailleurs, répondit Rigaud d'un ton victorieux et en faisant encore claquer ses doigts. Il l'a toujours fait et il le fera toujours! »

Puis, s'allongeant sur les trois seules chaises qui se trouvaient dans la chambre (outre celle qu'occupait Clennam), il se mit à chanter en se frappant sur la poitrine pour indiquer que c'était lui qui était le héros de la chanson :

Qu'est-c' qui passe ici si tard,
Compagnons de la Marjolaine?
Qu'est-c' qui passe ici si tard,
Dessur le quai?

« Allons, chante donc le refrain, animal! Tu savais le chanter autrefois, dans l'autre geôle. Chante! ou, par tous les saints qui sont morts lapidés, je me croirai insulté, ce qui pourrait me rendre compromettant.... Car si je me fâche, il y a des gens qui sont encore de ce monde qui pourraient bien regretter de n'avoir pas été lapidés avec les saints du paradis!

C'est un chevalier du roi,
Compagnons de la Marjolaine,
C'est un chevalier du roi,
Dessur le quai. »

Obéissant en partie à ses anciennes habitudes de soumission, en partie à la crainte de compromettre son bienfaiteur par un refus, peut-être aussi parce qu'il aimait autant chanter que de ne rien faire, Cavalletto répéta ce refrain. Rigaud rit aux éclats et se mit à fumer les yeux fermés.

Au bout d'un quart d'heure environ, le pas de signor Panco retentit de nouveau sur les marches de l'escalier; mais l'intervalle avait paru d'une longueur insupportable à Clennam. Pancks ne revenait pas seul; lorsque Cavalletto ouvrit la porte, elle donna passage non-seulement au remorqueur, mais à M. Jérémie Flintwinch. Ce dernier personnage ne se fut pas plus tôt montré que Rigaud s'élança au-devant de lui et l'embrassa à grand bruit.

« Comment vous trouvez-vous, monsieur? dit M. Flintwinch dès qu'il put se dégager, ce qu'il fit violemment sans aucune cérémonie. Non, merci; j'en ai assez (ceci était une réponse à une autre menace de démonstration affectueuse de la part de l'ami qu'il venait de retrouver).... Eh bien, Arthur? Vous rappelez-vous ce que je vous ai dit à propos du chat qui dort et du chat qui se cache? Vous voyez que j'avais raison. »

Il restait aussi imperturbable que jamais, hochant la tête de l'air d'un homme qui se sent le droit de faire des sermons et regardant tout autour de lui.

« Voilà donc cette fameuse prison pour dettes! continua M. Flintwinch. Ah! Arthur, vous auriez pu trouver un marché mieux choisi pour vendre vos cochons, comme on dit. »

Si Arthur avait beaucoup de patience, Rigaud n'en avait pas du tout. Il saisit le petit Flintwinch par les deux bouts de son collet et le secoua avec un enjouement féroce en s'écriant :

« Le diable emporte votre marché, vos cochons et votre gardeur de cochons! Vite! la réponse à ma lettre?

— Si cela ne vous gêne pas trop de me lâcher un instant, monsieur, répliqua Jérémie, je commencerai par donner à M. Arthur un petit mot dont on m'a chargé pour lui. »

Aussitôt dit, aussitôt fait. Le billet, griffonné par la main affaiblie de Mme Clennam sur un chiffon de papier, ne renfermait que ces mots :

« J'espère qu'il vous suffira de vous être ruiné. Ne cherchez pas à ruiner les autres par-dessus le marché. Jérémie Flintwinch est mon messager et mon représentant. Votre affectionnée, M. C. »

Clennam lut ces lignes deux fois, sans prononcer un mot, puis il déchira le papier en morceaux. Pendant qu'il lisait, Rigaud, grimpant sur un fauteuil, s'était assis sur le dos du meuble, les pieds appuyés sur l'étoffe qui tapissait le fond.

« Eh bien, beau Flintwinch, dit-il après avoir vu déchirer le billet, la réponse à ma lettre?

— Mme Clennam ne vous a pas écrit, monsieur Blandois, parce qu'elle a les mains crispées par la goutte et qu'elle a cru vous satisfaire aussi bien par une réponse verbale.... M. Jérémie semblait tirer du fond de son gosier ces paroles péniblement et à contre-cœur.... Elle vous présente ses compliments et dit qu'au bout du compte elle ne vous trouve pas trop exigeant et qu'elle accepte; mais sans préjudice du rendez-vous qui tient toujours bon pour d'aujourd'hui en huit. »

M. Rigaud, après un nouvel accès de fou rire, descendit de son trône en disant :

« Bon, je vais chercher un hôtel! »

Tandis qu'il parlait, son regard rencontra Cavalletto qui n'avait pas abandonné son poste.

« Allons, animal! reprit-il. Tu m'as suivi contre mon gré : maintenant tu vas me suivre malgré toi. Quand je vous disais, mes petits reptiles, que je suis fait pour être servi! J'exige que ce contrebandier devienne mon domestique pendant huit jours. »

Cavalletto interrogea du regard Clennam, qui lui fit signe qu'il pouvait accompagner Blandois, mais qui ajouta aussitôt :

« A moins, toutefois, que vous n'ayez peur de lui. »

Le petit Italien répliqua, avec un geste énergiquement négatif de son index :

« Non, maître, je n'ai plus peur de lui depuis que j'ai déclaré hardiment comment je l'ai eu un moment pour camarade. »

Rigaud ne daigna répondre à ce dialogue que lorsqu'il eut allumé sa dernière cigarette et qu'il fut tout prêt à partir.

« Peur de lui? s'écria-t-il en les regardant l'un après l'autre. Pouh! mes enfants, mes poupards, mes petites marionnettes, vous avez tous peur de lui. Vous venez de lui faire servir une bouteille de vin ici; vous allez le nourrir et le loger à vos frais là-bas; vous n'osez pas lever un doigt sur lui ni lui adresser une épithète malsonnante. Non. Il est dans son caractère de triompher partout. Pouh!

C'est un chevalier du roi,
Compagnons de la Marjolaine, etc. »

Après avoir ainsi appliqué le refrain à sa propre personne, il s'éloigna à grands pas, suivi de près par Cavalletto, dont il n'aurait peut-être pas exigé les services, s'il n'avait pas deviné qu'il ne serait pas facile de se débarrasser autrement du petit Italien.

M. Flintwinch, après s'être gratté le menton et avoir regardé autour de lui d'une façon peu flatteuse pour le local, fit un petit signe de tête à Clennam et se dirigea vers la porte. M. Pancks, toujours repentant et abattu, partit à son tour, après avoir écouté avec beaucoup d'attention quelques recommandations secrètes d'Arthur, et répondu à voix basse qu'il ne perdrait pas cette affaire de vue et qu'il la suivrait jusqu'au bout.

Le prisonnier se sentit plus méprisé, plus dédaigné, plus repoussé, plus impuissant, plus misérable et plus découragé qu'auparavant, quand il se trouva seul.

CHAPITRE XXIX.

Combat de générosité dans la Maréchaussée.

Les vives inquiétudes et les remords sont de tristes compagnons de prison. Passer le jour à ruminer ses chagrins et les nuits sans sommeil, c'est un mauvais moyen de se fortifier contre le malheur. Le lendemain matin, Clennam sentit que sa santé l'abandonnait aussi rapidement que l'avait abandonné son courage, et que le poids sous lequel il n'avait fait que se courber jusqu'alors commençait à l'accabler.

Chaque nuit, vers minuit ou une heure, il avait quitté son lit de misère pour aller s'asseoir devant la croisée et regarder les lampes blafardes qui éclairaient la cour, ou chercher au ciel les premiers rayons d'un jour encore lointain. Maintenant, lorsque venait la nuit, il ne pouvait pas même se décider à se coucher.

Il était en proie à une agitation inquiète et fiévreuse; le séjour de la prison lui causait des impatiences pleines d'angoisses; la conviction que son cœur allait se briser et qu'il mourrait là, lui faisait éprouver des souffrances indicibles. L'horreur et le dégoût que lui inspirait la prison étaient tels, qu'il avait de la peine à respirer. Cette sensation d'asphyxie devenait par moments si violente qu'il se mettait quelquefois à la croisée, se tenant la gorge et tout haletant. En même temps, il avait soif de respirer à pleins poumons une autre atmosphère, il brûlait de franchir ce mur lugubre et monotone; soif ardente, désir brûlant, qui allaient jusqu'à menacer sa raison.

Bien d'autres personnes avaient éprouvé avant lui les mêmes sensations, qui, chez elles comme chez lui, s'étaient épuisées par l'effet même de leur violence et de leur continuité. Il ne lui fallut que deux nuits et un jour pour les user à son tour. Elles ne reparurent plus que par accès irréguliers, mais affaiblies et à des intervalles de plus en plus éloignés. Un calme lugubre leur succéda, et, vers le milieu de la semaine, Arthur était en proie à l'abattement d'une fièvre lente.

En l'absence de Pancks et de Cavalletto, il n'avait d'autre visite à craindre que celle des Plornish. Il tenait à éloigner ce digne couple; car, dans l'état maladif de ses nerfs, il rougissait de laisser voir sa faiblesse et son découragement; il recherchait, avant tout, la solitude. Il écrivit quelques lignes à Mme Plornish, lui disant qu'il était très-occupé de ses affaires, et que l'obligation où il se trouvait de s'y dévouer, le forçait à renoncer, pour quelque temps, à l'agréable consolation que lui causait la présence d'un visage ami. Quant à John, qui se montrait tous les jours à une certaine heure (celle où on le relevait de sa faction) pour venir lui demander s'il ne pouvait pas faire quelque chose pour lui, Clennam s'en tirait en faisant semblant d'être occupé à écrire, et en répondant gaiement qu'il n'avait besoin de rien. Ni l'un ni l'autre ne firent plus aucune allusion au sujet de la seule conversation un peu longue qu'ils eussent jamais eue ensemble. Cependant, à travers les diverses phases de son infortune, Clennam était toujours poursuivi par le secret que cet entretien lui avait révélé.

Le sixième des huit jours de grâce accordés par Rigaud était un jour humide, chaud et brumeux. On eût dit que, dans la prison, la pauvreté honteuse, mesquine, sordide, en profitait pour pousser comme un champignon sous l'influence de cette atmosphère étouffante. La tête malade, le cœur fatigué, Arthur avait veillé toute la nuit, écoutant la pluie qui tombait sur les pavés de la cour, et rêvant à celle qui arrosait plus doucement les prairies et les jardins de la campagne lointaine. Un cercle blafard de lueur jaunâtre se leva à l'horizon en guise de soleil, et le prisonnier suivait de l'œil le petit morceau de lumière que ces tristes rayons plaquaient sur le mur de sa chambre, comme une pièce toute neuve sur les guenilles de la prison. Il avait entendu ouvrir la grille; les visiteurs mal chaussés qui attendaient au dehors avaient passé d'un pas traînard; on balayait, on pompait, on allait et venait. En un mot la matinée de la Maréchaussée avait commencé. Clennam, si malade et si faible qu'il fut obligé de se reposer plusieurs fois en faisant sa toilette, s'était traîné vers la croisée ouverte et avait sommeillé dans son fauteuil, tandis que la vieille femme de ménage rangeait un peu la chambre.

Ébloui par le défaut de sommeil et la diète (car son appétit l'avait abandonné, et tout ce qu'il mangeait lui paraissait insipide, il se rappelait avoir eu, deux ou trois fois, pendant la nuit, une sorte de délire. Il avait entendu, dans l'atmosphère épaisse, des fragments d'airs et de chansons, qui n'avaient d'existence, il le savait bien, que dans son imagination fiévreuse. Maintenant que la fatigue venait lui fermer les yeux, il les entendit de nouveau: il crut qu'on lui parlait, qu'il répondait, et le bruit de sa propre voix le faisait tressaillir.

Tandis qu'il sommeillait et rêvassait de la sorte, si incapable de mesurer le temps qu'il aurait pu prendre indifféremment une minute pour une heure ou une heure pour une minute, il se figura qu'il se trouvait dans un jardin dont une brise humide et chaude éveillait les parfums. Il lui fallut un si grand effort pour lever la tête afin de savoir ce qui en était, que, lorsqu'il regarda autour de lui, cette sensation avait déjà vieilli et ne lui laissait plus qu'un souvenir importun. Sur la table, à côté de sa tasse, il aperçut un bouquet fraîchement cueilli; un merveilleux bouquet composé des fleurs les plus belles et les mieux choisies.

Jamais il n'avait rien vu de si beau. Il prit les fleurs, en respira l'odeur, les porta à sa tête brûlante, les replaça sur la table, puis étendit ses mains desséchées au-dessus de ce frais bouquet, comme d'autres, en hiver, approchent d'un bon feu leurs mains frileuses. Ce ne fut qu'après s'être réjoui les yeux pendant quelque temps à ce spectacle nouveau pour lui, qu'il commença à se demander d'où lui venaient ces fleurs. Il ouvrit la porte pour questionner la femme de ménage qui avait dû les laisser là, mais elle était déjà partie, et même depuis assez longtemps, sans doute, car le thé qu'il avait à côté de lui était tout froid. Il essaya de boire un peu, mais en vain, l'odeur du thé lui faisait mal. Il se traîna donc encore une fois vers son fauteuil et posa les fleurs sur le petit guéridon d'autrefois.

Lorsque l'espèce d'étourdissement causé par ce mouvement eut cessé, il retomba dans le même état de torpeur qu'auparavant. La brise lui apportait encore un des airs qu'il avait entendus pendant la nuit, quand la porte parut s'ouvrir tout doucement sans qu'on fît tourner la clef dans la serrure, et, au bout d'une minute ou deux, une petite visiteuse bien douce et bien calme, vêtue d'un manteau, s'arrêta sur le seuil. Puis elle rejeta en arrière le manteau qui tomba à ses pieds, et montra la petite Dorrit dans sa vieille robe usée d'autrefois. Il crut la voir trembler, se croiser les mains, sourire, verser des larmes.

Arthur se réveilla et poussa un cri de surprise. Il vit dans l'expression du visage aimant et plein de pitié qui se tourna vers lui, aussi clairement que dans un miroir, combien il était changé. Elle s'avança vers lui, et, posant les mains sur sa poitrine pour l'empêcher de se lever, elle s'agenouilla à ses pieds et pleura sur lui, comme la rosée du ciel avait pleuré sur les fleurs.... La petite Dorrit, car c'était bien elle, l'appela par son nom.

« O mon meilleur ami! cher monsieur Clennam, que je ne vous voie pas pleurer! A moins que ce ne soit de plaisir, comme j'ose l'espérer. Voilà votre pauvre enfant revenue! »

Si fidèle, si tendre, si peu gâtée par la fortune! Il y avait des consolations ineffables dans le son de sa voix, dans son regard, dans chaque caresse de sa main.

Tandis qu'Arthur la serrait sur son cœur, elle continua:

« On ne m'avait pas dit que vous étiez malade. »

Et elle passa doucement le bras autour du cou du prisonnier, dont elle posa la tête sur sa poitrine, mit une main sur sa tête, et, la joue appuyée sur cette main, elle le berça aussi tendrement et aussi innocemment (Dieu le sait!) qu'elle avait choyé son père dans cette même chambre, lorsqu'elle n'était qu'une enfant et qu'elle aurait eu tant de besoin elle-même des soins qu'elle prodiguait aux autres.

Lorsque Arthur put parler, il s'écria :

« Comment, c'est vous qui venez me voir? Et avec cette robe?

— J'espérais que vous aimeriez mieux me voir dans ce costume qu'avec la plus belle toilette. Je l'ai toujours gardé, afin de ne pas oublier.... et cependant je n'avais pas besoin de cela. Je ne suis pas seule, comme vous voyez. J'ai amené une ancienne amie. »

Tournant la tête, Arthur aperçut Maggy, coiffée de l'énorme bonnet d'autrefois qu'on lui avait fait quitter depuis longtemps, armée de son panier des anciens jours, et poussant des gloussements de joie.

« Je ne suis arrivée que d'hier au soir avec Édouard. J'ai envoyé tout de suite chez Mme Plornish pour avoir de vos nouvelles et vous faire savoir que j'étais revenue. Ce n'est qu'alors que j'ai appris que vous étiez ici. N'auriez-vous pas, par hasard, pensé à moi la nuit dernière? Je suis presque sûre que vous avez dû y songer un peu. J'en juge par moi, qui ai tant pensé à vous. Le temps m'a paru si long jusqu'au matin!

— J'ai pensé à vous.... »

Il hésita, ne sachant quel nom lui donner. Elle devina immédiatement pourquoi il s'arrêtait.

« Vous ne m'avez pas encore appelée par mon vrai nom. Vous savez quel doit toujours être mon vrai nom pour vous.

— J'ai pensé à vous, petite Dorrit, tous les jours, toutes les heures, à tous les moments que j'ai passés ici.

— Bien vrai? Bien vrai? »

Il ne put se défendre d'un sentiment de honte en voyant la joie qui illuminait le visage de sa jeune amie. Lui, banqueroutier, découragé, malade, déshonoré, prisonnier.

« J'étais ici avant qu'on eût ouvert les portes, mais j'ai eu peur de me montrer à vous tout de suite. Je vous aurais fait plus de mal que de bien; car la vieille prison m'était tout à la fois si familière et pourtant si triste, elle me rappelait tant de souvenirs de mon pauvre père et de vous aussi, que cela m'a beaucoup émue d'abord. Mais nous sommes allées chez M. Chivery avant de venir à la geôle : il nous a fait entrer et nous a donné la chambre de John.... ma pauvre vieille chambre, vous savez.... et nous y avons attendu un peu. C'est moi qui vous ai apporté les fleurs, mais vous ne m'avez pas entendue. »

Elle avait l'air plus *femme* que lorsqu'elle avait quitté l'Angleterre, et le chaud soleil d'Italie avait un peu bruni son visage. Mais, du reste, elle n'était pas changée. Il retrouvait surtout chez elle la même tendresse profonde et timide qu'il lui avait toujours vue, et toujours avec émotion. Si cette tendresse avait pris depuis pon un sens nouveau qui lui serrait le cœur, ce n'est pas que la jeune fille fût changée, elle était restée la même; mais lui, on lui avait ouvert les yeux.

Elle ôta son vieux chapeau, l'accrocha à son ancienne place, et commença, sans bruit, avec l'aide de Maggy, à rendre la chambre aussi gaie et aussi propre que possible; elle y répandit sur le parquet de l'eau de senteur. Puis on déballa le panier rempli de raisins et de fruits que l'on mit de côté avec les autres provisions. Ensuite la petite Dorrit dit un mot à l'oreille de Maggy, qui sortit un moment pour le faire remplir de nouveau; et le panier ne tarda pas à reparaître plein de provisions nouvelles; on en tira immédiatement certaines boissons et certaines gelées rafraîchissantes, avec un poulet rôti et de l'eau rougie pour le second service. Ces divers préparatifs achevés, elle prit dans sa poche son vieux nécessaire pour faire un rideau à la croisée; et, au milieu du calme qui régnait maintenant dans cette chambre et qui semblait de là rayonner sur toute la bruyante prison, Arthur, moins abattu, regarda travailler la petite Dorrit.

La vue de cette modeste petite tête penchée sur son ouvrage, de ces doigts toujours agiles qui reprenaient leur travail d'autrefois (bien que la jeune fille ne fût pas assez absorbée sur sa tâche pour ne pas lever fréquemment vers le malade des yeux compatissants qui se remplissaient de larmes avant de se baisser).... le bonheur d'être ainsi consolé et soigné, la pensée que tout le dévouement de cette noble nature se tournait vers lui dans son adversité pour répandre sur sa misère les richesses d'une bonté inépuisable, ne contribuaient pas à raffermir la voix ni la main tremblante de Clennam, ni à diminuer sa faiblesse, mais elle lui inspirait une force morale qui croissait avec son amour. Comme il l'aimait tendrement! Il n'y a pas de mots pour le dire.

Tandis qu'ils restaient assis l'un auprès de l'autre, enveloppés de l'ombre du mur fatal, cette ombre tombait à présent sur lui comme une auréole. Sa petite amie ne voulait pas lui permettre de parler beaucoup, et, enfoncé dans son fauteuil, il se contentait de la regarder. De temps à autre, elle se levait pour lui donner à boire ou pour arranger le coussin qu'elle avait posé derrière sa tête; puis elle reprenait doucement sa place auprès de lui et se penchait de nouveau sur son ouvrage.

L'ombre changea de place en même temps que le soleil; mais la petite Dorrit ne quitta pas la sienne, si ce n'est pour soigner son malade. Lorsque le soleil se coucha, elle était encore là. Elle avait achevé sa tâche, et sa main, tremblant sur le bras du fauteuil depuis la dernière fois qu'elle avait donné à boire à Clennam, y restait encore hésitante. Arthur y posa aussi sa main que la petite Dorrit serra dans une étreinte tremblante et suppliante:

« Cher monsieur Clennam, j'ai quelque chose à vous dire avant de vous quitter. Depuis que je suis ici je n'ose; mais il faut que je vous le dise.

— Moi aussi, chère petite Dorrit, j'ai quelque chose à vous dire. »

Elle leva la main avec un mouvement nerveux comme pour lui fermer la bouche, mais elle la laissa retomber en tremblant à la place qu'elle occupait auparavant.

« Je ne quitterai plus l'Angleterre. Mon frère veut encore voyager; mais moi je reste. Il m'a toujours été attaché et maintenant il se montre si reconnaissant.... beaucoup trop reconnaissant, car je n'ai fait que mon devoir en restant auprès de lui pendant sa maladie.... qu'il dit que je suis libre de demeurer où je l'entends et de faire ce que je veux. Tout ce qu'il désire, dit-il, c'est de me voir heureuse. »

On voyait au ciel une étoile brillante. La petite Dorrit la regardait pendant qu'elle parlait, comme si elle eût vu briller là le vœu le plus cher de son cœur.

« Vous devinez sans doute que mon frère est revenu pour chercher le testament de mon cher père, et pour prendre possession de son héritage. Il dit que, s'il y a un testament, je ne peux pas manquer d'y être dotée richement; et que, dans le cas où on n'en trouverait pas, il me rendra riche par lui-même. »

Arthur allait parler, mais elle leva encore une fois sa petite main tremblante et il se tut.

« Je n'ai pas besoin d'argent. Je n'y tiens pas. A quoi me servirait-il, à moins qu'il ne puisse vous être utile? Je ne me croirai jamais riche tant que vous serez ici. Je me sentirai plus malheureuse que les plus pauvres d'entre les pauvres tant que vous aurez de pareils chagrins. Laissez-moi vous prêter tout ce que j'ai. Laissez-moi vous prouver que je n'ai pas oublié, que je ne peux jamais oublier combien vous avez été bon pour moi lorsque j'habitais cette prison. Cher monsieur Clennam, rendez-moi la plus heureuse des femmes en disant: *Oui!* Rendez-moi aussi heureuse que je puis l'être en vous laissant ici; et si vous ne voulez pas accepter ce soir, permettez-moi du moins d'emporter l'espoir que vous allez y songer sérieusement.... non pas dans votre intérêt, mais dans le mien.... Faites-le pour moi, pour moi seule.... Vous me procurerez la plus grande joie que je puisse éprouver dans ce monde, celle de savoir que j'aurai pu vous rendre service et payer une obole de la grande dette d'affection et de reconnaissance que j'ai contractée envers vous. Je ne peux pas vous dire tout ce que je voudrais vous dire. Non, je ne peux pas vous visiter dans cet endroit que j'ai habité si longtemps, je ne peux pas songer que vous êtes dans cette prison où j'ai vu tant de choses, et me montrer aussi calme, aussi consolante que je le devrais. Mes larmes couleront malgré moi. Il me sera impossible de les réprimer. Mais, je vous en prie, ne vous détournez pas de votre petite Dorrit dans votre affliction! Je vous en prie et vous en supplie de tout mon cœur souffrant, mon ami.... mon cher ami!... prenez tout ce que je possède et faites que ce soit un bonheur pour moi d'être riche.... »

L'étoile avait éclairé son visage jusqu'à ce moment, lorsqu'elle pencha la tête sur la main de Clennam unie à la sienne.

Il faisait plus sombre quand Arthur l'entoura de son bras, la releva et lui répondit doucement :

« Non, chère, chère petite Dorrit. Non, mon enfant. Je ne dois pas vous entendre parler d'un pareil sacrifice. La liberté et l'espérance me coûteraient trop cher s'il me fallait les acheter à ce prix; je ne pourrais pas supporter la honte, ni le reproche de les avoir ainsi recouvrées. Mais je prends le ciel à témoin de la reconnaissance, de l'amour que je ressens de votre offre, tout en la refusant.

— Et pourtant vous ne voulez pas souffrir que je vous reste dévouée dans votre affliction ?

— Dites plutôt que c'est moi qui veux vous rester dévoué, ma bien-aimée petite Dorrit. Si à l'époque où vous n'aviez d'autre domicile que cette prison, d'autre vêtement que la robe que vous portez, je m'étais mieux compris (je ne parle que de moi-même); si j'avais lu plus clairement dans les secrets de mon cœur; si, à travers ma réserve et ma méfiance, j'avais entrevu la clarté que je vois briller maintenant, maintenant qu'elle s'est éloignée de moi, et que mes pas chancelants ne pourront jamais la rattraper; si je vous avais dit que je vous aimais et que je vous respectais, non pas comme ma pauvre enfant, ainsi que je vous en donnais le nom, mais comme une femme dont la main fidèle pouvait m'élever au-dessus de moi-même et me rendre plus heureux et meilleur; si j'avais saisi l'occasion qui ne se représentera plus.... (hélas! que ne l'ai-je fait!....) et si quelque obstacle était venu nous séparer alors, quand je me trouvais dans une situation à peu près prospère et que vous étiez pauvre, alors j'aurais pu répondre en d'autres termes à votre offre généreuse, tout en rougissant encore de l'accepter; aujourd'hui, chère petite Dorrit, je ne dois pas y songer.... je n'y songerai jamais! »

Les petites mains jointes d'Amy adressèrent une supplication plus éloquente et plus pathétique que tous les discours du monde.

« Je suis assez déshonoré sans cela, ma petite Dorrit. Je ne dois pas descendre aussi bas et vous entraîner vous.... si chère, si généreuse, si bonne.... dans ma chute. Que Dieu vous bénisse, que Dieu vous récompense!... N'y pensons plus. »

Il la prit dans ses bras comme si elle eût été sa fille.

« Je suis plus vieux, plus triste, plus indigne de vous qu'à l'époque que nous devons oublier l'un et l'autre, et vous ne devez pas me voir tel que j'étais, mais tel que je suis. Recevez ce baiser d'adieu sur votre joue, mon enfant, vous qui auriez pu devenir autre chose que mon enfant, sans me devenir plus chère.... recevez-le de moi, pauvre homme ruiné que le sort éloigne et sépare de vous à jamais, et qui est arrivé au bout de sa carrière lorsque vous ne faites que commencer la vôtre. Je n'ai pas le courage de vous demander de m'oublier dans mon humiliation, mais je vous demande, lorsque vous penserez à moi, de me voir seulement désormais tel que je suis aujourd'hui. »

La cloche qui annonçait aux visiteurs que l'heure du départ allait sonner se fit entendre. Arthur alla prendre le manteau de la jeune fille et l'en enveloppa avec une tendre sollicitude.

« Encore un mot, ma petite Dorrit. Un mot qui me coûte beaucoup à vous dire, mais que je dois vous dire néanmoins. Il y a longtemps que l'époque où vous et cette prison vous aviez quelque chose en commun est passée. Vous me comprenez?

— Oh! vous n'aurez pas le courage de me dire, s'écria la petite Dorrit en pleurant amèrement et en levant ses mains jointes avec un geste de supplication, de me dire que je ne dois plus revenir! Vous ne m'abandonnerez pas ainsi!

— Je vous le dirais si je pouvais, mais je n'ai pas le courage de me priver pour toujours de la vue de ce cher visage, de renoncer à la douceur de le revoir. Seulement ne revenez pas trop tôt, ne revenez pas souvent! Cette prison est un endroit impur, et je sais trop que j'en sens déjà l'impure influence. Vous appartenez à un théâtre beaucoup plus brillant, beaucoup plus digne de vous. Il ne faut pas tourner de ce côté vos regards en arrière: c'est devant vous, vers un avenir bien différent et bien plus heureux qu'il faut les diriger. Encore une fois, que Dieu vous bénisse! que Dieu vous récompense! »

Maggy, qui avait conservé un air attristé pendant toute la durée de cet entretien, s'écria alors:

« Oh! faites-le entrer dans un hôpital; je vous en prie, petite mère, faites-le entrer dans un hôpital! Il ne reprendra jamais sa bonne mine s'il n'entre pas dans un hôpital. Et alors la mignonne petite femme, qui était toujours à tourner son rouet, pourra aller à son armoire avec la princesse et lui dire: « Pourquoi cachez-vous votre poulet froid là dedans? » Et puis alors on ouvrira le buffet et on y prendra du poulet tant qu'on voudra, et tout le monde sera content. »

Cette interruption vint fort à propos pour les avertir que la cloche avait presque cessé de retentir. Après avoir de nouveau enveloppé la petite Dorrit dans son manteau avec la même sollicitude, Arthur lui donna le bras et descendit avec elle, bien qu'avant cette visite il se fût à peine senti la force de se tenir debout.

Tous les autres visiteurs étaient déjà partis et la grille se referma derrière elle avec un grincement de désolation et de désespoir qui résonna comme un glas funèbre aux oreilles de Clennam et lui rendit le sentiment de sa faiblesse. Ce fut un long et fatigant voyage pour lui que de remonter l'escalier, et lorsqu'il rentra dans sa chambre solitaire et sombre, il se sentit plus misérable que jamais.

Il était près de minuit, et depuis longtemps aucun bruit ne se faisait entendre dans la prison, lorsque les marches de l'escalier crièrent sous le poids d'un pas furtif. Une main discrète frappa avec une clef à la porte d'Arthur. C'était John Chivery fils. Il se glissa dans la chambre, chaussé seulement de ses bas, et lui dit à voix basse :

« C'est contraire à tous les règlements, mais tant pis! J'étais décidé à traverser la cour pour monter chez vous.

— Qu'est-ce qu'il y a?

— Il n'y a rien du tout, monsieur. J'attendais Mlle Dorrit dans la première cour, lorsqu'elle est sortie. J'ai pensé que vous seriez content de savoir qu'il y avait eu quelqu'un pour la reconduire.

— Merci, merci! Vous l'avez ramenée chez elle, John?

— Je ne l'ai quittée qu'à la porte de son hôtel. C'est le même où M. Dorrit était descendu. Mlle Dorrit a voulu s'en retourner à pied, et elle m'a parlé avec tant de bonté que cela m'a tout bouleversé. Devinez pourquoi elle a mieux aimé marcher, quand il y avait des voitures à deux pas?

— Je n'en sais rien, John.

— Parce qu'elle voulait me parler de vous. Elle m'a dit: « John, vous avez toujours été un garçon honorable, et si vous me promettez de le soigner, et de ne jamais le laisser manquer de secours et de consolations, lorsque je ne serai pas là, cela diminuera de beaucoup mes inquiétudes. » Je le lui ai promis, et maintenant je suis votre ami à la vie, à la mort.... A la vie, à la mort! »

Clennam, vivement touché, tendit la main à ce cœur loyal.

« Avant que je la prenne, continua John, qui regarda la main sans s'éloigner de la porte, devinez ce que mademoiselle m'a chargé de vous dire. »

Clennam secoua la tête.

« Dites-lui, répéta John d'une voix très-distincte, quoique un peu émue, que sa petite Dorrit ne cessera jamais de l'aimer. Voilà ce qu'elle vous fait savoir.... Là! trouvez-vous que je me sois conduit honorablement, monsieur?

— Oui, oui, John.

— Ne direz-vous pas à Mlle Dorrit que je me suis conduit honorablement?

— Certainement.

— Alors, voilà ma main, monsieur, et je suis votre ami à la vie, à la mort! »

Après avoir reçu et rendu une cordiale poignée de main, John disparut en faisant craquer l'escalier sous le même pas furtif, et traversa, pieds nus, le pavé de la cour; puis, refermant les grilles derrière lui, passa dans l'entrée où il avait laissé ses souliers. Quand le chemin aurait été pavée de fer rouge, parions que John ne l'aurait pas traversé avec moins de dévouement pour venir réjouir le cœur de Clennam par cet heureux message.

CHAPITRE XXX.

On ferme.

Le dernier des huit jours de grâce accordés par le sieur Rigaud était venu illuminer les barreaux de la prison. Ces lignes de fer, restées si noires et si sombres depuis le départ de la petite Dorrit, furent dorés tout à coup par un soleil matinal. De longs et splendides rayons tombaient obliquement sur un fouillis de toits, à travers les découpures des hautes cathédrales, et formaient, dans leur réseau de lumières et d'ombres, comme les barreaux de notre prison terrestre.

Depuis le matin, aucun visiteur n'avait traversé la cour pour pénétrer dans la vieille maison. Mais, vers le soir, trois hommes passèrent sous la porte cochère et se dirigèrent vers la demeure délabrée de Clennam et Cie.

Rigaud, qui marchait en avant, une cigarette à la bouche, passa le premier. Derrière lui venait M. Jean-Baptiste Cavalletto qui suivait de près son ancien camarade de prison, et sans le perdre de vue. Signor Panco formait l'arrière-garde et portait son chapeau sous son bras à la plus grande satisfaction de sa chevelure rebelle, car il faisait une chaleur étouffante. Tous trois arrivèrent ensemble sur le perron.

« Paire d'imbéciles que vous êtes, s'écria Rigaud faisant volte-face, ne vous en allez pas encore.

— Nous ne songeons pas du tout à nous en aller, mon cher monsieur, » répliqua signor Panco.

Cette réponse valut à M. Pancks un coup d'œil sinistre de M. Rigaud qui se retourna sans plus de cérémonie et frappa rudement à la porte. Il avait bu copieusement pour mieux se préparer à jouer dignement son rôle dans cette entrevue, et il était pressé de commencer. Il avait à peine fait retentir la porte sous un coup de marteau redoublé, qu'il se retourna et frappa une seconde fois. L'écho durait encore, lorsque Flintwinch ouvrit la porte. Les dalles du vestibule résonnèrent sous les pas des trois visiteurs. Rigaud, poussant Jérémie de côté, se dirigea tout droit vers l'étage supérieur, toujours suivi de ses deux compagnons qui envahirent avec lui la chambre paisible de Mme Clennam.

Rien n'y était changé, si ce n'est qu'une des fenêtres restait toute grande ouverte et que Mme Jérémie, assise sur le siége formé par le coffre pratiqué dans l'embrasure de cette croisée, était en train de raccommoder un bas. Les objets habituels se trouvaient sur la petite table de la paralytique; le même feu, à moitié étouffé sous une couche de cendres humides, brûlait dans la cheminée; le lit était recouvert de la même draperie funéraire; la maîtresse de la maison, immobile sur le lugubre canapé qui avait l'air d'un cercueil, s'appuyait sur le sombre traversin qui ressemblait à un billot.

Cependant il régnait dans la chambre un je ne sais quoi impossible à décrire qui semblait annoncer qu'elle avait été arrangée tout exprès pour recevoir une visite. D'où pouvait naître cette impression, puisque les moindres objets se trouvaient exactement à la place qu'ils occupaient depuis tant d'années? C'est ce que personne n'aurait pu deviner avant d'avoir regardé avec attention la maîtresse de la maison, et encore aurait-il fallu posséder une connaissance préalable des traits de la paralytique. Pourtant, quoique nul pli de son invariable robe noire n'eût changé de place, quoiqu'elle conservât exactement l'attitude impassible qui lui était ordinaire, la tension presque imperceptible de ses traits, la contraction presque imperceptible de son front toujours sombre, étaient tellement marquées qu'elles semblaient rayonner sur tout son entourage.

« Qui sont ces gens? Que viennent-ils faire chez moi? demanda-t-elle d'un ton de surprise en voyant entrer les deux compagnons de M. Blandois.

— Qui sont ces gens? chère madame, répondit Rigaud. Ma foi, ce sont les amis de votre fils le prisonnier. Ce qu'ils viennent faire chez vous? sacrebleu, madame, je n'en sais rien, vous pouvez bien le leur demander.

— Vous savez que vous nous avez dit à la porte de ne pas nous en aller, remarqua Pancks.

— Et vous savez, vous, que vous m'avez dit que vous n'aviez pas la moindre envie de vous en aller, riposta le gentilhomme cosmopolite. En un mot, chère madame, permettez-moi de vous présenter deux espions aux gages de notre ami le prisonnier.... deux imbéciles, mais deux espions; l'un n'empêche pas l'autre. Si vous tenez à ce qu'ils assistent à notre petite conférence, vous n'avez qu'un mot à dire. Pour ma part, ça m'est égal.

— Et pourquoi les ferais-je rester? demanda Mme Clennam. Je n'ai pas affaire à eux.

— Alors, très-chère madame, continua Rigaud, qui se jeta dans un fauteuil de façon à faire trembler le plancher et tous les meubles de la vieille chambre, vous ferez aussi bien de les renvoyer. Cela vous regarde. Ces messieurs ne son pas *mes* espions. Je n'ai pas de canaille à mes gages, *moi*.

— Écoutez! Vous Pancks, vous le commis du vieux Casby, dit Mme Clennam en tournant vers le remorqueur un regard irrité, occupez-vous de vos propres affaires ou de celles de votre patron. Allez, et emmenez cet homme avec vous.

— Merci beaucoup, madame, répliqua M. Pancks, je suis enchanté de pouvoir vous dire que je n'ai aucune raison qui m'empêche de me retirer. Nous avons fait tout ce que nous nous étions engagés à faire pour M. Clennam. Sa grande inquiétude, qui n'a fait que croître et embellir quand il s'est vu en prison, a toujours été seulement de s'assurer qu'on vous ramènerait chez vous l'aimable gentleman qui avait si bien su s'éclipser. Nous vous l'avons ramené. Le voilà. Et j'ajouterai, continua signor Panco en manière de péroraison, au nez et à la barbe de ce gentleman à mine patibulaire, qu'à mon avis ce monde-ci n'en irait pas plus mal s'il s'était éclipsé tout à fait dans l'autre monde.

— On ne vous demande pas votre avis, continua Mme Clennam. Allez.

— Je regrette de ne pas vous laisser en meilleure compagnie, madame, reprit Pancks, et je regrette encore davantage que M. Clennam ne soit pas ici. D'autant plus que c'est ma faute; oh! oui, c'est bien ma faute.

— Vous voulez dire la sienne, reprit la mère d'Arthur.

— Non pas du tout : c'est la mienne, madame; car c'est moi qui l'ai poussé à faire un placement ruineux (le Remorqueur tenait plus que jamais à ce mot qu'il se gardait bien de remplacer en aucun cas par celui de *spéculation*). Et pourtant je puis prouver, par des chiffres incontestables, continua M. Pancks avec un visage désespéré, que ce devait être un excellent placement. Je recommence mes calculs tous les jours depuis la faillite, et tous les jours ils me donnent raison. Le moment et le lieu seraient mal choisis pour entrer dans des détails arithmétiques.... poursuivit signor Panco en jetant un regard avide au fond de son chapeau (c'est là qu'il gardait ses calculs).... mais il n'y a pas à dire : les chiffres sont là. Aujourd'hui, M. Clennam devrait rouler en équipage, et moi je devrais posséder quelque chose comme trois ou quatre mille livres sterling. »

M. Pancks passa ses doigts dans sa chevelure hérissée, avec autant d'assurance que s'il tenait ses trois ou quatre mille livres dans sa poche. Depuis la catastrophe, les chiffres incontestables dont il parlait occupaient tous ses moments de loisir, et sans doute ils étaient destinés à lui servir de consolation jusqu'à la fin de ses jours.

« Mais en voilà assez là-dessus, dit M. Pancks. Altro, mon garçon, vous avez vu les chiffres et vous savez s'ils sont exacts. »

M. Baptiste, dont les connaissances arithmétiques n'étaient pas assez étendues pour lui fournir les mêmes consolations qu'au signor Panco, fit un signe de tête affirmatif, et montra tout un râtelier de belles dents blanches.

Le sieur Flintwinch, qui regardait en ce moment le petit Italien, lui dit en voyant ses dents :

« Tiens! C'est donc vous? Il me semblait bien vous avoir déjà rencontré quelque part, mais je n'étais pas sûr de vous reconnaître avant d'avoir vu vos dents. Eh oui, parbleu!... C'est ce réfugié officieux, continua Jérémie en s'adressant à Mme Clennam, qui est venu ici le soir où Arthur et cette bavarde de Flora ont parcouru la maison, m'adressant tout un interrogatoire à propos de M. Blandois.

— C'est vrai, avoua Jean-Baptiste d'un ton joyeux. Et j'ai fini par le trouver, *patronne!* j'ai mis la main sur lui, conséquemmentalement.

— Vous auriez mieux fait de vous casser le col conséquemmentalement, remarqua M. Flintwinch.

— Et, maintenant, reprit M. Pancks, dont le regard s'était souvent dirigé vers la croisée et le bas qu'on y raccommodait, je n'ai plus qu'un mot à dire avant de m'en aller. Si M. Clennam pouvait assister à cet entretien.... mais, par malheur, bien qu'il soit parvenu à ramener ce beau gentleman ici contre son gré, il est malade et en prison.... le pauvre garçon! mais s'il était ici, continua le Remorqueur, faisant un pas de côté vers la fenêtre et posant la main sur le bas troué, il dirait: « Ma bonne Affery, racontez-nous vos rêves! »

M. Pancks leva l'index de sa main droite entre son nez et le bas en question, de l'air solennel d'un fantôme qui donne un avertissement, fit demi-tour et s'éloigna à toute vapeur, remorquant Jean-Baptiste Cavalletto à sa suite. Mme Clennam et Jérémie avaient échangé un coup d'œil, puis ils avaient dirigé les yeux vers Affery qu'ils regardaient encore. Celle-ci continuait à raccommoder son bas avec beaucoup d'assiduité.

« Allons! s'écria enfin M. Flintwinch, qui se dirigea vers la croisée en dessinant une courbe ou deux, et se frottant le creux des mains sur les pans de son habit, comme s'il se préparait à faire quelque chose, ce que nous avons à nous dire, il vaut mieux nous le dire tout de suite.... Ainsi, donc, ma vieille, fais-nous le plaisir de déguerpir! »

En une seconde, Affery, jetant loin d'elle le bas qu'elle raccommodait, se leva, saisit le rebord de la fenêtre avec sa main droite, se maintint dans l'embrasure en posant le genou droit sur le siége, et, brandissant son bras droit pour repousser tous les assaillants qui pourraient se présenter:

« Non, je ne m'en irai pas, Jérémie.... Non!... non!... non!... Je ne m'en irai pas!... Je reste où je suis. Je veux entendre tout ce que je ne sais pas, pour dire après tout ce que je sais. Oui, j'y suis résolue, quand je devrais y perdre la vie. Je reste, je reste! »

M. Flintwinch, que la colère et la surprise semblaient avoir pétrifié, humecta les doigts de sa main droite, décrivit lentement un cercle dans le creux de sa main gauche, et continua à biaiser d'une façon menaçante vers madame son épouse, laissant échapper diverses promesses peu rassurantes que sa colère l'empêchait d'articuler d'une façon bien distincte, et dont on n'entendait que ces paroles:

« Une dose, vois-tu, ma vieille! oh mais là, une dose!

— N'avance pas, Jérémie! s'écria Affery sans cesser d'agiter son bras. Si tu fais encore un pas, j'ameute tous les voisins! Je me jette par la croisée! Je crie au feu et au meurtre! Je réveille les morts! Reste à ta place, ou je vais pousser des cris à faire sortir les morts de leur tombe! »

La voix impérieuse de Mme Clennam répéta : « N'avancez pas. » Jérémie s'était déjà arrêté.

« C'est le commencement, Flintwinch. Laissez-la tranquille. Ainsi donc, Affery, voilà que vous vous mettez contre moi au bout de tant d'années?

— Oui, si c'est me mettre contre vous que d'écouter ce que je ne sais pas, et de dire ce que je sais. Maintenant que me voilà lancée je ne peux plus m'arrêter, je ne veux plus m'arrêter. Non, non, non, je ne veux pas! Si vous appelez ça se mettre contre vous, eh bien oui, je me mets contre vous. J'ai dit à Arthur, le soir de son arrivée, que vous étiez deux finauds, mais qu'il ne devait pas vous céder. Je lui ai dit que ce n'était pas une raison, parce que vous me faisiez trembler dans ma peau, pour qu'il eût peur de vous. Depuis cette nuit-là, il est arrivé un tas d'histoires, et je ne veux plus que Jérémie me mène par le bout du nez et par la peau du col; je ne veux plus qu'il me mette sens dessus dessous par les frayeurs qu'il me fait, ni qu'il me rende complice de je ne sais quoi! Non, non, je ne veux pas! Je prends la défense d'Arthur, maintenant qu'il a tout perdu, qu'il est malade, en prison, et ne peut pas se défendre lui-même.

— Et comment savez-vous, vieux cerveau troublé que vous êtes, demanda Mme Clennam, comment savez-vous qu'en agissant comme vous le faites, vous servez Arthur?

— Je ne sais rien de rien, répliqua Affery, et vous n'avez jamais rien dit de plus vrai qu'en m'appelant vieux cerveau troublé, car c'est vous et l'autre finaud qui m'avez mise dans cet état-là. Vous m'avez forcée à me marier, bon gré mal gré; et, depuis mon mariage, vous m'avez fait une vie de rêves et de frayeurs comme on n'en a jamais vu! Comment mon cerveau ne serait-il pas troublé? Vous avez voulu m'hébéter, et vous avez réussi; mais je ne me laisserai plus mener comme ça!... Non!... non!... non!... je ne veux pas! »

Et elle se remit à repousser, avec ses bras en moulinet, des assaillants imaginaires.

Mme Clennam, après l'avoir contemplée un instant sans prononcer une parole, se retourna vers Rigaud.

« Vous avez entendu ce que vient de dire cette folle? lui demanda-t-elle. Vous opposez-vous à ce que cette écervelée reste là?

— Moi, madame? répliqua le gentilhomme cosmopolite. Si je m'y oppose, *moi*? C'est vous que cela regarde.

— Eh bien, qu'elle reste, dit Mme Clennam d'un air sombre. D'ailleurs, nous n'avons guère le choix à présent. Flintwinch, c'est le commencement. »

M. Flintwinch répliqua en dirigeant vers son épouse un regard plein de rage et de méchanceté; puis, comme pour s'empêcher de lui administrer une dose, il fourra dans son gilet une partie de ses bras croisés, et, le menton très-rapproché d'un de ses coudes, il se tint dans un coin, surveillant Rigaud dans l'attitude la plus bizarre. Le visiteur, de son côté, quittant le fauteuil dans lequel il s'était installé, alla s'asseoir sur une table, les jambes pendantes. Dans cette pose sans gêne, ses yeux rencontrèrent le visage rigide de Mme Clennam; sa moustache se releva et son nez s'abaissa.

« Madame, je suis un gentilhomme....

— Dont j'ai déjà entendu parler, interrompit Mme Clennam avec sa fermeté habituelle, comme ayant été détenu dans une prison de Marseille sous prévention d'assassinat. »

Rigaud lui envoya un baiser avec sa galanterie exagérée.

« Charmant! parfait! et l'assassinat d'une dame, encore! Était-ce assez absurde? assez incroyable? J'ai eu l'honneur d'obtenir un grand succès à cette occasion; j'en espère un pareil aujourd'hui. Je vous baise les mains, madame, je suis un gentilhomme (ainsi que j'allais avoir l'avantage de vous le dire), qui, lorsqu'il déclare qu'il est décidé à terminer telle ou telle affaire, séance tenante, ne s'en va pas avant de l'avoir terminée d'une façon ou d'une autre. Je vous préviens que cet entretien sera le dernier. Vous me faites l'honneur de suivre mon raisonnement et de me comprendre? »

La mère d'Arthur, les yeux fixés sur son interlocuteur, répondit en fronçant les sourcils :

« Oui.

— En outre, je suis un gentilhomme qui dédaigne tout ce qui ressemble à un trafic mercenaire, mais qui ne se fait pas scrupule d'accepter de l'argent, parce que sans argent on ne peut pas s'amuser. Vous me faites toujours l'honneur de suivre mon raisonnement et de me comprendre?

— Il me semble que je pourrais me dispenser de répondre. Oui.

— En outre, je suis le gentilhomme le plus doux et le meilleur enfant qu'il soit possible de rencontrer ici-bas; mais j'entre en furie dès qu'on se joue de moi. Les nobles natures, en pareille circonstance, deviennent enragées. Il y a beaucoup de noblesse dans ma nature. Lorsque le lion s'irrite.... c'est-à-dire quand j'entre en fureur, j'aime autant la vengeance que l'argent. Vous me faites toujours l'honneur de suivre mon raisonnement et de me comprendre?

— Oui! répondit Mme Clennam, un peu plus haut qu'auparavant.

— Désolé d'avoir troublé votre égalité d'âme. Restez calme, je vous en prie. J'ai dit que cet entretien serait le dernier. Permettez-moi de vous rappeler ce qui s'est passé dans nos deux autres séances....

— Ce n'est pas nécessaire.

— Morbleu! madame, s'écria Rigaud, il me plaît de vous les rappeler! d'ailleurs, c'est nécessaire pour mieux nous entendre. La première séance ne signifie pas grand'chose. Je vous ai présenté la lettre d'introduction qui m'a valu l'avantage de faire votre connaissance. Je suis un chevalier d'industrie.... pour vous servir, madame... ; mais, néanmoins, mes manières distinguées m'ont valu beaucoup de succès, comme professeur de langues, auprès de vos aimables compatriotes, qui sont plus roides qu'un manche à balai les uns avec les autres, mais qui deviennent souples comme un gant avec un étranger d'un extérieur séduisant.... J'ai donc eu l'honneur de faire votre connaissance, et d'observer deux ou trois petites circonstances.... (M. Rigaud jeta un coup d'œil autour de la chambre et se mit à sourire) concernant cette honorable maison ; deux ou trois petites circonstances nécessaires pour me convaincre que j'avais bien le plaisir et l'avantage inestimable de parler à la dame que je cherchais. J'acquis cette conviction. Je donnai à notre cher Flintwinch ma parole d'honneur que je reviendrais un jour ou l'autre, et je me retirai avec grâce. »

Les traits de Mme Clennam demeuraient impassibles. Que M. Rigaud parlât ou se tût, il ne pouvait rien lire de plus que le même froncement de sourcils attentif, la même contraction sombre qui annonçait que la paralytique s'était préparée à cette entrevue.

« Je dis *avec grâce*, parce qu'il était gracieux de ma part de m'éloigner sans faire peur à la dame qui avait daigné me recevoir. Il est dans le caractère de Rigaud Blandois de montrer autant de grâce au moral qu'au physique. Et puis, ce n'était pas maladroit de ma part de vous laisser un peu inquiète, avec une petite épée de Damoclès suspendue sur votre tête impassible, sans vous indiquer le jour où vous deviez vous attendre à me revoir. Mais votre humble serviteur entend la politique ! Sacrebleu ! oui, madame, il entend la politique.... Mais revenons à nos moutons. A la seconde entrevue, qui n'avait pas été fixée, j'eus donc l'honneur de me présenter encore chez vous. Là, je vous donnai à entendre que j'avais quelque chose à vendre qui pourrait bien, si vous ne vouliez pas en faire l'emplette, compromettre une dame pour laquelle je professe la plus haute estime. Je parlai en termes assez vagues. Je demandai, je crois, quelque chose comme mille livres sterling.... Voulez-vous bien me dire si je me trompe ? »

Ainsi interpellée, Mme Clennam répondit, comme à contre-cœur :

« Oui, vous avez été jusqu'à demander mille livres sterling.

— Maintenant il m'en faut deux mille. Voilà ce que c'est que de lanterner.... Mais trêve aux digressions.... Nous ne sommes pas parvenus à tomber d'accord. Nous ne nous sommes pas entendus du tout. Je suis enjoué : l'enjouement fait partie de mon aimable caractère. Donc par pure plaisanterie, je me cache, je me déguise, je fais le mort. Je me figurais que madame donnerait la moitié de la somme demandée, rien que pour dissiper les soupçons que ma drôle d'idée faisait planer sur elle. Le hasard et les espions viennent déconcerter cette plaisanterie et gâter tout au moment, peut-être.... qui peut mieux le savoir que vous et Flintwinch ?... au moment même où la poire était mûre. C'est ce qui fait, madame, que vous me voyez ici pour la dernière fois. Songez-y ! pour la dernière fois. »

Après avoir fait résonner le rebord de la table sous ses talons de bottes, et répondu par un regard plein d'insolence au froncement de sourcils de Mme Clennam, il reprit d'un ton plus farouche :

« Bah ! un moment ! n'allons pas trop vite. D'après nos conventions, les frais de mon séjour à l'hôtel sont à votre compte. Dans cinq minutes nous serons peut-être à couteaux tirés. Je n'attendrai pas jusque-là, car vous seriez capables de me flouer. Voici la note. Allons, payez ! comptez-moi l'argent !

— Prenez cette note, Flintwinch, et remettez-lui l'argent, » dit Mme Clennam.

Rigaud jeta le papier à la figure de son cher Flintwinch, tandis que le vieillard s'avançait pour le prendre, et il tendit la main en criant :

« Payez ! comptez-moi la somme ! et en bon argent ! »

Jérémie ramassa la note, regarda le total avec des yeux injectés de sang, tira de sa poche un sac de toile et compta la somme dans la main du gentilhomme cosmopolite.

Celui-ci fit sonner l'argent, le soupesa dans sa main, le jeta en l'air, le rattrapa et le fit sonner de nouveau.

« Cette musique-là produit sur le brave Rigaud Blandois le même effet que la chair fraîche sur un tigre. Eh bien, madame, combien ? »

Il s'était tourné vers elle si subitement, avec un geste menaçant de son poing fermé qui contenait l'argent, qu'on eût dit qu'il allait la frapper.

« Je vous répète, comme je vous l'ai déjà dit la dernière fois, que nous ne sommes pas aussi riches que vous paraissez le croire, et que vous me demandez une somme exorbitante. En ce moment je n'ai pas les moyens de satisfaire à vos exigences.... quand même je serais disposée à le faire....

— Quand même ! interrompit Blandois. Entendez-vous cette dame, avec son *quand même ?* Voulez-vous dire que vous n'êtes pas disposée à me satisfaire ?

— Je prétends parler comme je l'entends, et non comme vous l'entendez.

— Eh bien ! parlez alors. Dites-moi si vous êtes disposée. Vite ! l'êtes-vous, oui ou non, pour que je sache ce que j'ai à faire ? »

Mme Clennam, sans parler ni plus vite ni plus lentement qu'elle ne l'avait fait jusqu'alors, répondit :

« Il paraîtrait que vous avez en votre possession un papier. .. ou des papiers.... que je désire assurément recouvrer. »

Rigaud, partant d'un bruyant éclat de rire, se remit à tambouriner avec ses talons contre la table et s'écria, après avoir fait sonner son argent :

« Ça, je le crois ! Je le crois sans peine !

— Le papier en question peut valoir pour moi une certaine somme d'argent, peu ou beaucoup, je n'en sais rien....

— Morbleu ! interrompit Rigaud d'un air farouche, ne vous ai-je pas donné huit jours de grâce pour y réfléchir : n'est-ce pas assez ?

— Non. Je vous répète que nous sommes loin d'être riches, et je ne veux pas m'appauvrir davantage en offrant un prix quelconque pour un document, sans connaître au juste le mal qu'il pourrait me faire. Voici la troisième fois que vous m'adressez de vagues menaces. Aujourd'hui, il faut parler clairement, sinon vous pouvez vous en aller et agir comme bon vous semblera. Mieux vaut être mise en pièces d'un coup de griffes que de trembler comme une souris à la merci d'un chat de votre espèce. »

Rigaud la regarda si fixement avec ses yeux trop rapprochés, que leurs rayons visuels semblaient, en se croisant, faire un nez retroussé de son nez aquilin. Après l'avoir contemplée pendant une minute ou deux, il répliqua, en ajoutant à l'expression sinistre de son méchant sourire :

« Vous êtes une femme hardie

— Je suis une femme résolue.

— Et vous l'avez toujours été. Hein ? toujours, n'est-ce pas, mon petit Flintwinch ?

— Ne répondez pas, Flintwinch. Qu'il dise à l'instant même tout ce qu'il peut avoir à dire, ou bien qu'il s'en aille et agisse comme il l'entendra. Vous savez que c'est là ce que nous avons décidé. Maintenant il sait à quoi s'en tenir, et qu'il se décide à son tour. »

Elle ne se laissa pas intimider par le méchant regard de son visiteur ; elle ne chercha pas même à l'éviter. Il le fixa de nouveau sur elle ; mais elle conserva son masque impassible. Il descendit de la table, rapprocha du canapé une chaise sur laquelle il s'assit et posa une main sur le bras de la paralytique. Mme Clennam conserva le même visage, froncé, attentif et fixe.

« Vous tenez donc, madame, à ce que je raconte un bout d'histoire domestique dans cette petite réunion de famille ? demanda Rigaud, qui fit jouer ses doigts agiles sur le bras de Mme Clennam, comme pour l'engager à se tenir sur ses gardes. Je suis un peu médecin ; laissez-moi vous tâter le pouls. »

Elle lui abandonna son bras, qu'il prit par le poignet. Tout en ayant l'air de compter les battements, il reprit :

« L'histoire d'un mariage étrange, d'une mère plus étrange encore, d'une vengeance, d'une substitution et d'une suppression.... Tiens, tiens, tiens !... voilà un pouls bien agité ! Il me semble qu'il va deux fois plus vite que tout à l'heure ! Est-ce là un des symptômes habituels de votre maladie, chère madame ? »

Elle fit un effort pour dégager son bras impotent ; mais son visage ne trahit aucune émotion. Quant à la physionomie de Rigaud, elle gardait aussi le même sourire sinistre.

« J'ai mené une existence assez aventureuse, car il est dans mon caractère d'aimer les aventures. J'ai connu bon nombre d'aventuriers.... de charmants camarades, la plus aimable société !... C'est de l'un d'eux que je tiens la ravissante petite histoire que je vais vous raconter et dont j'ai les preuves.... les preuves, vous entendez, chère madame?... Ce récit vous charmera, j'en suis convaincu, Mais bah! j'oubliais. Il faut un titre à une histoire. Comment intitulerai-je celle-ci? L'histoire d'une maison? Bah! bah! il y en a tant, de maisons! Si je l'intitulais plutôt l'histoire de cette maison?»

Penché sur le canapé, se balançant sur les pieds de sa chaise, appuyé sur son coude gauche, agitant à diverses reprises les doigts de la main gauche qu'il tenait sur le bras de Mme Clennam, comme pour souligner ses paroles, tandis qu'avec sa main droite tantôt il arrangeait ses cheveux, tantôt il caressait sa moustache, tantôt il se frappait doucement le nez, tout cela d'un air menaçant, grossier, insolent, rapace, cruel et confiant dans sa force, il continua sans se presser :

« *L'histoire de cette maison*, voilà mon titre. Je commence donc. Nous supposerons qu'elle a été habitée autrefois par deux personnages, l'oncle et le neveu : l'oncle, vieillard rigide, doué d'une grande vigueur de caractère; le neveu, garçon timide, réservé et soumis. »

Mme Jérémie, qui avait écouté cet entretien avec beaucoup d'attention, sans quitter l'embrasure de la croisée, mordant le bout de son tablier et tremblant des pieds à la tête, s'écria tout à coup :

« Jérémie, n'avance pas! j'ai entendu l'histoire du père d'Arthur et de son oncle dans un de mes rêves. C'est d'eux qu'il parle. Ça n'est pas arrivé de mon temps; mais j'ai entendu raconter dans mes rêves que le père d'Arthur était un pauvre garçon, faible et sans volonté, qu'on avait tant secoué et effarouché dans sa jeunesse, qu'il lui restait à peine la force de vivre; qu'au lieu de lui permettre de choisir lui-même sa femme, on l'a forcé à prendre celle que son oncle avait choisie pour lui. La voilà sur ce canapé, sa femme. J'ai entendu raconter tout ça dans mes rêves et de la bouche même, Jérémie. »

Tandis que M. Flintwinch menaçait du poing son épouse et que Mme Clennam fixait les yeux sur elle, Rigaud lui envoya un baiser.

« Tout cela est parfaitement exact, chère madame Flintwinch. Vous êtes un vrai génie pour les rêves.

— Je n'ai pas besoin de vos éloges, répliqua Mme Jérémie. Je n'ai rien à démêler avec vous, rien du tout, du tout. Mais Jérémie m'a dit que c'étaient des rêves, et je ne vous les donne pas pour autre chose. »

En même temps, Mme Flintwinch s'empressa d'avaler de nouveau le coin de son tablier, comme si elle eût voulu fermer la bouche d'une autre personne.... peut-être celle de son mari, qui marmottait des menaces, de l'air d'un homme qui grelotte de colère.

« Notre bien-aimée Mme Flintwinch, reprit Rigaud, chez laquelle vient de se développer tout à coup une intelligence étonnante et une merveilleuse perspicacité, a parlé comme un oracle. Oui, c'est bien là le prologue de mon histoire. L'oncle sévère ordonne à

M. son neveu de se marier. Il lui adresse la parole à peu près en ces termes : « Monsieur mon neveu, je vous présente une dame douée d'une grande force de caractère et qui me ressemble beaucoup sous ce rapport : une dame résolue, une dame sévère, une dame qui a une volonté capable de réduire en poudre les gens qui ne sont pas de sa force : une dame sans pitié, sans amour, implacable, vindicative, plus froide que le marbre, mais plus irritable que le feu!... » Ah! quelle vigueur! quelle supériorité intellectuelle! C'est vraiment un noble et charmant caractère que celui que je décris, en empruntant les paroles supposées de feu notre oncle. Ha, ha, ha! le diable m'emporte si je n'adore pas cette douce épousée! »

Cette fois il s'opéra un changement dans les traits de Mme Clennam. Son teint devint presque noir et son front se contracta davantage.

« Madame, madame, continua Rigaud, lui tapant sur le bras, comme si sa main cruelle courait sur un piano, je vois avec plaisir que j'ai enfin trouvé le moyen de vous intéresser. Je suis heureux d'avoir réussi à éveiller votre sympathie. Continuons! »

Mais, avant de continuer, il éprouva le besoin de cacher un instant avec sa main blanche la moustache qui montait et le nez qui descendait à sa rencontre, tant il jouissait de l'impression qu'il venait de produire.

« Le neveu était donc, comme l'a si bien dit la lucide Mme Flintwinch, un pauvre diable qu'on avait effrayé, affamé, au point qu'il lui restait tout juste la force de vivre; il baissa la tête et répondit : « Mon oncle, vous n'avez qu'à commander; faites de moi ce que vous voudrez! » En effet, M. notre oncle fait ce qu'il veut; c'est assez son habitude, du reste. L'heureux mariage a lieu; les jeunes époux reviennent habiter cette charmante demeure, où la dame est reçue, une supposition, par ce cher Flintwinch.... Hein, vieil intrigant? »

Jérémie, les yeux fixés sur sa maîtresse, ne fit aucune réponse. Rigaud contempla l'un après l'autre les deux associés, tapa son vilain nez avec son index et fit claquer sa langue.

« Bientôt la dame fait une singulière et contrariante découverte, à la suite de laquelle, brûlant, malgré sa froideur apparente, du désir de se venger, ivre de colère et de jalousie, elle forme.... vous m'écoutez, chère madame?... un projet vindicatif dont elle oblige adroitement son faible époux à supporter tout le poids; elle le force à écraser sa rivale. Quelle intelligence supérieure! Cette femme est un génie.

— N'approche pas, Jérémie! s'écria Mme Flintwinch toute haletante, et retirant encore une fois le tablier de sa bouche. C'est encore un de mes rêves que tu lui contais, un soir d'hiver que tu t'es disputé avec elle dans l'obscurité.... Vous étiez là tous deux à la même place que ce soir.... tu lui disais qu'elle n'aurait pas dû laisser Arthur, à son retour, soupçonner son père; que c'était elle qui avait toujours été la maîtresse et qu'elle aurait dû défendre le père contre les soupçons du fils. C'est dans ce même rêve que tu lui as dit qu'elle n'était pas.... qu'elle n'était pas quelque chose, mais je ne sais pas *quoi*, car elle s'est mise dans une colère terrible qui t'a arrêté tout court. Tu connais ce rêve-là aussi bien que moi : quand tu es descendu dans la cuisine, la chandelle à la main, et que tu as rabattu le tablier que j'avais mis sur ma tête; quand tu m'as dit que c'était un rêve que j'avais fait; quand tu n'as pas voulu croire aux bruits.... »

Après cette explosion, Mme Jérémie se ferma de nouveau la bouche avec le coin de son tablier, sans lâcher le châssis de la croisée et sans retirer son genou du coffre, prête à crier ou à sauter par la fenêtre si son seigneur et maître faisait seulement un pas vers elle.

Rigaud n'avait pas perdu un mot de tout cela.

« Ha! ha! s'écria-t-il en se croisant les bras et en s'enfonçant dans son siége, tandis que ses sourcils se soulevaient un peu. Pour le coup, Mme Flintwinch est une véritable pythonisse. Comment faut-il que nous interprétions cet oracle, vous et moi et ce vieil intrigant? Il a dit que vous n'étiez pas?... Et vous vous êtes fâchée pour lui imposer silence! Qu'est-ce donc que vous n'étiez pas? Qu'est-ce que vous *n'êtes* pas? Racontez-nous un peu ça, madame! »

Le sang-froid de Mme Clennam ne put résister à ces féroces plaisanteries et sa bouche fit un pli. Ses lèvres tremblèrent et s'entr'ouvrirent, malgré les efforts qu'elle faisait pour les tenir fermées.

« Voyons, chère madame! Parlez donc! Notre vieil intrigant disait que vous n'étiez pas.... et vous l'avez arrêté.... il allait dire que vous n'étiez pas quoi? Je le sais déjà, mais je désire que vous me fassiez à votre tour une petite confidence. Eh bien, qu'est-ce donc que vous n'êtes pas? »

Elle essaya encore de se contenir, mais en vain. Elle éclata tout à coup et s'écria impétueusement :

« Je ne suis pas la mère d'Arthur!

— Bon, dit Rigaud. Je vois que vous entendez raison. »

Cette explosion avait fait éclater en morceaux le masque d'impassibilité que Mme Clennam avait conservé jusqu'alors, et le feu qui avait couvé si longtemps se fit jour à travers tous ses pores. Elle continua avec la même impétuosité :

« Je veux raconter cette histoire moi-même! Je ne veux pas l'entendre sortir de votre bouche avec la souillure de votre iniquité. Puisqu'il *faut qu'on* la connaisse, qu'elle apparaisse au moins sous le jour sous lequel je l'ai moi-même envisagée. Pas un mot de plus. Écoutez-moi!

— A moins que vous n'ayez encore plus d'opiniâtreté que je ne vous en connais, interrompit M. Flintwinch, vous ferez mieux de laisser M. Rigaud, M. Blandois ou M. Belzébuth raconter les choses à sa façon. Qu'est-ce que cela signifie, puisqu'il connaît tout?

— Il ne connaît pas tout.

— Il connaît tout ce qu'il tient à connaître, riposta M. Flintwinch d'un ton de mauvaise humeur.

— Il ne me connaît pas, *moi*.

— Ah çà! est-ce que vous vous figurez qu'il se soucie de vous connaître, femme pétrie d'orgueil que vous êtes?

— Je vous répète, Flintwinch, que je veux parler. Je vous dis que, puisque les choses en sont arrivées là, je veux raconter moi-même comment tout s'est passé depuis le commencement jusqu'à la fin. Quoi donc! N'aurais-je enduré, dans la solitude de cette chambre, tant de privations et une si longue captivité que pour me résigner après tout jusqu'à ne plus contempler mon image que dans un miroir comme *celui-là!* Voyez-vous, entendez-vous cet homme? Votre femme serait cent fois plus ingrate encore qu'elle ne l'est, et j'aurais mille fois moins d'espoir de l'engager à se taire, si l'on parvient à imposer silence à ce misérable, que je raconterais tout moi-même plutôt que d'endurer la souffrance d'en entendre le récit de sa bouche! »

Rigaud recula un peu sa chaise, allongea les jambes et se tint, les bras croisés, en face de Mme Clennam.

« Vous ne savez pas ce que c'est, continua-t-elle en s'adressant à lui, que d'être élevé strictement et sévèrement. C'est ainsi que j'ai été élevée, moi. Ma jeunesse n'a pas été une jeunesse de gaieté frivole et de plaisirs coupables. J'ai grandi dans la retraite, la pénitence et la crainte. La corruption de nos cœurs, l'iniquité mondaine, la malédiction du péché originel, les terreurs qui nous entourent.... tels furent les sujets de méditation offerts à ma jeunesse. Ce sont eux qui ont formé mon caractère et qui m'ont inspiré une sainte horreur du méchant. Lorsque le vieux M. Gilbert Clennam proposa à mon père de me donner pour époux son neveu orphelin, mon père m'assura que l'éducation de mon prétendu n'avait pas été moins stricte que la mienne. Il me dit qu'outre la discipline à laquelle il avait été soumis, il avait vécu dans une maison affamée, où la débauche et la dissipation étaient inconnues; où chaque jour ramenait le même travail et les mêmes épreuves que la veille. Il ajouta que mon futur avait atteint l'âge d'homme longtemps avant que son oncle eût cessé de le traiter en enfant, et que, depuis qu'il était sorti de pension, la demeure de son oncle avait été pour lui un sanctuaire contre la contagion des profanes et des libertins. Il n'y avait pas un an que nous étions mariés, lorsque je découvris qu'à l'époque même où mon père me tenait ce langage, mon mari avait péché contre le Seigneur et m'avait outragée en me trahissant pour une créature coupable. Comment aurais-je pu douter que la Providence m'eût choisie pour châtier cette créature de perdition? Devais-je oublier tout d'un coup.... non pas mes propres griefs, car je n'étais qu'un instrument entre les mains du Seigneur.... mais mon horreur du péché et la sainte guerre à laquelle on m'avait dressée contre l'impie? »

Elle posa sa main vengeresse sur la montre qui se trouvait sur la table.

« Non! *N'oubliez pas*. Alors, comme aujourd'hui, les initiales de ces paroles se trouvaient dans la double boîte de cette montre. J'étais destinée par le ciel à trouver cachée avec cette montre au fond d'un tiroir secret, la vieille lettre qui y faisait allusion, qui m'apprit en même temps ce qu'elles voulaient dire, par qui et pour qui elles avaient été brodées. Si le Seigneur ne m'avait pas choisie pour son instrument, je n'aurais pas fait cette découverte. *N'oubliez pas*. Ces mots me parlèrent comme une voix sortie d'un nuage irrité. N'oubliez pas le péché mortel, n'oubliez pas que vous avez été choisie pour découvrir et châtier ce crime. Je n'ai pas oublié. Sont-ce mes propres griefs que je me suis rappelés? Je n'étais que l'humble servante du Seigneur. Quel pouvoir aurais-je jamais exercé sur les coupables, si le Seigneur ne me les eût pas livrés pieds et poings liés dans les entraves de leur péché? »

Plus de quarante années avaient passé sur la tête grise de cette énergumène, depuis l'époque dont elle rappelait le souvenir : plus de quarante années de combats et de luttes contre le murmure qui s'élevait en elle, pour lui dire qu'elle était libre de donner d'autres noms à sa colère et à son orgueil vindicatifs, mais que l'éternité tout entière ne suffirait pas pour en changer la nature. Cependant, malgré ces quarante années révolues, malgré la présence de cette tête de Méduse qui la regardait en face, elle restait obstinée dans sa vieille impiété, elle continuait à renverser l'ordre de la création, en pétrissant à l'image de son argile impure l'image de son Créateur. En vérité, en vérité, je vous le dis, il y a des voyageurs qui ont rencontré de par le monde de monstrueuses idoles; mais nul homme n'a vu des caricatures de la divinité plus téméraires, plus grossières, plus repoussantes que celles que nous autres, créatures formées de l'argile de la terre, nous fabriquons à la ressemblance de nos mauvaises passions.

« Lorsque j'eus obligé mon mari à me livrer le nom et l'adresse de la coupable, poursuivit Mme Clennam, toujours emportée par le torrent de son indignation et le besoin de se défendre, lorsque j'accusai cette femme, et qu'elle tomba à mes genoux en se voilant la face, lui ai-je parlé de ses torts envers moi; les reproches dont je l'ai accablée, était-ce en mon nom? Ceux qui dans le temps jadis ont été élus par le Seigneur pour se rendre auprès des mauvais rois et leur reprocher leur iniquité, n'étaient-ils pas les serviteurs de Dieu? Et n'avais-je pas, moi, leur émule indigne, n'avais-je pas aussi un grand péché à dénoncer? Lorsqu'elle me parla de sa jeunesse, de la dure et misérable existence qu'avait menée son complice (c'est ainsi qu'elle appelait la vertueuse éducation qu'il avait reçue), du simulacre sacrilége d'un mariage par lequel ils s'étaient secrètement engagés l'un à l'autre, des terreurs, de la misère, de la honte qui les avait atterrés l'un et l'autre, au moment où je fus choisie pour devenir l'instrument de la vengeance du Tout-Puissant, et de l'amour (elle a osé prononcer ce mot, en se traînant à mes pieds) avec lequel elle me l'avait cédé et abandonné, est-ce *mon* ennemie que j'ai foulée aux pieds, sont-ce les paroles de mon courroux à moi, qui l'ont fait pâlir et trembler! Non, non, ce n'est pas à moi que revient la gloire d'une si juste expiation! »

Il y avait bien des années que Mme Clennam n'avait eu le libre usage même de ses doigts; mais on aurait pu remarquer qu'elle avait déjà plusieurs fois frappé la table avec son poing fermé, et qu'en prononçant ces dernières paroles elle avait levé son bras en l'air avec autant de facilité qu'autrefois.

« Et quelle preuve de repentir ai-je arrachée à cette femme perdue et dépravée? moi, vindicative et implacable! car il est possible que je le paraisse aux yeux de gens comme vous, qui n'avez pas vécu parmi les justes et ne connaissez d'autres commandements que ceux de Satan. Riez! Flintwinch me connaît; cela ne m'empêchera pas de me montrer telle que je suis, même devant vous et devant cette servante écervelée.

— Ajoutez : *devant vous-même*, madame, remarqua Rigaud. J'ai une vague idée que madame n'est pas fâchée *surtout* de se justifier à ses propres yeux.

— C'est faux! cela n'est pas! Je n'ai pas besoin de me justifier à mes propres yeux, s'écria Mme Clennam avec beaucoup d'énergie et de colère.

— Vraiment? riposta Blandois. Ah!

— Quelle est l'œuvre de pénitence, je vous demande, que j'ai exigée de cette femme? « Vous avez un enfant, lui dis-je, je n'en ai pas; vous aimez cet enfant, donnez-le moi; il se croira mon fils et il passera pour être à moi. Afin de vous épargner la honte d'un éclat, son père jurera de ne plus vous revoir, de ne pas correspondre avec vous. Afin d'empêcher son oncle de le déshériter et votre fils de devenir un mendiant, vous jurerez de ne jamais les revoir, de ne jamais leur écrire. A ces conditions, et lorsque vous aurez renoncé aux moyens d'existence que vous tenez de mon mari, je me charge de votre entretien. Vous laisserez ignorer le lieu de votre retraite. Vous pourrez, si cela vous plaît, essayer de passer pour une honnête femme à tous les yeux, excepté aux miens.... Voilà tout. » Elle a eu à sacrifier sa criminelle et honteuse passion : rien de plus. Elle a été libre, ensuite, de supporter en secret le fardeau de son crime et de mourir de chagrin; d'échapper, grâce à une misère passagère (trop légère pour elle, à mon avis), à une souffrance éternelle en opérant son salut, s'il a plu au Seigneur de la toucher d'un rayon de sa grâce. Si je l'ai punie ici-bas, ne lui ai-je pas ouvert en même temps le chemin de la vie éternelle? Si elle s'est vue poursuivie par une colère vengeresse et par des flammes dévorantes, est-ce moi qui les avais allumées? Si je l'ai menacée, alors et plus tard, des terreurs qui devaient l'assaillir, est-ce donc moi qui les tenais dans ma main droite? »

Elle retourna la montre sur la table, l'ouvrit et contempla, sans adoucir son regard, les lettres brodées à l'intérieur.

Ils n'oublièrent ni l'un ni l'autre. Dieu a voulu que les péchés de ce genre ne s'oublient pas. Si la présence d'Arthur était un reproche vivant pour son père, si l'absence d'Arthur augmentait chaque jour les angoisses de sa mère, c'est la justice de Jehovah! On pourrait tout aussi bien m'accuser de l'avoir rendue folle, parce que les remords ont fini par lui troubler le cerveau, et parce que l'ordonnateur de toutes choses a voulu qu'elle vécût ainsi de longues années. Encore je m'efforçai de sauver cet enfant prédestiné, qui semblait perdu et condamné d'avance; de lui donner les apparences d'une naissance honnête, de l'élever dans la crainte et le tremblement, de l'habituer à une vie de contrition pour les péchés qui pesaient lourdement sur sa tête avant son entrée dans ce monde réprouvé. Était-ce là de la cruauté? N'ai-je pas eu, au contraire, à souffrir dans ma personne des conséquences de cette faute dont j'étais innocente? Le père d'Arthur et moi nous ne vivions pas plus éloignés l'un de l'autre, lorsqu'une moitié du globe nous séparait, que lorsque nous habitions tous les deux cette maison. Il est mort, et il m'a envoyé sa montre avec son: *N'oubliez pas.* Eh bien, je n'oublie pas, quoique je ne lise pas cette phrase avec les mêmes yeux que lui. J'y lis que j'étais choisie pour devenir l'instrument de leur punition. C'est là le sens que j'ai donné à ces paroles depuis que je les vois sur ma table; je les lisais aussi distinctement et je leur donnais le même sens, lorsqu'elles étaient à des milliers de lieues d'ici. »

Tandis qu'elle prenait la boîte de la montre dans la main dont elle avait tout à coup retrouvé l'usage, sans paraître remarquer le moins du monde ce changement subit qui venait de s'opérer en elle, et qu'elle y fixait les yeux, comme pour défier ces lettres de l'émouvoir, Rigaud s'écria en faisant claquer ses doigts d'une façon méprisante:

« Allons, madame! le temps presse. Allons, ma pieuse dame, dépêchons-nous, je sais tout ça, vous ne m'apprenez rien. Arrivons à l'argent volé, ou c'est moi qui raconterai la chose. Mort de ma vie, en voilà bien assez de votre jargon religieux. Arrivons à l'argent volé et vivement.

— Misérable! répondit Mme Clennam, qui se cacha la tête dans les mains, par quelle fatale erreur de Jérémie, par quel oubli de sa part (car lui seul m'aide dans ces affaires et les connaît), par quelle résurrection des cendres d'un papier brûlé, ce codicille est-il tombé entre vos mains, c'est ce que j'ignore....

— Avec tout cela, interrompit Rigaud, vous avez beau dire, je n'en possède pas moins dans une bonne petite cachette à moi connue, cette addition laconique au testament de M. Gilbert Clennam, écrite de la main d'une dame ici présente avec sa signature et celle de notre vieil intrigant! C'est comme cela, mon vieil intrigant, ma vieille marionnette au col tors! Dépêchons-nous, madame. Encore une fois, le temps presse. Continuez si vous ne voulez pas que je termine ce récit intéressant !

— Non, je ne veux pas, répondit Mme Clennam, d'un ton encore plus résolu. Laissez-moi parler, car je ne veux pas me voir, je ne veux pas que les autres me voient dans le portrait menteur que vous voulez faire de moi. Vous, avec votre infâme expérience des prisons et des galères, vous voudriez faire croire que c'est l'argent qui m'a tentée. Mais non, ce n'était pas l'argent.

— Bah ! bah ! bah ! Je mets de côté, pour le moment, ma politesse et ma galanterie habituelles pour vous dire : Mensonge, mensonge, mensonge ! Vous savez que vous avez supprimé l'acte et gardé l'argent.

— Ce n'était pas pour l'argent, misérable !... (Mme Clennam fit comme un effort pour se lever et même, dans son énergie, elle parvint presque à se dresser sur ses pieds perclus).... Si Gilbert Clennam, réduit à un état d'imbécillité, s'est figuré, à son lit de mort, qu'il devait faire quelque chose pour une fille que son neveu avait aimée et qui s'était abandonnée à la tristesse et retirée du monde après avoir vu fouler au pied ce coupable amour.... si dans un moment de faiblesse, Gilbert Clennam m'a dicté, à moi dont l'existence avait été empoisonnée par cette femme et qui avais été choisie pour apprendre de sa bouche le secret de sa honte, un codicille destiné à compenser des souffrances imméritées selon lui.... est-ce la même chose d'avoir voulu anéantir cette injustice criante ou d'avoir eu l'idée de m'approprier par convoitise une simple somme d'argent.... comme vous et vos camarades de prison vous en volez tous les jours au premier venu ?

— Le temps presse, madame. Prenez garde !

— Quand même cette maison brûlerait depuis la cave jusqu'au grenier, répondit la paralytique, j'y resterais sans bouger pour me justifier, pour empêcher qu'on ne dénature mes pieuses intentions en les comparant à celles d'un assassin et d'un voleur. »

Rigaud, d'un air de mépris, fit claquer ses doigts à la figure de Mme Clennam.

« Le vieil oncle a laissé mille livres sterling à la belle enfant que vous avez tuée à petit feu ; mille livres sterling à la plus jeune fille que le protecteur de cette belle enfant pourrait avoir à cinquante ans, ou (dans le cas où il n'en aurait pas), à la plus jeune fille de son frère, en souvenir de la protection désintéressée qu'il aurait donnée à une jeune orpheline délaissée. Total deux mille livres sterling. Quoi ! n'en viendrons-*nous* jamais à l'*argent* ?

— Ce protecteur.... » reprit Mme Clennam avec beaucoup de véhémence.

Rigaud l'interrompit aussitôt :

« Je veux des noms. Donnez-lui son nom. Appelez-le Frédéric Dorrit. Plus de faux-fuyants !

— C'est ce Frédéric Dorrit qui a été la cause de tout. Si ce n'avait pas été un amateur de musique ; si, aux jours de sa jeunesse et de sa prospérité, il n'avait pas tenu maison ouverte où des chanteurs, des comédiens et autres enfants de Baal tournaient le dos à la lumière et la face vers les ténèbres, peut-être cette jeune fille ne serait-elle pas sortie de son humble position pour se précipiter dans le gouffre de l'iniquité. Mais non, voilà que ce Frédéric Dorrit, cédant aux inspirations de Satan, se regarde comme un homme de goûts louables et innocents. Il croit faire une bonne action. Il se dit : voilà une jeune fille douée d'une jolie voix, et il lui fait enseigner la musique pour qu'elle devienne une chanteuse. Puis le père d'Arthur, qui, au milieu même des âpres et rudes sentiers de la vertu, a toujours eu un faible pour ces embûches maudites qu'on nomme *les arts*, l'a rencontrée. Voilà comment, par l'entremise de ce Frédéric Dorrit, une méchante orpheline, dont on voulait faire une comédienne, prévaut sur moi ! Voilà comment je suis trahie et humiliée !... Non pas moi, je me trompe, reprit-elle vivement, tandis que le rouge lui montait au visage : qu'importent les griefs d'une pécheresse infinie? Je n'ai jamais songé qu'aux offenses commises contre le Seigneur. »

Jérémie Flintwinch, qui, peu à peu, s'était avancé de guingois vers le canapé, et se trouvait à côté de Mme Clennam sans qu'elle se fût aperçue de son approche, fit une grimace de dénégation très-marquée en entendant cette dernière assertion; ses longues guêtres parurent même s'agiter comme si les paroles de son associée eussent été autant d'épingles qu'on lui enfonçait dans les mollets.

« Enfin, continua Mme Clennam.... (car je touche à la fin de cette histoire dont je ne parlerai plus, dont je ne veux pas que vous parliez davantage, et il ne s'agira plus que de délibérer pour savoir si on doit ou non l'ébruiter).... enfin, lorsque je supprimai ce codicille à la connaissance du père d'Arthur....

— Mais pas avec son consentement, vous savez, interrompit le sieur Flintwinch.

— Ai-je dit avec son consentement?... (Mme Clennam qui avait tressailli en trouvant Jérémie si près d'elle, se recula un peu et le regarda avec une méfiance croissante). Vous avez assez souvent servi d'ambassadeur entre nous, lorsque le père d'Arthur voulait me faire publier ce codicille, ce que j'ai toujours refusé de faire, pour avoir le droit de me contredire, si j'avais parlé de son consentement. Je dis que, lorsque je supprimai ce document, je ne fis aucune tentative pour le détruire. Je le gardai ici, dans cette maison, pendant bien des années. Comme le reste de la fortune de l'oncle Gilbert revenait au père d'Arthur, je pouvais à un moment donné, remettre les deux sommes aux héritiers en feignant d'avoir trouvé ce papier par hasard. Mais outre qu'il m'aurait fallu soutenir cette feinte par un mensonge direct (ce qui eût été une grande responsabilité), je n'ai vu aucun nouveau motif, durant la longue épreuve que j'ai subie dans cette chambre, pour divulguer ce que j'avais caché jusqu'à ce jour. C'eût été récompenser le péché que d'obéir aux mauvaises inspirations d'un moment de délire. J'ai accompli la mission dont j'étais chargée, et j'ai souffert, entre les quatre murs de cette salle ce qu'il a plu au Seigneur de me faire souffrir. Lorsque le codicille eut été enfin détruit.... à ce que je crus du moins.... en ma présence, la protégée de M. Frédéric Dorrit était déjà morte depuis longtemps, et il y avait longtemps aussi que le protecteur avait eu le sort qu'il méritait : il était ruiné et imbécile. Il n'avait pas d'enfants. J'avais découvert qu'il avait une nièce avant cette époque, et ce que j'ai fait pour elle valait beaucoup mieux qu'une somme d'argent dont elle n'aurait pas profité.... (Mme Clennam ajouta, après un moment de silence, comme si elle s'adressait à la montre).... Cette jeune fille était innocente, et peut-être n'aurais-je pas oublié de lui abandonner l'argent à ma mort. »

Elle se tut, sans cesser de contempler la montre.

« Vous rappellerai-je un petit épisode de cette histoire, chère et digne madame, demanda Rigaud. Le codicille se trouvait encore dans cette maison le soir où votre ami, le prisonnier, que je porte dans mon cœur, est revenu de l'étranger. Vous raconterai-je autre chose? Le petit oiseau chanteur, dont vous avez coupé les ailes, a été retenu bien longtemps en cage par un gardien de votre choix, que ce vieil intrigant-là connaît fort bien. Prierons-nous le vieil intrigant d'être assez bon pour nous dire quand il a vu ce gardien pour la dernière fois?

— Je le dirai, moi! s'écria Mme Jérémie, retirant encore une fois le tablier de sa bouche.... Jérémie, si tu fais un pas, je vais crier à me faire entendre d'ici à l'autre côté de la Tamise! L'individu que cet homme a vu est le frère jumeau de Jérémie ; il est venu chez nous, au milieu de la nuit, le soir où Arthur a couché ici, et Jérémie, en personne, lui a remis ce papier avec je ne sais quoi encore ; et l'autre a tout emporté dans une boîte de fer.... Au secours! au secours! au meurtre! sauvez-moi de Jéré.... mi.... ie! »

Le sieur Flintwinch s'était élancé pour administrer, coûte que coûte, une dose à sa tendre moitié ; mais Rigaud l'avait saisi à mi-chemin. Après avoir lutté un instant, Jérémie n'eut rien de mieux à faire que de se tenir tranquille et de fourrer ses mains dans ses poches.

« Quoi! s'écria Rigaud d'un ton railleur, en le faisant reculer à coups de coude. Attaquer ainsi une dame qui a tant de talent pour les rêves! Ha, ha, ha! mais vous ne savez donc pas qu'elle vous rapportera son pesant d'or, si vous la montrez pour de l'argent. Tous ses rêves se réalisent! Ha, ha, ha! Vous ressemblez tant à votre gracieux frère, mon petit Flintwinch! Je crois encore le voir tel que je l'ai connu, la première fois que je lui ai servi d'interprète auprès de son hôte, au cabaret des Trois-Billards, dans une de ces petites rues bordées de maisons à six étages, près du quai de l'Entrepôt, à Anvers! Ah! en voilà un qui buvait comme un homme! En voilà un qui fumait comme un homme! En voilà un qui avait en garni un joli petit appartement de garçon, au cinquième, au-dessus du marchand de charbon, des modistes, du fabricant de chaises et du tonnelier, où je l'ai connu ensuite faisant douze petits sommes par jour, entremêlés de cognac et de tabac, avec un petit accès d'ivresse tous les soirs, jusqu'au jour où il est remonté au ciel. Ha, ha, ha! qu'importe maintenant la façon dont je me suis procuré les papiers que renfermait la boîte de fer? Peut-être me les a-t-il confiés pour vous les remettre; peut-être la vue d'un coffret fermé à clef a-t-elle piqué ma curiosité, et m'a-t-elle fait forcer la boîte. Ha, ha, ha! qu'importe tout cela, pourvu que j'aie les papiers en lieu sûr? Ce n'est pas comme si nous étions ici un tas de bégueules, mon Flintwinch. Il n'y a pas de bégueules ici, n'est-ce pas, chère madame? »

Reculant devant lui, et lui rendant ses coups de coude de mauvaise humeur, le sieur Flintwinch regagna son coin, où il se tint les mains dans les poches, reprenant haleine, et répondant avec impudence au regard étonné de Mme Clennam.

« Ah, ah! qu'est-ce que cela veut dire? reprit Rigaud, qui les observait. Il paraîtrait que vous ne vous connaissez pas encore, mes petits associés? Permettez-moi, chère madame Clennam, vous qui supprimez les testaments, de vous présenter M. Flintwinch, qui les restaure à son profit. »

Jérémie, retirant une de ses mains de sa poche pour se caresser la mâchoire, avança d'un pas ou deux, sans cesser de se gratter le menton, et les yeux toujours fixés sur Mme Clennam.

« Oh! je sais bien ce que vous voulez dire, en ouvrant comme ça de grands yeux; mais c'est peine perdue, car vous ne me ferez pas peur. Voilà je ne sais combien d'années que je vous dis que vous êtes la femme la plus têtue et la plus opiniâtre qui soit au monde, et vous n'êtes pas autre chose. Vous allez répétant toujours que vous n'êtes qu'une humble pécheresse, mais vous avez, au contraire, un amour-propre du diable. Voilà votre caractère. Je vous ai répété mille et mille fois, quand nous avons eu des mots ensemble, que vous vouliez que tout le monde vous cédât, mais que vous ne me feriez pas céder; que vous vouliez manger les gens tout crus, mais que je ne me laisserais pas manger tout cru. Pourquoi n'avez-vous pas détruit le papier la première fois que vous avez mis la main dessus? Je vous avais conseillé de le faire; mais non, vous vous moquez pas mal des conseils qu'on vous donne. Vous avez tenu à le garder. Ah! c'était, dites-vous, pour l'exécuter plus tard, si l'envie vous en prenait. Oui. Je t'en moque! avec ça que je ne vous connais pas! Plus souvent que, avec votre orgueil, vous auriez couru le risque d'être soupçonnée d'avoir caché ce codicille. Mais voilà comme vous cherchiez à vous tromper vous-même. C'est comme lorsque vous voulez nous faire accroire que, si vous vous êtes vengée, comme vous l'avez fait, ce n'est pas parce que vous êtes une méchante femme, irritable, passionnée, rancunière et implacable, mais parce que votre Seigneur vous a choisie pour sa servante et son ministre, et vous a donné une mission. Qui diable êtes-vous pour qu'il vous donne une mission pareille? Tout ça, c'est peut-être de la religion pour vous, mais, pour moi, ce n'est que de la blague. Et pour vous dire tout ce que j'ai sur le cœur pendant que j'y suis, continua le sieur Flintwinch, qui se croisa les bras, comme s'il posait pour la statue d'un traître de mélodrame, voilà longtemps.... voilà quarante ans.... que vous me crucifiez, avec vos grands airs, moi qui vous connais comme ma poche; comme si je n'étais qu'un zéro en chiffre à côté de vous. Je vous admire, c'est vrai; vous êtes une femme de tête et de talent; mais la plus forte tête et le plus grand talent du monde ne peuvent pas vous crucifier un homme toute la journée pendant quarante ans, sans que la peau lui démange. Vous pouvez donc me faire vos grands yeux tant que vous voudrez, je m'en soucie comme de cela. Maintenant, j'arrive au codicille. Écoutez-moi bien. Vous l'avez caché quelque part, dans un endroit que personne que vous ne connaissait; vous étiez une femme active, dans ce temps-là, et si vous aviez voulu ravoir le papier, vous n'auriez eu qu'à aller le prendre. Mais, voilà qu'un beau jour, vous êtes frappée de paralysie, et si vous avez besoin du papier, vous ne pouvez plus aller le chercher. Il reste donc pendant de longues années dans sa cachette. Enfin, lorsque nous nous attendons chaque jour à voir revenir Arthur, et qu'il est impossible de savoir s'il ne s'amusera pas à fureter dans tous les coins de la maison, je vous recommande mille et mille fois, puisque vous ne pouvez pas aller chercher le papier, de me dire où il est, afin que nous puissions le brûler. Mais non.... vous savez seule où le trouver et c'est encore un moyen de me dominer. Vous avez beau chanter votre humilité sur tous les tons, moi je prétends que votre appétit pour la domination fait de vous un Lucifer femelle! Donc, un dimanche soir, Arthur revient. Il n'y avait pas dix minutes qu'il était dans cette chambre qu'il se met à parler de la montre de son père. Vous devinez fort bien que le *N'oubliez pas*, au moment où son père vous a renvoyé la montre, voulait dire, puisque le reste de l'histoire était fini depuis longtemps : N'oubliez pas la suppression du codicille.... Une restitution, allons donc!... Les façons d'Arthur vous effrayent un peu et vous vous dites, après tout, qu'il faut brûler le papier. De sorte qu'avant que cette péronnelle, cette Jézabel.... (le sieur Flintwinch montra les dents à sa femme).... vous ait mise au lit, vous me dites enfin où vous avez caché le papier, parmi les vieux registres entassés dans les caves, où Arthur lui-même est allé fureter le lendemain matin. Mais il ne faut pas songer à le brûler un dimanche.... Oh! non, vous êtes d'une piété trop scrupuleuse pour cela; attendons jusqu'à minuit, attendons jusqu'au lundi. C'était encore une manière de m'avaler tout cru. Ma foi! je n'y tiens plus. Dans ma mauvaise humeur, comme je ne suis pas tout à fait d'une piété aussi scrupuleuse que vous, j'examine le document sans attendre que minuit ait sonné, afin de m'en rafraîchir un peu la mémoire. Je plie un autre vieux papier jauni que j'ai trouvé dans la cave, de façon à le faire ressembler au codicille.... et plus tard, quand lundi matin est arrivé et que vous m'obligez à la lueur de votre lampe à marcher à reculons de votre lit à cette cheminée pour mieux épier mes mouvements, je fais un petit tour de passe-passe et je brûle mon fac-similé...., à votre grande satisfaction. Mon frère Éphraïm, dont la possession était de garder les aliénés (pourquoi ne s'est-il pas gardé lui-même avec la camisole de force!) avait eu bien des pratiques depuis celle que vous lui aviez procurée et qui l'a occupé si longtemps; mais ses affaires n'avaient pas prospéré. Sa femme était morte (le malheur n'est pas grand : si la mienne pouvait prendre le même chemin, elle m'obligerait); il avait fait des spéculations hasardeuses sur quelques aliénés, on le poursuivait pour avoir rôti un peu trop fort un fou qu'il voulait rappeler à la raison, et il se trouvait endetté. Il quittait le pays avec ce qu'il avait pu ramasser de son côté, et une petite somme que je lui donnais du mien. Il était justement ici de très-bonne heure le lundi en question, attendant la marée; bref, il allait s'embarquer pour Anvers, où.... (si je ne craignais pas de blesser vos chastes oreilles, je dirais : que le diable l'emporte!...) il a fait connaissance de monsieur. Il venait de loin, et j'ai cru longtemps qu'il tombait de sommeil, mais je vois bien maintenant qu'il était ivre. Lorsque sa femme et lui avaient eu à garder la mère d'Arthur, la folle passait presque tout son temps à écrire.... principalement des lettres de confession et des prières qu'elle vous adressait pour vous demander grâce. Mon frère m'avait de temps à autre remis ces lettres. J'ai cru que je ferais aussi bien de les garder moi-même que de vous les donner, car vous les auriez mangées toutes crues comme le reste.... de façon que je les ai mises dans un coffret afin de les lire quand l'envie m'en prendrait. Convaincu, à l'arrivée d'Arthur, qu'il ne serait pas prudent de conserver le codicille dans la maison, je le mis dans ce même coffret qui fermait au moyen de deux serrures, je le confiai à mon frère, qui devait l'emporter et me le garder jusqu'au jour où je lui écrirais pour le redemander. C'est ce que j'ai fait plusieurs fois, mais pas de réponse. Je ne savais trop que penser, lorsque ce monsieur nous honora de sa première visite. Je commençai naturellement à deviner ce qui en était et je n'ai pas besoin qu'il me le dise pour savoir comment il a puisé ses renseignements dans mes papiers et dans le vôtre, ainsi que dans le bavardage de mon ivrogne, de mon fumeur de frère, entre une pipe et un petit verre. (Ah! si on avait pu seulement lui mettre un bâillon comme celui qu'il mettait aux autres!) Maintenant, femme têtue que vous êtes, je n'ai plus que deux mots à vous dire. Les voici. Je n'étais pas encore bien décidé à me servir ou à ne pas me servir du codicille pour vous tourmenter. Je crois pourtant que je me serais contenté de savoir que j'avais été plus habile que vous, et que je pouvais vous faire baisser pavillon quand bon me semblerait. Dans l'état actuel de nos affaires, voilà toute l'explication que j'ai à vous offrir pour le moment : d'ici à vingt-quatre heures, vous saurez le reste. Vous ferez donc tout aussi bien, dit le sieur Flintwinch, qui termina son discours par un tour de vis, de garder vos grands yeux pour un autre, car je vous prévions qu'ils ne font aucun effet sur moi. »

Mme Clennam détourna lentement les yeux dès que Jérémie eut cessé de parler, et se pressa le front dans la main gauche. L'autre main resta appuyée sur la table, et on put voir encore en elle ce mouvement étrange qu'elle avait déjà fait comme pour se lever, tandis qu'elle disait à Blandois :

« Personne ne vous donnera de cette boîte un prix aussi élevé que moi. Ce secret ne vous rapportera jamais autant si vous le vendez à un autre que si vous me le vendez à moi. Mais je ne puis disposer en ce moment de la somme que vous m'avez demandée. Les affaires de notre maison n'ont pas prospéré. Combien voulez-vous maintenant, combien plus tard, et quelle garantie me donnerez-vous de votre discrétion?

— Mon ange, répondit Rigaud, je vous ai dit combien je voulais, et le temps presse. Avant de venir ici, j'ai transcrit les plus importants de ces papiers, et j'en ai déposé copie entre les mains d'un tiers. Différez encore jusqu'au moment où la grille de la prison de la Maréchaussée sera fermée pour la nuit, et il sera trop tard pour traiter. Le prisonnier les aura lues. »

Mme Clennam porta de nouveau les deux mains à sa tête, poussa un cri et se dressa sur ses pieds. Elle vacilla un instant comme si elle allait tomber; puis elle se tint debout devant Rigaud.

« Expliquez-vous! Expliquez-vous! misérable! »

Devant ce fantôme roidi d'une femme qui, depuis tant d'années, n'avait pas pu se redresser, Rigaud recula et baissa la voix. On eût dit que les trois témoins de cette scène assistaient à la résurrection d'une morte.

« Mlle Dorrit, répliqua Rigaud, la petite-nièce de M. Frédéric Dorrit, que j'ai connue en Suisse et en Italie, est attachée au prisonnier. Mlle Dorrit veille en ce moment au chevet du prisonnier malade. En venant ici, j'ai, de ma propre main, remis pour elle au guichetier de la prison un paquet accompagné d'une lettre où je lui dis ce qu'elle doit faire *dans l'intérêt de son ami Arthur Clennam*.... (elle fera tout ce qu'on voudra pour lui rendre service).... Elle doit rendre le paquet, sans le décacheter, dans le cas où on viendrait le réclamer ce soir avant la fermeture de la prison. Si personne ne vient le réclamer avant que la cloche ait sonné, elle doit le donner au détenu. Le paquet renferme un double qu'Arthur Clennam doit remettre à Mlle Dorrit. Vous figurez-vous que je me serais aventuré parmi vous sans être sûr que mon secret me survivrait? Croyez-vous encore que le secret ne me rapportera pas ailleurs ce qu'il doit me rapporter ici? Hein, madame? Ce n'est pas vous qui marchanderez et ferez le prix que la petite nièce me donnera.... dans l'intérêt d'Arthur Clennam.... pour étouffer cette histoire. Je vous répète encore une fois que le temps presse. Dès que la cloche aura sonné, le paquet ne sera plus à vendre. C'est la petite nièce qui l'aura acheté! »

Il se fit encore en elle une sorte de lutte, puis elle courut à une armoire dont elle ouvrit violemment la porte pour y prendre un capuchon ou un châle dont elle se couvrit la tête.

La vieille servante, qui l'avait suivie des yeux avec terreur, s'élança au milieu de la chambre, saisit sa maîtresse par le pan de la robe et se jeta à ses genoux :

« Restez! restez! Que faites-vous! Où allez-vous? Vous êtes une femme terrible; mais je ne vous garde pas rancune. Je ne puis rien faire pour ce pauvre Arthur, je le vois bien maintenant, et vous ne devez plus vous méfier de moi. Je garderai le secret. Restez, ou vous allez tomber roide morte dans la rue. Si c'est cette pauvre folle que l'on cache ici, promettez-moi seulement de m'en confier la garde et le soin. Je ne demande que cela, et vous pouvez compter sur moi. »

Mme Clennam demeura un instant immobile, malgré sa précipitation, et répondit d'un ton surpris :

« Si c'est elle que l'on cache ici? Mais il y a plus de vingt ans qu'elle est morte! Demandez à Flintwinch.... demandez à cet homme. Ils vous diront tous les deux qu'elle est morte le jour où Arthur est parti pour la Chine.

— Tant pis alors! s'écria la vieille servante, qui trembla de tous ses membres; car elle hante la maison. Qui donc, si ce n'est elle, rôde partout ici et fait des signaux mystérieux en laissant tomber tout doucement des poignées de fine poussière? Qui donc va et vient en traçant de longs zigzags sur les murs, lorsque nous sommes couchés? Qui donc se tient si souvent derrière les portes pour nous empêcher de les ouvrir? Restez.... restez! maîtresse, vous allez tomber roide morte dans la rue si vous sortez! »

La maîtresse d'Affery se contenta de dégager le pan de sa robe des mains suppliantes qui cherchaient à la retenir, et, après avoir dit à Rigaud : « Attendez-moi ici! » elle sortit en courant.

De la fenêtre ils la virent qui traversait la cour d'un air effaré et passait dans la rue.

Pendant quelques minutes ils demeurèrent immobiles. Affery fut la première à secouer cette torpeur; elle se précipita hors de la chambre en se tordant les mains, et se mit à la poursuite de sa maîtresse. Puis Jérémie Flintwinch s'avança lentement et à reculons vers la porte, une main dans sa poche et l'autre à son menton, et disparut comme un serpent qui se tord, sans prononcer une seule parole.

Rigaud, resté seul, s'allongea sur le siége de la croisée ouverte, dans l'attitude qu'il affectionnait quand il était dans la prison de Marseille. Posant à côté de lui sa provision de cigarettes et son briquet, il se mit à fumer.

« Pouf! fit-il, cette vieille maison est aussi triste que la satanée prison de là-bas. Il fait plus chaud ici; mais c'est presque aussi lugubre. Que je l'attende ici! Certainement que je l'attendrai. Mais où diable est-elle allée et combien de temps va-t-elle rester dehors? N'importe, Rigaud-Lagnier-Blandois, mon ami, tu vas avoir ton argent. Tu vas t'enrichir. Tu as vécu en gentilhomme, tu mourras en gentilhomme. Tu triomphes, mon garçon; mais il est dans ton caractère de triompher! Pouf! »

Dans la joie de son triomphe, la moustache du gentilhomme se releva et son nez s'abaissa, tandis qu'il contemplait avec une satisfaction toute particulière une grosse poutre qui se trouvait au-dessus de sa tête.

CHAPITRE XXXI.

C'est fermé.

Le soleil était couché et le crépuscule assombrissait les rues tandis que la ci-devant recluse les traversait à la hâte. Dans le voisinage immédiat de la vieille maison, sa présence attira peu d'attention, parce qu'elle ne rencontra que quelques rares passants; mais lorsque, remontant vers le pont de Londres par une des ruelles tortueuses qui conduisent à la rivière, elle déboucha dans un carrefour fréquenté, son aspect y causa une vive surprise.

L'air résolu, mais effaré, aussi pâle et aussi maigre qu'un spectre, elle s'avançait d'un pas rapide, quoique faible et incertain, dans son antique costume tout noir, avec son étrange coiffure, sans faire plus d'attention qu'une somnambule aux nombreux passants. Plus séparée de la foule environnante que si elle eût été placée sur un piédestal, elle attirait à elle tous les regards. Les flâneurs s'arrêtaient pour la voir passer; les gens affairés qui se croisaient avec elle ralentissaient le pas et se retournaient; des amis marchant bras dessus, bras dessous, s'écartaient pour lui livrer passage, en se disant tout bas: « Regardez donc ce fantôme qui s'avance vers nous; » elle entraînait à sa suite, comme dans un tourbillon, les badauds les plus oisifs et les plus curieux.

Éblouie par l'irruption turbulente de cette multitude de visages étonnés qui venaient troubler son long isolement, étourdie par le grand air, plus étourdie encore par la sensation nouvelle de la marche, par les changements inattendus de diverses localités dont elle conservait un vague souvenir, par le peu de ressemblance entre les tableaux adoucis que son imagination lui avait souvent représentés et la saisissante réalité de ce monde dont elle se trouvait séparée depuis si longtemps, elle poursuivait son chemin, plus attentive aux pensées qui se heurtaient dans son cerveau qu'à ce concours d'observateurs qui la regardaient comme un spectacle. Mais après avoir traversé le pont et marché droit devant elle jusqu'à une certaine distance, elle songea à demander son chemin.

Ce ne fut que lorsqu'elle s'arrêta pour regarder autour d'elle et chercher un magasin où elle pût prendre des informations, qu'elle s'aperçut qu'elle était enfermée dans un cercle de visages avides.

« Pourquoi m'entourez-vous? » demanda-t-elle en tremblant.

Aucun de ceux qui se trouvaient près d'elle ne répondit; mais une voix aigre, partie des rangs extérieurs du cercle, répliqua :

« Parce que vous êtes folle!

— Je suis aussi sensée qu'aucun de vous. Je cherche la prison de la Maréchaussée. »

La voix aigre riposta encore :

« Eh bien, il n'en faut pas davantage pour prouver que vous êtes timbrée, car vous v'là justement en face de la prison! »

Un jeune homme de petite taille, à l'air doux et tranquille, pénétra jusqu'à elle, au milieu des acclamations qui avaient accueilli cette réponse, et demanda à Mme Clennam :

« Vous cherchez la prison de la Maréchaussée? J'y suis de garde. Traversez la rue et suivez-moi. »

Elle posa la main sur le bras du jeune homme qui la conduisit de l'autre côté. La foule, mécontente du tort qu'on lui faisait en lui enlevant sitôt son jouet, se pressait devant, derrière et de chaque côté, conseillant au jeune homme de pousser une pointe jusqu'à Bedlam. Après avoir été bousculés un instant dans la cour extérieure, Mme Clennam et son compagnon virent s'ouvrir la porte de la prison qui se referma sur eux. Dans la loge, dont le récent tapage de la rue faisait, par comparaison, un asile des plus paisibles, une lampe jaune luttait déjà contre les ombres de la prison.

« Ah çà! John, demanda le guichetier qui les avait laissés entrer, qu'est-ce qu'il y a?

— Rien du tout, père; cette dame ne savait pas son chemin et les gamins la tourmentaient. Qui demandez-vous, madame?

— Mlle Dorrit est-elle encore ici? »

Le jeune homme parut s'intéresser encore davantage à la vieille dame.

« Oui, elle est encore ici. Pourrait-on vous demander votre nom?

— Mme Clennam.

— La mère de M. Arthur Clennam? »

Les lèvres de la vieille dame se serrèrent et elle parut hésiter pour répondre :

« Oui. Il vaut mieux lui dire que c'est sa mère.

— C'est que, voyez-vous, continua John Chivery, comme la famille de notre directeur est à la campagne pour le moment, notre directeur a mis à la disposition de Mlle Dorrit une des chambres de son appartement. Ne pensez-vous pas que vous feriez aussi bien d'y monter en attendant que j'aille vous chercher Mlle Dorrit? »

Mme Clennam y ayant consenti, John prit un trousseau de clefs, ouvrit une porte, et conduisit la mère d'Arthur dans la maison du gouverneur par un escalier de service. Il la fit entrer dans une chambre où l'on ne voyait presque plus clair, et alla chercher la petite Dorrit.

Les fenêtres de cette salle donnaient sur le promenoir, déjà sombre, où les détenus flânaient çà et là, selon leur coutume, se penchant aux croisées, causant à l'écart avec les visiteurs qui prenaient congé d'eux, et cherchant en général tous les moyens de tuer la fin de cette longue soirée d'été.

L'atmosphère était lourde et chaude; on étouffait dans cette geôle, où il arrivait du dehors une avalanche de bruits incohérents, assez semblables aux sons confus qu'on croit entendre quand on a la migraine ou mal au cœur. Mme Clennam se tenait toute troublée, abaissant un coup d'œil sur cette prison, si différente de la sienne, lorsqu'une exclamation de surprise, prononcée par une voix douce, la fit tressaillir.

La petite Dorrit se tenait devant elle.

« Se peut-il, madame Clennam, que votre santé soit assez bien rétablie pour vous permettre de...? »

La petite Dorrit se tut, car le visage tourné vers elle n'annonçait ni la santé ni le bonheur.

« Non. Ce n'est ni la santé ni la force qui m'ont permis de venir jusqu'ici; je ne sais ce que c'est. »

Elle agita sa main droite pour écarter ce sujet de conversation, et reprit :

« On vous a remis un paquet que vous deviez donner à Arthur, si personne ne le réclamait avant que les portes de cette prison soient fermées?

— Oui.

— Je viens le réclamer. »

Amy prit un paquet dans son sein et le mit dans la main de Mme Clennam, qui resta le bras tendu.

« Avez-vous la moindre idée de ce qu'il renferme? » demanda-t-elle.

Effrayée de voir la mère d'Arthur debout devant elle, avec une liberté de mouvement si subitement recouvrée, sans qu'on pût, ainsi que la malade le reconnaissait elle-même, en faire honneur au retour de sa santé, et lui trouvant un air aussi fantastique que celui d'une statue ou d'une peinture qui se serait animée tout à coup, la petite Dorrit ne put que répondre :

« Non.

— Lisez. »

La jeune fille prit le paquet dans la main toujours tendue vers elle, et brisa le cachet. Mme Clennam lui donna alors une seconde enveloppe adressée à *Miss Dorrit*, et garda l'autre. L'ombre du mur et des bâtiments de la prison, qui assombrissait la chambre à midi, la rendait beaucoup trop obscure aux approches de la nuit pour qu'on pût y lire ailleurs qu'à la croisée. La petite Dorrit se plaça donc dans l'embrasure de la fenêtre, que doraient les dernières lueurs d'un beau ciel d'été, et se mit à lire. Après avoir laissé échapper une ou deux exclamations de surprise et de terreur, elle acheva sa lecture en silence; puis elle se retourna et vit son ancienne maîtresse qui se courbait devant elle.

« Maintenant vous savez ce que j'ai fait?

— Oui, ou, du moins, je crains de le savoir, quoique j'aie l'esprit trop troublé, trop plein de regrets et de pitié pour bien saisir tout ce que je viens de lire, répliqua la petite Dorrit d'une voix agitée.

— Je vous rendrai ce qui vous appartient. Pardonnez-moi. Pouvez-vous me pardonner?

— Dieu sait que je vous pardonne de tout mon cœur! Ne baisez pas le bas de ma robe, ne vous agenouillez pas à mes pieds; vous êtes trop âgée pour vous mettre à genoux devant moi. Je vous pardonne du fond de l'âme, sans cela.

— J'ai autre chose à vous demander.

— Pas dans cette attitude. Il n'est pas naturel de voir vos cheveux gris s'incliner devant ma jeunesse. Levez-vous, je vous en prie. Laissez-moi vous aider. »

A ces mots la petite Dorrit releva Mme Clennam et se tint auprès d'elle, un peu effrayée, mais la regardant avec beaucoup de douceur.

« La grande grâce que j'ai à vous demander d'abord (car ce n'est pas la seule qui peut en découler), la grande prière que j'adresse à votre âme douce et généreuse, c'est de cacher tout ceci à Arthur jusqu'à ma mort. Si vous pensez, lorsque vous aurez eu le temps de réfléchir, qu'il soit avantageux pour lui de connaître ce secret de mon vivant, vous pouvez le lui révéler. Mais non, vous ne le penserez pas, et voulez-vous me promettre, dans ce cas, que vous m'épargnerez jusqu'au jour de ma mort?

— Je suis si désolée et ce que je viens de lire m'a tellement troublée, répliqua la petite Dorrit, que je puis à peine vous répondre avec assurance. Si j'étais bien sûre que la connaissance de ce secret ne pût faire aucun bien à M. Clennam, je....

— Je sais que vous lui êtes attachée et que vous devez songer à lui avant tout. C'est naturel et je ne vous demande pas autre chose. Mais si, après avoir consulté ses intérêts, vous vous croyez le droit de m'épargner pendant le peu de temps qu'il me reste à passer sur cette terre, le ferez-vous?

— Oui.

— Dieu vous bénisse! »

Mme Clennam se trouvait dans l'ombre, de sorte qu'elle n'apparaissait plus, aux yeux de la petite Dorrit, restée dans le jour de la fenêtre, que comme une forme voilée; mais sa voix, en prononçant ces trois mots de reconnaissance, avait une intonation à la fois fervente et saccadée. Il semblait que ses yeux, devenus humides, venaient de ressentir une émotion aussi nouvelle pour eux que le mouvement l'était pour ses membres longtemps paralysés.

« Vous vous étonnerez peut-être, continua-t-elle d'une voix plus ferme, que je préfère me confier à vous, envers qui j'ai des torts, qu'au fils de l'ennemie qui a eu des torts envers moi.... car elle m'a fait beaucoup de mal!... Non-seulement elle a offensé le Seigneur, mais elle a empoisonné mon existence. C'est son souvenir qui a détourné de moi le père d'Arthur. Si, à dater de notre mariage, j'ai fait horreur à mon mari, c'est à elle que je le dois. Si j'ai été le fléau de l'un et de l'autre, c'est toujours la faute de cette femme. Vous aimez Arthur (je le vois à votre rougeur: puisse-t-elle être pour vous et lui l'aurore de jours plus heureux!) et vous vous serez déjà demandé, connaissant Arthur pour être aussi doux et aussi miséricordieux que vous, comment j'ai moins de confiance en lui qu'en vous. Ne vous êtes-vous pas adressé cette question?

— Toute pensée qui repose sur la connaissance du caractère bon et généreux de M. Clennam ne saurait rester étrangère à mon cœur.

— Je n'en doute pas. Et pourtant Arthur est la seule personne au monde à laquelle je tiens à cacher ce secret pendant le temps que j'y dois rester. Durant son enfance, dès les premiers jours dont il peut avoir souvenance, je l'ai gouverné avec une main de fer. J'ai été pour lui d'une sévérité implacable, parce que je sais que le Seigneur fait peser sur les enfants les crimes de leurs parents, et qu'Arthur, dès sa naissance, était marqué d'un sceau fatal. Je me suis tenue entre lui et son père, qui brûlait de s'attendrir pour son fils, mais que je forçai à refouler cette faiblesse, afin que l'enfant opérât son salut dans l'esclavage et les durs traitements. Je crois le voir encore, portrait vivant de sa mère, lever de dessus ses livres ses yeux pleins de terreur vers moi, chercher à m'adoucir avec ces airs de soumission qui, en me rappelant sa mère de plus en plus, ne faisaient que m'endurcir au contraire. »

L'expression craintive de son interlocutrice ralentit un moment ce flot de paroles prononcées d'un ton lugubre comme autrefois.

« C'était pour son bien. Je ne songeais pas à mon offense. Qui suis-je? et qu'était ma haine personnelle auprès de la malédiction du ciel? J'ai vu grandir cet enfant, non pas dans la piété des élus (le péché de sa mère pesait trop lourdement sur lui pour cela), mais dans une idée de justice, de droiture et d'obéissance envers moi. Il ne m'a jamais aimée, ainsi que je l'avais un moment espéré.... tant la corruption de la chair aime à lutter contre les devoirs et les tâches que le Seigneur nous impose!... mais il m'a toujours traitée avec respect et soumission. Aujourd'hui même il n'est pas changé. Sentant dans son cœur un vide dont il n'a jamais compris la cause, il s'est détourné de moi pour suivre un autre chemin; mais, tout en se séparant de moi, il l'a fait avec les égards qu'il croit me devoir. Telles ont été ses relations avec moi. Celles que j'ai eues avec vous ont été beaucoup moins intimes et n'ont duré que fort peu de temps. Tandis que vous travailliez dans ma chambre, vous aviez peur de moi; mais vous pensiez que je vous rendais service. Mieux informée aujourd'hui, vous savez que je vous ai fait tort. Que vous ne compreniez pas ou que vous interprétiez mal les motifs pour lesquels j'ai dû accomplir cette œuvre, je sens que j'en souffrirai moins que de les voir mal compris ou mal interprétés par Arthur. Je ne voudrais pas, en échange de la plus grande récompense qu'un homme puisse obtenir sur cette terre, me voir par lui renversée, même dans un moment d'aveuglement, de la place que j'ai occupée à ses yeux depuis qu'il se connaît; je ne voudrais pas devenir pour lui une étrangère digne de son mépris, vouée à l'opprobre et au déshonneur. S'il faut qu'il me méprise, que ce ne soit qu'après ma mort. Que je ne sache pas, tant que je serai de ce monde, que je suis morte pour lui, anéantie à ses yeux, comme si je venais d'être consumée par la foudre du Seigneur, ou engloutie par un tremblement de terre. »

Si son puissant orgueil, si le réveil de ses anciennes colères lui infligeaient de rudes souffrances, tandis qu'elle s'exprimait ainsi, elle n'en souffrait pas moins, lorsqu'elle ajouta :

« En ce moment encore, je vois que vous tremblez devant moi comme si vous trouviez que j'ai été cruelle. »

La petite Dorrit n'avait pas le courage de dire le contraire. Elle essaya de ne pas laisser percer sa répugnance instinctive; mais elle reculait devant les terribles passions qui avaient allumé cette flamme dévorante, cet incendie qui durait depuis si longtemps : ces passions hideuses qui se présentaient à elle dans leur horrible nudité, sans que nul sophisme pût leur servir de voile.

« J'ai accompli, continua Mme Clennam, la mission que le Seigneur m'avait chargée d'accomplir. J'ai lutté contre le mal, et non contre le bien. J'ai été un instrument de sévérité contre le péché. De simples pécheresses comme moi n'ont-elles pas, de tout temps, été chargées de punir les ennemis de Dieu?

— De tout temps? répéta la petite Dorrit.

— Quand même j'aurais été animée par le souvenir de mes propres griefs et le désir de les venger, ne pourrais-je pas trouver mille raisons pour justifier ma conduite? Ma justification ne se trouve-t-elle pas écrite dans l'histoire de ces jours lointains où les innocents périssaient avec les coupables dans la proportion de mille contre un?... où le sang même ne suffisait pas pour apaiser la colère du juste appuyé sur le bras du Seigneur?

— O madame Clennam? madame Clennam! s'écria la petite Dorrit, ces exemples de colères haineuses et de vengeances implacables ne sont pas bons à suivre et ne renferment aucune consolation pour vous ni pour moi. J'ai passé presque toute ma vie dans cette pauvre prison, et mon éducation a été très-incomplète; mais laissez-moi vous supplier de vous rappeler une époque moins éloignée et plus heureuse. Ne prenons pour guide que Celui dont la mission était de guérir les malades, de réveiller les morts, de consoler les affligés et les délaissés; songez au doux et divin Maître qui a versé des larmes de pitié sur nos infirmités. Nous ne pouvons pas nous tromper en oubliant tout le reste pour ne rien faire qu'en souvenir de lui. On ne trouve pas, que je sache, de vengeances ni de punitions infligées dans l'histoire de sa vie : soyez sûre qu'on ne peut s'égarer en cherchant à marcher sur ses pas. »

Dans le jour adouci de la fenêtre, cessant de contempler le théâtre des épreuves de sa jeunesse pour lever les yeux au ciel encore bleu, la petite Dorrit formait un contraste frappant avec le spectre en deuil à moitié caché dans l'ombre; mais l'existence et la doctrine sur laquelle s'appuyait la jeune fille offrait un contraste plus frappant encore avec l'histoire de l'associée de Jérémie Flintwinch. Mme Clennam baissa de nouveau la tête et ne prononça pas une parole. Elle se tint ainsi, jusqu'au moment où le premier appel de la cloche vint prévenir les visiteurs qu'il était temps de se retirer.

« Déjà! s'écria Mme Clennam en tressaillant. Je vous ai dit que j'avais une autre grâce à vous demander. Si vous voulez me l'accorder, il n'y a pas de temps à perdre. L'homme qui vous a fait remettre ce paquet et qui possède les originaux de ces papiers, cet homme attend chez moi le prix de son silence. Ce n'est qu'en l'achetant que je puis l'empêcher de le révéler à Arthur. Mais il demande une forte somme, plus d'argent que je ne puis lui en donner sans avoir un peu de temps devant moi. Il ne veut rien rabattre de ses prétentions, car il menace de s'adresser à vous si je n'accepte pas ses conditions. Voulez-vous m'accompagner pour lui montrer que vous savez déjà tout? Voulez-vous m'accompagner pour essayer de le faire changer d'avis? Voulez-vous m'accompagner afin de m'aider à sortir des griffes de ce chat-tigre? Ne me refusez pas ce que je vous demande au nom d'Arthur, quoique je n'ose pas vous le demander pour l'amour de lui. »

La petite Dorrit ne se fit pas prier. Elle disparut dans l'intérieur de la prison, revint au bout de quelques minutes et dit à son ancienne maîtresse qu'elle était prête à partir. Elles descendirent par le grand escalier afin d'éviter de passer par la loge et traversant la cour d'entrée, tranquille et déserte en ce moment, elles gagnèrent la rue.

Il faisait une de ces belles soirées d'été où la nuit ne semble qu'un long crépuscule. La perspective formée par les rues et le pont de Londres se dessinait nettement et le ciel restait clair et serein. Une foule de gens se tenaient assis ou debout, devant leurs maisons, jouant avec leurs enfants et jouissant du beau temps; d'autres se promenaient pour respirer l'air frais. Le bruit et le tracas du jour avaient fini par s'assoupir; Mme Clennam et sa compagne étaient les seules personnes qui parussent pressées.

Tandis qu'elles traversaient le pont de Londres, les clochers des nombreuses églises se détachant sur le fond pur du ciel, semblaient s'être rapprochés de la terre en se dégageant du sale brouillard qui les enveloppe d'ordinaire. Les spirales de fumée qui s'échappaient encore de quelques rares cheminées, perdaient leur teinte fuligineuse pour se dorer aux derniers rayons du jour. Les splendeurs d'un magnifique coucher de soleil illuminaient encore les légères draperies de nuages qui flottaient paisiblement dans l'horizon lointain. De grands jets de clarté, partis d'un centre radieux pour parcourir le firmament dans toute son étendue, faisaient pâlir les premières étoiles, pareilles aux promesses divines de cette nouvelle alliance de paix et d'espoir qui a transformé en auréole la couronne d'épines.

Moins remarquée, maintenant qu'elle n'était plus seule et qu'il faisait moins clair, Mme Clennam se pressa aux côtés de la petite Dorrit sans que personne songeât à la molester. Quittant le carrefour pour s'engager dans la même ruelle qu'elle avait prise pour remonter vers le pont, elle s'avança par des rues de traverse désertes et silencieuses. Elles allaient franchir le seuil de la porte cochère de la maison, lorsqu'un grand bruit, pareil à un éclat de tonnerre, les arrêta.

« Quel est ce bruit! Rentrons bien vite, » s'écria Mme Clennam.

Elles se trouvaient sur le pas de la porte. La petite Dorrit, laissant échapper un cri de terreur, retint sa compagne.

Un instant elles aperçurent devant elles la vieille maison où Rigaud, une cigarette à la bouche, prenait toujours ses aises, étendu sur le rebord de la croisée; l'instant d'après, on entendit comme un autre coup de tonnerre, et la maison se souleva, se gonfla, s'ouvrit en cinquante endroits, s'effondra et s'affaissa sur elle-même.

Assourdies par le bruit, étouffées, suffoquées, aveuglées par la poussière, les deux femmes se cachèrent le visage et se tinrent immobiles. Le tourbillon de poussière qui s'élevait entre elles et le ciel serein, se troua un instant et leur montra les étoiles. Tandis qu'elles levaient les yeux, appelant au secours d'une voix effarée, la lourde souche de cheminées, restée debout comme une tour au milieu d'un ouragan, vacilla, se rompit et tomba en une grêle de pierres sur les ruines de la vieille maison, comme si chaque moellon qui s'écroulait eût voulu enterrer plus profondément encore le misérable écrasé sous ses débris.

Noircies par les flots de suie et de poussière qui les couvraient, elles regagnèrent la rue en poussant des cris d'alarme et de terreur. Mme Clennam tomba alors sur le pavé et, à partir de ce jour, elle n'eut plus la force de lever un doigt, ni de prononcer une seule parole. Pendant plus de trois ans, elle resta couchée dans son fauteuil à roulettes, regardant avec attention ceux qui l'entouraient et paraissant comprendre ce qu'on disait; mais le silence qu'elle avait longtemps gardé d'elle-même avec tant d'opiniâtreté, il ne fut plus en son pouvoir de le rompre. Elle remuait encore les yeux et exprimait un *oui* ou un *non* par un geste de tête presque imperceptible, mais du reste, elle vécut et mourut comme une statue.

La vieille Affery, qui était allée les chercher à la prison et qui les avait aperçues au loin sur le pont, arriva juste à temps pour recevoir sa maîtresse dans ses bras, pour aider à la transporter dans une maison voisine et pour commencer à lui donner les soins qu'elle lui prodigua avec fidélité jusqu'au dernier moment.

La cause de tous les bruits mystérieux qu'elle avait entendus n'était plus un mystère; Affery, semblable en cela à beaucoup d'intelligences supérieures, avait avancé des faits d'une exactitude parfaite, mais dont elle avait seulement tiré de fausses inductions.

Lorsque l'orage de poussière se fut dissipé et que la nuit d'été eut retrouvé sa sérénité, une foule de curieux vint encombrer toutes les avenues, et il se forma des groupes de travailleurs qui se relayaient pour opérer les fouilles. La rumeur publique, qui exagère tout, répandit d'abord le bruit qu'il se trouvait cent personnes dans la maison lorsqu'elle s'était écroulée; il n'y en eut bientôt plus que cinquante; il finit par se confirmer qu'il y en avait au moins deux. Il fallut bien se contenter de ce chiffre. Les deux victimes étaient le visiteur étranger et M. Flintwinch.

Les travailleurs creusèrent pendant toute la durée de cette courte nuit à la clarté de becs de gaz flamboyants; ils travaillaient encore à la lueur horizontale du soleil levant; puis plus bas, plus bas encore que l'astre à mesure qu'il remontait à son zénith; puis diagonalement, à mesure qu'il baissait, puis encore une fois à la lueur horizontale du soleil couchant. On continua bravement d'enlever à pleines pelletées, les décombres dans des charrettes, dans des brouettes et dans des paniers, jour et nuit sans s'arrêter; mais ce ne fut qu'au milieu de la seconde nuit qu'on découvrit ce sale tas d'ordures de Rigaud, avant de pouvoir dégager la tête de ce gentilhomme pilée comme verre par la grosse poutre sous laquelle il gisait écrasé.

Pas de Flintwinch. Ils continuèrent plus bravement que jamais leurs fouilles, creusant nuit et jour sans s'arrêter. Le bruit courut que la maison avait de fameuses caves (ce qui était vrai) où le sieur Flintwinch se trouvait au moment de l'accident; qu'il avait eu le temps de s'y réfugier, sans doute, et qu'il se tenait à l'abri sous une voûte solide. On prétendait même qu'il avait crié aux sauveteurs d'une voix caverneuse et étouffée :

« Je suis ici! »

On disait, d'un bout de la ville à l'autre, que les travailleurs étaient parvenus à établir une voie de communication entre eux et l'associé de Mme Clennam, au moyen d'un tuyau qui leur avait également servi à lui faire passer de la soupe et de l'eau-de-vie, et que Jérémie leur avait crié avec beaucoup de vigueur :

« Bravo ! les amis, tout va bien : je n'ai de cassé que la clavicule. »

Les fouilles et l'enlèvement des décombres se poursuivirent sans relâche, jusqu'à ce qu'on eut déblayé toutes les ruines et mis les caves à jour. Mais les pelles, les pioches et les brouettes eurent beau faire : pas plus de Flintwinch qu'auparavant. Pas l'ombre d'un Jérémie, vivant ou mort, avec ou sans clavicule.

On acquit alors la certitude que le sieur Flintwinch ne se trouvait pas dans la maison lors de l'accident. On ne tarda même pas à savoir qu'il avait été fort occupé ailleurs, échangeant diverses valeurs contre autant d'espèces sonnantes qu'il avait pu trouver, et profitant de sa position d'associé pour empocher à lui tout seul les fonds de la société.

Mme Jérémie, se rappelant que le finaud au col tors avait annoncé qu'il s'expliquerait dans les vingt-quatre heures, demeura convaincue que cette disparition précipitée et intéressée était le résumé complet et satisfaisant de l'explication promise ; mais elle garda pour elle cette conviction raisonnée et rendit grâce au ciel qui la débarrassait de son époux.

Comme, en bonne logique, il semblait assez inutile de chercher à déterrer un individu qui n'a jamais été enfoui sous terre, on abandonna les fouilles dès qu'on fut parvenu aux fondations des caves, sans juger à propos de chercher Flintwinch jusque dans les profondeurs du globe.

Cette détermination excita un vif mécontentement dans une certaine partie de la population londonienne, qui persista à croire que le pauvre Jérémie faisait désormais partie des fondations géologiques de la grande métropole. Leur croyance ne fut nullement ébranlée par divers bruits qui circulèrent ensuite à divers intervalles sur un vieillard qui portait habituellement le nœud de sa cravate contre l'une ou l'autre oreille, et qu'on rencontrait avec des Hollandais, sa société de prédilection, quoiqu'on sût parfaitement qu'il était Anglais, sur les vieux canaux de la Haye ou dans les cabarets d'Amsterdam.

CHAPITRE XXXII.

On part.

Comme Arthur était toujours malade et que M. Rugg ne voyait poindre à l'horizon légal aucune chance d'un prochain élargissement, le pauvre Pancks s'adressait des reproches de plus en plus poignants. Sans les chiffres qui prouvaient si clairement que le détenu, au lieu de dépérir dans une étroite prison, aurait dû se promener en équipage, et que le Remorqueur lui-même, au lieu d'être obligé de vivre de ses maigres appointements, aurait dû se trouver à la tête d'une somme de trois à quatre mille livres sterling, cette victime infortunée de l'arithmétique se serait sans doute mise au lit, et aurait ajouté une unité de plus au chiffre des dupes nombreuses qui, tournant le visage du côte du mur, étaient mortes de chagrin sur leur grabat, dernière hécatombe immolée en souvenir de la grandeur merdléienne.

M. Pancks, n'ayant d'autre consolation que ses calculs inexpugnables, menait une existence très-malheureuse et très-agitée. Ne sortant jamais sans ses chiffres qu'il portait dans son chapeau, non-seulement il ne manquait pas une occasion de les contrôler encore lui-même, mais il suppliait tous ceux qu'il se croyait le droit de saisir par un bouton quelconque de leur habit ou de leur gilet, de lui faire l'amitié de les vérifier avec lui et de lui dire si la chose n'était pas claire comme le jour? Dans la cour du Cœur-Saignant, il n'y avait pas un locataire un peu distingué auquel le Remorqueur n'eût soumis sa démonstration. Aussi, comme les chiffres, à ce qu'il paraît, sont contagieux, il se déclara parmi les habitants de ce quartier une sorte de rougeole arithmétique qui causa un éblouissement général.

Plus le Remorqueur s'agitait, plus il se montrait impatient du joug patriarcal. Dans leurs dernières conférences, les reniflements de M. Pancks avaient pris une intonation courroucée qui ne présageait rien de bon pour son vénérable patron. Il avait même contemplé à plusieurs reprises les bosses du crâne patriarcal avec plus d'attention qu'il ne convenait à un homme qui n'avait pas l'excuse d'être peintre, ni perruquier, en quête d'un beau modèle de tête.

Néanmoins, il continuait d'aller et venir comme d'habitude dans son petit dock situé sur le derrière de la maison, selon que le Patriarche avait ou non besoin de lui. Les affaires suivaient donc leur marche habituelle. La cour du Cœur-Saignant avait été passée à la herse par M. Pancks, pour que M. Casby empochât en son temps les fruits de la moisson locative, et il n'y avait pas manqué; M. Pancks n'en avait rien touché, *pour sa part*, que la peine et l'ignominie; mais M. Casby avait récolté, *pour la sienne*, tous les profits pécuniaires; et, pour employer une phrase dont ce bienveillant dispensateur de sourires se servait presque toujours le samedi soir en faisant tourner l'un autour de l'autre ses pouces grassouillets, après avoir réglé le compte des loyers de la semaine :

« Allons, les choses se sont passées d'une manière satisfaisante pour tout le monde.... pour tout le monde.... d'une manière satisfaisante pour tout le monde, monsieur Pancks. »

Le dock du petit Remorqueur Pancks avait une toiture de plomb, exposée à un soleil ardent qui la rôtissait, si bien qu'elle devait finir par mettre en combustion le navire qu'elle était censée abriter. Quoi qu'il en soit, par une certaine chaude soirée de samedi, le Remorqueur, s'entendant héler par ce gros lourdaud de bâtiment vert-bouteille, sortit de son bassin en ronflant d'une façon menaçante.

« Monsieur Pancks, remarqua le Patriarche, voilà quelque temps que vous montrez beaucoup de mollesse, beaucoup de mollesse, monsieur.

— Qu'entendez-vous par là? » répondit M. Pancks d'un ton brusque.

Le Patriarche, qui se trouvait toujours dans un état de calme et de quiétude, paraissait, ce soir-là, d'une sérénité encore plus agaçante que de coutume. Tout le monde avait chaud sous la calotte des cieux ; le Patriarche seul semblait entouré de frais zéphyrs. Tout le monde avait soif, mais le Patriarche se désaltérait. Des parfums de citron voltigeaient autour de lui, et il venait de se fabriquer, avec du xérès, un grand verre d'une boisson dorée qui brillait comme s'il se fût rafraîchi avec des rayons du soleil couchant. C'était déjà assez désagréable, mais ce n'était pas tout. Il faut vous dire que, grâce à ses grands yeux bleus, à son crâne luisant, à ses longs cheveux blancs, à ses jambes allongées devant lui et terminées par de commodes pantoufles qui se croisaient au coude-pied, il avait un air si radieux qu'on aurait juré que, dans sa bienveillance inépuisable, il avait fabriqué cette boisson pour l'espèce humaine tout entière, et que, personnellement, il n'avait pas besoin d'autre chose que du lait de sa propre bonté [1].

Aussi M. Pancks répéta-t-il en passant les doigts dans sa chevelure rebelle, d'un air qui n'augurait rien de bon : « Qu'entendez-vous par là?

— J'entends, monsieur Pancks, qu'il faut être plus rigoureux avec nos locataires, plus rigoureux avec nos locataires, beaucoup plus rigoureux, monsieur. Vous ne les pressurez pas. Vous ne les pressurez pas du tout. Vos recettes baissent, monsieur. Pressurez-les, ou bien nos rapports ne seront plus aussi satisfaisants pour tout le monde que je pourrais le désirer.

— Comme si je ne les pressurais pas! riposta M. Pancks. Comme si j'étais fait pour autre chose!

— Non, sans doute, vous n'êtes pas fait pour autre chose, monsieur Pancks; vous n'êtes pas fait pour autre chose que pour remplir votre devoir; mais vous ne remplissez pas votre devoir. On vous paye pour pressurer et vous devez pressurer pour qu'on vous paye. »

Le Patriarche fut tellement surpris du tour brillant et inusité de cette phrase, troussée dans le genre du fameux lexicographe Samuel Johnson, quoique ce ne fût pas de sa part une imitation préméditée, qu'il se mit à rire tout haut et répéta avec beaucoup de satisfaction, en faisant tourner ses pouces et en adressant de petits signes de tête à son portrait enfantin et bucolique :

« Vous êtes payé pour pressurer, et vous devez pressurer pour qu'on paye.

1. Locution anglaise. On dit : *Le lait de la bonté humaine* pour *la bonté*. (*Note du traducteur.*)

— Oh! fit Pancks. Est-ce tout?

— Non, monsieur; non, monsieur, ce n'est pas tout. Vous aurez la bonté, monsieur Pancks, de vous remettre à pressurer la cour du Cœur-Saignant, pas plus tard que lundi matin.

— Oh! répéta Pancks. Ne sera-ce pas trop tôt? Je l'ai mise à sec aujourd'hui.

— Allons donc, monsieur! Vos recettes ont baissé; baissé; baissé.

— Oh! fit encore le factotum en contemplant son patron qui avalait d'un air bénévole une partie de son mélange. Est-ce tout?

— Non, monsieur; non, il y a autre chose. Je ne suis pas du tout content de ma fille, monsieur Pancks; pas du tout content. Non-seulement elle va trop souvent demander des nouvelles de Mme Clennam, de Mme Clennam, dont la situation, au point de vue financier, n'est plus de nature à satisfaire tout le monde, satisfaire tout le monde.... mais, si je ne me trompe, elle va, monsieur Pancks, jusqu'à visiter Arthur Clennam dans sa prison, dans sa prison.

— Vous savez qu'il est malade. Elle le fait sans doute par bonté.

— Peuh, peuh, monsieur Pancks! Il ne s'agit pas de ça, il ne s'agit pas de ça. Ce n'est pas son affaire. Je ne puis pas le permettre. Qu'il paye ses dettes et sorte de prison; paye ses dettes et sorte de prison. »

Bien que les cheveux du Remorqueur fussent aussi hérissés que des fils de fer, il se servit de ses deux mains afin de leur imprimer une direction encore plus perpendiculaire, et adressa à son propriétaire un sourire hideux.

« Vous aurez donc l'obligeance, monsieur Pancks, d'annoncer à ma fille que je ne saurais le permettre, que je ne saurais le permettre, continua le Patriarche avec beaucoup de mansuétude.

— Oh! fit Pancks. Ne pourriez-vous pas lui dire ça vous-même?

— Non, monsieur; non. Vous êtes payé pour le dire (ce vieux nigaud, dans sa stupidité, ne put résister à la tentation de répéter sa mauvaise plaisanterie).... Vous êtes payé pour le dire et vous devez le dire pour qu'on vous paye.

— Oh!... Est-ce tout?

— Non, monsieur. Il me semble, monsieur Pancks, que vous-même vous passez trop de temps par là, trop de temps par là. Je vous recommande, monsieur Pancks, de ne plus songer à vos pertes ni à celles des autres, mais de vous occuper de mes affaires, de vous occuper de mes affaires. »

Le Remorqueur accueillit ce sage conseil par une émission si brusque, si rapide et si bruyante de son monosyllabe « oh! » que le lourd Patriarche lui-même dirigea avec assez de vivacité ses grands yeux bleus vers lui. M. Pancks, après s'être soulagé par un reniflement non moins accentué, répéta :

« Est-ce tout?

— Oui, monsieur; c'est tout pour le moment, pour le moment. Je vais, poursuivit le Patriarche, qui, après avoir vidé son verre, se leva d'un air aimable, je vais faire un petit tour, un petit tour. Peut-être vous retrouverai-je ici, sinon, monsieur, faites votre devoir; pressurez, pressurez, lundi; pressurez dès lundi matin. »

M. Pancks, s'étant donné un nouveau coup de hérissoir, contempla d'un air moitié indécis, moitié colère, le Patriarche qui se coiffait du chapeau à larges bords. Il paraissait aussi avoir encore plus chaud qu'au moment où il était sorti de son bassin, et soufflait plus péniblement. Néanmoins, il laissa M. Casby s'éloigner sans lui adresser d'autre observation. Mais, dès que le Patriarche fut sorti, le Remorqueur le regarda à la dérobée par-dessus les petits stores verts à hauteur d'appui qui garnissaient les croisées.

« Je m'en doutais, se dit-il alors. Je savais bien que vous iriez par là. Bon! »

Puis il regagna son bassin à toute vapeur, mit son chapeau, regarda tout autour de lui, dit : « Adieu, » et se mit en marche pour son propre compte, n'ayant personne à *remorquer* pour le quart d'heure. Il navigua tout droit vers l'extrémité de la cour du Cœur-Saignant où se trouvait le magasin de denrées coloniales et l'heureuse chaumière des époux Plornish, et s'arrêta au haut des marches, plus échauffé que jamais.

Là, M. Pancks, résistant aux invitations de Mme Plornish qui le pressait de faire une petite visite au père Nandy dans l'Heureuse Chaumière (par bonheur pour lui, elle n'insista pas comme elle l'aurait fait tout autre soir qu'un samedi, parce que ces soirs-là, la clientèle qui patronnait le magasin gratis se pressait en foule dans la boutique pour faire ses emplettes).... M. Pancks se tint immobile au haut des marches jusqu'au moment où il vit le Patriarche déboucher dans la cour, de l'autre côté, selon son habitude, et s'avancer à pas lents, distribuant des sourires bénévoles à une foule de solliciteurs qui l'entouraient déjà

Alors, le Remorqueur descendit rapidement de son poste d'observation et se dirigea vers son propriétaire à grande vitesse.

Le Patriarche, s'avançant avec sa mansuétude habituelle, fut très-étonné de voir arriver M. Pancks, mais il supposa que, stimulé par leur récent entretien, il s'était décidé à ne pas attendre jusqu'au lundi pour commencer le pressurage recommandé. Les locataires, de leur côté, ne furent pas moins surpris de cette rencontre inattendue; car le plus ancien habitant de la cour ne se rappelait pas avoir jamais vu en présence le maître et le commis. Mais qu'on juge de leur ébahissement, lorsqu'ils virent M. Pancks, s'approchant du plus vénérable des hommes, faire halte en face du gilet vert-bouteille, abattre son pouce sur son index comme le chien d'un fusil, pour saisir avec beaucoup de précision et d'adresse le large bord du chapeau patriarcal, et mettre à nu son chef rond et poli comme une grosse bille.

Après s'être permis cette petite liberté sur sa personne patriarcale, M. Pancks abasourdit bien plus encore les Cœurs-Saignants attirés par cette scène, en s'écriant :

« Maintenant, vieux filou, tout sucre et tout miel, nous allons régler nos comptes ! »

M. Pancks et le Patriarche furent soudain entourés d'un cercle nombreux de spectateurs, qui étaient tout yeux et tout oreilles ; les croisées se garnirent de curieux, et tous les locataires se pressèrent sur le pas de leurs portes.

« Qu'est-ce que c'est que toute cette comédie ? dit M. Pancks. Ne venez-vous pas faire encore ici l'hypocrite ? Qu'est-ce qui vous amène : la bienveillance, hein ? Voyez un peu monsieur le bienveillant ! »

A ces mots, M. Pancks, apparemment sans avoir la moindre intention de l'attraper, mais seulement pour soulager ses nerfs agacés et dégager le superflu de sa vapeur par un exercice salutaire, allongea un grand coup de poing dans la direction de la tête aux bosses philanthropiques, qui fit un plongeon immédiat afin d'échapper à cette rencontre inattendue. Et ce jeu de scène comique se renouvela à la satisfaction toujours croissante des auditeurs, à la fin de chacune des apostrophes oratoires de M. Pancks.

« Je vous donne ma démission, continua le Remorqueur, afin de me procurer le plaisir de vous dire une bonne fois votre fait. Vous êtes un échantillon de la plus exécrable race d'imposteurs qui soit au monde. Moi, qui les connais à mes dépens l'une et l'autre, je ne sais pas trop si je ne préfère pas encore la clique des Merdle à celle des Casby. Vous n'êtes qu'un tyran déguisé, un usurier, un grippe-sou, un écorcheur par procuration. Vous n'êtes qu'une canaille philanthropique. Vous n'êtes qu'un hypocrite dégoûtant. »

La répétition des gestes comiques, qui allait son train, fut accueillie ici par une salve d'éclats de rire.

« Demandez à ces braves gens quel est le plus dur et le plus exigeant de nous deux. Ils vous répondront Pancks, je parie. »

Cette hypothèse fut confirmée par diverses exclamations.

« Oui !

— Parbleu !

— Certainement !

— Écoutez !

— Eh bien ! moi, je vous dis, braves gens, que c'est Casby ! ce gros paquet de charité, cette masse de philanthropie ambulante, ce sourire niais en costume vert-bouteille ; voilà votre tyran, continua Pancks. Si vous voulez voir l'homme qui ne demande pas mieux que de vous écorcher tout vif, le voilà, et non pas moi, qui reçois trente-six francs par semaine pour faire le métier que je fais ; c'est lui, c'est ce Casby, qui touche à ce métier je ne sais combien de rente !

— Bravo ! s'écrièrent plusieurs voix. Écoutons M. Pancks !

— Écoutons M. Pancks, répéta ce gentleman, après avoir renouvelé son exercice, qui devenait de plus en plus populaire. Oui, vous avez raison! il est grand temps d'écouter M. Pancks. M. Pancks n'est venu ici ce soir que pour se faire écouter. Pancks n'est que la machine, voyez-vous; mais voilà le mécanicien qui la fait marcher. »

Depuis longtemps déjà les auditeurs auraient abandonné le Patriarche pour passer, comme un seul homme, comme une seule femme ou comme un seul enfant, dans le camp du Remorqueur, sans les longs cheveux blancs et le chapeau à larges bords qui faisaient le fond du Patriarche.

« Je ne suis, moi, poursuivit Pancks, que la serinette, mais voilà celui qui tourne la manivelle pour me faire jouer l'air qu'il veut, et le seul qu'il aime : de l'argent, de l'argent, de l'argent! Voilà le propriétaire et voici son homme de peine. Oui, mes braves gens, quand il s'en vient dans la cour bourdonnant doucement comme une grosse toupie d'Allemagne toute pétrie de bienveillance, et quand vous vous pressez autour de lui pour vous plaindre de l'homme de peine, vous ne savez pas quel imposteur c'est que votre propriétaire. Si je vous disais qu'il est venu se montrer ici ce soir, afin que lundi prochain tout le blâme retombe sur moi! Si je vous disais qu'il m'a mis sur la sellette, pas plus tard que ce soir, parce que je ne vous pressure pas assez! Si je vous disais qu'au moment où je vous parle, j'ai reçu l'ordre formel de vous mettre à sec lundi prochain! »

La foule répondit à cette série de suppositions par des murmures :

« C'est honteux!

— Dégoûtant!

— Dégoûtant! renifla Pancks. Je n'ai pas de peine à vous croire, allez! La clique des Casby est bien la plus ignoble des cliques! Ces gens-là mettent en avant leurs hommes de peine à bon marché pour faire ce qu'ils craindraient ou ce qu'ils rougiraient de faire eux-mêmes. Et il faut bien exécuter leurs ordres, si on veut avoir un moment de repos. Ils vous font illusion, ils vous font jeter le blâme sur l'homme de peine, et se réservent pour eux tout l'honneur et tout le profit. Allez! le plus méchant escroc de cette ville, qui vous escamote trente sous par ses floueries, n'est pas la moitié aussi filou que cette mauvaise caboche! »

Murmures approbateurs.

« C'est vrai tout de même, ce qu'il dit là!

— M. Pancks a raison!

— Et voyez comme ils vous traitent par-dessus le marché! continua le Remorqueur. Voyez comme ils vous traitent, en venant tourner autour de vous comme des toupies d'Allemagne, dont le ronflement affectueux vous dissimule leur mauvais teint et ne vous laisse pas voir la petite croisée qui vous montrerait qu'elles sont creuses!... Faites-moi l'amitié de jeter un moment les yeux sur moi; je n'ai pas un extérieur des plus agréables, je le sais très-bien.... »

Les opinions parurent divisées à cet égard.

« Non! non! c'est vrai, s'écrièrent les membres les moins flatteurs de l'auditoire.

— Si! si! s'écrièrent en même temps quelques auditeurs plus polis.

— En général, poursuivit Pancks, je joue le rôle d'un homme de peine, sec, dur et vexatoire. Voilà ce que c'est que votre humble serviteur. Voilà son portrait en pied peint par lui-même, dont il vous fait hommage, ressemblance garantie! Mais que diable voulez-vous qu'un homme devienne avec un propriétaire comme ça? Que voulez-vous qu'on fasse! Y a-t-il quelqu'un, parmi l'honorable société qui m'entoure, qui ait jamais vu pousser un gigot bouilli, sauce aux câpres, dans une noix de coco? »

L'explosion de belle humeur par laquelle les Cœurs-Saignants répondirent à cette question fit assez voir que pas un d'eux n'avait jamais vu le phénomène culinaire en question.

« Eh bien, reprit M. Pancks, vous ne devez pas vous attendre davantage à trouver une foule de qualités aimables dans l'homme de peine comme moi d'un propriétaire comme lui. Je suis homme de peine dès ma plus tendre enfance. Quelle existence ai-je menée? Piocher, pressurer, pressurer, piocher et tourner la meule! Croyez-vous que ce soit bien agréable pour moi, si c'est désagréable pour les autres? Si, en dix ans, je rapportais seulement vingt-cinq sous de moins par semaine à ce vieil imposteur, ce serait vingt-cinq sous qu'il me retiendrait sur mes gages; s'il croyait pouvoir trouver, pour dix sous de moins par semaine, un homme de peine aussi utile que moi, il me mettrait demain à la porte pour prendre l'autre au rabais. Achetez à bon marché et vendez cher! voilà le grand principe! Oh! c'est une fameuse enseigne, allez! que *la caboche de Casby*, ajouta le Remorqueur les yeux fixés sur ladite enseigne avec un mélange de sentiments dont l'amiration seule était exclue; mais ne vous y fiez pas, si l'enseigne est bonne, l'auberge ne vaut rien : son vrai nom devrait être plutôt : *Au Vieux Blagueur*, avec cette devise dans ses armes : Faites piocher l'homme de peine.... Se trouve-t-il, dans l'honorable société, continua M. Pancks qui s'arrêta tout court pour regarder autour de lui, quelque gentleman qui soit bien familiarisé avec la grammaire anglaise? »

La cour du Cœur-Saignant n'osait pas trop se flatter de cet avantage.

« N'importe, poursuivit l'orateur. Je voulais seulement vous faire remarquer que la tâche que ce propriétaire que voilà m'a imposée, c'est de conjuguer sans relâche l'impératif présent du verbe *piocher toujours*.

Pioche toujours.
Qu'il ou qu'elle pioche toujours.
Piochons toujours.
Piochez toujours.
Qu'ils ou qu'elles piochent toujours.

« Voilà ce que c'est que votre bienveillant Patriarche de Casby, avec ses préceptes dorés. On a du plaisir, rien qu'à le voir ; moi, c'est tout le contraire. Il est doux comme miel ; et moi, amer comme fiel. Il me fournit la poix : c'est à moi de la manipuler, au risque de me poisser les doigts. A présent, continua Pancks, se rapprochant de son ci-devant propriétaire dont il s'était un peu éloigné, afin de permettre aux spectateurs de mieux l'examiner, comme je ne suis guère habitué à parler en public, et que j'ai déjà prononcé un discours assez long, tout bien considéré, je terminerai en vous priant, mon bel ami, d'aller voir là-bas si j'y suis. »

Le dernier des Patriarches avait été tellement surpris par cet assaut, il lui fallait tant de temps pour accoucher d'une idée, et tant de temps encore pour la mettre en pratique après, qu'il ne trouva pas un mot à dire. Il paraissait en train de chercher quelque rubrique patriarcale pour se tirer d'embarras, lorsque M. Pancks, serrant de nouveau le chapeau vénérable, entre le chien et le bassinet, le descendit avec la même dextérité que la première fois.

Seulement, la première fois, deux ou trois Cœurs-Saignants s'étaient empressés de courir après, et de le rapporter respectueusement à la victime du petit Remorqueur ; mais, ma foi ! M. Pancks avait fini par produire une si vive impression sur son auditoire que Casby, cette fois, fut obligé d'aller ramasser lui-même son couvrechef.

Prompt comme l'éclair, M. Pancks, qui, depuis quelques minutes, tenait sa main droite dans une des poches de derrière de son habit, tira une formidable paire de ciseaux, et, profitant en traître, du moment où son propriétaire se baissait, il saisit la chevelure sacrée qui retombait en boucles blanches sur les épaules patriarcales et la tondit à fleur de tête. Dans un paroxysme d'animosité, il s'empara avec la même rapidité du chapeau à larges bords que son ennemi venait de ramasser, et le transforma en véritable casserole qu'il planta sur la tête du Patriarche.

M. Pancks, lui-même, recula d'effroi devant l'horrible résultat de cette profanation.

En effet, debout, en face de lui, il voyait un lourd personnage à cheveux ras, à grosse tête, qui le contemplait avec de grands yeux hébétés, qui n'avait plus rien d'aimable, rien de vénérable, et qui semblait sortir de terre, comme un champignon, pour demander des nouvelles de ce qu'était devenu Casby. Après avoir contemplé à son aise ce fantôme, Pancks jeta ses ciseaux, et s'enfuit à toutes jambes, afin de chercher une cachette où il fût à l'abri des conséquences de son crime. Il jugea à propos de se sauver à toutes jambes, bien qu'il ne fût poursuivi que par le bruit des éclats de rire de tous les Cœurs-Saignants qui réveillaient sans fin les échos d'alentour.

CHAPITRE XXXIII.

Une fois, deux fois, trois fois, personne ne dit mot !

Les changements qui s'opèrent dans la chambre d'un fiévreux sont lents et capricieux; mais ceux qui agitent ce monde, en proie aussi à la fièvre, sont rapides et irrévocables.

La petite Dorrit avait à surveiller à la fois ces deux sortes de changement. Pendant une partie du jour, les murs de la prison pour dettes enveloppaient de nouveau dans leur ombre l'enfant de la geôle, occupée de Clennam, travaillant pour lui, veillant sur lui, ne le quittant que pour lui consacrer encore tout son amour et toute sa sollicitude. Mais le rôle qu'elle avait à jouer dans la vie extérieure avait aussi ses exigences; et la patience infatigable de la petite Dorrit faisait face à tout.

Il y avait d'abord Fanny, avec son orgueil, ses boutades, ses caprices, fort avancée déjà dans cette situation intéressante qui l'empêchait d'aller briller dans la société, et dont elle s'était plainte si amèrement le soir du canif à manche d'écaille, ayant toujours besoin d'être consolée, refusant les consolations qu'on lui offrait, décidée à accuser tout le monde d'avoir des torts avec elle, sans permettre aux autres de pousser l'audace jusqu'à la croire résignée à se laisser victimer.

Il y avait son frère : jeune vieillard, faible, orgueilleux, ivrogne, tremblant des pieds à la tête, la langue aussi embarrassée que si quelques pièces de cet argent, dont la possession le rendait si fier, s'étaient introduites dans sa bouche et refusaient d'en sortir, incapable de se conduire tout seul dans aucune circonstance de la vie, affectant de protéger la sœur qu'il aimait d'une affection égoïste, pour le récompenser de ce qu'il se laissait guider par elle. Car l'infortuné Tip, au milieu de ses égarements, avait au moins le mérite négatif d'aimer la petite Dorrit.

Puis il y avait Mme Merdle dans son deuil de gaze.... (gracieuse toilette, dont le bonnet de veuve primitif avait sans doute été déchiré dans un violent accès de désespoir, pour être remplacé avec avantage par des échantillons élégants des modes de Paris....) disputant pied à pied le terrain que Fanny voulait envahir et lui opposant du matin jusqu'au soir l'éclat incomparable de sa poitrine désolée.

Il y avait encore le pauvre Edmond Sparkler, qui ne savait comment faire pour rétablir la paix entre les deux rivales. Il avait beau émettre humblement l'opinion qu'elles n'avaient rien de mieux à faire que de se reconnaître l'une et l'autre pour de jolies femmes, ma foi! et pas bégueules du tout. Cet appel à la concorde ne manquait jamais de lui mettre en effet l'une et l'autre sur les bras par un touchant accord. C'était tout ce qu'il y gagnait.

Enfin, il y avait Mme Général, revenue de son dernier voyage, qui adressait tous les deux jours à la famille Dorrit des lettres ornées de prismes et de pruneaux, pour leur demander un nouveau certificat, qui lui servit de titres de plus à quelque emploi vacant. Car il faut avouer, avant d'en finir avec cette remarquable lady, qu'il n'a jamais existé en même temps une dame qui pût appuyer ses prétentions à un poste de confiance, d'un plus grand nombre de témoignages de satisfaction, exprimés tous dans les termes les plus chaleureux, par les personnes qui avaient eu le bonheur de la voir à l'œuvre, ni une gouvernante moins chanceuse, car, cette foule d'admirateurs ardents et distingués ne lui rapportaient pas un seul patron qui se trouvât avoir besoin de ses services.

Au premier fracas causé par la mort de M. Merdle, beaucoup de personnages importants s'étaient demandé s'il fallait tourner le dos à Mme Merdle ou la consoler. Cependant, comme il leur sembla, après mûre délibération, qu'il était de leur propre intérêt de faire déclarer par la Société qu'elle avait été cruellement trompée, ils firent cette déclaration avec beaucoup de gracieuseté et continuèrent de la compter au nombre de leurs connaissances. Aussi la Société ne tarda-t-elle pas à savoir que Mme Merdle, femme du monde et de bonne maison, ayant été sacrifiée à un homme de rien (car dès que l'on découvrit que les poches du banquier étaient vides, on découvrit en même temps qu'il n'avait jamais été autre chose qu'un vil plébéien, depuis la pointe des cheveux jusqu'à la plante des pieds), devait être activement patronnée par la haute classe à laquelle elle appartenait, pour l'honneur même de cette classe. La veuve, de son côté, par reconnaissance pour ces bons procédés, se montra plus irritée que personne contre l'ombre odieuse du défunt, de façon qu'en somme elle sortit victorieuse de cette épreuve, et que sa réputation de femme habile ne fit qu'y gagner.

La place de M. Sparkler était, fort heureusement pour lui, une de ces sinécures qu'un gentleman conserve jusqu'à la fin de ses jours, à moins qu'il n'existe des motifs pour le hisser, au moyen de la grue administrative des Mollusques, vers un poste encore plus lucratif. Ce serviteur patriotique, loin d'abandonner son drapeau (écartelé de quatre trimestres sur fond d'argent) le planta bravement comme un vrai Nelson au mât du vaisseau de l'État. Pour prix de son intrépidité, Mme Sparkler et Mme Merdle, habitant chacune un étage de la petite maison incommode située au centre du monde habitable, que l'odeur de la soupe et du fumier de la veille n'abandonnait pas plus que l'ombre ne quitte le soleil, se disposèrent à lutter dans la lice du grand monde, comme deux champions en champ clos, à mesure que la petite Dorrit, voyant se développer tous ces symptômes, ne pouvait s'empêcher de se demander avec inquiétude dans quel coin sacrifié de l'habitation distinguée de

M. Sparkler on fourrerait bientôt les enfants de Fanny et qui prendrait soin de ces malheureuses petites victimes encore à naître.

Arthur étant beaucoup trop malade pour qu'on dût lui parler de choses qui pouvaient l'agiter ou l'inquiéter, puisque son retour à la santé dépendait du calme dont on parviendrait à entourer son état présent de faiblesse, toute l'espérance de la petite Dorrit, durant ce temps d'épreuves, se reporta sur M. Meagles. Il était encore en voyage; mais elle lui avait écrit, adressant sa lettre à Chérie, dès sa première visite au prisonnier. Depuis, elle lui avait confié ses inquiétudes sur les points qui lui causaient le plus d'alarme, et surtout sur l'absence continue d'un ami comme M. Meagles, au moment où sa présence aurait été une si grande consolation pour Arthur.

Sans lui révéler la nature précise des documents tombés entre les mains de Rigaud, la petite Dorrit avait confié aussi à M. Meagles les traits principaux de cette histoire. Elle lui avait raconté la mort tragique de l'aventurier. Les habitudes prudentes et réfléchies de l'ancien banquier lui montrèrent immédiatement combien il importait de rentrer en possession des documents originaux; il répondit donc à la jeune fille, approuvant fort la sollicitude qu'elle témoignait à cet égard et déclarant qu'il ne reviendrait pas en Angleterre « sans avoir essayé de les recouvrer. »

Vers la même époque, M. Henry Gowan s'était mis dans l'esprit qu'il serait plus agréable pour lui de rompre avec les Meagles. Il avait trop bon cœur pour défendre à sa femme de les voir; mais il dit à M. Meagles qu'il croyait que, personnellement, ils ne se convenaient pas, et qu'ils feraient bien, tout en se reconnaissant l'un l'autre les meilleures gens du monde, de ne plus frayer ensemble, le tout poliment, sans scène et sans éclat. Le pauvre M. Meagles, qui savait déjà par expérience qu'il ne contribuait pas au bonheur de sa fille en fréquentant un gendre qui ne faisait que se moquer de lui, répondit :

« C'est bien, Henry! Vous êtes le mari de Minnie; vous avez pris ma place, je n'ai rien à dire, je ferai comme vous voudrez : très-bien! »

Cet arrangement eut pour résultat (Henry Gowan n'avait peut-être pas prévu cet avantage) que papa et maman Meagles se montrèrent plus généreux qu'auparavant lorsqu'ils n'eurent plus de relations qu'avec leur fille et leur petite-fille, de façon que cet esprit indépendant eut à sa disposition plus d'argent que par le passé, sans se trouver dans la dégradante nécessité de s'informer d'où venaient les écus.

M. Meagles, dans de pareilles circonstances, devait naturellement saisir avec ardeur l'occupation dont la petite Dorrit lui avait offert l'occasion. Il sut de sa fille les villes que Rigaud avait traversées et le nom des divers hôtels qu'il avait habités depuis quelque temps. L'occupation que se donna M. Meagles fut de visiter ces villes et ces hôtels avec autant de discrétion et de promptitude que possible, et dans le cas où il découvrirait que le gentleman cosmopolite avait laissé derrière lui, en garantie de la carte à payer, quelque boîte ou quelque paquet, de payer l'addition et de se faire remettre le paquet ou la boîte.

Sans autre compagne que maman Meagles, le père de Chérie commença son pèlerinage bigarré d'un grand nombre d'aventures. La moindre de ses difficultés consistait dans l'impossibilité où il se trouvait de comprendre le premier mot de tout ce qu'on lui disait, ou de se faire comprendre des gens qu'il interrogeait. Néanmoins, aussi convaincu que jamais que la langue anglaise était la langue universelle, et que c'était la faute de ces imbéciles-là s'ils ne la savaient pas, M. Meagles haranguait les aubergistes avec une volubilité incroyable, leur donnant des explications bruyantes et compliquées, et repoussant toute réponse indigène sous prétexte que ce n'était : « qu'un tas de bêtises. » Parfois on eut recours à des interprètes; mais M. Meagles, lorsqu'il leur adressait la parole, émaillait son discours de tant d'idiotismes nationaux, que l'interprète n'ouvrait plus la bouche, et l'on se trouvait moins avancé que jamais. En fin de compte, cependant, l'ancien banquier n'y perdait peut-être pas grand'chose, car, s'il ne découvrit rien qui eût appartenu à feu Rigaud, il découvrait, en revanche, tant de dettes et tant d'odieux souvenirs attachés au nom de ce gentilhomme (le seul mot qu'il prononçât d'une façon intelligible) qu'on l'accablait partout lui-même de qualifications injurieuses. A quatre reprises différentes, M. Meagles fut dénoncé à la police comme un chevalier d'industrie, un sacripant et un voleur; mais il accepta toutes ces épithètes de la meilleure grâce du monde (n'ayant pas la moindre idée de ce qu'elles voulaient dire), et se vit escorté de la façon la plus ignominieuse au bureau des paquebots ou des messageries, pour échapper à ces criailleries, causant tout le long de la route avec les gendarmes, comme un joyeux et brave John Bull qu'il était, avec maman Meagles sous son bras.

Mais au fond, l'ex-banquier était un homme clairvoyant, fin et persévérant. Quoique dans son pèlerinage il eût déjà suivi la piste de Blandois jusqu'à Paris sans avoir rien découvert, il ne se laissa pas décourager pour cela.

« Plus je le serre de près du côté de l'Angleterre, voyez-vous, dit-il à maman Meagles, plus j'ai de chance de me rapprocher des papiers, que je doive les retrouver ou non. Car il tombe sous le sens qu'il a dû les déposer quelque part, à l'abri de ceux auxquels il voulait les vendre, et qui sont en Angleterre, sans cependant cesser de les garder, pour ainsi dire, sous sa main. »

A Paris, M. Meagles trouva une lettre de la petite Dorrit qui l'attendait à son hôtel. La jeune fille lui annonçait qu'elle avait pu causer pendant quelques minutes avec M. Clennam, à propos de cet homme qui n'était plus; et que, lorsqu'elle lui avait dit que son ami, M. Meagles, désirait obtenir quelques renseignements sur le compte de ce Rigaud, il l'avait priée d'écrire à l'ex-banquier que

Mlle Wade avait connu cet individu et qu'elle habitait Calais, telle rue, tel numéro.

« Oh! oh! » fit M. Meagles.

Puis, avec toute la diligence qu'on pouvait espérer des diligences, à cette époque où les chemins de fer n'étaient pas inventés, M. Meagles alla tirer le cordon de la sonnette fêlée, s'arrêta devant la porte, aussi fêlée que la sonnette, la vit s'ouvrir en criant sur ses gonds, et s'avança vers la paysanne qui, se montrant à l'entrée du sombre couloir, lui demanda en anglais, mais avec un accent calaisien très-prononcé .

« Aïe saï, sire, ouou[1] : » Dites donc, monsieur! Qui demandez-vous? »

En s'entendant adresser la parole dans sa langue maternelle, M. Meagles se dit à lui-même que ces Calaisiens étaient au moins des gens de bon sens et qui savaient vivre; puis il répondit :

« Miss Wade, ma chère. »

Sur ce, on le mit en présence de la demoiselle demandée.

« Il y a longtemps que je n'ai eu le plaisir de vous rencontrer, dit M. Meagles, qui paraissait avoir un chat dans la gorge; j'espère que vous vous êtes toujours bien portée depuis, mademoiselle Wade? »

Mlle Wade, sans daigner dire qu'elle espérait, de son côté, que M. Meagles ou aucun autre membre de sa famille avait continué à jouir d'une bonne santé, se contenta de lui demander ce qui lui valait l'honneur de cette visite.

M. Meagles avait déjà regardé autour de lui, sans rien apercevoir qui ressemblât à une boîte.

« A vrai dire, mademoiselle, répondit-il d'un ton de voix doux, insinuant, presque câlin, il est possible que vous soyez à même d'éclaircir une petite affaire assez embrouillée pour le moment. Les paroles désagréables que nous avons pu échanger sont oubliées, je l'espère. Vous vous souvenez de ma fille? Comme tout change avec le temps! Quand je pense que la voilà mère! »

M. Meagles, qui, dans son innocence, croyait avoir entamé la conversation d'une façon très-adroite, ne pouvait pas plus mal débuter. Il attendit quelque expression d'intérêt de la part de Mlle Wade; mais il attendit en vain.

« Ce n'est pas là ce que vous êtes venu me dire? remarqua Mlle Wade après un silence plein de froideur.

— Non, non, répondit M. Meagles. Non, je comptais sur votre obligeance pour....

— Je croyais, interrompit miss Wade avec un sourire, que vous saviez qu'on a tort de compter sur mon obligeance.

— Ne dites pas cela, mademoiselle, répliqua M. Meagles; vous vous calomniez. Mais voici ce qui m'amène.... (Il comprenait qu'il n'avait rien gagné à prendre des détours).... J'ai su par mon ami

1. I say, sir, who.

Clennam, qui (je suis fâché de vous apprendre cette mauvaise nouvelle) a été et est encore très-malade.... »

Il attendit encore un instant, mais l'autre n'ouvrit pas la bouche.

«.... Que vous aviez connu par hasard un nommé Blandois qui vient de mourir à Londres par suite d'un accident violent. Ne vous fâchez pas! Je sais que vous le connaissiez à peine.... (M. Meagles allait adroitement au-devant d'une interruption qu'il voyait sur le point d'éclater avec colère).... Je le sais parfaitement. Je n'ignore pas que vous le connaissiez à peine. Mais il s'agit de savoir.... (Ici M. Meagles reprit des inflexions de voix insinuantes).... la dernière fois qu'il a passé par ici pour aller à Londres, cet homme ne vous aurait pas laissé un boîte remplie de papiers, ou un paquet de papiers.... enfin des papiers quelconques dans une caisse ou une enveloppe quelconque, en vous priant de les lui garder quelque temps, jusqu'au jour où il en aurait besoin?

— C'est là la question, dites-vous? La question de qui?

— La mienne. Non-seulement la mienne, mais celle de Clennam et celle de plusieurs autres personnes. Tenez, je suis bien sûr, continua M. Meagles dont le cœur était plein de Chérie, que vous ne pouvez pas en vouloir à ma fille; c'est impossible. Eh bien, la question la regarde aussi, puisqu'elle intéresse un de ses meilleurs amis. Et c'est pour cela que vous me voyez ici, vous disant franchement : Voilà la question, et vous demandant : Vous a-t-il laissé quelque chose?

— En vérité, répondit Mlle Wade, il semble que je sois devenue le point de mire des questions de tous ceux qui ont eu des relations avec cet homme que j'ai ramassé dans la rue, que j'ai employé, payé et mis ensuite à la porte.

— Voyons, mademoiselle, fit M. Meagles cherchant à l'apaiser. Voyons! ne vous fâchez pas, car c'est la question la plus simple du monde : il n'y a personne qui puisse s'en formaliser. Les documents dont il s'agit n'appartenaient pas à cet homme; ils ont été volés; ils pourraient, un jour ou l'autre, causer des désagréments à une personne innocente si on les trouvait chez elle, réclamés, comme ils le sont, par ceux auxquels ils appartiennent réellement. Il a passé par Calais en allant à Londres où il avait ses raisons pour ne pas emporter les papiers avec lui, désirant seulement les avoir à portée et ne se souciant pas de les confier à des gens de son espèce. Les a-t-il laissés ici? Je vous déclare que si je savais comment faire pour ne pas vous offenser, je me donnerais toutes les peines du monde pour y réussir. Je vous adresse cette question personnellement, mais elle n'a rien de personnel. Je pourrais la faire au premier venu; je l'ai déjà faite à une foule de gens : ne les a-t-il pas laissés ici? ne vous a-t-il pas donné quelque chose à garder?

— Non.

— Alors, mademoiselle, je vois bien, malheureusement, que vous ne pouvez me donner aucun renseignement sur cette boîte?

— Je ne puis vous donner aucun renseignement. Maintenant me voilà quitte, j'espère, de votre incroyable question. Il ne les a pas laissés ici, et je n'ai aucun renseignement à vous donner.

— Allons! soupira M. Meagles en se levant. J'en suis fâché. C'est une affaire finie. J'espère que vous ne m'en voulez pas de vous avoir dérangée pour rien?... Tattycoram va bien, mademoiselle Wade?

— Si Henriette va bien? Oh oui! très-bien.

— Bon! voilà que j'ai fait une autre maladresse, dit M. Meagles en recevant cette leçon. Il paraît que je suis *destiné* à ne pas faire autre chose chez vous. Peut-être, si j'y avais réfléchi, ne lui aurais-je jamais donné ce nom retentissant comme un collier de clochettes; mais quelquefois, avec la jeunesse, on se laisse aller à un mouvement de gaieté et de bonne humeur, sans y réfléchir autrement. Mademoiselle, voulez-vous bien vous charger de lui dire que son vieux patron lui fait ses compliments d'amitié? »

Mademoiselle ne répondit rien; M. Meagles retirant sa bonne figure de cette triste chambre, où elle brillait comme un soleil, la transporta à l'hôtel où il avait laissé Mme Meagles, et lui adressa ce rapport en deux mots :

« Partie perdue, mère! nous sommes battus. »

De là, il se transporta au paquebot de Londres qui partait cette nuit; puis, enfin, à la prison de la Maréchaussée.

Le fidèle John était de garde, lorsque papa et maman Meagles se présentèrent à l'entrée de la loge vers l'heure du crépuscule. Mlle Dorrit ne s'y trouvait pas pour le moment, leur dit-il; mais elle était venue dans la matinée et elle revenait tous les soirs. M. Clennam allait beaucoup mieux; Maggy, Mme Plornish et M. Baptiste le soignaient à tour de rôle. Mlle Dorrit ne manquerait certainement pas de revenir avant que la cloche eût sonné. Si les visiteurs n'étaient pas pressés, ils pourraient l'attendre dans la chambre que le directeur lui avait prêtée. Craignant que son apparition subite ne fît du mal au prisonnier, M. Meagles accepta l'offre et fut enfermé avec sa femme dans la chambre : il put de là se distraire à voir, à travers les grilles, la cour où se promenaient les détenus.

L'espace restreint de la prison fit sur Mme Meagles une impression si vive qu'elle se mit à pleurer. M. Meagles, de son côté, croyait manquer d'air et se voyait sur le point d'étouffer. Il se promenait tout haletant dans la chambre, s'échauffant à vouloir se rafraîchir avec son foulard en guise d'éventail, lorsqu'il se tourna vers la porte qu'il venait d'entendre ouvrir.

« Eh mais? Miséricorde! s'écria M. Meagles. Ce n'est pas Mlle Dorrit! Voyez donc, mère! Tattycoram! »

Tattycoram en personne. Et dans les bras de Tattycoram, on voyait un coffret de fer d'environ deux pieds carrés. C'était bien une boîte pareille que Mme Jérémie, dans un de ses rêves, avait vue sortir de la vieille maison sous le bras du frère jumeau du sieur Flintwinch. Tattycoram déposa cette boîte aux pieds de son ancien maître ; puis elle tomba elle-même à genoux à côté de cette boîte, la frappa de ses deux mains en criant d'un air moitié triomphant et moitié désespéré, moitié riant et moitié pleurant :

« Pardonnez-moi, cher maître ; reprenez-moi, chère maîtresse.... La voici !

— Tatty ! s'écria M. Meagles.

— C'est bien là ce que vous cherchiez ? continua Tattycoram. La voici. Elle m'avait fait entrer dans une chambre voisine afin de m'empêcher de vous voir. J'ai entendu les questions que vous lui avez faites sur cette boîte ; je l'ai entendue vous répondre qu'elle ne l'avait pas. Mais, comme j'étais présente, quand cet homme l'avait laissée chez nous, le soir même, au lieu d'aller me coucher, je l'ai prise et je l'ai emportée. La voici !

— Mais, ma fille, s'écria M. Meagles plus haletant que jamais, comment avez-vous fait pour arriver en même temps que nous?

— Je suis revenue dans le même paquebot que vous. J'étais assise en face de vous, enveloppée dans mon châle. Lorsque vous avez pris une voiture sur le quai, je suis montée dans une autre et je vous ai suivis jusqu'ici. Elle ne vous l'aurait jamais rendue, quand vous lui avez eu dit quelles sont les personnes qui la cherchaient. Elle l'aurait plutôt jetée à la mer ou brûlée. Mais la voici ! »

Avec quelle joie, quel ravissement, l'enfant prodigue répétait : « La voici ! »

« Elle avait prié cet homme de ne pas la laisser chez elle, je dois lui rendre cette justice ; mais il a insisté, et je suis bien sûre qu'après ce que vous lui avez dit, et après vous avoir soutenu qu'elle ne l'avait pas, elle ne vous l'aurait jamais rendue. Mais la voici ! Cher maître, chère maîtresse, reprenez-moi et rendez-moi mon vieux nom ! Pardonnez-moi en faveur de la boîte. La voici ! »

Papa et maman Meagles ne méritèrent jamais mieux leur nom, que lorsqu'ils reprirent sous leur protection paternelle cette enfant terrible qui n'avait jamais eu ni père ni mère.

« Oh ! j'ai été si malheureuse ! s'écria Tattycoram, qui pleura plus amèrement après cet aveu qu'elle ne l'avait fait jusqu'alors. Si malheureuse et si repentante ! Elle m'a fait peur la première fois que je l'ai vue. Je savais qu'elle n'exerçait tant d'empire sur moi que parce qu'elle comprenait trop bien mes défauts. Il y avait en moi une sorte de folie qu'elle pouvait exciter à son gré. Quand ça me prenait, je me figurais que tout le monde se mettait contre moi à cause de mon origine ; plus on me montrait de bonté, plus on m'irritait. Je ne voulais pas croire que ce fût pour autre chose que pour triompher de moi, pour me rendre envieuse et jalouse : mais je sais bien maintenant.... je l'aurais su plutôt si j'avais voulu.... que personne n'y songeait. Et puis ma belle et bonne petite maîtresse n'était pas aussi heureuse qu'elle aurait dû l'être, et je l'avais quittée ! Elle doit me regarder comme une bête brute ! Mais vous lui direz un mot en ma faveur et vous l'engagerez à me pardonner comme vous l'avez fait tous deux? Car je ne suis plus aussi mauvaise qu'autrefois; je suis bien encore assez mauvaise comme ça, mais pas si mauvaise qu'autrefois. J'ai eu, pendant tout ce temps-là, l'exemple de Mlle Wade sous les yeux, et j'ai pu voir ce que je serais à son âge, prenant tout au rebours et transformant le bien en mal. Je l'ai vue, pendant tout ce temps-là, n'ayant plaisir à rien, si ce n'est à me rendre aussi malheureuse, aussi méfiante et aussi tourmentée qu'elle-même. Non qu'elle ait eu à se donner beaucoup de peine pour cela, s'écria Tattycoram, pleurant à chaudes larmes à mesure qu'elle approchait de sa péroraison, car j'étais aussi méchante qu'il est possible de l'être. Je veux seulement dire qu'après tout ce que j'ai souffert, j'espère que je ne serai plus aussi mauvaise qu'autrefois, et que je deviendrai meilleure petit à petit. J'essayerai de *toutes mes forces* : et je ne m'arrêterai pas à vingt-cinq, monsieur. Je compterai jusqu'à deux mille cinq cents, jusqu'à vingt-cinq mille, s'il le faut. »

La porte s'ouvrit de nouveau, Tattycoram se calma et la petite Dorrit entra. M. Meagles lui montra la boîte avec un geste de joie et d'orgueil. Un bonheur reconnaissant vint illuminer le visage de la jeune fille. Désormais le secret était sain et sauf! Arthur ne saurait jamais d'elle ce qu elle voulait lui taire; il ne saurait jamais ce qu'elle avait perdu; plus tard elle lui dirait ce qu'il lui importait d'apprendre et ce qui le concernait personnellement; mais il n'apprendrait jamais ce qui ne regardait qu'elle seule. Tout cela était passé, pardonné, oublié.

« Maintenant, ma chère mademoiselle Dorrit, dit M. Meagles, vous savez que je suis un homme rompu aux affaires.... ou du moins que je l'ai été.... et en conséquence je vais prendre mes mesures avec autant de promptitude que possible. Ferai-je bien de voir Arthur ce soir?—Je crois qu'il vaut mieux différer. Je vais monter chez lui et lui demander comment il se porte. Mais je suppose d'avance qu'il vaudra mieux ne pas le voir ce soir.

— Je suis de votre avis, ma chère, dit M. Meagles; aussi n'ai-je point voulu quitter cette chambre lugubre pour me rapprocher de lui. Il est probable maintenant que je ne le verrai pas d'ici à quelque temps. Mais que je ne vous retienne pas.... je vous expliquerai ce que je veux dire à votre retour. »

Elle s'éloigna. M. Meagles, regardant à travers les barreaux de la croisée, la vit sortir de la loge au-dessous et entrer dans la cour. Alors il dit doucement :

« Tattycoram, venez près de moi un instant, ma bonne fille. »

Elle s'approcha de la croisée.

« Vous voyez cette jeune femme qui sort d'ici? ce petit être frêle et tranquille qui traverse la cour, Tatty? Regardez. Les promeneurs se dérangent pour la laisser passer. Les hommes (les pauvres diables, comme ils sont râpés!...) lui ôtent très-poliment leurs chapeaux ou leurs casquettes, et maintenant elle disparaît dans cette allée. Vous l'avez vue, Tattycoram?

— Oui, monsieur.

— Eh bien, on m'a raconté, Tatty, qu'autrefois on ne la connaissait guère ici, que comme *l'enfant de la prison*. Elle est née ici, et y a vécu bien des années. Moi, je ne peux pas seulement y respirer. C'est un endroit bien triste pour y naître et pour y vivre.

— Oh oui, monsieur, bien triste !

— Si elle n'avait jamais songé qu'à elle-même ; si elle s'était dit que tout le monde lui reprochait d'être née ici, lui en faisant un crime et un opprobre, elle n'aurait pu mener qu'une existence malheureuse et probablement inutile. On m'a pourtant raconté, Tattycoram, que, dès son enfance, sa vie a été une vie d'active résignation, de bonté et de noble dévouement. Voulez-vous que je vous dise ce qu'il a fallu, selon moi, qu'elle se représentât toujours devant les yeux pour leur donner une telle expression de douceur ?

— Oui, monsieur, s'il vous plaît.

— Le devoir, Tattycoram, le devoir. Commençons de bonne heure à bien faire notre devoir ; et il n'y a pas d'antécédent, quelle que soit notre origine ou notre position, qui puisse prévaloir contre nous auprès du Seigneur ou auprès de nous-mêmes. »

Ils restèrent devant la croisée, où Mère, qui les avait rejoints, se mit à plaindre les pauvres prisonniers, jusqu'au moment où ils virent revenir la petite Dorrit. Elle fut bientôt auprès d'eux et leur conseilla de ne pas déranger cette nuit le détenu qu'elle avait laissé calme et tranquille.

« Très-bien, dit M. Meagles d'un ton encourageant. Vous avez raison, tout à fait raison. Je vous charge donc, ma bonne petite garde-malade, de me rappeler à son souvenir, et je sais que je ne puis pas choisir une meilleure messagère. Je me remets en route demain matin. »

La petite Dorrit, surprise, lui demanda où il comptait aller.

« Ma chère demoiselle, reprit M. Meagles, je ne puis pas vivre sans respirer. Or, la vue de cette prison m'a coupé la respiration, et je ne la retrouverai que lorsque Arthur sera hors d'ici.

— Est-ce là une raison pour repartir demain matin ?

— Vous allez voir, continua M. Meagles. Cette nuit, nous couchons dans un hôtel de la Cité. Demain matin, Mère et Tattycoram retourneront à Twickenham, où Mme Tickit, assise comme d'habitude à sa croisée du petit salon, en compagnie du docteur Buchan, les prendra pour deux revenants. Moi, je me mettrai en route pour aller trouver Doyce. Il faut absolument que Daniel vienne ici, car, je vous dirai, ma chère enfant, qu'il est parfaitement inutile d'écrire, de former des hypothèses et des plans conditionnels, sur telle ou telle chose qui doit arriver à telle ou telle époque : il faut avant tout que Doyce soit ici. Je veux demain matin, au point du jour, vous ramener l'ami Daniel. Qu'est-ce que cela me coûte d'aller le chercher ? Je suis un voyageur aguerri ; toutes les langues et toutes les coutumes étrangères ne m'embarrassent pas plus l'une que l'autre.... je n'en comprends pas une.

C'est ce qui fait que je ne suis jamais embarrassé. D'ailleurs, je vous le répète, je n'ai pas le choix, il faut que je parte tout de suite ; car je ne saurais vivre sans respirer librement, et je ne respirerai librement que lorsque Arthur sera sorti de cette prison. Tenez, j'étouffe tandis que je vous parle, et il me reste à peine assez de souffle pour vous déclarer que je n'en ai plus, et pour avoir le temps de descendre cette précieuse boîte jusqu'à votre voiture. »

Ils gagnèrent la rue au moment où la cloche commençait à retentir, M. Meagles portant la boîte. La petite Dorrit n'avait pas de voiture, ce qui étonna un peu papa Meagles. Il héla un fiacre, la fit monter dedans et plaça la boîte à côté d'elle lorsqu'elle fut assise. Dans sa joie et sa reconnaissance, elle porta la main du brave homme à ses lèvres.

« Non, non, je ne veux pas de ça, ma chère fille, dit M. Meagles. Vous me feriez de la peine, de me rendre ces hommages de respect que je ne mérite pas, et surtout de votre part.... devant la grille de cette prison. »

Elle se pencha vers lui et l'embrassa sur la joue.

« Ah ! vous me rappelez le bon vieux temps, dit papa Meagles dont la gaieté s'évanouit tout d'un coup.... mais elle aime beaucoup Henri, elle cache ses défauts et se figure que personne ne les voit.... et puis, il appartient à une famille très-distinguée. »

C'était la seule consolation qu'il trouvât dans le mariage de sa fille ; et, s'il tirait de cette consolation légère le meilleur parti possible, qui donc aurait le courage de l'en blâmer ?

CHAPITRE XXXIV.

Adjugee!

C'était par un beau jour d'automne ; notre prisonnier, faible encore, mais en pleine convalescence, écoutait une voix qui lui faisait la lecture. Oui, par un beau jour d'automne, lorsque les champs, dépouillés de leurs moissons dorées, ont été labourés de nouveau, que les fruits d'été ont mûri et disparu, que les verts paysages de houblon ont été dévastés par une armée de vendangeurs empressés, que les pommes des vergers ont rougi aux baisers du soleil, et que les baies du sorbier apparaissent cramoisies au milieu du feuillage jaunissant. Déjà, dans les bois, on reconnaissait l'approche de ce vieillard endurci, qu'on nomme l'hiver, en apercevant, à travers les ouvertures inusitées du feuillage, une perspective nettement dessinée, débarrassée de la vapeur de l'été somnolent, voile aussi léger que le duvet qui recouvre la prune violette. De même l'océan, vu de la plage, n'avait plus l'air de dormir au soleil; il ouvrait, au contraire, ses milliers d'yeux éclatants, et s'agitait joyeusement dans toute sa largeur, depuis le sable rafraîchi du rivage, jusqu'aux petites voiles qui disparaissaient à l'horizon, emportées par la même brise qui emportait les feuilles des arbres.

Immuable et aride, conservant, à travers les saisons qu'elle ignorait, le visage fixe et pincé de la pauvreté soucieuse, la prison demeurait insensible aux beautés changeantes de la nature. Les arbres avaient beau se couvrir de fleurs ou de fruits, les briques et les barreaux de la geôle ne donnaient jamais que la même récolte de soucis.

Néanmoins Arthur Clennam, écoutant la douce voix qui lui faisait la lecture, entendait aussi bruire à son oreille la voix des mille travaux de la grande nature, et toutes les chansons consolantes qu'elle prodigue à l'homme. La nature était la seule mère qui l'eût jamais bercé sur ses genoux dans son enfance; rêvant à un avenir plein de promesses, se livrant à de douces fantasies, songeant aux moissons de tendres caresses qui sont en germe dans les premières semences de notre imagination, aux chênes puissants qui doivent nous servir au jour d'abri contre les vents dévastateurs, avec leurs fortes racines contenues primitivement en espérance dans le gland, dont de petites mains d'enfant faisaient leur jouet. Mais les intonations de la voix qu'il écoutait le rappelaient au sentiment de ces espérances oubliées, lui apportaient l'écho de tous les murmures aimants ou miséricordieux qu'il avait jamais entendus depuis qu'il était au monde.

Lorsque la voix se tut, il porta la main à ses yeux, prétextant qu'ils avaient peine à supporter l'éclat trop vif du jour.

La petite Dorrit mit le livre de côté et se leva doucement pour tirer un rideau. Maggy, qui avait repris sa place d'autrefois, tricotait dans son coin. Le rideau tiré, la petite Dorrit rapprocha sa chaise du fauteuil d'Arthur.

« Ce sera bientôt fini, cher monsieur Clennam. Non-seulement les lettres que vous a adressées M. Doyce sont remplies d'expressions amicales et encourageantes, mais M. Rugg me dit encore que celles que votre associé lui écrit à lui-même sont si remplies de conseils utiles, et que tout le monde (maintenant que les premières colères sont passées) paraît si bien disposé et parle si bien de vous, que ce sera bientôt fini.

— Chère fille, cher cœur, mon bon ange!

— Vous me flattez beaucoup trop. Mais c'est un si grand bonheur pour moi de vous entendre me parler d'une manière si touchante et de.... sentir (elle leva les yeux vers lui) que vous pensez ce que vous dites, que je n'ai pas le courage de vous en empêcher. »

Arthur porta la main de la jeune fille à ses lèvres.

« Vous êtes venue ici bien souvent sans que je pusse vous voir, ma petite Dorrit?

— Oui, je suis venue quelquefois sans entrer dans votre chambre.

— Très-souvent?

— Assez souvent, répondit-elle avec timidité.

— Tous les jours?

— Je crois, répliqua la petite Dorrit après un instant d'hésitation, que je suis venue au moins deux fois par jour. »

Peut-être Arthur aurait-il lâché la main mignonne après l'avoir embrassée tendrement, si cette main n'avait pas demandé à rester où elle était. Il la prit entre les siennes et la posa doucement sur son cœur.

« Chère petite Dorrit, ce n'est pas seulement ma captivité qui va cesser, votre sacrifice aussi doit avoir un terme. Il nous faudra apprendre à vivre loin l'un de l'autre, à suivre chacun de notre côté le chemin qui nous est tracé. Vous n'avez pas oublié ce que je vous ai dit la première fois que vous êtes revenue ici?

— Oh non, je ne l'ai pas oublié. Mais il est arrivé quelque chose depuis.... Vous vous sentez assez fort aujourd'hui, n'est-ce pas?

— Oh! je me sens très-fort, ma petite Dorrit. »

La main qu'il serrait dans les siennes monta doucement vers le visage du prisonnier.

« Vous sentez-vous assez fort pour apprendre quelle grande fortune je possède?

— Je serais bien heureux de l'apprendre.... Il n'y aura jamais de fortune assez grande pour la petite Dorrit.

— Voilà déjà longtemps que je brûle de vous le dire, bien longtemps. Vous ne voulez pas de ma fortune, bien sûr?

— Jamais!

— Vous n'en voulez pas la moitié, bien sûr?

— Jamais, chère petite Dorrit. »

Tandis qu'elle le regardait sans parler, le visage aimant de la jeune fille avait une expression qu'Arthur ne comprenait pas bien : elle avait l'air d'avoir envie de pleurer, et pourtant elle paraissait si heureuse et si fière!

« Vous serez fâché d'apprendre ce que j'ai à vous dire de Fanny. La pauvre Fanny a tout perdu : il ne lui reste que les appointements de son mari. Tout ce que papa lui a donné a été perdu de la même façon que votre argent. Sa fortune était entre les mêmes mains que la vôtre, et elle n'a plus rien. »

Arthur fut plus peiné que surpris.

« J'avais espéré que les choses ne tourneraient pas si mal pour elle, remarqua-t-il; mais, comme son mari était le beau-fils de M. Merdle, je craignais en effet qu'elle ne perdît beaucoup.

— Oui, elle a tout perdu; j'en suis fâchée pour Fanny; très, très, très-fâchée pour ma pauvre Fanny. Mon pauvre frère est dans le même cas.

— Quoi? il avait aussi de l'argent placé entre les mêmes mains?

— Oui! et tout est perdu. Devinez à combien se monte ma grande fortune? »

Tandis qu'Arthur la regardait d'un air interrogateur, commençant à comprendre, elle retira sa main et posa sa tête à la place que la main avait occupée.

« Je n'ai rien au monde. Je suis aussi pauvre que lorsque j'habitais cette prison. Lorsque papa est revenu en Angleterre, il a tout confié aux mêmes mains, et tout a disparu. O mon cher, mon bon monsieur Clennam, êtes-vous bien sûr que vous ne voulez pas prendre la moitié de ma fortune? »

Il la serra dans ses bras, contre son cœur, tandis que ses nobles larmes mouillaient la joue de la jeune fille qui, joignant ses mains mignonnes derrière le col du prisonnier, le tenait ainsi enchaîné.

« Pour ne plus nous séparer, cher Arthur; pour ne plus nous séparer jusqu'à notre dernier jour! Jamais je n'ai été si riche, jamais je n'ai été si fière, jamais je n'ai été si heureuse. Je suis riche parce que vous voulez bien de moi; je suis fière de ce que vous m'avez refusée riche; je suis heureuse d'être auprès de vous dans cette prison, comme je serais encore heureuse (si c'était la volonté de Dieu de nous y ramener plus tard), de vous y consoler et de vous y soigner de tout mon cœur. Je suis à vous partout et toujours. Je vous aime de toute la force de mon âme! J'aimerais mieux passer ma vie en prison avec vous, et sortir tous les jours pour gagner notre pain, que de posséder la plus grande fortune du monde, que d'être la plus grande dame qu'on ait jamais admirée. Oh! si mon pauvre pere pouvait seulement savoir comme je suis heureuse enfin dans cette chambre où il a souffert si longtemps! »

Il va sans dire que la grosse Maggy n'avait pas attendu jusque-là pour ouvrir de grands yeux et verser d'abondantes larmes. Aussi fut-elle, à son tour, saisie d'un tel accès de joie qu'après avoir serré sa petite mère dans ses grands bras, au risque de l'étouffer, elle descendit l'escalier (ses socques semblaient danser un rigodon tout le long de la route) dans l'espoir de rencontrer quelqu'un à qui elle pût confier sa joie.

Et en effet : devinez qui elle rencontra à l'entrée de la prison? Flora en personne, accompagnée de la tante de feu M. Finching.

Et devinez qui la petite Dorrit rencontra, naturellement à la suite de cette première rencontre, l'attendant à la porte de la même prison, lorsqu'elle sortit deux ou trois bonnes heures plus tard? encore Flora.

Elle avait les yeux rouges et semblait un peu abattue. Quant à la tante de défunt M. Finching, elle paraissait si roide qu'il aurait fallu, pour la ployer en deux, une force mécanique de vingt chevaux. Son chapeau était retroussé de travers, derrière sa tête, dans une attitude des plus menaçantes; son ridicule rocailleux semblait aussi dur que s'il contenait une tête de Méduse qui l'eût pétrifié. Ornée de ces attributs imposants, la tante de M. Finching, assise en public sur les marches du domicile officiel du directeur, avait été pendant deux ou trois heures une bonne aubaine pour les plus jeunes habitants de la paroisse, dont cette dame énergique avait dû repousser de temps à autre les saillies humoristiques à la pointe de son parasol, ce qui l'avait considérablement échauffée.

« Je sais trop bien, mademoiselle Dorrit, commença Flora, que de proposer un entretien dans une localité quelconque à une personne tellement au-dessus de moi par sa fortune, et si courtisée par la société, ce serait toujours une indiscrétion, quand même il ne s'agirait pas d'une humble boutique de pâtissier, bien indigne de vous, quoiqu'il y ait un petit salon de derrière pour les consommateurs et que le maître soit un homme bien élevé.... pourtant si dans l'intérêt d'Arthur.... pardon je ne me déferai jamais de cette habitude devenue plus inconvenante que jamais.... j'aurais une dernière remarque à faire, une dernière explication à donner, et peut-être votre bon cœur voudra-t-il bien excuser le théâtre vulgaire que j'ai choisi pour cette conversation sous prétexte de commander trois pâtés aux rognons. »

La petite Dorrit, ayant interprété comme il le fallait ce discours un peu obscur, répondit qu'elle se mettait à la disposition de Flora. La veuve traversa donc la rue et la conduisit vers la modeste boutique dont elle avait parlé, tandis que la tante de M. Finching, qui formait l'arrière-garde, cherchait à se faire écraser en route par les voitures avec une persévérance digne d'une meilleure cause.

Lorsque « les trois *aux rognons*, » qui devaient servir de prétexte à la conférence, eurent été servis sur trois plats d'étain, chaque pâté étant orné d'un petit trou à travers lequel le garçon bien élevé versa de la sauce comme on verse de l'huile dans une lampe, Flora commença par tirer son mouchoir.

« Si des rêves trompeurs, dit-elle alors, m'ont bercée du doux espoir que lorsque Arthur.... (c'est plus fort que moi, veuillez m'excuser....) serait rendu à la liberté, il ne refuserait pas un petit pâté offert par l'amitié, fût-il plus rassis encore que ceux-là et quand il ne contiendrait pas plus de rognon que la grosseur d'une muscade hachée.... de pareilles visions n'existent plus et tout sera oublié.... Mais sachant que des relations plus tendres sont sur le tapis, je désire vous assurer que je fais des vœux sincères pour lui et pour vous, et que je ne me plains ni de l'un ni de l'autre.... pas le moins du monde.... Il se peut que je ne pense pas sans douleur, qu'avant que la faux du temps m'eût engraissée si horriblement et rendue si rouge au moindre effort, surtout après avoir mangé, que j'en suis toute bourgeonnée; il est possible que je ne pense pas sans douleur qu'alors notre mariage avait des chances s'il n'avait pas été entravé par nos cruels parents et qu'une torpeur morale ne se fût pas emparée de moi jusqu'au jour où M. Finching trouva un moyen mystérieux de me conduire à l'autel.... pourtant je ne voudrais pas manquer de générosité envers Arthur ou envers vous, et je vous souhaite bien cordialement toute espèce de bonheur. »

La petite Dorrit lui prit la main et la remercia de toutes les bontés qu'elle avait eues pour elle.

« N'appelez pas cela des bontés, répondit Flora qui lui donna un baiser sincère, car vous avez toujours été le meilleur et ... plus cher petit être que je connaisse, si je puis prendre la liberté de m'exprimer ainsi, et d'ailleurs, au point de vue pécuniaire, c'était une économie que de vous employer de préférence, car vous étiez bien la conscience même : et à ce propos je dois ajouter que la vôtre est sans doute plus agréable pour vous que la mienne ne l'a jamais été pour moi.... ce n'est pas, j'espère, que j'aie plus à me reprocher qu'une autre, mais j'ai toujours trouvé que la conscience est plus disposée à tourmenter les gens qu'à leur calmer l'esprit, mais je m'égare.... il est un espoir que je voudrais exprimer avant que l'heure des adieux ait sonné.... je compte qu'en souvenir d'autrefois et comme gage de ma fidélité, Arthur saura de vous que je ne l'ai pas abandonné dans son malheur, que je suis venue sans cesse au contraire demander si je ne pouvais pas faire quelque chose pour lui, me tenant invariablement ici d'où l'on avait la complaisance d'aller me chercher un petit verre de quelque chose de chaud et de pas trop mauvais, ma foi, à l'hôtel voisin, pendant des heures entières, afin de lui tenir compagnie à son insu. »

Flora avait vraiment des larmes dans les yeux, et qui lui allaient très-bien.

« En outre, poursuivit Flora, je vous supplie.... comme étant la plus chère petite créature qui ait jamais existé (excusez encore cette familiarité de la part d'une femme qui n'est pas du tout de votre classe), de dire à Arthur que je ne sais pas si, après tout, l'histoire d'autrefois n'était pas une simple plaisanterie bien qu'elle ait été assez amusante d'abord, puis assez navrante à la fin, quand M. Finching est venu changer tout cela, et que le charme une fois rompu on ne pouvait pas s'attendre à le voir se renouer, à moins de tout recommencer, ce qu'un concours de circonstances n'a pas permis, dont la plus puissante sans doute c'est que cela ne devait pas arriver.... je ne dis pas que si cela avait été agréable à Arthur et que ce fût arrivé tout naturellement dès son retour, je n'aurais pas été très-contente, parce que je suis d'un naturel assez vif et que je m'ennuie à la maison où papa est bien l'être le plus agaçant de son sexe, surtout depuis qu'il a été tondu par la main de cet incendiaire de Pancks qui a fait de sa tête quelque chose de tel que je n'ai jamais rien vu de pareil depuis que je suis au monde.... mais malgré mes nombreux défauts, je ne suis ni jalouse ni envieuse. »

Sans avoir pu suivre Mme Finching de très-près, à travers les détours de ce labyrinthe oratoire, la petite comprit le but de la veuve, et promit d'exécuter la commission.

« La guirlande fanée a donc cessé d'exister, ma chère, poursuivit Flora avec beaucoup de béatitude, la colonne est tombée en poussière, la pyramide est retournée sens dessus dessous sur sa.... je ne sais plus comment ça s'appelle.... ne dites pas que je suis une étourdie, ne m'accusez pas de faiblesse ou de folie, mais il faut désormais que je vive dans la retraite, et pour ne plus avoir sous les yeux les cendres de mes joies défuntes : et je ne veux prendre qu'une dernière liberté, c'est de payer la pâtisserie qui a servi d'humble prétexte à cette entrevue, et puis je vous dirai adieu, adieu pour toujours! »

Mais la tante de M. Finching, qui avait mangé son pâté avec beaucoup de solennité, et qui avait médité quelque grave insulte depuis qu'elle avait occupé une position publique sur les marches de l'hôtel du directeur, saisit l'occasion pour adresser cette apostrophe sibylline à la veuve de son parent :

« Amenez-le-moi, que je le flanque par la fenêtre! »

Flora essaya en vain de calmer cette excellente dame en lui expliquant qu'il était temps de rentrer dîner. La tante de M. Finching s'obstina à répondre :

« Amenez-le-moi, que je le flanque par la fenêtre! »

Après avoir réitéré plusieurs fois cet ordre cruel, en fixant sur la petite Dorrit un regard implacable, la tante de M. Finching se croisa les bras et s'assit dans un coin, déclarant avec opiniâtreté qu'elle ne bougerait pas de là tant qu'on ne lui aurait pas amené la mystérieuse victime de sa colère, afin qu'elle accomplît sur lui les volontés du destin; autrement dit, pour qu'elle le flanquât par la fenêtre.

Dans ces conjonctures, Flora confia à la petite Dorrit qu'il y avait plusieurs semaines que la tante de M. Finching n'avait montré autant de caractère et d'animation; qu'il lui faudrait peut-être rester là, « pendant trois ou quatre heures, » avant d'attendrir cette dame inexorable, et qu'elle y réussirait mieux si on la laissait toute seule avec elle. Elles se séparèrent donc de la façon la plus amicale du monde et dans les meilleurs sentiments d'estime réciproque.

La tante de M. Finching, résistant comme une forteresse obstinée, et Flora éprouvant une fois de plus le besoin de se rafraîchir, on envoya un messager à l'hôtel voisin avec le verre en question, qu'on s'empressa de remplir de quelque chose de chaud, et de pas mauvais, ma foi! Grâce à ce réconfortant, grâce à un journal, grâce à un choix prudent de l'élite des petits pâtés étalés dans la boutique, Flora passa le reste de la journée d'une manière assez agréable, sans rien perdre de sa bonne humeur, bien qu'elle fût de temps à autre embarrassée, par suite d'une stupide rumeur qui s'était répandue parmi les enfants les plus crédules du quartier, à qui l'on avait fait accroire que la vieille dame s'était vendue au pâtissier pour en faire des petits pâtés, et qu'elle était là, dans l'arrière-boutique, refusant de remplir son engagement. Cette nouvelle attira tant de jeunes badauds des deux sexes, et vers l'heure du crépuscule leur concours à la porte avait tellement diminué les recettes du garçon bien élevé, qu'il devint très-pressant pour qu'on emmenât la tante de M. F. On envoya donc chercher un fiacre, dans lequel les instances réunies de Flora et de son hôte engagèrent enfin cette dame remarquable à monter; mais elle n'y fut pas plus tôt qu'elle mit la tête à la portière, demandant à grands cris qu'on lui *amenât* ce coupable anonyme pour lui infliger le châtiment que l'on sait.

**

Comme on remarqua qu'elle dirigeait en même temps un coup d'œil irrité vers la prison pour dettes, il est à présumer que cette femme, d'une constance admirable, voulait parler d'Arthur Clennam. Mais ceci n'est qu'une simple hypothèse. On n'a jamais pu savoir quelle était cette mystérieuse victime qu'il fallait amener pour l'immoler à la colère de la tante de M. Finching, et que personne ne lui amena définitivement.

L'automne se passa. Maintenant, la petite Dorrit ne venait plus à la prison pour dettes sans monter chez le prisonnier. Non, non, non.

Un matin, tandis qu'Arthur s'attendait à chaque instant à entendre le bruit de ces pieds légers qui montaient chaque matin le pauvre escalier et faisaient battre son cœur, apportant la joie céleste d'un nouvel amour dans cette chambre où l'ancien amour de la pieuse fille avait combattu avec tant de courage et de fidélité; un matin, tandis qu'il écoutait, il l'entendit qui montait; mais elle ne montait pas seule.

« Cher Arthur, cria sa voix joyeuse de l'autre côté de la porte; je vous amène quelqu'un. Puis-je le faire entrer? »

Clennam avait cru entendre monter trois personnes. Il répondit : « Oui, » et la petite Dorrit entra avec M. Meagles.

Papa Meagles, le teint bronzé et l'air guilleret, ouvrit les bras à Arthur et l'y serra comme un bronzé et brave compère qu'il était.

Allons, tout va bien, dit M. Meagles au bout de quelques minutes. Voilà qui est fait. Arthur, mon cher garçon, avouez tout de suite que vous comptiez me voir beaucoup plus tôt.

— En effet, répondit Arthur; mais Amy m'a dit....

— Petite Dorrit. Ne me donnez jamais d'autre nom.

(C'est la jeune fille qui avait murmuré ces paroles à l'oreille du prisonnier.)

— Mais la petite Dorrit m'a dit que, sans demander d'autres explications, je ne devais m'attendre à recevoir de vos nouvelles que le jour où je vous verrais.

— Eh bien, vous me voyez, mon garçon, s'écria M. Meagles en lui donnant une cordiale poignée de main; et je vais vous donner toutes les explications possibles. Le fait est que je suis venu ici,... je suis venu tout droit vous voir en quittant messieurs les *En avant! marchons!*... autrement je n'oserais pas vous regarder en face aujourd'hui,... mais vous n'étiez pas en état de recevoir des visites, et il m'a fallu repartir tout de suite pour rattraper Doyce.

— Pauvre Doyce! soupira Clennam.

— Ne lui dites pas, derrière son dos, des sottises qu'il ne mérite pas, interrompit M. Meagles. Il n'est pas pauvre; ses affaires marchent très-bien, je vous en réponds. Doyce est un grand homme là-bas. Je vous assure que ça marche comme sur des roulettes là-bas. Il est bien tombé, ce brave Daniel! Dans un pays où l'on ne tient pas à ce que les choses se fassent, et où l'on n'a pas envie de trouver quelqu'un pour les faire, il a bientôt reçu un croc-en-jambe; mais dans un pays où l'on veut faire quelque chose, et où l'on cherche un homme capable de le faire, il est sûr de retomber sur ses pieds. Vous n'aurez plus besoin d'importuner ces aimables messieurs du ministère des Circonlocutions; car j'ai le plaisir de vous annoncer que Daniel a réussi à se passer d'eux!

— J'ai un grand poids de moins sur la conscience! s'écria Clennam. Si vous saviez comme cette nouvelle me rend heureux!

— Heureux! répéta M. Meagles. Ne parlez pas de bonheur avant d'avoir vu Daniel. Je vous assure qu'il dirige là-bas des travaux à vous faire dresser les cheveux sur la tête. On ne le regarde pas comme un criminel là-bas, je vous en réponds! Il a des médailles et des rubans et des croix et des crachats et je ne sais quoi encore, ni plus ni moins qu'un duc et pair. Mais il ne faudra pas parler de ces choses-là ici.

— Pourquoi pas?

— Non, non! continua Meagles hochant la tête d'un air très-sérieux. Il sera obligé de serrer tout cela sous clef dans sa malle, dès qu'il reviendra ici. Nous n'en voulons pas chez nous. Sous ce rapport, la Grande-Bretagne ressemble au chien du râtelier dont parle la fable.... elle ne veut pas décorer ses enfants, et ne veut pas davantage leur permettre de montrer les décorations que les autres leur donnent. Non, non! Daniel, répéta M. Meagles en hochant de nouveau la tête, nous ne voulons pas de ça chez nous!

— Vous m'auriez apporté le double de ce que j'ai perdu, s'écria Arthur, que vous ne m'auriez pas fait autant de plaisir qu'en m'apprenant ces bonnes nouvelles.

— Je sais ça, je sais ça, dit M. Meagles. Je sais très-bien ça, mon cher ami, et c'est pour cela que j'ai commencé par là. Maintenant, pour en revenir à mon voyage à la recherche de Doyce, j'ai fini par l'attraper. Je suis tombé sur lui au milieu d'un tas de de ces sales Mauricauds qui portent des bonnets de femme beaucoup trop grands pour eux, sous prétexte qu'ils appartiennent à la race arabe ou à d'autres races non moins incohérentes. Mais vous les connaissez bien, vous, après tous vos voyages. Il allait justement partir pour me rejoindre, lorsque je venais le chercher; de sorte que nous sommes revenus ensemble.

— Doyce serait en Angleterre? s'écria Arthur.

— Là! fit papa Meagles étendant les bras. Je n'en fais jamais d'autres! Je suis le plus mauvais négociateur qu'on puisse imaginer. Je ne sais pas ce que je serais devenu si on m'avait mis dans la diplomatie. J'aurais été bêtement tout droit mon chemin! Bref, mon cher Arthur, voilà quelque chose comme quinze jours que nous sommes en Angleterre. Et si vous me demandez où Daniel Doyce se trouve en ce moment, je vous répondrai en bon anglais : Le voici! Maintenant, laissez-moi respirer tout à mon aise. »

Doyce s'élança de derrière la porte, saisit Arthur par les deux mains et raconta le reste lui-même.

« Je n'ai que trois choses à vous dire, mon cher Clennam, dit-il en montant l'une après l'autre ces trois choses dans le creux de sa main avec son pouce plastique, et ce ne sera pas long. *Primo*, pas un mot du passé. Il s'est glissé une erreur dans vos calculs. Je sais ce que c'est. Cela dérange le mécanisme, et il en résulte que tout va de travers. Vous profiterez de la leçon pour éviter cet inconvénient. J'ai commis bien des erreurs semblables en construisant une machine. Chaque nouvelle faute nous apprend quelque chose quand nous voulons en profiter, et vous êtes un homme trop sensé pour ne pas profiter de la vôtre. Voilà pour le *primo*. Passons au *secundo*. J'ai été fâché d'apprendre que vous prissiez la chose assez à cœur pour vous adresser de si sévères reproches : je voyageais nuit et jour pour venir mettre ordre à tout cela, avec l'aide de votre ami que voilà, lorsque nous nous sommes rencontrés ainsi qu'il vous l'a raconté. *Tertio*, nous sommes tombés d'accord, lui et moi, qu'après ce que vous aviez souffert, au sortir de votre crise de découragement et de votre maladie, ce serait vous causer une agréable surprise que de nous tenir cois jusqu'à ce que les affaires eussent été tranquillement arrangées à votre insu, puis de venir vous annoncer que tout est réglé, que la maison n'a jamais eu plus besoin de vous qu'en ce moment, et qu'une nouvelle carrière s'ouvre pour vous et pour moi, en notre qualité d'associés. Une carrière heureuse, j'ose le croire. Voilà pour le troisième point. Mais vous savez que, nous autres mécaniciens, nous faisons toujours la part du frottement : aussi me suis-je réservé un peu d'espace pour me retourner. Mon cher Clennam, j'ai pleine et entière confiance en vous ; vous pouvez m'être tout aussi utile que je puis ou que j'ai jamais pu l'être pour vous. Votre ancien bureau vous attend et a grand besoin de votre présence. Il n'y a rien qui doive vous retenir ici une demi-heure de plus. »

Il y eut un moment de silence pendant lequel Arthur resta le visage tourné vers la cour, dans l'embrasure de la croisée où celle qui allait bientôt devenir sa femme venait de s'approcher de lui.

« J'ai avancé tout à l'heure un fait, reprit alors Daniel Doyce, que j'ai lieu de croire erroné. J'ai dit qu'il n'y avait rien qui dût vous retenir ici une demi-heure de plus. Ai-je tort de croire à présent, Clennam, que vous préférez ne sortir d'ici que demain matin? Ai-je deviné, sans être bien malin, où vous voudriez aller tout droit en quittant les murs de cette prison et de cette chambre?

— Vous avez deviné, répondit Arthur : c'est en effet notre vœu le plus cher.

— Très-bien! dit Daniel. Dans ce cas, si mademoiselle veut me faire l'honneur de me regarder pendant vingt-quatre heures comme un père et m'accompagner du côté de l'église Saint-Paul, j'ai dans l'idée que nous avons besoin d'aller faire un tour par-là.»

La petite Dorrit et M. Doyce ne tardèrent pas à sortir ensemble, et M. Meagles resta en arrière pour dire quelques mots à son ami.

« Je crois, Arthur, que vous pourrez vous passer de Mère et de moi demain matin ; nous resterons donc chez nous. Mère ne pourrait pas s'empêcher de penser tout de suite à Chérie, et vous savez comme elle a le cœur tendre. Elle sera mieux là-bas, à Twickenham, où je resterai pour lui tenir compagnie. »

Sur ce, ils se séparèrent pour le moment. Et le jour toucha à sa fin et la nuit s'écoula, et le jour reparut et la petite Dorrit, aussi simplement mise que d'habitude, rentra dans la prison avec les premiers rayons du soleil, sans autre compagne que Maggy. La pauvre chambre était bien heureuse ce matin-là. Où aurait-on pu en trouver une, dans le monde entier, où régnât une joie plus tranquille?

« Mon cher amour, dit Arthur, pourquoi donc Maggy allume-t-elle le feu? nous allons partir tout de suite.

— C'est moi qui lui ai dit de l'allumer.... Il m'est venu une idée bizarre. Je veux vous prier de brûler quelque chose pour moi.

— Quoi donc?

— Ce papier plié en quatre. Si vous voulez bien le jeter au feu de votre propre main, tel qu'il est, vous aurez contenté mon caprice.

— Vous êtes donc superstitieuse, ma petite Dorrit? Est-ce un talisman?

— C'est tout ce que vous voudrez, mon ami, répondit-elle, tandis que ses yeux riaient et qu'elle se dressait sur la pointe des pieds pour l'embrasser, pourvu que vous consentiez à m'obéir dès que le feu sera pris. »

Ils restèrent devant la cheminée, observant le feu; Clennam avait passé le bras autour de la taille de sa petite fiancée; le feu brillait, comme il avait souvent brillé au temps jadis, dans les yeux de la jeune fille.

« Flambe-t-il assez maintenant? demanda Arthur.

— Oui, répondit la petite Dorrit.

— Faut-il prononcer quelques paroles magiques dessus? demanda encore Arthur, en approchant le papier de la flamme.

— Vous pouvez dire : « Je t'aime!... » si cela ne vous contrarie pas trop, » répliqua la petite Dorrit.

Il prononça donc ces trois paroles magiques, et le papier flamba.

Ils traversèrent tranquillement la cour, car il ne s'y trouvait personne, bien que plus d'un détenu les regardât à la dérobée caché derrière les rideaux. Dans la loge, ils ne rencontrèrent qu'un seul guichetier : c'était une vieille connaissance. Lorsqu'ils lui eurent tous deux adressé de bonnes paroles, la petite Dorrit se retourna une dernière fois, et lui dit en lui tendant la main :

« Adieu, mon bon John! J'espère que vous serez heureux, nom ami. »

De la prison ils se rendirent directement à l'église voisine et s'avancèrent vers l'autel, où Daniel Doyce, en sa qualité de père de la mariée, les attendait déjà. Là se trouvait aussi un autre ami de la petite Dorrit, le vieux bedeau qui lui avait fait un oreiller avec le registre des décès, et qui était ravi de voir qu'elle venait se marier chez lui, après tout.

Et ils furent mariés, tandis que le soleil brillait sur eux à travers l'image du Sauveur peint sur le vitrail. Puis ils entrèrent dans cette même sacristie où la petite Dorrit avait dormi après sa grande soirée, afin de signer leurs noms sur le registre des mariages. Là, M. Pancks (destiné à devenir premier commis de Doyce et Clennam, et plus tard un des associés de la maison), cessant de mériter l'épithète d'incendiaire, assista en ami à la signature, donnant galamment le bras droit à Flora, tandis que Maggy accaparait le bras gauche, et qu'au dernier plan se tenaient John Chivery, père et fils, avec les autres guichetiers qui étaient accourus un instant, abandonnant la geôle pour voir l'heureuse enfant de la prison. Flora, malgré sa récente déclaration, ne ressemblait en rien à une femme qui vient de se retirer du monde ; au contraire, elle était en grande tenue et semblait s'intéresser très-vivement à la cérémonie, bien qu'elle parût aussi agitée qu'une jeune fille à qui l'on vient d'adresser une première demande de mariage.

Le vieil ami de la petite Dorrit lui présenta l'encrier lorsqu'elle s'avança pour signer, et le clerc s'arrêta un instant en ôtant le surplis du bon clergyman ; tous les témoins, en un mot, paraissaient animés de sentiments sympathiques.

« Car, voyez-vous, disait le vieil ami de la petite Dorrit, cette demoiselle est une de nos curiosités, et la voilà arrivée au troisième volume de nos registres. Elle est née dans ce que j'appelle notre tome premier ; elle a dormi sur ce plancher que voilà, sa mignonne petite tête appuyée sur ce que j'appelle notre second tome, et la voilà enfin qui écrit son nom dans ce que j'appelle notre tome troisième. »

Lorsque les nouveaux mariés eurent signé, on s'écarta pour les laisser passer, et la petite Dorrit et son mari s'éloignèrent. Ils s'arrêtèrent un instant sur les marches, sous le porche de l'église, contemplant la fraîche perspective de la rue qu'éclairaient les brillants rayons d'un soleil d'automne, puis ils descendirent.

Ils descendirent le cours d'une existence modèle, utile et heureuse ; ils descendirent les marches de la vie pour donner, au bout de quelques années, les soins d'une mère aux enfants délaissés de Fanny (aussi bien qu'aux leurs), pendant que cette dame passait toute la sainte journée à s'ennuyer.... ou à briller dans le monde, ce qui revient absolument au même. Ils descendirent les marches de la vie pour donner à Tip une fidèle amie et une douce garde-malade qui (en souvenir de la fortune qu'il voulait partager avec elle s'il avait touché son héritage) ne se rebuta jamais de ses nombreuses exigences, et ferma tendrement les yeux du malheureux jeune homme à tous les fruits de corruption engendrés dans la prison pour dettes. Ils descendirent tranquillement les rues bruyantes, heureux désormais et inséparables ; et tandis qu'ils passaient tour à tour du soleil à l'ombre, et de l'ombre au soleil, ils ne s'inquiétaient guère de voir tout ce que le monde renferme de tapageurs, de gens avides, orgueilleux, froissés et vaniteux, continuer à s'agiter comme par le passé, à s'échauffer et à faire leur embarras comme à l'ordinaire.

FIN

TABLE DES MATIÈRES

CONTENUES DANS LE SECOND VOLUME.

LIVRE II.

RICHESSE.

FIN DE LA TABLE DES CHAPITRES.

COULOMMIERS
Imprimerie Paul Brodard.

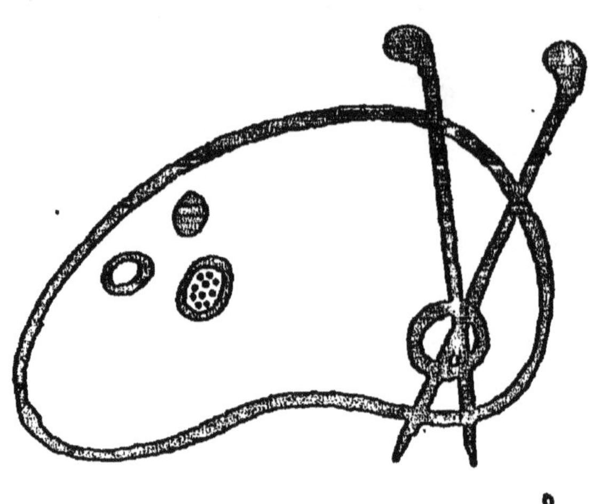

www.ingramcontent.com/pod-product-compliance
Lightning Source LLC
LaVergne TN
LVHW010534100826
845148LV00001B/182
* 9 7 8 2 0 1 2 1 7 2 5 1 7 *